J. Witter

# Deutsch:
# Schritt für Schritt

## Elke Godfrey

*University of Maryland, European Division*

Prentice/Hall International

Englewood Cliffs, NJ   London   Mexico   New Delhi   Rio de Janeiro
Singapore   Sydney   Tokyo   Toronto   Wellington

*Library of Congress Cataloging in Publication Data*

Godfrey, Elke.
  Deutsch, Schritt für Schritt.

1. German language—Grammar—1950–
2. German language—Text-books for foreign
speakers—English.  I. Title.
PE3112.G59  1985     438.2     84–17895
ISBN 0–13–203380–1


*British Library Cataloging in Publication Data*

Godfrey, Elke
  Deutsch : Schritt für Schritt.
  1. German language—Grammar—1950–
  I. Title
  438.2′4   PF3112

  ISBN 0–13–203380–1

© *1985 by Prentice-Hall International, UK Ltd.*

ISBN 0–13–203380–1

Prentice-Hall, Inc., *Englewood Cliffs, New Jersey*
Prentice-Hall International, UK Ltd., *London*
Prentice-Hall of Australia Pty, Ltd., *Sydney*
Prentice-Hall Canada, Inc., *Toronto*
Prentice-Hall Hispanoamericana, S.A., *Mexico*
Prentice-Hall of India Private Ltd, *New Delhi*
Prentice-Hall of Southeast Asia Pte, Ltd, *Singapore*
Editora Prentice-Hall do Brasil Ltda, *Rio de Janeiro*
Whitehall Books Ltd, *Wellington, New Zealand*

10 9 8 7 6 5 4

Printed in Yugoslavia

Cover, layout and artwork by Pierre Corré.

# Contents

**Introduction**
**Acknowledgements**

# Kapitel 4                       47

# Kapitel 5                       65

# Kapitel 6                       79

## Zwischenspiel    275

**Die Bremer Stadtmusikanten**
**Nach einem Märchen der Brüder Grimm von Marie G. Wiener**

## Kapitel 19    281

## Kapitel 20    297

## Kapitel 21    313

# Kapitel 22       327

# Kapitel 23       343

# Kapitel 24       357

# Appendix                                                               505

# Introduction

*Deutsch: Schritt für Schritt* is an introductory German textbook designed for college students and other adults who are seeking a German program in which the orientation of vocabulary, structure and exercises is predominantly conversational. The book does not attempt to impose a single methodology. It is designed to accommodate different preferences in teaching styles with a heterogeneous adult student body and varying amounts of instructional time and formats.

## Aim and Objectives

The primary aim of *Deutsch: Schritt für Schritt* is to accommodate those students whose goal it is to use German in order to interact meaningfully with native speakers of German, to provide them with a sound basis for learning German as it is spoken and written today. Ample practice for the development of all four basic language skills of listening, speaking, reading and writing German is provided. To encourage meaningful practice in the classroom from the very first, *Deutsch: Schritt für Schritt* involves the students in individual and chorus activities, in role playing and simulation, vocabulary games, teacher-to-student and student-to-student question and response activities. Students are constantly called upon to respond orally in meaningful contexts—not to conjugate, not to recite, only rarely to translate.

An additional aim of *Deutsch: Schritt für Schritt* is to introduce students to contemporary life and culture in Germany and to make them aware of the interaction between language and culture. Authentic readings on varied topics, adapted from magazine articles and simplified for the beginning students, line drawings and illustrations of real-life situations which offer insights into present-day life in Germany are featured. Magazine advertisements and numerous photographs may serve as cues for stimulating cultural comparisons.

By the end of the course students should have gained a considerable control of the major structures of German as well as a substantial working vocabulary in the language. They should be able to

— follow and understand a native who is speaking at normal speed about everyday topics;
— speak German with relative ease in various situations with reasonable fluency and correctness;
— read many types of non-specialized materials with a high level of comprehension;
— be in possession of the knowledge and skills needed to function with confidence in a German-speaking country.

# The Goal is Communication

Most students want to learn German in order to communicate in the language, to use it for practical, professional and recreational purposes. *Deutsch: Schritt für Schritt* fulfills this need by emphasizing a practical, high-frequency vocabulary, transferable to real-life situations. Considerable cognate or near-cognate vocabulary is used to provide maximum communication possibilities with minimal learning loads. The vocabulary is tightly controlled, only gradually increased and often repeated throughout the text. All dialogues, vocabulary and structural items have been carefully weighed as to their potential for variation, transformation and adaptation for meaningful communications inside and outside the classroom.

To facilitate this meaningful communication in the classroom, the early chapters concentrate on the immediate surroundings: objects in the classroom, places and things familiar to students, fellow students, family, home, friends, professions, beverages, food, clothing, personal experiences. This is followed by a gradual widening of topics of interest.

To speed up the acquisition of new vocabulary and structure as well as to minimize interference from the students' native language *Deutsch: Schritt für Schritt* makes extensive use of visual aids in the form of black-and-white photographs, sketches and drawings. These visuals can serve as the basis for many classroom activities.

**Structure**. As the title suggests, *Deutsch: Schritt für Schritt* presents the structural material to be mastered in carefully controlled stages. Complex grammatical topics and structural patterns have been broken down into elements, so that one thing only is to be learned at a time. To give students the feeling of being able to speak German as early as possible, grammar topics and structural elements are introduced in the order of their usefulness in communication and according to their degree of learning difficulty. Thus, the program begins with the simplest elements of the language and proceeds with the introduction of new structural elements by building upon previously mastered material—all in carefully calculated steps.

**Learning activities**. Practice is the key to success in language learning. For the development and automatization of speech habits this text provides numerous exercises for oral practice consisting of the most common kinds of pattern drills for presenting structure: repetition, transformation, substitution, integration and expansion drills. Yet, none of these are sterile exercises. All have been constructed to engage the students in meaningful language activity, to elicit questions and responses about their surroundings and about themselves. Applied imaginatively, each drill can be made personally relevant to the student at each step of the way.

# Organization of the Book

The text is divided into 32 chapters. Most chapters are built around one major grammatical topic. The basic organizational plan is as follows:

**Dialog**. Fifteen chapters open with a dialogue which introduces new structures and vocabulary and which treats a situation of everyday life. Passive vocabulary, if any, is highlighted in the margin. The dialogues are so constructed that students can rework them with simple substitutions in vocabulary. Names, places, relationships can easily be adapted to correspond to their personal reality. Mastery, that is, the ability to understand and use the material in the given and in new contexts and not memorization, is the goal of these dialogues. The reinforcement of the newly introduced vocabulary and structure continues in the *Mündliche Übungen*.

**Einführung**. In varied formats this section either continues the development of the new structure and vocabulary introduced in the dialogue, or it provides diverse contexts for the introduction of new structures and much of the new vocabulary of the chapter. In the form of personalized questions and answers the *Einführung* invites students to give and receive meaningful messages in German. In the form of picture descriptions the *Einführung* presents the new material with the help of photographs and drawings, thus facilitating quick comprehension in German. Through variations every new structure is immediately practiced in situations and contexts identical to those in which native speakers would use the structure. As with the dialogues, communication practice continues in the *Mündliche Übungen*.

**Wortschatzerweiterung**. Especially in the earlier chapters, and mostly with the help of drawings, this section introduces new word sets such as beverages, foods, articles of clothing, means of transportation and the like.

**Grammatik**. Most chapters present only one major grammar topic. The grammatical and structural principles are explained in straightforward English and illustrated with abundant examples. The most commonly used grammatical structures of German are included in the book. Detailed finer points of German grammar have been left for more advanced courses.

Brief definitions of grammatical terms and pertinent examples are given in the section *Analysis*. Nothing is presupposed; even such basic notions of language as, for example, "verb" or "subject" and "object" are treated fully and simply. Wherever appropriate, comparative or contrastive English–German grammar is used to demonstrate divergent or similar structural patterns in English and German. Numerous cumulative charts and diagrams which synthesize what has been learned to date facilitate the comprehension of the material. The grammar presentations are self-teaching, thus reserving valuable classroom time for oral practice.

The boxed-in areas are a special feature of the grammar section: they contain idiomatic points which are most likely to raise student questions as to proper usage. Correct usage has in each case been carefully delineated to avoid confusion and encourage idiomatic expression.

**Mündliche Übungen (MÜ)**. The grammar section is followed by a set of oral exercises. These *Mündliche Übungen* are coordinated with the *Einführung* to reinforce the newly introduced grammatical concept and the vocabulary. They are designed to be done in the classroom immediately after the completion of, or together with, the *Einführung* since both *Einführung* and *Mündliche Übungen* follow the same step-by-step development.

Although there is an abundance of exercises, they are simple and as short as possible, in keeping with the concept that the student should be confronted with and master one thing at a time. Drill format varies according to the grammatical feature. Whenever possible, the exercises are situational or functional and emphasize the natural use of the language. They are designed primarily for oral completion in the classroom. They can, however, be studied and prepared by the student as homework.

**Ausspracheübung**. A number of chapters feature pronunciation exercises. These short drills are designed to help students achieve phonemic accuracy and foster an awareness of the close correspondence between sound and spelling in German. To avoid confusion as to the meaning of the words practiced, only familiar vocabulary items were chosen. Drills may be done briefly each session with the students imitating the instructor either chorally or individually.

**Lesen und Sprechen**. In the early chapters this section varies in format and serves to introduce new vocabulary. It may take the form of all-dialogue, a combination of dialogue and narrative, a narrative describing illustrations or telling a story. The focus is on everyday situations: making a telephone call, geographical location of Germany, German money, shopping. The aim is to present students with as much language and authentic culture as possible. The sections are kept short and simple. They assert that meaningful communication in German is possible from the very start.

The readings illustrate the use of the new grammatical elements within the context of written language without being contrived. The majority have been adapted from German magazines and simplified so that they can be read and understood by beginning language students. They are of increasing length and difficulty and vary in style and content, ranging from cultural information and aspects of contemporary life in Germany to tourist information and German folklore. Only previously mastered grammatical constructions are used. Passive vocabulary is highlighted in the margins. Students will find that they can read pages of connected text with very little difficulty.

**Lesehilfe**. To further increase reading comprehension, the readings are preceded or followed, whenever possible, by a *Lesehilfe*, which explains new words in German with cognates, near-cognates, familiar vocabulary and structures.

**Fragen and Aufgaben zum Text — Rollenspiel — Zur Diskussion**. Some reading sections are followed by questions which are based on the text material and which elicit nothing more than information presented in the reading. These questions are designed to check comprehension of details and practice the new vocabulary and structures.

Other readings are followed by a *Rollenspiel*, role-playing activities based on the reading which invite the students to a deeper involvement with the text material by placing themselves in the position of one of the characters. They are asked to assume a role and then react to statements as if they had actually participated in the story, giving responses from the characters' point of view.

*Zur Diskussion* provides topics for discussion based on the subject matter of the text. Here the students are asked to express opinions or to make comparisons with a similar situation in their own country. In addition, this section offers ideas for short written compositions.

**Schriftliche Übungen (SÜ)**. The exercises in this section represent a comprehensive review of the material practiced in the chapter. The students are given the opportunity to reinforce oral classroom learning in the form of written homework.

**Kultur**. Eight supplementary culture sections present interesting facts and statistics about Germany. They are written entirely in German and provide a substantial amount of additional discussion material. Since neither oral nor written exercises contain material from the *Kultur* sections, the instructor is free to make use of them as much or as little as time permits.

**Wortschatz**. Located at the end of the chapter, this section lists the words and expressions which have been introduced and practiced in the chapter together with their English equivalents. Attention is drawn to the word sets introduced in the section *Wortschatzerweiterung* but they are not included. For easy reference each *Wortschatz* section is divided into the categories *Nomen, Verben, Adjektive und Adverbien, Verschiedenes*. The gender and plural of nouns, and the principal parts of verbs are included.

To promote sensible guessing and to foster an awareness of the relationship between English and German, easily recognizable words, cognates, near-cognates, and compounds of familiar components are listed without their English equivalents under the heading *Diese Wörter verstehen Sie ohne Wörterbuch*. The student must actively master all vocabulary items listed in the *Wortschatz* section.

## Appendix

The appendix consists of:

1. A **Reference Grammar** including tables for articles, nouns, pronouns and adjectives, a summary of prepositions and verbs with prepositional objects, verb charts for regular, irregular and stem-changing verbs in the various tenses, as well as a list of the principal parts of strong and irregular weak verbs used in the text together with their English equivalents.

2. A **German–English Vocabulary** listing all words used in the text except numbers. As an aid for the student in reviewing and for the instructor in preparing examinations, the German–English final vocabulary identifies the lesson and the section in which a word is first used.

3. An **English–German Vocabulary** containing all words needed for the English-to-German exercises.

4. A complete **Index** indicating the page(s) on which a grammatical point is discussed. The index also contains entries that refer to word sets introduced in the *Wortschatzerweiterung*.

## ACKNOWLEDGEMENTS

The author would like to express her thanks and appreciation to the following colleagues of the European Division of the University of Maryland for their critical review of the manuscript during the field-testing of this book: Stefanie Bahlau (Augsburg), Peter Bochow (Wiesbaden), Frauke Hankamer (London), Helga Hoepffner (Würzburg), Dieter Langendorf (Frankfurt), Sigrid Miller (Ulm), Peter Müller (Worms), Arlene Schalich (Heidelberg), Philipp Schnell (Mannheim) and Gerhard Schulz (Wiesbaden).

Special thanks are due to Helga Hoepffner for her helpful suggestions and critical reviews during the development of the text and to Steven Lampone for his assistance in preparing the vocabulary lists and the index.

The author wishes in particular to express her gratitude to Arlene Schalich and Philipp Schnell who assisted as valued colleagues and friends during all stages of the text; their consulting contributions, careful reviews and judicious editing of the multiple drafts of the manuscript were support beyond what any author has a right to expect.

Finally, the author would like to thank Dr. Walter Knoche, the Foreign Language Coordinator of the University of Maryland, European Division, under whose aegis this book was written. His critical evaluation of the results of the extensive field-testing of the manuscript and the preliminary edition, his advice and encouragement from the inception to the completion of this project were invaluable. His experience and his suggestions are reflected throughout the book.

**Guten Tag! — Woher sind Sie?**
**Was ist er? — Was ist sie?**

● Personal pronouns
● The present tense of **sein**
● The demonstrative pronoun **das**
● Basic German sentence structure

**Zählen, telefonieren, buchstabieren**
*Kultur: Was ist typisch deutsch?*

**Kapitel**

**1**

## Useful Phrases and Classroom Expressions

| | |
|---|---|
| **Guten Morgen/Tag/Abend!** | Good morning/day/evening! |
| **Grüß Gott!** | Greeting used in Southern Germany and Austria at all times of the day. |
| **Auf Wiedersehen!** | Good-bye! |
| **Herr/Frau/Fräulein . . .** | Mr./Mrs./Miss . . . |
| **Alle zusammen bitte!** | All together, please. |
| **Noch einmal bitte!** | Once more, please. |
| **Sprechen Sie lauter bitte!** | Speak louder, please. |
| **Langsam bitte!** | Slowly, please. |
| **Nicht so schnell bitte!** | Not so fast, please. |
| **Wiederholen Sie bitte!** | Please repeat. |
| **Antworten Sie bitte!** | Please answer. |
| **Fragen Sie bitte!** | Please ask. |
| **Lesen Sie bitte!** | Please read. |
| **Lesen Sie bitte weiter!** | Please continue to read. |
| **Schreiben Sie das bitte!** | Please write this. |
| **Lernen Sie das auswendig!** | Memorize this. |
| **Üben Sie das!** | Practice this. |
| **Ergänzen Sie!** | Complete. |
| **Hören Sie gut zu!** | Listen carefully. |
| **Machen Sie Ihr Buch auf!** | Open your book. |
| **Machen Sie Ihr Buch zu!** | Close your book. |
| **Ihre Hausaufgabe ist . . .** | Your homework is . . . |
| **auf Seite . . .** | on page . . . |
| **Verstehen Sie das?** | Do you understand this? |
| **richtig** | right, correct |
| **falsch** | wrong, incorrect |
| **Das ist wichtig.** | That is important. |
| **Wie bitte?** | What was that?/I beg your pardon? |
| **Danke./Vielen Dank!** | Thank you./Thank you very much. |
| **Auf deutsch, bitte!** | In German, please. |
| **Wie geht es Ihnen?** | How are you? |
| **Danke gut. Und Ihnen?** | Fine, thank you. And how are you? |
| **AUSSPRACHEÜBUNG** | Pronunciation exercise |
| **EINFÜHRUNG** | Introduction |
| **LESEHILFE** | Reading aid |
| **MÜ = MÜNDLICHE ÜBUNGEN** | Oral exercises |
| **SÜ = SCHRIFTLICHE ÜBUNGEN** | Written exercises |
| **WORTSCHATZ** | Vocabulary |
| **WORTSCHATZERWEITERUNG** | Vocabulary expansion |

# Guten Tag!

▷ Guten Tag, mein Name ist Berger.
► Guten Tag, ich heiße Fischer.
▷ Verzeihung, wie ist Ihr Name?
► Mein Name ist Fischer.

▷ Wie ist Ihr Name bitte?
► Mein Name ist Alexander.
▷ Ist Alexander Ihr Vorname?
► Nein, das ist mein Familienname.
▷ Und wie ist Ihr Vorname, bitte?
► Mein Vorname ist Peter.

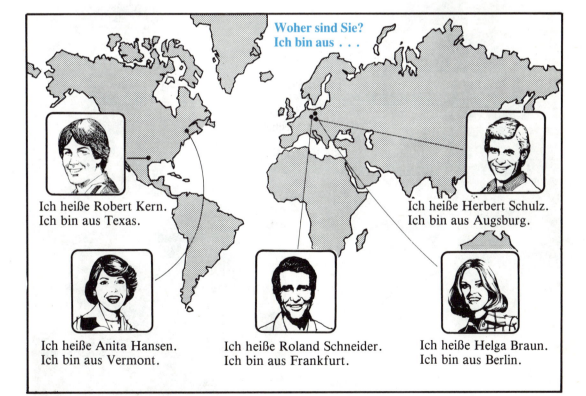

Woher sind Sie?
Ich bin aus . . .

Ich heiße Robert Kern.
Ich bin aus Texas.

Ich heiße Herbert Schulz.
Ich bin aus Augsburg.

Ich heiße Anita Hansen.
Ich bin aus Vermont.

Ich heiße Roland Schneider.
Ich bin aus Frankfurt.

Ich heiße Helga Braun.
Ich bin aus Berlin.

### Was ist er?
### Was ist sie?

Er ist Lehrer.
Sie ist Lehrerin.

Er ist Student.
Sie ist Studentin.

Sie ist Hausfrau.

Er ist Soldat.
Sie ist Soldatin.

Er ist Polizist.
Sie ist Polizistin.

Er ist Mechaniker.
Sie ist Mechanikerin.

Sie ist Sekretärin.

### Und Sie?
### Was sind Sie von Beruf?

## Wer ist das?
## Das ist . . . / Das sind . . .

| | |
|---|---|
| Wer ist das? | Das ist Herr Falke. |
| Ist er Deutscher? | Nein, er ist Amerikaner. |
| Woher ist er? | Er ist aus New York. |
| Was ist er von Beruf? | Er ist Soldat. |
| Wo ist er jetzt? | Er ist jetzt in Deutschland. |
| | |
| Ist er in Amerika? | Nein, er ist nicht in Amerika. |

| | |
|---|---|
| Wer ist das? | Das ist Frau Wilson. |
| Ist sie Deutsche? | Nein, sie ist Amerikanerin. |
| Woher ist sie? | Sie ist aus Ohio. |
| Was ist sie von Beruf? | Sie ist Sekretärin. |
| Wo ist sie jetzt? | Sie ist jetzt in Augsburg. |
| | |
| Ist sie in Ohio? | Nein, sie ist nicht in Ohio. |

| | |
|---|---|
| Wer ist das? | Das sind Herr und Frau Ottman. |
| Sind sie Deutsche? | Nein, sie sind Amerikaner. |
| Woher sind sie? | Sie sind aus Florida. |
| Wo sind sie jetzt? | Sie sind jetzt in Mannheim. |
| | |
| Sind sie in Florida? | Nein, sie sind nicht in Florida. |

| | |
|---|---|
| Wo sind Sie? | Wir sind in Deutschland. |
| Sind Sie im Klassenzimmer? | Ja, wir sind im Klassenzimmer. |
| Sind Sie zu Hause? | Nein, wir sind nicht zu Hause. |
| | Wir sind hier im Klassenzimmer. |

**Zahlen 0–30: Wir zählen von eins (1) bis dreißig (30).**

| | | | | | |
|---|---|---|---|---|---|
| 0 | **null** | | | | |
| 1 | **eins** | 11 | **elf** | 21 | **einundzwanzig** |
| 2 | **zwei** | 12 | **zwölf** | 22 | **zweiundzwanzig** |
| 3 | **drei** | 13 | **dreizehn** | 23 | **dreiundzwanzig** |
| 4 | **vier** | 14 | **vierzehn** | 24 | **vierundzwanzig** |
| 5 | **fünf** | 15 | **fünfzehn** | 25 | **fünfundzwanzig** |
| 6 | **sechs** | 16 | **sechzehn** | 26 | **sechsundzwanzig** |
| 7 | **sieben** | 17 | **siebzehn** | 27 | **siebenundzwanzig** |
| 8 | **acht** | 18 | **achtzehn** | 28 | **achtundzwanzig** |
| 9 | **neun** | 19 | **neunzehn** | 29 | **neunundzwanzig** |
| 10 | **zehn** | 20 | **zwanzig** | 30 | **dreißig** |

## Ein wenig Mathematik

Wieviel ist . . . ?

Wieviel ist vier **plus** fünf?
Vier plus fünf ist neun.

Wieviel ist elf **minus** sieben?
Elf minus sieben ist vier.

Wieviel ist zwanzig **plus** vier?
Zwanzig plus vier ist vierundzwanzig.

Wieviel ist zwanzig **minus** vier?
Zwanzig minus vier ist sechzehn.

## Persönliche Fragen

Wie heißen Sie?
Wie ist Ihr Vorname?
Wie ist Ihr Familienname?
Woher sind Sie?
Was sind Sie von Beruf?
usw. (= und so weiter)

Ich heiße . . .
Mein Vorname ist . . .
. . .
. . .
. . .

## Wie alt . . . ?

Das ist Walter Hagen.
Er ist Student.
Er ist achtundzwanzig.

Das ist Brigitte Benz.
Sie ist Studentin.
Sie ist zwanzig Jahre alt.

## Und Sie?
## Wie alt sind Sie?

# GRAMMATIK

## A  Personal Pronouns

### 1  Analysis

As the term pronoun (= for a noun) implies, the function of a personal pronoun is to replace a noun. A personal pronoun has all the properties of a noun. It indicates the gender (masculine, feminine, neuter) and the number (singular, plural) of the replaced noun.

> Mr. Berger/**he**
> Mrs. Berger/**she**
> Mr. and Mrs. Berger/**they**

### 2  German personal pronouns

Look at the German personal pronouns. Their pattern corresponds very closely to that of English personal pronouns.

|                          | Singular        | Plural        |
|--------------------------|-----------------|---------------|
| 1ST PERSON               | ich   *I*       | wir   *we*    |
| 2ND PERSON (FAMILIAR)    | du    *you*     | ihr   *you*   |
| 3RD PERSON               | er    *he*<br>es    *it*<br>sie   *she* | sie   they    |
| 2ND PERSON (FORMAL)      | Sie   *you*     |               |

Notice that German has three equivalent forms for the English *you:*

**du**  is the familiar form to address one person. Since **du** expresses intimacy, it is used among family members, among close friends or classmates. It is also used in prayers, with children and with pets.

**ihr**  is the plural form of **du,** which means it is used to address more than one person.

**Sie**  is the formal form to address one or more persons. It is always capitalized. Since **Sie** expresses a certain degree of formality, it is used when addressing a person with **Herr ____, Frau ____, Fräulein ____.** It is especially used when meeting a person for the first time.

**Note**  The **du-** and **ihr**-forms will be included in the grammar tables to make you aware of their existence. However, they will not be practiced in this text until Chapter 10.

## B The Present Tense of sein

As in English, the verb **sein** *(to be)* is irregular, which means that its forms have to be carefully memorized.

| sein | | | to be | | |
|---|---|---|---|---|---|
| *Singular* | *Plural* | | *Singular* | *Plural* | |
| ich **bin** | wir **sind** | | *I am* | *we are* | |
| er/es/sie **ist** | sie **sind** | | *he/it/she is* | *they are* | |
| Sie **sind** | | | *you are* | | |
| du bist | ihr seid | | *you are* | *you are* | |

## C The Demonstrative Pronoun das

In sentences such as

Wer ist **das?**  *Who is that (this)?*
**Das** ist Herr Ottman.  *This (that) is Mr. Ottman.*

**das** is used like its English equivalent *this* or *that* to bring a person or an object to someone's attention. It may be accompanied with a gesture to *demonstrate* who or what is referred to. Used in this way, **das** is called a demonstrative pronoun.

Unlike English, the demonstrative **das** does not change when used to point to more than one person or thing.

a-b-c  Das sind Buchstaben.  *These (those) are letters.*
1-2-3  Das sind Zahlen.  *These (those) are numbers.*

## D Basic German Sentence Structure

Compare the following sentences. You will see that in simple sentences German and English follow the same word order.

In simple statements the verb is the second element:

| | **Verb** | | |
|---|---|---|---|
| Ich | bin | in Deutschland. | *I am in Germany.* |
| Das | ist | Frau Berger. | *This is Mrs. Berger.* |
| Wir | sind | aus New York. | *We are from New York.* |

In questions introduced by a question word, the verb is the second element:

| Question Word | Verb | | |
|---|---|---|---|
| Wer | ist | das? | Who is this? |
| Was | sind | Sie? | What are you? |
| Woher | sind | Sie? | Where are you from? |

In a simple question without a question word, the verb is the first element with the subject immediately following; that is to say, subject and verb are simply turned around.

Das ist Frau Wilson.

Ist das Frau Wilson?

The negative word **nicht** (not) is placed in front of the noun.

Mein Name ist **nicht** Berger.
Ich bin **nicht** Polizist. Ich bin Student.

---

**Notes about written German**

1. German nouns are always capitalized: Student, Tag, Sekretärin.

2. The formal form of address **Sie** (you) is always capitalized.

3. The pronoun **ich** is not capitalized (unless it occurs at the beginning of a sentence).

4. An apostrophe indicates the omission of the letter **e,** as for example in the expression **Wie geht's** (= Wie geht es?).

5. The **s**-sound is represented by the letter **ß** (called **ess-tsett**) instead of **ss** when it occurs
   - after long vowels or vowel combinations (heißen, dreißig)
   - before a consonant (heißt)
   - at the end of a word (Grüß Gott)

When all the letters in a word are capitalized, the ß is replaced by SS (DREISSIG, GRÜSS GOTT).

*Lieber Herr Odermann,*

*vielen Dank für Ihre rasche Antwort. Der dicke Sie/Matic-Report mit den vielen Tips hat sehr geholfen, bei der Planung unserer neuen Küche Fehler zu vermeiden. Eine Woche lang haben*

# MÜNDLICHE ÜBUNGEN

**MÜ 1**    Antworten Sie!

- *Sind Sie Polizist? → Ja, ich bin Polizist.*
  *(Nein, ich bin nicht Polizist.)*

1. Sind Sie Mechaniker?
2. Sind wir in Amerika?
3. Sind Sie aus Florida?

4. Ist Frau Ottman Amerikanerin?
5. Ist Ihr Name Alexander?
6. Ist Fräulein Walter hier?


**MÜ 2**    Fragen Sie!

- *Herr Falke ist aus New York. → Ist Herr Falke aus New York?*

1. Herr und Frau Ottman sind hier.
2. Sie sind in Deutschland.
3. Frau Wilson ist Sekretärin.

4. Herr Schulz ist Lehrer.
5. Er ist aus Frankfurt.
6. Frau Ottman ist Hausfrau.


**MÜ 3**    Antworten Sie mit° **er** oder° **sie!**                *with/or*

- *Ist Frau Wilson Sekretärin? → Ja, sie ist Sekretärin.*
  *(Nein, sie ist nicht Sekretärin.)*

1. Ist Herr Schulz aus Augsburg?
2. Ist Frau Braun aus Berlin?
3. Ist Herr Falke aus Florida?

4. Ist Fräulein Klose Studentin?
5. Sind Herr und Frau Ottman hier?
6. Ist Herr Müller Student?


**MÜ 4**    Fragen Sie mit **wer, was, wo, woher, wie!**

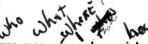

- *Das ist **Herr Schneider.** → Wer ist das?*

1. Das ist **Frau Braun.**
2. Sie ist **aus Berlin.**
3. Herr Falke ist **Soldat.**
4. Ich bin **Sekretärin.**

5. Wir sind **im Klassenzimmer.**
6. Er ist **in Deutschland.**
7. Mein Name ist **Keller.**
8. Ich bin **aus Stuttgart.**

# KULTUR

Was ist typisch deutsch?

Ist das typisch deutsch?

# Telefonieren und buchstabieren

► Wie ist Ihr Name?

▷ Mein Name ist Hewston.

► Wie bitte?
  Noch einmal, bitte langsam.

▷ H-e-w-s-t-o-n!

► Ah, Sie sind Amerikaner.
  Buchstabieren Sie bitte!

▷ H—e—w—s—t—o—n

### Wir buchstabieren

| | | | | | | | |
|---|---|---|---|---|---|---|---|
| a | ah | h | hah | o | oh | v | fau |
| b | beh | i | ih | p | peh | w | weh |
| c | tseh | j | jot | q | kuh | x | iks |
| d | deh | k | kah | r | err | y | üppsilon |
| e | eh | l | ell | s | ess | z | tsett |
| f | eff | m | emm | t | teh | | |
| g | geh | n | enn | u | uh | | |

Vokale: **a** ah **e** eh **i** ih **o** oh **u** uh
Umlaut: **ä** äh        **ö** öh **ü** üh

## AUSSPRACHEÜBUNG

[e:]   Lehrer, Beruf, wenig, Sekretärin, zehn, fünfzehn

[i:]   Sie, wie, wieviel, Ihr, hier, buchstabieren, telefonieren

[ae]   eins, zwei, drei, dreizehn, dreißig, mein, sein, weiter, Verzeihung, heißen, einmal, nein

# SCHRIFTLICHE ÜBUNGEN

**SÜ 1**   Ergänzen Sie **bin, ist** oder **sind!**

1. Ich *bin* Amerikaner.
2. Wir ____ in Deutschland.
3. Woher ____ Herr und Frau Ottman?
4. Mein Name ____ Keller.
5. Das ____ Frau Berger.
6. ____ Sie aus Berlin, Frau Braun?
7. ____ Alexander Ihr Vorname?
8. ____ Sie Mechaniker?
9. Ich ____ Studentin.
10. Wir ____ jetzt in Deutschland.
11. Wie ____ Ihr Name?
12. ____ das Ihr Familienname?

**SÜ 2**   Ergänzen Sie **ich, er, sie** *(singular)* oder **wir!**

1. *Sie* ist Amerikanerin.
2. ____ ist Lehrer.
3. ____ bin aus New York.
4. ____ ist Soldat.
5. ____ sind im Klassenzimmer.
6. ____ ist Sekretärin.
7. ____ sind in Deutschland.
8. ____ ist Amerikaner.
9. ____ bin zwanzig Jahre alt.
10. ____ sind aus Amerika.
11. ____ ist Hausfrau.
12. ____ sind zu Hause.

**SÜ 3**   Fragen Sie mit **wer, was, wo, woher, wie, wieviel!**

**Antwort:**

1. *Wie heißen Sie?*     Ich heiße Hoffmann.
2. _____     Er ist aus Frankfurt.
3. _____     Danke gut. Und Ihnen?
4. _____     Mein Vorname ist Peter.
5. _____     Ich bin 22.
6. _____     Wir sind jetzt in Deutschland.
7. _____     Sie ist Sekretärin.
8. _____     Das ist Herr Alexander.
9. _____     Vier und sechs ist zehn.

**SÜ 4**   **Persönliche Fragen: Antworten Sie!**

1. Wie heißen Sie?
2. Wie ist Ihr Vorname?
3. Wie ist Ihr Familienname?
4. Woher sind Sie?
5. Was sind Sie von Beruf?
6. Wie geht es Ihnen?

## WORTSCHATZ

|  |  |
|---|---|
| Antwort | answer |
| aus | from |
| buchstabieren | to spell |
| Frage | question |
| im Klassenzimmer | in the classroom |
| Ich bin. . .Jahre alt. | I am. . .years old. |
| jetzt | now |
| Lehrer | teacher *(male)* |
| Lehrerin | teacher *(fem.)* |
| nicht | not |
| sein | to be |
| und | and |
| und so weiter (usw.) | and so on |
| Verzeihung! | Excuse me. |
| von. . .bis | from. . .to |
| was? | what? |
| Was sind Sie von Beruf? | What's your profession? |
| wenig, ein wenig | little, a little (bit) |
| wer? | who? |
| wie? | how? |
| Wie heißen Sie? | What's your name? |
| Ich heiße. . . | My name is. . . |
| Wie ist Ihr Name (Vorname, Familienname)? | What's your name (first name, family name)? |
| Mein Name ist. . . | My name is. . . |
| wieviel? | how much? |
| wo? | where? |
| woher? | where from? |
| Zahl | number |
| zählen | to count |
| zu Hause | (at) home |

### Diese Wörter verstehen Sie ohne Wörterbuch.
*(These words you will understand without a dictionary.)*

| | | |
|---|---|---|
| alt | hier | |
| Amerika | in | Sekretärin |
| Amerikaner | ja | Soldat |
| Amerikanerin | Mathematik | Soldatin |
| Deutscher | Mechaniker | Student |
| Deutsche | Mechanikerin | Studentin |
| Deutschland | nein | telefonieren |
| gut | Polizist | typisch |
| Hausfrau | Polizistin | |

**Buchstabiertafel**

**Inland**

| | | | |
|---|---|---|---|
| A | = Anton | O | = Otto |
| Ä | = Ärger | Ö | = Ökonom |
| B | = Berta | P | = Paula |
| C | = Cäsar | Q | = Quelle |
| Ch | = Charlotte | R | = Richard |
| D | = Dora | S | = Samuel |
| E | = Emil | Sch | = Schule |
| F | = Friedrich | T | = Theodor |
| G | = Gustav | U | = Ulrich |
| H | = Heinrich | Ü | = Übermut |
| I | = Ida | V | = Viktor |
| J | = Julius | W | = Wilhelm |
| K | = Kaufmann | X | = Xanthippe |
| L | = Ludwig | Y | = Ypsilon |
| M | = Martha | Z | = Zacharias |
| N | = Nordpol | | |

**Ausland**

| | | | |
|---|---|---|---|
| A | = Amsterdam | Q | = Québec |
| B | = Baltimore | R | = Roma |
| C | = Casablanca | S | = Santiago |
| D | = Danemark | T | = Tripoli |
| E | = Edison | U | = Upsala |
| F | = Florida | V | = Valencia |
| G | = Galipoli | W | = Washington |
| H | = Havana | X | = Xanthippe |
| I | = Italia | Y | = Yokohama |
| J | = Jerusalem | Z | = Zürich |
| K | = Kilogramme | | |
| L | = Liverpool | | |
| M | = Madagaskar | | |
| N | = New York | | |
| O | = Oslo | | |
| P | = Paris | | |

**ARBEITSGEMEINSCHAFT TELEFON**

*Skulptur Armut und Reichtum in der Düsseldorfer Altstadt*

**Wer ist das? — Was ist im Klassenzimmer?**
**Wie viele sind das?**
**Was ist im Zimmer? — Die Farben**

● The definite article: gender and
     number of nouns
● Replacement of nouns by pronouns

**Die Uhrzeit, die Wochentage, die Woche**

# Kapitel
# 2

# EINFÜHRUNG

## Der bestimmte Artikel: *der / das / die*

**Wer ist das?**
**Das ist der / die . . .**

Wer ist der Mann hier?
Das ist Herr Jung.

Wie heißt der Herr?
Der Herr heißt Jung.

Wer ist die Frau dort?
Das ist Frau Glaser.

Wie heißt die Dame?
Die Dame heißt Glaser.

Das ist . . .

| | |
|---|---|
| **der** Mann | **die** Frau |
| **der** Mechaniker | **die** Mechaniker**in** |
| **der** Lehrer | **die** Lehrer**in** |
| **der** Polizist | **die** Polizist**in** |
| **der** Student | **die** Student**in** |
| **der** Soldat | **die** Soldat**in** |
| | **die** Sekretär**in** |

**Was ist im Klassenzimmer?**
**Wie heißt das auf deutsch?**

Das ist . . .
Das heißt . . .

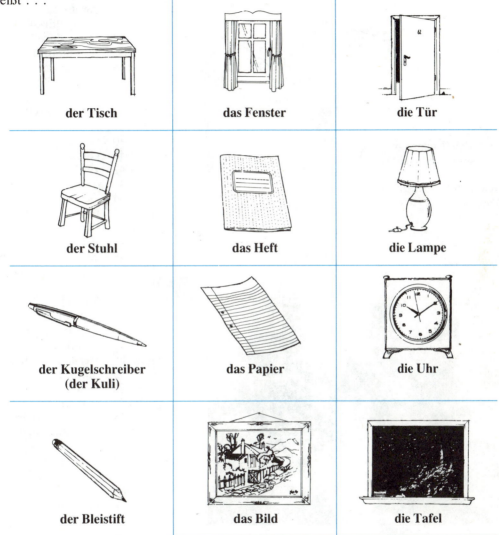

| | | |
|---|---|---|
| **der Tisch** | **das Fenster** | **die Tür** |
| **der Stuhl** | **das Heft** | **die Lampe** |
| **der Kugelschreiber**<br>**(der Kuli)** | **das Papier** | **die Uhr** |
| **der Bleistift** | **das Bild** | **die Tafel** |

**Was ist das?**

Ist das der Tisch?      Nein, das ist **nicht** der Tisch.
Ist das das Bild?      Nein, das ist **nicht** das Bild.
Ist das die Lampe?      Nein, das ist **nicht** die Lampe.

Was ist das?
**Das ist das Buch.**

## Wie viele . . . sind das?

Wie viele Bücher sind das?
Das sind drei Bücher.

Wie viele Bleistifte sind das?
Das sind zwei Bleistifte.

Wie viele Kugelschreiber sind das?
Das sind vier Kugelschreiber.

Wie viele Studenten sind im Klassenzimmer?
Wie viele Frauen?
Wie viele Lehrer?
Wie viele Stühle?
Wie viele Tische?
Wie viele Fenster?

### Wir zählen weiter.

| | |
|---|---|
| 30 | **dreißig** |
| 31 | **einunddreißig** |
| 32 | **zweiunddreißig** |
| 33 | **dreiunddreißig** |
| 34 | **vierunddreißig** |
| 35 | **fünfunddreißig** |
| 36 | **sechsunddreißig** |
| 37 | **siebenunddreißig** |
| 38 | **achtunddreißig** |
| 39 | **neununddreißig** |
| 40 | **vierzig** |
| 41 | **einundvierzig** |
| 42 | **zweiundvierzig** |
| 43 | **dreiundvierzig** |
| 44 | **vierundvierzig** |
| 45 | **fünfundvierzig** |
| 46 | **sechsundvierzig** |
| 47 | **siebenundvierzig** |
| 48 | **achtundvierzig** |
| 49 | **neunundvierzig** |
| 50 | **fünfzig** |
| 51 | **einundfünfzig** |
| 52 | **zweiundfünfzig** |
| 53 | **dreiundfünfzig** |
| 54 | **vierundfünfzig** |
| 55 | **fünfundfünfzig** |
| 56 | **sechsundfünfzig** |
| 57 | **siebenundfünfzig** |
| 58 | **achtundfünfzig** |
| 59 | **neunundfünfzig** |
| 60 | **sechzig** |
| 70 | **siebzig** |
| 80 | **achtzig** |
| 90 | **neunzig** |
| 100 | **hundert** |
| 101 | **hunderteins** |
| 102 | **hundertzwei** |
| 210 | **zweihundertzehn** |
| 220 | **zweihundertzwanzig** |
| 500 | **fünfhundert** |
| 1000 | **tausend** |
| 2000 | **zweitausend** |

## WORTSCHATZERWEITERUNG

Was ist im Zimmer . . . ?

| | | |
|---|---|---|
| **rechts** | ↔ | **links** |
| **oben** | ↔ | **unten** |
| **hinten** | ↔ | **vorn(e)** |
| **alt** | ↔ | **neu** |
| **groß** | ↔ | **klein** |
| **dick** | ↔ | **dünn** |
| **kurz** | ↔ | **lang** |

Hier sind die Farben.
Was ist im Klassenzimmer . . . ?

**blau**
**rot**
**grau**
**grün**
**braun**
**weiß**
**gelb**
**schwarz**

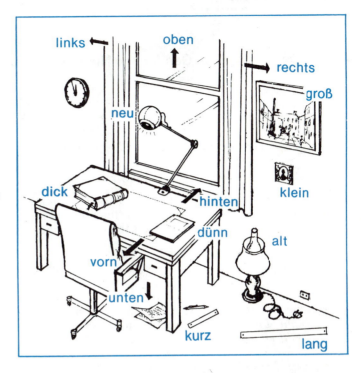

## *Die Personalpronomen **er** / **es** / **sie***

Ist der Lehrer Deutscher?
Ist der Student Amerikaner?
Ist der Tisch braun?
Ist der Bleistift gelb?
*is The pencil yellow*

Ist das Auto blau?
Ist das Papier rot?
Ist das Fenster klein?

Ist die Lehrerin Deutsche?
Ist die Studentin jung?
Ist die Tür weiß?
Ist die Lampe grün?

Wo sind die Studenten?
Wo sind die Bücher?
Wo sind die Fenster?
Wo sind die Bilder?

Ja, **er** ist Deutscher.
Ja, **er** ist Amerikaner.
Ja, **er** ist braun.
Nein, **er** ist nicht gelb.
**Er** ist blau. *blue*

Ja, **es** ist blau.
Nein, **es** ist nicht rot.
Nein, **es** ist nicht klein.
**Es** ist groß.

Ja, **sie** ist Deutsche.
Ja, **sie** ist jung.
Ja, **sie** ist weiß.
Nein, **sie** ist nicht grün.
**Sie** ist gelb.

**Sie** sind im Klassenzimmer.
**Sie** sind hier.
**Sie** sind dort.
**Sie** sind rechts.

# GRAMMATIK

## A  The Definite Article: Gender and Number of Nouns

### 1  Analysis

A NOUN

names a person, place, thing or idea: *man, house, car, love.*

GENDER

is the classification of nouns as masculine, feminine or neuter. In English, gender is mostly based on a biological distinction; that is, male beings are masculine, female beings are feminine and lifeless things are neuter: man (masculine), woman (feminine), book (neuter).

NUMBER

is the change in the form of a noun (pronoun or verb) to designate one or more than one. If a noun names one thing (person, idea, etc.) it is called a singular noun: *car, child, love.* If a noun names more than one thing it is called a plural noun: *cars, children, ideas.*

THE DEFINITE ARTICLE

points to a definite (specific) person, place, thing or idea. In English, the definite article is *the.*

### 2  Gender of German nouns

In contrast to English, the arrangement of German nouns into three classes (masculine, feminine, neuter) is not based on a biological distinction. Nouns denoting lifeless objects or abstract ideas can be masculine, feminine or neuter. All German nouns belong to one of these three classes.

It is important to understand that in German, the term gender points to the grammatical class to which the noun belongs and has nothing to do with sex. There is obviously nothing inherently masculine in a noun such as **Tisch** *(table)*. There is no way to discern that **Tür** *(door)* is a feminine noun, nor can one tell that **Fenster** *(window)* is neuter merely by looking at it. A native speaker of German is not even conscious of gender; it is simply a grammatical feature of the language.

Usually German nouns themselves do not show gender. This function is left to the definite article. To simplify later grammar charts, this text uses the sequence masculine, neuter, feminine.

## 3 The singular definite article: **der, das, die**

The German definite article indicates to which of the three classes a noun belongs. Thus, where English uses *the*, German has three equivalent forms.

| Masculine *(the)* | Neuter *(the)* | Feminine *(the)* |
|---|---|---|
| **der** Tisch | **das** Fenster | **die** Lampe |
| **der** Bleistift | **das** Zimmer | **die** Uhr |
| **der** Mann | **das** Buch | **die** Frau |

Because the grammatical gender of most German nouns is not predictable, always memorize the definite article together with the noun.

| Do not memorize | Do memorize |
|---|---|
| ~~Lampe~~ | **die Lampe** |
| ~~Tisch~~ | **der Tisch** |
| ~~Buch~~ | **das Buch** |

---

**Study Aid**

As in English, nouns denoting males are usually grammatically masculine (**der**-nouns); most nouns denoting females are grammatically feminine (**die**-nouns). There are, however, some exceptions as for example **das Mädchen** *(the girl)* and **das Kind** *(the child).*

| Masculine | Feminine |
|---|---|
| der Herr | die Dame |
| der Mann | die Frau |

The suffix **-in** is often added to a masculine noun to form its feminine counterpart. Thus, nouns ending in the suffix **-in** are always **die**-nouns.

| der Amerikaner | die Amerikanerin |
|---|---|
| der Student | die Studentin |
| der Lehrer | die Lehrerin |

As a rule, nouns ending in **-e** are **die**-nouns. There are, however, some exceptions.

| die Lampe | | der Name |
|---|---|---|
| die Farbe | *but:* | der Buchstabe |
| die Frage | | (and others) |

All nouns ending in the suffix **-ung** are **die**-nouns.

die Einführung
die Übung
die Entschuldigung

## 4   The plural definite article: **die**

The German definite article for plural nouns has only one form: **die**

| Singular | Plural |
|----------|--------|
| der Stuhl | **die** Stühle |
| das Buch | **die** Bücher |
| die Lampe | **die** Lampen |

**Note** If you look closely at the plural forms of the above German nouns, you will see that they undergo certain changes from the singular to the plural. Whereas most English nouns form their plural by adding -s *(book, books)* there is no definite rule for the formation of German plural nouns. Therefore, it is best to memorize the plural along with the singular form of the noun and the definite article.

You will find the plural forms indicated in the **Wortschatz** as follows:

|  | Plural |
|--|--------|
| der **Apfel, ¨** | = die Äpfel |
| der **Amerikaner, -** | = die Amerikaner |
| die **Lampe, -n** | = die Lampen |
| die **Frau, -en** | = die Frauen |
| der **Tisch, -e** | = die Tische |
| das **Bild, -er** | = die Bilder |
| das **Auto, -s** | = die Autos |

## 5   Omission of the article

Only when there is a reference to a nationality, a religion or an occupation is the article omitted.

Herr Linke ist **Student.**
Sie ist **Studentin.**
Sind Sie **Amerikaner?**

## B   Replacement of Nouns by Pronouns

In English, the personal pronouns *he, she, it* indicate the biological gender of the nouns they replace *(the man/he)*. In German, however, the personal pronouns must agree with the grammatical, not necessarily the biological, gender of the replaced nouns. Note the similarity between the definite article and the corresponding personal pronoun.

| Singular | Plural |
|----------|--------|
| **der** Tisch/ **er** *(it)* | **die** Tische/ **sie** *(they)* |
| **das** Buch/ **es** *(it)* | **die** Bücher/ **sie** *(they)* |
| **die** Tür/ **sie** *(it)* | **die** Türen/ **sie** *(they)* |

Look at some more examples:

| | |
|---|---|
| **Der** Bleistift ist lang. | *The pencil is long.* |
| **Er** ist lang. | *It is long.* |
| **Das** Heft ist dünn. | *The notebook is thin.* |
| **Es** ist dünn. | *It is thin.* |
| **Die** Lampe ist neu. | *The lamp is new.* |
| **Sie** ist neu. | *It is new.* |

---

### When to use **wieviel** and **wie viele**

**Wieviel** and **wie viele** correspond to English *how much* and *how many* as **viel** and **viele** correspond to *much* and *many*. Notice that **wie viele** is written as two words.

| | |
|---|---|
| Wieviel ist drei und vier? | *How much is three and four?* |
| Das ist nicht viel. | *That is not much.* |
| | |
| Wie viele Studenten sind hier? | *How many students are here?* |
| Viele Studenten sind hier. | *Many students are here.* |
| (Hier sind viele Studenten.) | *(There are many students here.)* |

---

# MÜNDLICHE ÜBUNGEN

**MÜ 1**  Hier ist die Antwort. Fragen Sie mit **wer** oder **was**!

● Das ist Herr Falke. → *Wer ist das?*
  Das ist der Kuli. → *Was ist das?*

1. Das ist der Kugelschreiber.
2. Das ist der Student.
3. Das ist Frau Hoffmann.
4. Das ist das Buch.
5. Das ist die Tür.
6. Das ist der Tisch.
7. Das ist die Studentin.
8. Das ist das Heft.

**MÜ 2**  Was ist richtig: **der, das** oder **die?**

1. *das* Fenster
2. ___ Bleistift
3. ___ Uhr
4. ___ Papier
5. ___ Dame
6. *Der* Mann
7. ___ Tisch
8. ___ Buch
9. ___ Frau
10. ___ Stuhl
11. ___ Polizist
12. ___ Lampe
13. ___ Tür
14. ___ Heft
15. ___ Kuli
16. ___ Zimmer
17. ___ Student
18. ___ Studentin

**MÜ 3**   Antworten Sie mit **er, es** oder **sie!**

●   Ist der Tisch braun? → *Ja, er ist braun. (Nein, er ist nicht braun.)*

1. Ist der Tisch klein?
2. Ist das Heft schwarz?
3. Sind die Fenster groß?
4. Ist die Lampe unten?
5. Sind die Bilder klein?
6. Ist der Polizist hier?
7. Ist der Kugelschreiber weiß?
8. Sind die Stühle rot?
9. Ist die Tür grün?
10. Sind die Studenten alt?
11. Ist der Bleistift kurz?
12. Sind die Bücher neu?

**MÜ 4**   Fragen Sie mit **wer, was, wo, woher!**

●   Das ist **Herr Müller.** → *Wer ist das?*

1. Das ist **Frau Braun.**
2. Sie ist **aus Berlin.**
3. Dort ist **die Lampe.**
4. **Dort** ist das Fenster.
5. **Die Tür** ist rechts.
6. Der Mann ist **Polizist.**
7. **Hier** ist das Buch.
8. Er ist **aus Florida.**

**MÜ 5**   Antworten Sie!

Was ist im Klassenzimmer . . . ?

1. weiß
2. grün
3. braun
4. gelb
5. schwarz
6. rot
7. groß
8. klein
9. alt
10. neu
11. lang
12. kurz
13. dick
14. dünn
15. oben
16. rechts
17. links
18. unten

**MÜ 6**   Lesen Sie laut!

21 Studenten
16 Tische
100 Bücher
11 Stühle
15 Männer
17 Damen

4 Farben
10 Frauen
12 Uhren
2 Lehrerinnen
6 Bilder
9 Hefte

22 Studentinnen
30 Amerikaner
2 Türen
16 Kugelschreiber
3 Lampen
13 Bleistifte

**MÜ 7**   Buchstabieren Sie!

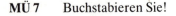

# Die Uhrzeit    **Wieviel Uhr ist es? / Wie spät ist es?**    **Es ist . . .**

1.00
ein Uhr
13.00
dreizehn Uhr

1.05
ein Uhr fünf
13.05
dreizehn Uhr fünf

1.15
ein Uhr fünfzehn
13.15
dreizehn Uhr fünfzehn

1.20
ein Uhr zwanzig
13.20
dreizehn Uhr zwanzig

1.30
ein Uhr dreißig
13.30
dreizehn Uhr dreißig

1.40
ein Uhr vierzig
13.40
dreizehn Uhr vierzig

1.45
ein Uhr fünfundvierzig
13.45
dreizehn Uhr fünfundvierzig

1.55
ein Uhr fünfundfünfzig
13.55
dreizehn Uhr fünfundfünfzig

2.00
zwei Uhr
14.00
vierzehn Uhr

# die Wochentage, die Woche

| 10 | 11 | 12 | 13 | 14 | 15 | 16 |
|---|---|---|---|---|---|---|
| Montag | Dienstag | Mittwoch | Donnerstag | Freitag | Samstag | Sonntag |

Heute ist Dienstag.
Morgen ist Mittwoch
Übermorgen ist Donnerstag.
Gestern war° Montag.                                                    *was*
Vorgestern war Sonntag.

Samstag und Sonntag, das ist das Wochenende.

## AUSSPRACHEÜBUNG

[r]  Amerika, Frau, Fräulein, fragen, telefonieren, buchstabieren, Beruf, Lehrer, Mechanikerin, Sekretärin, Jahre

[ʌ]  Herr, hier, Amerikaner, Mechaniker, Lehrer, Zimmer, oder, wer, ihr

[i]  bitte, ist, bin, in, Zimmer, Lehrerin, Polizistin, Studentin, dick, Stift, Tisch, Bild, hinten, links, nicht, sind, richtig

[i:]  buchstabieren, Wiedersehen, hier, telefonieren, wie, Sie, ihr, Papier, Dienstag, wieviel, wiederholen

# SCHRIFTLICHE ÜBUNGEN

**SÜ 1** Was ist richtig: **der, das** oder **die?**

Das ist . . .    Das ist . . .    Das ist . . .

| | | | | | |
|---|---|---|---|---|---|
| 1. | _der_ Mann | 8. | ___ Soldat | 15. | ___ Kugelschreiber |
| 2. | ___ Bild | 9. | ___ Stuhl | 16. | ___ Mechaniker |
| 3. | ___ Uhr | 10. | ___ Papier | 17. | ___ Sekretärin |
| 4. | ___ Heft | 11. | ___ Farbe | 18. | ___ Fenster |
| 5. | ___ Herr | 12. | ___ Tisch | 19. | ___ Lehrer |
| 6. | ___ Frau | 13. | ___ Zahl | 20. | ___ Student |
| 7. | ___ Lampe | 14. | ___ Tafel | 21. | ___ Klassenzimmer |

**SÜ 2** Hier ist die Antwort. Fragen Sie!

- **Der Mann ist Mechaniker.** → *Ist der Mann Mechaniker?*

1. Die Frau ist Deutsche.      4. Das Heft ist dünn.
2. Herr Alexander ist hier.      5. Der Bleistift ist gelb.
3. Die Tür ist hinten.      6. Der Tisch ist vorne.

**SÜ 3** Antworten Sie mit **er, es** oder **sie!**

- **Ist der Mann Mechaniker?** → *Ja, er ist Mechaniker.*
  *(Nein, er ist nicht Mechaniker.)*

1. Ist Frau Braun Hausfrau?      5. Sind die Fenster groß?
2. Ist Herr Ottman Deutscher?      6. Ist der Kuli schwarz?
3. Sind die Studenten zu Hause?      7. Ist das Klassenzimmer klein?
4. Ist das Bild neu?      8. Sind die Bücher dick?

**SÜ 4** Ergänzen Sie **bin, ist** oder **sind!**

1. Der Bleistift _ist_ lang.      7. ___ der Kugelschreiber rot?
2. Wo ___ die Tür, bitte?      8. Herr und Frau Ottman ___ hier.
3. Dort ___ die Fenster.      9. Wie viele Studenten ___ hier?
4. Woher ___ die Studenten?      10. Im Klassenzimmer ___ drei Fenster.
5. Wer ___ die Dame dort?      11. Wieviel Uhr ___ es?
6. Die Bilder ___ alt.      12. Ich ___ Student.

**SÜ 5** Wieviel Uhr ist es?

1.    2.    3.    4.    5.

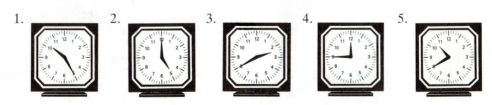

## WORTSCHATZ

### NOMEN

| | |
|---|---|
| **der Bleistift, -e** | pencil |
| **der Kugelschreiber, -** | ballpoint pen |
| **der Kuli, -s** | pen |
| **der Stuhl, ¨e** | chair |
| **der Tisch, -e** | table |
| **das Bild, -er** | picture |
| **das Fenster, -** | window |
| **das Heft, -e** | notebook |
| **das Papier, -e** | paper |
| **die Farbe, -n** | color |
| **die Tafel, -n** | blackboard |
| **die Tür, -en** | door |
| **die Uhr, -en** | clock, watch |
| **die Woche, -n** | week |
| **die Zeit, -en** | time |

### ADJEKTIVE UND ADVERBIEN

| | |
|---|---|
| **dort** | there |
| **gelb** | yellow |
| **gestern** | yesterday |
| **groß** | big, large |
| **heute** | today |
| **hinten** | in the back |
| **klein** | small, little |
| **kurz** | short |
| **links** | left |
| **morgen** | tomorrow |
| **oben** | above |
| **rechts** | right |
| **schwarz** | black |
| **spät** | late |
| **übermorgen** | day after tomorrow |
| **unten** | down, below |
| **vorgestern** | day before yesterday |
| **vorn(e)** | in front |

### VERSCHIEDENES *(Miscellaneous)*

| | |
|---|---|
| **Wie heißt das auf deutsch?** | What does this mean in German? |
| **Das heißt. . . (d.h.)** | This (that) means. . . |
| **Wieviel Uhr ist es?** | What time is it? |
| **Es ist. . .Uhr.** | It is . . . o'clock. |
| **wie viele?** | how many? |

## WIEDERHOLUNG

**Diese Wörter verstehen Sie ohne Wörterbuch.**

### NOMEN

**der Amerikaner, -**
**der Beruf, -e**
**der Familienname, -n**
**der Herr, -en**
**der Lehrer, -**
**der Mann, ¨er**
**der Mechaniker, -**
**der Name, -n**
**der Polizist, -en**
**der Soldat, -en**
**der Student, -en**
**der Tag, -e**
**der Vorname, -n**

**das Auto, -s**
**das Buch, ¨er**
**das Jahr, -e**
**das Klassenzimmer, -**
**das Wochenende, -n**
**das Wort, ¨er**
**das Zimmer, -**

**die Amerikanerin, -nen**
**die Antwort, -en**
**die Dame, -n**
**die Frage, -n**
**die Frau, -en**
**die Hausfrau, -en**
**die Lampe, -n**
**die Lehrerin, -nen**
**die Mechanikerin, -nen**
**die Polizistin, -nen**
**die Sekretärin, -nen**
**die Soldatin, -nen**
**die Uhrzeit**
**die Zahl, -en**

### ADJEKTIVE

**alt**
**blau**
**braun**
**dick**
**dünn**
**grau**
**grün**
**jung**
**lang**
**neu**
**rot**
**weiß**

**Wer sind die Leute? — Was tun sie?**
**Getränke: Was trinken Sie gern?**

- Regular verbs in the present tense
- Use of present tense
- The imperative
- Basic German sentence structure

**Deutschland im Zentrum von Europa**
**Die Bundesrepublik**

# Kapitel 3

# EINFÜHRUNG

## Konjugation: Verben im Präsens

**Wer sind die Leute?**
**Was tun sie?**

▷ **Ich heiße** Brigitte Weber.
Wie **heißen Sie?**

▶ **Ich heiße** Ralph Sander.

▷ **Ich komme** aus Hamburg.
Woher **kommen Sie?**

▶ **Ich komme** aus München.

▷ **Ich wohne** jetzt in Frankfurt.
Wo **wohnen Sie?**

▶ **Ich wohne** auch in Frankfurt.

▷ **Ich arbeite** in Frankfurt.
Wo **arbeiten Sie?**

▶ **Ich arbeite** auch in Frankfurt.

**Er heißt** Ralph Sander.              **Sie heißt** Brigitte Weber.
**Er kommt** aus München.               **Sie kommt** aus Hamburg.
**Er wohnt** jetzt in Frankfurt.        **Sie wohnt** jetzt in Frankfurt.
**Er arbeitet** in Frankfurt.           **Sie arbeitet** in Frankfurt.

**Und Sie?**
**Was tun Sie?**

Sie lernen jetzt Deutsch.
Verstehen Sie Deutsch?
Was tun Sie im Klassenzimmer?

**Wir verstehen** ein bißchen Deutsch.
**Wir lernen** Deutsch.
**Wir fragen** auf deutsch.
**Wir antworten** auf deutsch.
**Wir wiederholen.**
**Wir schreiben.**
**Wir arbeiten** viel.

**Und die Studenten?**
**Was tun die Studenten?**

Die Studenten lernen Deutsch.
Verstehen sie Deutsch?
Was tun sie im Klassenzimmer?

**Sie verstehen** ein bißchen Deutsch.
**Sie lernen** Deutsch.
**Sie fragen** auf deutsch.
**Sie antworten** auf deutsch.
**Sie wiederholen.**
**Sie schreiben.**
**Sie arbeiten** viel.

## *Der Imperativ*

### *Die Frage*

**Fragen Sie** auf deutsch?
**Antworten Sie** laut?
**Wiederholen Sie** jetzt?
**Lernen Sie** das auswendig?
**Schreiben Sie** das?
**Zeigen Sie** das Bild?
**Lesen Sie** das laut?

### *Der Imperativ*

**Fragen Sie** auf deutsch!
**Antworten Sie** laut!
**Wiederholen Sie** jetzt!
**Lernen Sie** das auswendig!
**Schreiben Sie** das nicht!
**Zeigen Sie** das Bild nicht!
**Lesen Sie** das nicht laut!

Sie ist Studentin.
Sie studiert in Heidelberg.
Sie trinkt gerade Kaffee.
Sie raucht.

Der Herr und die Damen
arbeiten. Er schreibt.
Er telefoniert gerade.
Die Dame links zeigt die
Landkarte. Die Dame rechts
bringt die Hefte.

Es regnet.
Die Leute gehen zu Fuß.
Sie gehen nach Hause.
Wohin gehen die Leute?

## WORTSCHATZERWEITERUNG

### Getränke

**Was trinken Sie gern?**
**Ich trinke gern . . .**

| | |
|---|---|
| **Tee** | Der Tee ist heiß. |
| **Kaffee** | Der Kaffee ist schwarz. |
| **Wein** | Der Wein ist gut. |
|   **Weißwein** | Der Weißwein ist weiß. |
|   **Rotwein** | Der Rotwein ist rot. |
| **Saft** | Der Saft ist gesund. |
|   **Apfelsaft** | Der Apfelsaft ist sauer. |
| **Bier** | Das Bier ist kalt. |
| **Wasser** | Das Wasser ist billig. |
|   **Mineralwasser** | Das Mineralwasser ist gut. |
| **Milch** | Die Milch ist warm. |
| **Limonade** | Die Limonade ist süß. |

*Prost!*

# GRAMMATIK

## A  Conjugation of German Verbs

### 1  Analysis

THE VERB

expresses the action, situation or condition described in a sentence.

THE INFINITIVE

is the basic form of the verb without any connection to the doer of the action (= subject). In English, the infinitive is usually preceded by *to*. In German, the infinitive form of a verb usually ends in **-en,** sometimes only in **-n.**

| | | | |
|---|---|---|---|
| *to come* | *to drink* | *to bring* | *to do* |
| kommen | trinken | bringen | tun |

TENSE

is the form of the verb that indicates the time or duration of an action, state or situation. This chapter deals with the present tense. English has three forms to express present time. German has only one.

*He works.*
*He is working.*  } Er arbeitet.
*He does work.*

CONJUGATION

When a verb undergoes a change in form to indicate person, number or tense, it is said to be conjugated. For example, English verbs show a change in the third person singular *(he/it/she)* of the present tense.

| Infinitive | he/it/she |
|------------|-----------|
| to live | lives |
| to drink | drinks |
| to go | goes |

## 2 Regular verbs in the present tense

To conjugate a regular verb in the present tense, we begin with the stem of the infinitive. To find the stem, we drop the infinitive ending **-en** or **-n**.

| Infinitive | Stem of Infinitive |
|------------|--------------------|
| lernen | lern- |
| sagen | sag- |
| gehen | geh- |
| tun | tu- |

With very few exceptions the present tense of German verbs is formed by adding a set of personal endings to the stem of the infinitive (verb stem).

| gehen *(to go)* | |
|-----------------|------------------|
| *Singular* | *Plural* |
| ich geh **e** | wir geh **en** |
| er/es/sie geh **t** | sie geh **en** |
| Sie geh **en** | |
| du geh **st** | ihr geh **t** |

Look at some more examples:

| INFINITIVE | | lernen | trinken | wohnen | tun |
|------------|---|--------|---------|--------|-----|
| VERB STEM | | lern- | trink- | wohn- | tu- |
| | ich | lerne | trinke | wohne | tue |
| | du | lernst | trinkst | wohnst | tust |
| | er/es/sie | lernt | trinkt | wohnt | tut |
| | wir | lernen | trinken | wohnen | tun |
| | ihr | lernt | trinkt | wohnt | tut |
| | Sie, sie | lernen | trinken | wohnen | tun |

**Remember** The formal form of address **Sie** may refer to one or more persons, depending on the context. **Sie** always takes the plural verb form.

### 3  Variation

If the verb stem ends in **-t** or **-d** as in **arbeiten, antworten, finden** or in a consonant cluster as in **regnen** *(to rain)* or **öffnen** *(to open)*, an **-e** is inserted between the stem and the ending **-t** of the **er/es/sie**-form. This is for ease of pronunciation.

|  | arbeiten<br>arbeit- | antworten<br>antwort- | finden<br>find- | öffnen<br>öffn- |
|---|---|---|---|---|
| er/es/sie | arbei**tet** | antwor**tet** | fin**det** | öff**net** |

## B  Use of the Present Tense

### 1  No progressive and no emphatic forms in German

German does not differentiate between *she works* a habitual activity and *she is working* an action in progress or the emphatic *she does work*. While there is a difference for the native speaker of English, the German equivalent for all three forms is simply **sie arbeitet.**

Look at one more example:

Ich trinke Kaffee. 
$\begin{cases} \textit{I am drinking coffee.} \\ \textit{I drink coffee.} \\ \textit{I do drink coffee.} \end{cases}$

The same is true for questions and negative statements.

| | |
|---|---|
| Antwortet er auf englisch? | *Is he answering in English?* |
| Nein, er antwortet auf deutsch. | *No, he is answering in German.* |
| Arbeitet er? | *Does he work?* |
| Nein, er arbeitet nicht. | *No, he doesn't work.* |

### 2  Present tense with future meaning

German often uses the present tense to express an action projected into the future. This is especially true in connection with a time expression such as **morgen** *(tomorrow)* or **später** *(later)*. In this instance, the German present tense is equivalent to the progressive form or the future tense in English.

| | |
|---|---|
| Ich komme morgen. | Er geht später. |
| *I am coming tomorrow.* | *He is going later.* |
| *I'll come tomorrow.* | *He will go later.* |

## C  The Imperative

### 1  The **Sie**-form

The imperative is used to express a command. In English, the form of the verb in the imperative is identical with the infinitive. The pronoun *you* is understood but not expressed.

> Ask the lady.
> Go home.
> Don't ask the lady.
> Don't go home.

You already have encountered the German imperative in the instructions to the exercises:

> Antworten Sie!
> *Answer.*

> Fragen Sie!
> *Ask.*

> Ergänzen Sie!
> *Complete.*

In formal commands the subject **Sie** must be expressed. The word order is identical to that of a question. The distinction between question and imperative is made by intonation, that is, by a rising or falling voice. (For the **du-** and **ihr-**forms of the imperative see Chapter 10.)

| Question | Imperative |
|---|---|
| Gehen Sie? | Gehen Sie! |
| Trinken Sie Milch? | Trinken Sie Milch! |

### 2  The **wir**-form

When the speaker includes himself in a command, German uses the **wir**-form of the imperative; the construction is the same as in a simple question. The difference between question and imperative is made by intonation. The **wir**-imperative is used where English uses a phrase beginning with *Let's*.

| Question | Imperative | |
|---|---|---|
| Gehen wir jetzt? | Gehen wir jetzt! | *Let's go now.* |
| Beginnen wir später? | Beginnen wir später! | *Let's begin later.* |
| Trinken wir Kaffee? | Trinken wir Kaffee! | *Let's drink coffee.* |

## D   Basic German Sentence Structure

An important aspect of learning a new language is to master its sentence structure. You will see that German and English often use the same word order in constructing sentences. At times, however, the word order in German sentences is completely different from that of English.

### 1   The three basic patterns of German word order

1. Normal word order: subject first, verb second

| Subject | Verb | Other |
|---|---|---|
| Herr Sander | wohnt | in Augsburg. |
| Ich | verstehe | Deutsch. |
| Der Herr | trinkt | gern Bier. |

2. Inverted word order: verb second

A German sentence may begin with something other than the subject. The verb, however, must remain in second position with the subject immediately following. Thus the word order is turned around, that is to say *inverted*.

Look at some more examples:

| Other | Verb | Subject |
|---|---|---|
| Dort | kommt | Frau Braun. |
| Morgen | arbeiten | wir. |
| Jetzt | gehe | ich. |

Inverted word order is used in questions introduced by a question word. The question word comes first, the verb second, with the subject immediately following.

| Question Word | Verb | Subject |
|---|---|---|
| Woher | kommt | Frau Braun? |
| Wo | arbeiten | Sie? |
| Was | tun | die Leute? |

3. Word order in simple questions and imperative: verb first

As pointed out before, those questions which do not have a question word and which require simply a *yes* or *no* answer have the verb in first position with the subject immediately following.

| SIMPLE QUESTION | Verb | Subject | Other |
|---|---|---|---|
| | Geht | Frau Braun | jetzt? |
| | Rauchen | Sie? | |
| | Trinkt | der Herr | gern Bier? |
| IMPERATIVE | Gehen | Sie | jetzt! |
| | Rauchen | Sie | nicht so viel! |
| | Trinken | Sie | das Bier! |

## 2   Position of **nicht**

The position of **nicht** in a sentence to form a negative statement varies. **Nicht** is placed

– at the end if the entire sentence is to be negated

> Der Herr kommt **nicht.**
> Die Sekretärin arbeitet heute **nicht.**
> Ich verstehe Sie **nicht.**

– before expressions of place

> Frau Braun kommt **nicht** aus Frankfurt.
> Die Leute sind **nicht** zu Hause.
> Herr Falke ist heute **nicht** hier.

## 3   Time before place

German word order requires that expressions of time precede those of place.

| | | Time | Place |
|---|---|---|---|
| Er | geht | jetzt | **nach Hause.** |
| Sie | arbeitet | morgen | **in Augsburg.** |
| Wir | sind | heute | **zu Hause.** |

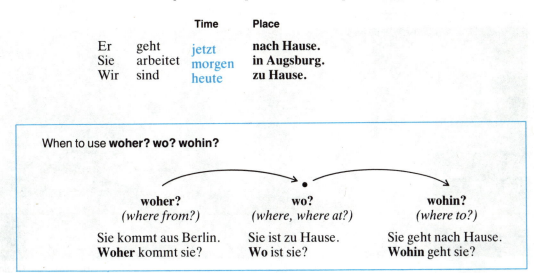

When to use **woher? wo? wohin?**

| **woher?** | **wo?** | **wohin?** |
|---|---|---|
| *(where from?)* | *(where, where at?)* | *(where to?)* |
| Sie kommt aus Berlin. | Sie ist zu Hause. | Sie geht nach Hause. |
| **Woher** kommt sie? | **Wo** ist sie? | **Wohin** geht sie? |

## When to use **nach Hause** and **zu Hause**

There is a distinct difference between the two phrases. **Nach Hause** means *(going/driving) home* and is used with verbs expressing motion toward home. **Zu Hause** has the meaning of *(at) home* and is used with verbs expressing location.

| | | |
|---|---|---|
| **Wohin** geht Michael? | Er geht **nach Hause.** | *He is going home.* |
| **Wo** ist er? | Er ist **zu Hause.** | *He is (at) home.* |

## When to use **gern** + verb

The most common way of expressing in German *to like to do something* is to use **gern (gerne)** in connection with a verb.

| | |
|---|---|
| Ich trinke gern(e) Kaffee. | *I like to drink coffee.* |
| Was trinken Sie gern(e)? | *What do you like to drink?* |

**Gern** and **gerne** are interchangeable.

## When to use **gerade**

When the word **gerade** is used in connection with a verb it refers to time and has the meaning of *just, just now.*

| | |
|---|---|
| Sie trinkt **gerade** Kaffee. | *She is (just now) drinking coffee.* |
| Er telefoniert **gerade.** | *He is (just now) phoning.* |

As you can see, German may use **gerade** + verb where English uses the progressive form of the verb.

*Bonn liegt am Rhein.*

# MÜNDLICHE ÜBUNGEN

**MÜ 1**    Antworten Sie!

●    *Ich lerne Deutsch. Und die Dame? → Die Dame lernt auch Deutsch.*

1.  Wir lernen Deutsch.
    Und der Student?
        ich?
        die Leute?
        die Studentin?
        Sie?

2.  Sie antworten auf deutsch.
    Und der Polizist?
        die Lehrerin?
        die Studenten?
        ich?
        Sie?

3.  Wir verstehen Deutsch.
    Und Fräulein Walter?
        Sie?
        ich?
        wir?
        er?

4.  Er wohnt in Würzburg.
    Und die Studenten?
        der Lehrer?
        die Sekretärin?
        Sie?
        wir?

5.  Ich arbeite heute.
    Und der Mechaniker?
        die Leute?
        der Student?
        wir?
        Sie?

6.  Wir trinken Kaffee.
    Und die Dame?
        die Herren?
        Herr Sander?
        Sie?
        ich?

**MÜ 2**    Hier ist die Antwort. Fragen Sie!

●    *Die Leute trinken Kaffee. → Trinken die Leute Kaffee?*

1.  Die Dame geht nach Hause.
2.  Der Mechaniker arbeitet heute.
3.  Der Lehrer antwortet auf deutsch.
4.  Die Studenten schreiben.
5.  Der Mann raucht nicht.
6.  Die Leute verstehen Deutsch.
7.  Die Leute telefonieren dort.
8.  Die Studentin buchstabiert.
9.  Die Frau bringt das Buch.
10.  Es regnet.
11.  Er trinkt gern Apfelsaft.
12.  Sie wiederholt das Wort.

**MÜ 3**    Fragen Sie mit **wer, was, wo** usw.!

●    *Frau Braun wohnt **in Berlin**. → Wo wohnt Frau Braun?*

1.  **Die Amerikaner** lernen Deutsch.
2.  Der Herr trinkt **Bier**.
3.  **Die Studenten** verstehen Deutsch.
4.  Die Dame arbeitet **in Stuttgart**.
5.  Der Mechaniker heißt **Sander**.
6.  Die Studentin kommt **aus Köln**.
7.  Die Leute gehen **nach Hause**.
8.  Zwei und zwei ist **vier**.

**MÜ 4**    Antworten Sie mit **nein**!

- Heißt die Dame Schneider? → *Nein, sie heißt nicht Schneider.*

1. Heißt der Student Peter Falke?
2. Wohnen wir in Hamburg?
3. Antwortet die Lehrerin auf englisch?
4. Rauchen Sie im Klassenzimmer?
5. Gehen wir jetzt nach Hause?
6. Lernen wir hier Englisch?

**MÜ 5**    Wortstellung°: Noch einmal, bitte!                    *word order*

1. Wir lernen hier Deutsch. Hier *lernen wir Deutsch.*
2. Er geht jetzt nach Hause. Jetzt . . .
3. Sie versteht das nicht. Das . . .
4. Herr Falke ist dort. Dort . . .
5. Er arbeitet in Nürnberg. In Nürnberg . . .
6. Ich trinke gern Tee. Tee . . .

**MÜ 6**    Imperativ, bitte!

- nicht so viel arbeiten → *Arbeiten Sie nicht so viel!*

1. nicht so viel rauchen
2. bis zehn zählen
3. Deutsch lernen
4. nach Hause gehen
5. die Übungen wiederholen
6. nicht auf englisch fragen

**MÜ 7**    Auf deutsch, bitte!

1. He is going home.
2. What is she doing?
3. Where do you live?
4. What do you like to drink?
5. They are learning German.
6. He is working in Frankfurt.
7. Does he work there?
8. We are asking in German.
9. Don't work so much.
10. Answer in German, please.
11. Go home now.
12. Repeat please.
13. Ask the lady.
14. Drink tea.
15. Learn this.
16. Write the exercise, please.

---

**LESEHILFE**

| der Norden | (nördlich) | | der Nordosten |
| der Süden | (südlich) | | der Nordwesten |
| der Osten | (östlich) | | der Südosten |
| der Westen | (westlich) | | der Südwesten |

# Deutschland im Zentrum von Europa

Hier ist die Landkarte von Europa. Wo liegt Deutschland? Deutschland liegt im
Zentrum von Europa. Aber° Deutschland ist geteilt? Im Westen liegt die Bundesrepublik, und im Osten ist die DDR (Deutsche Demokratische Republik).

*but / divided*

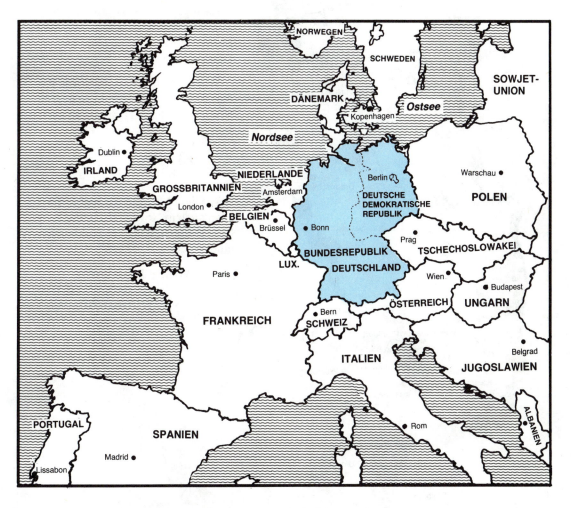

Wie heißen die neun Nachbarländer° von Deutschland?

Was liegt nördlich, südlich, westlich, östlich von Deutschland?

Suchen und zeigen Sie die Länder!

Wie heißen die Hauptstädte? Finden Sie die Hauptstädte?

*neighboring countries*

## Die Bundesrepublik Deutschland

Das ist die Bundesrepublik. Wie heißt die Hauptstadt? Die Hauptstadt heißt Bonn. Bonn ist klein. Wo liegt Bonn? Bonn liegt im Westen.

Berlin ist sehr groß, aber Berlin ist in Ost und West geteilt. Wo liegt Berlin? Berlin liegt im Osten von Deutschland.

Wie heißt die Stadt im Norden? Das ist Hamburg. Hamburg liegt in Norddeutschland. Hamburg ist auch sehr groß.

West-Berlin

Wo liegt München? Liegt München auch in Norddeutschland? Nein, München liegt in Süddeutschland.

Wo liegt Frankfurt?
Wo liegt Augsburg?
Wo liegt Bremen?

Lesen Sie die Autonummern!
Woher kommt das Auto?
Wo liegt die Stadt?

### STADT

| | |
|---|---|
| **A** | Augsburg |
| **AB** | Aschaffenburg |
| **B** | Berlin-West |
| **D** | Düsseldorf |
| **DA** | Darmstadt |
| **E** | Essen |
| **F** | Frankfurt |
| **GAP** | Garmisch-Partenkirchen |
| **H** | Hannover |
| **HH** | Hansestadt Hamburg |
| **HD** | Heidelberg |
| **K** | Köln |
| **KL** | Kaiserslautern |
| **M** | München |
| **N** | Nürnberg |
| **NU** | Neu-Ulm |
| **R** | Regensburg |
| **S** | Stuttgart |
| **SB** | Saarbrücken |
| **W** | Wuppertal |
| **WO** | Worms |
| **WÜ** | Würzburg |

## AUSSPRACHEÜBUNG

[o] Soldat, Osten, von, Gott, Polizist, Donnerstag, Sonntag, Sonnabend, Woche, kommen

[o:] wohnen, rot, wo, oben, oder, wiederholen, groß, Telefon, Montag, so, Vorname, Auto, Europa

[ə] bitte, danke, komme, gehe, heiße, Familie, Name, Frage, Dame, Lampe, Farbe, heute, vorne, Deutsche, viele, Karte, Woche, Ende, Jahre

# SCHRIFTLICHE ÜBUNGEN

**SÜ 1**    Ergänzen Sie das Verb!

1.  arbeiten        Er _arbeitet_ in Frankfurt.
2.  heißen          Die Dame _____ Helga Braun.
3.  verstehen       _____ Sie Deutsch?
4.  gehen           Wir _____ nach Hause.
5.  wohnen          Ich _____ in Nürnberg.
6.  tun             Was _____ Sie dort?
7.  wiederholen     _____ Sie, bitte!
8.  buchstabieren   _____ Sie!
9.  zählen          Ich _____ bis drei.
10. antworten       Er _____ auf deutsch.
11. fragen          Die Studentin _____ die Lehrerin.
12. trinken         Was _____ die Leute?
13. liegen          München _____ in Süddeutschland.
14. lernen          Wir _____ Deutsch.
15. kommen          Woher _____ der Mann?

**SÜ 2**    Hier ist die Antwort.
Fragen Sie mit **wer, was, wohin, woher, wo** oder **wie**!

●    Bremen liegt **in Norddeutschland.** → *Wo liegt Bremen?*

1.  **Hier** ist die Landkarte.
2.  Das Auto kommt **aus Hamburg.**
3.  Das ist **Herr Schneider.**
4.  Das ist **Rotwein.**
5.  Sie geht **nach Hause.**
6.  Der Mann heißt **Falke.**

**SÜ 3**    Bilden° Sie Fragen ohne° Fragewort!                     *form / without*

●    Herr Sander arbeitet in Augsburg. → *Arbeitet Herr Sander in Augsburg?*

1.  Frau Braun kommt aus Berlin.
2.  Der Herr ist Amerikaner.
3.  Er wohnt jetzt in Ulm.
4.  Die Studenten fragen auf deutsch.
5.  Wir gehen zu Fuß nach Hause.
6.  Die Dame trinkt gern Weißwein.

**SÜ 4**    Imperativ, bitte!

●    Sie rauchen so viel. → *Rauchen Sie nicht so viel!*

1.  Sie trinken so viel.
2.  Sie arbeiten so viel.
3.  Sie antworten auf englisch.
4.  Sie fragen auf englisch.
5.  Sie gehen so langsam.
6.  Sie telefonieren so viel.

**SÜ 5**    Wählen° Sie ein Verb und bilden Sie Sätze°!    *chose/sentences*

1. Ich
2. Herr Sander
3. Er
4. Woher
5. Wo
6. Ich
7. Frau Braun
8. Wer
9. Wir
10. Was

} fragen kommen trinken wohnen {

gern Rotwein.
aus München.
in Augsburg.
Sie?
die Dame?
die Lehrerin.
Bier.
aus Berlin?
auf deutsch.
Sie gern?

**SÜ 6**    **Persönliche Fragen**

1. Verstehen Sie Deutsch?
2. Wie heißen Sie?
3. Woher kommen Sie?
4. Wo wohnen Sie?
5. Was lernen Sie hier?
6. Antworten Sie hier auf deutsch?
7. Arbeiten Sie morgen?
8. Was tun Sie zu Hause?
9. Was trinken Sie gern?
10. Rauchen Sie?

## WORTSCHATZ

### NOMEN

| | |
|---|---|
| **der Apfelsaft** | apple juice |
| **der Saft, ⸚e** | juice |
| **das Getränk, -e** | beverage |
| **das Land, ⸚er** | country |
| **die Hauptstadt, ⸚e** | capital city |
| **die Landkarte, -n** | map |
| **die Leute** *(pl.)* | people |
| **die Limonade, -n** | soft drink, lemonade |
| **die Stadt, ⸚e** | city, town |

### VERBEN

| | |
|---|---|
| **arbeiten** | to work |
| **gehen** | to go |
| **liegen** | to lie, be situated |
| **rauchen** | to smoke |
| **regnen** | to rain |
| **suchen** | to look for |
| **tun** | to do |
| **wohnen** | to live |
| **zeigen** | to show |

### VERSCHIEDENES

| | | | |
|---|---|---|---|
| **auch** | also, too | **in die Stadt gehen** | to go downtown |
| **billig** | cheap | **nach Hause gehen** | to go home |
| **ein bißchen** | a little (bit) | **sehr** | very |
| **gerade** *(time)* | just (now) | **süß** | sweet |
| **gern(e)** + *verb* | to like to + verb | **viel, viele** | much, many |
| **gesund** | healthy | **wohin?** | where to? |
| **heiß** | hot | **zu Fuß gehen** | to walk |
| **im Zentrum von** | in the center of | | |

**Diese Wörter verstehen Sie ohne Wörterbuch.**

| NOMEN | VERBEN | ADJEKTIVE |
|---|---|---|
| der Kaffee | antworten | gut |
| der Tee | bringen | kalt |
| der Wein, -e | buchstabieren | sauer |
| der Rotwein, -e | finden | warm |
| der Weißwein, -e | fragen | |
| | heißen | |
| das Bier, -e | kommen | |
| das Deutsch (language) | lernen | |
| das Englisch | schreiben | |
| das Wasser | studieren | |
| das Mineralwasser | telefonieren | |
| das Zentrum (Zentren) | trinken | |
| | üben *practice* | |
| die Milch | verstehen | |
| | wiederholen | |
| | zählen | |

| Länder in Europa | Hauptstädte | Nationalitätszeichen |
|---|---|---|
| Belgien | Brüssel | |
| die Bundesrepublik Deutschland | Bonn | |
| Dänemark | Kopenhagen | |
| die DDR | Berlin (Ost) | |
| Frankreich | Paris | |
| Griechenland | Athen | |
| Großbritannien | London | |
| Irland | Dublin | |
| Italien | Rom | |
| Jugoslawien | Belgrad | |
| Luxemburg | Luxemburg | |
| die Niederlande (Holland) | Den Haag | |
| Norwegen | Oslo | |
| Österreich | Wien | |
| Polen | Warschau | |
| Portugal | Lissabon | |
| Schweden | Stockholm | |
| die Schweiz | Bern | |
| Spanien | Madrid | |
| die Türkei | Ankara | |
| Ungarn | Budapest | |

B   N   L   D   DK   IRL   F   CH   GR   YU   TR   DDR   I   H   S   NL   PL   A   GB   P

### Im Café: Wir bestellen

- The indefinite article: **ein, eine**
- The negative form of **ein: kein**
- Plural formation of nouns
- Conjugation: **möchte(n), haben, wissen**
- Word formation: Compound nouns, **-chen** and **-lein**

### Im Büro
*Kultur: Sport*

**Kapitel**

**4**

# Im Café: Wir bestellen

**DIE KELLNERIN**

▶ Guten Tag!
   Bitte schön?

▶ Möchten Sie eine Tasse
   oder ein Kännchen?

▶ Möchten Sie auch
   Kuchen?

▶ Eine Tasse Kaffee und
   ein Stück Apfelkuchen.
   Danke.

**EINE DAME**

▷ Fräulein!

▷ Guten Tag! Ich möchte
   Kaffee, bitte.

▷ Bringen Sie mir eine
   Tasse Kaffee, bitte!

▷ Ja, ein Stück Apfel-
   kuchen, bitte.

eine Tasse Kaffee

ein Stück Kuchen

ein Kännchen Kaffee

ein Glas Bier

eine Flasche Wein

ein Viertel Wein

ein Glas Apfelsaft

*Variationen: Im Restaurant*

**Variieren und spielen Sie die Szene im Café!**

Der Gast möchte . . .      Der Ober fragt . . .
    ein Viertel Wein      Rotwein oder Weißwein?
    ein Glas Bier      Export oder Pils?
    eine Tasse Tee      mit Milch oder Zitrone?

# EINFÜHRUNG

*Drei Verben:* **möchte(n), haben, wissen**

| | |
|---|---|
| Die Dame ist im Café. | |
| Was möchte die Dame im Café? | **Sie möchte** eine Tasse Kaffee. |
| Möchte die Dame auch Kuchen? | Ja, **sie möchte** ein Stück Apfelkuchen. |
| | |
| Der Herr ist im Restaurant. | |
| Was möchte der Herr im Restaurant? | **Er möchte** ein Glas Wein. |
| Möchte er Rotwein oder Weißwein? | **Er möchte** Weißwein. |
| | |
| **Und Sie?** | |
| **Was möchten Sie?** | **Ich möchte** Rotwein. |
| | **Wir möchten** Apfelsaft. |
| | |
| Ich möchte ein Glas Bier. Ich habe Durst. Haben Sie auch Durst? | Ja, **ich habe** auch Durst. |
| | |
| Der Herr im Restaurant möchte ein Glas Mineralwasser. Hat er Durst? | Ja, **er hat** Durst. |
| | |
| Die Dame im Café möchte ein Stück Kuchen. Hat sie Hunger? | Ja, **sie hat** Hunger. |
| | |
| **Und Sie?** | |
| **Haben Sie auch Hunger?** | Ja, **ich habe** auch Hunger. |
| | Ja, **wir haben** auch Hunger. |

| | |
|---|---|
| **Wissen Sie,** was das ist? | **Ich weiß** es. |
| Wie heißt das auf deutsch? | **Ich weiß** es nicht. |
| | **Er weiß** es nicht. |
| | |
| | **Sie weiß** es auch nicht. |
| | |
| | **Wir wissen,** was das ist. |

| | |
|---|---|
| Was ist das? | |
| Das ist ein Schlüssel. | **Die Leute wissen** es auch. |

*Der unbestimmte Artikel: **ein / eine***

**Was ist das?**

Das ist **ein Apfel.**
Der Apfel ist gut.

Das ist **ein Feuerzeug.**
Das Feuerzeug ist klein.

Das ist **eine Tasche.**
Die Tasche ist groß.

Das ist **ein Brief.**
Der Brief ist kurz.

Das ist **ein Telefon.**
Das Telefon ist grau.

Das ist **eine Zigarette.**
Die Zigarette ist lang.

Das ist **ein Ausweis.**
Der Ausweis ist neu.

Das ist **ein Radio.**
Das Radio ist alt.

Das ist **eine Brille.**
Die Brille ist alt.

Das ist **ein Geldbeutel.**
Der Geldbeutel ist leer.

Das ist **ein Stück** Kuchen.
Das Stück ist klein.

Das ist **eine Zeitung.**
Die Zeitung ist neu.

## Das ist kein . . . / Das ist keine . . .

Ist das **ein** Schlüssel?
Nein, das ist **kein** Schlüssel.

Ist das **eine** Brille?
Nein, das ist **keine** Brille.

Ist das **ein** Radio?
Nein, das ist **kein** Radio.

Das ist eine Brieftasche.
Ist die Brieftasche voll oder leer?
Die Brieftasche ist voll.

Ist das **ein** Kuli?
Nein, das ist **kein** Kuli.

Ist das **eine** Flasche?
Nein, das ist **keine** Flasche.

Ist das **eine** Lampe?
Nein, das ist **keine** Lampe.

Das ist ein Regenschirm.
Ist der Regenschirm naß oder trocken?
Der Regenschirm ist naß.

## Das sind viele . . . / Das sind keine . . .

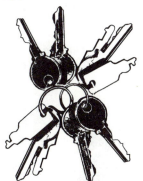

Das sind Äpfel.

Ist das nur ein Apfel?
Nein, das sind **viele** Äpfel.

Sind das Bananen?
Nein, das sind **keine** Bananen.
Das sind Äpfel.

Das sind Schlüssel.

Ist das nur ein Schlüssel?
Nein, das sind **viele** Schlüssel.

Sind das Briefe?
Nein, das sind **keine** Briefe.
Das sind Schlüssel.

### WORTSCHATZ-ERWEITERUNG

**Wir bilden Wörter.**

Bananen
Rotwein
Zitronen
Wein
Kaffee
Whisky
Orangen
Wasser          -saft
Tee             -tasse
Bier            -flasche
Apfel           -glas
Milch           -kuchen
Cognac
Rum
Weißwein
Grapefruit
Limonaden
Saft

*Apfelkuchen*
*Kaffeetasse*
_____
_____
_____
_____
_____
_____
_____
_____
_____
_____

# GRAMMATIK

## A  The Indefinite Article

### 1  Analysis

In English and in German, nouns have a definite and an indefinite article. The definite article points to a definite person, place, thing or idea; the indefinite article indicates any one of a class or kind, without definite reference. The English indefinite article is *a* or *an*: *a child, a house, an idea.*

### 2  The German indefinite article: **ein, eine**

The German indefinite article, like the definite article, indicates to which class (gender) a noun belongs. Note, however, that the indefinite article for masculine and neuter nouns have the same form.

|                    | Masculine     | Neuter       | Feminine       |
|--------------------|---------------|--------------|----------------|
| DEFINITE ARTICLE   | **der** Tisch | **das** Radio | **die** Tasche |
| INDEFINITE ARTICLE | **ein** Tisch | **ein** Radio | **eine** Tasche |

**Note**  When placed in front of a noun, the German numeral **eins** becomes **ein, eine** and is identical with the indefinite article **ein, eine.** The distinction between *a book* and *one book* is made by emphasis when speaking.

| | |
|---|---|
| Das ist ein **Bleistift.** | *This is a pencil.* |
| Das ist **ein** Bleistift. | *This is one pencil.* |
| | |
| Das ist eine **Uhr.** | *This is a clock.* |
| Das ist **eine** Uhr. | *This is one clock.* |

### 3  Omission of the indefinite article

As in English, the indefinite article is not used when the noun conveys the idea of an indefinite quantity.

| | |
|---|---|
| Das ist Tee. | *This is tea.* |
| Ich möchte Kaffee. | *I would like coffee.* |
| Ist das Milch? | *Is this milk?* |

However, when referring to a definite quantity, the definite article is used.

| | |
|---|---|
| Der Wein ist gut. | *This wine is good.* |
| Das Bier ist kalt. | *This beer is cold.* |

**Remember** Whenever there is a reference to a nationality, occupation or religion, the article is omitted.

| | |
|---|---|
| Herr Linke ist Student. | *Mr. Linke is a student.* |
| Er ist Amerikaner. | *He is (an) American.* |
| Sie ist Sekretärin. | *She is a secretary.* |

## 4  No plural indefinite article

There is logically no plural of the indefinite article **ein, eine.** The plural of **ein Stuhl** must be at least **zwei Stühle** or simply **Stühle.**

| **Singular** | **Plural** |
|---|---|
| Hier ist **ein Buch.** | Hier sind **Bücher.** |
| *Here is a book.* | *Here are books.* |
| Ist das **eine Zeitung?** | Sind das **Zeitungen?** |
| *Is this a newspaper?* | *Are these newspapers?* |

## B  The Negative Form of ein: kein

**Kein** is the negative form of the indefinite article and corresponds to English *not a, not any,* or *no.* To negate a noun preceded by an indefinite article, simply use **kein, keine** in place of **ein, eine.**

| | |
|---|---|
| Ist das **ein** Schlüssel? | *Is this a key?* |
| Nein, das ist **kein** Schlüssel. | *No, this isn't a key.* |
| Ist das **eine** Tür? | *Is this a door?* |
| Nein, das ist **keine** Tür. | *No, this isn't a door.* |

Although there is no indefinite article in the plural, plural nouns are negated by **keine.**

| | |
|---|---|
| Sind das Zigaretten? | *Are these cigarettes?* |
| Nein, das sind **keine Zigaretten.** | *No, these aren't cigarettes.* |

### THE INDEFINITE ARTICLE AND ITS NEGATION

| *Masculine* | *Neuter* | *Feminine* | *Plural / All Genders* |
|---|---|---|---|
| ein Brief | ein Buch | eine Brille | —— Bücher |
| kein Brief | kein Buch | keine Brille | keine Bücher |

**Remember** The negation of the definite article is **nicht:** Das ist **nicht** der Stuhl.

## C  Plural Formation of Nouns

As pointed out in Chapter 2, most German nouns do not form the plural regularly. Here are some rules which will prove helpful when memorizing the plural of nouns:

1.  Most masculine and neuter nouns ending in **-el, -en, -er** and all nouns ending in the diminutive suffixes **-chen** and **-lein** do not add a plural ending. They may add Umlaut. (Nouns ending in the suffixes **-chen** and **-lein** are always **das**-nouns.)

| Singular | Plural |
|----------|--------|
| der Geldbeutel | die Geldbeutel |
| der Kuchen | die Kuchen |
| das Fenster | die Fenster |
| das Mädchen | die Mädchen |

2.  Nouns ending in **-e** in the singular, form the plural by adding **-n**. (With a few exceptions, nouns ending in **-e** are **die**-nouns.)

|  | | |
|-----|----------|--------|
| | die Brille | die Brillen |
| | die Dame | die Damen |
| *but:* | der Name | die Namen |

3.  Nouns ending in the suffix **-in** form the plural by adding **-nen**. (They are always **die**-nouns.)

| | |
|----------|--------|
| die Studentin | die Studentinnen |
| die Sekretärin | die Sekretärinnen |
| die Lehrerin | die Lehrerinnen |

4.  Nouns ending in the suffix **-ung** form the plural by adding **-en**. (They are always **die**-nouns.)

| | |
|----------|--------|
| die Übung | die Übungen |
| die Zeitung | die Zeitungen |
| die Einführung | die Einführungen |

5.  Many nouns of non-German origin form the plural by adding **-s**. (They are usually **das**-nouns.)

| | |
|----------|--------|
| das Hotel | die Hotels |
| das Auto | die Autos |
| das Büro | die Büros |

---

### When to use **tun** and **machen**

The verb **tun** has the meaning of *to do* in the sense of *to accomplish, to carry out an action.*

| | |
|----------------------|---------------------------|
| Was tun die Leute? | *What are the people doing?* |
| Tun Sie das nicht! | *Don't do that.* |

**Machen** means *to do (a particular thing)* or *to make.*

| | |
|---|---|
| Sie macht Kaffee. | *She's making coffee.* |
| Er macht die Hausaufgabe. | *He's doing the homework.* |
| Wer macht die Arbeit? | *Who is doing the work?* |

In colloquial German, **tun** and **machen** are often used interchangeably.

Was tun (machen) die Leute?
Tun (machen) Sie das nicht!
Er macht (tut) seine Hausaufgaben.

Note the idiomatic expression:

| | |
|---|---|
| Wir machen eine Pause. | *We are taking a break.* |

## D Conjugation: möchte(n), haben, wissen

### 1 möchte, möchten

The forms **möchte** (singular) and **möchten** (plural) are used to express desire. The English equivalent is *would like*.

| **möchte-forms** *(would like)* | |
|---|---|
| ich möchte | wir möchten |
| er/es/sie möchte | sie möchten |
| Sie möchten | |
| du möchtest | ihr möchtet |

Some examples:

| | |
|---|---|
| Möchten Sie Kaffee oder Tee? | Ich möchte Tee, bitte. |
| *Would you like coffee or tea?* | *I would like tea, please.* |

### 2 haben

The conjugation pattern of **haben** is irregular in the **er/es/sie**-form (and the **du**-form).

| **haben** *(to have)* | |
|---|---|
| ich habe | wir haben |
| er/es/sie hat | sie haben |
| Sie haben | |
| du hast | ihr habt |

Idiomatic expressions with **haben:**

| | |
|---|---|
| Ich habe Hunger. | *I am hungry.* |
| Ich habe Durst. | *I am thirsty.* |

### 3 wissen

The verb **wissen** *(to know something as a fact)* has two stems. In the singular the stem vowel is **ei,** but in the plural it is **i.**

| wissen *(to know)* | |
|---|---|
| ich weiß | wir wissen |
| er/es/sie weiß | sie wissen |
| Sie wissen | |
| du weißt | ihr wißt |

Some examples:

| | |
|---|---|
| Wissen Sie, was das ist? | *Do you know what that is?* |
| Ja, wir wissen es. | *Yes, we know (it)./ Yes, we do.* |
| Ich weiß, wo das Restaurant ist. | *I know where the restaurant is.* |
| Wissen Sie es auch? | *Do you know it too?* |

## E  Word Formation

### 1  Compound nouns

German relies heavily on compounding to form new nouns. A compound noun is formed by joining two or more words to form a new single noun. The last element of such a compound is usually a noun and it is this last element or base noun which determines the gender and plural form of the whole compound.

| Singular | Plural |
|---|---|
| die Land**karte, -n** | die Landkarten |
| das Wohn**haus, ⁼er** | die Wohnhäuser |
| die Groß**stadt, ⁼e** | die Großstädte |
| der Geld**beutel, -** | die Geldbeutel |

German compound nouns may be a combination of

#### Noun + Noun

| | | | | |
|---|---|---|---|---|
| das Land | + | die Karte | = die Landkarte | *map* |
| der Apfel | + | der Kuchen | = der Apfelkuchen | *apple cake* |
| der Brief | + | das Papier | = das Briefpapier | *stationery* |

#### Verb + Noun

| | | | | |
|---|---|---|---|---|
| wohnen | + | das Haus | = das Wohnhaus | *apartment house* |
| trinken | + | das Glas | = das Trinkglas | *drinking glass* |
| schreiben | + | das Papier | = das Schreibpapier | *writing paper* |

### Adjective + Noun

| | | | | |
|---|---|---|---|---|
| falsch | + das Geld | = das Falschgeld | *counterfeit money* |
| groß | + die Stadt | = die Großstadt | *metropolis* |
| weiß | + der Wein | = der Weißwein | *white wine* |

### Prefix + Noun

| | | | |
|---|---|---|---|
| vor | + der Name | = der Vorname | *first name* |
| nach | + der Mittag | = der Nachmittag | *afternoon* |

### Variation of the Above Elements + Noun

| | | | | |
|---|---|---|---|---|
| nach | + Mittag(s) | + der Kaffee | = der Nachmittagskaffee |
| Sonntag | + nach | + der Mittag | = der Sonntagnachmittag |

**Note** In many compound nouns a connecting letter, usually **-n** or **-s,** is inserted between the last two nouns:

der Familie/**n**/name        das Monat/**s**/ende
das Klasse/**n**/zimmer       der Nachmittag/**s**/kaffee

## 2    The diminutive suffixes **-chen** and **-lein**

Most nouns can be made into diminutives by adding the suffixes **-chen** or **-lein** plus Umlaut whenever possible. Diminutive nouns are always neuter. In the plural, they remain unchanged.

| | **-chen** | **-lein** | |
|---|---|---|---|
| die Kanne | das Kännchen | das Kännlein | *little pot* |
| das Heft | das Heftchen | das Heftlein | *little notebook* |
| der Mann | das Männchen | das Männlein | *little man* |
| der Tisch | das Tischchen | das Tischlein | *little table* |
| die Lampe | das Lämpchen | das Lämplein | *little lamp* |

In standard German, the suffix **-chen** is more predominant than **-lein** which is rather poetic. When added to proper names or nouns referring to persons, the diminutives may not only express smallness, but also endearment and affection.

| | der Vater | das Väterchen | |
|---|---|---|---|
| | die Mutter | das Mütterchen | |
| | Hans | Hänschen | |
| *but:* | die Frau | das Fräulein | *(Miss/no endearment)* |

# MÜNDLICHE ÜBUNGEN

**MÜ 1**   Antworten Sie!

- Ich weiß, was das ist.
  Und der Herr? → *Er weiß es auch.*

| | | |
|---|---|---|
| 1. Ich möchte Kaffee.<br>Und Frau Braun?<br>wir?<br>die Studenten?<br>er?<br>der Polizist?<br>Sie? | 2. Ich habe Hunger.<br>Und die Frau?<br>die Leute?<br>die Studentin?<br>der Herr?<br>wir?<br>Sie? | 3. Ich weiß, was das ist.<br>Und der Student?<br>wir?  *es auch*<br>die Leute?<br>Herr Schneider?<br>die Dame?<br>Sie? |

**MÜ 2**   Üben Sie **ein** und **eine**!

- Hier ist der Stuhl. → *Hier ist ein Stuhl.*

Hier ist . . .

| | | |
|---|---|---|
| 1. der Tisch | 5. der Ausweis | 9. das Feuerzeug |
| 2. die Zeitung | 6. der Brief | 10. die Studentin |
| 3. die Brieftasche | 7. die Lampe | 11. der Bleistift |
| 4. das Radio | 8. das Heft | 12. die Uhr |

**MÜ 3**   Antworten Sie mit **nein (kein, keine)**!

- Ist das eine Tasse? → *Nein, das ist keine Tasse.*

Ist das . . . ?

| | | |
|---|---|---|
| 1. ein Buch | 5. ein Ausweis | 9. ein Telefon |
| 2. eine Zigarette | 6. eine Tafel | 10. ein Brief |
| 3. ein Feuerzeug | 7. eine Tür | 11. eine Uhr |
| 4. ein Schlüssel | 8. ein Heft | 12. eine Flasche |

**MÜ 4**   Im Plural, bitte!

- Das ist ein Apfel. → *Das sind Äpfel.*

Das ist . . .

| | | |
|---|---|---|
| 1. ein Stuhl | 5. eine Amerikanerin | 9. eine Lampe |
| 2. ein Fenster | 6. eine Studentin | 10. ein Schlüssel |
| 3. ein Buch | 7. ein Kugelschreiber | 11. eine Zeitung |
| 4. eine Frau | 8. ein Radio | 12. ein Bleistift |

**MÜ 5** Antworten Sie mit **nein!**

- Sind das Zeitungen? → *Nein, das sind keine Zeitungen.*

Sind das . . . ?

| | | |
|---|---|---|
| 1. Taschen | 4. Gläser | 7. Tische |
| 2. Bücher | 5. Tassen | 8. Stühle |
| 3. Bilder | 6. Flaschen | 9. Lampen |

**MÜ 6** Antworten Sie mit **kein, keine** oder **nicht!**

- Ist das **der** Bleistift? → *Nein, das ist nicht der Bleistift.*
  Ist das **ein** Bleistift? → *Nein, das ist kein Bleistift.*

Ist das . . . ?

| | | |
|---|---|---|
| 1. der Schlüssel | 5. ein Geldbeutel | 9. ein Regenschirm |
| 2. eine Lampe | 6. die Brieftasche | 10. die Tür |
| 3. die Tasche | 7. das Feuerzeug | 11. ein Heft |
| 4. ein Stuhl | 8. eine Brille | 12. der Kuli |

**MÜ 7** Auf deutsch, bitte!

1. Twenty students are in the classroom.
2. Where are the keys?
3. Do you know what this is?
4. I would like a cup of coffee.
5. The wallet is new.
6. This is not an apple.
7. This is a lemon.
8. He is a mechanic.
9. I am American.
10. I don't know (it).
11. Here is only one chair.
12. There are no chairs.

Die HYPO. Eine Bank – ein Wort.

## AUSSPRACHEÜBUNG

[a] Mann, Klasse, Lampe, antworten, lang, was, alt, Papier, Land, falsch, Apfel, machen, Saft, Stadt, Kaffee, Wasser, kalt

[a:] Name, Mechaniker, Soldat, Tag, Tafel, ja, da, fragen, Abend, aber, Dame, Glas, Sprache, arbeiten, nach

[ao] Auto, sauer, Hauptstadt, rauchen, auch, Frau, Haus, Pause, dauern, braun, grau, blau, Ausweis, auf, Aussprache

# Im Büro

Das ist Frau Kaiser. Sie arbeitet bei Mercedes-Benz in Mannheim. Die Firma in Mannheim ist sehr groß. Fast zwölftausend Männer und Frauen arbeiten dort.

Frau Kaiser ist Sekretärin. Sie arbeitet morgens von acht bis zwölf. Von zwölf bis eins macht sie eine Pause. Nachmittags arbeitet sie von eins bis vier. Um vier Uhr geht Frau Kaiser nach Hause.

Frau Kaiser ist nicht allein im Büro. Sie hat eine Kollegin. Die Kollegin heißt Claudia Roth. Fräulein Roth und Frau Kaiser gehen mittags immer in die Kantine. Das Essen ist dort gut und nicht sehr teuer.

Jetzt ist es fünf Minuten vor zwölf. In fünf Minuten beginnt die Mittagspause.

| | |
|---|---|
| **Frau Kaiser:** | Es ist gleich Mittag. |
| **Fräulein Roth:** | Gott sei Dank! Ich habe Hunger. Gehen Sie auch in die Kantine? |
| **Frau Kaiser:** | Nein, heute nicht. Ich mache heute keine Pause. Ich habe zuviel Arbeit. |
| **Fräulein Roth:** | Dann gehe ich allein. Arbeiten Sie nicht zuviel! |

### Um wieviel Uhr . . . ? / Wann . . . ?

Um wieviel Uhr macht Fräulein Roth Pause?
Wann beginnt die Pause?
Wann geht Fräulein Roth in die Kantine?

Sie macht um 12 Uhr Pause.
Sie beginnt um zwölf Uhr.
Sie geht um 12 Uhr.

### Wie lange. . . ?

Wie lange dauert die Pause?

Wie lange arbeitet Frau Kaiser?

Sie dauert von zwölf bis eins.
Sie dauert eine Stunde.
Sie arbeitet 8 Stunden.

# WORTSCHATZERWEITERUNG

## Die Tageszeiten, die Wochentage und die Uhrzeit

der Mittag
die Mitternacht
nachts

der Abend
der Vormittag

die Nacht / der Morgen
der Nachmittag

morgens
vormittags
abends

morgens
nachmittags
nachts/morgens

der Abend
der Morgen

die Nacht
der Nachmittag

morgens
abends

### Was tun Sie . . . ?

| der Morgen | **am** Morgen | → morgens | | **am** Montag | → montags |
| der Vormittag | **am** Vormittag | → vormittags | | **am** Dienstag | → dienstags |
| der Mittag | **am** Mittag | → mittags | | **am** Mittwoch | → mittwochs |
| der Nachmittag | **am** Nachmittag | → nachmittags | | **am** Donnerstag | → donnerstags |
| der Abend | **am** Abend | → abends | | **am** Freitag | → freitags |
| die Nacht | | → nachts | | **am** Samstag | → samstags |
| | | | | **am** Sonntag | → sonntags |

## Wieviel Uhr ist es?

Es ist drei Uhr.

Es ist halb vier.

Es ist vier Uhr.

Es ist Viertel nach drei.
Es ist Viertel vier.

Es ist Viertel vor vier.
Es ist dreiviertel vier.

Um wieviel Uhr beginnt
der Deutschunterricht?

Wie lange dauert er?

# KULTUR

Sport

**Fußball spielen**

**Handball spielen**

**Hockey spielen**

**Tennis spielen**

**Skifahren**

**Schwimmen**

Fußball ist der Nationalsport in Deutschland. Die Deutschen spielen gern Fußball und besuchen viele Fußballspiele.

Sie spielen gern Handball, Volleyball und Basketball. Auch Hockey und Eishockey sind populär.

Tennis ist auch populär. Viele Deutsche spielen Tennis. Tennis ist kein Elitesport in Deutschland.

Winterzeit ist Skizeit. Besonders in Süddeutschland fahren viele Leute im Winter Ski.

Fast alle Städte haben Schwimmbäder und Hallenbäder. Die Deutschen schwimmen gern.

Radfahren ist billig und gesund. Viele Leute machen am Wochenende eine Radtour.

Die Deutschen laufen gern. Jogging ist populär. Ein Volksmarsch interessant.

**Radfahren**

**Laufen**

# SCHRIFTLICHE ÜBUNGEN

**SÜ 1**    Antworten Sie mit **nein!**

- Ist das eine Tasche? (Radio) → *Nein, das ist keine Tasche. Das ist ein Radio.*

1. Ist das ein Brief?      (Feuerzeug)
2. Ist das eine Tasse?     (Glas)
3. Sind das Bücher?        (Hefte)
4. Ist das ein Apfel?      (Zitrone)
5. Sind das Frauen?        (Männer)
6. Ist das eine Brille?    (Zeitung)
7. Ist das ein Bleistift?  (Kuli)
8. Sind das Stühle?        (Tische)

**SÜ 2**    Im Plural, bitte!

- Hier ist das Buch. → *Hier sind die Bücher.*
  Hier ist ein Buch. → *Hier sind Bücher.*

| | |
|---|---|
| 1. Hier ist ein Student. | 5. Dort ist eine Lampe. ✓ |
| 2. Das ist eine Tasse. | 6. Das Auto ist neu. |
| 3. Der Apfel ist gut. | 7. Ist dort ein Stuhl? |
| 4. Ist eine Zitrone sauer? | 8. Die Tasche ist groß. |

**SÜ 3**    Antworten Sie mit **kein, keine** oder **nicht**!

| | |
|---|---|
| 1. Ist Ihr Name Müller? | 6. Rauchen Sie? |
| 2. Sind das Tische? | 7. Sind das die Bücher? |
| 3. Ist hier ein Café? | 8. Ist dort eine Tür? |
| 4. Sind wir in Amerika? | 9. Gehen Sie jetzt? |
| 5. Sind Sie zwanzig Jahre alt? | 10. Sind das Hefte? |

**SÜ 4**    Ergänzen Sie . . . !

**a) möchte, möchten**

1. Wir *möchten* zwei Äpfel.
2. Ich _____ ein Glas Bier.
3. Der Student _____ Tee.
4. Die Dame _____ Kuchen.
5. Die Leute _____ Wein.

**b) wissen, weiß**

1. Ich *weiß* , was das ist.
2. Er _____ es auch.
3. _____ Sie, wieviel Uhr es ist?
4. _____ es die Studenten?
5. Wer _____ es?

**SÜ 5**    Bilden Sie Sätze:

- morgens / er / Kaffee trinken → *Morgens trinkt er Kaffee.*

| | |
|---|---|
| 1. mittags / sie / eine Pause machen | 4. nachts / ich / zu Hause sein |
| 2. nachmittags / wir / Deutsch lernen | 5. abends / die Leute / nicht arbeiten |
| 3. vormittags / er / kein Bier trinken | 6. morgens / rauchen / nicht / ich |

**SÜ 6**    Ergänzen Sie das Verb!

1. haben    Ich *habe* Durst.
2. suchen    Wir _____ ein Café.
3. dauern    Wie lange _____ die Pause?
4. gehen    Er _____ in die Kantine.
5. haben    Wer _____ Hunger?
6. machen    Wann _____ wir eine Pause?
7. sein    Die Studenten _____ hier.
8. bringen    Er _____ die Zeitung.
9. beginnen    Wann _____ der Unterricht?
10. haben    Frau Kaiser _____ keine Zeit.

# WORTSCHATZ*

## NOMEN

| | |
|---|---|
| der Ausweis, -e | identification card |
| der Brief, -e | letter |
| der Gast, ¨e | guest, customer |
| der Geldbeutel, - | wallet |
| der Kuchen, - | cake |
| der Mittag | noon |
| der Ober, - | waiter |
| der Schlüssel, - | key |
| der Regenschirm, -e | umbrella |
| der Unterricht | lesson, class |
| das Essen, - | meal, food |
| das Feuerzeug, -e | lighter |
| das Kännchen, - | little pot |
| das Stück, -e | piece |
| das Viertel, - | quarter |
| die Brieftasche, -n | wallet |
| die Brille, -n | eye glasses |
| die Flasche, -n | bottle |
| die Kellnerin, -nen | waitress |
| die Kollegin, -nen | colleague (fem.) |
| die Stunde, -n | hour |
| die Tasche, -n | purse, bag |
| die Tasse, -n | cup |
| die Zeitung, -en | newspaper |
| die Zitrone, -n | lemon |

## VERSCHIEDENES

| | |
|---|---|
| allein | alone |
| arbeiten bei | to work for |
| Bitte schön? | Yes, please? |
| Bringen Sie mir. . . | Please bring me. . . |
| dann | then |
| Durst/Hunger haben | to be thirsty/hungry |
| fast | almost |
| Fräulein! | Waitress! |
| gleich (time) | just about |
| Gott sei Dank! | Thank Heaven! |
| Herr Ober! | Waiter! |
| immer | always |
| kein, keine | not a, not any, no |
| mittags | at noon |
| morgens | in the morning |
| nach | after |
| nachmittags | in the afternoon |
| nur | only |
| eine Pause machen | to take a break |
| um wieviel Uhr? | at what time? |
| viel, viele | much, many |
| wann? | when? |
| wie lange? | how long? |
| zuviel | too much |
| zu | to, too |

## VERBEN

| | |
|---|---|
| beginnen | to begin, start |
| bestellen | to order |
| dauern | to last (duration) |
| haben | to have |
| machen | to make, to do |
| möchte(n) | would like |
| spielen | to play |
| wissen | to know |

## ADJEKTIVE

| | |
|---|---|
| halb | half |
| leer | empty |
| naß | wet |
| teuer | expensive |
| trocken | dry |
| voll | full |

---

**Diese Wörter verstehen Sie ohne Wörterbuch.**

## NOMEN

| | | |
|---|---|---|
| der Apfel, ¨ | das Büro, -s | die Arbeit, -en _work_ |
| der Durst | das Café, -s | die Firma (Firmen) |
| der Hunger | das Glas, ¨er | die Kantine, -n |
| der Kellner, - | das Radio, -s | die Minute, -n |
| der Kollege, -n | das Restaurant, -s | die Pause, -n |
| | das Telefon, -e | die Zigarette, -n |

*Vergessen Sie nicht **die Wortschatzerweiterung** auf Seite 61!

*Bremen—Im Schnoor*

**Im Schreibwarengeschäft**

- Accusative case: the direct object
  — Definite and indefinite articles
  — Weak nouns
  — Personal pronouns

**Das deutsche Geld: Mark und Pfennig**

# Kapitel
# 5

# Im Schreibwarengeschäft

**DIE VERKÄUFERIN**

▷ Guten Tag! Ja, bitte?

▷ Ich habe hier einen Kugelschreiber für sechs Mark.

▷ Doch, hier habe ich einen
für zwei Mark.

▷ Noch etwas, bitte?

**EIN MÄDCHEN**

► Guten Tag! Ich möchte einen
Kugelschreiber, bitte.

►◗ Haben Sie keinen Kugelschreiber für zwei oder
drei Mark?

► Gut. Ich möchte den Kugelschreiber für zwei Mark.

◥ Danke, das ist alles.

**Variieren und spielen Sie die Szene!**
Öffnen Sie die Tür! Gehen Sie in das Geschäft!
Sie finden die Dinge hier zu teuer. Sie kosten:

85,—    200,—    26,—    15,—    150,—    2,—    45,—

die    das    die    die    die    das    der

# EINFÜHRUNG

## *Akkusativ: Das direkte Objekt*

**Situationen: Wer—was—wen?**

Die Frau möchte **die Blumen.**
Sie möchte **sie.**

Der Mann verkauft **die Blumen.**
Er verkauft **sie.**

Die Frau bezahlt **die Blumen.**
Sie bezahlt **sie.**

Hier ist ein Polizist.
Sehen Sie **den Polizisten?**

Sehen Sie **den Jungen?**
Kennen Sie **ihn?**

Links ist **ein Herr.**
Kennen Sie **den Herrn?**

Sehen Sie **die Leute?**
Kennen Sie **sie?**

Fragt der Herr **die Dame?**
Fragt er **sie?**

Fragt die Dame **den Herrn?**
Fragt sie **ihn?**

Hallo, wir sind hier oben.
Hören Sie **uns?**
Sehen Sie **uns?**

Sprechen Sie bitte lauter!
Ich höre **Sie** nicht.
Hören Sie **mich?**

Sehen Sie **den Mechaniker?**
Er repariert **das Auto.**
Er repariert **es.**

**Und Sie?**
**Wen** hören Sie?
**Wen** sehen Sie?
**Was** brauchen Sie?
**Was** haben Sie?

# GRAMMATIK

## A  Accusative Case: The Direct Object

### 1  Analysis

CASE

A sentence is made up of words grammatically connected so as to convey meaning. Each word in a sentence performs a certain function. Case shows the function and relationship of a noun or a pronoun to other words in the sentence.

NOMINATIVE CASE

The subject of a sentence (= the doer of the action expressed by the verb) is always in the nominative case. Only nouns and pronouns can function as a subject.

| | |
|---|---|
| **Der Student** fragt. | *The student is asking.* |
| **Wir** lernen Deutsch. | *We are learning German.* |
| Verstehen **Sie** das? | *Do you understand that?* |

ACCUSATIVE CASE

The term *accusative* is a convenient label to indicate that the noun or the pronoun is the direct receiver of the action in a sentence.

| Nominative | Verb | Accusative |
|---|---|---|
| Der Student | fragt | **den Lehrer.** |
| *The student* | *is asking* | *the teacher.* |
| Ich | habe | **einen Bleistift.** |
| *I* | *have* | *a pencil.* |

In English it is the position of the noun within a sentence that indicates which noun is the subject and which is the direct object. A reversal in the position of the noun causes a total change in meaning.

**The teacher** is asking **the student.**

**The student** is asking **the teacher.**

The different functions of subject and object are more obvious when the nouns are replaced by pronouns. Some English pronouns indicate their function not only by position but also by form.

| | | |
|---|---|---|
| **The man** | is asking | **the woman.** |
| **He** | is asking | **her.** |

| | | |
|---|---|---|
| **The woman** | is asking | **the man.** |
| **She** | is asking | **him.** |

## 2 Accusative interrogative pronouns: **wen** or **was?**

The accusative case answers the question **wen?** *(whom)* for persons or **was?** *(what)* for things.

| | |
|---|---|
| **Wen** fragt die Dame? | *Whom does the lady ask?* |
| Die Dame fragt **den Kellner.** | *The lady is asking the waiter.* |
| | |
| **Was** hat der Student? | *What does the student have?* |
| Er hat **ein Buch.** | *He has a book.* |

## 3 Definite and indefinite articles in the accusative

In German, the masculine singular articles have a different form when used in the accusative.

| | Nominative | Accusative |
|---|---|---|
| DER-NOUNS | der ——→ | **den** Bleistift |
| | ein ——→ | **einen** Bleistift |
| | kein ——→ | **keinen** Bleistift |

Thus German can show whether a noun is being used as a subject (= nominative) or as a direct object (= accusative) by using different forms of the definite and indefinite articles.

Study the following examples:

| | Nominative | Accusative |
|---|---|---|
| DER-NOUNS | Dort kommt **der** Mechaniker. | Fragen Sie **den** Mechaniker! |
| | Wie heißt **der** Mann? | Kennen Sie **den** Mann? |
| | Das ist **ein** Bleistift. | Ich brauche **einen** Bleistift. |
| | Wieviel kostet **der** Kuchen? | Wir möchten **den** Kuchen. |
| | Das ist **kein** Schlüssel. | Er hat **keinen** Schlüssel. |

In all other instances—neuter singular, feminine singular, and plural (all genders)—the nominative and accusative forms are the same.

| | Nominative | Accusative |
|---|---|---|
| DAS-NOUNS | Dort ist **das** Bild. | Wir kaufen **das** Bild. |
| | Wo ist **ein** Bild? | Sie möchte **ein** Bild. |
| | Hier ist **kein** Bild. | Sie hat **kein** Bild. |
| | | |
| DIE-NOUNS | Dort ist **die** Tasche. | Ich möchte **die** Tasche. |
| | Wo ist **eine** Tasche? | Sie braucht **eine** Tasche. |
| | Hier ist **keine** Tasche. | Wir haben **keine** Tasche. |
| | | |
| PLURAL NOUNS | Dort sind **die** Schlüssel. | Ich brauche **die** Schlüssel. |
| | Wo sind Schlüssel? | Er hat Schlüssel. |
| | Hier sind **keine** Schlüssel. | Ich habe **keine** Schlüssel. |

## 4 Weak nouns

In general, the nouns themselves do not change when used as direct objects. However, there are a few so-called weak nouns which add **-n** or **-en.** They are all masculine.

Here are some weak nouns:

| Nominative | Accusative |
|---|---|
| Der Student heißt Peter. | Kennen Sie den Student**en**? |
| Der Polizist ist Deutscher. | Fragen Sie den Polizist**en**! |
| Der Soldat ist dort. | Kennen Sie den Soldat**en**? |
| Der Herr bezahlt das Buch. | Verstehen Sie den Herr**n**? |
| Der Junge weiß es. | Fragen Sie den Jung**en**! |

The noun **Herr** also adds **-n** in the accusative when used with a proper name.

| | |
|---|---|
| Dort kommt Herr Falke. | Kennen Sie Herr**n** Falke? |
| Herr Schmidt ist Polizist. | Fragen Sie Herr**n** Schmidt! |

**Note** Weak nouns are indicated in the vocabularies as follows:

der **Student, -en, -en**    (**-en** = accusative,    **-en** = plural)
der **Herr, -n, -en**    (**-n**  = accusative,    **-en** = plural)
der **Name, -n, -n**    (**-n**  = accusative,    **-n**  = plural)


## 5 Personal pronouns

As in English, some German personal pronouns indicate by their form whether they are being used as subjects or direct objects.

| SUBJECT | *I* | *he* | *it* | *she* | *we* | *they* | *you* | *you* | *you* |
|---|---|---|---|---|---|---|---|---|---|
| NOMINATIVE | **ich** | **er** | es | sie | **wir** | sie | Sie | du | ihr |
| ACCUSATIVE | **mich** | **ihn** | es | sie | **uns** | sie | Sie | dich | euch |
| OBJECT | *me* | *him* | *it* | *her* | *us* | *them* | *you* | *you* | *you* |

Notice the change in form:

                                          (der Mann)

NOMINATIVE    **Ich** bin hier.        **Er** fragt Sie.        **Wir** lernen Deutsch.

ACCUSATIVE    Verstehen Sie **mich?**      Verstehen Sie **ihn?**      Verstehen Sie **uns?**

                                               (den Mann)

NOMINATIVE    (das Radio)        (die Tasche)        (die Äpfel)
                       Es ist neu.          Sie ist neu.          Sie sind gut.

ACCUSATIVE    Kaufen Sie es!        Kaufen Sie sie!        Kaufen Sie sie!
                          (das Radio)           (die Tasche)           (die Äpfel)

Remember that in German the pronoun is determined by the **grammatical** gender of the noun:

| | |
|---|---|
| Ich kaufe **den** Geldbeutel. | Ich kaufe **ihn.** *(it)* |
| Er braucht **das** Radio. | Er braucht **es.** *(it)* |
| Wir kaufen **die** Tasche. | Wir kaufen **sie.** *(it)* |

---

## When to use **kennen** and **wissen**

Note the difference in meaning between **kennen** and **wissen.** Both mean *to know* in English.

### kennen

means *to know* in the sense of *to be acquainted with* and is mostly used with persons and places. **Kennen** is always followed by a direct object.

| | |
|---|---|
| Ich kenne den Herrn. | *I know the gentleman.* |
| Kennen Sie die Stadt? | *Do you know the city?* |
| Wir kennen das Restaurant. | *We know the restaurant.* |

### wissen

means to *know something as a fact, to be informed of* or *to be aware of something.* **Wissen** is usually followed by a dependent clause, and only occasionally by a direct object.

| | |
|---|---|
| Wissen Sie, was das ist? | *Do you know what that is?* |
| Ja, wir wissen es. | *Yes, we know (it).* |
| Ich weiß, wo das Restaurant ist. | *I know where the restaurant is.* |
| Wissen Sie es auch? | *Do you know it too?* |

---

## When to use **doch**

Look at the following examples:

| | |
|---|---|
| Haben Sie **keinen** Kugelschreiber? | *Don't you have a pen?* |
| **Doch,** ich habe einen Kugelschreiber. | *Of course, I have a pen.* |
| | |
| Ist der Kaffee **nicht** gut? | *Isn't the coffee good?* |
| **Doch,** er ist sehr gut. | *Oh yes, it's very good.* |
| | |
| Herr Falke kommt heute **nicht.** | *Mr. Falke isn't coming today.* |
| **Doch!** | *But he is.* |

By using **doch,** the speaker contradicts the previous question or statement. German uses **doch** instead of **ja** as a positive response to negative questions or statements.

# MÜNDLICHE ÜBUNGEN

**MÜ 1**  **Was** brauchen (haben, möchten) Sie?

- Dort ist der Stuhl. → *Ich brauche den Stuhl.*

Dort ist . . .

| | | |
|---|---|---|
| 1. der Bleistift | 6. die Tasse | 11. der Tisch |
| 2. das Buch | 7. das Radio | 12. das Heft |
| 3. die Tasche | 8. der Ausweis | 13. die Lampe |
| 4. der Schlüssel | 9. das Bild | 14. das Glas |
| 5. der Brief | 10. der Kuli | 15. der Apfel |

**MÜ 2**  **Wen** kennen (sehen, fragen, suchen) Sie?

- Dort ist der Mann. → *Wir kennen den Mann.*

Dort ist . . .                                    *Vorsicht°!*            *caution*

| | | |
|---|---|---|
| 1. der Mechaniker | 6. die Sekretärin | 11. der Student |
| 2. die Frau | 7. der Ober | 12. der Soldat |
| 3. der Mann | 8. die Dame | 13. der Polizist |
| 4. die Verkäuferin | 9. der Amerikaner | 14. der Herr |
| 5. der Lehrer | 10. die Studentin | 15. der Junge |

**MÜ 3**  **Was** braucht (hat, kauft) der Student?

- Hier ist ein Kugelschreiber. → *Er braucht einen Kugelschreiber.*

Hier ist . . .

| | | |
|---|---|---|
| 1. eine Tasche | 4. ein Bild | 7. ein Geldbeutel |
| 2. ein Bleistift | 5. eine Uhr | 8. ein Ausweis |
| 3. ein Buch | 6. ein Heft | 9. eine Landkarte |

**MÜ 4**  **Was** haben Sie nicht? Antworten Sie mit **nein!**

- Haben Sie einen Bleistift? → *Nein, ich habe **keinen** Bleistift.*

Haben Sie . . . ?

| | | |
|---|---|---|
| 1. ein Feuerzeug | 5. einen Apfel | 9. einen Regenschirm |
| 2. einen Schlüssel | 6. eine Tasse | 10. eine Flasche |
| 3. eine Brille | 7. ein Radio | 11. ein Heft |
| 4. ein Glas | 8. einen Kuli | 12. eine Tasche |

**MÜ 5**   *What do you* Sie / *who*
**Was** sehen Sie? / **Wen** sehen Sie?

- Dort kommt **der** Ober. → *Ich sehe **den** Ober.*
  Hier ist **ein** Schlüssel. → *Ich sehe **einen** Schlüssel.*

1. Hier ist **ein** Bleistift.
2. Das ist **eine** Uhr.
3. Dort kommt **der** Mechaniker.
4. Hier arbeitet **die** Sekretärin.
5. Hier liegt **der** Kugelschreiber.
6. Links ist **eine** Tür.
7. Dort wohnt **der** Junge.
8. Rechts ist **ein** Café.
9. Hier ist **ein** Regenschirm.
10. Dort ist **der** Mann.
11. Hier arbeitet **der** Polizist.
12. Dort kommt **der** Lehrer.

**MÜ 6**   *who who who is*
Fragen Sie mit **was, wer** oder **wen**!

- Wir fragen **den Herrn.** → *Wen fragen wir?*

1. Die Dame braucht **einen Stuhl.**
2. **Wir** wohnen hier.
3. **Der Polizist** hat einen Ausweis.
4. Der Herr kennt **den Ober.**
5. Er findet **die Zeitung** nicht.
6. Sie hat **einen Regenschirm.**
7. Wir fragen **den Studenten.**
8. Er sucht **Herrn Falke.**
9. **Die Dame** bezahlt das Buch.
10. Wir sehen **die Verkäuferin.**
11. **Der Geldbeutel** kostet 20 Mark.
12. Ich verstehe **die Frau** nicht.

**MÜ 7**
Noch einmal im Plural, bitte!

- Er möchte den Apfel. → *Er möchte die Äpfel.*

1. Wo ist der Stuhl?
2. Ich brauche den Kugelschreiber.
3. Kennen Sie den Mann?
4. Ich möchte die Blume.
5. Wer hat kein Buch?
6. Verstehen Sie die Frau?
7. Hier liegt der Schlüssel.
8. Wo ist die Zeitung?

**MÜ 8**
Antworten Sie mit **es, sie** oder **ihn**!

- Fragt die Dame **den Herrn?** → *Ja, die Dame fragt ihn.*
  *(Ja, sie fragt ihn.)*

1. Bringt der Ober **den Wein?**
2. Bezahlt der Herr **das Bier?**
3. Versteht der Herr **die Dame?**
4. Kauft die Frau **die Zeitung?**
5. Haben die Leute **den Schlüssel?**
6. Braucht der Student **die Bücher?**
7. Fragt die Verkäuferin **den Jungen?**
8. Möchte der Mann **den Geldbeutel?**
9. Repariert der Mechaniker **das Auto?**
10. Kauft die Frau **die Blumen?**

Die Geschäftsidee
NR
VERLAG NORMAN RENTROP
Die Erfolgsidee

## MÜ 9  Antworten Sie mit **nein** oder **doch**!

- Haben Sie keinen Kugelschreiber?
  *Nein, ich habe keinen Kugelschreiber.*
  *Doch, ich habe einen Kugelschreiber.*

1. Hat er kein Buch?
2. Ist Herr Müller nicht hier?
3. Kauft sie das Auto nicht?
4. Verstehen Sie mich nicht?
5. Haben Sie keine Zeit?
6. Trinken Sie nicht gern Bier?
7. Möchten Sie keine Milch?
8. Gehen Sie nicht nach Hause?
9. Braucht er das Geld nicht?
10. Hat sie keinen Hunger?
11. Kennen Sie die Leute nicht?
12. Wissen Sie nicht, was das ist?

## MÜ 10  Auf deutsch, bitte!

1. Here comes the waiter.
2. Do you see him? *Sehen sie ihn*
3. Ask the policeman. *Fragen Sie der Polizist*
4. Whom do you see? *Wen sehen sie*
5. Who has the books? *Wer hat die Bücher*
6. Do you know the policeman? *Kennen sehen der Polizist*
7. Yes, I know him. *Ja, Ich kenne er ihn*
8. I need a pencil. *Ich brauche ein Bleistift*
9. Here it is. (the pencil) *Hier ist er*
10. Do you have an umbrella? *Haben Sie eine Regenshirm*
11. Do you know her? *Kennen sie sie*
12. He is buying a newspaper. *Herr kauft e Zeitung*
13. Does he understand me? *Verstehen er nicht*
14. Please ask Mr. Falke. *Fragen sie herr Falke bitte*
15. When is he coming home?
16. Who is the man there?
17. Do you know him?
18. She is writing a letter.

## AUSSPRACHEÜBUNG

[u] Entschuldigung, Zeitung, Übung, Student, jung, unten, Bundesrepublik, Hunger, Unterricht, Stunde, zuviel

[u:] Buch, gut, Beruf, Kugelschreiber, Uhr, tun, Fuß, Kuchen, suchen, Stuhl, du, zu

[x] Buch, Woche, Mittwoch, nach, Nacht, machen, Kuchen, auch, rauchen, doch, noch, brauchen, suchen, acht, achtzehn, achtzig, Sprache

[ç] rechts, Mechaniker, gleich, möchte, Kännchen, Unterricht, nicht, ich, richtig, mich, Bücher, Milch, Mädchen

[iç] Pfennig, zwanzig, dreißig, vierzig, fünfzig, sechzig, siebzig, achtzig, neunzig, richtig

[ʃ] schwarz, schreiben, Schule, Schirm, Schokolade, Geschäft, englisch, deutsch

[s] Gast, Durst, Glas, groß, weiß, wissen, bißchen, heiß, Ausweis, was, das, Schlüssel, Tasse, Wasser

[z] so, Soldat, Sekretärin, sie, sehr, süß, Seite, Sonntag, Pause, Häuser

[ts] zehn, zählen, zu, Zimmer, Zahl, Zeit, zeigen, Zeitung, Zitrone, Zentrum, zwei, zwölf, zwanzig, zweiundzwanzig, kurz

# Das deutsche Geld: Mark und Pfennig

ein Pfennig     zwei Pfennig     fünf Pfennig     zehn Pfennig     fünfzig Pfennig

eine Mark     zwei Mark     fünf Mark

fünf Mark

zehn Mark                    zwanzig Mark

fünfzig Mark                   hundert Mark

fünfhundert Mark                tausend Mark

Für wieviel Geld bekommen Sie in Deutschland . . . ?

ein Wörterbuch

eine Pfeife

ein T-Shirt

eine Lampe

eine Zeitung

ein Feuerzeug

eine Brieftasche

einen Regenschirm

eine Flasche Wein

einen Geldbeutel

eine Tafel Schokolade

einen Bleistift

einen Koffer

eine Tasche

einen Kugelschreiber

eine Straßenkarte

ein Heft

ein Radio

einen Pullover

ein Brot

**Was wissen Sie nicht?**

**Fragen Sie!**

# SCHRIFTLICHE ÜBUNGEN

Nominativ und Akkusativ

SÜ 1    Ergänzen Sie ein Akkusativ-Objekt!

| | | |
|---|---|---|
| 1. | Dort ist **der Polizist.** | Kennen Sie *den Polizisten* ? |
| 2. | Das ist **Herr Sander.** | Fragen Sie _____ ! |
| 3. | Wer ist **der Junge?** | Ich verstehe *den Junge* nicht. |
| 4. | **Der Herr** raucht Pfeife. | Wir kennen _____ . |
| 5. | Hier ist **die Brille.** | Brauchen Sie _____ ? |
| 6. | Dort kommt **der Student.** | Fragen Sie _____ ! |
| 7. | Hier ist **das Buch.** | Ich brauche _____ . |
| 8. | **Die Leute** wohnen hier. | Kennen Sie _____ ? |
| 9. | Wo liegt **der Ausweis?** | Der Mann sucht _____ . |
| 10. | Das ist **die Dame.** | Er fragt _____ . |
| 11. | **Der Mann** heißt Falke. | Wir kennen _____ . |
| 12. | Hier ist **der Geldbeutel.** | Sie möchte _____ . |

**SÜ 2**   Ergänzen Sie das Personalpronomen! *ihn  es  sie*

1. Die Dame kauft _es_ . (Buch)
2. Wir kennen ____ . (Ober)
3. Ich brauche *ihn* . (Bleistift)
4. Haben Sie *ihn* ? (Ausweis)
5. Wo ist *es* ? (Brille)
6. Hier ist ____ . (Schlüssel)
7. Verstehen Sie ____ ? (ich)
8. Versteht er ____ ? (wir)
9. Fragen Sie ____ ! (er)
10. Wo ist ____ ? (Regenschirm)
11. Kaufen Sie ____ ! (Regenschirm)
12. Ich sehe ____ . (Bild)
13. Er bezahlt ____ . (Tasche)
14. Ich suche ____ . (Kuli)

## Verbformen im Präsens

**Kreuzworträtsel**

**Erinnern Sie sich?**
**Wie heißen die Wochentage?**

**SÜ 3**   Ergänzen Sie das Verb!

1. zeigen       Die Verkäuferin _zeigt_ ein Bild.
2. telefonieren  Der Herr _telefoniert_
3. liegen       Wo _liegt_ das Buch?
4. sehen        Wen _sehe_ Sie hier?
5. arbeiten     Die Sekretärin _arbeitet_ im Büro.
6. rauchen      _rauchen_ Sie?
7. kosten       Wieviel _kostet_ der Wein?
8. brauchen     Ich _brauche_ einen Kugelschreiber.
9. kaufen       _kaufen_ Sie den Kuli!
10. bringen     Was _bringt_ der Ober?
11. bezahlen  → Wir ____ die Zeitungen.
12. finden      Ich _finde_ den Ausweis nicht.
13. bekommen → Was ____ Sie für 5 Mark?
14. haben       Er _hat_ keinen Bleistift.
15. verkaufen → Wir ____ das Auto nicht.
16. suchen      Wer _sucht_ den Regenschirm?

**SÜ 4**   **Wissen** oder **kennen**?

1. _Wissen_ Sie, was das ist?
2. Ich _kenne_ die Stadt nicht.
3. Wer _weiß_ , wie spät es ist?
4. _Wissen_ Sie es?
5. _kennt_ die Dame den Herrn?
6. Ja, die Dame _kennt_ den Herrn.
7. Wir _kennen_ das Restaurant.
8. Er _weiß_ , wo es ist.

**SÜ 5**   **Persönliche Fragen**

1. Wann trinken Sie Kaffee?
2. Schreiben Sie viele Briefe?
3. Telefonieren Sie viel?
4. Finden Sie das Leben in Deutschland billig?
5. Was bekommen Sie in Deutschland für 10 Mark?
6. Was bestellen Sie im Restaurant?
7. Um wieviel Uhr gehen Sie abends nach Hause?

## WORTSCHATZ

### NOMEN

| | |
|---|---|
| der Junge, -n, -n | boy |
| der Koffer, - *der* | suitcase |
| | |
| das Geld, -er *die* | money |
| das Geschäft, -e | store, shop |
| das Mädchen, - | girl |
| das Schreibwaren- | stationery shop |
|     geschäft, -e | |
| | |
| die Blume, -n | flower |
| die Pfeife, -n | pipe |
| die Verkäuferin, -nen | saleslady |

Ferienland
zwischen Weser,
Wiehengebirge
und Naturpark
Dümmer See

### VERBEN

| | |
|---|---|
| bekommen | to get, to receive |
| bezahlen | to pay |
| brauchen | to need |
| kaufen | to buy |
| kennen | to know (person or place) |
| verkaufen | to sell |

Camping
Jugendherbergen
Naturfreundehäuser

### VERSCHIEDENES

| | |
|---|---|
| alles | everything, all |
| doch | yes (positive answer to a negative question) |
| etwas | something |
| für | for |
| noch | else |
| noch etwas? | anything else? |
| die Tafel Schokolade | chocolate bar |
| wen? | whom? |

Urlaub
auf dem Lande

**Diese Wörter verstehen Sie ohne Wörterbuch.**

| NOMEN | VERBEN |
|---|---|
| der Pfennig, -e | finden *find* |
| der Verkäufer, - | hören *hear* |
| das Brot, -e | kosten *cost* |
| das Ding, -e | öffnen *open* |
| die Mark *(no pl.)* | reparieren |
| | sehen *see* |

Ferienhäuser
und Ferien-
wohnungen

**Am Bahnhof**
**Die Kleidung: Was tragen Sie heute?**

- Verbs with stem vowel change
    in the present tense
- Prepositions with the accusative
- Coordinating conjunctions

**Ein Interview**

# Kapitel
# 6

# Am Bahnhof

FRAU STEINER

▷ Guten Tag, Frau Heller!
Wie geht es Ihnen?

▷ Na ja, es geht so. Fahren
Sie nach München?

▷ Nehmen Sie den Intercity?
*To Take*

▷ Wie lange bleiben Sie denn dort?

*( have good time )*

▷ Also, dann viel Spaß!

▷ Auf Wiedersehen! Hier, vergessen
Sie nicht den Regenschirm!

FRAU HELLER

► Danke, gut. Und Ihnen?

► Ja, mein Zug fährt in zehn Minuten.

► Ja, der Intercity fährt schnell
und hält nicht so oft.

*Perhaps*

► Ich weiß es noch nicht. Vielleicht
bleibe ich eine Woche.

► Danke. Es wird spät, und der Zug
wartet nicht. Auf Wiedersehen!

► Oh, danke.

der Zug

der Bus

die Straßenbahn

das Auto

das Taxi

# EINFÜHRUNG

## *Starke Verben im Präsens*

**Situationen:**
**Was tun die Leute?**

Sehen Sie die Kinder?
Der Fahrer **sieht** die Kinder.
Sie gehen über die Straße.
Das Auto **hält.**

Die Frau **hält** das Baby.
Das Baby trinkt.
Das Baby **wird** müde.
Es **schläft.**

Das ist eine Kantine.
Die Leute **essen** und **sprechen.**
Die Frau **ißt.**
Der Mann **spricht.**

Die Leute **waschen** das Auto.
Er **wäscht** das Auto.
Sie **wäscht** das Auto.
Wann **waschen** Sie Ihr Auto?

Die Straßenbahn **fährt** nicht.
Sie **hält** gerade.
**Nimmt** die Dame die Straßen-
bahn? **Trägt** sie eine Tasche?

Die Dame links **liest** ein Buch.
Sie **trägt** eine Brille.
Sie **sieht** nicht gut ohne Brille.
Die Dame rechts **spricht** am
Telefon.

Die Leute **laufen.**
Sie **laufen** durch den Park.
Das Kind **läuft** auch.
Sie **tragen** Trainingsanzüge.

## WORTSCHATZERWEITERUNG

Die Kleidung

**Was trägt ein Mann?**
**Was trägt eine Frau?**
**Was tragen Kinder?**

die Krawatte, -n
der Pullover, -
das Hemd, -en
der Mantel, ¨
die Bluse, -n
die Jacke, -n
das Kleid, -er
der Anzug, ¨e
das T-Shirt, -s
der Pulli, -s
die Hose, -n
die Jeans (Pl.)
der Schuh, -e
der Stiefel, -
der Rock, ¨e

**Und Sie?**
**Was tragen Sie heute?**
**Beschreiben Sie die Kleidung!**

*Präpositionen mit Akkusativ: **durch, für, gegen, ohne, um***

| | | |
|---|---|---|
| **durch** | | Die Leute gehen **durch den Park.**<br>Wir sehen **durch das Fenster.**<br>Der Bus fährt **durch die Stadt.** |
| **für** | | **Für wen** ist der Brief?<br>Der Brief ist **für den Herrn.**<br>Er ist **für ihn.** |
| **gegen** | | Wir kommen **gegen 5 Uhr.**<br>Das Kind läuft **gegen den Tisch.**<br>Sind Sie für oder **gegen mich?** |
| **ohne** | | Sie möchte den Kaffee **ohne Milch.**<br>Der Unterricht beginnt nicht **ohne den Lehrer.**<br>Thomas kommt nicht. Wir gehen **ohne ihn.** |
| **um** | | Die Leute sitzen **um den Tisch.**<br>Der Bus fährt **um die Stadt.**<br>Das Kind läuft **um das Haus.** |

# GRAMMATIK

## A  Verbs with Stem Vowel Change in the Present Tense

German has some common verbs that change their stem vowel in the **er/es/sie**-form of the present tense. The same stem vowel changes occur in the **du**-form. A detailed explanation is given in Chapter 10.

### 1  Stem vowel change: e → i or → ie

| | | | | | | |
|---|---|---|---|---|---|---|
| INFINITIVE | sprechen | essen | vergessen | nehmen | lesen | sehen |
| CHANGED STEM | sprich- | iß- | vergiß- | nimm- | lies- | sieh- |
| ich | spreche | esse | vergesse | nehme | lese | sehe |
| **er/es/sie** | **spricht** | **ißt** | **vergißt** | **nimmt** | **liest** | **sieht** |
| wir sie Sie | sprechen | essen | vergessen | nehmen | lesen | sehen |

Notice that **werden** is irregular in the **er/es/sie**-form:

| werden *(to become, get)* | |
|---|---|
| ich werde | wir werden |
| er/es/sie wird | sie werden |
| Sie werden | |
| du wirst | ihr werdet |

### 2  Stem vowel change: a → ä / au → äu

| | | | | | |
|---|---|---|---|---|---|
| INFINITIVE | fahren | halten | schlafen | tragen | laufen |
| CHANGED STEM | fähr- | hält- | schläf- | träg- | läuf- |
| ich | fahre | halte | schlafe | trage | laufe |
| **er/es/sie** | **fährt** | **hält** | **schläft** | **trägt** | **läuft** |
| wir sie Sie | fahren | halten | schlafen | tragen | laufen |

**Note** When a changed stem ends in **-d** or **-t,** the ending for the third person (**er**/**es**/**sie**) is not added.

|  |  |
|---|---|
| INFINITIVE | halten |
| CHANGED STEM | hält- |
| **er**/**es**/**sie** | hält |

When the stem of a verb ends in **-ss** and the following ending is **-t,** the **-ss** changes to **-ß.**

|  |  |  |
|---|---|---|
| INFINITIVE | essen | vergessen |
| STEM | ess- | vergess- |
| **er**/**es**/**sie** | ißt | vergißt |
| **ihr** | eßt | vergeßt |

Verbs which undergo a stem vowel change in the present tense are indicated in the **Wortschatz** as follows: **fahren (fährt), essen (ißt).**

## B  Prepositions with the Accusative

German prepositions function the same as English prepositions, except that in German the object of a preposition must be in a specific case.

These prepositions are always followed by the accusative:

| | |
|---|---|
| **für** | *for* |
| **durch** | *through* |
| **gegen** | *against, toward (+ time)* |
| **ohne** | *without* |
| **um** | *around* |

Look at the following examples:

| | |
|---|---|
| **Für wen** ist der Brief? | *For whom is the letter?* |
| Wir gehen **durch den Park.** | *We are walking through the park.* |
| Fahren Sie nicht **gegen den Baum!** | *Don't drive against the tree.* |
| Sie kommt **ohne Herrn Sander.** | *She is coming without Mr. Sander.* |
| Wir sitzen **um den Tisch.** | *We are sitting around the table.* |

**Note** In spoken German there is a tendency to contract some prepositions with the following neuter definite article.

| | | |
|---|---|---|
| durch das = | **durchs** | Das Kind läuft durchs Zimmer. |
| für das = | **fürs** | Ich brauche das fürs Auto. |
| um das = | **ums** | Gehen Sie ums Hotel! |

When to use the preposition **nach**

**Nach** *(to)* is used to express direction when going to a city, country or another continent.

|  |  |
|---|---|
| Wir fahren **nach** München. | *We are driving to Munich.* |
| Ich gehe **nach** England. | *I am going to England.* |
| Wir gehen **nach** Amerika. | *We are going to America.* |

**Exception:**

| Er fährt in die Schweiz. | *He is driving to Switzerland.* |
|---|---|

Remember that **nach Hause** is an idiomatic expression.

## C  Coordinating Conjunctions

Coordinating conjunctions connect phrases, clauses, sentences or simply words of equal importance. The German coordinating conjunctions are used like their English equivalents.

**und** *(and)*

Sie macht eine Pause **und** trinkt eine Tasse Kaffee.
*She is taking a break and drinks a cup of coffee.*

Hier sind Kugelschreiber **und** Bleistifte.
*Here are pens and pencils.*

**aber** *(but)*

Er wohnt in Heidelberg, **aber** er arbeitet in Mannheim.
*He lives in Heidelberg, but he works in Mannheim.*

**denn** *(because)*

Wir gehen nach Hause, **denn** es ist spät.
*We are going home because it is late.*

**oder** *(or)*

Fragt der Student **oder** antwortet er?
*Is the student asking or is he answering?*

Möchten Sie Wein **oder** Bier?
*Would you like wine or beer?*

As in English, if the subject of both clauses is the same, it is not necessary to state it twice.

Fragt oder antwortet der Student?
*Is the student asking or answering?*

Sie weiß es, aber sagt es nicht.
*She knows it but doesn't say it.*

The subject has to be restated with **denn** *(because)*.

> Er trägt eine Brille, **denn er** sieht nicht gut.
> *He is wearing glasses because he doesn't see well.*

> Der Junge möchte ein Glas Milch, **denn** er hat Durst.
> *The boy would like a glass of milk because he is thirsty.*

---

Flavoring particles

German has a number of words which apart from their literal meaning serve to give special flavor to a sentence and indicate an attitude of the speaker such as surprise or emphasis. Flavoring particles are characteristic of spoken German. They often cannot be directly translated since their meaning depends on the context. But the feel of a language which comes from experience will make the meaning and use of these little colloquialisms familiar.

**Aber** may express emphasis or indicate an unexpected situation:

| | |
|---|---|
| Das ist **aber** teuer. | *That's really expensive.* |
| Heute ist es **aber** sehr heiß. | *It's really very hot today.* |
| **Aber** was ist das? | *But what is that?* |

**Also** may have the meaning of *thus, then, well then* or *so.*

| | |
|---|---|
| **Also,** warum sind Sie hier? | *Well then, why are you here?* |
| **Also,** bis morgen. | *Till tomorrow then.* |
| **Also,** was machen wir jetzt? | *So, and what are we going to do now?* |

**Denn** is often used to make a question more emphatic or to show impatience on the part of the speaker. **Denn** sometimes corresponds to English *well.*

| | |
|---|---|
| Was machen Sie **denn** da? | *What are you doing there?* |
| Warum kommt er **denn** nicht? | *But why isn't he coming?* |
| Wohin gehen Sie **denn?** | *Well, where are you going?* |

**Ja** may be used by a speaker to convey surprise, but **ja** may also indicate that the fact expressed is already known.

| | |
|---|---|
| Der Kaffee ist **ja** kalt! | *Why! the coffee is cold!* |
| Da ist sie **ja!** | *Why! there she is!* |
| Das Kleid ist **ja** nicht neu. | *(As you know) The dress is not new.* |

Since flavoring particles only add nuances of meaning to a given statement or question, they are presented here solely for recognition. Others will be pointed out as they occur in the text.

---

# MÜNDLICHE ÜBUNGEN

**MÜ 1**   Antworten Sie!

- Ich spreche Deutsch. Und die Dame? → *Die Dame spricht auch Deutsch.*

1. Ich spreche Deutsch.
   Und der Herr?
      die Studenten?
      wir?
      Sie?

2. Wir sehen die Bilder.
   Und der Junge?
      das Mädchen?
      die Dame?
      Sie?

3. Die Damen lesen die Zeitung.
   Und der Mechaniker?
      die Studentin?
      die Kinder?
      Sie?

4. Ich esse einen Apfel.
   Und der Junge?
      das Mädchen?
      wir?
      Sie?

5. Es regnet. Wir werden naß.
   Und die Leute?
      der Regenschirm?
      das Auto?
      Sie?

6. Die Kinder schlafen.
   Und das Mädchen?
      der Junge?
      ich?
      Sie?

7. Ich trage einen Pullover.
   Und Herr Falke?
      Fräulein Walter?
      die Frau?
      Sie?

8. Die Autos fahren schnell.
   Und das Taxi?
      der Zug?
      die Straßenbahn?
      die Busse?

9. Die Busse halten oft.
   Und die Züge?
      das Taxi?
      die Straßenbahn?
      der Intercity?

10. Die Kinder laufen schnell.
    Und der Student?
       die Leute?
       der Herr?
       Sie?

**MÜ 2**   Im Singular, bitte!

- Die Kinder essen Kuchen. → *Das Kind ißt Kuchen.*

1. Die Mädchen vergessen das Buch.
2. Die Damen nehmen die Straßenbahn.
3. Die Studenten sprechen hier Deutsch.
4. Die Kinder sehen das Bild nicht.
5. Die Züge halten in München.
6. Die Männer tragen den Tisch.
7. Die Jungen lesen ein Buch.
8. Die Kinder laufen nach Hause.
9. Die Busse fahren langsam.
10. Die Autos werden naß.
11. Die Kinder schlafen nicht.
12. Die Amerikaner essen zu Hause.

## MÜ 3    Imperativ, bitte!    *command*

- nicht so schnell fahren → *Fahren Sie nicht so schnell!*

1. das Auto waschen
2. schnell laufen
3. laut sprechen
4. hier warten
5. das Buch lesen
6. den Mantel nehmen
7. nicht so viel essen
8. dort halten
9. nicht schlafen

## Präpositionen mit Akkusativ

## MÜ 4    **Für wen** ist das?

- Ist der Brief für die Dame? (Herr) → *Nein, der Brief ist für den Herrn.*

1. Ist der Brief für die Studentin?    (Student)
2. Sind die Bücher für den Jungen?    *das* (Mädchen)
3. Ist das Buch für die Lehrerin?    (Lehrer)
4. Sind die Schlüssel für die Frau?    (Mann)
5. Ist die Zeitung für die Kellnerin?    *den* (Kellner)

## MÜ 5    Was tun wir? Antworten Sie mit **ohne!**    *without*

- Herr Kohl kommt nicht. → *Dann gehen wir ohne Herrn Kohl.*
  *(Dann gehen wir ohne ihn.)*

1. Frau Braun kommt nicht.
2. Die Leute kommen nicht.
3. Der Student kommt nicht.
4. Der Junge kommt nicht.

## MÜ 6    Bilden Sie Sätze mit **durch!** Benutzen° Sie die Verben **gehen, fahren, laufen!**    *use*

- der Mann/der Park → *Der Mann geht durch den Park.*

1. die Leute/das Restaurant
2. die Kinder/das Zimmer
3. der Junge/der Zug
4. der Bus/die Stadt
5. das Mädchen/der Bus
6. der Herr/das Café

## MÜ 7    Auf deutsch, bitte!

1. Does he speak German?
2. Where does the bus stop?
3. Do you see the pictures?
4. He doesn't see me.
5. I am taking the train.
6. Who is taking a taxi?
7. Is the child sleeping now?
8. The children are running.
9. I am getting wet.
10. What is he carrying?
11. He is wearing glasses.
12. What does she like to eat?
13. The student is reading a book.
14. Please speak German.
15. Don't forget the umbrella.
16. It is getting late.

## Ein Interview im Radio

Hier ist Studio B in Stuttgart. Guten Morgen! Sie hören das Morgenmagazin mit Interviews und viel Musik. Heute haben wir eine junge Dame im Studio. Sie heißt Irene Martin. Sie ist Amerikanerin und kommt aus Atlanta. Sie wissen es sicher, Atlanta liegt im Bundesstaat Georgia.

**Reporter:** Guten Morgen, Fräulein Martin! Wir haben viele Fragen. Also, warum sind Sie in Deutschland? Was tun Sie hier?

**Irene:** Ich bin Krankenschwester und arbeite hier im Krankenhaus. Abends gehe ich zur Schule und lerne Deutsch.

**Reporter:** Wie lange sind Sie denn schon in Deutschland?

**Irene:** Ich bin schon sieben Monate hier.

**Reporter:** Sieben Monate! Das ist aber nicht sehr lang. Und wie finden Sie das Leben hier in Deutschland?

**Irene:** Ich finde das Leben hier ganz interessant, nur ein bißchen teuer.

**Reporter:** Was tun Sie abends? Sie sagen, Sie gehen zur Schule und lernen Deutsch. Gehen Sie auch manchmal ins Theater oder ins Kino?

**Irene:** Ins Theater gehe ich nicht sehr oft. Soviel Deutsch verstehe ich noch nicht, aber ich gehe manchmal ins Kino oder ins Konzert.

**Reporter:** Aha, Sie hören also gern Musik. Und was tun Sie sonst noch?

**Irene:** Ach wissen Sie, wir arbeiten sehr viel im Krankenhaus, und ich habe nicht viel Freizeit. Aber ich schwimme gern und ich spiele Tennis. Ich lese auch gern.

**Reporter:** Fräulein Martin, Sie sprechen ja schon sehr gut Deutsch. Verstehen Sie auch Dialekt?

**Irene:** Da habe ich ein Problem, denn so viele Leute sprechen hier Dialekt. Manchmal verstehe ich kein Wort.

**Reporter:** Das kommt noch. Nur Geduld°, Fräulein Martin!                    *patience*

Patience

**Variieren und spielen Sie das Interview!**

# SCHRIFTLICHE ÜBUNGEN

**SÜ 1**  Vollenden° Sie die Sätze!  *complete*
(Vorsicht! Regelmäßige° und unregelmäßige Verben)  *regular*

1. Wir fahren nach München.
   Frau Heller *fährt nach München* .

2. Die Leute bezahlen den Wein.
   Der Gast *bezahlt den wein*

3. Ich trage einen Mantel.
   Die Dame *trägt ein mantel*

4. Wir fragen auf deutsch.
   Die Studentin *frage auf deut.*

5. Wir haben Hunger.
   Der Junge *hat hunger*

6. Die Leute nehmen ein Taxi.
   Herr Berger *nehmt ein taxi*

7. Ich brauche einen Regenschirm.
   Die Frau *braucht ein Regen.*

8. Die Kinder laufen nach Hause.
   Das Mädchen *läuft nach Haus*

9. Schlafen die Kinder schon?
   *schläft* der Junge schon?

×10. Warten Sie bitte hier!
   Herr Falke *wartet* .

11. Was lesen Sie gern?
   *lest* er gern?

12. Wir sprechen Deutsch.
   Der Student *sprecht Deutsch*

**SÜ 2**  Bilden Sie Fragen!

● Warum / Junge / Brille / tragen → *Warum trägt der Junge eine Brille?*

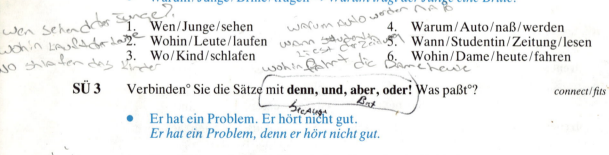

1. Wen / Junge / sehen
2. Wohin / Leute / laufen
3. Wo / Kind / schlafen

4. Warum / Auto / naß / werden
5. Wann / Studentin / Zeitung / lesen
6. Wohin / Dame / heute / fahren

*Wen sehen der Junge?*
*wohin laufen der? 2*
*wo schlafen das kinder*

*warum Auto worden NAß*
*wann studenti...*
*25 est er zeitung*
*wohin fahrt die Dame heute*

**SÜ 3**  Verbinden° Sie die Sätze mit **denn, und, aber, oder!** Was paßt°?  *connect / fits*
*because*
*But*

● Er hat ein Problem. Er hört nicht gut.
  *Er hat ein Problem, denn er hört nicht gut.*

*A*

1. Frau Kaiser arbeitet in Mannheim. Sie wohnt in Heidelberg.
2. Möchten Sie Wein? Möchten Sie Bier?
3. Ich gehe jetzt nach Hause. Es ist spät.
4. Sie ist Sekretärin. Sie arbeitet im Büro.
5. Irene Martin geht zur Schule. Sie lernt Deutsch.

**SÜ 4**  Vollenden Sie die Sätze!

1. Wir machen jetzt eine Pause, denn *wir haben Hunger.*
2. Ich bin Amerikaner und . . .
3. Er raucht nicht, aber . . .
4. Gehen Sie in die Stadt oder . . .
5. Sie ist sieben Monate in Deutschland und . . .
6. Trinken Sie gern Kaffee oder . . .

EIN HERZ FÜR KINDER

**SÜ 5** Ergänzen Sie eine Präposition!
**Was paßt: durch, für, gegen, ohne, um?**

gegen den Baum

1. *Für* wen ist der Brief?
2. Gehen Sie ___ die Tür, dann links!
3. Die Leute sitzen ___ den Tisch.
4. Herr Kohl kommt nicht. Gehen Sie ___ ihn!
5. Fahren Sie nicht ___ den Baum!
6. Haben Sie etwas ___ Zigaretten?
7. ___ wieviel Uhr kommen Sie?
8. Warum gehen Sie nicht ___ den Park?

**SÜ 6**   **Persönliche Fragen**

1. Warum sind Sie in Deutschland? (Was tun Sie hier?)
2. Wann gehen Sie zur Schule?
3. Was lernen Sie dort?
4. Wie lange sind Sie schon in Deutschland?
5. Wie finden Sie das Leben hier?
6. Finden Sie es billig oder teuer?
7. Gehen Sie oft ins Kino?
8. Was tun Sie gern?

---

## WORTSCHATZ*

### NOMEN

| | | | |
|---|---|---|---|
| **der Bahnhof, ⸚e** | railroad station | **das Kind, -er** | child |
| **der Baum, ⸚e** | tree | **das Kino, -s** | movie theater |
| **der Fahrer, -** | driver | **das Krankenhaus, ⸚er** | hospital |
| **der Monat, -e** | month | **das Leben** | life |
| **der Zug, ⸚e** | train | | |
| | | **die Freizeit** | leisure time |
| | | **die Krankenschwester, -n** | nurse |
| | | **die Straße, -n** | street |
| | | **die Straßenbahn, -en** | streetcar |

### VERBEN

| | | | |
|---|---|---|---|
| **beschreiben** | to describe | **schlafen (schläft)** | to sleep |
| **bleiben** | to remain | **sitzen** | to sit |
| **fahren (fährt)** | to drive, to ride, to travel | **tragen (trägt)** | to wear, to carry |
| | | **vergessen (vergißt)** | to forget |
| **halten (hält)** | to stop, to hold | **warten** | to wait |
| **laufen (läuft)** | to run, to walk (fast) | **werden (wird)** | to become, to get |
| **nehmen (nimmt)** | to take | | |

*Vergessen Sie nicht **die Wortschatzerweiterung** auf Seite 82!*

## KONJUNKTIONEN

| | |
|---|---|
| **aber** | but |
| **denn** | because |
| **oder** | or |
| **und** | and |

## AKKUSATIVPRÄPOSITIONEN

| | |
|---|---|
| **durch** | through |
| **für** | for |
| **gegen** | against |
| **ohne** | without |
| **um** | around |

## ADJEKTIVE

| | |
|---|---|
| **frei** | free |
| **krank** | sick |
| **interessant** | interesting |
| **müde** | tired |
| **schnell** | fast, quick |
| **stark** | strong |

## VERSCHIEDENES

| | |
|---|---|
| **am Telefon** | on the telephone |
| **am Bahnhof** | at the railroad station |
| **da** | there, here |
| **Das kommt noch!** | That'll come (in due time) |
| **ganz** | quite |
| **heute nachmittag** | this afternoon |
| **in die Stadt gehen/fahren** | to go/drive downtown |
| **ins Kino gehen** | to go to the movies |
| **der Intercity** | German express train |
| **manchmal** | sometime |
| **nach** (+ *city or country*) | to |
| **noch nicht** | not yet |
| **oft** | often |
| **sicher** | sure(ly) |
| **vielleicht** | perhaps |
| **schon** | already |
| **sonst** | otherwise, else |
|    **was sonst noch?** |    what else? |
| **über die Straße gehen** | to go across the street |
| **Viel Spaß!** | Have fun! |
| **warum?** | why? |
| **Wie geht es Ihnen?** | How are you? |
|    **Danke. Es geht mir gut.** |    Thank you. I am fine. |
|    **Es geht so.** |    I'm alright. |
| **zur Schule gehen** | to go to school |

**Diese Wörter verstehen Sie ohne Wörterbuch.**

## NOMEN

| | | |
|---|---|---|
| der Bus, -se | das Baby, -s | die Musik |
| der Park, -s | das Haus, ¨er | die Schule, -n |
| | das Konzert, -e | |
| | das Problem, -e | |
| | das Taxi, -s | |
| | das Theater, - | |

## VERBEN

essen (ißt)
lesen (liest)
sagen
schwimmen
sehen (sieht)
sprechen (spricht)
waschen (wäscht)

**Deutsche Paß- und Zollkontrolle**

- Possessive adjectives
- Possession with proper names
- Public imperative

**Meine Familie**

# Kapitel
# 7

# Deutsche Paß- und Zollkontrolle

| EIN TOURIST | DER ZOLLBEAMTE° *customs official* |
|---|---|
| | ▶ Guten Tag! Deutsche Paß- und Zollkontrolle. Ihren Reisepaß, bitte! |
| ▷ Meinen Reisepaß? Ich habe keinen Reisepaß, nur einen Ausweis. | |
| ▷ Hier ist mein Ausweis. | ▶ Dann Ihren Ausweis, bitte! |
| ▷ Nein, nichts. | ▶ In Ordnung. Haben Sie etwas zu verzollen? |
| ▷ Nein, nichts. | ▶ Keine Zigaretten, keinen Kaffee, keinen Alkohol? |
| | ▶ Gut, danke. |

## Variation: Verkehrskontrolle

▷ POLIZIST
▶ AUTOFAHRER

▷ Guten Tag! Verkehrskontrolle.
Ihren Führerschein, bitte!

▶ Bitte, hier ist mein Führerschein.

▷ In Ordnung! Und jetzt noch Ihre
Autopapiere.

▶ Meine Autopapiere? Einen Moment,
bitte. Ah, hier sind sie ja.

▷ Danke, alles in Ordnung.
Weiterfahren, bitte.

## EINFÜHRUNG

*Die Possessivpronomen:* **mein, sein, ihr, unser, ihr, Ihr**en

Hier ist ein Auto.
Das ist **sein** Auto.
Er braucht **sein** Auto.

Er hat einen Hut.
Er trägt **seinen** Hut.

Er trägt eine Jacke.
Er trägt **seine** Jacke.

Wo sind die Autopapiere?
Er hat **seine** Autopapiere.

Hier ist ein Auto.
Das ist **ihr** Auto.
Sie braucht **ihr** Auto.

Sie hat einen Führerschein.
Sie braucht **ihren** Führerschein.

Hier ist eine Straßenkarte.
Das ist **ihre** Straßenkarte.

Hier sind die Autoschlüssel.
Sie braucht **ihre** Autoschlüssel.

Die Leute machen eine Reise.
Sie packen für **ihre** Reise.
Sie packen **ihr** Auto voll.

Wann machen Sie eine Reise?
Was packen Sie für **Ihre** Reise?
Packen Sie auch **Ihr** Auto voll?

Was packen Sie?

Hier sind Stiefel.
Das sind **meine** Stiefel.
Ich packe **meine** Stiefel.

Der Junge trägt einen Hut.
Das ist **sein** Hut.
Er trägt **seinen** Hut.

Die Mutter bringt den Kaffee.
Das ist **unser** Kaffee.
Sie bringt **unseren** Kaffee.

Hier ist ein Koffer.
Das ist **mein** Koffer.
Ich brauche **meinen** Koffer.

Er hat einen Hund.
**Sein** Hund heißt Maxi.
Er hält **seinen** Hund.

Wir machen eine Reise.
Wir packen für **unsere** Reise.
Wir packen **unser** Auto voll.

Das Mädchen hat einen Ball.
Das ist **sein** Ball.
Es hält **seinen** Ball.
Es ruft **seine** Mutter.

# GRAMMATIK

## A  Possessive Adjectives

### 1  Analysis

POSSESSIVE ADJECTIVES

As their name implies, possessive adjectives indicate possession. They precede the noun they modify: *my coat, his family, their car.* The meaning and use of possessive adjectives are the same in both English and German.

### 2  German possessive adjectives

Possessive adjectives are called **Possessivpronomen** in German. Notice the relationship between the personal pronoun and the corresponding possessive adjective.

| Singular | | Plural | |
|---|---|---|---|
| ich → **mein** | *(my)* | wir → **unser** | *(our)* |
| er → **sein** | *(his)* | | |
| es → **sein** | *(its)* | sie → **ihr** | *(their)* |
| sie → **ihr** | *(her)* | | |
| | Sie → **Ihr** | *(your)* | |
| du → **dein** | *(your)* | ihr → **euer** | *(your)* |

The meaning of **ihr** *(her),* **ihr** *(their) and* **Ihr** *(your)* is usually clarified by the context. Also, **Ihr** *(your)* is always capitalized, just as the corresponding personal pronoun **Sie** *(you)* is.

> Die Kellnerin sucht ihren Geldbeutel.
> *The waitress is looking for her wallet.*

> Die Kinder suchen ihre Schlüssel.
> *The children are looking for their keys.*

### 3  Endings

Possessive adjectives replace the articles in front of a noun. They are often called **ein**-words because they take the same endings as the indefinite article **ein.** When modifying a plural noun, the possessive adjectives take the ending of **keine.**

## SINGULAR

| | Masculine | Neuter | Feminine |
|---|---|---|---|
| NOM. | **ein**<br>Das ist **mein** Mantel. | **ein**<br>Das ist **mein** Buch. | **eine**<br>Das ist **meine** Brille. |
| ACC. | **einen**<br>Ich habe **meinen** Mantel. | **ein**<br>Ich habe **mein** Buch. | **eine**<br>Ich habe **meine** Brille. |

## PLURAL

| | All Genders | | |
|---|---|---|---|
| NOM. | **keine**<br>Das sind **meine** Schuhe, | **meine** Bücher, | **meine** Schlüssel. |
| ACC. | Ich habe **meine** Schuhe, | **meine** Bücher, | **meine** Schlüssel. |

Note that the ending of the possessive adjective is determined by the gender, number and case of the modified noun.

| | |
|---|---|
| Die Frau nimmt **ihren** Mantel. | *The woman takes her coat.* |
| Die Frau nimmt **ihr** Kleid. | *The woman takes her dress.* |
| Die Frau nimmt **ihre** Jacke. | *The woman takes her jacket.* |

## B  Possession with Proper Names

As in English, the possessive of German names is formed by adding **-s** to a proper name. However, in German there is no apostrophe.

| | |
|---|---|
| Erika ist Frau Lohnerts Schwester. | *Erika is Mrs. Lohnert's sister.* |
| Wir haben Claudias Buch. | *We have Claudia's book.* |
| Wo ist Michaels Brille? | *Where are Michael's glasses?* |

---

### When to use **erst** and **nur**

As an adverb, **erst** is equivalent to *only, not only, only just, not until,* and is used to refer to a specific point in time.

| | |
|---|---|
| Sie ist **erst** ein Jahr alt. | *She is only one year old.* |
| Es ist **erst** sieben Uhr. | *It is only seven o'clock.* |

The adverb **nur** is used when referring to a numerical quantity and corresponds to English *only,* with the meaning of *not more than the quantity indicated.*

| | |
|---|---|
| Sie hat **nur** eine Schwester. | *She has only one sister.* |
| Er braucht **nur** 200 Mark. | *He needs only 200 marks.* |

---

## C  The Public Imperative

German uses the infinitive form of the verb if a command or request is directed to the
general public rather than to individual persons. This impersonal imperative appears on
signs in public places and in public transportation, in advertising and in general instructions
to the public.

| | |
|---|---|
| Langsam fahren. | *Drive slowly.* |
| Weitergehen, bitte. | *Go on, please.* |

Im Straßenverkehr

---

# MÜNDLICHE ÜBUNGEN

**MÜ 1**   Bilden Sie Sätze mit Possessivpronomen!

● ein Führerschein → *Das ist mein Führerschein.*
  *Ich habe meinen Führerschein.*

| mein/meine/meinen | sein/seine/seinen | ihr/ihre/ihren | unser/unsere/unseren |
|---|---|---|---|
| 1.  eine Landkarte | 1.  ein Glas | 1.  eine Bluse | 1.  ein Telefon |
| 2.  ein Kleid | 2.  ein Ausweis | 2.  ein Kleid | 2.  eine Zeitung |
| 3.  ein Schlüssel | 3.  ein Hemd | 3.  ein Rock | 3.  ein Wagen |
| 4.  ein Bild | 4.  ein Pullover | 4.  eine Tasche | 4.  ein Hund |
| 5.  eine Uhr | 5.  eine Pfeife | 5.  ein Auto | 5.  ein Regenschirm |
| 6.  ein Stuhl | 6.  ein Mantel | 6.  ein Buch | 6.  eine Flasche |
| 7.  eine Brille | 7.  eine Brieftasche | 7.  ein Brief | 7.  ein Radio |
| 8.  ein Feuerzeug | 8.  eine Jacke | 8.  eine Tasse | 8.  ein Reisepaß |

**MÜ 2**     Üben Sie weiter!

•     Die Dame liest einen Brief. → *Die Dame liest ihren Brief.*

1.   Ich trage einen Pullover.
2.   Der Mann nimmt einen Koffer.
3.   Die Studenten haben ein Buch.
4.   Die Dame nimmt einen Mantel.
5.   Der Herr trägt eine Jacke.
6.   Die Frau braucht einen Ausweis.
7.   Das Kind buchstabiert einen Namen.
8.   Der Junge möchte eine Tasche.
9.   Wir brauchen ein Heft.
10.  Ich trage eine Brille.
11.  Die Leute verkaufen ein Haus.
12.  Der Student fragt eine Lehrerin.

**MÜ 3**     Im Plural, bitte!

•     Dort liegt sein Buch. → *Dort liegen seine Bücher.*

1.   Das ist mein Schuh.
2.   Wo ist unser Stuhl?
3.   Wer hat ihr Bild?
4.   Das ist seine Zigarette.
5.   Hat das Kind seinen Apfel?
6.   Braucht er meinen Schlüssel?
7.   Kennen Sie unseren Lehrer?
8.   Der Junge sucht sein Heft.
9.   Möchten Sie meine Karte?
10.  Hat sie ihren Kugelschreiber?

**MÜ 4**     Antworten Sie mit Personalpronomen!

•     Braucht die Dame ihren Regenschirm? → *Ja, sie braucht ihn.*
                                          *(Nein, sie braucht ihn nicht.)*

1.   Ißt der Junge seinen Apfel?
2.   Sind Ihre Schuhe neu?
3.   Hat der Mann seinen Ausweis?
4.   Braucht die Dame ihren Reisepaß?
5.   Lesen die Kinder ihre Bücher?
6.   Trägt der Herr seine Brille?
7.   Braucht der Ober seinen Bleistift?
8.   Kennen Sie meine Lehrerin?
9.   Verkaufen die Leute ihr Haus?
10.  Nimmt die Frau ihren Mantel?
11.  Liest der Herr seinen Brief?
12.  Rufen die Leute ihren Hund?

**MÜ 5**     Auf deutsch, bitte!

1.   My name is Keller.
2.   What's your name?
3.   This is my watch.
4.   Do we need her umbrella?
5.   There is her umbrella.
6.   Their children are at home.
7.   Where is your passport?
8.   This is our car.
9.   Do you know his teacher?
10.  I have their keys.
11.  This is my skirt and my blouse.
12.  Where is her coat?
13.  Do you see her coat?
14.  He is spelling his name.
15.  I am selling my car.
16.  They are calling their dog.
17.  Here is my driver's license.
18.  Do you see my driver's license?
19.  Are these your letters?
20.  We are reading our letter.

# Meine Familie

Guten Tag! Mein Name ist Ingrid Lohnert.
Und das ist meine Familie. Hier sind einige
Bilder.

Ich bin verheiratet. Das ist mein Mann. Er
heißt Arno. Wir haben zwei Kinder, einen
Jungen und ein Mädchen. Unser Sohn
heißt Thomas. Er ist vier Jahre alt. Unsere
Tochter heißt Stefanie. Sie ist erst achtzehn
Monate alt. Wir wohnen in Würzburg.

Hier sehen Sie meine Eltern. Meine Eltern
sind die Großeltern von Thomas und Stefanie. Mein Vater und meine Mutter wohnen
in Heilbronn, aber sie besuchen uns oft. Meine Eltern haben einen Hund. Ihr Hund heißt
Bello. Hier sehen Sie auch ihren Hund.

Ich habe drei Geschwister, zwei Brüder
und eine Schwester. Hier sehen Sie meinen
Bruder Karlheinz und seine Frau Renate.
Das Mädchen ist ihre Tochter und heißt
Michaela. Ich bin Michaelas Tante und
mein Mann ist ihr Onkel.

Mein Bruder Frank ist nicht verheiratet. Er ist ledig und hat eine Freundin. Seine Freundin heißt Melanie. Hier sehen Sie meinen Bruder und seine Freundin.

Jetzt kennen Sie meine Familie.

### Beschreiben Sie Ihre Familie!

Sind Sie verheiratet?
Wie heißt Ihr Mann (Ihre Frau)?
Haben Sie Kinder?
Wie heißen Ihre Kinder?
Wie alt sind sie?

Sind Sie ledig?
Wie heißt Ihr Vater (Ihre Mutter)?
Wo wohnen Ihre Eltern?
Haben Sie Geschwister?
Wie heißen sie?

Meine Schwester Silvia war verheiratet. Sie ist jetzt geschieden. Das sind nicht ihre Kinder. Sie hat keine Kinder. Sie arbeitet im Kinderkrankenhaus.

| Er ist . . . | | Sie ist . . . |
|---|---|---|
| der Großvater | → | *die Großmutter* |
| | ← | die Tante |
| | ← | die Mutter |
| der Bruder | → | |
| der Mann | → | |
| | ← | das Mädchen |
| der Sohn | → | |
| der Freund | → | |
| | ← | die Dame |

## AUSSPRACHEÜBUNG

[in] Studentin, Polizistin, Soldatin, Sekretärin, Lehrerin, Kollegin, Mechanikerin, Amerikanerin, Verkäuferin, Herrin, Hündin

[ən] Studenten, Polizisten, Soldaten, Kollegen, Herren, Jungen

[r] richtig, rechts, rauchen, rot, Republik, Regen, Regenschirm, Radio, Rock, regnen

[ŋ] Junge, Englisch, bringen, Hunger
Verzeihung, Kleidung, Entschuldigung, Übung, Wiederholung, Zeitung,
danke, trinken, krank, links, Krankenhaus

# SCHRIFTLICHE ÜBUNGEN

**SÜ 1**   Ergänzen Sie die Possessivpronomen!

1. Die Dame liest *ihr* Buch.
2. Der Herr raucht _sein_ Pfeife.
3. Der Student braucht _seinen_ Kugelschreiber.
4. Die Studentin fragt _ihren_ Lehrer.
5. Wir besuchen _ihre_ Eltern.
6. Die Kinder suchen _ihre_ Mutter.
7. Der Junge ißt _seinen_ Apfel.
8. Lesen Sie _ihre_ Zeitung?
9. Wann bringt er _seine_ Bilder?
10. Der Mann ruft _seinen_ Hund.
11. Ich besuche _seinen_ Vater.
12. Er trägt _mei_ Mantel.
13. Die Leute haben _ihre_ Gläser.
14. Die Sekretärin liest _ihren_ Brief.
15. Wir besuchen _unsere_ Geschwister.
16. Die Frau ruft _ihre_ Kinder.
17. Das Kind trägt _sein_ Hut.
18. Ich frage _meinen_ Bruder.
19. Wir finden _unsere_ Mäntel nicht.
20. Ich möchte _mein_ Regenschirm.

Mein Tip für Sie:
Bad Dürrheim

**SÜ 2**   Ergänzen Sie!

| | | |
|---|---|---|
| 1. | my family | Kennen Sie *meine Familie* ? |
| 2. | our parents | Wir besuchen _____ . |
| 3. | my passport | Wo ist _____ ? |
| 4. | their car | Die Leute verkaufen _____ . |
| 5. | your teacher | Dort kommt _____ . |
| 6. | your daughter | Ich kenne _____ sehr gut. |
| 7. | her son | Wie heißt _____ ? |
| 8. | their son | Kennen Sie _____ ? |
| 9. | my husband | Fragen Sie _____ ! |
| 10. | his wife | Wo ist _____ ? |
| 11. | her husband | Die Dame ruft _____ . |
| 12. | his father | Wir besuchen _____ . |
| 13. | our keys | Haben Sie _____ ? |
| 14. | my purse | Das ist _____ . |
| 15. | their children | _____ sind zu Hause. |
| 16. | our two sons | Kennen Sie _____ ? |
| 17. | her key | Sie findet _____ nicht. |
| 18. | your brother | Wann kommt _____ nach Hause? |
| 19. | his sister | _____ ist zwanzig Jahre alt. |
| 20. | my pencil | Wer hat _____ ? |

## SÜ 3    Vollenden Sie die Sätze!

1. Wir haben einen Jungen. Das ist _unser Sohn_ .
2. Meine Mutter hat einen Bruder. Das ist _____ .
3. Unsere Tante ist verheiratet. Ihr Mann ist _____ .
4. Ich bin verheiratet. _____ heißt Ingrid.
5. Wir haben ein Mädchen. Das ist _____ .
6. Mein Bruder hat einen Sohn. Ich bin _____ .
7. Mein Bruder und meine Schwester sind _____ .
8. Mein Bruder hat eine Tochter. Mein Mann ist _____ .
9. Unsere Eltern haben auch Eltern. Das sind _____ .

## WORTSCHATZ

### NOMEN

| | | | |
|---|---|---|---|
| der Führerschein, -e | driver's license | die Eltern (pl.) | parents |
| der Hund, -e | dog | die Frau, -en | (here:) wife |
| der Hut, ⸚e | hat | die Geschwister (pl.) | brother(s) and sister(s), siblings |
| der Mann, ⸚er | (here:) husband | | |
| der Reisepaß, ⸚sse | passport | die Reise, -n | trip, journey |
| der Verkehr (no pl.) | traffic | die Schwester, -n | sister |
| der Zoll, ⸚e | customs | die Tante, -n | aunt |
| | | die Tochter, ⸚ | daughter |

### VERSCHIEDENES

| | |
|---|---|
| eine Reise machen | to travel, to go on a trip |
| einige | a few |
| Einen Moment! | One moment! |
| erst | only |
| geschieden | divorced |
| In Ordnung! | (That's) O.K., all right |
| ledig | single |
| nichts | nothing |
| verheiratet | married |

### VERBEN

| | |
|---|---|
| besuchen | to visit |
| packen | to pack |
| rufen | to call |
| verzollen | to declare, to pay duty |

**Diese Wörter verstehen Sie ohne Wörterbuch.**

### NOMEN

| | | | |
|---|---|---|---|
| der Alkohol | der Onkel, - | der Autopapiere (pl.) | die Kontrolle, -n |
| der Ball, ⸚e | der Sohn, ⸚e | die Familie, -n | die Mutter, ⸚ |
| der Bruder, ⸚ | der Tourist, -en, -en | die Freundin, -nen | |
| der Freund, -e | der Vater, ⸚ | die Großeltern (pl.) | |
| der Paß, ⸚sse | | | |

*Weinlese in den Bergen am Rhein bei Bingen*

**Haben Sie noch ein Zimmer frei?**

- The present perfect tense of weak and
  irregular weak verbs
- Usage of the present perfect tense

**Die Monate, die Jahreszeiten, das Wetter**

# Kapitel
# 8

# Haben Sie noch ein Zimmer frei?

HOTEL KRONE

▷ Hotel Krone. Guten Tag!

▷ Für wann, bitte?

▷ Brauchen Sie ein Doppelzimmer oder ein Einzelzimmer?

▷ Wir haben noch ein Doppelzimmer frei, aber ohne Bad. Das Zimmer hat eine Dusche.

▷ Achtundsiebzig Mark. Das ist mit Frühstück.

▷ Für wen, bitte?

▷ Vielen Dank, Herr Kohl. Wir reservieren das Zimmer für Sie.

▷ Auf Wiederhören!

HERR KOHL

► Guten Tag! Mein Name ist Kohl. Haben Sie noch ein Zimmer frei?

► Für das Wochenende. Also, für Freitag und Samstag nacht.

► Ein Doppelzimmer mit Bad, bitte.

► Wieviel kostet es?

► Gut. Ich nehme das Zimmer. Reservieren Sie es, bitte!

► Für Herrn und Frau Kohl. Wir kommen am Freitag abend.

► Danke. Auf Wiederhören!*

* At the end of a telephone conversation, many Germans use „**Auf Wiederhören!**" instead of „**Auf Wiedersehen!**".

# EINFÜHRUNG

## Schwache und unregelmäßige Verben im Perfekt

| PRÄSENS | PERFEKT |
|---|---|
| **Was machen Sie jetzt?** **Jetzt:** | **Was haben Sie vorher gemacht?** **Vorher/früher:** |
| Sie **leben** in Deutschland. | Sie **haben** in Amerika **gelebt.** |
| Wo **wohnen** Sie? | Wo **haben** Sie **gewohnt?** |
| Was **machen** Sie in Deutschland? | Was **haben** Sie in Amerika **gemacht?** |
| **Arbeiten** Sie in Deutschland? | **Haben** Sie in Amerika **gearbeitet?** |
| **Studieren** Sie in Deutschland? | **Haben** Sie in Deutschland **studiert?** |
| Sie **lernen** Deutsch. | **Haben** Sie in Amerika Deutsch **gelernt?** |
| Sie **fragen** auf deutsch. | **Haben** Sie dort auf deutsch **gefragt?** |
| Sie **antworten** auf deutsch. | **Haben** Sie dort auf deutsch **geantwortet?** |
| **Haben** Sie ein Auto? | **Haben** Sie in Amerika ein Auto **gehabt?** |
| **Kaufen** Sie ein Auto? | **Haben** Sie schon ein Auto **gekauft?** |
| Vielleicht **brauchen** Sie kein Auto. | In Amerika **haben** Sie sicher ein Auto **gebraucht.** |
| In Deutschland **bezahlen** Sie mit D-Mark. | In Amerika **haben** Sie mit Dollar **bezahlt.** |
| Im Restaurant **bestellen** Sie oft Bier oder Wein. | Was **haben** Sie in Amerika im Restaurant **bestellt?** |
| Der Kellner **bringt** kein Eiswasser. | In Amerika **hat** der Kellner oft Eiswasser **gebracht.** |
| Die Deutschen trinken kein Eiswasser. **Wissen** Sie das? | **Haben** Sie das **gewußt?** |
| **Kennen** Sie in Deutschland viele Leute? | **Haben** Sie in Amerika auch viele Leute **gekannt?** |

*Es hat geschneit.*

# GRAMMATIK

## A The Present Perfect Tense of Weak and Irregular Weak Verbs

### 1 Analysis

PRESENT PERFECT

In German, as in English, the present perfect is a compound tense. It is formed with an auxiliary and the past participle of the verb.

|        | Auxiliary | Past Participle |
|--------|-----------|-----------------|
| ich *I* | habe *have* | gesagt *said* |
| er *he* | hat *has* | gefragt *asked* |
| wir *we* | haben *have* | gearbeitet *worked* |

Notice that the auxiliary agrees in person and number with the subject. The past participle remains the same.

## WEAK VERBS

Just as English verbs are divided into regular and irregular verbs, German verbs are divided into weak and strong verbs. Weak verbs are those which use the stem of the infinitive to form their present, past and perfect tenses.

Compare:

| | | |
|---|---|---|
| INFINITIVE | lernen | *to learn* |
| STEM | lern- | *learn* |
| PRESENT TENSE | er lernt | *he learns* |
| PAST PARTICIPLE | gelernt | *learned* |
| PRESENT PERFECT | er hat gelernt | *he has learned* |

## 2 Tense formation

The present perfect tense of most German verbs is made up of the present tense forms of the auxiliary verb **haben** and a past participle. Again, it is the auxiliary that changes according to person and number. The past participle remains the same.

| | haben + | Past Participle | |
|---|---|---|---|
| ich | habe | gefragt | *I have asked* |
| du | hast | gefragt | *you have asked* |
| er | hat | gefragt | *he has asked* |
| wir | haben | gefragt | *we have asked* |
| ihr | habt | gefragt | *you have asked* |
| sie | haben | gefragt | *they have asked* |
| Sie | haben | gefragt | *you have asked* |

## 3 Past participles

### 1. Weak verbs

The past participles of weak verbs are formed as follows:

Take an infinitive.  → **fragen**

Find the stem.  → **frag-**

Place the stem into the frame **ge——t.**  → **gefragt**

Look at the following examples:

| Infinitive | Stem | Past Participle | Present Perfect |
|---|---|---|---|
| kaufen | kauf- | gekauft | Ich habe die Schuhe gekauft. |
| wohnen | wohn- | gewohnt | Er hat in Augsburg gewohnt. |
| suchen | such- | gesucht | Sie hat ihr Buch gesucht. |
| hören | hör- | gehört | Wir haben Sie nicht gehört. |
| haben | hab- | gehabt | Sie haben keine Zeit gehabt. |

Notice that **haben** has a regular past participle whereas the English equivalent is irregular: **haben**/**gehabt** *(to have/had)*.

| | |
|---|---|
| Was hat er gehabt? | *What did he have?* |
| Ich habe nicht viel Geld gehabt. | *I didn't have much money.* |
| Ich habe keine Zeit gehabt. | *I have had no time.* |

## 2. Verb stems ending in -d or -t

If the infinitive stem ends in **-d** or **-t** or a consonant cluster as in **regnen**/**regn-,** the **-t** of the frame is expanded to **-et.**

| Infinitive | Stem | Past Participle | |
|---|---|---|---|
| antworten | antwort- | geantwortet | *(answered)* |
| arbeiten | arbeit- | gearbeitet | *(worked)* |
| warten | wart- | gewartet | *(waited)* |
| regnen | regn- | geregnet | *(rained)* |
| öffnen | öffn- | geöffnet | *(opened)* |

## 3. Variation: weak past participles without ge-prefix

Verbs which already have an inseparable prefix, that is, an unstressed prefix which remains permanently attached to the basic verb (**verzollen, besuchen**) do not take a **ge-**prefix in forming their past participles.

The following weak verbs with inseparable prefixes are familiar.

| Infinitive | Present | Past Participle | Present Perfect |
|---|---|---|---|
| bestellen | er bestellt | bestellt | er hat bestellt |
| besuchen | er besucht | besucht | er hat besucht |
| bezahlen | er bezahlt | bezahlt | er hat bezahlt |
| verkaufen | er verkauft | verkauft | er hat verkauft |
| verzollen | er verzollt | verzollt | er hat verzollt |
| wiederholen | er wiederholt | wiederholt | er hat wiederholt |

Since a past participle cannot have more than one unstressed prefix, verbs with the unstressed prefixes **be-, emp-, ent-, er-, ge-, ver-,** and **zer-** form their past participle without the **ge-** prefix.

All verbs with the infinitive ending in **-ieren** are weak verbs. They also form their past participle without the **ge-** prefix.

| Infinitive | Present | Past Participle | Present Perfect |
|---|---|---|---|
| buchstabieren | er buchstabiert | buchstabiert | er hat buchstabiert |
| telefonieren | er telefoniert | telefoniert | er hat telefoniert |
| studieren | er studiert | studiert | er hat studiert |

### 4. Irregular weak verbs

There is a small group of verbs that have a pattern of their own. Their past participle uses the frame **ge——t** of the weak verbs, but they change their stem.

| Infinitive | Past Participle | Present Perfect |
|---|---|---|
| bringen | gebracht | Er hat die Zeitung gebracht. |
| kennen | gekannt | Ich habe die Dame gut gekannt. |
| wissen | gewußt | Sie hat es nicht gewußt. |

## 4 Word order

Observe the word order in the following sentences:

| | |
|---|---|
| Er **hat** gestern ein Buch **gekauft.** | *He bought a book yesterday.* |
| Gestern **hat** er ein Buch **gekauft.** | *Yesterday he bought a book.* |
| Das Buch **hat** er gestern **gekauft.** | *He bought the book yesterday.* |
| Er **hat** das Buch nicht **gekauft.** | *He didn't buy the book.* |
| Was **hat** er **gekauft?** | *What did he buy?* |
| Wann **hat** er es **gekauft?** | *When did he buy it?* |

Note that the conjugated auxiliary **haben** is in the normal verb position. The past participle is always the last element of the sentence.

## B Usage of Present Perfect Tense

Unlike English, German uses the present perfect tense in normal conversation and informal writing to indicate that an action has occurred in the past. In German, the present perfect is therefore often referred to as the *conversational past*.

German uses the present perfect with expressions such as **schon** *(already)* or **gerade** *(just)* where English would also use the present perfect.

| | |
|---|---|
| Wir haben **schon** bestellt. | *We have already ordered.* |
| Haben Sie **schon** eine Pause gemacht? | *Have you already taken a break?* |
| Ich habe ihn **gerade** gefragt. | *I have just asked him.* |

However, German also uses the present perfect in situations where English must use the simple past tense.

| | |
|---|---|
| Ich habe das Buch gebracht. | *I brought the book.* |
| Er hat mich gefragt. | *He asked me.* |
| Wann haben Sie das Auto verkauft? | *When did you sell the car?* |
| Haben Sie Ihre Eltern besucht? | *Did you visit your parents?* |

As is true of the German present tense, the present perfect has no progressive and emphatic forms. Again, while there is a difference for the native speaker of English, the German equivalent of the four forms below is simply: **er hat gearbeitet**.

Er hat gearbeitet. 
{
*He has worked.*
*He worked.*
*He was working.*
*He did work.*

## MÜNDLICHE ÜBUNGEN

**MÜ 1**    Antworten Sie im Perfekt!

• Was haben Sie gemacht? (eine Pause) → *Ich habe eine Pause gemacht.*

|  | | |
|---|---|---|
| 1. | Wo haben die Kinder gespielt? | (zu Hause) |
| 2. | Was hat der Junge gezählt? | (sein Geld) |
| 3. | Was haben Sie hier gelernt? | (Deutsch) |
| 4. | Wie lange hat die Dame gearbeitet? | (eine Stunde) |
| 5. | Wann hat es geregnet? | (gestern) |
| 6. | Wer hat auf deutsch geantwortet? | (das Mädchen) |
| 7. | Wen hat das Kind gefragt? | (seine Mutter) |
| 8. | Wieviel hat Ihre Uhr gekostet? | (100 Mark) |
| 9. | Was hat er gesagt? | (Guten Morgen) |
| 10. | Was haben Sie gekauft? | (ein Buch) |

**MÜ 2**    Antworten Sie mit **nein**!

• Haben Sie Ihr Auto verkauft? → *Nein, ich habe mein Auto **nicht** verkauft.*

| | | | | |
|---|---|---|---|---|
| 1. | Hat er das Wort wiederholt? | 5. | Haben Sie das Essen bezahlt? |
| 2. | Hat sie ihren Namen buchstabiert? | 6. | Hat er in Heidelberg studiert? |
| 3. | Haben Sie den Kuchen bestellt? | 7. | Haben die Leute ihr Haus verkauft? |
| 4. | Hat er seine Eltern besucht? | 8. | Haben Sie im Restaurant telefoniert? |

**MÜ 3**    Hier ist die Antwort. Fragen Sie einmal **mit** und einmal **ohne** Fragewort!

• **Der Herr** hat eine Zigarette geraucht. → *Wer hat eine Zigarette geraucht?*
*Hat der Herr eine Zigarette geraucht?*

1. Er hat **in Neu-Ulm** gewohnt.
2. **Sie** hat in Deutschland studiert.
3. Ich habe **meinen Schlüssel** gesucht.
4. Sie hat **ihren Bruder** besucht.
5. **Sie** haben den Herrn gekannt.
6. Das Heft hat **eine Mark** gekostet.
7. **Er** hat das nicht gewußt.
8. Das Kind hat **sein Bild** gezeigt.

**MÜ 4**    Die Frage ist im Präsens. Antworten Sie im Perfekt mit **schon!**

• Warum fragen Sie den Lehrer nicht? → *Ich habe ihn schon gefragt.*

1. Warum bestellen Sie nicht?
2. Warum antwortet der Junge nicht?
3. Warum zählt der Ober das Geld nicht?
4. Warum sagt er nicht „Auf Wiedersehen"?
5. Warum spielt er nicht Tennis?
6. Warum kauft sie das Kleid nicht?
7. Warum telefonieren Sie nicht?
8. Warum machen Sie keine Pause?

**MÜ 5**    Im Perfekt, bitte!

• Wir machen eine Pause. → *Wir haben eine Pause gemacht.*

1. Er verkauft sein Auto.
2. Wir besuchen unsere Eltern.
3. Sie sucht ihre Brille.
4. Ich weiß es nicht.
5. Er buchstabiert seinen Namen.
6. Sie arbeitet heute nicht.
7. Das Kind hat Durst.
8. Er raucht eine Zigarette.
9. Ich frage den Polizisten.
10. Wir öffnen die Fenster.
11. Regnet es?
12. Hören Sie das?
13. Kennen Sie die Dame dort?
14. Wiederholen Sie oft?
15. Bringen Sie die Zeitung?
16. Wie lange dauert der Unterricht?
17. Wieviel kostet der Mantel?
18. Was zeigt das Kind?
19. Wo wohnen Sie?
20. Wo lernen Sie Deutsch?

**MÜ 6**    Auf deutsch, bitte!

1. Where did you live before?
2. She asked the waiter.
3. What did you say?
4. Were you taking a break?
5. We've learned very much.
6. Have you already ordered?
7. They bought a car.
8. The waitress brought the beer.
9. I spelled my name.
10. We didn't know that.
11. Did he know the people?
12. It was raining.
13. He hasn't had time.
14. They have had many problems.

# Die Monate, die Jahreszeiten, das Wetter

Wissen Sie, was das ist? Natürlich wissen Sie es. Das ist ein Kalender. Die Wochentage kennen Sie ja schon.

Heute ist Donnerstag.
Gestern war Mittwoch.
Vorgestern war Dienstag.
Morgen ist Freitag.
Übermorgen ist Samstag.

Aber wie heißen die Monate auf deutsch?
Die Monate heißen:

| | |
|---|---|
| (der) Januar | (der) Juli |
| Februar | August |
| März | September |
| April | Oktober |
| Mai | November |
| Juni | Dezember |

Ein Jahr hat zwölf Monate oder zweiundfünfzig Wochen. Wie viele Wochen hat ein Monat? Ein Monat hat ungefähr vier Wochen. Wie viele Tage hat ein Monat? Der März hat einunddreißig Tage, aber der April hat nur dreißig Tage. Wie viele Tage hat der Februar?

Wann ist Ihr Geburtstag? Haben Sie im Januar Geburtstag? Im November oder vielleicht im Dezember? Wann machen Sie Urlaub? Machen Sie im Sommer oder im Winter Urlaub?

## FRAGEN

1. Wie viele Tage hat eine Woche?
2. Wie heißen die Wochentage?
3. Ist heute Sonntag?
4. Wie viele Monate hat ein Jahr?
5. Wie heißen die Monate?
6. Wie viele Wochen hat ein Jahr?
7. Wie viele Tage hat ein Jahr?
8. Wie viele Stunden hat ein Tag?
9. Wie viele Minuten hat eine Stunde?
10. Wie viele Tage hat der Januar?

**Bild Wetter** in Südwest-Deutschland
**Es bleibt trüb**
Viel Hochnebel, am Nachmittag nur örtlich auflockern, trocken, 2 bis 6 Grad, im Bergland, oberhalb von 500 Meter viel Sonne, wenig Wolken, um 10 Grad, nachts um 0 Grad. Schwacher Wind. Morgen: Andauer des ruhigen Herbstwetters, viel Sonne.

**Bild Wetter** in Südwest-Deutschland
**Manchmal Sonne**
In den Niederungen zögernde Nebelauflösung, mal Wolken, mal Sonne, im höheren Bergland viel Sonne, kaum Wolken, 6 bis 8 Grad, nachts um 2 Grad, örtlich Bodenfrost. Schwacher Westwind. Morgen: Viele Wolken, kaum Sonne, trocken.

## Wie ist das Wetter . . . ?

### im Frühling

Es ist naß.
Es regnet.
Der Regen ist kühl.

der Frühling

### im Herbst

Es ist kühl.
Es ist windig.
Der Wind ist frisch.

der Herbst

### im Sommer

Es ist heiß.
Es ist sonnig.
Die Sonne scheint.

der Sommer

### im Winter

Es ist kalt.
Es schneit.
Der Schnee ist weiß.

der Winter

# SCHRIFTLICHE ÜBUNGEN

**SÜ 1**    Im Perfekt, bitte!

● **Sie wohnt in Fulda. → *Sie hat in Fulda gewohnt.***

1. Es regnet.
2. Wissen Sie das?
3. Wer bezahlt das Essen?
4. Kennen Sie den Herrn? *Haben sie den Gern*
5. Wir machen eine Pause. *wir haben*
6. Ich habe nicht viel Zeit. *gehabt*
7. Wir warten nur eine Stunde. *gewohnt*
8. Warum antworten Sie nicht? *Answortet*
9. Der Ober bringt den Wein. *gebrough*
10. Die Kinder spielen im Park. *gespielt*

11. Sie lebt in Deutschland. *not / hat / Lebt*
12. Sie besucht ihre Freundin. *besucht*
13. Für wen kaufen Sie das Buch? *veckauft*
14. Warum zeigen Sie die Bilder nicht? *be zeigt*
15. Wir reservieren das Zimmer für Sie. *resaviert*
16. Er fragt den Polizisten.
17. Verkauft sie ihr Auto? *verkauft*
18. Wo studiert er? *studiert*
19. Sie bestellt eine Tasse Kaffee. *bestellt*
20. Er arbeitet nicht. *arbeitet*

## SÜ 2    Persönliche Fragen

1. Wo haben Sie in Amerika gewohnt?
2. Haben Sie in Amerika studiert?
3. Haben Sie dort gearbeitet?
4. Haben Sie in Amerika ein Auto gehabt?
5. Haben Sie in Amerika auch Deutsch gelernt?
6. Haben Sie in Deutschland schon Urlaub gemacht? (Wann und wo?)
7. Was haben Sie in Deutschland gekauft?
8. Haben Sie mit Dollar oder mit D-Mark bezahlt?

## WORTSCHATZ

### NOMEN

| | | | |
|---|---|---|---|
| der Frühling | spring | das Doppelzimmer, - | double room |
| der Geburtstag, -e | birthday | das Einzelzimmer, - | single room |
| der Herbst, -e | autumn | das Frühstück | breakfast |
| der Schnee | snow | | |
| der Urlaub | vacation | die Dusche, -n | shower |
| | | die Jahreszeit, -en | season (of the year) |

### ADJEKTIVE UND ADVERBIEN

| | |
|---|---|
| früh, früher | early, earlier |
| natürlich | natural(ly), of course |
| schlecht | bad |
| schön | nice, beautiful(ly) |
| schwach | weak |
| ungefähr | about, approximate(ly) |

### VERSCHIEDENES

| | |
|---|---|
| am Freitag abend | Friday night |
| im Januar | in January |
| Urlaub machen | to take a vacation |
| vorher | before, earlier |

### Diese Wörter verstehen Sie ohne Wörterbuch.

| DIE MONATE | NOMEN | VERBEN | ADJEKTIVE |
|---|---|---|---|
| der Januar | der Dollar, - | leben | frisch |
| der Februar | der Kalender, - | reservieren | kühl |
| der März | der Regen, - | scheinen | sonnig |
| der April | der Sommer, - | schneien | windig |
| der Mai | der Wind, -e | | |
| der Juni | der Winter, - | | |
| der Juli | | | |
| der August | das Bad, ⸚er | | |
| der September | das Eis | | |
| der Oktober | das Hotel, -s | | |
| der November | das Wetter | | |
| der Dezember | | | |
| | die Sonne | | |

**Wo sind Sie denn gewesen?**

- The present perfect of strong verbs
- Summary of strong and irregular weak verbs

**Im Urlaub sind die Deutschen geduldig. . .**
**Drei Interviews**

# Kapitel 9

# Wo sind Sie denn gewesen?

**FRAU SCHÖNING**

▷ Guten Tag, Herr Fischer!

▷ Mein Mann und ich haben Urlaub gemacht.

▷ Wir sind nach Spanien gefahren.

▷ Ein bißchen. Aber wir sind durch Frankreich gefahren und haben oft gehalten.

▷ Gut! Nur ist mein Mann einmal krank geworden.

▷ Aber ja! Wir sind in ein Krankenhaus gegangen. Mein Mann hat dort Medikamente bekommen.

▷ Nicht lange genug! Nur vier Wochen.

**HERR FISCHER**

► Guten Tag, Frau Schöning! Ich habe Sie lange nicht gesehen.

► Wo sind Sie denn gewesen?

► Sie sind gefahren? Ist die Fahrt nicht sehr lang gewesen?

► Und wie war das Essen in Spanien?

► Haben Sie gleich einen Arzt gefunden?

► Und wie lange sind Sie in Spanien geblieben?

# EINFÜHRUNG

## Starke Verben im Perfekt

| PRÄSENS | PERFEKT |
|---|---|
| **Was tun Sie jetzt?** **Jetzt:** | **Was haben Sie vorher getan?** **Vorher/früher:** |
| Sie leben in Deutschland. | Sie haben vorher in Amerika gelebt. |
| Was **tun Sie** hier? | Was **haben Sie** dort **getan?** |
| Hier **trinken Sie** vielleicht oft Wein und Bier. | Was **haben Sie** in Amerika **getrunken?** |
| Hier **essen Sie** gern Schnitzel. | **Haben Sie** in Amerika auch Schnitzel **gegessen?** |
| **Sie sprechen** oft Deutsch. | **Haben Sie** dort auch Deutsch **gesprochen?** |
| **Nehmen Sie** oft die Straßenbahn? | **Haben Sie** in Amerika auch die Straßenbahn **genommen?** |
| **Sie schreiben** viele Briefe. | **Haben Sie** zu Hause auch viele Briefe **geschrieben?** |
| Was **lesen Sie** hier? | Was **haben Sie** in Amerika **gelesen?** |
| Hier **sehen Sie** viele Touristen. | **Haben Sie** in Amerika auch viele Touristen **gesehen?** |
| **Sie tragen** hier manchmal einen Regenmantel. | **Haben Sie** in Amerika auch so oft einen Regenmantel **getragen?** |
| **Sie verstehen** jetzt ein bißchen Deutsch. | **Haben Sie** vorher schon Deutsch **verstanden?** |

## Das Perfekt mit *sein*

| | |
|---|---|
| **Sie sind** jetzt in Deutschland. | Wo **sind Sie** vorher **gewesen?** |
| Woher **kommen Sie?** | Wann **sind Sie** nach Deutschland **gekommen?** |
| Wie lange **bleiben Sie** in Deutschland? | Ist Ihre Familie auch hier oder **ist sie** in Amerika **geblieben?** |
| **Sie gehen** hier oft ins Kino. | **Sind Sie** in Amerika auch oft ins Kino **gegangen?** |
| **Sie laufen** viel. | **Sind Sie** in Amerika auch viel **gelaufen?** |
| **Fahren Sie** oft in Urlaub? | **Sind Sie** in Amerika auch oft in Urlaub **gefahren?** |
| In Deutschland regnet es oft. **Werden Sie** hier oft naß? | **Sind Sie** schon oft naß **geworden?** |
| **Werden Sie** hier oft krank? | **Sind Sie** hier schon krank **geworden?** |
| Wann **fliegen Sie** nach Amerika? | **Sind Sie** im Sommer nach Amerika **geflogen?** |

*Die Deutschen wandern gern.*

# GRAMMATIK

## A The Present Perfect of Strong Verbs

### 1 Analysis

STRONG VERBS

The preceding chapter introduced the present perfect tense of weak verbs. Both English and German have some very common verbs that change their stem in the formation of the past tenses. English calls these stem-changing verbs irregular; German calls them strong. Compare English verbs such as *eat/ate/eaten, go/went/gone.*

| | | |
|---|---|---|
| INFINITIVE | sprechen | *to speak* |
| PAST PARTICIPLE | gesprochen | *spoken* |
| PRESENT PERFECT | er hat gesprochen | *he has spoken* |

Just as in English, in German it is impossible to tell whether a verb is weak (regular) or strong (irregular) by merely looking at the infinitive.

When trying to identify a strong verb, it may be helpful to remember its present tense forms. If a verb undergoes a stem change in the **er/es/sie**-form of the present tense, it is a strong verb. (Review Chapter 6 for stem changing verbs in the present tense.)

| Infinitive | Present Tense | Past Participle |
|---|---|---|
| essen | er ißt | gegessen |
| lesen | er liest | gelesen |
| nehmen | er nimmt | genommen |
| laufen | er läuft | gelaufen |

It may also be helpful to compare a verb to its English counterpart. In most instances, the German verb will be strong if the English cognate is irregular.

Look at the following examples:

| Infinitive | Past Participle | Infinitive | Past Participle |
|---|---|---|---|
| *to go* | *gone* | **gehen** | gegangen |
| *to come* | *come* | **kommen** | gekommen |
| *to see* | *seen* | **sehen** | gesehen |
| *to begin* | *begun* | **beginnen** | begonnen |
| *to sleep* | *slept* | **schlafen** | geschlafen |
| *to fly* | *flown* | **fliegen** | geflogen |
| *to drink* | *drunk* | **trinken** | getrunken |

It is, however, much safer to memorize the past participles of strong verbs as they occur. From this chapter on, strong verbs will be listed with their past participle in the **Wortschatz: trinken, getrunken.**

## 2 Past participles

1. Past participles of strong verbs

The past participle of strong verbs is formed by placing the changed or unchanged stem of the verb into the frame **ge——en.**

| Infinitive | Past Participle | Present Perfect |
|---|---|---|
| sprechen | gesprochen | Sie hat Deutsch gesprochen. |
| tragen | getragen | Er hat seine Brille getragen. |
| finden | gefunden | Wer hat das Geld gefunden? |
| trinken | getrunken | Wir haben etwas getrunken. |

2. Variation: strong past participles without **ge**-prefix

As is true of the past participles of weak verbs, those strong verbs which already have an inseparable prefix do not add **ge-.**

The following strong verbs with inseparable prefixes are familiar.

| Infinitive | Present | Past Participle | Present Perfect |
|------------|---------|-----------------|-----------------|
| beginnen | er beginnt | begonnen | er hat begonnen |
| bekommen | er bekommt | bekommen | er hat bekommen |
| beschreiben | er beschreibt | beschrieben | er hat beschrieben |
| vergessen | er vergißt | vergessen | er hat vergessen |

**Note** The addition of a prefix has no effect on the formation of the past participle. If the base verb is strong, the prefixed verb is also strong:

**kommen/gekommen**     **schreiben/geschrieben**
**bekommen/bekommen**     **beschreiben/beschrieben**


## 3   The auxiliary: **sein** or **haben**?

As noted in the preceding chapter with weak verbs, most strong verbs use **haben** as the auxiliary to form the present perfect tense. There are, however, a few verbs that require **sein** as the auxiliary and a past participle.

Two conditions must be fulfilled for the verb to use **sein** as the auxiliary:

1. The verb cannot take a direct object.
   (These verbs are called intransitive.)
2. The verb expresses a change in position (motion) or condition.

The following familiar verbs fulfill both conditions:

| | | |
|---|---|---|
| **fahren** | Sie **sind** nach Aachen **gefahren.** | *They drove to Aachen.* |
| **fliegen** | Er **ist** nach Amerika **geflogen.** | *He flew to America.* |
| **gehen** | Ich **bin** ins Theater **gegangen.** | *I went to the theater.* |
| **kommen** | Er **ist** sehr spät **gekommen.** | *He came very late.* |
| **laufen** | Das Kind **ist** nach Hause **gelaufen.** | *The child ran home.* |
| **werden** | Es **ist** spät **geworden.** | *It's gotten late.* |

**Exceptions:**

| | | |
|---|---|---|
| **bleiben** | Wir **sind** zu Hause **geblieben.** | *We stayed at home.* |
| **sein** | Er **ist** krank **gewesen.** | *He has been sick.* |

**Note** **Fahren** and **fliegen** may take a direct object. In those instances where the direct object is explicitly stated, the auxiliary will be **haben.**

| | |
|---|---|
| Er ist nach Aachen gefahren. | Auxiliary = **sein** |
| *He drove to Aachen.* | (no direct object) |
| Er hat das Auto gefahren. | Auxiliary = **haben** |
| *He drove the car.* | (direct object) |

## B   Summary of Strong and Irregular Weak Verbs (Chapters 1 through 9)

Since most verbs form their present perfect tense with **haben,** only the exceptions which take **sein** as the auxiliary are indicated. Verbs which occurred in the first nine chapters but are not in the list below, form their past participle regularly. In the present tense, only stem changing verbs are listed.

| Basic Meaning | Infinitive | Present Tense er/es/sie | Past Participle |
|---|---|---|---|
| | **Strong verbs** | | |
| to begin | beginnen | | begonnen |
| to receive | bekommen | | bekommen |
| to describe | beschreiben | | beschrieben |
| to stay, remain | bleiben | | **ist** geblieben |
| to eat | essen | ißt | gegessen |
| to drive, to ride | fahren | fährt | **ist** gefahren |
| to find | finden | | gefunden |
| to fly | fliegen | | **ist** geflogen |
| to go | gehen | | **ist** gegangen |
| to stop, to hold | halten | hält | gehalten |
| to be named | heißen | | geheißen |
| to come | kommen | | **ist** gekommen |
| to run, walk | laufen | läuft | **ist** gelaufen |
| to read | lesen | liest | gelesen |
| to lie, be situated | liegen | | gelegen |
| to take | nehmen | nimmt | genommen |
| to call | rufen | | gerufen |
| to shine | scheinen | | geschienen |
| to sleep | schlafen | schläft | geschlafen |
| to write | schreiben | | geschrieben |
| to swim | schwimmen | | **ist** geschwommen |
| to see | sehen | sieht | gesehen |
| to be | sein | ist | **ist** gewesen |
| to sit | sitzen | | gesessen |
| to speak | sprechen | spricht | gesprochen |
| to steal | stehlen | stiehlt | gestohlen |
| to wear, to carry | tragen | trägt | getragen |
| to drink | trinken | | getrunken |
| to do | tun | | getan |
| to forget | vergessen | vergißt | vergessen |
| to lose | verlieren | | verloren |
| to understand | verstehen | | verstanden |
| to wash | waschen | wäscht | gewaschen |
| to become | werden | wird | **ist** geworden |
| | **Irregular weak verbs** | | |
| to bring | bringen | | gebracht |
| to know | kennen | | gekannt |
| to know | wissen | | gewußt |

# MÜNDLICHE ÜBUNGEN

**MÜ 1**  Die Frage ist im Perfekt. Antworten Sie im Präsens!

- Haben Sie die Zeitung schon gelesen? → *Nein, ich lese sie gerade.*

1. Haben Sie schon gegessen?
2. Hat er seine Arbeit schon getan?
3. Haben Sie den Brief schon geschrieben?
4. Hat der Bus schon gehalten?
5. Hat die Dame den Ober schon gerufen?
6. Haben die Kinder schon geschlafen?
7. Hat er seinen Kaffee schon getrunken?
8. Hat sie das Bild schon beschrieben?

- Hat der Lehrer Deutsch gesprochen? → *Er spricht immer Deutsch.*

1. Hat er seine Brille getragen?
2. Hat die Dame den Bus genommen?
3. Hat der Schlüssel hier gelegen?
4. Hat sie ihren Autoschlüssel gefunden?
5. Hat der Lehrer die Studenten verstanden?
6. Hat der Herr seinen Regenschirm vergessen?
7. Hat sie viele Briefe bekommen?
8. Hat die Pause um 8 Uhr begonnen?

**MÜ 2**  Antworten Sie im Perfekt!

- Wohin ist das Kind gelaufen?                    (nach Hause)
  *Es ist nach Hause gelaufen.*

1. Wohin ist der Junge gegangen?          (nach Hause)
2. Wohin ist Frau Heller gefahren?        (nach München)
3. Was ist kalt geworden?                 (mein Kaffee)
4. Wo sind Herr und Frau Schöning gewesen?  (in Spanien)
5. Wie lange sind sie dort geblieben?     (drei Wochen)
6. Wer ist nach Amerika geflogen?         (Herr Hoffmann)
7. Wer ist schnell nach Hause gelaufen?   (die Kinder)
8. Wann sind die Leute gekommen?          (um 5 Uhr)

**MÜ 3**  Im Perfekt, bitte!

- Der Bus hält. → *Der Bus hat gehalten.*

1. Er beginnt seine Arbeit.
2. Ich verstehe das.
3. Sie findet ihren Schlüssel nicht.
4. Wer liest die Zeitung?

5. Er trägt keine Brille.
6. Wir trinken Wein.
7. Er spricht Deutsch.
8. Der Gast sitzt dort.
9. Sie vergißt ihr Buch.
10. Der Zug hält hier nicht.
11. Sie schlafen nicht.
12. Ich rufe den Ober.

13. Wann bekommen Sie Ihr Geld?
14. Das Kind sieht seine Mutter.
15. Wo liegt das Geld?
16. Was tut der Junge?
17. Wie heißt das Mädchen?
18. Warum nehmen Sie den Bus?
19. Wir beschreiben ein Bild.
20. Was essen Sie im Restaurant?

**MÜ 4**  Bilden Sie das Perfekt mit **sein**!

●  Er geht nach Hause.
*Er ist nach Hause gegangen.*

1. Frau Heller fährt nach München.
2. Das Kind wird krank.
3. Frau Kaiser bleibt im Büro.
4. Wir gehen zu Fuß nach Hause.

5. Das Kind läuft durch den Park.
6. Herr Sander fliegt nach Amerika.
7. Die Leute kommen um 5 Uhr.
8. Ich bin zu Hause.

**MÜ 5**  Bilden Sie Sätze!
Was haben Sie gestern (nicht) getan?
*(Starke und schwache Verben im Perfekt)*

●  Zeitung lesen
*Ich habe gestern die Zeitung gelesen.*

1. Brief schreiben
2. Deutsch lernen
3. Freunde besuchen
4. ins Kino gehen
5. viel arbeiten
6. Kaffee trinken
7. Kuchen essen

8. alles verstehen
9. nicht rauchen
10. Musik hören
11. zu Hause bleiben
12. Deutsch sprechen
13. Tennis spielen
14. lange schlafen

15. telefonieren
16. Auto verkaufen
17. in die Stadt fahren
18. Schuhe kaufen
19. Schuhe bezahlen
20. meine Arbeit machen
21. mein Buch vergessen

**MÜ 6**  Auf deutsch, bitte!

1. When did he come home?
2. What did you do yesterday?
3. The child drank the milk.
4. We stayed at home.
5. She forgot her book.
6. Who wrote the letter?
7. The saleslady spoke German.
8. Did you read the newspaper?
9. Where did she go?
10. Where have you been?

11. She wasn't sick.
12. Who found the money?
13. They took a taxi.
14. Did he understand you?
15. We didn't eat.
16. She wore her coat.
17. She received the money.
18. They ran through the park.
19. The students went home.
20. We drove to Munich.

# Im Urlaub sind die Deutschen geduldig[L] . . .

In Spanien haben sie ihr Geld verloren, denn dort ist alles viel teurer geworden. In Italien haben Diebe[L] ihre Autos und ihre Koffer gestohlen. In Jugoslawien und Rumänien haben sie nicht genug zu essen bekommen und sind abends hungrig[L] ins Bett gegangen. In Dänemark haben sie nur Regenmäntel getragen, denn dort hat es viel geregnet. In Österreich und in Bayern haben sie nachts nicht geschlafen. So kalt war es dort. Aber dann sind sie gesund und zufrieden wieder zu Hause und sagen: „Es hat Spaß gemacht. Unser Urlaub war phantastisch."

Die Bundesbürger[L] haben vier, fünf oder vielleicht sechs Wochen Urlaub im Jahr. Die Schulferien[L] beginnen im Juni. Dann fahren Millionen Autos durch die Bundesrepublik. Sie fahren von Norden nach Süden, denn im Süden scheint die Sonne.

### LESEHILFE*

**geduldig sein** = Geduld haben
der **Dieb, -e** = Wer stiehlt, ist ein Dieb.
**hungrig sein** = Hunger haben
die **Bundesbürger** *(Pl.)* = die Deutschen in der Bundesrepublik
die **Ferien** *(Pl.)* = Die Kinder haben keine Schule. Die Zeit heißt Ferien.
**Urlaub verbringen** (verbracht) = Urlaub machen
**wandern** = lange zu Fuß gehen, vielleicht durch den Wald
der **Wald, ⸚er** = viele, viele Bäume und auch Pflanzen
das **Tier, -e** = z.B. der Hund
**meistens** = fast immer
das **Meer, -e** = z.B. der Ozean
der **Strand, ⸚e** = Am Meer ist Sand. Dort kann man laufen oder liegen. Das ist der Strand.
die **Wanderung, -en** = das Nomen von **wandern**
im **Ausland** = nicht in Deutschland (Für die Deutschen ist Österreich oder Italien das Ausland.)
die **Milliarde, -n** = tausend Millionen

* The English equivalents of German words explained in the section **Lesehilfe** are listed in the final vocabulary section at the end of the book.

### Wie haben die Leute ihren Urlaub verbracht[L]?

Christa und Gerhard Barth
Kaiserslautern

Wir sind in Deutschland geblieben und wir haben unseren Urlaub im Schwarzwald verbracht. Früher sind wir dort oft Ski gelaufen. Jetzt kennen wir den Schwarzwald auch im Sommer. Wir sind viel gewandert[L]. Im Wald[L] haben wir viele Tiere[L] gesehen. Das war sehr interessant für unsere Kinder. Das Wetter war auch nicht so schlecht. Es hat nur einmal geregnet. Meistens[L] hat die Sonne geschienen.

Michaela und Peter Schanze
Wiesbaden

Wir sind nach Spanien geflogen und haben vier Wochen Urlaub am Meer[L] gemacht. Wir haben direkt am Strand[L] gewohnt. Sonne und Meer! Die Kombination ist gerade richtig für uns. Wir sind viel geschwommen und haben meistens am Strand gelegen. Leider ist Spanien sehr teuer geworden, und wir haben sehr viel Geld gebraucht. Aber meine Frau und ich machen ja nur einmal im Jahr Urlaub.

Charlotte und Helmut Schmidt
Stuttgart

Meine Frau und ich sind zwei Wochen in Österreich gewesen. Aber unser Urlaub hat schon in Deutschland begonnen, denn wir haben den Zug genommen. Ich bin Taxifahrer und im Urlaub fahre ich kein Auto. In Österreich haben wir gut gegessen und viel geschlafen. Natürlich haben wir auch Wanderungen[L] gemacht. Souvenirs haben wir keine gekauft und Postkarten haben wir auch keine geschrieben.

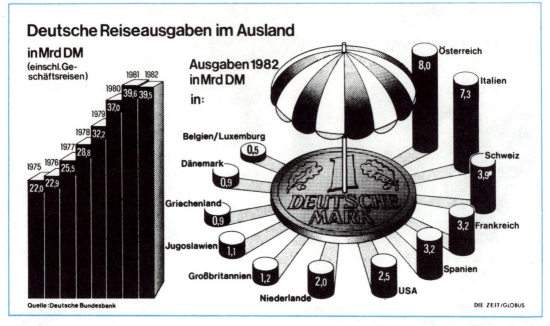

**Deutsche Reiseausgaben im Ausland**

in Mrd DM
(einschl. Ge-
schäftsreisen)

1975 22,0
1976 22,9
1977 25,5
1978 28,8
1979 32,2
1980 37,0
1981 39,6
1982 39,5

Ausgaben 1982
in Mrd DM
in:

Belgien/Luxemburg 0,5
Dänemark 0,9
Griechenland 0,9
Jugoslawien 1,1
Großbritannien 1,2
Niederlande 2,0
USA 2,5
Spanien 3,2
Frankreich 3,2
Schweiz 3,9
Italien 7,3
Österreich 8,0

Quelle: Deutsche Bundesbank

DIE ZEIT/GLOBUS

**Benutzen Sie das Wörterbuch!**

## ZUR DISKUSSION

**1** Wieviel Urlaub haben die Deutschen im Jahr?
Und Sie? Wie ist das in Ihrem Land?

**2** Wo und wie verbringen viele Deutsche ihren Urlaub?
Wo und wie haben Sie Ihren Urlaub verbracht?

**3** Wieviel Geld haben die Deutschen für ihre Reisen ins Ausland ausgegeben? Wo haben
sie das Geld ausgegeben?

## AUSSPRACHEÜBUNG

[ae]  ein, nein, sein, klein, weiß, heiß, bei, gleich, heißen, weiter, Bleistift, Freitag, Zeichen,
Pfeife, Arbeit, Ausweis, allein

[i:]  wieder, hier, wieviel, Sie, die, zuviel, Brief, spielen, Bier, Dienstag, Papier

[oi]  neu, Beutel, teuer, deutsch, Freund, heute, neun, Feuerzeug, Leute
Häuser, Verkäufer, Fräulein, Bäume

[ʃ]  Schuh, Schule, schwach, schön, schon, schwimmen, Schwester, schlecht, Schlüssel,
schlafen, schnell, schneien, schreiben, Flasche, Geschäft, Deutsch, Englisch

[št]  Stadt, Studio, Student, studieren, Stuhl, Stunde, Stift, Stück, stark, stehlen

[šp]  spielen, Spaß, spät, Sport, sprechen, Sprache

# SCHRIFTLICHE ÜBUNGEN

**SÜ 1**   Im Perfekt, bitte!

1.  Wann beginnt der Unterricht?
2.  Vergißt Frau Heller ihre Tasche?
3.  Was tun Sie heute?
4.  Die Kinder schlafen schon.
5.  Er bleibt nicht zu Hause. *geblieben*
6.  Wann kommt er nach Hause?
7.  Die Dame ruft den Ober.
8.  Wo liegt das Buch?
9.  Ist Ihre Mutter nicht zu Hause?
10. Wohin fahren Sie?
11. Was trinken Sie?
12. Er spricht sehr schnell.
13. Das verstehe ich nicht. *ver stanen*
14. Wohin laufen die Kinder?
15. Der Bus hält nicht.
16. Lesen Sie die Zeitung?
17. Finden Sie Ihren Bleistift nicht?
18. Er schreibt gerade einen Brief.
19. Der Junge wird krank.
20. Wie heißt das Mädchen?

**SÜ 2**   Ergänzen Sie ein Partizip! Was paßt?

1.  Wir haben lange gewartet, aber er ist nicht _gekommen_ .
2.  Der Intercity ist schnell _____ .
3.  Gestern sind unsere Freunde aus Amerika _____ .
4.  Wir haben ein Taxi _____ .
5.  Das Buch ist interessant. Haben Sie es schon _____ ?
6.  Der Unterricht hat um sieben Uhr _____ .
7.  Das Auto ist gegen ein Haus _____ .
8.  Es hat geregnet, und wir sind naß _____ .
9.  Sie hat ihren Schlüssel gesucht, aber sie hat ihn nicht _____ .
10. Wir sind zu Fuß nach Hause _____ .
11. Die Leute haben Dialekt _____ .
12. Die Dame hat einen Rock und eine Bluse _____ .
13. Gestern sind wir nicht zu Hause _____ .
14. Die Leute haben um den Tisch _____ .
15. Was haben Sie gesagt? Ich habe Sie nicht _____ .

**SÜ 3**   Vollenden Sie die Sätze!

1.  Ich habe Kaffee getrunken, aber *ich habe keinen Kuchen gegessen.*
2.  Haben Sie mich verstanden oder . . .
3.  Wir sind ins Restaurant gegangen und . . .
4.  Er ist im Büro gewesen, aber . . .
5.  Haben Sie die Straßenbahn genommen oder . . .
6.  Sie ist nicht gekommen, denn . . .
7.  Er hat eine Zigarette genommen, aber . . .
8.  Ich bin müde, denn . . .
9.  Die Straßen sind naß, denn . . .
10. Sind Sie zu Hause geblieben oder . . .

**SÜ 4**   Was haben Sie am Sonntag getan? Im Perfekt, bitte!
Beginnen Sie: *Am Sonntag habe ich bis um 9 Uhr geschlafen. Dann. . .*

Am Sonntag schlafe ich bis 9 Uhr. Dann mache ich Frühstück. Ich esse etwas und trinke eine Tasse Kaffee. Ich lese auch die Zeitung, denn ich habe Zeit. Ich bleibe bis 10 Uhr zu Hause. Dann nehme ich den Bus und fahre in die Stadt. Im Bus schlafe ich noch ein bißchen.

Ich besuche meinen Onkel und meine Tante. Wir gehen in ein Restaurant. Viele Leute sind im Restaurant, aber wir finden noch einen Tisch. Mein Onkel ruft den Ober. Wir bestellen. Es dauert nicht lange, und der Ober bringt das Essen. Das Essen ist sehr gut. Mein Onkel und meine Tante bezahlen das Essen für mich.

Nachmittags gehen wir zu Fuß durch die Stadt. Das Wetter ist sehr schön. Es regnet nicht. Abends fahre ich wieder nach Hause.

**SÜ 5**   **Persönliche Fragen**

1. Wann sind Sie nach Deutschland gekommen?
2. Wo sind Sie vorher gewesen?
3. Wo sind Sie zur Schule gegangen?
4. Haben Sie in Amerika auch Deutsch gesprochen?
5. Sind Sie in Deutschland schon krank gewesen?
6. Wo haben Sie Ihren Urlaub verbracht?

## WORTSCHATZ*

### NOMEN

| | |
|---|---|
| der Arzt, ¨e | physician |
| der Schwarzwald | Black Forest |
| das Medikament, -e | medication |
| das Schnitzel, - | breaded cutlet |
| die Fahrt, -en | trip |

### VERBEN

| | |
|---|---|
| fliegen, ist geflogen | to fly |
| stehlen, gestohlen | to steal |
| verbringen, verbracht | to spend (time) |
| verlieren, verloren | to lose |

### VERSCHIEDENES

| | |
|---|---|
| abends | in the evening |
| einmal | once |
| Es macht Spaß. | It's fun. |
| Geld ausgeben | to spend money |
| genug | enough |
| in Urlaub gehen/fahren | to go on vacation |
| ins Bett gehen | to go to bed |
| leider | unfortunately |
| Ski fahren/laufen | to ski, go skiing |
| wieder | again |
| zufrieden | pleased, satisfied |

**Diese Wörter verstehen Sie ohne Wörterbuch.**

das Bett, -en
die Ärztin, -nen
die Million, -en

*Vergessen Sie nicht **die Lesehilfe** auf Seite 126!*

**Was machst du? — Was macht ihr?**

- The familiar forms of address: **du** / **ihr**
  - Verb forms
  - Personal pronouns
  - Possessive adjectives
- Expressions of quantity and measurement

**Einkaufen: Die Lebensmittel, das Gemüse, das Obst**
**Im Supermarkt**

**Kapitel**
**10**

## EINFÜHRUNG

### *Die **Du-** und **Ihr-**Form*

**Was machst du?**                                      **Was macht ihr?**

**So fragen Sie einen Freund oder eine Freundin:**      **So fragen Sie Ihre Freunde:**

Wann **machst du** Urlaub?                              Wann **macht ihr** Urlaub?
Wohin **gehst du?**                                     Wohin **geht ihr?**
**Bleibst du** zu Hause?                                **Bleibt ihr** zu Hause?
Wo **arbeitest du** jetzt?                              Wo **arbeitet ihr** jetzt?
**Hast du** viele Kollegen?                             **Habt ihr** viele Kollegen?

Wann **bist du** nach Deutschland                       Wann **seid ihr** nach Deutschland
**gekommen?**                                           **gekommen?**
Wo **hast du** Deutsch **gelernt?**                     Wo **habt ihr** Deutsch **gelernt?**

**Sprichst du** oft Deutsch?                            **Sprecht ihr** oft Deutsch?
Was **liest du** gern?                                  Was **lest ihr** gern?
Was **ißt du** gern?                                    Was **eßt ihr** gern?
**Nimmst du** oft ein Taxi?                             **Nehmt ihr** oft ein Taxi?
Wohin **fährst du** am Wochenende?                      Wohin **fahrt ihr** am Wochenende?
**Weißt du,** wieviel Uhr es ist?                       **Wißt ihr,** wieviel Uhr es ist?

### *Personalpronomen*

Der Brief ist nicht für mich.                           Der Brief ist nicht für uns.
Er ist für **dich.**                                    Er ist für **euch.**

Verstehst du mich?                                      Versteht ihr uns?
Ja, ich verstehe **dich.**                              Ja, wir verstehen **euch.**

### *Possessivpronomen*

Hier ist mein Schlüssel.                                Hier ist unser Schlüssel.
Wo ist **dein** Schlüssel?                              Wo ist **euer** Schlüssel?

Ich habe meinen Schlüssel nicht.                        Wir haben unseren Schlüssel nicht.
Hast du **deinen** Schlüssel?                           Habt ihr **euren** Schlüssel?

## Der Imperativ

**Was sagen die Leute?**

| | | |
|---|---|---|
| Was sagt die Mutter? | Was sagt die junge Dame? | Was sagt die Kellnerin? |

**Öffne** bitte die Tür!
**Geh** allein nach Hause!
**Bleib** bitte im Auto!
**Komm** jetzt! Wir gehen.

**Vergiß** nicht die Zeitung!
**Nimm** bitte den Regenschirm!
**Sieh** mal, dort ist Herr Falke!
**Sprich** nicht so laut!

**Trinkt** nicht so viel!
**Geht** jetzt nach Hause!
**Macht** Platz für das Bier!
**Fahrt** vorsichtig!

# GRAMMATIK

## A The Familiar Forms of Address: du / ihr

As pointed out in Chapter 1, German has three equivalent forms for the English *you:* **Sie/du/ihr.** This chapter practices the **du/ihr**-forms.

## 1 Verb forms

1. Personal verb endings

The verb endings for **du** and **ihr** are as follows:

| | du -(e)st | ihr -(e)t |
|---|---|---|
| gehen | du gehst | ihr geht |
| wohnen | du wohnst | ihr wohnt |
| kommen | du kommst | ihr kommt |
| arbeiten | du arbeitest | ihr arbeitet |
| warten | du wartest | ihr wartet |
| finden | du findest | ihr findet |

As in the third person singular (**er/es/sie**), if a verb stem ends in **-t** or **-d** or a consonant cluster such as in **öffnen** *(to open)*, an **-e** is inserted between the stem and the personal ending for ease of pronunciation.

PRESENT TENSE: REGULAR CONJUGATION

|  | **gehen** | **arbeiten** | **öffnen** |
|---|---|---|---|
| ich | gehe | arbeite | öffne |
| du | gehst | arbeitest | öffnest |
| er/es/sie | geht | arbeitet | öffnet |
| wir | gehen | arbeiten | öffnen |
| ihr | geht | arbeitet | öffnet |
| sie | gehen | arbeiten | öffnen |
| Sie | gehen | arbeiten | öffnen |

2. Verbs with stem vowel change in the present tense

Verbs which change their stem vowel in the third person singular have the same changed stem in the second person singular, the **du**-form. The **ihr**-form, however, is regular.

| Infinitive | er/es/sie | du | ihr |
|---|---|---|---|
| sprechen | spricht | sprichst | sprecht |
| essen | ißt | ißt | eßt |
| nehmen | nimmt | nimmst | nehmt |
| lesen | liest | liest | lest |
| schlafen | schläft | schläfst | schlaft |
| tragen | trägt | trägst | tragt |
| laufen | läuft | läufst | lauft |
| wissen | weiß | weißt | wißt |

If the infinitive stem or changed stem ends in **-s** or **-ß**, the **du**-form adds only **-t** (*not* **-st**). As a result, the **du**-form is sometimes identical to the **er/es/sie**-form.

| er/es/sie | vergißt | liest | reist | ißt |
|---|---|---|---|---|
| du | vergißt | liest | reist | ißt |

If a changed verb stem ends in **-t** or **-d**, the usual **-e** is not added: **halten, hält-, du hältst,** but **ihr haltet.**

3. Irregular forms

The verbs **sein, haben** and **werden** have irregular forms.

| **sein** | du bist | ihr seid |
|---|---|---|
| **haben** | du hast | ihr habt |
| **werden** | du wirst | ihr werdet |

## 2 The imperative: informal commands

### 1. Basic pattern

To give a command in the **du**-form simply means to use the stem of the infinitive. The **ihr**-form of the imperative is identical to its corresponding present tense form. The pronouns **du** and **ihr** are not expressed. A German command is followed by an exclamation mark.

| Infinitive | du-Imperative | Present Tense | ihr-Imperative |
|---|---|---|---|
| gehen | geh! | Geht ihr? | geht! |
| kommen | komm! | Kommt ihr? | kommt! |
| fahren | fahr! | Fahrt ihr? | fahrt! |

If the stem of the infinitive ends in **-d, -t** or a consonant cluster such as in **öffnen,** the **du**-form adds **-e.**

| Verb Stem | Imperative | |
|---|---|---|
| antwort- | Antworte auf deutsch! | *Answer in German.* |
| halt- | Halte bitte hier! | *Please stop here.* |
| öffn- | Öffne die Tür! | *Open the door.* |

**Note** In formal and literary usage, an **-e** is generally added to the verb stem: **frag!** → **frage!** However, this is usually not done in colloquial German.

### 2. Verbs with stem vowel change e → i (ie)

Only if the verb undergoes a stem change from **-e** to **-i** or **ie,** does the **du**-form of the imperative use the changed stem. The **ihr**-form is regular.

| Conjugated Verb | du-Imperative | ihr-Imperative |
|---|---|---|
| **Sprichst** du Deutsch? | **Sprich** Deutsch! | Sprecht! |
| **Liest** du die Zeitung? | **Lies** die Zeitung! | Lest! |
| **Nimmst** du ein Taxi? | **Nimm** ein Taxi! | Nehmt! |

The use of **werden** in the imperative is restricted to expressions such as **Werde nicht krank!** *(Don't get sick).* Note that **werden** does not change the stem vowel when used in the imperative.

### 3. Verbs with stem vowel change a → ä/au → äu

Verbs which change their stem vowel from **a** to **ä** or **au** to **äu** form their **du**-imperative with the infinitive stem. The imperative does not add an Umlaut.

| Infinitive | du-Imperative | ihr-Imperative | |
|---|---|---|---|
| fahren | Fahr! | Fahrt! | *Drive.* |
| halten | Halte! | Haltet! | *Stop.* |
| laufen | Lauf! | Lauft! | *Run.* |

4. Irregular imperative: **sein**

| | |
|---|---|
| **du**-FORM | **Sei** vorsichtig! |
| **ihr**-FORM | **Seid** vorsichtig! |
| **Sie**-FORM | **Seien Sie** vorsichtig! |

} *Be careful.*

## 3 Personal pronouns

At this point we can complete our table of personal pronouns for nominative and accusative:

| NOMINATIVE | ich | **du** | er | es | sie | wir | **ihr** | sie | Sie |
|---|---|---|---|---|---|---|---|---|---|
| ACCUSATIVE | mich | **dich** | ihn | es | sie | uns | **euch** | sie | Sie |

Observe the equivalent forms of English *you* in the nominative and accusative:

**Do you understand me?**

Verstehen **Sie** mich?
Verstehst **du** mich?
Versteht **ihr** mich?

**Yes, I (we) understand you.**

Ja, ich verstehe **Sie.**
Ja, ich verstehe **dich.**
Ja, wir verstehen **euch.**

## 4 Possessive adjectives

| *Singular* | | *Plural* | |
|---|---|---|---|
| ich → **mein** | *(my)* | wir → **unser** | *(our)* |
| du → **dein** | *(your)* | ihr → **euer** | *(your)* |
| er → **sein** | *(his)* | | |
| es → **sein** | *(its)* | sie → **ihr** | *(their)* |
| sie → **ihr** | *(her)* | | |
| Sie → **Ihr** | *(your)* | | |

Look at the following examples:

| NOMINATIVE | Das ist **dein** Schlüssel. | Das ist **euer** Schlüssel. |
|---|---|---|
| | Das ist **dein** Buch. | Das ist **euer** Buch. |
| | Das ist **deine** Liste. | Das ist **eure** Liste. |
| ACCUSATIVE | Du hast **deinen** Schlüssel. | Ihr habt **euren** Schlüssel. |

**Note** When an ending is added to **euer,** the **e** preceding the **r** is usually dropped, as in the above examples.

## B Expressions of Quantity and Measurement

In contrast to English, German nouns expressing quantity, weight, measurement or number are usually in the singular.

Das Kleid kostet 100 **Mark.**
Ich möchte 2 **Kilo** Äpfel, bitte.
Sie kauft 10 **Pfund** Kartoffeln.
Ein Pfund hat 500 **Gramm.**
Wir brauchen 2 **Liter** Milch.
Die Zitronen kosten 30 **Pfennig** das Stück.
Die Trauben kosten 1,80 DM **das Pfund.**
Ein Kilometer hat 1000 **Meter.**
Er hat dreißig **Dollar.**

**Bierbrunnen**
Mannheim, Q 5, 15

Ab sofort sonntags 11 Uhr
**Frühschoppen**
1 Bier 0,3 Ltr. DM 1,50

---

More flavoring particles: **mal, doch, gar**

**Mal** is short for **einmal** (literally: *once*) and expresses a certain vagueness in a statement, command or request, thereby softening the message.

| | |
|---|---|
| Isolde, sieh **mal** die Trauben! | *Isolde, take a look at these grapes.* |
| Sag **mal,** wer war das? | *Tell me, who was that?* |
| Besuchen Sie uns **mal!** | *Come and visit us sometime.* |

**Mal** is often used together with another flavoring particle: **doch.** Together they may be used for the purpose of persuading the listener to do something.

| | |
|---|---|
| Besuchen sie uns **doch mal!** | *Do come and visit us sometime.* |
| Frag **doch mal** die Verkäuferin! | *Why don't you ask the saleslady.* |

**Doch** may be used to express emphasis or impatience.

| | |
|---|---|
| Ich bin **doch** nicht krank. | *But I am not sick.* |
| Du weißt **doch,** ich habe jetzt keine Zeit. | *You certainly must know that I don't have time now.* |

**Gar** is used to give emphasis to **kein, nicht** or **nichts** and corresponds to English *at all,* as in *not at all.*

| | |
|---|---|
| Die Trauben sind **gar nicht** teuer. | *The grapes are not at all expensive.* |
| Ich habe **gar keinen** Hunger. | *I am not at all hungry.* |
| Er hat **gar nichts** verstanden. | *He didn't understand anything at all.* |

# MÜNDLICHE ÜBUNGEN

Verbformen mit **du** und **ihr**

**MÜ 1**  Fragen Sie zuerst einen Freund, dann Ihre Freunde!

- Machen Sie jetzt eine Pause?
    *Machst du jetzt eine Pause?*
    *Macht ihr jetzt eine Pause?*

1. Verstehen Sie mich?
2. Wohin gehen Sie?
3. Was tun Sie heute abend?
4. Wann besuchen Sie mich?
5. Finden Sie das Buch interessant?
6. Antworten Sie immer auf deutsch?
7. Arbeiten Sie am Samstag?
8. Wie lange warten Sie schon?

**MÜ 2**  Fragen Sie einen Freund oder eine Freundin!

- Die Studentin spricht Englisch. → *Sprichst du auch Englisch?*

1. Der Junge wird naß.
2. Er vergißt immer das Buch.
3. Das Mädchen sieht nicht gut.
4. Der Herr nimmt ein Taxi.
5. Die Dame ißt gern Apfelkuchen.
6. Peter fährt nach München.
7. Er liest die Zeitung.
8. Der Student spricht Deutsch.
9. Das Kind schläft nachmittags.
10. Sie trägt gern Pullover.

**MÜ 3**  Fragen Sie zuerst einen Freund, dann Ihre Freunde!

- Haben Sie Hunger? → *Hast du Hunger? / Habt ihr Hunger?*
    Sind Sie dort gewesen? → *Bist du dort gewesen? / Seid ihr dort gewesen?*

1. Haben Sie jetzt Zeit?
2. Sind Sie krank?
3. Haben Sie das gesehen?
4. Sind Sie zu Hause geblieben?
5. Sind Sie zufrieden?
6. Haben Sie Durst?
7. Sind Sie ins Kino gegangen?
8. Haben Sie das gewußt?

**MÜ 4**  Imperativ, bitte!

- Ich lese den Brief später. → *Bitte, lies ihn jetzt!*

1. Ich öffne das Fenster später.
2. Ich suche den Schlüssel später.
3. Ich rufe den Arzt später.
4. Ich nehme den Bus später.
5. Ich verkaufe das Auto später.
6. Ich mache die Arbeit später.
7. Ich bringe das Buch später.
8. Ich bezahle den Wein später.
9. Ich fahre später in die Stadt.
10. Ich gehe später nach Hause.

## Possessivpronomen

**MÜ 5** Hier ist die Antwort. Fragen Sie!

- Meine Freunde kommen **später.** → *Wann kommen deine Freunde?*
  Unser Auto ist **am Bahnhof.** → *Wo ist euer Auto?*

1. Mein Bruder heißt **Oliver.**
2. Ich lese meinen Brief **später.**
3. Unsere Eltern sind **in Amerika.**
4. Ich frage meinen Freund **morgen.**
5. Unsere Lehrerin heißt **Höfer.**
6. Ich habe **gestern** mein Geld verloren.
7. Wir besuchen **morgen** unsere Freunde.
8. Meine Uhr hat **hundert Mark** gekostet.

## Personalpronomen

**MÜ 6** Für wen ist das?

- Ist der Kaffee für mich (uns)? → *Ja, der Kaffee ist für dich (euch).*

1. Ist der Tee für uns?
2. Bestellst du das für mich?
3. Ist der Kuchen für mich?
4. Hast du das Geld für mich?
5. Bringt ihr die Äpfel für mich?
6. Sind die Bilder für uns?
7. Hast du einen Brief für uns?
8. Kaufst du das Buch für mich?

**MÜ 7** Auf deutsch, bitte!
**a) Fragen** *(Sie / du / ihr)*

- Do you have your umbrella?
  *Haben Sie Ihren Regenschirm?*
  *Hast du deinen Regenschirm?*
  *Habt ihr euren Regenschirm?*

1. Do you have your coat?
2. Did you forget your glasses?
3. Is this your glass?
4. When did you ask your friends?
5. Did she buy the book for you?
6. When do you visit your parents?
7. When do you take a break?
8. Are you coming or going?

**b) Imperativ** *(Sie / du / ihr)*

- Don't work so much.
  *Arbeiten Sie nicht so viel!*
  *Arbeite nicht so viel!*
  *Àrbeitet nicht so viel!*

1. Please, read the letter.
2. Don't come home so late.
3. Speak louder, please.
4. Please, wait here.
5. Be careful.
6. Don't eat so much.
7. Sleep well.
8. Drive carefully.
9. Take the train.
10. Don't do that.

# WORTSCHATZERWEITERUNG

Einkaufen: die Lebensmittel, das Gemüse, das Obst

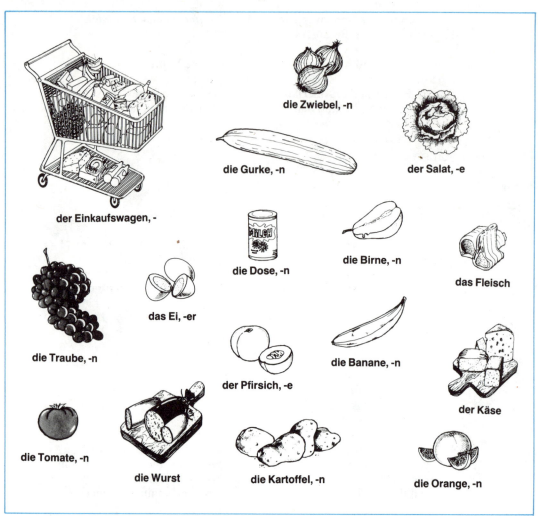

**die Zwiebel, -n**

**die Gurke, -n**

**der Salat, -e**

**der Einkaufswagen, -**

**die Dose, -n**

**die Birne, -n**

**das Fleisch**

**das Ei, -er**

**die Traube, -n**

**der Pfirsich, -e**

**die Banane, -n**

**der Käse**

**die Tomate, -n**

**die Wurst**

**die Kartoffel, -n**

**die Orange, -n**

*Deutsche Maße und Gewichte* (measurements/weights)

| | | | |
|---|---|---|---|
| 1 Kilo (gramm) | (kg) | = | 1000 Gramm (g) |
| 1 Pfund | (Pfd.) | = | 500 Gramm |
| 1 Zentner | (Ztr.) | = | 100 Pfund |
| 1 Tonne | (t) | = | 1000 Kilo |
| 1 Kilometer | (km) | = | 1000 Meter |
| 1 Meter | (m) | = | 100 Zentimeter |
| 1 Zentimeter | (cm) | = | 10 Millimeter (mm) |

# Im Supermarkt

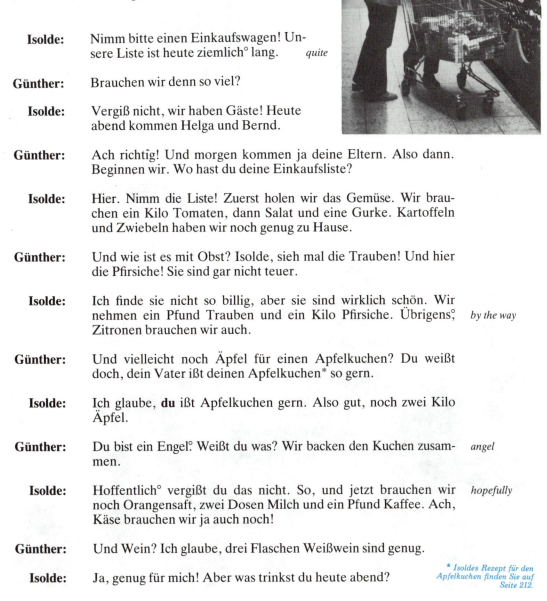

Das sind Günther und Isolde Heuser. Günther ist Ingenieur. Isolde ist Lehrerin. Sie wohnen in Mannheim. Samstags gehen Günther und Isolde immer einkaufen. Jetzt sind sie gerade im Supermarkt. Hören wir, was sie sagen.

**Isolde:** Nimm bitte einen Einkaufswagen! Unsere Liste ist heute ziemlich° lang. *quite*

**Günther:** Brauchen wir denn so viel?

**Isolde:** Vergiß nicht, wir haben Gäste! Heute abend kommen Helga und Bernd.

**Günther:** Ach richtig! Und morgen kommen ja deine Eltern. Also dann. Beginnen wir. Wo hast du deine Einkaufsliste?

**Isolde:** Hier. Nimm die Liste! Zuerst holen wir das Gemüse. Wir brauchen ein Kilo Tomaten, dann Salat und eine Gurke. Kartoffeln und Zwiebeln haben wir noch genug zu Hause.

**Günther:** Und wie ist es mit Obst? Isolde, sieh mal die Trauben! Und hier die Pfirsiche! Sie sind gar nicht teuer.

**Isolde:** Ich finde sie nicht so billig, aber sie sind wirklich schön. Wir nehmen ein Pfund Trauben und ein Kilo Pfirsiche. Übrigens° *by the way* Zitronen brauchen wir auch.

**Günther:** Und vielleicht noch Äpfel für einen Apfelkuchen? Du weißt doch, dein Vater ißt deinen Apfelkuchen* so gern.

**Isolde:** Ich glaube, **du** ißt Apfelkuchen gern. Also gut, noch zwei Kilo Äpfel.

**Günther:** Du bist ein Engel° Weißt du was? Wir backen den Kuchen zusammen. *angel*

**Isolde:** Hoffentlich° vergißt du das nicht. So, und jetzt brauchen wir *hopefully* noch Orangensaft, zwei Dosen Milch und ein Pfund Kaffee. Ach, Käse brauchen wir ja auch noch!

**Günther:** Und Wein? Ich glaube, drei Flaschen Weißwein sind genug.

**Isolde:** Ja, genug für mich! Aber was trinkst du heute abend?

\* *Isoldes Rezept für den Apfelkuchen finden Sie auf Seite 212.*

## FRAGEN ZUM TEXT

1. Was tun Günther und Isolde samstags?
2. Wie ist ihr Familienname?
3. Wo wohnen sie?
4. Wo sind sie gerade?
5. Wer nimmt den Einkaufswagen?
6. Was holen sie zuerst?
7. Was brauchen sie?
8. Was findet Günther nicht teuer?
9. Wie findet Isolde das Obst?
10. Was kauft sie?
11. Was ißt Günther gern?
12. Wer backt den Kuchen?
13. Warum kaufen sie so viel?
14. Wer trinkt gern Wein?

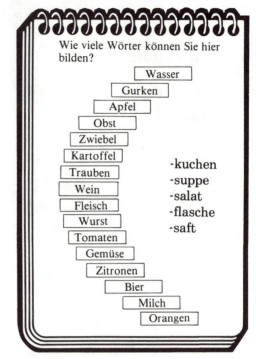

Wie viele Wörter können Sie hier bilden?

Wasser
Gurken
Apfel
Obst
Zwiebel
Kartoffel
Trauben
Wein
Fleisch
Wurst
Tomaten
Gemüse
Zitronen
Bier
Milch
Orangen

-kuchen
-suppe
-salat
-flasche
-saft

## AUSSPRACHEÜBUNG

[v]  wie, was, wo, wer, wen, wann, Wind, Wetter, wenig, Woche, Wasser, Westen, wissen, Wagen, wollen, Wort, warum, Ausweis, Antwort, Mittwoch

Zwiebel, zwei, zwanzig, schwach, Schwester, schwimmen, schwarz

[f]  voll, viel, vor, von, vorne, verstehen, verbringen, verheiratet, Verkehr, vielleicht, Vater, fahren, Ferien, falsch, Fenster, Farbe, für

schlafen, oft, Bahnhof, Hausfrau, fragen, Freitag, Frühling, Frühstück

[l]  Land, leben, Lampe, Lehrer, lang, lernen, Limonade, Leute, lesen, links
Familie, zahlen, Soldat, Telefon, Polizist, Bild, klein, viele, Stuhl, Zahl

# SCHRIFTLICHE ÜBUNGEN

**SÜ 1** Ergänzen Sie die Verbform und manchmal auch das Pronomen!

1. haben — Ich finde mein Buch nicht. *Hast du* es, Monika?
2. sein — Wann _____ gekommen, Herr Schneider?
3. warten — Kinder, _____ bitte hier!
4. wissen — _____, wieviel Uhr es ist, Michael?
5. halten — _____ bitte da drüben, Anne!
6. sprechen — Peter, _____ lauter!
7. haben — Erika, _____ gestern gearbeitet?
8. kommen — Kinder, _____ nicht so spät nach Hause!
9. lesen — Günther, hier ist der Brief. _____ ihn, bitte!
10. fahren — _____ nicht so schnell, Sonja!
11. sein — _____ vorsichtig, Kinder!
12. nehmen — Walter, warum _____ kein Taxi?
13. kommen — Mein Hund heißt Bello. _____, Bello!
14. werden — _____ nicht müde, Thomas?
15. machen — Frau Kaiser, wann _____ eine Pause?
16. gehen — Claudia, _____ heute abend ins Kino?
17. nehmen — Günther und Isolde, warum _____ kein Taxi?
18. haben — Was _____ gesagt, Herr Sander?
19. sein — Michael, _____ bitte um 8 Uhr zu Hause!
20. antworten — Peter, warum _____ nicht?

**SÜ 2** Ergänzen Sie das Personalpronomen oder das Possessivpronomen! Was paßt?

1. Der Brief ist für *dich*, Oliver.
2. Kinder, wo sind *eure* Eltern?
3. Rauch nicht so viel! Das ist nicht gut für ____ .
4. Anne und Michael, ist ____ Mutter nicht zu Hause?
5. Antwortet laut! Ich verstehe ____ nicht, Kinder!
6. Thomas, gestern habe ich ____ Brief bekommen.
7. Habt ihr ____ Regenschirm im Hotel vergessen?
8. Habt ihr einen Hund? Wie heißt ____ Hund?
9. Peter, wie heißt ____ Freundin?
10. Sprich bitte lauter! Ich höre ____ nicht.

**SÜ 3** Ergänzen Sie den Imperativ! Was paßt?
*(Die Du-Form, bitte!)*

1. *Trag* einen Pullover! Es ist sehr kalt.
2. _____ den Kellner! Ich möchte noch ein Bier.
3. _____ nicht so laut! Die Kinder schlafen schon.
4. _____ doch zu Fuß!
5. _____ deinen Regenschirm! Es regnet.
6. _____ heute abend! Peter kommt auch.
7. _____ zu Hause! Ich bleibe auch zu Hause.

**SÜ 4**    Ergänzen Sie ein Verb! Was paßt?

1.   Gute Nacht Kinder, _schlaft_ gut!
2.   _____ ihr, was das ist?
3.   _____ du deine Brille? Hier ist sie.
4.   Du _____ keinen Regenschirm. Es regnet nicht.
5.   _____ ihr Tennis gespielt?
6.   Wann _____ du gekommen?
7.   Ihr arbeitet zu viel. _____ jetzt eine Pause!
8.   _____ bitte lauter! Ich verstehe dich nicht.
9.   Ich habe euch etwas gefragt. Warum _____ ihr nicht?
10.  Warum _____ du so viel? Zigaretten sind nicht gut für dich.

**SÜ 5**    Hier ist die Antwort. Fragen Sie mit **du** oder **ihr!**

1.   Ich komme aus Ohio.
2.   Wir wohnen jetzt in Frankfurt.
3.   Nein, ich bin nicht verheiratet.
4.   Wir sind schon ein Jahr in Deutschland.
5.   Ja, ich habe eine Freundin (einen Freund).
6.   Ja, wir haben hier viele Freunde.
7.   Wir finden das Leben hier interessant.
8.   Ich mache immer im Sommer Ferien.
9.   Gestern abend sind wir ins Kino gegangen.
10.  Doch, ich habe dich verstanden.
11.  Wir gehen samstags einkaufen.
12.  Ich esse gern Apfelkuchen.

## WORTSCHATZ*

### VERBEN

| | |
|---|---|
| **einkaufen gehen** | to go shopping |
| **glauben** | to believe |
| **holen** | to fetch, to get |

### VERSCHIEDENES

| | |
|---|---|
| **gar nicht** | not at all |
| **spät, später** | late, later |
| **vorsichtig** | cautious(ly), careful(ly) |
| **wirklich** | real(ly) |
| **zuerst** | at first, first |

**Diese Wörter verstehen Sie ohne Wörterbuch.**

### NOMEN

| | |
|---|---|
| **der Einkauf, ̈e** | **die Liste, -n** |
| **der Ingenieur, -e** | |
| **der Platz, ̈e** | |
| **der Supermarkt, ̈e** | |

### VERBEN

**backen (bäckt),**
  **gebacken**

* *Vergessen Sie nicht **die Wortschatzerweiterung** auf Seite 140!*

*Hameln*

**Im Gasthaus**

- Modal auxiliaries in the present and past tense
- The past tense of **sein** and **haben**
- The indefinite pronoun **man**

**Was bedeuten die Zeichen?**

**Kapitel 11**

# Im Gasthaus

| DER GAST | DIE KELLNERIN |
|---|---|
| | ▷ Guten Tag! Was darf ich bringen? |
| ► Guten Tag! Ich möchte die Speisekarte, bitte. | |
| | ▷ Bitte schön, hier ist die Speisekarte. |
| ► Fräulein, was können Sie heute empfehlen? | |
| | ▷ Wir haben heute Forellen? Sie sind ganz frisch.   *trout* |
| ► Hm, Fisch! Gut, ich nehme Forelle blau mit Kartoffeln und Salat. | |
| | ▷ Wollen Sie vorher eine Suppe? |
| ► Nein, danke. Ich mag keine Suppe. | |
| | ▷ Und was möchten Sie trinken? |
| ► Ein Pils, bitte. | |

Später ruft der Gast die Kellnerin. Er möchte seine Rechnung bezahlen.

| DER GAST | DIE KELLNERIN |
|---|---|
| ► Fräulein, zahlen bitte! | |
| | ▷ Das macht 19 Mark 20. |
| ► 20 Mark, bitte. | |
| | ▷ Vielen Dank. |

# EINFÜHRUNG

## Die Modalverben im Präsens

Der Herr ist im Gasthaus.
**Er möchte** die Speisekarte haben.
Was möchte er haben?

**Er möchte** die Speisekarte haben.

Sie sind im Restaurant. Was **möchten
Sie** haben?

**Ich möchte** auch die Speisekarte haben.

**Wer soll** die Speisekarte bringen?

**Die Kellnerin soll** die Speisekarte bringen.

Die Kellnerin bringt die Speisekarte.
Was **kann der Gast** dann tun?

**Er kann** die Speisekarte lesen und dann
bestellen.

**Und Sie?**
**Können Sie** die Speisekarte verstehen?

Nein, **ich kann** die Speisekarte nicht immer
verstehen.

Was **können Sie** dann tun?

**Ich kann** die Kellnerin fragen.

Was **kann die Kellnerin** heute
empfehlen?

**Sie kann** Forellen empfehlen.

Was **will der Gast** essen?

**Er will** Forelle blau mit Kartoffeln und
Salat essen.

**Und Sie**
**Was wollen Sie essen?**

**Ich will** ein Schnitzel mit Pommes Frites
und Salat essen.

Warum bestellen Sie keinen Fisch?
**Mögen Sie** keinen Fisch?

Nein, **ich mag** keinen Fisch.

Und der Gast?
Was **mag der Gast** nicht?

**Er mag** keine Suppe.

Der Gast hat gegessen und sein Bier
getrunken. Was **muß er** später tun?

**Er muß** seine Rechnung bezahlen.

**Und Sie?**
**Müssen Sie** im Restaurant auch Ihre
Rechnung bezahlen?

Ja, **ich muß** auch meine Rechnung
bezahlen.

## *Das unbestimmte Pronomen* **man**

Nichtraucher     Raucher     Fahrkarten-
                                        Verkaufsstellen

Geldwechsel     Kein Trinkwasser     Wartesaal

**Diese Pictogramme findet man im Bahnhof.
Was bedeuten° sie?**                    *signify, mean*

1. Hier **darf man** nicht rauchen.
2. Hier **darf man** rauchen.
3. Hier **kann man** Fahrkarten kaufen.
4. Hier **kann man** Geld wechseln.
5. **Man soll** das Wasser nicht trinken.
6. **Man kann** hier auf den Zug warten.

## *Die Modalverben,* **sein** *und* **haben** *im Imperfekt*

| PRÄSENS | IMPERFEKT |
|---|---|
| **Jetzt:** | **Vorher / früher:** |
| **Sie sind** jetzt in Deutschland. | **Waren Sie** vorher in Amerika? <br> Ja, vorher **war ich** in Amerika. |
| **Haben Sie** hier ein Auto? | **Hatten Sie** in Amerika ein Auto? <br> Ja, **ich hatte** in Amerika ein Auto. |
| In Deutschland **müssen Sie** sehr vorsichtig fahren. | **Mußten Sie** in Amerika auch vorsichtig fahren? <br> Ja, in Amerika **mußte ich** auch vorsichtig fahren. |
| Hier **darf man** schnell fahren. | **Durften Sie** in Amerika auch so schnell fahren? <br> Nein, in Amerika **durfte ich** nicht so schnell fahren. |
| **Man kann** oft keinen Parkplatz finden. | **Konnten Sie** in Amerika immer einen Parkplatz finden? <br> Nein, **ich konnte** nicht immer einen Parkplatz finden. |
| Ich habe gehört, **Sie wollen** einen Volkswagen kaufen. | **Wollten Sie** schon in Amerika einen Volkswagen kaufen? <br> Ja, **ich wollte** schon in Amerika einen Volkswagen kaufen, aber **ich hatte** kein Geld. |

*In der Bäckerei kann man Brot und Brötchen kaufen.*

# GRAMMATIK

## A The Modal Auxiliaries in the Present and Past Tense°

*Imperfekt*

### 1 Analysis

Both German and English have a group of verbs called modal auxiliaries (modals). They usually do not, by themselves, express an action or state. Their function is to indicate the attitude of the speaker towards the action expressed by the main verb in the sentence.

Notice how in the following sentences the use of a different modal brings about a complete change of meaning.

| Modal Auxiliary | Verb |
|---|---|
| *We* **can** *(are able to)* | *go home.* |
| *We* **must** *(have to)* | *go home.* |
| *We* **want to** | *go home.* |
| *We* **may** *(are allowed to)* | *go home.* |
| *We* **ought** to *(are supposed to)* | *go home.* |

## 2 The German modals

### 1. Their meaning

| Modal | What the modal expresses | English equivalent |
|-------|--------------------------|--------------------|
| **können** | possibility/ability | *can, to be able to* |
| **müssen** | necessity | *must, to have to* |
| **dürfen** | permission | *may, to be allowed to* |
| **wollen** | desire/intention | *to want to* |
| **sollen** | imposed obligation/ in questions: suggestion | *ought, shall (should), to be supposed to* |

### 2. The present tense forms

The modals are irregular in the present tense. With the exception of **sollen,** they have two stems: one for singular and one for plural.

|  | **können** | **müssen** | **dürfen** | **wollen** | **sollen** |
|---|-----------|-----------|-----------|-----------|-----------|
| ich | kann | muß | darf | will | soll |
| du | kannst | mußt | darfst | willst | sollst |
| er/es/sie | kann | muß | darf | will | soll |
| wir | können | müssen | dürfen | wollen | sollen |
| ihr | könnt | müßt | dürft | wollt | sollt |
| sie | können | müssen | dürfen | wollen | sollen |
| Sie | können | müssen | dürfen | wollen | sollen |

Notice that in the singular, the modals have a stem vowel change and do not add personal endings in the **ich/er/es/sie**-forms.

| | |
|---|---|
| **können** | Ich **kann** Sie nicht hören. |
| **müssen** | Er **muß** nach Hause gehen. |
| **dürfen** | Hier **darf** man nicht rauchen. |
| **wollen** | Sie **will** Tennis spielen. |

### 3. The past tense forms

The past tense is called **Imperfekt** in German. In contrast to English, German modals can be used in all tenses. German uses the past tense of the modals (rather than the present perfect) to express events that are entirely in the past.

The past tense of modal auxiliaries is formed by adding a set of past tense endings to the infinitive stem (**sollen, wollen**) or to a slightly changed stem (**dürfen, können, müssen**). The Umlaut of the infinitive is dropped.

|         | **können** | **müssen** | **dürfen** | **wollen** | **sollen** |
|---------|-----------|-----------|-----------|-----------|-----------|
| ich     | konnte    | mußte     | durfte    | wollte    | sollte    |
| du      | konntest  | mußtest   | durftest  | wolltest  | solltest  |
| er/es/sie | konnte  | mußte     | durfte    | wollte    | sollte    |
| wir     | konnten   | mußten    | durften   | wollten   | sollten   |
| ihr     | konntet   | mußtet    | durftet   | wolltet   | solltet   |
| sie     | konnten   | mußten    | durften   | wollten   | sollten   |
| Sie     | konnten   | mußten    | durften   | wollten   | sollten   |

## 3 German sentences with modals

As in English, a German sentence with a modal has usually two verbal parts: a conjugated modal which indicates the attitude toward the action, and a dependent infinitive which expresses the action.

Look at the following examples:

|       | Conjugated Modal |                    | Dependent Infinitive |                                 |
|-------|------------------|--------------------|----------------------|---------------------------------|
| Ich   | will             | jetzt nach Hause   | gehen.               | *I want to go home now.*         |
| Sie   | konnte           | mich nicht         | verstehen.           | *She couldn't understand me.*    |
| Wir   | müssen           | die Rechnung       | bezahlen.            | *We have to pay the bill.*       |

As you can see, in the present and past tense, the modal is in second position, the normal position of the conjugated verb. The dependent infinitive stands at the end of the sentence.

**Caution** In a sentence with a modal auxiliary, *German does not use* **zu** in front of the dependent infinitive.

Here are some more examples:

1. Statements and questions with question words

|       | Modal   |             | Infinitive |                              |
|-------|---------|-------------|------------|------------------------------|
| Wir   | wollen  | eine Pause  | machen.    | *We want to take a break.*   |
| Hier  | darfst  | du nicht    | rauchen.   | *You may not smoke here.*    |
| Ich   | mußte   | gestern     | arbeiten.  | *I had to work yesterday.*   |
| Was   | wollten | Sie         | tun?       | *What did you want to do?*   |
| Was   | sollen  | wir         | tun?       | *What shall we do?*          |

## 2. Simple questions without question words

Since the modal is the conjugated verb, it follows that in simple questions it will stand in first position.

| Modal | | Infinitive | |
|---|---|---|---|
| Wollen | Sie eine Pause | machen? | *Do you want to take a break?* |
| Darf | ich hier | rauchen? | *May I smoke here?* |
| Mußtest | du gestern | arbeiten? | *Did you have to work yesterday?* |

## 3. Placement of **nicht**

In a sentence with a modal, **nicht** is usually placed in front of the element to be negated. Thus, if the action of the verb is to be negated, **nicht** stands in front of the dependent infinitive.

| | |
|---|---|
| Er kann das Bild **nicht** sehen. | *He can't see the picture.* |
| Müssen Sie heute **nicht** arbeiten? | *Don't you have to work today?* |
| Sie dürfen hier **nicht** rauchen. | *You may not smoke here.* |

If an element other than the action is to be negated, **nicht** stands in front of that particular element:

| | |
|---|---|
| Der Brief kann **nicht** für mich sein. | *The letter can't be for me.* |
| Er kann **nicht** gut sehen. | *He can't see well.* |
| Sie mußte **nicht** viel arbeiten. | *She didn't have to work much.* |

## 4 The use of **mögen** and **möchte(n)**

There is one more modal auxiliary: **mögen** *(to like, to be fond of, to want)*. Like other modals, it has a stem vowel change in the singular.

| **mögen** *(to be fond of)* | |
|---|---|
| *Singular* | *Plural* |
| ich mag | wir mögen |
| du magst | ihr mögt |
| er/es/sie mag | sie mögen |
| Sie mögen | |

However, the use of **mögen** differs from that of the other modals. As a modal, **mögen** is most frequently used in negative sentences with the meaning *not to care to, not to want to*.

| | |
|---|---|
| Ich mag nicht Tennis spielen. | *I don't care to play tennis.* |
| Er mag heute nicht arbeiten. | *He doesn't want to work today.* |

Used as the main verb in a sentence, **mögen** expresses a fondness or dislike for something or someone.

| | |
|---|---|
| Ich **mag** keinen Kuchen. | *I don't like cake.* |
| **Mögen** Sie Apfelsaft? | *Do you like apple juice?* |
| Sie **mag** ihn. | *She likes him.* |

The most frequently used forms of **mögen** are **möchte** (singular) and **möchten** (plural), which were introduced in Chapter 4. The **möchte-**forms are commonly used with a dependent infinitive.

| The möchte-forms *(would like)* | |
|---|---|
| ich möchte  gehen | wir möchten gehen |
| du möchtest gehen | ihr möchtet  gehen |
| er/es/sie möchte  gehen | sie möchten gehen |
| Sie möchten  gehen | |

Note that **ich möchte gehen** *(I would like to go)* is more polite than to say **ich will gehen** *(I want to go)*. Also note that while the past tense of **mögen** exists as **mochte,** its use is rare.

## 5  Negative use of **müssen** and **dürfen**

Notice that English *must* undergoes a change of meaning when used in a negative sentence.

| | | |
|---|---|---|
| POSITIVE | *You must do that.* | Du mußt das tun. |
| NEGATIVE | *You must not do that.* | Du darfst das nicht tun. |

The negative sentence has the meaning *you are not permitted to* or *you had better not.* Permission, however, is rendered by the German modal **dürfen.** Hence the English negative *must not* calls for the German **nicht dürfen.**

## 6  Omission of the dependent infinitive

If the action of a sentence is clearly understood, the dependent infinitive is often omitted. This is especially true with verbs such as **haben, gehen, fahren, essen** and **trinken.**

| | |
|---|---|
| Wollen Sie auch Suppe? <br> *Do you also want soup?* | **haben** is omitted |
| Wir müssen jetzt nach Hause. <br> *We have to go home now.* | **gehen/fahren** is omitted |
| Ich möchte ein Bier, bitte. <br> *I would like a beer, please.* | **haben/trinken** is omitted |

## B  The Past Tense of sein and haben

As is true for the modal auxiliaries, **sein** and **haben** are most often used in the past tense to express situations that are in the past.

Here are the past tense forms of **sein** and **haben:**

| sein *(to be)* | |
|---|---|
| ich war | *I was* |
| du warst | *you were* |
| er/es/sie war | *he/it/she was* |
| wir waren | *we were* |
| ihr wart | *you were* |
| sie waren | *they were* |
| Sie waren | *you were* |

| haben *(to have)* | |
|---|---|
| ich hatte | *I had* |
| du hattest | *you had* |
| er/es/sie hatte | *he/it/she had* |
| wir hatten | *we had* |
| ihr hattet | *you had* |
| sie hatten | *they had* |
| Sie hatten | *you had* |

Look at the following examples:

| | |
|---|---|
| Er war nicht zu Hause. | *He wasn't home.* |
| Die Kinder waren krank. | *The children were sick.* |
| | |
| Sie hatte ein Auto. | *She had a car.* |
| Wir hatten kein Geld. | *We had no money.* |

## C  The Indefinite Pronoun man

In German, as in English, there are pronouns which do not point to a particular person, place or thing. Rather, they convey a general (indefinite) impression, as for example:

*One shouldn't do such things.*
*Anybody home?*
*Some have it and some don't.*

The German indefinite pronoun **man** may correspond to English *one, they, we, you* or *people* in a general sense, depending on context. **Man** is always followed by a 3rd person singular verb form.

| | |
|---|---|
| Wie **sagt man** das auf deutsch? | *How does one say that in German?* |
| Das **tut man** nicht. | *One doesn't / You don't do that.* |
| Hier **darf man** nicht rauchen. | *You are not allowed to smoke here.* |

# MÜNDLICHE ÜBUNGEN

## Modalverben im Präsens

**MÜ 1**    Antworten Sie!

- Wir wollen hier Deutsch lernen. Und die Dame?
  *Sie will hier auch Deutsch lernen.*

1. Wir wollen hier Deutsch lernen.
   Und der Herr?
       die Studenten?
       das Mädchen?
       Herr Falke?
       der Amerikaner?
       die Amerikaner?
   Und Sie?

2. Wir können Deutsch sprechen.
   Und die Studentin?
       der Arzt?
       der Lehrer?
       die Dame?
       die Kinder?
       das Mädchen?
   Und Sie?

3. Wir dürfen hier nicht rauchen.
   Und der Ingenieur?
       die Sekretärin?
       die Leute?
       Frau Kaiser?
       die Studentin?
       der Lehrer?
   Und Sie?

4. Wir müssen viel arbeiten.
   Und die Verkäuferin?
       die Krankenschwester?
       die Männer?
       die Leute?
       der Mechaniker?
       die Hausfrau?
   Und Sie?

5. Wir möchten eine Pause machen.
   Und die Studenten?
       Herr Müller?
       Fräulein Walter?
       das Mädchen?
       der Student?
       die Amerikanerin?
   Und Sie?

6. Wir sollen hier nur Deutsch sprechen.
   Und die Studentin?
       die Lehrerin?
       Herr Falke?
       die Studenten?
       Frau Ottman?
       Fräulein Walter?
   Und Sie?

**MÜ 2**    Hier ist die Antwort.
Fragen Sie Ihren Lehrer (Ihre Lehrerin), dann einen Freund, dann Ihre Freunde!

- Ich muß jetzt nach Hause gehen.
  *Müssen Sie jetzt auch nach Hause gehen?*
  *Mußt du jetzt auch nach Hause gehen?*
  *Müßt ihr jetzt auch nach Hause gehen?*

1. Ich möchte ein Bier trinken.
2. Ich muß morgen arbeiten.
3. Ich darf hier nicht rauchen.
4. Ich kann später kommen.
5. Ich kann das verstehen.
6. Ich will die Zeitung lesen.
7. Ich soll hier warten.
8. Ich will eine Pause machen.

**MÜ 3**   Was sollen Sie im Klassenzimmer tun?
Was sollen Sie nicht tun?

- rauchen → *Ich soll hier nicht rauchen. (Wir sollen hier nicht rauchen.)*

| | | |
|---|---|---|
| 1. essen | 4. Deutsch sprechen | 7. auf deutsch fragen |
| 2. schlafen | 5. Englisch sprechen | 8. auf deutsch antworten |
| 3. viel arbeiten | 6. laut sprechen | 9. Deutsch lernen |

**MÜ 4**   Sie sind jetzt in Deutschland. Wo müssen Sie Deutsch sprechen?

- im Restaurant → *Ich muß im Restaurant Deutsch sprechen.*
  *(Wir müssen im Restaurant Deutsch sprechen.)*

| | | |
|---|---|---|
| 1. im Café | 4. im Supermarkt | 7. im Hotel |
| 2. im Klassenzimmer | 5. im Krankenhaus | 8. im Gasthaus |
| 3. im Geschäft | 6. im Büro | 9. hier |

**MÜ 5**   Was möchten Sie jetzt tun?

- nach Hause gehen → *Ich möchte jetzt nach Hause gehen.*
  *(Wir möchten jetzt nach Hause gehen.)*

| | | |
|---|---|---|
| 1. eine Pause machen | 4. Kaffee trinken | 7. Tennis spielen |
| 2. eine Zigarette rauchen | 5. etwas essen | 8. einkaufen gehen |
| 3. ein Buch lesen | 6. schlafen | 9. einen Brief schreiben |

**MÜ 6**   Antworten Sie!

Was kann man . . . ?

1. lesen
2. rauchen
3. hören
4. kaufen
5. schreiben
6. essen
7. trinken
8. bestellen
9. buchstabieren
10. spielen
11. Wo darf man nicht rauchen?
12. Was muß man bezahlen?
13. Was kann man im Restaurant tun?
14. Wo kann man Ski laufen?

*Was kann man im Supermarkt kaufen?*
*Man kann dort Gemüse (Brot, Butter usw.) kaufen.*

## Modalverben, **sein** und **haben** im Imperfekt

**MÜ 7**   Im Imperfekt, bitte!

- Ich will nach Hause gehen. → *Ich wollte nach Hause gehen.*

1. Wir wollen Sie besuchen.
2. Sie will etwas essen.
3. Wir dürfen dort nicht rauchen.
4. Sie kann gut Deutsch sprechen.
5. Sie können keinen Urlaub machen.
6. Er soll später kommen.
7. Wir sollen hier warten.
8. Ich kann ihn nicht verstehen.
9. Er muß sein Auto verkaufen.
10. Wir müssen zu Hause bleiben.

**MÜ 8**   Fragen Sie einen Freund, dann Ihre Freunde!

- Konnten Sie gestern nicht kommen? → *Konntest du gestern nicht kommen?*
  *Konntet ihr gestern nicht kommen?*

1. Wollten Sie noch eine Tasse Tee?
2. Mußten Sie gestern arbeiten?
3. Warum durften Sie den Herrn nicht besuchen?
4. Konnten Sie mich verstehen?
5. Wollten Sie nicht in die Stadt fahren?
6. Mußten Sie auch so lange warten?

**Übrigens:**
Alle wollen zurück zur Natur, aber keiner will zu Fuß gehen . . .

**MÜ 9**   Im Imperfekt, bitte!

- Ich habe keine Zeit. → *Ich hatte keine Zeit.*
  Wir sind nicht krank. → *Wir waren nicht krank.*

1. Er hat keine Zeit.
2. Was ist das?
3. Sie hat kein Geld.
4. Wir sind zufrieden.
5. Bist du krank?
6. Hast du Hunger?
7. Seid ihr zu Hause?
8. Wer hat Durst?
9. Wir haben ein Auto.
10. Ich habe keine Zeit.

**MÜ 10**   Auf deutsch, bitte! *(Präsens und Imperfekt)*

1. We have to speak German here.
2. Do you want to go home?
3. The children couldn't sleep.
4. May one smoke here?
5. She wasn't allowed to do that.
6. We wanted to stay home.
7. He cannot sell his car.
8. I had to work yesterday.
9. Shall I call the waiter?
10. Would you like to wait here?
11. Were you able to see him?
12. You are not supposed to do that.
13. One has to drive carefully here.
14. Did you have to write a letter?
15. She wanted to study in Germany.
16. They want to learn German.
17. May I ask you something?
18. Where were you yesterday?
19. I was not at home.
20. They had many problems.

# Was bedeuten die Zeichen?

### Verkehrszeichen

Hier kann man (nicht) …
Hier darf man  (nicht) …
Hier soll man    (nicht) …
Hier muß man  …………

vorsichtig fahren
nicht zu schnell fahren
langsam fahren
nicht scharf bremsen

geradeaus fahren
nach rechts fahren
halten
nur 30 Kilometer pro
    Stunde fahren

nicht überholen
wieder überholen
nicht halten
nur kurz halten

mindestens 30 Kilometer fahren
über die Straße gehen
nur eine Richtung fahren

### Was bedeuten diese Zeichen?

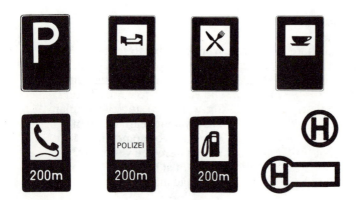

parken
einen Parkplatz finden
ein Hotelzimmer finden
etwas essen
ein Tasse Kaffee trinken

telefonieren
eine Telefonzelle finden
tanken
eine Tankstelle finden
den Bus nehmen
die Straßenbahn nehmen

# SCHRIFTLICHE ÜBUNGEN

**SÜ 1**   Ergänzen Sie die Modalverben . . . !

**a) im Präsens**

| | |
|---|---|
| **können** | 1. Er _kann_ gut Deutsch sprechen. |
| **müssen** | 2. Ich _____ zu Hause bleiben. |
| **dürfen** | 3. _____ man hier rauchen? |
| **sollen** | 4. _____ ich den Ober rufen? |
| **wollen** | 5. Was _____ Sie jetzt tun? |
| **können** | 6. _____ du das Bild sehen? |
| **müssen** | 7. Ihr _____ mich verstehen. |
| **wollen** | 8. Wir _____ eine Pause machen. |

**b) im Imperfekt**

1. Ich _konnte_ nicht kommen.
2. Was _____ er tun?
3. _____ man dort rauchen?
4. Ich _____ ihn rufen.
5. Wir _____ Sie besuchen.
6. Er _____ Tennis spielen.
7. _____ du heute arbeiten?
8. Was _____ ihr sagen?

**SÜ 2**   Ergänzen Sie das Imperfekt von **sein** oder **haben!**

1. Wir _hatten_ Hunger.
2. Gestern _____ es sehr kalt.
3. Meine Schwester _____ das Buch.
4. Wer _____ im Klassenzimmer?
5. Er _____ kein Auto.
6. Wo _____ ihre Eltern?
7. Die Dame _____ kein Geld.
8. _____ die Kinder schon hier?
9. Ich _____ keine Zeit.
10. Wo _____ Sie gestern?
11. _____ Herr Sander zu Hause?
12. Die Leute _____ keinen Schlüssel.

Filme
Souvenirs
Getränke
Süßigkeiten / Eis
Tabakwaren
Zeitschriften
Toto-Lotto

**TUNNEL-KIOSK**

Am Ende Fußgängerzone
Osterstraße

*Was kann man hier kaufen?*

**SÜ 3**   Ergänzen Sie ein Verb! Was paßt?

1. Sprechen Sie bitte lauter! Ich kann Sie nicht _hören_ .
2. Ich möchte die Speisekarte. Die Kellnerin soll sie _____ .
3. Wo ist meine Brille? Ich kann meine Brille nicht _____ .
4. Ohne Geld kann man nichts _____ .
5. Das Kind ist krank. Es möchte nach Hause _____ .
6. Die Dame sucht ein Telefon. Sie möchte _____ .
7. Hier ist Ihre Rechnung. Sie müssen Ihre Rechnung _____ .
8. Sie brauchen keine Zigaretten. Sie dürfen hier nicht _____ .
9. Wir leben in Deutschland. Wir müssen hier Deutsch _____ .
10. Frau Kaiser kommt in 10 Minuten. Können Sie bitte _____ ?
11. Sie hat Hunger. Sie möchte etwas _____ .
12. Er hat Durst. Er möchte etwas _____ .
13. Was hat sie gesagt? Ich kann sie nicht _____ .
14. Hier ist Ihr Zimmer. Sie können hier _____ .
15. Der Herr sieht nicht gut. Er muß eine Brille _____ .
16. Er kann seine Schlüssel nicht finden. Er muß sie _____ .

**SÜ 4**    Vollenden Sie die Sätze!

1. Wir konnten die Rechnung nicht bezahlen, denn *wir hatten kein Geld.*
2. Er hatte ein Feuerzeug und Zigaretten, aber . . .
3. Ich konnte den Herrn nicht verstehen, denn . . .
4. Das Kind mußte im Bett bleiben, denn . . .
5. Ich wollte Sie besuchen, aber . . .
6. Wollten Sie ins Kino gehen oder . . . ?


**SÜ 5**    Persönliche Fragen

1. Was mußten Sie heute tun?
2. Bis wann konnten Sie heute schlafen?
3. Mußten Sie heute arbeiten?
4. Wo wollen Sie Ihren Urlaub verbringen?
5. Wann möchten Sie Urlaub machen?
6. Was möchten Sie jetzt tun?
7. Wo möchten Sie gern leben?
8. Wo waren Sie am Wochenende?
9. Hatten Sie in Amerika ein Auto?


## WORTSCHATZ

### NOMEN

| | |
|---|---|
| der Parkplatz, ¨e | parking space, parking lot |
| das Gasthaus, ¨er | pub, inn, restaurant |
| das Zeichen, - | sign |
| | |
| die Autobahn, -en | highway |
| die Fahrkarte, -n | ticket (to ride) |
| die Haltestelle, -n | bus/streetcar stop |
| die Hilfe, -n | help, assistance |
| die Pommes Frites | French fries |
| die Rechnung, -en | bill, check |
| die Speisekarte, -n | menu |
| die Tankstelle, -n | gas station |
| die Telefonzelle, -n | telephone booth |
| die Richtung, -en | direction |

### VERSCHIEDENES

| | |
|---|---|
| geradeaus | straight ahead |
| man | one, people, you |
| mindestens | at least |
| pro Stunde | per hour |
| scharf | sharp(ly) |
| Zahlen bitte! | The check please. |
| Das macht. . . | That'll be. . . |

### VERBEN

| | |
|---|---|
| bremsen | to brake |
| empfehlen (empfiehlt), empfohlen | to recommend |
| überholen | to pass (a vehicle) |
| warten auf (+acc.) | to wait for |
| wechseln | to change, exchange |

### MODALVERBEN

| | |
|---|---|
| dürfen | may, to be permitted |
| können | can, to be able |
| mögen | to like, to be fond of, to care to |
| müssen | must, to have to |
| sollen | to be supposed to, shall, should |
| wollen | to want to |

### Diese Wörter verstehen Sie ohne Wörterbuch.

| | |
|---|---|
| der Fisch, -e | parken |
| das Verkehrszeichen, - | tanken |
| die Suppe, -n | |
| die Polizei (no pl.) | |
| die Post | |

*Würzburg—Festung Marienberg*

**Im Kaufhaus**
**Das Datum**

- **Der**-words
- Adjective declension after **der**-words
- Time expressions in the accusative

**Städte-Quiz: Welche deutschen Städte sind das?**
*Kultur: Feiertage und Feste*

**Kapitel**
**12**

# Im Kaufhaus

| EINE KUNDIN | DIE VERKÄUFERIN |
|---|---|
| ▶ Entschuldigen Sie bitte! Wieviel kosten diese Jacken? | ▷ Jede Jacke 95 Mark. Sie sind gerade im Angebot. |
| ▶ Sind alle Jacken reduziert? | ▷ Ja, und auch einige Pullover. |
| ▶ Wieviel kostet dieser Pullover, bitte? | ▷ Welchen Pullover meinen Sie? |
| ▶ Den braunen. | ▷ Oh, der ist nicht reduziert. Er ist aber sehr preiswert. Nur 75 Mark. |
| ▶ Dann möchte ich eine Jacke anprobieren. Die grüne, bitte. | ▷ Welche Größe haben Sie, bitte? |
| ▶ Vielleicht Größe 38 oder 40. Ich weiß es nicht genau. | ▷ Hier, die grüne ist Größe 38, und die blaue ist Größe 40. |
| ▶ Darf ich bitte beide Jacken anprobieren? | ▷ Ja, gern. Die Kabine ist da drüben. |

# EINFÜHRUNG

## *Adjektivdeklination: Adjektivendungen nach **Der**-Wörtern*

| NOMINATIV | AKKUSATIV |
|---|---|

Hier sind zwei Pullover.

Der Pullover links ist billig.
Das ist **der billige** Pullover.

Möchten Sie **den billigen** Pullover?

**Welcher** Pullover ist billig?
**Dieser** Pullover ist billig.
**Dieser** ist billig.

**Welchen** Pullover möchten Sie?
Möchten Sie **diesen billigen** Pullover?
Möchten Sie diesen oder **den anderen?**

Hier sind zwei Wörterbücher.

Das Wörterbuch rechts ist dick.
Das ist **das dicke** Wörterbuch.

Brauchen Sie **das dicke** Wörterbuch?

**Welches** Wörterbuch ist dick?
**Dieses** Wörterbuch ist dick.
**Dieses** ist dick.

**Welches** Wörterbuch brauchen Sie?
Brauchen Sie **dieses dicke** Wörterbuch?
Brauchen Sie dieses oder **das andere?**

Hier sind zwei Taschen.

Die Tasche rechts ist neu.
Rechts ist **die neue** Tasche.

Möchten Sie **die neue** Tasche?

**Welche** Tasche ist neu?
**Diese** Tasche ist neu.
**Diese** ist neu.

**Welche** Tasche möchten Sie?
Möchten Sie **diese neue** Tasche?
Möchten Sie diese oder **die andere?**

Hier sind zwei Paar Schuhe.

Die Schuhe rechts sind preiswert.
Das sind **die preiswerten** Schuhe.

Kaufen Sie **die preiswerten** Schuhe?

**Welche** Schuhe sind preiswert?
**Diese** Schuhe sind preiswert.
**Diese** sind preiswert.

**Welche** Schuhe kaufen Sie?
Kaufen Sie **diese preiswerten** Schuhe?
Kaufen Sie diese oder **die anderen?**

## WORTSCHATZERWEITERUNG

Das Datum

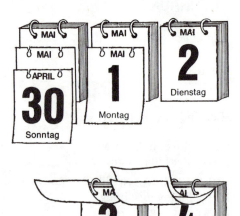

**Der wievielte ist heute?**
**Der wievielte ist morgen?**
**Der wievielte war gestern?**

| | |
|---|---|
| Vorgestern war **der dreißigste** April. | (30. 4.) |
| Gestern war **der erste** Mai. | ( 1. 5.) |
| Heute ist **der zweite** Mai. | ( 2. 5.) |
| Morgen ist **der dritte** Mai. | ( 3. 5.) |
| Übermorgen ist **der vierte** Mai. | ( 4. 5.) |

*oder*

| | |
|---|---|
| Heute haben wir **den zweiten** Mai. | ( 2. 5.) |
| Morgen haben wir **den dritten** Mai. | ( 3. 5.) |

*Sommerschlußverkauf: Alles ist reduziert*

# GRAMMATIK

## A  Der-Words

The term **der**-words is a convenient label for a small group of words which take the same endings as the definite articles **der, das, die** to indicate the gender, number and case of the noun following.

### 1  Common **der**-words

| | |
|---|---|
| **dieser** | *this* |
| **welcher?** | *which?* |
| **jeder** *(singular only)* | *each, every* |
| **alle** *(plural of* **jeder***)* | *all* |
| **beide** | *both* |

Study the following table:

**DER-WORDS IN THE NOMINATIVE AND ACCUSATIVE**

| | Masculine | Neuter | Feminine | Plural / All Genders |
|---|---|---|---|---|
| NOM. | **der** Mann<br>dies**er** Mann<br>welch**er** Mann<br>jed**er** Mann | **das** Buch<br>dies**es** Buch<br>welch**es** Buch<br>jed**es** Buch | **die** Tasche<br>dies**e** Tasche<br>welch**e** Tasche<br>jed**e** Tasche | **die** Bücher<br>dies**e** Bücher<br>welch**e** Bücher<br>all**e** Bücher<br>beid**e** Bücher |
| ACC. | **den** Mann<br>dies**en** Mann<br>welch**en** Mann<br>jed**en** Mann | | | |

Notice that the only change in endings from nominative to accusative occurs in the masculine singular.

| Nominative / Masculine | Accusative / Masculine |
|---|---|
| **Der** Mann heißt Sander. | Kennen Sie **den** Mann? |
| **Dieser** Stuhl ist noch frei. | Möchten Sie **diesen** Stuhl? |
| **Jeder** Tag hat 24 Stunden. | Sie arbeitet **jeden** Tag. |
| **Welcher** Pulli ist reduziert? | **Welchen** Pulli möchten Sie? |

The neuter, feminine and plural forms of the **der**-words remain the same.

Wieviel kostet/kosten . . .?
Ich lese . . .
        **dieses** Buch
        **diese** Zeitung
        **diese** Bücher und Zeitungen

## 2   **Der**-words used in the plural only: **alle, beide**

**Alle** and **beide** occur in the plural only. **Alle** corresponds in English to *all, everybody, everyone;* **beide** corresponds to *both.*

| | |
|---|---|
| **Alle** Studenten sind hier. | *All students are here.* |
| **Beide** Studenten sind hier. | *Both students are here.* |

**Alle** is the plural of **jeder.** As in English, **alle** is used to point to a group of persons or things, whereas **jeder** refers to the individual person or thing in a given group.

## 3   **Der**-words used as pronouns

Since by their endings, **der**-words clearly indicate which noun they modify, the noun itself is often omitted. Thus, if the reference within a context is clear, **der**-words may function as pronouns and may stand alone.

| | | |
|---|---|---|
| Sind **alle Studenten** hier? | Ja, **alle** sind hier. | *Yes, all of them are here.* |
| Möchten Sie **dieses Buch?** | **Welches** meinen Sie? | *Which one do you mean?* |
| **Welchen Kuli** nehmen Sie? | Ich nehme **diesen.** | *I'll take this one.* |

## B   Adjective Declension After Der-Words

### 1   Analysis

PREDICATE ADJECTIVES

**Until** now, we have been using adjectival constructions only where the adjective was in a predicate position (predicate adjective), after such verbs as **sein, finden** and **werden.** A predicate adjective is a descriptive adjective which is separated by a verb from the noun or pronoun it modifies.

| | |
|---|---|
| Das Haus ist **groß.** | *The house is large.* |
| Es ist nicht **klein.** | *It is not small.* |
| Ich finde das **schön.** | *I find that beautiful.* |
| Das Kind wird **krank.** | *The child is getting sick.* |

As you can see, German predicate adjectives are used as their English counterparts. They always keep their basic form, regardless of the gender, number or case of the noun or pronoun they modify.

ATTRIBUTIVE ADJECTIVES

also describe nouns. However, they stand in front of the noun to which they attribute some quality or characteristics.

> *the beautiful old house*
> *a sick child*
> *those new brown shoes*

In contrast to English adjectives which keep the same form in all situations, German attributive adjectives must take endings to agree in gender, number and case with the noun following. These endings are determined by the presence or absence of a **der-**word or an **ein-**word.

## 2  Adjective endings after **der-**words

Attributive adjectives following the definite article or a **der-**word have the ending **-e** or **-en.**

1. The adjective requires the ending **-e:**

### Nominative Singular

| | |
|---|---|
| MASCULINE | Der neue Pullover war teuer. |
| NEUTER | Das neue Hemd ist sehr schön. |
| FEMININE | Die neue Bluse ist blau. |

### Accusative Singular

| | |
|---|---|
| NEUTER | Er trägt das neue Hemd. |
| FEMININE | Sie trägt die neue Bluse. |

2. In all other instances the adjective requires the ending **-en:**

### Accusative Singular

| | |
|---|---|
| MASCULINE | Er trägt den neuen Pullover. |

### Nominative & Accusative Plural

| | |
|---|---|
| ALL GENDERS | Die neuen Pullover sind teuer. |
| | Die neuen Hemden sind schön. |
| | Die neuen Blusen sind reduziert. |
| | Das Kaufhaus verkauft die neuen Pullover. |
| | Er trägt die neuen Hemden nicht gern. |
| | Man hat die neuen Blusen reduziert. |

In the following declension table **dieser** stands representative for all **der**-words.

## SINGULAR

|  | Masculine | Neuter | Feminine |
|---|---|---|---|
| NOM. | dieser schön**e**   Mantel | dieses blau**e** Kleid | diese alt**e** Tasche |
| ACC. | diesen schön**en** Mantel | dieses blau**e** Kleid | diese alt**e** Tasche |

## PLURAL

|  | All Genders |
|---|---|
| NOM. | diese alt**en** Mäntel, Kleider, Taschen |
| ACC. | diese alt**en** Mäntel, Kleider, Taschen |

### 3   Irregularities

Some adjectives ending in **-el** or **-er** drop the **-e** before **-l** or **-r** when adding an ending:

| | |
|---|---|
| Die Nacht ist **dunkel.** | die **dunkle** Nacht |
| Das Auto ist **teuer.** | das **teure** Auto |
| Der Wein ist **sauer.** | der **saure** Wein |

When an adjective ending is added to **naß,** the **ß** changes to **ss** (see **Notes about written German** in Chapter 1). Der Regenschirm ist **naß.** → Das ist der **nasse** Regenschirm.

### 4   Adjectives used in a series

Whether the noun is preceded by one or more than one adjective, the ending(s) will always be the same. Note that adjectives in a series may be separated by a comma.

der groß**e**, alt**e** Baum
die billig**en**, neu**en** Schuhe

### 5   Numbers used as adjectives

Cardinal numbers, that is, the numbers used in counting and indicating quantity (**eins, zwei, drei,** etc.), do not take endings.

Ordinal numbers indicate numerical position or order within a series (*first, second, third,* etc.). In contrast to cardinal numbers, ordinal numbers are attributive adjectives and must take endings.

With a few exceptions, German ordinal numbers are composed of three elements:

1. the cardinal number
2. the suffix **-t** (from 2–19) or **-st** (from 20 upward)
3. the appropriate adjective ending

Look at some examples:

| eins | der **erste** | *the first* |
|------|---------------|-------------|
| zwei | der zwei**te** | *second* |
| drei | der **dritte** | *third* |
| vier | der vier**te** | *fourth* |
| fünf | der fünf**te** | *fifth* |
| sechs | der sechs**te** | *sixth* |
| sieben | der **siebte** | *seventh* |
| acht | der **achte** | *eighth* |
| neun | der neun**te** | *ninth* |
| zehn | der zehn**te** | *tenth* |

| 20 | der zwanzig**ste** |
|----|--------------------|
| 21 | der einundzwanzig**ste** |
| 30 | der dreißig**ste** |

| 100 | der hundert**ste** |
|-----|--------------------|
| 1000 | der tausend**ste** |

Ordinal numbers are used to express the date.

| Der wievielte ist heute? | *What is the date today?* |
|--------------------------|---------------------------|
| Heute ist **der fünfte** April. | *Today is the fifth of April.* |

| Der wievielte war gestern? | *What was the date yesterday?* |
|----------------------------|---------------------------------|
| Gestern war **der vierte** April. | *Yesterday was the fourth of April.* |

| Welches Datum haben wir heute? | *What is the date today?* |
|--------------------------------|---------------------------|
| Heute haben wir **den vierten** April. | *Today is the fourth of April.* |

To indicate that a numeral is to be read as an ordinal number, a period is placed after the number.

| der 1. Oktober | **der erste** Oktober |
|----------------|------------------------|
| die 2. Woche im Februar | **die zweite** Woche |
| das 5. Jahr | **das fünfte** Jahr |

## C  Time Expressions with Accusative

Time expressions without a preposition are in the accusative case:

Wir gehen **jeden Samstag** einkaufen.
Er ist **einen Monat** hier geblieben.
Wir sind **eine Woche** in Garmisch gewesen.

# MÜNDLICHE ÜBUNGEN

Adjektivdeklination

**MÜ 1**    Was ist das? Antworten Sie!

- Die Familie ist groß. → *Das ist die große Familie.*

1. Die Bluse ist schön.
2. Das Bild ist klein.
3. Die Uhr ist teuer.
4. Der Bleistift ist gelb.
5. Der Regenschirm ist naß.

6. Die Liste ist lang.
7. Der Stuhl ist neu.
8. Das Hemd ist weiß.
9. Die Tasche ist billig.
10. Der Pullover ist preiswert.

**MÜ 2**    Wer oder was ist das?
Wen oder was sehen (kennen, besuchen, brauchen) Sie?

- Der Junge ist klein. (Das Mädchen ist klein.)
     *Das ist der kleine Junge (das kleine Mädchen).*
     *Ich sehe den kleinen Jungen (das kleine Mädchen).*

1. Der Bleistift ist lang.
2. Das Mädchen ist groß.
3. Die Dame ist alt.
4. Der Mann ist krank.
5. Die Verkäuferin ist jung.

6. Die Bluse ist blau.
7. Der Pullover ist warm.
8. Die Kellnerin ist jung.
9. Das Glas ist leer.
10. Der Koffer ist klein.

**MÜ 3**    Was ist das?
Was kauft (möchte, hat) der junge Mann?

- Die Schuhe sind teuer. → *Das sind die teuren Schuhe.*
                              *Er kauft die teuren Schuhe.*

1. Die Trauben sind schön.
2. Die Bananen sind gelb.
3. Die Tomaten sind rot.

4. Die Hosen sind neu.
5. Die Schuhe sind billig.
6. Die Jeans sind teuer.

**MÜ 4**    Antworten Sie mit einer Frage!

- Wo ist das neue Kleid? → *Meinen Sie dieses neue Kleid?*

Wo ist (sind) . . . ?

1. das schöne Hemd
2. der weiße Pullover
3. die grüne Bluse

4. der braune Mantel
5. die neuen Schuhe
6. die kurze Hose

7. die alten Jeans
8. der blaue Rock
9. die lange Jacke

## Der-Wörter

**MÜ 5**    Zeigen und antworten Sie!

- Welcher Pullover ist rot? → *Dieser ist rot.*
  Welchen Pullover möchten Sie? → *Ich möchte diesen.*

1. Welcher Bleistift ist lang?
   Welchen Bleistift möchten Sie?

2. Welche Tasche ist braun?
   Welche Tasche möchten Sie?

3. Welcher Schlüssel ist klein?
   Welchen Schlüssel haben Sie?

4. Welches Buch ist interessant?
   Welches Buch haben Sie gelesen?

5. Welche Schuhe sind neu?
   Welche Schuhe tragen Sie heute?

6. Welcher Regenschirm ist naß?
   Welchen Regenschirm nehmen Sie?

**MÜ 6**    Hier ist die Antwort. Fragen Sie!

**a) Nominativ**

- Dieser Zug fährt nach Münster. → *Welcher Zug fährt nach Münster?*

1. Dieser Bus fährt in die Stadt.
2. Diese Dame kommt aus Nürnberg.
3. Diese Schuhe waren teuer.
4. Dieser Mann trägt eine Brille.
5. Diese Studenten lernen Deutsch.
6. Dieses Buch ist interessant.
7. Dieser Bleistift ist kurz.
8. Diese Frau heißt Braun.

**b) Akkusativ**

- Das Mädchen braucht **den schwarzen Kugelschreiber.**
  *Welchen Kugelschreiber braucht das Mädchen?*

1. Die Kellnerin bringt **den Weißwein.**
2. Der Kellner hat **den großen Tisch** reserviert.
3. Der Junge trägt **die neuen Schuhe.**
4. Der Mann hat **das schöne Haus** verkauft.
5. Die Kinder essen **die grünen Äpfel.**
6. Die Sekretärin hat **das teure Kleid** gekauft.

»dialog«
die
aktiven
Logiker
Computer & Programme

**MÜ 7**    Antworten Sie!

- Welches Haus hat Fenster? → *Jedes Haus hat Fenster.*

1. Welches Buch hat Seiten?
2. Welcher Gast muß seine Rechnung bezahlen?
3. Welche Sekretärin arbeitet im Büro?
4. Welches Kaufhaus verkauft Pullover?
5. Welches Kind spielt gern?
6. Welcher Student hat einen Ausweis?

**MÜ 8**   Antworten Sie!

- Wie oft besucht sie ihre Eltern?   (jedes Jahr?)
  *Sie besucht ihre Eltern jedes Jahr.*

1. Wie oft spielen Sie Tennis?   (jeden Abend?)
2. Wie oft fahren Sie in die Stadt?   (jede Woche?)
3. Wie lange ist er schon in Deutschland?   (einen Monat?)
4. Wie oft gehen die Kinder in die Schule?   (jeden Tag?)
5. Wie lange wartet er schon?   (eine Stunde?)
6. Wann fahren Sie in Urlaub?   (diesen Sommer?)
7. Wann bekommen Sie Geld?   (diesen Freitag?)
8. Wie lange bleiben Sie in Deutschland?   (ein Jahr?)

**MÜ 9**   Antworten Sie!

- Weiß er das neue Wort? → *Er weiß alle neuen Wörter.*

1. Liest sie die neue Zeitung?
2. Braucht er das große Glas?
3. Kennt er die schöne Frau?
4. Reserviert er den freien Tisch?
5. Überholt er das kleine Auto?
6. Kennt er den deutschen Studenten?

**MÜ 10**   Auf deutsch, bitte!

1. All small children like to play.
2. Each student has a book.
3. The children go to school every day.
4. Both little girls went home.
5. Which big German cities do you know?
6. Take the big bottle.
7. Who are these young men?
8. Do you want the small or the large glass?
9. Did you see the young lady? Which young lady?
10. Where is the small key? Which small key?
11. Which small key are you looking for?
12. The new shoes were very cheap.

**Erinnern Sie sich?**
**Was ist das?**

| | |
|---|---|
| 7 Tage | *eine Woche* |
| 30 Tage | _____ |
| 365 Tage | _____ |
| 60 Minuten | _____ |
| 24 Stunden | _____ |
| 500 Gramm | _____ |
| 2 Pfund | _____ |
| 1000 Meter | _____ |
| 1000 Gramm | _____ |
| 60 Sekunden | _____ |

## AUSSPRACHEÜBUNG

[a]–[ɛ]   Mantel–Mäntel, Stadt–Städte, Land–Länder, Apfel–Äpfel, Gast–Gäste, Platz–Plätze, Arzt–Ärzte, Saft–Säfte, Glas–Gläser, Vater–Väter

[o]–[œ]   Tochter–Töchter, Rock–Röcke, Zoll–Zölle, Bahnhof–Bahnhöfe, schon–schön, Sohn–Söhne, offen–öffnen, mochte–möchte

[u]–[y:]   Bruder–Brüder, Zug–Züge, Buch–Bücher, Stuhl–Stühle, Hund–Hündin, Mutter–Mütter, muß–müssen, Wurst–Würste

[ao]–[oi]   laufen–läuft, verkaufen–Verkäufer, Haus–Häuser, Baum–Bäume, Frau–Fräulein

# KULTUR

## Feiertage und Feste

In der Bundesrepublik gibt es drei gesetzliche Feiertage *(secular legal holidays)*:

Der 1. Januar ist **Neujahr.**
Der 1. Mai ist der **Tag der Arbeit** *(Labor Day)*.
Der 17. Juni ist der **Tag der deutschen Einheit.**
*(Day of National Unity)*

Diese kirchlichen Feiertage gibt es in allen Ländern der Bundesrepublik *(Christian holidays)*:

**Karfreitag** *(Good Friday)*
**Ostern** *(Easter)* ist Ostersonntag und Oster-
montag.

▲ Am Ostersonntag kommt der Osterhase.
Die Kinder suchen Ostereier.

Im Sommer gibt es viele Feste mit Umzügen. ▶

Heiligabend (24. Dezember) kommt das
Christkind und bringt die Geschenke. Diese
▼ Weihnachtskrippe kommt aus Oberammergau.

**Christi Himmelfahrt** *(Ascension Day)* ist der
sechste Donnerstag nach Ostern.
**Pfingsten** *(Pentecost)* ist der siebte Sonntag und
Montag nach Ostern.
**Weihnachten** *(Christmas)* ist der 25. und 26.
Dezember.

Diese kirchlichen Feiertage gibt es in einigen,
aber nicht allen Ländern der Bundesrepublik:

Der 6. Januar ist **Heilige Drei Könige** *(Epiphany)*.
**Fronleichnam** *(Corpus Christi)* ist der zweite
Donnerstag nach Pfingsten.
Der 1. November ist **Allerheiligen** *(All Saints'
Day)*.
Auch im November ist der **Buß- und Bettag**
*(Day of Prayer and Repentance)*.

Im Sommer gibt es überall Volksfeste mit Umzügen *(parades)*, Vereinsfeste und Straßenfeste.

# Städte-Quiz: Welche deutschen Städte sind das?

**1** Die erste Stadt ist neunhundert Jahre alt und liegt in Bayern. Es ist die Geburtsstadt Albrecht Dürers (1471–1528). Der berühmte Maler[L] hat hier gelebt und gearbeitet. Aber die alte Stadt hat nicht nur diesen berühmten Sohn. Martin Behaim hat hier den ersten Globus geschaffen[L] (1492), und Peter Henlein hat hier die erste Taschenuhr gebaut (1510). Von hier ist auch die erste deutsche Eisenbahn[L] nach Fürth gefahren (1835).

Diese interessante Stadt hat viele Sehenswürdigkeiten[L] wie zum Beispiel die alten Stadtmauern, das Germanische Nationalmuseum, das alte Rathaus[L] und den großen Marktplatz. Hier ist jedes Jahr vor Weihnachten[L] der berühmte Christkindl-Markt.

Welche deutsche Stadt ist das?

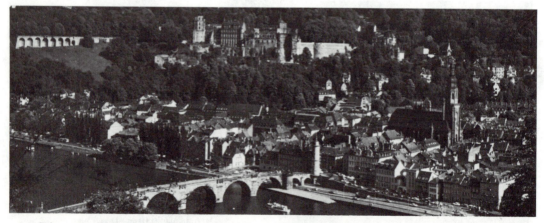

**2** Diese alte Universitätsstadt kennen Sie sicher auch. Sie liegt in Südwestdeutschland. Alle Touristen wollen das große Schloß[L] sehen. Berühmt ist auch die Altstadt. Hier kann man stundenlang[L] durch die kleinen, engen Straßen gehen. Man kann die historischen Studentenlokale[L] besuchen. Hier findet man auch die schönen alten Häuser.

Jedes Jahr besuchen fast vier Millionen Touristen diese kleine, romantische Stadt am Neckar und das berühmte Schloß. Viele Studenten wollen hier studieren, denn die Universität ist weltberühmt. Wie heißt diese Stadt?

**3** Die dritte und letzte[L] Stadt ist ein Industrie- und Wirtschaftszentrum.[L] Hier sind so viele Banken wie in New York. Es ist eine sehr große und moderne Stadt. Auch diese Stadt hat einen weltberühmten Sohn. Es ist der Dichter[L] Johann Wolfgang von Goethe (1749 – 1832). Sein Geburtshaus ist heute ein Museum.

Auch diese Stadt hat viele Sehenswürdigkeiten. Viele Touristen besuchen den alten Dom,[L] den Römer,[L] die historische Paulskirche[L] im Stadtzentrum oder den interessanten großen Zoo.

Welche deutsche Stadt ist das? Wissen Sie es schon? Hier ist noch eine kleine Hilfe: Die Stadt ist bekannt[L] durch den großen internationalen Flughafen, und die weltberühmten heißen Würstchen haben den gleichen Namen wie diese Stadt. Wie heißt die Stadt?

1471 = vierzehnhunderteinundsiebzig
1528 = fünfzehnhundertachtundzwanzig

Die Antworten finden Sie auf Seite 280.

---

**LESEHILFE**

der **Maler, -** = malt (macht) Bilder. Albrecht Dürer war ein Maler. Picasso war auch ein Maler.
    **berühmt** = Viele Menschen kennen die Bilder von Albrecht Dürer. Er ist berühmt.
    **schaffen** (geschaffen) = machen, kreieren
die **Eisenbahn, -en** = der Zug, die Bahn
die **Sehenswürdigkeit, -en** = etwas, was viele Leute sehen wollen; eine Touristenattraktion
das **Rathaus, ¨er** = Die Administration für die Stadt ist hier.
    **Weihnachten** = das Geburtsfest Christi, der 25. Dezember
das **Schloß, ¨(ss)er** = Prinzen, Monarchen haben früher im Schloß gewohnt (oder wohnen heute im Schloß).
    **stundenlang** = eine oder viele Stunden lang
das **Lokal, -e** = ein Gasthaus, Restaurant, eine Bar
    **letzt-** = das Gegenteil von **erst-**
das **Wirtschaftszentrum** = Hier sind viele Banken, Geschäfte und Firmen.
der **Dichter, -** = Ein Poet ist ein Dichter. Goethe war ein Dichter. Shakespeare war auch ein Dichter.
die **Kirche, -n** = das Gotteshaus
der **Dom, -e** = eine große Kirche, Hauptkirche, Bischofskirche (Kathedrale)
der **Römer** *(Name)* = das berühmte historische Rathaus in Frankfurt
die **Paulskirche** *(Name)* = eine historische Kirche (gebaut 1786–1833)
    **bekannt** = das Adjektiv von **kennen**; berühmt

# SCHRIFTLICHE ÜBUNGEN

**SÜ 1**   Hier ist die Antwort. Bilden Sie Fragen mit **welch-**!

- Der Januar hat einunddreißig Tage.    (Januar = **der Monat**)
  *Welcher Monat hat einunddreißig Tage?*

1. Morgen ist Montag.      (Montag = **der Tag**)
2. Er möchte den Apfelkuchen.    (Apfelkuchen = **der Kuchen**)
3. Der Mercedes fährt schnell.    (Mercedes = **das Auto**)
4. Sie ißt gern Trauben.    (Trauben = **das Obst**)
5. Bremen liegt im Norden von Deutschland.    (Bremen = **die Stadt**)
6. Der Februar hat achtundzwanzig Tage.    (Februar = **der Monat**)

**SÜ 2**   Ergänzen Sie!
*(Der-Wort + Adjektiv + Nomen)*

1. Dieser Pullover ist neu.
   *Dieser neue Pullover* ist sehr schön.

2. Dieses Buch ist interessant.
   Haben Sie _____ schon gelesen?

3. Die Schuhe sind braun.
   Der Herr kauft _____ .

4. Dieses Auto ist alt.
   _____ kaufe ich nicht.

5. Diese Liste ist lang.
   Bring bitte _____ !

6. Dieser Regenschirm ist naß.
   Nehmen Sie _____ nicht!

7. Das Wort ist lang.
   Wie heißt _____ auf deutsch?

8. Dieser Maler ist sehr berühmt.
   Kennen Sie _____ ?

9. Die Stadt ist groß.
   Wo liegt _____ ?

10. Die Musik ist laut.
    Woher kommt _____ ?

11. Dieser Mantel ist preiswert.
    Ich kaufe _____ .

12. Dieses Hemd ist schön.
    Wieviel kostet _____ ?

**Wie heißt das Gegenteil?**

| | |
|---|---|
| voll | *leer* |
| billig | _____ |
| kühl | _____ |
| gut | _____ |
| klein | _____ |
| falsch | _____ |
| dick | _____ |
| neu | _____ |
| langsam | _____ |
| süß | _____ |
| alt | _____ |
| heiß | _____ |
| lang | _____ |
| stark | _____ |
| jetzt | _____ |
| zusammen | _____ |
| etwas | _____ |
| nie | _____ |
| gestern | _____ |
| wenig | _____ |
| dort | _____ |
| vorne | _____ |
| unten | _____ |
| links | _____ |

**SÜ 3**    Im Plural, bitte!

- *Wieviel hat die neue Tasche gekostet?*
  *Wieviel haben die neuen Taschen gekostet?*

1. Der blaue Pullover ist zu teuer.
2. Jede braune Jacke kostet vierzig Mark.
3. Welche berühmte Stadt meinen Sie?
4. Kennen Sie diesen jungen Mann?
5. Wo ist die leere Flasche?
6. Er hat den berühmten Dichter gekannt.


**SÜ 4**    Ergänzen Sie!

1.  (the other students)        Kennst du *die anderen Studenten* ?
2.  (which thin books)          _____ meinen Sie?
3.  (for this old gentleman)    Der Brief ist _____.
4.  (the beautiful pictures)    Vergessen Sie nicht _____!
5.  (this old brown sweater)    _____ trage ich sehr gern.
6.  (all big German cities)     Er kennt _____.
7.  (which empty bottles)       _____ suchen die Leute?
8.  (each new passport)         _____ hat ein Bild.
9.  (the right size)            Ich glaube, das ist _____.
10. (every month)              Hat _____ nur 28 Tage?
11. (this good old coat)       Er trägt _____ sehr gern.
12. (all new books)            Ich kann nicht _____ lesen.
13. (both brown purses)        Warum nehmen Sie nicht _____?
14. (the big dog)              _____ ist sehr alt.
15. (all small children)       _____ spielen gern.
16. (the wet umbrella)         Wo ist _____?
17. (the big old table)        _____ verkaufen wir nicht!
18. (this young lady)          _____ heißt Claudia.
19. (this young man)           Kennen Sie _____?
20. (the other chair)          Ist _____ noch frei?


**SÜ 5**    **Persönliche Fragen**

1. Was lesen Sie jeden Tag?
2. Welche Sprache(n) sprechen Sie?
3. Welche deutschen Vornamen kennen Sie?
4. Welche Namen finden Sie schön?
5. Welche deutschen Städte haben Sie besucht?
6. Welche berühmten deutschen Maler kennen Sie?

## WORTSCHATZ*

### NOMEN

| | |
|---|---|
| **der Dichter, -** | writer, poet |
| **der Flughafen, ⸚** | airport |
| | |
| **das Kaufhaus, ⸚er** | department store |
| **das Rathaus, ⸚er** | city hall |
| **das Schloß, ⸚sser** | castle |
| | |
| **die Größe, -n** | size |
| **die Kabine, -n** | dressing room |
| **die Kirche, -n** | church |
| **die Kundin, -nen** | customer |
| **die Mauer, -n** | wall |
| **die Welt, -en** | world |

### ADJEKTIVE

| | |
|---|---|
| **ander-** *(attr. adj.)* | other, different |
| **anders** *(pred. adj.)* | other, different |
| **berühmt** | famous |
| **eng** | narrow |
| **erst-** *(attr. adj.)* | first |
| **genau** | exact(ly) |
| **gleich** | same |
| **letzt-** *(attr. adj.)* | last |
| **preiswert** | well priced, reasonable |

### VERSCHIEDENES

| | |
|---|---|
| **da drüben** | over there |
| **Der wievielte ist heute?** | What is the date today? |
| **Entschuldigen Sie!** | Excuse me. |
| **heiße Würstchen** | hot dogs, Frankfurters |
| **im Angebot sein** | to be on sale |
| **wie** | *(here:)* as, like |
| **zum Beispiel (z.B.)** | for example |

### VERBEN

| | |
|---|---|
| **anprobieren** | to try on |
| **bauen** | to build |
| **meinen** | to mean |
| **reduzieren** | to reduce |
| **erklären** | to explain |

### DER-WÖRTER

| | |
|---|---|
| **alle** | all |
| **beide** | both |
| **dieser** | this |
| **jeder** | each |
| **welcher** | which |

**Diese Wörter verstehen Sie ohne Wörterbuch.**

### NOMEN

**der Kunde, -n, -n**
**der Markplatz, ⸚e**
**der Zoo, -s**
**das Datum (Daten)**
**das Museum (Museen)**
**die Bank, -en**
**die Industrie, -n**
**die Universität, -en**

### ADJEKTIVE

**international**
**historisch**
**modern**
**reduziert**
**romantisch**
**weltberühmt**

*Vergessen Sie nicht **die Wortschatzerweiterung** auf Seite 164 und **die Lesehilfe** auf Seite 175!*

**Mein heller Regenmantel ist weg!**
**Wir beschreiben die Kleidung.**

- **Ein**-words
- Adjective declension after **ein**-words
- Word formation: adjectives

**Wie wohnen die Deutschen in der Bundesrepublik?**

# Kapitel
# 13

# Mein heller Regenmantel ist weg!

▷ Wo ist mein Mantel?
Mein Mantel ist weg!

▶ Was für ein Mantel war das?

▷ Ein heller Regenmantel.
Ich hatte einen hellen Regenmantel.

## Variation

▷ Wo ist mein Feuerzeug?
Mein Feuerzeug ist weg.

▶ Was für ein Feuerzeug war das?

▷ Ein kleines Feuerzeug aus Silber.
Ich hatte ein kleines Feuerzeug
aus Silber.

## Variation

▷ Wo ist meine Jacke?
Meine Jacke ist weg.

▶ Was für eine Jacke war das?

▷ Eine neue, braune Winterjacke.
Ich hatte eine neue, braune
Winterjacke.

## Variieren Sie die Szenen mit:

| der | | das | | die | |
|---|---|---|---|---|---|
| Ausweis | amerikanisch | Heft | dünn | Tasche | hellbraun |
| Schlüssel | klein | Buch | dick | Pfeife | teuer |
| Kugelschreiber | rot | Wörterbuch | deutsch | Uhr | neu |
| Bleistift | gelb | Glas | voll | Brieftasche | schwarz |
| Geldbeutel | groß | Hemd | bunt | Zeitung | neu |
| Koffer | braun | Papier | klein | Landkarte | klein |
| Kalender | neu | Bild | bunt | Cola-Dose | voll |
| Regenschirm | schwarz | T-Shirt | neu | Tasse | leer |

# EINFÜHRUNG

## *Adjektivdeklination: Adjektivendungen nach **Ein**-Wörtern*

### NOMINATIV

Der Pullover ist schmutzig.
Was für ein Pullover ist das?
Das ist **ein schmutziger** Pullover.

Das Hemd ist bunt.
Was für ein Hemd ist das?
Das ist **ein buntes** Hemd.

Die Jacke ist alt.
Was für eine Jacke ist das?
Das ist **eine alte** Jacke.

Was trägt der junge Mann?

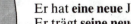

**Und Sie?**
**Was tragen Sie heute?**

### AKKUSATIV

Was für einen Pullover zeigt die Dame?
Sie zeigt **einen schmutzigen** Pullover.

Tragen Sie **einen schmutzigen** oder **einen sauberen** Pullover?
Ich trage **einen sauberen** Pullover.
Ich trage **keinen schmutzigen** Pullover.

Was für ein Hemd tragen Sie heute?
Ich trage **ein buntes** Hemd.

Tragen Sie **ein weißes** Hemd?
Nein, ich trage **kein weißes** Hemd.

Was für eine Jacke möchten Sie kaufen?
Ich möchte **eine neue** Jacke kaufen.

Möchten Sie **eine alte** Jacke?
Nein, ich möchte **keine alte** Jacke.

Er hat **einen neuen** Pullover.
Er trägt **seinen neuen** Pullover.

Er hat **ein neues** Hemd.
Er trägt **sein neues** Hemd.

Er hat **eine neue** Jacke.
Er trägt **seine neue** Jacke.

Er hat **keine neuen** Schuhe.
Er trägt **seine alten** Schuhe.

# Die neue Mode ist da...

Entdecken Sie jetzt bei uns die ganze Vielfalt der Formen, Farben und Ideen..... und die günstigen Preise!

**Jetzt Superangebote IN ALLEN ABTEILUNGEN**

**Wir beschreiben die Kleidung.**

**Benutzen Sie diese Adjektive:**

schick
sportlich
warm
weich
elegant
leicht
attraktiv
lang
kurz
bequem
preiswert
bunt
neu
schön
gut
modern
groß
klein
dick
dünn
teuer
billig
sommerlich
dunkel
hell
einfach
hübsch
nett
toll

# GRAMMATIK

## A Ein-Words

The term **ein**-words is a convenient label for a small group of words that take the same endings as the indefinite article **ein** and the plural of **kein** (= **keine**).

The most common **ein**-words are **ein, kein** and the possessive adjectives **mein, dein, sein, ihr, unser, euer, ihr, Ihr.**

### EIN-WORDS IN THE NOMINATIVE AND ACCUSATIVE

|  | *Masculine* | *Neuter* | *Feminine* | *Plural / All Genders* |
|---|---|---|---|---|
| NOMINATIVE | **ein** Stuhl<br>**kein** Stuhl<br>**mein** Stuhl | **ein** Buch<br>**kein** Buch<br>**mein** Buch | **eine** Uhr<br>**keine** Uhr<br>**meine** Uhr | **keine** Bücher<br>**meine** Uhren |
| ACCUSATIVE | **einen** Stuhl<br>**keinen** Stuhl<br>**meinen** Stuhl | | | |

Notice that in the nominative masculine, nominative neuter and accusative neuter, the **ein**-words do not have an ending, and therefore do not indicate the gender, number and case of the noun following.

## B Adjective Declension After Ein-Words

### 1 The endings

The principal idea behind German adjective endings is that either the article (**der-** or **ein**-words) or the adjective itself has to indicate the gender, number and case of the noun following. Thus, in those instances where the **ein**-word does not have an ending, the adjective must assume the function of the definite article, namely to indicate by its ending the gender, number and case of the modified noun.

Again, there are only three instances where **ein**-words occur without endings:

| | |
|---|---|
| NOMINATIVE / MASCULINE | **ein** ☐ Stuhl |
| NOMINATIVE / NEUTER | **ein** ☐ Buch |
| ACCUSATIVE / NEUTER | **ein** ☐ Buch |

Now look at the shift in endings. The adjective adds the ending of the corresponding definite article.

|  | Masculine | Neuter |
|---|---|---|
| NOMINATIVE | der bequeme Stuhl<br>ein bequemer Stuhl | das neue Buch<br>ein neues Buch |
| ACCUSATIVE |  | das neue Buch<br>ein neues Buch |

In all other instances, there is only one set of endings for both, adjectives preceded by **ein**-words and adjectives preceded by **der**-words.

### ADJECTIVE DECLENSION AFTER DER- AND EIN-WORDS

|  | after **Der**-words | after **Ein**-words |
|---|---|---|
| Masculine<br>NOMINATIVE<br>ACCUSATIVE | der große Wagen<br>dieser große Wagen<br>diesen großen Wagen | ein großer Wagen<br>mein großer Wagen<br>meinen großen Wagen |
| Neuter<br>NOMINATIVE<br>ACCUSATIVE | das neue Auto<br>dieses neue Auto | ein neues Auto<br>mein neues Auto |
| Feminine<br>NOMINATIVE<br>ACCUSATIVE | die braune Tasche<br>diese braune Tasche | eine braune Tasche<br>meine braune Tasche |
| Plural<br>NOMINATIVE<br>ACCUSATIVE | die braunen Schuhe<br>diese braunen Schuhe | keine braunen Schuhe<br>meine braunen Schuhe |

## 2  Irregularities

The adjective **hoch** changes to **hoh-** when an ending is added:

Der Schrank ist **hoch.**

Das ist ein **hoher** Schrank.          Dort ist der **hohe** Schrank.
Wir haben einen **hohen** Schrank.      Sehen Sie den **hohen** Schrank?

When to use **was für . . . ?**

The interrogative expression **was für** has no literal equivalent in English. It means *what kind of* or simply *what* and is used to inquire about the nature of an object or a person.

| | |
|---|---|
| **Was für ein** Wagen ist das? | Das ist ein alter Wagen. |
| **Was für einen** Wagen haben Sie? | Ich habe einen alten Wagen. |

**Was für ein (eine, einen)** is an idiomatic expression in which **für**—usually an accusative preposition—is not followed by the accusative unless the sentence structure itself demands it.

When to use **sondern** and **aber**

**sondern** *(but, on the contrary)*

is used to contradict a preceding negative statement. Thus it is used when the preceding sentence contains words such as **nicht, nichts, nie, kein.** Like **aber, sondern** is a coordinating conjunction and there is no change in the word order.

Er kommt nicht heute, **sondern** morgen.
*He's not coming today, but tomorrow.*

Diese Suppe ist nicht heiß, **sondern** kalt.
*This soup is not hot, but cold.*

Wir gehen nicht nach Hause, **sondern** (wir) bleiben hier.
*We are not going home, but we are staying here.*

**aber** *(but, however)*

is used in all other instances, that is, after a positive statement or a negative statement with a change of subject.

Er kommt, **aber** er kann nicht sehr lange bleiben.
*He's coming, but he cannot stay very long.*

Er ist nicht gekommen, **aber** seine Frau ist hier.
*He didn't come, but his wife is here.*

Remember that as a flavoring particle, **aber** often occurs in the middle of a sentence suggesting an element of surprise or indicating an unexpected situation.

## C  Word formation: Adjectives

Many German adjectives can be formed by compounding or by the addition of a prefix or a suffix to other parts of speech.

# 1 Compounding

Two adjectives may be combined to form a new adjectival compound:

| Adjective | + | Adjective | | |
|---|---|---|---|---|
| hell | + | blau | = | hellblau |
| dunkel | + | blau | = | dunkelblau |
| grün | + | blau | = | grünblau |
| naß | + | kalt | = | naßkalt |

In fact, the capacity of German to form new adjectives by compounding is virtually limitless. Look at some more examples:

| Noun | + | Adjective | | |
|---|---|---|---|---|
| der Preis | + | wert | = | preiswert |
| das Haus | + | hoch | = | haushoch |
| die Welt | + | berühmt | = | weltberühmt |
| das Eis | + | kalt | = | eiskalt |

When used in an adjective noun combination, the adjective ending is always added to the last element of the compound:

der hellblau**e** Pullover  das preiswert**e** Hemd
ein hellblau**er** Pullover  ein preiswert**es** Hemd

# 2 The prefix un-

Like the English prefixes *un-* and *non-*, the German prefix **un-** is used to negate the basic meaning of an adjective.

| | | | | |
|---|---|---|---|---|
| bequem | → unbequem | gemütlich | → ungemütlich |
| interessant | → uninteressant | wirklich | → unwirklich |
| modern | → unmodern | verheiratet | → unverheiratet |

# 3 The suffix -lich

Similar to the English suffixes *-ly*, and *-y*, the German suffix **-lich** is added to nouns to form adjectives which suggest the quality of the original noun. Note that the stem vowel of the noun often takes an Umlaut.

| Vater | väterlich | *fatherly* |
|---|---|---|
| Mutter | mütterlich | *motherly* |
| Tag | täglich | *daily* |
| Freund | freundlich | *friendly* |
| Sport | sportlich | *sporty* |

*Dieser Wagen ist im Daimler-Benz Museum in Stuttgart-Untertürkheim. Was für ein Wagen ist das?*

## MÜNDLICHE ÜBUNGEN

**MÜ 1**   Was für ein Wagen ist das?

● *Der Porsche ist schnell. → Der Porsche ist ein schneller Wagen.*

| | |
|---|---|
| 1. Der Mercedes ist bequem. | 4. Der Rolls Royce ist teuer. |
| 2. Der Volkswagen ist klein. | 5. Der BMW ist schön. |
| 3. Der Opel ist preiswert. | 6. Der Fiat ist billig. |

**MÜ 2**   Was für einen Wagen möchten Sie?

● *schnell → Ich möchte einen schnellen Wagen.*

| | | | |
|---|---|---|---|
| 1. billig | 4. amerikanisch | 7. gut | 10. schön |
| 2. teuer | 5. groß | 8. alt | 11. preiswert |
| 3. deutsch | 6. klein | 9. neu | 12. blau |

**MÜ 3**   Antworten Sie mit **nein!**

● *Ist das ein neuer Pullover? → Nein, das ist kein neuer Pullover.*
*Ich habe keinen neuen Pullover.*

| | |
|---|---|
| 1. Ist das ein deutscher Ausweis? | 4. Ist das ein roter Kugelschreiber? |
| 2. Ist das ein gelber Bleistift? | 5. Ist das ein grauer Mantel? |
| 3. Ist das ein bequemer Stuhl? | 6. Ist das ein neuer Kalender? |

**MÜ 4**    Was für ein Haus ist das?

●     *Das Krankenhaus ist groß. → Das Krankenhaus ist ein großes Haus.*

1. Das Gartenhaus ist alt.
2. Das Klubhaus ist klein.
3. Das Schulhaus ist groß.

4. Das Ferienhaus ist hübsch.
5. Das Wohnhaus ist modern.
6. Das Hochhaus ist hoch.

**MÜ 5**    Was für ein/eine . . . ist das?
Was für ein/eine/einen . . . sehen (haben, kennen, tragen) Sie?

●     *Der Junge ist klein. → Das ist ein kleiner Junge.*
                                       *Ich kenne einen kleinen Jungen.*

1. Die Frau ist jung.
2. Der Kalender ist neu.
3. Das Kind ist krank.
4. Der Name ist lang.
5. Das Heft ist dünn.
6. Die Flasche ist voll.
7. Der Tag ist schön.
8. Das Hemd ist weiß.

9. Der Zug ist langsam.
10. Das Buch ist dick.
11. Der Stuhl ist bequem.
12. Die Schule ist modern.
13. Der Tisch ist alt.
14. Die Tasche ist teuer.
15. Der Regenschirm ist naß.
16. Der Pullover ist billig.

**MÜ 6**    Was ist das?

●     *Er hat ein neues Auto. → Das ist sein neues Auto.*

1. Sie hat eine neue Uhr.
2. Er trägt ein schönes Hemd.
3. Ich fahre einen alten Wagen.
4. Wir haben ein großes Haus.
5. Sie haben ein rotes Telefon.
6. Er hat eine kranke Mutter.
7. Ihr habt ein berühmtes Bild.
8. Du hast einen guten Freund.
9. Ich habe eine große Tasche.
10. Sie hat ein kleines Auto.
11. Ihr habt einen braunen Koffer.
12. Du hast einen langen Mantel.

**MÜ 7**    Was für Schuhe (Schlüssel, Bücher usw.) sind das?

●     *Seine Schuhe sind schwarz. → Das sind seine schwarzen Schuhe.*

1. Eure Gläser sind voll.
2. Ihre Kleider sind schön.
3. Unsere Bilder sind neu.

4. Ihre Bücher sind interessant.
5. Meine Stiefel sind alt.
6. Deine Hosen sind dunkel.

**MÜ 8**   Was möchten Sie **nicht?**

●   *Die Jeans sind alt. → Ich möchte **keine** alten Jeans.*

1. Die Äpfel sind sauer.
2. Die Schuhe sind teuer.
3. Die Tomaten sind grün.
4. Die Bananen sind gelb.

5. Die Koffer sind klein.
6. Die Zeitungen sind alt.
7. Die Pullover sind billig.
8. Die Kartoffeln sind groß.

**MÜ 9**   Auf deutsch, bitte!

1. He doesn't need a new car.
2. Your dress is beautiful.
3. I don't have any red pens.
4. Did you see his small suitcase?
5. This is my old friend Peter.
6. Do you know a good doctor?
7. Where is my new raincoat?
8. He is looking for his small key.

9. What kind of a book is she reading?
10. She needs a very elegant dress.
11. I can wear my old black shoes.
12. Where are the full bottles?
13. We don't have any full bottles.
14. This is a large city.
15. Is this purse very expensive?
16. I don't have any black shoes.

## SPIELE

Erklären Sie diese Adjektive!

1. väterlich          *wie ein Vater*
2. männlich
3. mütterlich
4. schwesterlich
5. geschwisterlich
6. freundlich
7. brüderlich
8. kindlich
9. fraulich
10. göttlich          *jeden Abend*
11. abendlich
12. nächtlich
13. stündlich
14. minütlich
15. täglich
16. jährlich
17. monatlich

1. unbekannt          *nicht bekannt*
2. ungemütlich
3. unrichtig
4. unähnlich
5. uninteressant
6. unsportlich
7. unfreundlich
8. unbequem
9. unmodern
10. unvorsichtig
11. unschön
12. unscharf

# Wie wohnen die Deutschen in der Bundesrepublik?

Hier ist ein deutsches Wohnzimmer.
Es ist nicht dunkel, sondern hell.
Es ist auch nicht klein, sondern groß.
Es hat eine breite Couch (ein breites Sofa) und zwei Sessel.
Die Couch und die Sessel sind sehr bequem.
Der Wohnzimmertisch ist niedrig.
Er hat keine runde, sondern eine ovale Glasplatte.
Rechts steht ein hoher Schrank.
Im Schrank ist Platz für viele Dinge.
Dort steht ein großer Farbfernseher.
Rechts ist auch eine moderne Stereoanlage.
Hinten steht ein kleiner Schreibtisch.
Dort hängt auch ein hübsches Bild.
Am Fenster steht eine grüne Zimmerpflanze.
Die Vorhänge am Fenster sind lang.
Im Wohnzimmer liegt auch ein großer bunter Teppich aus Wolle.

Hier sehen Sie sechs Wohnzimmer. Beschreiben Sie diese Wohnzimmer und die Möbel!

Was für Möbel (= Schrank, Tisch, Couch usw.) sind das?

Ich finde das Wohnzimmer Nummer eins (zwei, drei, vier usw.) . . . .

Ich finde den Schrank (Tisch, Sessel usw.) . . . .

Ich finde die Couch (Vorhänge usw.) . . . .

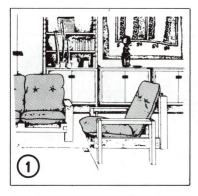

gemütlich / ungemütlich
bequem / unbequem
modern / unmodern
schön hell
zu modern
nicht modern genug
zu schwer
zu einfach
nicht schlecht
phantastisch
ganz gut
hübsch
ganz nett
sehr schön
schrecklich
zu hoch
zu breit
sehr elegant
typisch deutsch
zu bunt

**Was für ein Wohnzimmer haben Sie?**
**Beschreiben Sie Ihr Wohnzimmer!**

# SCHRIFTLICHE ÜBUNGEN

**SÜ 1**   Vollenden Sie die Sätze!

1. Der Schrank ist nicht hoch, sondern *niedrig* .
   Das ist *ein niedriger Schrank* .
   Sie sehen hier *einen niedrigen Schrank* .

2. Der Sessel ist nicht alt, sondern ____ .
   Das ist _____ .
   Wir haben _____ .

3. Der Vorhang ist nicht kurz, sondern ____ .
   Das ist _____ .
   Die Leute haben _____ .

4. Der Teppich war nicht billig, sondern ____ .
   Das ist _____ .
   Sie haben _____ gekauft.

5. Das Wohnzimmer ist nicht dunkel, sondern ____ .
   Das ist _____ .
   Sie sehen hier _____ .

6. Der Schrank ist nicht klein, sondern ____ .
   Das ist _____ .
   Die Familie braucht _____ .

7. Die Couch ist nicht schmutzig, sondern ____ .
   Das ist _____ .
   Im Wohnzimmer steht _____ .

8. Der Tisch ist nicht unmodern, sondern ____ .
   Das ist _____ .
   Im Wohnzimmer steht auch _____ .

9. Die Glasplatte ist nicht dünn, sondern ____ .
   Das ist _____ .
   Der Tisch hat _____ .

**SÜ 2**   Antworten Sie mit **nein**!

- Hat er ein neues Auto? → *Nein, er hat kein neues Auto.*
  Ist das Auto neu? → *Nein, das Auto ist nicht neu.*

1. Brauchen Sie ein neues Heft?
2. Ist der Tisch frei?
3. Ist das ein bequemer Sessel?
4. War es gestern warm?
5. Möchten Sie eine andere Tasse?
6. Heißt das Mädchen Christine?
7. Haben Sie einen großen Fernseher?
8. Ist die Tasche groß?
9. Möchten Sie einen neuen Teppich?
10. War diese Antwort richtig?

**SÜ 3**  Was tragen Sie gern?

- *leicht/Pullover → Ich trage gern einen leichten Pullover.*

| | | |
|---|---|---|
| 1. hellblau/Bluse | 4. einfach/Kleid | 7. dünn/Pulli |
| 2. bunt/Hemd | 5. hell/T-Shirt | 8. kurz/Jacke |
| 3. sportlich/Mantel | 6. bequem/Hose | 9. lang/Rock |

**SÜ 4**  Stellen° Sie das Adjektiv vor das Nomen!      *put, place*

- *Hier ist mein **Bleistift.** Er ist **gelb.** → Hier ist mein gelber Bleistift.*

1. Sie sucht ihren **Schlüssel.** Er ist **klein.**
2. Das ist sein **Feuerzeug.** Es ist **neu.**
3. Seine **Frau** liegt im Bett. Sie ist **krank.**
4. Wer hat meinen **Kugelschreiber?** Er ist **rot.**
5. Kennen Sie seinen **Onkel?** Er ist **berühmt.**
6. Ist das dein **Regenschirm?** Er ist **schwarz.**
7. Wo ist unsere **Zeitung?** Sie ist **neu.**
8. Wer hat dein **Buch?** Es ist **alt.**

**SÜ 5**  Ergänzen Sie Adjektive! Was paßt?

Wählen Sie die Adjektive von hier:

**rund**
**breit**
**teuer**
**braun**
**modern**
**bunt**
**alt**
**neu**
**schön**
**kurz**
**lang**
**bequem**
**billig**
**gut**

Dieses Wochenende haben Isolde und Günther Heuser viele Gäste. Warum? Das ist eine _gute_ Frage. Bitte, gehen wir ins Wohnzimmer, denn dort finden wir die Antwort.

Sehen Sie? Hier ist alles _____ und _____. Im Wohnzimmer liegt jetzt ein _____ Teppich. Früher hatten sie einen _____ Teppich. Ist er nicht _____? Er war auch sehr _____. Hinten steht ein _____ Schrank. Ihren _____ Schrank haben sie verkauft. Und dort, sehen Sie den _____ Vorhang? Früher hatten sie einen _____ Vorhang. Die _____ Couch, den _____ Tisch und die beiden _____ Sessel haben sie auch gekauft. Ja, das war nicht _____, und für ihre _____ Möbel haben sie nicht viel bekommen. Nein, sie haben keinen _____ Fernseher. Der _____ Fernseher läuft noch ziemlich gut.

**SÜ 6**  **Persönliche Fragen**

1. Was für ein Auto haben Sie?
2. Was für einen Reisepaß haben Sie?
3. Was für eine Zeitung lesen Sie jeden Tag?
4. Haben Sie eine große oder eine kleine Familie?
5. Was für ein Wohnzimmer haben Sie?
6. Haben Sie einen deutschen Freund (eine deutsche Freundin)?
7. Was tragen Sie heute? (Beschreiben Sie Ihre Kleidung!)
8. Was für einen Pullover tragen Sie im Winter?

## WORTSCHATZ

### NOMEN

| | |
|---|---|
| der Fernseher, - | TV set |
| der Schrank, ⸚e | cabinet |
| der Schreibtisch, -e | desk |
| der Sessel, - | easy chair |
| der Teppich, -e | carpet, rug |
| der Vorhang, ⸚e | curtain, drape |
| der Wagen, - | car, vehicle |
| die Möbel *(pl.)* | furniture |

### VERSCHIEDENES

| | |
|---|---|
| am Fenster | at the window |
| aus Silber | (made) of silver |
| sondern | but, on the contrary |
| was für (ein). . .? | what kind of (a). . .? |
| weg | *(here:)* gone |

### ADJEKTIVE

| | | | |
|---|---|---|---|
| bequem | comfortable | leicht | light (*also:* easy) |
| breit | wide | nett | nice |
| bunt | multi-colored | niedrig | low |
| dunkel | dark | sauber | clean |
| einfach | simple | schmutzig | dirty |
| gemütlich | comfortable, cozy | schrecklich | terrible |
| hell | light | schwer | heavy (*also:* difficult) |
| hoch | high | toll | great, fantastic |
| hübsch | pretty, nice | weich | soft |

### VERBEN

| | |
|---|---|
| benutzen | to use |
| hängen, gehangen | to hang |
| stehen, gestanden | to stand |

**Diese Wörter verstehen Sie ohne Wörterbuch.**

### NOMEN

der Farbfernseher, -

das Wohnzimmer, -
das Sofa, -s

die Couch, -en
die Glasplatte, -n
die Nummer, -n
die Pflanze, -n
die Stereoanlage, -n
die Wolle

### ADJEKTIVE

amerikanisch
attraktiv
elegant
oval
privat
rund
schick
sommerlich
sportlich

*München—Fußgängerzone*

## Wie kommt man zur Mönchgasse?
## Womit kann man fahren oder fliegen?

- Prepositions with the dative
- Forms of the dative
- Meaning and usage of dative prepositions
- Adjectives derived from city names

**Die Mahlzeiten**

# Kapitel
# 14

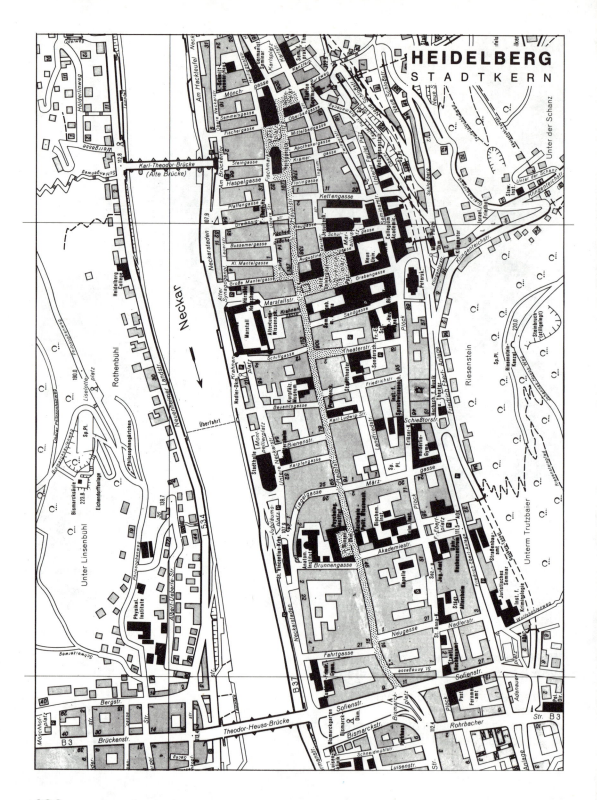

# Wie kommt man zur Mönchgasse°?

*eine kleine Straße*

▷ Entschuldigen Sie bitte! Wie komme ich zur Mönchgasse?

▶ Zur Mönchgasse möchten Sie? Moment mal! Die Mönchgasse ist nicht weit von der Alten Brücke, irgendwo beim Rathaus.

▷ Und wie kommt man zur Alten Brücke oder zum Rathaus?

▶ Ja, das ist das Problem. Ich wohne erst seit einem Monat in Heidelberg und ich fahre immer mit der Straßenbahn oder mit dem Bus in die Stadt.

▷ Danke schön.

▶ Entschuldigung! Wissen Sie, wo die Mönchgasse ist?

▷ Tut mir leid. Ich bin auch nicht von hier, aber ich weiß, die Mönchgasse ist eine kleine Straße irgendwo bei der Heiliggeistkirche.

▶ Ist die Heiliggeistkirche beim Rathaus?

▷ Ja, ja. Beim Rathaus.

▶ Danke.

▷ Entschuldigen Sie bitte! Wie kommt man von hier zur Heiliggeistkirche oder zum Rathaus?

▶ Gehen Sie geradeaus bis zur Alten Brücke! Die Straße bei der Brücke ist die Steingasse. Nach der Steingasse kommt die Fischergasse. Gehen Sie durch die Fischergasse, dann sehen Sie die Kirche. Das Rathaus ist gegenüber der Kirche.

▷ Wissen Sie auch, wo die Mönchgasse ist?

▶ Ja, die Mönchgasse ist nicht weit vom Rathaus. Nach der Fischergasse kommt die Semmelsgasse und die nächste Straße ist dann die Mönchgasse.

▷ Vielen Dank.

## EINFÜHRUNG

*Präpositionen mit dem Dativ:* **aus, bei, gegenüber, von, zu, seit, nach, mit**

**Wir studieren den Stadtplan.**
**Wo ist der Marstall?**
**Finden Sie den Weg zum Marstall!**

Finden Sie zuerst die Sophienstraße und den Bismarckgarten!
Sie kommen **bei der Sophienstraße aus dem Bismarckgarten.**
Sie sind **bei der Theodor-Heuss-Brücke.**

Dann kommt die Fahrtgasse.
**Nach der Fahrtgasse** kommt ein Krankenhaus.
**Nach dem Krankenhaus** kommt der Jubiläumsplatz.

Der Fluß heißt der Neckar. Finden Sie den Neckar!
Der Marstall ist ein großes Gebäude unten **beim Neckar.**
Er ist **bei der Neckarstraße.**

Sehen Sie die Stadthalle und den Montpellierplatz?
Zuerst kommen Sie **zur Stadthalle.**
Dann kommen Sie **zum Montpellierplatz.**

Der Marstall ist nicht weit **von der Stadthalle.**
Er ist auch nicht weit **vom Montpellierplatz.**

Dann kommt der Krahenplatz.
Sie gehen also weiter **zum Krahenplatz**.
Der Marstall ist **gegenüber dem Krahenplatz.**

**Beim Marstall** sehen Sie viele Studenten.
Die Studenten kommen **aus dem Marstall**, denn dort ist die Mensa.
Die Mensa ist das Studentenrestaurant.
Die Studenten kommen **aus der Mensa.**

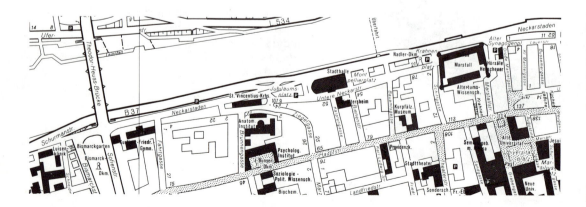

# WORTSCHATZERWEITERUNG

**Womit kann man fahren?**                    **Womit kann man fliegen?**

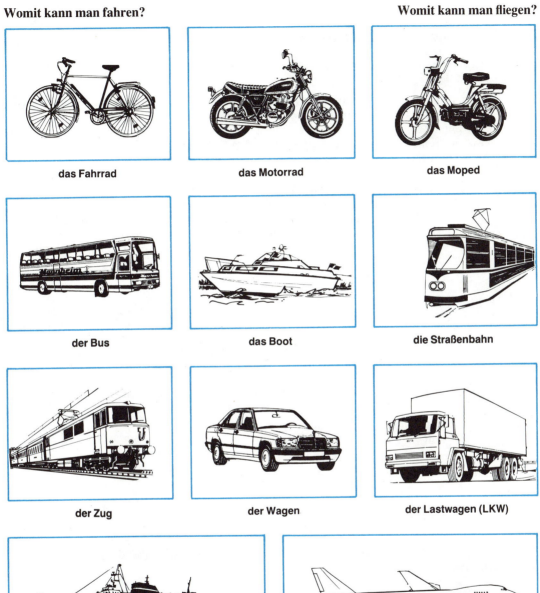

das Fahrrad

das Motorrad

das Moped

der Bus

das Boot

die Straßenbahn

der Zug

der Wagen

der Lastwagen (LKW)

das Schiff

das Flugzeug

**Womit kann man noch fahren?**

# GRAMMATIK

## A  Prepositions with the Dative Case

### 1  Review: Accusative prepositions

As was pointed out in Chapter 6, German prepositions function the same as in English, except that the object of a German preposition must be in a specific case.

You will remember that the prepositions **durch, für, gegen, ohne** and **um** are always followed by the accusative case.

| | |
|---|---|
| Er geht **durch den Park.** | *He's walking through the park.* |
| Der Brief ist **für mich.** | *The letter is for me.* |
| Sie kommt **ohne ihren Mann.** | *She is coming without her husband.* |
| Warum gehen wir nicht **ohne ihn?** | *Why don't we go without him?* |
| Wir fahren **um den Bahnhof.** | *We are driving around the railroad station.* |

### 2  Dative prepositions

The following prepositions require the dative case:

| | |
|---|---|
| **aus** | *out of, from* |
| **bei** | *near, at (the place of), with* (in the sense of *in someone's home or house*) |
| **gegenüber** | *opposite, across from* |
| **mit** | *with, by (means of)* |
| **nach** | *after, to* |
| **seit** | *since, for* (with expressions of time) |
| **von** | *from, of* |
| **zu** | *to* |

The prepositions **bei, von** and **zu** are often contracted with the definite article. The following contractions are possible:

| | | |
|---|---|---|
| bei dem Arzt | = | **beim** Arzt |
| bei dem Kino | = | **beim** Kino |
| von dem Park | = | **vom** Park |
| von dem Museum | = | **vom** Museum |
| zu dem Bahnhof | = | **zum** Bahnhof |
| zu dem Hotel | = | **zum** Hotel |
| zu der Kirche | = | **zur** Kirche |

## B Forms of the Dative

### 1 The definite and indefinite articles

The definite and indefinite articles and, as a result, all **der-** and **ein-**words, take special endings when used in the dative case. Notice that the masculine and neuter endings are alike.

**DATIVE CASE: DER- AND EIN- WORDS IN THE SINGULAR**

| | Masculine | Neuter | Feminine |
|---|---|---|---|
| DER-WORDS | **dem** Mann<br>dies**em** Mann<br>welch**em** Mann | **dem** Auto<br>dies**em** Auto<br>welch**em** Auto | **der** Frau<br>dies**er** Frau<br>welch**er** Frau |
| EIN-WORDS | **einem** Mann<br>kein**em** Mann<br>mein**em** Mann | **einem** Auto<br>kein**em** Auto<br>mein**em** Auto | **einer** Frau<br>kein**er** Frau<br>mein**er** Frau |

### 2 Weak nouns

Generally, nouns do not take an ending in the dative singular and thus are identical to the nominative and accusative forms. However, those nouns which take the ending **-en** or **-n** in the accusative must take the same ending in the dative case.

Here are some examples:

| Nominative | Accusative | Dative |
|---|---|---|
| Das ist . . . | Ich sehe . . . | Ich spreche mit . . . |
| der Herr | den Herr**n** | dem Herr**n** |
| der Soldat | den Soldat**en** | dem Soldat**en** |
| der Polizist | den Polizist**en** | dem Polizist**en** |
| der Tourist | den Tourist**en** | dem Tourist**en** |
| der Student | den Student**en** | dem Student**en** |
| der Kollege | den Kolleg**en** | dem Kolleg**en** |
| der Kunde | den Kunde**n** | dem Kunde**n** |
| der Junge | den Jung**en** | dem Jung**en** |

### 3 The dative interrogative pronoun: **wem?**

The dative form of the interrogative pronoun **wer** *(who)* is **wem** *(whom)*.

**Mit wem** ist sie ins Kino gegangen?
*With whom did she go to the movies?*

**Vom wem** ist dieser Brief?
*From whom is this letter?*

## C  Meaning and Usage of Dative Prepositions

### 1  aus / von

1.  **aus** *(from, out of)* is used with names of places or origin such as a city or country and/or to indicate location.

| | |
|---|---|
| Sie kommt **aus** Hamburg. | *She comes from Hamburg.* |
| Der Brief kommt **aus** England. | *The letter comes from England.* |
| Sie kommt **aus** der Kirche. | *She's coming out of the church.* |
| Er trinkt **aus** einem Glas. | *He's drinking out of a glass.* |

2.  **von** *(from, of)* is used with persons and when indicating *from one point to another.*

| | |
|---|---|
| **Von** wem sprechen Sie? | *Whom are you speaking of?* |
| Der Brief ist **von** Claudia. | *The letter is from Claudia.* |
| Er fährt **von** Frankfurt nach Mannheim. | *He's driving from Frankfurt to Mannheim.* |

Compare:

| | |
|---|---|
| Der Zug kommt **aus** München. | (origin) |
| Er fährt **von** München nach Augsburg. | (from one point to another) |
| Der Brief ist **aus** München. | (place) |
| Der Brief ist **von** Peter. | (person) |

### 2  nach / zu

1.  **nach** *(to, toward)* is used to refer to cities, towns, countries and continents. **Nach** *(after)* is also used to indicate time.

| | |
|---|---|
| Wir gehen **nach** Berlin. | *We are going to Berlin.* |
| Ich fahre **nach** Österreich. | *I am driving to Austria.* |
| Sie fliegt **nach** Australien. | *She is flying to Australia.* |
| Es ist fünf Minuten **nach** drei. | *It's five minutes after three.* |
| Was machen Sie **nach** der Pause? | *What are you doing after the break?* |

2.  **zu** *(to)* is used when referring to places without a proper geographical name such as places within a city or town. **Zu** is also used with persons.

| | |
|---|---|
| Wie komme ich **zum** Schloß? | *How do I get to the castle?* |
| Er fährt **zur** Universität. | *He's driving to the university.* |
| Sie geht **zu** ihrer Schwester. | *She is going to her sister's.* |

Compare:

| | |
|---|---|
| Wir fahren **nach** Hamburg. | (city) |
| Wir fahren **zum** Bahnhof. | (place within city) |

Notice the idiomatic expressions:

| | |
|---|---|
| **nach Hause gehen** | *to go home* |
| **zu Hause sein** | *to be home* |
| **zu Fuß gehen** | *to walk* |
| **zum Beispiel** | *for example* |
| **zum Essen** | *for dinner* |
| **zum Geburtstag** | *for one's birthday* |

Kleine Geschenke erhalten die Freundschaft

*zum Beispiel zum Geburtstag!*

## 3 bei / mit

1. **bei** *(near, at, with)* expresses the idea of close proximity and nearness and may be used in the sense of *in someone's house*.

| | |
|---|---|
| Das Hotel ist **beim** Bahnhof. | *The hotel is near the station.* |
| Offenbach liegt **bei** Frankfurt. | *Offenbach is near Frankfurt.* |
| Er ist **beim** Arzt. | *He is at the doctor's.* |
| Sie wohnt **bei** ihrer Tante. | *She is living at her aunt's house.* |

2. **mit** *(with, by means of)*

| | |
|---|---|
| Ich komme **mit** dem Zug. | *I'm coming by train.* |
| Er schreibt **mit** einem Bleistift. | *He's writing with a pencil.* |
| Sie geht **mit** ihrem Freund ins Kino. | *She's going with her friend to the movies.* |

**Note** The preposition **bei** does not correspond to English *by*. Where English uses *by, by means of* to express means of travel, German uses **mit** and the definite article: **mit dem Zug, mit der Straßenbahn.**

---

### When to use **womit?**

When asking questions about things or ideas, German uses the construction **wo** + preposition. This chapter introduces **womit** *(with what)*.

Look at the following examples:

| | |
|---|---|
| **Womit** fahren Sie? | Ich fahre **mit dem Fahrrad.** |
| **Womit** kann man schreiben? | Man kann **mit dem Bleistift** schreiben. |
| **Womit** hat er das bezahlt? | Er hat das **mit seinem Geld** bezahlt. |

For human beings, however, German uses the preposition with the appropriate question word.

| | |
|---|---|
| **Mit wem** fahren Sie? | Ich fahre **mit meinem Freund.** |
| **Mit wem** ist sie ins Kino gegangen? | Sie ist **mit ihrer Freundin** gegangen. |

## 4  seit + present tense

The preposition **seit** *(since, for)* is used with an element of time to express actions and situations that began in the past and are still going on in the present. Notice that German uses the preposition **seit** with the present tense, where English uses an equivalent preposition with the present perfect tense.

| | |
|---|---|
| **Seit** wann wohnen Sie hier? | *Since when have you been living here?* |
| Er ist **seit** einem Jahr in Deutschland. | *He has been in Germany for one year.* |
| Sie arbeitet **seit** einer Woche hier. | *She has been working here for one week.* |

---

### When to use **es gibt**

**Es gibt** corresponds to English *there is, there are,* and is used when no attempt is made to bring an activity into relation with a specific subject. **Es gibt** is used to state things in a general way.

| | |
|---|---|
| **Es gibt** Pudding zum Nachtisch. | *There is pudding for dessert.* |
| **Gibt es** dort viele Hotels? | *Are there many hotels (there)?* |

Note that **es gibt** is followed by the accusative and can be used with singular and plural nouns.

| | |
|---|---|
| **Gibt es** dort einen Parkplatz? | *Is there a place to park over there?* |
| **Gibt es** dort Parkplätze? | *Are there places to park over there?* |

---

## D  Adjectives Derived from City Names

A look at the city map in this Chapter will show you that adjectives derived from names of cities are formed by adding **-er** to the proper name. Adjectives derived from city names do not take endings.

| | |
|---|---|
| das **Heidelberger** Schloß | Ich fahre zum **Berliner** Platz. |
| **Frankfurter** Würstchen | Wo ist die **Römerstraße?** |
| eine **Nürnberger** Bratwurst | Wie komme ich zur **Römerstraße?** |
| das **Stuttgarter** Bier | |

Ihr Partner beim Bau

**FHB Frankfurter Hypothekenbank**
gegründet 1862   Aktiengesellschaft
Taunusanlage 9, Telefon (0611) 2552-1
6000 Frankfurt am Main 1

# MÜNDLICHE ÜBUNGEN

## Präpositionen mit dem Dativ

### aus

**MÜ 1**   Woher kommen die Leute?

- die Kirche → *Die Leute kommen aus der Kirche.*

| | | |
|---|---|---|
| 1. die Stadt | 4. das Haus | 7. der Bahnhof |
| 2. das Kino | 5. die Post | 8. das Restaurant |
| 3. der Park | 6. das Hotel | 9. die Universität |

### bei (beim)

**MÜ 2**   Wo ist das?

- Die Haltestelle ist nicht weit vom Bahnhof. *Sie ist gleich beim Bahnhof.*

1. Das Geschäft ist nicht weit von der Universität.
2. Die Kirche ist nicht weit von der Haltestelle.
3. Das Café ist nicht weit vom Theater.
4. Der Bahnhof ist nicht weit von der Brücke.

**MÜ 3**   Wo sind die Leute?

- Er ist zum Arzt gegangen. → *Er ist beim Arzt.*

1. Sie ist zu ihrem Freund gegangen.
2. Er ist zu seiner Mutter gegangen.
3. Wir sind zu unserer Familie gegangen.
4. Ich bin zu einer Freundin gegangen.

### gegenüber

**MÜ 4**   Wo ist das?

- das Hotel ↔ das (ein) Museum *Das Hotel ist gegenüber dem (einem) Museum.*

| | |
|---|---|
| 1. die Haltestelle ↔ eine Schule | 4. die Post ↔ der Bahnhof |
| 2. der Marktplatz ↔ ein Supermarkt | 5. das Rathaus ↔ die Kirche |
| 3. das Geschäft ↔ die Bank | 6. das Café ↔ ein Park |

**Erinnern Sie sich?**

**Erklären Sie mit Adjektiv + Nomen!**

Nürnberg
*Das ist eine deutsche Stadt.*

Berlin
der Intercity
Albrecht Dürer
Goethe
der Rolls Royce
die Bundesrepublik
Österreich
der Volkswagen
der Römer in Frankfurt
Bayern
die Paulskirche
Heidelberg

von (vom)

**MÜ 5**   Hier ist die Antwort. Fragen Sie!

- Das Hemd ist sehr schön. → *Von welchem Hemd sprechen Sie?*

1. Der Rock ist zu kurz.
2. Das Kleid ist neu.
3. Der Mantel ist sehr teuer.
4. Die Hose ist ein bißchen zu lang.
5. Die Jacke ist ziemlich alt.
6. Das T-Shirt ist billig.

nach/zu (zur, zum)

**MÜ 6**   Wohin fahren Sie?

- das Schloß → *Wir fahren zum Schloß.*
  Berlin → *Wir fahren nach Berlin.*

1. der Marktplatz
2. Heidelberg
3. das Rathaus
4. die Kirche
5. die Hauptstraße
6. Stuttgart
7. Garmisch
8. das Hotel
9. Nürnberg
10. die Universität
11. der Flughafen
12. die Post

**MÜ 7**   Was machen die Leute dann? Fragen Sie!

- Wir bestellen jetzt das Essen. → *Was machen Sie nach dem Essen?*

1. Er macht jetzt eine Pause.
2. Wir machen im August Urlaub.
3. Ich habe jetzt Unterricht.
4. Sie geht heute abend ins Kino.
5. Die Kinder gehen zur Schule.
6. Der Mann fährt zur Arbeit.

mit

**MÜ 8**   Sie sind jetzt in Deutschland. Mit wem sprechen Sie Deutsch?

- der (ein, mein) Lehrer.
  *Ich spreche mit dem (einem, meinem) Lehrer Deutsch.*

1. der Arzt
2. die Ärztin
3. ein Kellner
4. eine Kellnerin
5. ihr Mann
6. seine Frau
7. mein Freund
8. meine Freundin
9. ein Verkäufer
10. eine Verkäuferin
11. jedes Kind
12. dieses Mädchen

*Vorsicht!*

13. der Student
14. dieser Polizist
15. ein Herr
16. jeder Tourist
17. sein Junge

**MÜ 9**   Antworten Sie!

1. Womit kann man schreiben?
2. Womit kann man fahren?
3. Womit kann man fliegen?
4. Womit kann man bezahlen?
5. Womit kann man Lebensmittel tragen?
6. Womit kann man einen Kuchen backen?

### seit + Präsens

**MÜ 10**   Seit wann sind die Leute in Deutschland?

● Die Dame ist im Sommer gekommen. → *Sie ist seit dem Sommer hier.*

1. Der junge Mann ist im Winter gekommen.
2. Seine Frau ist im Herbst gekommen.
3. Unsere Gäste sind diese Woche gekommen.
4. Ihre Eltern sind am Wochenende gekommen.

**MÜ 11**   Auf deutsch, bitte!

1. Here is a letter from your brother.
2. Opposite the university is a large park.
3. She is living with an aunt.
4. We have been in Germany for one year.
5. From whom is this book?
6. Is he coming by bus or by train?
7. Who is going to the airport?
8. What are you doing after the concert?
9. The restaurant is not far from the hotel.
10. What did he write with?
11. She is going with her friend to the movies.
12. Which city are you speaking of?

## AUSSPRACHEÜBUNG

[p]   **P**ause, **P**eter, **P**aul, **P**apier, **P**ullover, **P**lural, **P**lan

[p]–[b]   gi**b**–ge**b**en, blei**b**–blei**b**en, schrei**b**–schrei**b**en, beschrei**b**–beschrei**b**en, glau**b**–glau**b**en, gel**b**–gel**b**e

[t]   **T**ür, **T**afel, **T**ier, **T**ankstelle, **T**eppich, **T**elefon, **T**isch, **t**oll

[t]–[d]   wir**d**–wer**d**en, lei**d**–lei**d**er, tausen**d**–tausen**d**e, Ra**d**–Rä**d**er, Bil**d**–Bil**d**er, Gel**d**–Gel**d**er, Wan**d**–Wän**d**e, Klei**d**–Klei**d**er, Win**d**–Win**d**e, Aben**d**–Aben**d**e, Hun**d**–Hun**d**e, run**d**–run**d**e, Hem**d**–Hem**d**en

[k]   **K**inder, **K**irche, **K**offer, **k**aufen, **k**ennen, **k**önnen, **k**alt, **k**urz, **k**ühl

[k]–[g]   ma**g**–mö**g**en, tra**g**–tra**g**en, fra**g**–fra**g**en, sa**g**–sa**g**en, le**g**–le**g**en, Ta**g**–Ta**g**e, Zu**g**–Zü**g**e, We**g**–We**g**e

# Die Mahlzeiten

**Das Frühstück**

### Was gibt es zum Frühstück?

Das deutsche Frühstück ist ziemlich einfach. Man trinkt Kaffee oder Tee und ißt ein oder zwei Brötchen mit Butter, Marmelade oder Honig. Man ißt auch Schwarzbrot, Käse oder ein Ei. Kinder trinken oft Milch oder Kakao zum Frühstück.

Viele Leute frühstücken um 10 oder 11 Uhr noch einmal. Sie essen dann Brot mit Butter und Wurst oder Käse. Das ist das zweite Frühstück.

---

**Das Mittagessen**

### Was gibt es zum Mittagessen?

Ein typisch deutsches Mittagessen beginnt mit einer Suppe. Dann gibt es Fleisch mit einer Soße. Zum Fleisch ißt man Kartoffeln, Nudeln oder Reis mit Gemüse oder Salat. Freitags gibt es oft Fisch.

Nach dem Essen gibt es vielleicht einen Nachtisch. Zum Nachtisch gibt es manchmal Pudding, Obst oder Eis.

In Deutschland trinkt man kein Wasser, keine Milch und keinen Kaffee zum Essen. Man trinkt Mineralwasser, Bier oder Wein. Kaffee kann man nach dem Essen trinken.

---

**Der Nachmittagskaffee**

### Was gibt es nachmittags?

Nachmittags trinken viele Leute Kaffee oder Tee. Man ißt auch etwas, vielleicht ein Stück Kuchen oder Torte, aber es gibt auch Brötchen mit Butter und Marmelade.

Some easily recognizable cognates appearing in the reading sections and which do not occur in the exercises will be omitted from the **Wortschatz** at the end of the chapters. All words are listed in the final vocabulary list.

## Was gibt es zum Abendessen?

Die letzte Mahlzeit ist das Abendessen. Zu Hause gibt es meistens eine kalte Mahlzeit: Brot und Wurst, Fleisch, Käse oder Eier und vielleicht Salat. Man trinkt oft Tee oder Bier.

**Das Abendessen**

## FRAGEN ZUM TEXT

1. Wie heißen die deutschen Mahlzeiten?
2. Wie heißt die erste Mahlzeit?
3. Was ißt und trinkt man zum Frühstück?
4. Wann gibt es Mittagessen?
5. Womit beginnt ein typisch deutsches Mittagessen?
6. Was trinkt man in Deutschland zum Mittagessen?
7. Trinkt man in Deutschland Kaffee oder Milch zum Essen?
8. Wann gibt es Kuchen oder Torte?
9. Was gibt es zum Abendessen?
10. Zu welcher Mahlzeit gibt es Kartoffeln und Gemüse?

# SCHRIFTLICHE ÜBUNGEN

**SÜ 1**   Ergänzen Sie eine Dativ-Präposition. Welche paßt?

1. Ich fahre *mit* meiner Frau nach Köln.
2. ____ wem ist der Brief?
3. Er kommt ____ dem Süden von Amerika.
4. Wir sind ____ einem Jahr in Deutschland.
5. Waren Sie schon ____ Ihrem Arzt?
6. Warum gehen Sie nicht ____ Ihrem Arzt?
7. Das Kino ist nicht weit ____ hier.
8. Fährt dieser Zug ____ Freiburg?
9. Sie wohnt ____ ihrer Mutter.
10. Wie kommt man ____ der Universität?
11. ____ dem Unterricht gehen wir nach Hause.
12. ____ einer Woche ist er wieder nach Hause gefahren.
13. Er ist schon ____ Montag krank.
14. Die Leute kommen gerade ____ der Kirche.
15. Es ist fünf Minuten ____ acht.
16. Er trinkt das Bier ____ der Flasche.
17. ____ dem Flughafen ist ein großes Hotel.
18. Sie ist schon ____ dem Wochenende bei ihrer Mutter.
19. Sind Sie ____ dem Zug gekommen?
20. ____ welchem Hemd sprechen Sie?

**SÜ 2**   Ergänzen Sie!

1. (out of the house)           Er kommt gerade *aus dem Haus* .
2. (of whom)                    _____ sprechen Sie?
3. (with her friend)            Sie ist _____ ins Kino gegangen.
4. (from Kiel to Hamburg)       Der Zug fährt _____ .
5. (from my sister)             Ich habe das Buch _____ bekommen.
6. (opposite the hospital)      _____ ist ein großer Park.
7. (after the concert)          _____ gehen wir in ein Restaurant.
8. (from Berlin)                Mein Freund kommt _____ .
9. (to the church)              Wie komme ich _____ ?
10. (at the doctor's)           Waren Sie schon _____ ?
11. (for one week)              Er ist _____ hier.
12. (far from here)             Die Post ist nicht _____ .
13. (from which lady)           _____ hast du das Geld bekommen?
14. (to my girlfriend)          Ich gehe jetzt _____ .
15. (to which doctor)           _____ ist er gegangen?
16. (with his father)           Er wohnt _____ .
17. (after seven o'clock)       Es ist jetzt fünf Minuten _____ .
18. (out of a wine glass)       Warum trinkst du das Bier _____ ?
19. (since one hour)            Er ist _____ beim Arzt.
20. (near Frankfurt)            Offenbach liegt _____ .

**210**   Kapitel 14

## SÜ 3    Persönliche Fragen

1. Seit wann sind Sie in Deutschland?
2. Seit wann lernen Sie Deutsch?
3. Mit wem sprechen Sie oft Deutsch?
4. Was machen Sie nach dem Unterricht?
5. Mit wem gehen Sie oft ins Kino?
6. Mit wem fahren Sie dieses Jahr in Urlaub?
7. Wie kommen Sie schnell nach Amerika?
8. Wie oft müssen Sie zum Arzt gehen?

## WORTSCHATZ*

### NOMEN

| | |
|---|---|
| der Fluß, -sse | river |
| der Nachtisch | dessert |
| der Stadtplan, -e | city map |
| das Gebäude, - | building |
| das Schwarzbrot, -e | rye bread |
| die Apotheke, -n | pharmacy |
| die Brücke, -n | bridge |
| die Mahlzeit, -en | meal |
| die Mensa | student cafeteria |
| die Torte, -n | fancy layer cake |

### DATIV-PRÄPOSITIONEN

| | |
|---|---|
| aus | out of, from |
| bei | near, at *(the place of)* |
| | with *(in the sense of in someone's home or house)* |
| gegenüber | opposite, across from |
| mit | with, by (means of) |
| nach | after, to *(+ cities or countries)* |
| seit | since, for *(+ time expressions)* |
| von | from, of |
| zu | to *(+ places within a city)* |

### VERSCHIEDENES

| | | | |
|---|---|---|---|
| bis zu | up to | **Moment mal!** | Just a moment. |
| **Danke schön!** | Thank you (very much). | **nächst-** | next |
| **Entschuldigung!** | Excuse me. | **Tut mir leid.** | I am sorry. |
| es gibt *(+acc.)* | there is, there are | **weit** | far |
| gleich | just, right, directly | **wem?** | whom, for whom? |
| haupt- | (prefix:) main | **womit?** | with what |
| irgendwo | somewhere, anywhere | **zum Essen** | for dinner |
| | | **zum Geburtstag** | for one's birthday |

**Diese Wörter verstehen Sie ohne Wörterbuch.**

### NOMEN

| | |
|---|---|
| das Abendessen, - | die Post |
| das Mittagessen, - | die Stadthalle, -n |

### VERBEN

frühstücken

*Vergessen Sie nicht **die Wortschatzerweiterung** auf Seite 199!

# Das kann jeder

## Apfelkuchen

**Zutaten:**

200g Butter
200g Zucker
4 Eier
abgeriebene Zitronenschale
200g Mehl
50g Puddingpulver
4 große Äpfel

Die Reihenfolge:
Butter und Zucker schaumig rühren,
dann die Eier und die abgeriebene Zitrone dazu
rühren. Mehl und Puddingpulver hinzufügen
und in eine mit Butter eingefettete Form füllen.
Die Äpfel schälen und in Streifen schneiden. Dann vorsichtig in den Teig stecken.
Backzeit: 60 Minuten bei mittlerer Hitze,
dann den Kuchen
mit Puderzucker
bestreuen.

Hier zwei Beispie-
le für einen vierecki-
gen und einen run-
den Kuchen.

**Situationen: Wer — wen — wem — was?**
**Spiel: Logisch oder unlogisch?**

- The indirect object: dative case
  — Nouns as indirect objects
  — Dative adjective endings
  — Personal pronouns
- Order of objects

**Neudeutsch ist *in*!**

# Kapitel
# 15

# EINFÜHRUNG

## Das indirekte Objekt: Dativ

Wer serviert?
Der Mann serviert.

Was serviert der Mann?
Er serviert das Essen.

**Wem** serviert er das Essen?
Er serviert **dem Herrn** das Essen.
Er serviert **ihm** das Essen.

Dann serviert er **der Dame**
und **dem Mädchen** das Essen.

**Situationen:**

Wer . . .?
Wen . . .?
Wem . . .?
Was . . .?

Wer zeigt?
Die Verkäuferin zeigt.

Was zeigt die Verkäuferin?
Sie zeigt den Mantel.

**Wem** zeigt sie den Mantel?
Sie zeigt **der Dame** den Mantel.
Sie zeigt **ihr** den Mantel.

Schenkt sie **der Dame** den Mantel?
Nein, sie verkauft **ihr** den Mantel.

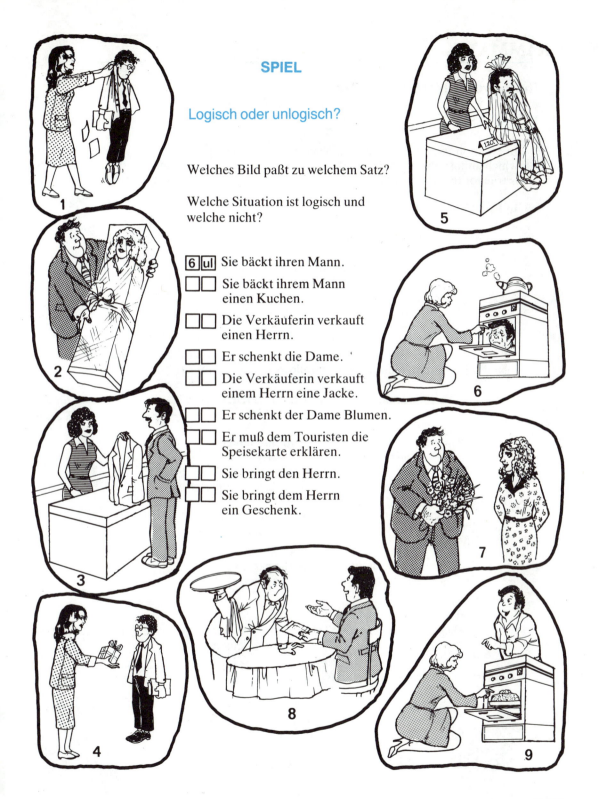

## SPIEL

### Logisch oder unlogisch?

Welches Bild paßt zu welchem Satz?

Welche Situation ist logisch und welche nicht?

| | | |
|---|---|---|
| **6** **ul** | Sie bäckt ihren Mann. |
| ☐ ☐ | Sie bäckt ihrem Mann einen Kuchen. |
| ☐ ☐ | Die Verkäuferin verkauft einen Herrn. |
| ☐ ☐ | Er schenkt die Dame. |
| ☐ ☐ | Die Verkäuferin verkauft einem Herrn eine Jacke. |
| ☐ ☐ | Er schenkt der Dame Blumen. |
| ☐ ☐ | Er muß dem Touristen die Speisekarte erklären. |
| ☐ ☐ | Sie bringt den Herrn. |
| ☐ ☐ | Sie bringt dem Herrn ein Geschenk. |

# GRAMMATIK

## A The Indirect Object: Dative Case

### 1 Analysis

In addition to a direct object (accusative), a sentence may also have an indirect object which almost always indicates the person for whom or to whom something is done. As is true for the direct object, the indirect object may be a noun or a pronoun.

In English, the indirect object can be recognized in two ways:

1. It precedes the direct object.

> The young man showed **his friend** the car.
> He showed **him** the car.

> The woman bought **her daughter** a new purse.
> She bought **her** a new purse.

2. It can be expressed alternatively by a prepositional phrase introduced by *to* or *for,* in which instance the indirect object follows the direct object.

> The young man showed the car **to his friend**
> He showed the car **to him.**

> The woman bought the purse **for her daughter.**
> She bought the purse **for her.**

Notice that the above sentences answer three questions.

Who showed ⟶ the man (he)
　　　bought? ⟶ the woman (she) ⎱ Subject

What did they show ⟶ the car
　　　buy? ⟶ the purse ⎱ Direct Object

To whom or for whom did
they perform the action? ⟶ to his friend (to him)
　　　for her daughter (for her) ⎱ Indirect Object

Remember the question words are

| | | |
|---|---|---|
| SUBJECT | *who* or *what* | **wer** or **was** |
| DIRECT OBJECT | *whom* or *what* | **wen** or **was** |
| INDIRECT OBJECT | *to* or *for whom* | **wem** |

In German, the indirect object is said to be in the **dative case.**

## 2 Nouns as indirect objects

In contrast to English, German **cannot** use word order or a preposition to indicate the indirect object. Instead, German uses special dative forms of the definite and indefinite articles. These forms were introduced in Chapter 14. Here is a short review.

### DEFINITE AND INDEFINITE ARTICLES

|            | Masculine    | Neuter       | Feminine     |
|------------|--------------|--------------|--------------|
| NOMINATIVE | der<br>ein   | das<br>ein   | die<br>eine  |
| DATIVE     | **dem**<br>**einem** | **dem**<br>**einem** | **der**<br>**einer** |

Look at the following sentences:

|            | **Dative**<br>**Indirect Object** | **Accusative**<br>**Direct Object** | |
|------------|----------------|----------------|---|
| Sie zeigt  | dem Mechaniker | das Auto.      | *She shows the car to the mechanic.* |
| Er gibt    | dem Kind       | einen Apfel.   | *He gives an apple to the child.* |
| Wir bringen | der Lehrerin  | die Bücher.    | *We are taking the books to the teacher.* |

Again, it is important to remember that German signals the indirect object with the dative form of the article where English uses a prepositional phrase.

| | | |
|---|---|---|
| **dem** | Mechaniker | *to the mechanic* |
| **einem** | Mechaniker | *to a mechanic* |
| **dem** | Kind | *to the child* |
| **einem** | Kind | *to a child* |
| **der** | Lehrerin | *to the teacher* |
| **einer** | Lehrerin | *to a teacher* |
| **jedem** | Mädchen | *to every girl* |
| **ihrer** | Mutter | *to her mother* |
| **unserem** | Freund | *to our friend* |

As was pointed out in Chapter 14, those few masculine nouns which take the ending **-en** or **-n** when used as a direct object (accusative) must take the same ending when used as an indirect object (dative):

Er zeigt dem Polizist**en** seinen Führerschein.
*He's showing his driver's license to the policeman.*

Ich habe dem Jung**en** das Geld gegeben.
*I gave the money to the boy.*

## 3   Dative adjective endings

In the dative, all adjectives preceded by **der-** words or **ein-** words take the ending **-en.**

### ADJECTIVE ENDINGS AFTER DER- WORDS

|  | Masculine | Neuter | Feminine |
|---|---|---|---|
| NOMINATIVE | der   junge   Mann | das   kleine   Kind | die   junge   Frau |
| ACCUSATIVE | den   jung**en** Mann | das   kleine   Kind | die   junge   Frau |
| DATIVE | dem   jung**en** Mann | dem   klein**en** Kind | der   jung**en** Frau |

### ADJECTIVE ENDINGS AFTER EIN- WORDS

|  | Masculine | Neuter | Feminine |
|---|---|---|---|
| NOMINATIVE | ein       jung**er** Mann | ein       klein**es** Kind | eine   junge   Frau |
| ACCUSATIVE | einen   jung**en** Mann | ein       klein**es** Kind | eine   junge   Frau |
| DATIVE | einem   jung**en** Mann | einem   klein**en** Kind | einer   jung**en** Frau |

Look at the following examples:

Der Kellner erklärt **dem** amerikanisch**en** Touristen die Speisekarte.
*The waiter explains the menu to the American tourist.*

Sie hat **ihrer** klein**en** Tochter einen neuen Mantel gekauft.
*She bought her little daughter a new coat.*

## 4   Personal pronouns as indirect objects

Like nouns, personal pronouns can function as indirect objects:

Ich gebe **der Studentin** das Buch.          *I'm giving the book to the student.*
Ich gebe       **ihr**             das Buch.          *I'm giving the book to her.*

Below are the personal pronouns for the dative case, along with a review of the nominative and the accusative pronouns.

| NOMINATIVE | ich | du | er | es | sie | wir | ihr | sie | Sie |
|---|---|---|---|---|---|---|---|---|---|
| ACCUSATIVE | mich | dich | ihn | es | sie | uns | euch | sie | Sie |
| DATIVE | mir | dir | ihm | ihm | ihr | uns | euch | ihnen | Ihnen |

As you can see, except for the forms for **wir** and **ihr,** the dative personal pronouns are different from those used in the accusative. But notice the similarity between the endings of the definite article and the endings of the personal pronouns:

| DEFINITE ARTICLE | dem Mann | dem Kind | der Frau |
|---|---|---|---|
| PERSONAL PRONOUN | ihm | ihm | ihr |

Thus, if the indirect object is a pronoun, it too must be in the dative case.

| NOUN | Er erklärt **der Dame** den Stadtplan. |
|---|---|
| PRONOUN | Er erklärt **ihr** den Stadtplan. |

| NOUN | Sie zeigt **dem** Gast das Haus. |
|---|---|
| PROUNOUN | Sie zeigt **ihm** das Haus. |

## 5  Summary

### DEFINITE ARTICLE AND PERSONAL PRONOUNS

| | Masculine | Neuter | Feminine |
|---|---|---|---|
| NOMINATIVE | der  Mann (er) | das  Kind (es) | die Frau (sie) |
| ACCUSATIVE | den  Mann (ihn) | das  Kind (es) | die Frau (sie) |
| **DATIVE** | **dem Mann (ihm)** | **dem Kind (ihm)** | **der Frau (ihr)** |

### INDEFINITE ARTICLE

| | Masculine | Neuter | Feminine |
|---|---|---|---|
| NOMINATIVE | ein  Mann | ein  Kind | eine  Frau |
| ACCUSATIVE | einen  Mann | ein  Kind | eine  Frau |
| **DATIVE** | **einem  Mann** | **einem  Kind** | **einer  Frau** |

## B  Order of Objects

### 1  Dative noun before accusative noun

If both objects are nouns, the dative object will precede the accusative object.

| | Dative<br>Indirect Object | Accusative<br>Direct Object |
|---|---|---|
| Sie schreibt | ihrem Freund | einen Brief. |
| Geben Sie | der Dame | das Buch! |
| Wer zeigt | dem Herrn | die Stadt? |
| Er kauft | seinem Sohn | ein neues Auto. |
| Bringst du | deiner Mutter | den Wein? |

## 2    Pronoun before noun

If one of the two objects is a personal pronoun, the pronoun object comes before the noun object.

|              | Dative Pronoun |              |
|--------------|----------------|--------------|
| Geben Sie    | ihr            | das Buch!    |
| Wer zeigt    | ihm            | die Stadt?   |
| Er kauft     | ihm            | das Auto.    |
| Bringst du   | ihr            | den Wein?    |

|              | Accusative Pronoun |                |
|--------------|--------------------|----------------|
| Geben Sie    | es                 | der Dame!      |
| Wer zeigt    | sie                | dem Herrn?     |
| Er kauft     | es                 | seinem Sohn.   |
| Bringst du   | ihn                | deiner Mutter? |

## 3    Accusative pronoun before dative pronoun

If both objects are pronouns, the accusative pronoun will precede the dative pronoun.

|              | Accusative Pronoun | Dative Pronoun |
|--------------|--------------------|----------------|
| Geben Sie    | es                 | ihr!           |
| Wer zeigt    | sie                | ihm?           |
| Er kauft     | es                 | ihm.           |
| Bringst du   | ihn                | ihr?           |

## 4    Word order used for emphasis

Since in German the direct and the indirect object are clearly signalled by the different forms of the articles and the personal pronouns, word order is often used for emphasis. The part to be emphasized is usually placed at the beginning of a sentence. The verb, however, must remain in second position and the subject must follow or precede the verb immediately.

Look at the following examples:

|              | Verb   |           |       |             |
|--------------|--------|-----------|-------|-------------|
| Er           | bringt | der Dame  | heute | die Blumen. |
| Der Dame     | bringt | er        | heute | die Blumen. |
| Die Blumen   | bringt | er        | heute | der Dame.   |
| Heute        | bringt | er        | der Dame | die Blumen. |

# MÜNDLICHE ÜBUNGEN

### Dativ: **Der-** und **Ein**-Wörter

**MÜ 1**  Wem bringt der Kellner die Speisekarte?

- Der Mann und die Frau möchten die Speisekarte haben.
  *Der Kellner bringt dem Mann und der Frau die Speisekarte.*

Diese Leute möchten die Speisekarte haben:

| | | |
|---|---|---|
| 1. der Gast | 6. der Student | 11. die Studentin |
| 2. der Amerikaner | 7. der Herr | 12. die Dame |
| 3. der Arzt | 8. der Tourist | 13. die Amerikanerin |
| 4. der Ingenieur | 9. der Polizist | 14. die Sekretärin |
| 5. der Verkäufer | 10. das Mädchen | 15. die Verkäuferin |

**MÜ 2**  Wem zeigt die Verkäuferin den Mantel?

- Ein Mann und eine Frau sind im Geschäft.
  *Sie zeigt einem Mann und einer Frau den Mantel.*

Diese Leute sind im Geschäft:

| | | |
|---|---|---|
| 1. ein Lehrer | 5. ein Kind | 9. eine Krankenschwester |
| 2. ein Kellner | 6. ein Kollege | 10. eine Ärztin |
| 3. ein Amerikaner | 7. ein Herr | 11. eine Lehrerin |
| 4. ein Freund | 8. ein Mädchen | 12. eine Studentin |

**MÜ 3**  Wem schreiben Sie einen Brief?

- mein Freund → *Ich schreibe meinem Freund einen Brief.*

| | | |
|---|---|---|
| 1. mein Vater | 4. seine Tochter | 7. seine Tante |
| 2. seine Mutter | 5. dein Onkel | 8. meine Freundin |
| 3. ihr Bruder | 6. meine Schwester | 9. ihr Sohn |

**MÜ 4**  Hier ist die Antwort. Fragen Sie!

- Er bringt **der alten Dame** Blumen. → *Welcher Dame bringt er Blumen?*

1. Sie schreibt **dem jungen Mann** einen Brief.
2. Sie zeigt **der alten Frau** die Stadt.
3. Er gibt **dem kleinen Jungen** einen Apfel.
4. Sie schenkt **dem netten Mädchen** ein Buch.
5. Er bringt **der neuen Sekretärin** den Brief.
6. Sie erklärt **dem alten Herrn** die Speisekarte.

## Personalpronomen

**MÜ 5**  Antworten Sie!

- Sprechen Sie von mir? → *Ja, ich spreche von Ihnen.*
  Sprichst du von mir? → *Ja, ich spreche von dir.*

1. Kommst du mit mir?
2. Gehen Sie mit mir?
3. Kommen Sie zu mir?
4. Fahren Sie mit mir?
5. Bleibst du bei mir?
6. Hast du das von mir?

**MÜ 6**  Antworten Sie mit **Sie, Ihnen** oder **euch!**

1. Kennst du uns?
2. Verstehen Sie uns?
3. Brauchst du uns?
4. Wohnen Sie bei uns?
5. Zeigen Sie uns die Kirche?
6. Suchen Sie uns?
7. Seht ihr uns?
8. Arbeiten Sie bei uns?
9. Fahrt ihr mit uns?
10. Schreibst du uns einen Brief?
11. Geht ihr mit uns?
12. Hören Sie uns?
13. Kommst du zu uns?
14. Bringen Sie uns die Speisekarte?
15. Wollt ihr uns besuchen?
16. Fragen Sie uns?

## Wortstellung: Pronomen vor Nomen

**MÜ 7**  Antworten Sie!

- Haben Sie dem Studenten das Buch gegeben?
  *Ja, ich habe ihm das Buch gegeben.*
  *Ja, ich habe es dem Studenten gegeben.*

1. Zeigen Sie der Dame das Bild?
2. Bringt die Kellnerin dem Gast die Speisekarte?
3. Kauft Herr Kaiser seiner Frau diese Uhr?
4. Haben Sie dem Jungen das Geld gegeben?
5. Hat die Verkäuferin der Dame das Kleid gezeigt?
6. Hat der Kellner dem Touristen die Speisekarte erklärt?

## Adjektivdeklination

**MÜ 8**  Stellen Sie das Adjektiv vor das Nomen und bilden Sie **einen** Satz!

- Wir bringen **der Dame** Blumen. Sie ist **krank.**
  *Wir bringen der kranken Dame Blumen.*

1. Sie kauft **dem Jungen** eine neue Hose. Er ist **klein.**
2. Der Verkäufer zeigt **der Dame** ein Kleid. Sie ist **elegant.**
3. Wir schenken **der Frau** die Blumen. Sie ist **nett.**
4. Der Lehrer erklärt **der Studentin** die Sätze. Sie ist **neu.**

5. Er wohnt bei **seinem Onkel.** Er ist **alt.**
6. Sie spricht von **ihrer Mutter.** Sie ist **krank.**
7. Er ist mit **seiner Freundin** ins Kino gegangen. Sie ist **hübsch.**
8. Der Herr kommt gerade aus **dem Hotel.** Es ist **teuer.**
9. Die Haltestelle ist gegenüber **dem Café.** Es ist **gemütlich.**
10. Er spricht mit **der Kellnerin.** Sie ist **jung.**
11. Nach **dem Essen** war ich müde. Es war **gut.**
12. Wie komme ich **zum Krankenhaus?** Es ist **neu.**

MÜ 9     Auf deutsch, bitte!

1. You can give the key to my girlfriend.
   You can give it to my girlfriend.
   You can give the key to her.

2. We sold our car to this gentleman.
   We sold our car to him.
   We sold it to this gentleman.

3. She had to show her driver's license to the policeman.
   She had to show her driver's license to him.
   She had to show it to the policeman.

4. Show the pictures to your friend.
   Show him the pictures.
   Show them to your friend.

5. Did you give the money to your sister?
   Did you give her the money?
   Did you give it to your sister?

6. The waiter brought the lady the menu.
   He brought her the menu.
   He brought it to the lady.

7. The teacher explains the new words to the student.
   She explains them to the student.
   She explains the new words to him.

## AUSSPRACHEÜBUNG

[h]   **H**err, **H**erbst, **H**eft, **h**och, **h**eiß, **h**eute, **h**inten, **H**unger, **h**alten, **H**aus

[j]   **j**a, **j**ung, **J**unge, **J**anuar, **J**ahr, **J**ahreszeit, **j**etzt

[pf]  **Pf**eife, **Pf**ennig, **Pf**und, **Pf**irsich, **Pf**lanze, A**pf**el, em**pf**ehlen

[ps]  **Ps**ychology, **Ps**ychiater, **Ps**alm

[kv]  **Qu**alität, **Qu**antität, **Qu**artier, **Äqu**ator

# Neudeutsch ist *in*!

**Verstehen Sie diese Wörter auch ohne Wörterbuch?**

Natürlich haben Sie alle Wörter sofort verstanden, denn man benutzt sie auch im Englischen. Es sind keine deutschen Wörter. Die deutsche Sprache hat sie integriert, aber mit der deutschen Aussprache.

Anders ist es mit Amerikanismen. Das sind Wortimporte aus Amerika. Seit dem Zweiten Weltkrieg° sind viele Wörter aus dem amerikanischen Englisch in die deutsche Sprache gekommen. Niemand weiß wie. Plötzlich° sind sie da. Auch die Aussprache ist wie im Englischen. Aber diese Wörter sind wie Gäste, denn die meisten bleiben nicht lange. Heute sind sie ultramodern und morgen sind sie vergessen. Oder auf neudeutsch: Heute sind sie *in* und morgen sind sie *out*.

*World War II*
*suddenly*

Besonders die Werbung benutzt viele Wörter oder manchmal sogar ganze Sätze aus dem amerikanischen Englisch. Hier sind einige Beispiele:

Neudeutsch ist *in*. Die *Teenager* tragen *Jeans* oder *Overalls* und *Boots*. Ihre *T-Shirts* oder *Sweat-Shirts* mit *Buttons* sind aus einem *Secondhand-Shop*. Nachmittags ist *Teatime* und abends gehen sie in die *City*. Sie gehen zu *McDonald's*, essen dort einen *Hamburger*, trinken *Coca Cola* oder einen *Milk-Shake* und sprechen über *Rock-Festivals* und *Popstars*. Oder sie gehen ins Kino. Vielleicht läuft dort gerade ein *Action-Film* oder ein *Science-Fiction-Film*. Auch *Horror*-Filme sind populär. *Western* mit *Superstars* sind *out*. Da gibt es keinen *Run* auf die *Tickets*.

Die *Boys* und *Girls* haben *Disco*-Fieber. *Disco-Sound* und *Disco-Look* sind *in*. Am *Weekend* gehen sie in die *Disco*, denn dort ist immer *Highlife*. Der *Disc Jockey* bringt seine *Gags* und *Slogans* und spielt die *Singles* und *LPs*. Zu Hause hören sie gern *Country Music*.

Irgendwo ist ein *Jazz-Festival*. Eine *Band* hat ein *Comeback*. Ihr *Sound* hat soviel *Feeling*, ihre *Show* hat *Power* und *Drive* mit einem phantastischen *Timing*. Diese *Band* ist ein *Hit*. Sie braucht keine *Publicity*. Die *Fans* sind *happy*.

Auch in der Bundesrepublik haben die *Teenager* ihre Gruppen. Die *Peer-Groups* sind wichtig. Die *Heavy-Metal-Fans* lieben den *Hard-Rock* und trinken viel Bier. Die *Mods* hören gern den schwarzen *US-Motown-Sound*. Die *Punks* haben ihren *Punk-Rock*. Sie tragen gern *T-Shirts* und *Do-it-yourself* Kleidung. Dann gibt es noch die *Rockabilly-Fans*, die *Skin-Heads* und die *Teddy Boys*. Die *Teds* hören gern die *Oldies*. Sie sind *Elvis-Fans* und haben den *Elvis-Look*. Nostalgie is *in*.

Die *Poppers* haben ihren *Way of Life*. Sie sind gegen *Punk* und Politik. Sie lieben den Luxus, tragen *Designer Jeans*, *College Slippers* oder *Cowboy*-Stiefel. Ein *Blazer* oder eine *Flannel-Stretch*hose sind viel zu ordinär für einen Popper. Die Poppers sind *Snobs*, haben Talent für *Small-Talk* und besuchen viele *Partys*. Sie haben keine Zeit für *Hobbys* oder Sport, auch nicht für *Jogging*. Später möchten sie einen *Job* als *Marketing Manager* oder *Public Relations Man*.

Und dann sind da noch die *coolen Freaks* und die *ausgeflippten People* aus der Drogenszene. Sie rauchen *Dope*. Nach einem *Joint* sind sie *high*. Hoffentlich haben sie später keinen *Flash back*.

Auch das *Management* spricht Neudeutsch. *Charly* Schmidt ist ein *cleverer Sales Promotion Manager* aus der *Computer* Industrie. Seine Freundin ist eine *smarte Stewardeß* und arbeitet für die *Airlines*. Seine Kollegen sind *Top Software* Leute, *Financial Controllers*, *Senior Projektmanagers*, *Consulting* Ingenieure. Doch seine Firma hat Probleme mit dem *Cash-Flow*.

Seit seiner *Midlife Crisis* ist *Charly* mit seinem *Job* nicht mehr zufrieden. *Keep smiling*, sagen seine Freunde. *Charly* war schon bei einem *Executive Recruiter*. Aber dieser *Headhunter* sucht nur einen *General Manager* für ein *Joint Venture* im *Softdrink*-Bereich.° Und *Charly* möchte eine *Manager* Position für *Controlling*, *Disposition* und *Marketing*, vielleicht bei einer *Leasing* Firma.

*field, area*

Nach dem *Streß* von seinem *Job relaxt* er zu Hause. Er *mixt* einen *Drink* und liest einen *Bestseller*. Es ist ein *Thriller*. Ein *cooler Gangster kidnappt* einen *Playboy* aus dem *Jet-Set* und *killt* ihn. Die *Story* hat kein *Happy End*.

Natürlich hat dieser Text einen *Touch of Nonsense*. Niemand benutzt so viele englische Wörter auf einmal.° Eine Sprache ist jedoch immer in Bewegung,° vor allem der Wortschatz. Neudeutsch ist *in!* Aber wie lange? Vielleicht ist es morgen schon *out*.

*at once*

*motion, movement*

## AUFGABEN ZUM TEXT

**1** Die Deutschen in der Bundesrepublik benutzen viele Wörter aus dem amerikanischen Englisch. Hier sind noch einige Beispiele. In welche Bereiche fallen diese Wörter?

**Kleidung—Musik—Technologie—Geschäftsleben—Modernes Leben—Freizeit**

| | | |
|---|---|---|
| Banker *Geschäftsleben* | Elektronik | Input |
| Streß *Modernes Leben* | Business | Public Relations |
| Super-Hit | Marketing | Jumbo Jet |
| Franchise | Hobby | Multi-Media-Center |
| T-Shirt | Rock'n Roll | Manicure-Set |
| Pop-Star | Fitness-Center | Dolby-Deck |
| Body-Building | Sex-Shop | Jeans |
| Fast-Food Markt | Manager | Video Recorder |
| Steakhouse | Jazz | University Pully |
| HiFi Receiver | Interview | Party-Service |
| Blues | Consulting Partners | Discount |
| Blazer | Sweat-Shirt | Countdown |
| Automatik | Stereo | Mail Order |
| Overall | Computer | Happy Night |
| Camping | Cocktail | Babysitter |
| Know How | Swimming Pool | Hotel Index |
| Take Off Tours | Toaster | Talk-Show |

**2** Lesen Sie eine deutsche Zeitung! Welche anderen englischen Wörter können Sie finden? In welche Bereiche fallen sie, und wo finden Sie besonders viele?

# Power für Klaus Sauer.

# SCHRIFTLICHE ÜBUNGEN

**SÜ 1**   Ergänzen Sie! *(Nominativ, Akkusativ, Dativ)*

| | | |
|---|---|---|
| 1. | die Kellnerin | Geben Sie _der Kellnerin_ die Zeitung! |
| 2. | unser Auto | Wir haben _____ verkauft. |
| 3. | der Herr | Können Sie _____ ein Hotel empfehlen? |
| 4. | eine Lampe | Frau Becker braucht _____ . |
| 5. | seine Freundin | Er kauft _____ Blumen. |
| 6. | Ihr Sohn | Wie heißt _____ ? |
| 7. | Herr Becker | Bringen Sie _____ diese Bilder! |
| 8. | ein neuer Freund | Hat das Mädchen _____ ? |
| 9. | der Student | Die Lehrerin erklärt _____ die Wörter. |
| 10. | Herr Sander | Dort kommt _____ . |
| 11. | das Mädchen | Zeigen Sie _____ das Schloß, bitte! |
| 12. | unsere Tochter | Sie hat _____ das Geld gegeben. |
| 13. | Fräulein Martin | Morgen besuchen wir _____ . |
| 14. | der Brief | Haben Sie schon _____ geschrieben? |
| 15. | der Ingenieur | Haben Sie _____ den Brief gezeigt? |
| 16. | der junge Mann | Bringen Sie _____ ein anderes Glas! |
| 17. | das kleine Kind | Sie holt _____ einen Apfel. |
| 18. | die junge Dame | _____ hat eine neue Bluse gekauft. |
| 19. | meine Freundin | Ich habe _____ meinen Mantel gezeigt. |

**SÜ 2**   Bilden Sie Sätze!

- Die Verkäuferin/zeigen/der Herr/ein Regenschirm
  *Die Verkäuferin zeigt dem Herrn einen Regenschirm.*

1. Herr Müller/kaufen/sein Sohn/ein Fahrrad
2. Das Mädchen/bringen/die alte Dame/ein Stück Kuchen
3. Meine Mutter/schreiben/meine Tante/ein langer Brief
4. Der Kellner/erklären/der Tourist/die Speisekarte
5. Das Kind/beschreiben/seine Mutter/ein Bild
6. Der Verkäufer/empfehlen/der Herr und die Dame/ein neuer Fernseher

**SÜ 3**   Antworten Sie!

- Bringt er **dem kranken Mann** die Blumen?
  *Nein, er bringt der kranken Frau die Blumen.*

1. Zeigt er **der netten Dame** das Schloß?
2. Geben Sie **dem alten Mann** das Geld?
3. Bringen Sie **der jungen Amerikanerin** den Stadtplan?
4. Empfiehlt er **seiner reichen Tante** das Hotel?
5. Haben sie **ihrem kleinen Bruder** einen Brief geschrieben?
6. Hat der Lehrer **dem netten Studenten** den Satz erklärt?

**SÜ 4**    Bilden Sie Fragen mit Fragewörtern!

- Der Kellner empfiehlt dem Herrn den Wein.
    *Wer empfiehlt den Wein?*          (der Kellner)
    *Was empfiehlt der Kellner?*       (den Wein)
    *Wem empfiehlt er den Wein?*       (dem Herrn)

1. Die Mutter gibt dem kleinen Kind einen schönen Apfel.
2. Die junge Dame hat dem Herrn ihr altes Auto verkauft.
3. Der Kellner hat dem Touristen die Speisekarte erklärt.
4. Wir haben dem Verkäufer das Geld gegeben.
5. Frau Keller schreibt ihrer Schwester einen Brief.
6. Der junge Mann hat dem Polizisten seinen Ausweis gezeigt.

**SÜ 5**    **Persönliche Fragen**

1. Wer bringt Ihnen im Restaurant die Speisekarte?
2. Wer verkauft Ihnen im Kaufhaus einen Pullover?
3. Wem schreiben Sie oft einen Brief?
4. Wem schenken Sie etwas zum Geburtstag?
5. Wer schenkt Ihnen etwas zum Geburtstag?
6. Wem schenken Sie Blumen?
7. Wer erklärt Ihnen die deutsche Grammatik?
8. Wem müssen Sie bei einer Verkehrskontrolle Ihren Führerschein zeigen?

## WORTSCHATZ

### NOMEN

| | |
|---|---|
| **das Geschenk, -e** | gift, present |
| **die Sprache, -n** | language |
| **die Werbung** | advertising |

### VERBEN

| | |
|---|---|
| **fallen (fällt), ist gefallen** | to fall |
| **geben (gibt), gegeben** | to give |
| **lieben** | to love |
| **schenken** | to give as gift |
| **servieren** | to serve |

### VERSCHIEDENES

| | |
|---|---|
| **besonder-** *(attr. adj.)* | special |
| **besonders** | especially |
| **ganz** *(adj.)* | whole, entire |
| **jedoch, doch** | however, but |
| **die meisten** | most of them |
| **nicht mehr** | no longer |
| **niemand** | nobody |
| **sofort** | right away, immediately |
| **sogar** | even |

*Europas größter Kopf steht in Darmstadt.*

**Situation: Wem. . .?**

● The dative plural
● Verbs requiring the dative case
● Expressions with the dative

**Der Mensch, die Körperteile, Schmerzen lokalisieren**
*Kultur: Gesundheitswesen in der Bundesrepublik*

# Kapitel
# 16

## Dativ Plural

### Situation: Wem . . .?

Das ist eine Weinstube. Hier sitzen die Leute
gemütlich zusammen und trinken Wein.

Der Kellner erklärt **ihnen** gerade die Weinkarte.

Die Leute sind jung.
Er erklärt **den jungen Leuten** die Weinkarte.

Die jungen Leute sind Touristen.
Er erklärt **den Touristen** die Weinkarte.

Die jungen Leute sind seine Gäste.
Er erklärt **seinen Gästen** die Weinkarte.

Er empfiehlt **seinen Gästen** einen guten Wein.
**Den anderen Gästen** hat er schon den Wein serviert.

*Verben mit dem Dativ:* **schmecken, gratulieren, danken, gefallen, antworten, helfen, gehören**

Die Wurst **schmeckt** dem Jungen.
Was **schmeckt** Ihnen sehr gut?

Die Dame **gratuliert** dem Herrn.
Er **dankt** der Dame für das Geschenk.

Was **gefällt** den Touristen in Deutschland?
Dem Herrn **gefällt** das große Schloß.
Der Dame **gefallen** die alten Kirchen.
Und was **gefällt** Ihnen in Deutschland?

Die Kinder fragen den Polizisten.
Der Polizist **antwortet** den Kindern.
Der Polizist **hilft** den Kindern.
Er **hilft** der Lehrerin.

**Wem gehört der Koffer?**

# GRAMMATIK

## A  The Dative Plural

### 1  Definite article and nouns

In the nominative and accusative, the plural form of the article and noun is always the same:

| Nominative Plural | Accusative Plural |
|---|---|
| **Die Koffer** sind zu groß. | Ich nehme **die Koffer** nicht. |
| Dort liegen **die Bücher.** | Sehen Sie **die Bücher.** |
| Hier sind **die Zeitungen.** | Wir brauchen **die Zeitungen.** |

In the dative plural, however, two changes occur:

1. The plural definite article **die** changes to **den.** As a result, all plural **der-** and **ein-** words take the ending **-en.**

2. The plural noun also adds the ending **-n,** unless it already ends in **-n** or **-s.**

| Nominative and Accusative Plural | Dative Plural |
|---|---|
| die Freunde | den (welchen, diesen) Freunden |
| die Kinder | den (keinen, meinen) Kindern |
| die Mütter | den (allen, unseren)  Müttern |
| die Flaschen | aus den Flaschen |
| die Autos | mit den Autos |

Look at the following example sentences:

| die Leute | Der Kellner bringt **den Leuten** die Weinkarte. |
| diese Männer | Er bringt **diesen Männern** die Weinkarte. |
| welche Damen | **Welchen Damen** bringt er die Weinkarte? |
| meine Gäste | Er bringt **meinen Gästen** die Weinkarte. |
| keine Kinder | Er bringt **keinen Kindern** die Weinkarte. |

## 2  Adjective ending (-en)

As you can see from the above examples, the ending **-n** is characteristic for the dative plural. This is true for the adjectives as well. In the dative plural, all adjectives end in **-en.**

Er hat von sein**en** neu**en** Kolleg**en** gesprochen.
*He spoke of his new colleagues.*

Sie hat **den** klein**en** Kinder**n** einen Apfel gegeben.
*She gave the small children an apple.*

Der Kellner erklärt **den** amerikanisch**en** Touristen die Speisekarte.
*The waiter explains the menu to the American tourists.*

## 3  Summary table for adjective – noun combinations

### PLURAL / ALL GENDERS

|  | Der-Words | Ein-Words | Adjectives + Nouns |
|---|---|---|---|
| NOMINATIVE | diese | seine | neuen Freunde, Kollegen |
| ACCUSATIVE | diese | seine | neuen Freunde, Kollegen |
| DATIVE | **diesen** | **seinen** | **neuen Freunden, Kollegen** |

## B Verbs Requiring the Dative Case

If a German verb takes one object, this object is usually in the accusative case. There are, however, a few verbs which can only take dative objects. Memorize the following verbs and learn to associate them with the dative:

|  |  | Literal Meaning |
|---|---|---|
| antworten | to answer | to give an answer to |
| danken | to thank | to give thanks to |
| gehören | to belong | to belong to |
| gefallen | to please / to like | to be pleasing to |
| gratulieren | to congratulate | to offer congratulations to |
| helfen | to help | to give help to |
| schmecken | to taste | to taste (good/bad) to |

Look at the following examples:

| | |
|---|---|
| Das Bild gefällt mir. | *I like the picture.* |
| Der Polizist hilft dem Kind. | *The policeman is helping the child.* |
| Hat Ihnen das Essen geschmeckt? | *Did you enjoy your meal?* |
| Wem gehören diese Schlüssel? | *To whom do these keys belong?* |

Verbs which can take only dative objects are so indicated in the vocabularies:

**helfen** *(+dat.)*
**antworten** *(+dat.)*

---

### When to use **gern** + verb and **gefallen**

Although both are translated into English with *like,* their use is not optional.

**gern** *(gladly, willingly)*

when used with a verb, expresses the idea of *liking* whatever is expressed by the verb. The structure **gern** + verb is used in the sense of *to enjoy doing something.*

| | |
|---|---|
| Er liest gern. | *He likes to read. / He enjoys reading.* |
| Sie arbeitet gern. | *She likes to work. / She enjoys working.* |

**gefallen** *(to like)*

is used to say that something, expressed by a noun or a pronoun, is pleasing to a person. The verb **gefallen** can only take a dative object.

| | |
|---|---|
| Das Buch hat ihm gefallen. | *He liked the book.* |
| Die Arbeit gefällt ihr. | *She likes the work.* |

**Note** For food and beverages, German uses the verb **schmecken** *(+dat.).*

| | |
|---|---|
| Wie hat Ihnen der Kuchen geschmeckt? | *How did you like the cake?* |
| Das deutsche Bier schmeckt ihm. | *He likes the German beer.* |

---

## C  Expressions with the Dative

The dative case is often used to express emotions, opinions or physical conditions. These expressions have **es** as the subject of the sentence.

Here are some dative expressions:

| | |
|---|---|
| Es tut mir leid. | *I'm sorry.* |
| Es tut mir weh. | *It hurts (me).* |
| Es ist mir egal. | *It's all the same to me.* |
| Es ist mir kalt. | *I am cold.* |
| Es ist mir heiß. | *I am hot.* |
| Es ist mir schlecht. | *I am feeling sick.* |
| | |
| Wie geht es Ihnen? | *How are you?* |
| Es geht mir gut. | *I am fine.* |

In colloquial German the grammatical subject **es** is often omitted.

Tut mir leid.
Mir ist heiß.
Mir ist schlecht.
Mir ist kalt.

# MÜNDLICHE ÜBUNGEN

## Dativ Plural

**MÜ 1**  Mit wem sprechen Sie Deutsch?

- Die Männer sprechen Deutsch. → *Ich spreche mit den Männern Deutsch.*

Diese Leute sprechen nur Deutsch:

| | | |
|---|---|---|
| 1. die Frauen | 4. die Verkäuferinnen | 7. die Damen |
| 2. die Gäste | 5. die Studenten | 8. seine Kinder |
| 3. diese Leute | 6. meine Freunde | 9. die Lehrer |

## Verben mit dem Dativ

**MÜ 2**  Wem gehören die Sachen?

- Die Dame hat einen Regenschirm. → *Der Regenschirm gehört der Dame.*

| | |
|---|---|
| 1. Der Herr hat eine Pfeife. | 4. Die Frau hat ein Auto. |
| 2. Der Tourist hat einen Stadtplan. | 5. Die Mädchen haben die Reisepässe. |
| 3. Die Studenten haben Bücher. | 6. Die Jungen haben Fahrräder. |

**MÜ 3**   Wem gefällt unsere Stadt?

- Die Touristen finden unsere Stadt sehr schön.
  *Unsere Stadt gefällt den Touristen.*

Diese Leute finden unsere Stadt sehr schön:

| | | |
|---|---|---|
| 1. die Amerikaner | 4. die Männer | 7. meine Freunde |
| 2. jeder Tourist | 5. diese Frauen | 8. dieser Herr |
| 3. unsere Gäste | 6. alle Leute | 9. beide Mädchen |

**MÜ 4**   Wem hat das Essen geschmeckt?

- Der Gast hat ein Schnitzel gegessen.
  *Das Schnitzel hat dem Gast gut geschmeckt.*

1. Das Mädchen hat eine Suppe gegessen.
2. Die Dame hat Salat gegessen.
3. Sein Vater hat den Nachtisch gegessen.
4. Die Leute haben Käse gegessen.
5. Meine Freunde haben das Brot gegessen.
6. Ihr Bruder hat Fisch gegessen.

**MÜ 5**   Wem hilft der Polizist?

- Ein Junge braucht Hilfe. → *Der Polizist hilft einem Jungen.*

Diese Leute brauchen Hilfe:

| | | |
|---|---|---|
| 1. ein Mann | 4. seine Frau | 7. unsere Eltern |
| 2. meine Geschwister | 5. ihr Bruder | 8. deine Schwester |
| 3. eine Amerikanerin | 6. ein Mädchen | 9. ein Tourist |

**MÜ 6**   Wem danken Sie?

- Der Herr hat Ihnen geholfen. → *Ich danke dem Herrn. (Ich danke ihm).*

Diese Leute haben Ihnen geholfen:

| | | |
|---|---|---|
| 1. der Kellner | 3. die Kinder | 5. die Sekretärin |
| 2. die Verkäuferin | 4. der Polizist | 6. die Mädchen |

**MÜ 7**   Wem antworten Sie?

- Ihr Vater fragt. → *Ich antworte meinem Vater.*

Diese Leute fragen Sie etwas:

| | | |
|---|---|---|
| 1. mein Bruder | 3. die Kinder | 5. Ihre Freundin |
| 2. der Lehrer | 4. seine Kollegin | 6. Ihre Eltern |

**MÜ 8**  Wem gratulieren Sie zum Geburtstag?

- Sein Bruder hat Geburtstag. → *Ich gratuliere seinem Bruder zum Geburtstag.*
  *(Ich gratuliere ihm.)*

Diese Leute haben Geburtstag:

1. ihre Mutter
2. meine Schwester
3. sein Vater
4. ihr Mann
5. eure Tante
6. dein Onkel

## Adjektivdeklination

**MÜ 9**  Setzen° Sie das Adjektiv vor das Nomen und bilden Sie **einen** Satz!　　　　*place*

- Der Mantel gehört der Dame. Sie ist jung.
  *Der Mantel gehört der jungen Dame.*

1. Das Haus gehört den Leuten. Sie sind nett.
2. Das Eis schmeckt dem Kind. Es ist klein.
3. Der Herr hilft der Dame. Sie ist alt.
4. Die Bilder gehören dem Jungen. Er ist groß.
5. Der Lehrer antwortet der Studentin. Sie ist neu.

## Wortstellung

**MÜ 10**  Sagen Sie die Sätze noch einmal! Beginnen Sie mit dem Dativ!

- Der blaue Pullover gefällt mir. → *Mir gefällt der blaue Pullover.*

1. Das Essen schmeckt mir nicht.
2. Wir haben ihm geholfen.
3. Die Schlüssel gehören ihm.
4. Sie hat diesem Mann das Geld gegeben.
5. Wir haben den Kindern das Bild gezeigt.
6. Das Konzert hat uns sehr gut gefallen.

**MÜ 11**  Auf deutsch, bitte!

a) **Verben mit dem Dativ**

1. Why don't you answer me?
2. Could you help them?
3. Whom did you help?
4. She congratulated us.
5. To whom does this umbrella belong?
6. The umbrella belongs to him.
7. She thanked me for the flowers.
8. What did you answer them?
9. We congratulated her.
10. Do we have to help your sister?
11. I am cold.
12. How are you today?

b) **Was ist richtig:**
**gern + Verb, gefallen, schmecken?**

1. He likes to play tennis.
2. I don't like this loud music.
3. How do you like my new coat?
4. Did he like the cake?
5. He doesn't like to eat cake.
6. We like your present very much.
7. Does he like to drink wine?
8. Did he like our new house?
9. How do you like Germany?
10. How did you like the fish?
11. I didn't like the picture.
12. She likes to go shopping.

# Der Mensch, die Körperteile, Schmerzen lokalisieren

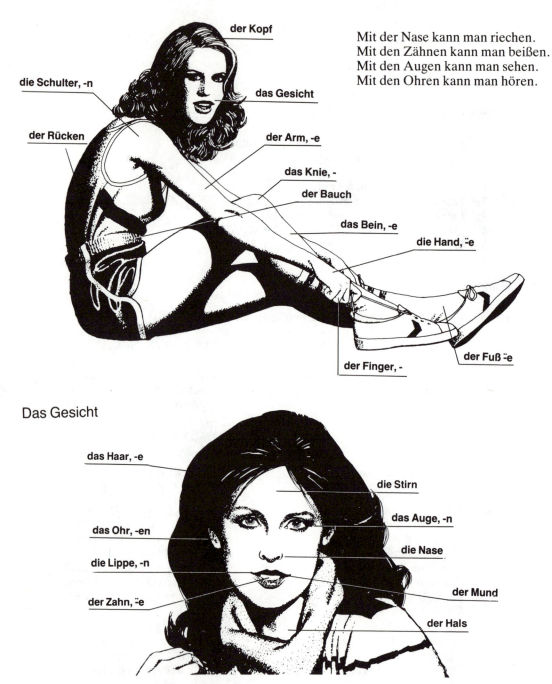

der Kopf

die Schulter, -n

das Gesicht

der Rücken

der Arm, -e

das Knie, -

der Bauch

das Bein, -e

die Hand, ¨-e

der Finger, -

der Fuß ¨-e

Mit der Nase kann man riechen.
Mit den Zähnen kann man beißen.
Mit den Augen kann man sehen.
Mit den Ohren kann man hören.

Das Gesicht

das Haar, -e

die Stirn

das Auge, -n

das Ohr, -en

die Nase

die Lippe, -n

der Mund

der Zahn, ¨-e

der Hals

**Was für Schmerzen haben diese Leute? Was tut ihnen weh?**

Heilkräuter-Tee
löst den Schleim

EBUS®
Brust-Tee

Kreussler-Pharma Wiesbaden

62/2

Finalgon

Schulter-Arm-Schmerzen
Muskelverspannungen
Rückenschmerzen

Er hat Kopfschmerzen.
Der Kopf tut ihm weh.

Collomack®
Gegen Hühneraugen, Hornhaut,
Schwielen und Warzen.

Heinrich Mack Nachf.
7918 Jllertissen

In Ihrer Apotheke erhältlich.

**Spielen Sie diese Szene!**

Ihr Freund ist krank. Er hat eine Erkältung.
Besuchen Sie ihn und fragen Sie ihn, wie es ihm geht.

| | |
|---|---|
| Ist es ihm heiß?—Schwitzt er? | Was für Schmerzen hat er? |
| Ist es ihm kalt?—Friert er? | Braucht er Medikamente? |
| Ist er müde? | Braucht er einen Arzt? |
| Hat er Fieber? | Können Sie ihm helfen? |
| Was tut ihm weh? | Was können Sie für ihn tun? |

# KULTUR

## Gesundheitswesen° in der BRD

*public health*

In der Bundesrepublik Deutschland gibt es rund 135.700 Ärzte und 33.000 Zahnärzte. Jeder Arzt betreut° im Durchschnitt° 453 Menschen und jeder Zahnarzt betreut im Durchschnitt 1.864 Menschen. Kein anderes Land hat so viele Ärzte. Die rund 3.300 bundesdeutschen Krankenhäuser haben zusammen 712.000 Betten, das heißt ein Bett je 86 Einwohner.° Im internationalen Vergleich° hat die Bundesrepublik Deutschland das beste Gesundheitswesen.

*serves/on the average*

*per inhabitants comparison*

Die Bundesrepublik hat ein schon über hundert Jahre altes und gut organisiertes Krankenkassensystem.° Es gibt gesetzliche° und private Krankenkassen. Fast alle Bundesbürger (90,3%) sind Mitglied° in einer gesetzlichen Krankenkasse. Die meisten anderen Bundesbürger haben eine private Krankenversicherung.° Nur 0,2 Prozent der Bevölkerung° hat keine Krankenversicherung.

*health plan/ statutory member health/ insurance population*

Und so funktioniert die gesetzliche Krankenversicherung. Hier ist ein Beispiel: Der 38jährige Ingenieur Gerhard E. ist verheiratet, hat drei Kinder und ein monatliches Gehalt° von 3000 Mark. Er bezahlt jeden Monat 160 Mark an seine Krankenkasse. Seine Firma bezahlt den gleichen Betrag,° d.h. auch 160 Mark an die Krankenkasse. Das sind zusammen 320 Mark, d.h. rund 12 Prozent von seinem Gehalt. Jetzt wird Herr E. krank. Zuerst braucht er einen Krankenschein. Den Krankenschein bekommt er von seiner Krankenkasse. Mit diesem Krankenschein geht Herr E. zum Arzt. Er gibt ihn dem Arzt. Der Krankenschein funktioniert wie ein Blanco-Scheck, und Herr E. muß für den Arztbesuch nicht bezahlen. Die Rechnungen für den Arzt und die Medikamente bezahlt die Krankenkasse direkt an den Arzt. Die Krankenkasse bezahlt auch die Arzt- und Krankenhausrechnungen für seine Frau und für seine Kinder. Die Krankenkassen rechnen alle drei Monate mit den Ärzten und mit den Apotheken ab° und nicht mit den Patienten.

*salary amount*

*settle*

**Quelle: Statistiches Bundesamt, Bonn, 1982.**

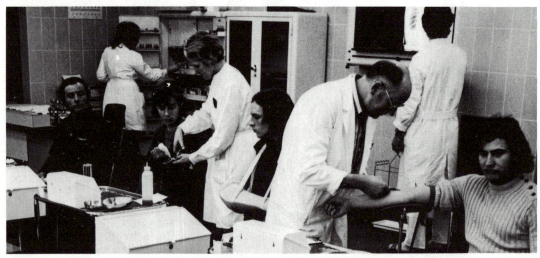

# SCHRIFTLICHE ÜBUNGEN

**SÜ 1**   Ergänzen Sie die richtige Form! *(Nominativ, Akkusativ, Dativ)*

1. der alte Herr — Fragen Sie _den alten Herrn_ !
2. ihr kleiner Sohn — Sie hat _____ einen Mantel gekauft.
3. die Kinder — Haben Sie _____ geholfen?
4. sein guter Freund — Er hat _____ einen Brief geschrieben.
5. die neue Sekretärin — _____ schreibt einen Brief.
6. der deutsche Polizist — Sie zeigt _____ ihren Führerschein.
7. die moderne Musik — Hören Sie _____ ?
8. die kranke Frau — Der Arzt hat _____ geholfen.
9. der große Junge — Gefällt _____ das Geschenk?
10. die junge Kellnerin — Rufen Sie _____ , bitte!
11. das Baby — Die Mutter gibt _____ den Tee.
12. Ihre Freundin — Hat _____ das Essen geschmeckt?
13. die netten Leute — Wir haben _____ besucht.
14. wer — _____ haben Sie geholfen?
15. wer — _____ haben Sie besucht?
16. wer — _____ hat das gesagt?
17. der neue Student — _____ heißt Peter.
18. seine Eltern — Haben Sie _____ ein Geschenk gebracht?
19. der junge Mann — Das Auto gehört _____ .
20. seine Frau — Er hat _____ zum Geburtstag gratuliert.

**SÜ 2**   Bilden Sie Sätze!

● der Arzt / helfen / der kranke Junge → *Der Arzt hilft dem kranken Jungen.*

1. die neue Sekretärin / schreiben / ein langer Brief / ihr Freund
2. Deutschland / gefallen / die amerikanischen Touristen
3. die Kundin / geben / die Verkäuferin / das Geld
4. der Tourist / zeigen / der deutsche Polizist / sein Führerschein
5. das Auto / gehören / die jungen Leute
6. er / gehen / mit / die kleinen Kinder / nach Hause

**SÜ 3**   Antworten Sie mit Pronomen!

● Gehören die Schlüssel dem Herrn? → *Ja, die Schlüssel gehören ihm.*
*(Nein, sie gehören ihm nicht.)*

1. Gehört das Geld den Studenten?
2. Hilft die Mutter dem Kind?
3. Gefällt Ihren Gästen die Stadt?
4. Antwortet das Kind dem Vater?
5. Hat dir der Apfel geschmeckt?
6. Hat der Herr der Dame geholfen?
7. Hat den Touristen das Schloß gefallen?
8. Hat dem Herrn das Essen geschmeckt?
9. Hat der Polizist dem Jungen geantwortet?
10. Hat dir die Wohnung gefallen?

## SÜ 4    Persönliche Fragen

1.  Was gefällt Ihnen in Deutschland besonders gut?
2.  Was gefällt Ihnen nicht?
3.  Wie schmeckt Ihnen das deutsche Essen?
4.  Was essen Sie besonders gern?
5.  Wem müssen Sie immer auf deutsch antworten?
6.  Wer gratuliert Ihnen zum Geburtstag?
7.  Mit welcher Hand schreiben Sie?
8.  Sie haben Zahnschmerzen. Wohin gehen Sie?
9.  Sie haben zuviel gegessen. Was tut Ihnen weh?
10.  Haben Sie oft Kopfschmerzen?
11.  Sie haben eine Erkältung. Was tut Ihnen weh?
12.  Sie sind krank. Wer hilft Ihnen?

## WORTSCHATZ*

### NOMEN

| | |
|---|---|
| der Körper, - | body |
| der Mensch, -en, - en | human being, man |
| der Schmerz, -en | pain |
| der Teil, -e | part |
| | |
| die Erkältung, -en | (common) cold |
| die Weinkarte, -n | wine menu |
| die Weinstube, -n | restaurant, establishment specializing in wine |

### VERBEN MIT DATIV

| | |
|---|---|
| antworten | to answer |
| danken | to thank |
| gefallen (gefällt), gefallen | to like |
| gehören | to belong to |
| gratulieren | to congratulate |
| helfen (hilft), geholfen | to help |
| schmecken | to taste |
| weh tun | to hurt |

### VERBEN

| | |
|---|---|
| beißen, gebissen | to bite |
| frieren, gefroren | to be cold, to freeze |
| lokalisieren | to localize |
| riechen, gerochen | to smell |
| schwitzen | to sweat, to perspire |

*Vergessen Sie nicht **die Wortschatzerweiterung** auf Seite 238!*

**Herr Becker ist krank.**

- Verbs with separable prefixes
    — Present tense
    — Imperative
    — Present perfect
- Common separable prefixes

**Frau Becker erwartet Gäste.**

# Kapitel
# 17

# Herr Becker ist krank.

▷ FRAU BECKER
▶ HERR BECKER

▷ Wach auf! Es ist schon Viertel
nach sieben. Steh bitte auf!

▶ Ich glaube, ich bin krank.
Ich kann nicht aufstehen.

▷ Soll ich die Firma anrufen und
dort Bescheid sagen?

▶ Ja, ruf bitte die Firma an!

▷ Dann schlaf weiter! Ich rufe
auch den Arzt an. Vielleicht
kann er kurz vorbeikommen.

## EINFÜHRUNG

*Verben mit trennbarem Präfix*

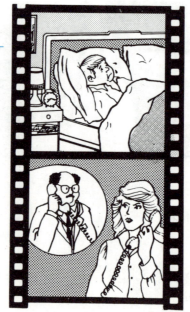

PRÄSENS:

**Heute**

Herr Becker ist krank.
Er **sieht** krank **aus.**

Er **steht** nicht **auf.** Er bleibt
im Bett und **schläft weiter.**

Seine Frau geht zum Telefon.
Sie **ruft** den Arzt **an.**

Dann **geht** sie ins Zimmer
**zurück,** aber Herr Becker
schläft.

Sie **macht** die Tür leise wieder
**zu.**

PERFEKT:

**Gestern**

Herr Becker ist krank gewe-
sen. Er **hat** krank **ausgesehen.**

Er **ist** nicht **aufgestanden.**
Er ist im Bett geblieben und
**hat weitergeschlafen.**

Seine Frau ist zum Telefon
gegangen. Sie **hat** den Arzt
**angerufen.**

Dann **ist** sie ins Zimmer
**zurückgegangen,** aber Herr
Becker hat geschlafen.

Sie **hat** die Tür leise wieder
**zugemacht.**

Um 9 Uhr **wacht** Herr Becker **auf.** Er ruft seine Frau.

Frau Becker **macht** die Tür **auf** und bringt ihm eine Tasse Tee.

Herr Becker trinkt den Tee. Dann **schläft** er wieder **ein.**

Um 10 Uhr **kommt** der Arzt **vorbei.** Er **schreibt** ihm einige Medikamente **auf.**

Dann **geht** der Arzt wieder **weg.**

Frau Becker **zieht** ihren Mantel **an** und geht zur Bushaltestelle.

Der Bus kommt, und sie **steigt ein.**

Sie fährt bis zum Bismarck-platz. Dort **steigt** sie **aus.**

Zuerst geht sie zur Apotheke. Dort **holt** sie die Medikamente **ab.**

Dann geht sie zum Super-markt und **kauft ein.**

Um 9 Uhr **ist** Herr Becker **auf-gewacht.** Er hat seine Frau gerufen.

Frau Becker **hat** die Tür **auf-gemacht** und hat ihm eine Tasse Tee gebracht.

Herr Becker hat den Tee ge-trunken. Dann **ist** er wieder **eingeschlafen.**

Um 10 Uhr **ist** der Arzt **vorbei-gekommen.** Er **hat** ihm einige Medikamente **aufgeschrieben.**

Dann **ist** der Arzt wieder **weg-gegangen.**

Frau Becker **hat** ihren Mantel **angezogen** und ist zur Bushal-testelle gegangen.

Der Bus ist gekommen, und sie **ist eingestiegen.**

Sie ist bis zum Bismarck-platz gefahren. Dort **ist** sie **ausgestiegen.**

Zuerst ist sie zur Apotheke ge-gangen. Dort **hat** sie die Medi-kamente **abgeholt.**

Dann ist sie zum Supermarkt gegangen und **hat eingekauft.**

Um ein Uhr **kommt** sie wieder **zurück.**

Sie **bringt** ihrem Mann die Medikamente **mit.**

Am Abend **sieht** Frau Becker **fern.**

Sie **will** einen Film sehen. Der Film **fängt** um 9 Uhr **an.**

Um ein Uhr **ist** sie wieder **zurückgekommen.**

Sie **hat** ihrem Mann die Medikamente **mitgebracht.**

Am Abend **hat** Frau Becker **ferngesehen.**

Sie wollte einen Film sehen. Die Film **hat** um 9 Uhr **angefangen.**

## *Verben mit trennbarem Präfix + Modalverben*

Herr Becker **kann** nicht **aufstehen,** denn er ist krank.
Er **will weiterschlafen.**
Seine Frau **muß** den Arzt **anrufen.**
Der Arzt **soll vorbeikommen.**
Frau Becker **muß** die Medikamente **abholen.**
Sie **muß** am Bismarckplatz **aussteigen.**
Dort **kann** sie im Supermarkt **einkaufen.**
Am Abend **will** Frau Becker **fernsehen.**

## FRAGEN

1. Warum ist Herr Becker gestern nicht aufgestanden?
2. Wie hat er ausgesehen?
3. Wen hat seine Frau angerufen?
4. Wann ist Herr Becker wieder aufgewacht?
5. Wann ist der Arzt vorbeigekommen?
6. Was hat er aufgeschrieben?
7. Wo hat Frau Becker eingekauft?
8. Wo hat sie die Medikamente abgeholt?
9. Um wieviel Uhr ist sie nach Hause zurückgekommen?
10. Was hat sie ihrem Mann mitgebracht?

# GRAMMATIK

## A  Verbs with Separable Prefixes in the Present and Present Perfect

### 1  Analysis

#### A VERB PREFIX

is a syllable or a word that is joined to the beginning of a verb. In German and in English, the addition of a prefix can modify or change the meaning of a verb considerably.

Here are some examples:

| | | | |
|---|---|---|---|
| stehen | *to stand* | schreiben | *to write* |
| **ver**stehen | *to understand* | **be**schreiben | *to describe* |
| kaufen | *to buy* | kommen | *to come* |
| **ver**kaufen | *to sell* | **be**kommen | *to receive, get* |

#### INSEPARABLE PREFIXES

The prefixes in the above examples are called inseparable prefixes because they are always written as part of the verb. An important characteristic of verbs with inseparable prefixes is that they do not add **ge-** in forming their past participle. Inseparable prefixes are not stressed.

| | verkaufen | bekommen |
|---|---|---|
| PRESENT | Er **verkauft** es. | Er **bekommt** es. |
| PRESENT PERFECT | Er **hat** es **verkauft.** | Er **hat** es **bekommen.** |

#### SEPARABLE PREFIXES

are usually adverbs or prepositions such as **aus**, **an**, **nach** etc. They have meaning by themselves. Thus, the addition of a separable prefix causes the verb to change or modify its basic meaning. When pronouncing a separable prefix verb, the prefix receives the stress.

| | | | |
|---|---|---|---|
| fangen | *to catch* | machen | *to do, to make* |
| an·fangen | *to begin* | auf·machen | *to open* |

German verbs with separable prefixes can be compared to English verbs with particles:

| Simple Verb | Verb + Particle | |
|---|---|---|
| *to call* | *to call up* | *Please call me up.* |
| *to come* | *to come back* | *She is coming back tomorrow.* |
| *to bring* | *to bring along* | *Why don't you bring her along?* |
| *to write* | *to write down* | *He is writing everything down.* |
| *to go* | *to go away* | *We won't go away.* |

The difference is that in English the particle always follows the verb, whereas in German the particle (= separable prefix) may be prefixed to the verb or stand separately at the end of a clause. Separable prefixes are always stressed.

## 2 The infinitive: one word

German verbs with separable prefixes consist of two elements: the prefix and the basic verb. The prefix always bears the main stress. The infinitive form of a verb with a separable prefix is written as one word:

abholen
aufschreiben
ausziehen
einsteigen
mitkommen

| ab | holen |
| auf | schreiben |
| aus | ziehen |
| ein | steigen |
| mit | kommen |

Look at the following examples:

Er muß seine Frau **abholen.**  *He has to pick up his wife.*
Ich wollte meine Schuhe **ausziehen.**  *I wanted to take off my shoes.*
Sie kann nicht **mitkommen.**  *She can't come along.*

**Note** In the vocabularies of this text, verbs with a separable prefix will be indicated by a raised dot (·) between the prefix and the basic verb, as in **ab · holen.**

## 3 The present tense: two words

In the present tense, the prefix becomes separated from the verb and moves to the very end of the main clause.

| Er | **holt** | seine Frau | **ab.** |
| Ich | **ziehe** | meine Schuhe | **aus.** |
| Sie | **kommt** | heute nicht | **mit.** |
| Wo | **steigen** | Sie | **aus?** |
| | **Steigen** | Sie hier | **aus?** |
| | **Bringen** | Sie das Buch | **mit?** |

## 4 The imperative: two words

In the imperative, the prefix is also separated from the verb and stands at the very end.

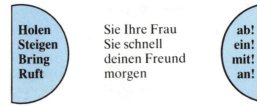

| **Holen** | Sie Ihre Frau | **ab!** |
| **Steigen** | Sie schnell | **ein!** |
| **Bring** | deinen Freund | **mit!** |
| **Ruft** | morgen | **an!** |

# 5   The present perfect

### 1. The past participle: one word

Verbs with separable prefixes use the **ge-**prefix to form their past participle. The **ge-** is inserted between the separable prefix and the stem.

| Infinitive | Past Participle |
|---|---|
| anrufen | an**ge**rufen |
| abholen | ab**ge**holt |
| mitbringen | mit**ge**bracht |

The addition of a separable prefix to a verb does not affect the formation of the past participle. The separable prefix is simply placed in front of the past participle of the basic verb: **gerufen/angerufen, geholt/abgeholt, gebracht/mitgebracht.**

The two elements (separable prefix and past participle) are written as one word and are placed at the very end of the sentence.

Er hat seine Frau      **angerufen.**
Warum sind Sie nicht    **mitgekommen?**
Sie hat ihre Schuhe     **ausgezogen.**
Habt ihr die Bücher     **mitgebracht?**
Er ist um 9 Uhr       **weggegangen.**

### 2. The auxiliary: **sein** or **haben**?

Since a verb tends to change its basic meaning when it adds a separable prefix, it can happen that the basic verb uses **haben** but the separable prefix verb uses **sein** as the auxiliary.

**No motion/No change in condition**

| stehen | ich habe gestanden |
|---|---|
| schlafen | ich habe geschlafen |
| wachen | ich habe gewacht |

**Motion/Change in condition**

| aufstehen | ich bin aufgestanden |
|---|---|
| einschlafen | ich bin eingeschlafen |
| aufwachen | ich bin aufgewacht |
| steigen | ich bin gestiegen |
| einsteigen | er ist eingestiegen |
| kommen | ich bin gekommen |
| ankommen | er ist angekommen |

**Note** Those verbs which use **sein** as the auxiliary usually keep **sein** when a separable prefix is added.

## B  Common Separable Prefixes

Separable prefixes are used to form many German verbs. The meaning of a verb with a separable prefix is most often a literal combination of the prefix and the basic verb.

Here are some frequently used separable prefixes with their most common meanings.

| Prefix | Meaning | Separable Verb | Meaning |
|---|---|---|---|
| **ab-** | *off, away* | abfahren | *to depart* |
| | | abholen | *to pick up* |
| **an-** | *at, on* | anfangen | *to begin* |
| | | ankommen | *to arrive* |
| | | anrufen | *to call up* |
| **auf-** | *up* | aufmachen | *to open (up)* |
| | | aufschreiben | *to write down* |
| | | aufstehen | *to get up* |
| | | aufwachen | *to wake up* |
| **aus-** | *out, off* | aussehen | *to look, appear* |
| | | aussteigen | *to get out, off* |
| | | ausziehen | *to take off (clothes)* |
| **durch-** | *through* | durchfahren | *to drive through* |
| | | durchlesen | *to read through* |
| | | durchreisen | *to travel through* |
| **ein-** | *in* | einladen | *to invite* |
| | | einschlafen | *to fall asleep* |
| | | einsteigen | *to get in, climb in* |
| **mit-** | *along* | mitbringen | *to bring along* |
| | *(to join in)* | mitkommen | *to come along* |
| | | mitnehmen | *to take along* |
| **vorbei-** | *by, past* | vorbeikommen | *to come by* |
| | | vorbeigehen | *to pass by* |
| **weg-** | *away* | weggehen | *to go away* |
| | | wegnehmen | *to take away* |
| | | wegfahren | *to drive away* |
| **weiter-** | *on* | weiterfahren | *to drive on* |
| | *(to continue)* | weiterschlafen | *to continue to sleep* |
| **zurück-** | *back* | zurückgehen | *to go back* |
| | | zurückkommen | *to come back* |
| | | zurücknehmen | *to take back* |

# MÜNDLICHE ÜBUNGEN

**MÜ 1**   Antworten Sie! Wie sehen die Leute oder die Sachen aus?

● *Der Mann ist krank. → Er sieht krank aus.*

1.  Die Dame ist elegant.
2.  Der Teppich ist schön.
3.  Die Lampe ist teuer.
4.  Der junge Mann ist sportlich.
5.  Das Mädchen ist hübsch.
6.  Die Studentin ist müde.

**MÜ 2**   Was ziehen Sie morgen an?

● *ein warmer Pullover → Ich ziehe morgen einen warmen Pullover an.*

1.  eine helle Jacke
2.  der leichte Mantel
3.  mein neuer Rock
4.  das bunte Hemd
5.  das blaue Kleid
6.  eine dunkle Bluse

**MÜ 3**   Was tun die Leute?

● *Der Junge muß seine Eltern anrufen. → Er ruft seine Eltern an.*

1.  Die Leute müssen in Heilbronn aussteigen.
2.  Der Student muß die neuen Wörter aufschreiben.
3.  Frau Becker soll die Medikamente abholen.
4.  Der Arzt soll vorbeikommen.
5.  Er möchte weiterschlafen.
6.  Das Kind muß die Tür aufmachen.

mach mit . . .

Aktion Saubere Landschaft e. V

**MÜ 4**   Imperativ, bitte!

● *Soll ich mitkommen? → Ja, komm bitte mit! / Kommen Sie bitte mit!*
*Sollen wir mitkommen? → Ja, kommt bitte mit!*

1.  Soll ich mitlaufen?
2.  Sollen wir mitgehen?
3.  Soll ich mitfahren?
4.  Sollen wir die Tür aufmachen?
5.  Soll ich das Auto abholen?
6.  Sollen wir den Ausweis mitnehmen?

**MÜ 5**   Was können die Leute nicht tun?

● *Warum steigt er hier nicht aus? → Er kann hier nicht aussteigen.*

1.  Warum holt er uns nicht ab?
2.  Warum ruft er ihn nicht an?
3.  Warum kommst du nicht mit?
4.  Warum stehen Sie nicht auf?
5.  Warum macht sie das Fenster nicht zu?
6.  Warum steht er heute nicht auf?
7.  Warum kommt der Arzt nicht vorbei?
8.  Warum schläft das Kind nicht ein?

**MÜ 6**  Fragen Sie mit einem Modalverb!
*(müssen, können, sollen, dürfen, wollen)*

- Sie ruft den Verkäufer an. → *Muß sie den Verkäufer anrufen?*

1. Er macht das Buch zu.
2. Sie bringt ihre Tochter mit.
3. Wir gehen um 7 Uhr weg.
4. Ich stehe heute früh auf.
5. Er sieht jeden Abend fern.
6. Sie steigt in Garmisch aus.

**MÜ 7**  Im Perfekt, bitte!

- Der Film fängt gerade an. → *Der Film hat gerade angefangen.*

1. Die Leute sehen abends fern.
2. Sieht Herr Becker krank aus?
3. Sie ruft ihren Mann an.
4. Wer macht die Tür zu?
5. Wann kommt der Arzt vorbei?
6. Ich kaufe im Supermarkt ein.
7. Nehmen Sie einen Mantel mit?
8. Das Kind zieht seine Schuhe aus.

**MÜ 8**  Das Perfekt mit **sein**, bitte!

- Herr Becker wacht auf. → *Herr Becker ist aufgewacht.*

1. Mein Freund kommt um 5 Uhr vorbei.
2. Herr Becker steht nicht auf.
3. Er geht abends nicht weg.
4. Die Kinder schlafen wieder ein.
5. Wir gehen zu Fuß zurück.
6. Er kommt um 5 Uhr an.
7. Ich steige schnell ein.
8. Der Herr steigt in Köln aus.

**MÜ 9**  Die Frage ist im Präsens. Antworten Sie im Perfekt mit **schon!**

- Wann ruft er seine Frau an? → *Er hat sie schon angerufen.*

1. Wann nimmt sie die Blumen mit?
2. Wann holt er das neue Auto ab?
3. Wann wachen die Kinder auf?
4. Wann kommt der Arzt vorbei?
5. Wann fängt der Unterricht an?
6. Wann stehen unsere Gäste auf?
7. Wann fährt der Zug ab?
8. Wann probiert sie das Kleid an?
9. Wann steigen die Leute aus?
10. Wann macht er das Fenster auf?

**MÜ 10**  Auf deutsch, bitte!

1. When can you come back?
2. Please open the door.
3. Did you open the window?
4. She brought her children along.
5. Why is he getting up?
6. They picked me up at home.
7. Please call them up.
8. I have to get up very early.
9. He can't close the door.
10. Mr. Becker looked sick.
11. She put her new coat on.
12. When are the children coming back?
13. We want to watch TV.
14. Did you write everything down?
15. She fell asleep.
16. He continued to sleep.

# Frau Becker erwartet[L] Gäste

Frau Becker hat ihre Freundinnen zum Kaffee eingeladen[L], denn heute ist ihr Geburtstag. Sie hat alles gut vorbereitet[L]. Der Kaffeetisch mit den schönen Blumen von ihrem Mann sieht wirklich hübsch aus. Da kommt der Postbote[L] und bringt ihr ein Telegramm. Das Telegramm ist von ihrer Schwester Marion. Marion ist mit einem Amerikaner verheiratet und wohnt schon seit zehn Jahren mit ihrem Mann und ihren Kindern in Milwaukee. Frau Becker macht das Telegramm auf und liest es:

```
        Telegramm    Deutsche Bundespost    Verzögerungs-
                                            vermerke
  Datum    Uhrzeit   TSt Heidelberg    Leitvermerk         Datum     Uhrzeit

  Platz    Name  DM  4633A  MÜNCHEN  D4111  TG  FFM  D      Platz    Nummernzeichen

  ZCZC  062 GT 19513  RMR 7342  QRD 00486-4, 0825/2 S 140

           DFPX  HL  URAX  021  TDBN  MILWAUKEE  WIS  21 19  0846 P
                                          EST  VIA  RCA

  FRAU H. BECKER                                    Dienstliche Rückfragen

  SCHRIEBELSTR. 14  8000 MÜNCHEN 40


  ANKUNFT DONNERSTAG 15 UHR FLUGHAFEN FRANKFURT, NICHT ABHOLEN,

      KOMME MIT ZUG NACH MUENCHEN, GRUESSE MARION
```

Frau Becker versteht das nicht, denn Marion wollte erst am Samstag kommen. Mein Gott, denkt sie, heute ist ja schon Donnerstag! Ich kann Marion gar nicht abholen. Meine Gäste können jeden Moment kommen. Wieso[L] kommt Marion schon heute? Warum fliegt sie nicht nach München?

Schnell holt Frau Becker das Kursbuch[L] und sucht den Fahrplan[L] Frankfurt-München. Sie denkt nach. Marion kommt um 15 Uhr in Frankfurt an. Zuerst muß sie durch die Paßkontrolle gehen. Dann muß sie ihr Gepäck[L] abholen und durch den Zoll gehen. Das dauert eine gute Stunde. Der nächste Zug nach München fährt um 16 Uhr 33 ab. Dieser Zug fährt durch. Sie muß also nicht umsteigen. Marion kommt dann um 20 Uhr 23 in München an. Na ja, das ist kein großes Problem. Um 20 Uhr 33 können wir Marion abholen. Frau Becker macht das Kursbuch zu und legt es zurück in den Schrank. Dann ruft sie ihren Mann im Büro an und sagt ihm Bescheid. Da kommen ihre Gäste.

Am Abend fahren Herr und Frau Becker zum Bahnhof und holen Marion ab.

## FRAGEN ZUM TEXT

1. Wen erwartet Frau Becker zum Kaffee?
2. Warum hat sie ihre Freundinnen eingeladen?
3. Wie sieht der Kaffeetisch aus?
4. Was bringt ihr der Postbote?
5. Von wem ist das Telegramm?
6. Wer ist Marion?
7. Wann kommt Marion in Frankfurt an?
8. Was muß sie dort nach ihrer Ankunft tun?
9. Wann fährt der Zug nach München ab?
10. Warum muß Marion nicht umsteigen?
11. Warum ruft Frau Becker ihren Mann an?

Ruf doch mal an!

**erwarten** = warten auf *(+ Akk.)*

**ein·laden** (lädt ein, eingeladen) = Frau Becker hat zu ihren Freundinnen gesagt: „Bitte kommt zum Kaffee!" Sie hat sie zum Kaffee eingeladen.

**vor·bereiten** = Frau Becker hat alles vorher gemacht (z.B. eingekauft, Kuchen gebacken). Sie hat alles vorbereitet.

der **Postbote, -n, -n** = Er arbeitet bei der Post. Er bringt den Leuten die Post (Briefe, Telegramme usw.).

die **Ankunft** = das Nomen von **ankommen**

die **Abfahrt** = das Nomen von **abfahren**

**wieso?** = warum?

der **Fahrplan, ¨e** = Auf einem Fahrplan stehen Ankunft und Abfahrt (wann die Züge ankommen und abfahren).

das **Kursbuch, ¨er** = In einem Kursbuch findet man die Fahrpläne.

das **Gepäck** = Koffer und Taschen für eine Reise

## Fahrplan mit Ankunft und Abfahrt

**Gültig vom 31. Mai bis 26. September**

**[DB]** Frankfurt (M)—München ● 423 km

(1) Zuglauf über Würzburg — (2) Zuglauf über Stuttgart

| Zug-Nr. | Abfahrt Ffm Hbf | Ankunft München Hbf | Service im Zug | Besonderheiten |
|---|---|---|---|---|
| D 723 | 11.01 | 15.29 | ⊠ | (1) |
| ⇇ 621 | 11.33 | 15.25 | ✕ | (1) ⓤ Würzburg an 12.53, ab 12.58 (⇇ 583) nur Mo—Sa, nicht 8. VI. |
| ⇇ 621 | 11.33 | 15.45 | ✕ | (1) |
| ⇇ 599 | 11.37 | 16.10 | ✕ | (2) nur Mo—Sa, nicht 8. VI. |
| ⇇ 125 | 12.33 | 16.25 | ✕ | (1) ⓤ Würzburg an 13.53, ab 13.58 (⇇ 585) |
| ⇇ 125 | 12.33 | 16.44 | ✕ | (1) |
| ⇇ 173 | 12.37 | 17.10 | ✕ | (2) ⓤ Mannheim an 13.21, ab 13.27 (⇇ 515) |
| D 721 | 13.00 | 19.35 | ♀ | (1) ⓤ Nürnberg an 16.13, ab 16.49 (E 3239) ♀ Ffm—Nürnberg |
| ⇇ 521 | 13.33 | 17.45 | ✕ | (1) |
| ⇇ 175 | 13.37 | 18.10 | ⊠✕ | (2) ⓤ Mannheim an 14.21, ab 14.27 (⇇ 517) ⊠ Ffm—Mannheim ✕ Mannheim—München |
| ⇇ 525 | 14.33 | 18.26 | ✕ | (1) |
| ⇇ 177 | 14.37 | 19.10 | ✕ | (2) ⓤ Mannheim an 15.21, ab 15.27 (⇇ 613) |
| ⇇ 527 | 15.33 | 19.25 | ⊠ | (1) ⓤ Würzburg an 16.53, ab 16.58 (⇇ 681) nur Mo—Fr, nicht 8. VI. |
| ⇇ 527 | 15.33 | 19.44 | ⊠ | (1) nur Mo—Fr, nicht 8. VI. |
| ⇇ 575 | 15.37 | 20.10 | ✕ | (2) ⓤ Mannheim an 16.21, ab 16.27 (⇇ 611) |
| ⇇ 529 | 16.33 | 20.23 | ✕ | (1) |
| ⇇ 577 | 16.37 | 21.13 | ✕ | (2) ⓤ Mannheim an 17.21, ab 17.27 (⇇ 519) täglich außer samstags, nicht 7. VI. |
| D 815 | 16.40 | 21.56 | ♀ | (2) |
| D 1173 | 17.02 | 23.19 | ♀ | (2) ⓤ Karlsruhe an 18.36, ab 19.12 (D 479) ♀ Ffm—Mannheim/Karlsruhe—Stuttgart |
| E 725 | 17.05 | 22.17 | ♀ | (1) ⓤ Würzburg an 18.43, ab 19.21 (E 2083) ♀ Ffm—Würzburg |
| ⇇ 523 | 17.33 | 21.28 | ✕ | (1) ⓤ Würzburg an 18.53, ab 18.58 (⇇ 687) täglich außer samstags, nicht 7. VI. |

| | |
|---|---|
| ▥ = 1. Klasse, bes Zuschlag | ♀ = Speisen und Getränke im Zug erhältlich |
| ⇇ = 1. und 2. Klasse, bes Zuschlag | |
| D = 1. und 2. Klasse | ⇥ = Schlafwagen |
| E = 1. und 2. Klasse | ⇥ = Liegewagen |
| ▦ = Kurswagen | ☎ = Münz-Zugtelefon |
| ✕ = Zugrestaurant | ⓤ = umsteigen/change |
| ⊠ = Quick-Pick-Zugrestaurant | |

**Benutzen Sie das Wörterbuch!**

## Bildsymbole im Bahnhof. Was bedeuten sie?

Platzkartenschalter

Gepäckabfertigung

Auto im Reisezug

Gepäckträger

Öffentlicher Fernsprecher

Gepäck im Schließfach

Postamt

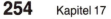

Fundbüro

# SCHRIFTLICHE ÜBUNGEN

**SÜ 1**    Bilden Sie Sätze im Präsens!

* abfahren/der Zug/Frankfurt/16.30 Uhr
  *Der Zug nach Frankfurt fährt um 16.30 Uhr ab.*

1. ankommen/der Zug/München/20.55 Uhr
2. durchfahren/der Zug/und/wir/nicht umsteigen müssen
3. aussteigen/wir/München
4. abholen/wir/unsere Freunde/München
5. mitbringen/ich/mein Freund/ein Geschenk
6. einladen/ich/meine Schwester/zum Geburtstag
7. einkaufen/Frau Becker/im Supermarkt/später
8. fernsehen/Marion/heute abend/im Wohnzimmer

**SÜ 2**    Noch einmal ohne die Modalverben, bitte!

* Die Kinder können nicht einschlafen. → *Die Kinder schlafen nicht ein.*

1. Er will die Tür zumachen.
2. Sie möchte ihre Freunde einladen.
3. Wir sollen alles aufschreiben.
4. Was mußt du vorbereiten?
5. Sie will ihren Freund anrufen.
6. Du kannst jetzt anfangen.
7. Dürft ihr dort einsteigen?
8. Sie will das Kleid anprobieren.

**SÜ 3**    Im Perfekt, bitte!

1. Wann fängt der Film an?
2. Schreibst du alle Wörter auf?
3. Er geht um sieben Uhr weg.
4. Herr Becker sieht krank aus.
5. Ich stehe um 7 Uhr auf.
6. Die Leute steigen schnell aus.
7. Der Zug kommt um 21 Uhr in Mainz an.
8. Er lädt seine Freunde zum Essen ein.
9. Um wieviel Uhr fährt der Zug ab?
10. Sie ruft ihren Mann im Büro an.
11. Der Arzt kommt um 10 Uhr vorbei.
12. Sie zieht ihren Regenmantel an.

**SÜ 4**    **Persönliche Fragen**

1. Um wieviel Uhr wachen Sie morgens auf?
2. Stehen Sie dann immer gleich auf?
3. Um wieviel Uhr sind Sie heute aufgestanden?
4. Müssen Sie auch sonntags früh aufstehen?
5. Wo kaufen Sie oft ein?
6. Können Sie in Deutschland auch sonntags einkaufen?
7. Laden Sie manchmal Ihre Freunde zum Essen ein?
8. Wen laden Sie zu Ihrer Geburtstagsparty ein?
9. Was bringen Ihre Gäste mit?
10. Sehen Sie oft fern?

## WORTSCHATZ*

### VERBEN

| | | | |
|---|---|---|---|
| **ab·fahren (fährt ab), ist abgefahren** | to depart | **denken, gedacht** | to think |
| **ab·holen** | to pick up | **durch·fahren (ä) ist durchgefahren** | drive through (without stopping) |
| **an·fangen (fängt an), angefangen** | to begin, start | **ein·kaufen** | to shop |
| **an·kommen, ist angekommen** | to arrive | **ein·schlafen (schläft ein), ist eingeschlafen** | to fall asleep |
| **an·rufen, angerufen** | to call up | **ein·steigen, ist eingestiegen** | to get in (a vehicle) |
| **an·ziehen, angezogen** | to dress, put clothes on | **fern·sehen (sieht fern), ferngesehen** | to watch TV |
| **auf·machen** | to open (up) | **mit·bringen, mitgebracht** | to bring along |
| **auf·schreiben, aufgeschrieben** | to write down, take notes | **nach·denken, nachgedacht** | to think about |
| **auf·stehen, ist aufgestanden** | to get up, rise | **um·steigen, ist umgestiegen** | to transfer, change (vehicles) |
| **auf·wachen, ist aufgewacht** | to wake up | **vorbei·kommen, ist vorbeigekommen** | to pass by, drop by |
| **aus·sehen (sieht aus), ausgesehen** | to look, appear | **weg·gehen, ist weggegangen** | to go away, leave |
| **aus·steigen, ist ausgestiegen** | to get off (a vehicle) | **weiter·schlafen (ä), weitergeschlafen** | to continue to sleep |
| **aus·ziehen, ausgezogen** | to undress, take clothes off | **zu·machen** | to close up |
| | | **zurück·gehen ist zurückgegangen** | to go back |
| | | **zurück·kommen, ist zurückgekommen** | to come back, return |

### VERSCHIEDENES

| | |
|---|---|
| **Bescheid sagen** *(+dat.)* | to notify, to inform s.o. |
| **leise** | quiet(ly), soft(ly) |

*Vergessen Sie nicht **die Lesehilfe** auf Seite 254!

*In der Kunsthalle in Karlsruhe*

**Peter geht ins Kino. — Jutta war schon im Kino.**
**Das Haus**

- Prepositions with either the accusative or dative
- The verbs **legen – liegen, stellen – stehen,**
  **setzen – sitzen, hängen**
- Meaning and usage of two-way prepositions
- Verbs with prepositional objects

**Die Wohnsituation in der Bundesrepublik**
*Kultur: Was tut man wo?*

**Kapitel**
**18**

# Peter geht ins Kino. — Jutta war schon im Kino.

▶ Hast du heute abend etwas vor?

▷ Noch nicht! Warum?

▶ Ich gehe ins Kino.
Kommst du mit?

▷ Nein, heute nicht.
Ich war gestern im Kino.

▶ Schade!
Vielleicht ein anderes Mal.

**Variieren Sie diese Szene mit:**

▷ Ich gehe ins **Theater**...          ▶ Ich war gestern im **Theater**.
...... in den **Park** ...                   ...... schon im Park.
...... in die **Stadt** ...                   ...... am Samstag in der Stadt.

# EINFÜHRUNG

### Die Verben *legen – liegen, stellen – stehen, hängen – hängen, setzen – sitzen*

| | |
|---|---|
| **Aktion: Wohin . . . ?** | **Position: Wo . . . ?** |
| **Akkusativ** | **Dativ** |

Ich lege das Buch auf den Tisch.
Ich habe es auf den Tisch gelegt.

Das Buch liegt auf dem Tisch.
Es hat auf dem Tisch gelegen.

Ich stelle die Flasche auf den Tisch.
Ich habe sie auf den Tisch gestellt.

Die Flasche steht auf dem Tisch.
Sie hat auf dem Tisch gestanden.

Ich hänge das Bild an die Wand.
Ich habe es an die Wand gehängt.

Das Bild hängt an der Wand.
Es hat an der Wand gehangen.

Ich setze das Kind auf den Tisch.
Ich habe es auf den Tisch gesetzt.

Das Kind sitzt auf dem Tisch.
Es hat auf dem Tisch gesessen.

## Präpositionen mit dem Akkusativ und dem Dativ: *an, auf, hinter, in, neben, über, unter, vor, zwischen*

### Akkusativ: Wohin . . . ?

**Aktion:**

Der Mann hängt das kleine Bild **an die Wand.**

Er hängt es **über die Couch.**

Er hängt es **zwischen die** großen **Bilder.**

Die Dame legt einen Teppich **auf den Fußboden.**

Sie legt ihn **vor die Couch.**

Der Junge stellt eine Lampe **neben den Sessel.**

Sein Bruder kommt gerade **ins Zimmer.**

Er wirft seine Tasche **hinter den Sessel.**

Das kleine Mädchen stellt den Käfig mit dem Goldhamster **unter den Stuhl.**

Der Goldhamster ist nicht mehr in seinem Käfig.

Wo kann er nur sein?

### Dativ: Wo . . . ?

**Position:**

Ist er **hinter der Lampe?**

Ist er **unter der Couch?**

Sitzt er **auf dem Tisch?**

Schläft er **zwischen den Kissen?**

Liegt er **am Fenster?**

Steht er **neben dem Sessel?**

Ist er **vor seinem Käfig?**

Ist er **im Schrank?**

Vielleicht ist er gar nicht mehr **im Wohnzimmer.**

# WORTSCHATZERWEITERUNG

## Das Haus

| der | das | die |
|---|---|---|
| 1. Keller | 5. Eßzimmer | 11. Küche |
| 2. Flur | 6. Wohnzimmer | 12. Treppe |
| 3. Garten | 7. Kinderzimmer | 13. Toilette |
| 4. Balkon | 8. Schlafzimmer | 14. Dusche |
| | 9. Badezimmer | |
| | 10. Dach | |

# GRAMMATIK

## A Prepositions with Either Accusative or Dative

### 1 Analysis

In addition to the prepositions which are always followed by the accusative (Chapter 6) and those which are always followed by the dative (Chapter 14), German has nine prepositions that can be used with either the accusative or the dative. The case of the noun or pronoun following these two-way prepositions depends on the situation depicted.

Look at the following English sentences:

> He is going *into* his room.      (*Where* is he going *to*?)
> He is working *in* his room.      (*Where* is he working?)

In the first sentence, the action of *going* is directed toward a certain destination (his room). This destination can only be reached by moving toward it (*into* his room). Once the destination has been reached, the action stops. The preposition *into* shows where the person is going to. It expresses motion toward a place.

In the second sentence, the action of *working* is **not** directed toward a destination, but confined to a certain location (his room). The prepositional phrase (*in* his room) indicates the location where the person is performing the action described by the verb.

In German, the distinction between motion toward a place and location is not made by the use of different prepositions (as English does with *in* and *into*) but by the use of the accusative or the dative case following one and the same preposition.

### 2 The two-way prepositions

In their basic meaning, the nine two-way prepositions express a certain spatial relationship.

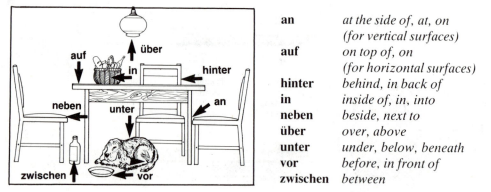

| | |
|---|---|
| **an** | *at the side of, at, on* |
| | *(for vertical surfaces)* |
| **auf** | *on top of, on* |
| | *(for horizontal surfaces)* |
| **hinter** | *behind, in back of* |
| **in** | *inside of, in, into* |
| **neben** | *beside, next to* |
| **über** | *over, above* |
| **unter** | *under, below, beneath* |
| **vor** | *before, in front of* |
| **zwischen** | *between* |

Some of these prepositions are contracted with the definite article:

| Accusative | Dative |
|------------|--------|
| an das = ans | an dem = am |
| auf das = aufs | in dem = im |
| in das = ins | |

## 3   Motion toward a place vs. location

To determine whether a two-way preposition requires the accusative or the dative, ask the question **wohin?** *(where . . . to, to which place)* or **wo?** *(where, in which place).*

### 1. Accusative: **wohin?**

The accusative is used when motion or direction toward (or into) a new place is indicated. The prepositional phrase answers the question **wohin?** Remember that verbs expressing physical motion such as **gehen, kommen, fahren, fliegen, laufen** are most often followed by a preposition + accusative.

| | |
|---|---|
| Sie ist **in die Stadt** gefahren. | *She drove into the city.* |
| Der Hund läuft **unter den Tisch.** | *The dog is running under the table.* |
| Er ist **vor das Haus** gegangen. | *He went in front of the house.* |

### 2. Dative: **wo?**

The dative is used when the prepositional phrase indicates location, that is, a position or an action within a place answering the question **wo?** Verbs implying rest or activity confined to a certain location such as **sein, sitzen, stehen, schlafen, bleiben, wohnen, leben, warten, arbeiten** are followed by a preposition + dative.

**Accusative: wohin?**     **Dative: wo?**     **Dative: wo?**

Er geht **in das Haus.**     Er ist **in dem Haus.**     Er arbeitet **in dem Haus.**
*(Motion toward a place)*    *(Location)*      *(Action within a place)*

| | |
|---|---|
| Sie arbeitet **in der Stadt.** | *She is working in the city.* |
| Der Hund schläft **unter dem Tisch.** | *The dog is sleeping under the table.* |
| Er hat **vor dem Haus** gewartet. | *He waited in front of the house.* |

## B   The Verbs legen – liegen, stellen – stehen, setzen – sitzen, hängen

English uses the verb *to put* to indicate movement to almost any position. The resulting position is expressed by a form of the verb *to be.*

> *He puts the book on the table.* ⟶ *The book is on the table.*

German, however, makes use of the following verbs to express the meanings of *put* and *be.*

**legen / gelegt** *(to put horizontally)*
Er legt das Buch auf den Tisch.
Er hat es auf den Tisch gelegt.

**liegen / gelegen** *(to be lying)*
Das Buch liegt auf dem Tisch.
Es hat auf dem Tisch gelegen.

**stellen / gestellt** *(to put upright)*
Er stellt die Flasche auf den Tisch.
Er hat sie auf den Tisch gestellt.

**stehen / gestanden** *(to be standing)*
Die Flasche steht auf dem Tisch.
Sie hat auf dem Tisch gestanden.

**setzen / gesetzt** *(to put, to seat)*
Sie setzt das Kind auf den Stuhl.
Sie hat das Kind auf den Stuhl gesetzt.

**sitzen / gesessen** *(to be sitting)*
Das Kind sitzt auf dem Stuhl.
Das Kind hat auf dem Stuhl gesessen.

To this group also belongs the verb **hängen** *(to hang, be hanging)*

**hängen / gehängt** *(to hang)*
Er hängt das Bild an die Wand.
Er hat es an die Wand gehängt.

**hängen / gehangen** *(to be hanging)*
Das Bild hängt an der Wand.
Es hat an der Wand gehangen.

As you can see, the weak verbs **legen, stellen, setzen** and **hängen** take a direct object. They are used when there is motion. The prepositional phrase is in the accusative and answers the question **wohin?**

The strong verbs **liegen, stehen, sitzen** and **hängen** cannot take a direct object. They are used when there is *no* motion. The prepositional phrase is in the dative and answers the question **wo?**

*Köln liegt am Rhein.*

*München liegt an der Isar.*

# C Meaning and Usage of Two-way Prepositions

## 1 Accusative: **wohin?**      Dative: **wo?**

### an/auf

Er hängt das Bild **an die Wand.**
*He is hanging the picture on the wall.*

Das Bild hängt **an der Wand.**
*The picture is hanging on the wall.*

Sie legt das Buch **auf den Tisch.**
*She is putting the book on the table.*

Das Buch liegt **auf dem Tisch.**
*The book is (lying) on the table.*

### vor/hinter

Er fährt das Auto **vor das Haus.**
*He drives the car in front of the house.*

Das Auto steht **vor dem Haus.**
*The car is in front of the house.*

Stell die Lampe **hinter die Couch!**
*Put the lamp behind the couch.*

Die Lampe steht **hinter der Couch.**
*The lamp is behind the couch.*

### über/unter

Häng die Lampe **über den Tisch!**
*Hang the lamp above the table.*

Die Lampe hängt **über dem Tisch.**
*The lamp is hanging over the table.*

Legen Sie das Geld **unter das Buch!**
*Put the money under the book.*

Das Geld liegt **unter dem Buch.**
*The money is under the book.*

### in

Er geht **in den Supermarkt.**
*He is going into the supermarket.*

Er arbeitet **im Supermarkt.**
*He works in the supermarket.*

### neben

Legen Sie die Brille **neben die Zeitung!**
*Put the glasses next to the newspaper.*

Die Brille liegt **neben der Zeitung.**
*The glasses are next to the newspaper.*

### zwischen

Stellen Sie die Lampe **zwischen die Sessel!**
*Put the lamp between the easy chairs.*

Die Lampe steht **zwischen den Sesseln.**
*The lamp is between the easy chairs.*

## 2 Time expressions with dative

In time expressions, the prepositions **an, in** and **vor** answer the question **wann** *(when)* and are always followed by the dative case.

Er ist **am Wochenende** gekommen.
**Am Samstag** gehe ich einkaufen.

*He came on the weekend.*
*On Saturday I am going shopping.*

Er kommt einmal **in der Woche.**
**In einem Monat** machen wir Urlaub.

*He comes once a week.*
*In one month we will take a vacation.*

## 3   Verbs with prepositional objects

When two-way prepositions (and others) are linked with specific verbs, they form idiomatic expressions. In such idioms, the prepositions often lose their basic meanings and cannot be translated literally because English may use a different preposition.

Look at the following examples:

| | | |
|---|---|---|
| warten | Ich warte. | *I am waiting.* |
| warten auf *(+acc.)* | Ich **warte auf** den Bus. | *I am waiting for the bus.* |
| denken | Er denkt. | *He is thinking.* |
| denken an *(+acc.)* | Er **denkt an** seine Frau. | *He is thinking of his wife.* |

Since there is no convenient rule to predict which preposition combines with a particular verb, the combination must be memorized as a unit. If a preposition with either dative or accusative is used, the case of the noun following must be memorized as well.

**Note**   Those prepositions which are always followed by the accusative and those always followed by the dative take the same case when they combine with verbs.

| | |
|---|---|
| fahren mit | *to go by (+vehicle)* |
| Ich fahre **mit dem Bus.** | *I am going by bus.* |
| sprechen von | *to speak of* |
| Er spricht **von seinem Freund.** | *He is speaking of his friend.* |
| bitten um | *to ask for* |
| Das Kind bittet **um einen Apfel.** | *The child is asking for an apple.* |
| danken für | *to thank for* |
| Ich danke Ihnen **für Ihren Brief.** | *I thank you for your letter.* |

**Erinnern Sie sich?**
**Wo findet man diese Leute?**

*im Restaurant*

Kellner
Sekretärin
Verkäufer
Stewardess
Student
Lehrer
Mechaniker
Apotheker
Busfahrer
Hausfrau

**Erinnern Sie sich?**
**Wer/Was ist das?**

Bruder und Schwester        *Geschwister*
Deutschland und Frankreich
Wein und Bier
Äpfel und Pfirsiche
Sessel und Tisch
Samstag und Sonntag
Stuttgart und Bremen
Picasso und Dürer
Beethoven und Mozart
Vater und Mutter
Mäntel und Hosen

# MÜNDLICHE ÜBUNGEN

### in

**MÜ 1** Wohin ist der Goldhamster gelaufen? Wo ist er?

• das Schlafzimmer → *Ist er ins Schlafzimmer gelaufen?*
  *Ist er im Schlafzimmer?*

1. das Badezimmer
2. der Keller
3. der Käfig
4. der Garten
5. die Küche
6. das Wohnzimmer
7. das Eßzimmer
8. das Kinderzimmer
9. das Haus

### auf

**MÜ 2** Wohin haben Sie die Sachen gelegt? Wo liegen sie jetzt?

• das Buch/der Tisch → *Ich habe das Buch auf den Tisch gelegt.*
  *Es liegt jetzt auf dem Tisch.*

1. die Zeitung/der Fernseher
2. die Brille/die Zeitung
3. der Mantel/das Bett
4. der Kalender/der Schrank
5. das Hemd/die Couch
6. der Teppich/der Fußboden
7. das Geld/die Rechnung
8. die Schokolade/der Stuhl

### an

**MÜ 3** Wohin haben Sie die Sachen gestellt? Wo stehen sie jetzt?

• die Couch/die Wand → *Wir haben die Couch an die Wand gestellt.*
  *Sie steht jetzt an der Wand.*

1. das Fahrrad/das Haus
2. der Stuhl/der Schreibtisch
3. die Blumen/das Fenster
4. die Schuhe/die Tür
5. der Koffer/das Auto
6. die Lampe/der Sessel

### vor / hinter

**MÜ 4** Wo darf man parken? Fragen Sie!

• das Rathaus → *Darf man vor dem Rathaus parken, oder*
  *muß ich hinter das Rathaus fahren?*

1. das Hotel
2. die Kirche
3. der Bahnhof
4. der Supermarkt
5. die Post
6. das Café
7. die Schule
8. das Museum
9. der Dom

über / unter

**MÜ 5**   Antworten Sie!

- Wo stehen die Schuhe?          (unter / Bett)
  *Die Schuhe stehen unter dem Bett.*

1. Wo liegt der Brief?          (unter / Zeitung)
2. Wohin hängen Sie das Bild?          (über / Couch)
3. Wo hängt die Lampe?          (über / Tisch)
4. Wo ist die Wohnung?          (über / Geschäft)
5. Wohin hat er das Geld gelegt?          (unter / Buch)
6. Wohin läuft der Hund?          (unter / Stuhl)

neben

**MÜ 6**   Wohin stellen Sie Ihre Tasche? Wo steht sie dann?

- die Bücher → *Ich stelle sie neben die Bücher. Sie steht dann neben den Büchern.*

| | | |
|---|---|---|
| 1. die Blumen | 4. das Auto | 7. die Koffer |
| 2. der Schreibtisch | 5. der Fernseher | 8. das Gepäck |
| 3. die Zeitungen | 6. die Lampe | 9. der Wagen |

zwischen

**MÜ 7**   Wo ist das?

- Kaufhaus → Blumengeschäft ← Post
  *Das Blumengeschäft ist zwischen dem Kaufhaus und der Post.*

1. Hauptstraße → Parkplatz ← Marktplatz
2. Kino → Bank ← Apotheke
3. Universität → Café ← Hochhaus
4. Theater → Restaurant ← Parkhaus
5. Bahnhof → Hotel ← Brücke
6. Hotel → Tankstelle ← Krankenhaus

**MÜ 8**   Auf deutsch, bitte!

1. Did you put the shoes under the bed?
   They aren't under the bed.

2. The purse is next to the table.
   Who put the purse next to the table?

3. The nurse is going into the hospital.
   She is working in the hospital.

4. We are going behind the house.
   Our car is behind the house.

5. Put the books on the desk.
   They are already on the desk.

6. We are hanging the lamp over the table.
   The lamp above the table is very nice.

7. Drive the car in front of the house.
   Can one park in front of the house?

8. Put the newspaper between the books.
   The newspaper is between the books.

9. The mother sets the child on the chair.
   The child is sitting on the chair.

10. She is placing the food on the table.
    The food is on the table.

**Erinnern Sie sich? Wie heißen die Verben zu diesen Nomen?**

| | |
|---|---|
| die Ankunft | *ankommen* |
| die Abfahrt | _____ |
| der Anruf | _____ |
| der Anfang | _____ |
| die Einladung | _____ |
| die Vorbereitung | _____ |
| der Schlaf | _____ |
| der Abflug | _____ |
| der Fernseher | _____ |
| der Dank | _____ |
| die Fahrt | _____ |
| die Empfehlung | _____ |
| der Besuch | _____ |
| die Erwartung | _____ |

**Silbenrätsel**

**Finden Sie zehn Berufe!**

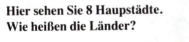

| Se | käu | ni | Sol | nieur |
|---|---|---|---|---|
| ster | zist | fer | tin | Leh |
| ge | cha | Kell | re | kre |
| Po | Kran | Ver | tä | dat |
| schwe | ker | li | In | Ärz |
| rin | Me | ner | ken | rin |

1. *Sekretärin*
2. _____
3. _____
4. _____
5. _____
6. _____
7. _____
8. _____
9. _____
10. _____

**Hier sehen Sie 8 Haupstädte.
Wie heißen die Länder?**

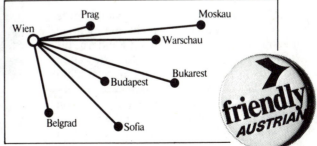

# Die Wohnsituation in der Bundesrepublik

Fast die Hälfte[L] von allen deutschen Familien (Eltern mit Kindern) wohnen im eigenen[L] Haus oder in der eigenen Wohnung. Die anderen leben in Miete[L]. Fast 30 Prozent von allen Wohnungen in der Bundesrepublik sind nach 1965 entstanden[L].

Die großen, modernen Neubauwohnungen[L] findet man oft in den neuen Wohngebieten[L] mit Hochhäusern. In diesen Hochhäusern können viele Menschen wohnen, aber die meisten Deutschen wollen nicht so modern wohnen.

*Einfamilienhaus mit Garten*

Für viele Familien mit Kindern ist eine Wohnung in einem Hochhaus zu teuer. Sie können die hohen Mieten nicht bezahlen. Hochhäuser haben auch viele Nachteile[L], besonders für Familien mit Kindern. Die kleinen Kinder können nicht aus dem Fenster sehen. Sie haben Angst. Sie kennen nur den Fahrstuhl[L], aber keine Treppen. Oft können die Kinder nicht allein im Fahrstuhl fahren, und die Mütter müssen sie zum Spielplatz[L] bringen. Meistens sind die Spielplätze ganz in der Nähe[L]. Auf den Spielplätzen können die Kinder spielen, aber die Mütter können ihre Kinder nicht vom Fenster aus sehen.

*Neubaugebiet mit Hochhäusern*

In den Städten gibt es noch viele schöne, alte Häuser. Altbauwohnungen[L] sind in Mode[L], denn in einer Altbauwohnung ist meistens viel Platz, zum Beispiel für eine große Küche. Auch sind die Mieten oft nicht so hoch. Viele Privatleute investieren ihr Geld und ihre freie Zeit in ein altes Haus oder in eine Altbauwohnung. Sie renovieren dann nach dem Motto: Mein Haus ist mein Hobby.

In der Bundesrepublik suchen viele Leute eine Wohnung und finden nicht die richtige oder keine. Für viele Familien mit Kindern, für Gastarbeiter[L], Studenten und für die alten Leute sind viele Wohnungen zu teuer, zu klein oder zu schlecht. In den Städten fehlen[L] ungefähr zwei Millionen Wohnungen. Und von den 23 Millionen Wohnungen in der Bundesrepublik sind 7 Millionen in einem schlechten Zustand[L].

*Altbauwohnungen in einem renovierten Haus*

die **Hälfte, -n** = das Nomen von **halb** (1/2)
    **eigen-** *(Adj.)* = Das Haus gehört den Leuten. Sie haben ein eigenes Haus.
die **Miete, -n/mieten/in Miete leben** = Wer keine eigene Wohnung hat, muß eine
    Wohnung mieten und jeden Monat Miete (Geld) bezahlen.
    **sind entstanden** (Verb: **entstehen**) = Man hat sie gebaut.
der **Neubau** = ein neues Haus (der Bau = Nomen von **bauen**)
die **Neubauwohnung** = eine Wohnung in einem neuen Haus
das **Gebiet, -e** = eine Zone, ein Bereich
der **Nachteil, -e** = was an einer Sache nicht so gut oder schlecht ist (Gegenteil: der
    **Vorteil, -e**)
der **Fahrstuhl, ¨e** = ein Lift
der **Spielplatz, ¨e** = ein Platz für die Kinder; wo sie spielen können
die **Nähe**/in der Nähe = nicht weit
der **Altbau** = ein altes Haus (Gegenteil: der **Neubau**)
    **in Mode sein** = modern und populär sein
der **Gastarbeiter, -** = ein Arbeiter aus dem Ausland (In der Bundesrepublik leben
    rund 4 Millionen Gastarbeiter und ihre Familien.)
    **fehlen** = nicht da sein
der **Zustand** = die Qualität, wie etwas ist; z.B. ein Haus, eine Wohnung, ein Auto
    ist in einem guten oder einem schlechten Zustand

## ZUR DISKUSSION

1    Wo sehen Sie die Vorteile und
Nachteile von
    einem Hochhaus,
    einem Neubaugebiet,
    einem Altbau?

2    Wie und wo möchten Sie
wohnen?

3    Wie sehen die Häuser und
Wohnungen in Ihrem Land
aus?

**Benutzen Sie das Wörterbuch!**

# KULTUR

## Was tut man wo?

**Auf der Post**

**Am Kiosk**

**Am Imbiß**

Auf der Post kauft man Briefmarken.

Am Kiosk bekommt man Zeitungen und Zeitschriften.

Am Imbiß kann man schnell etwas essen.

Auf dem Markt bekommt man Blumen und Obst und Gemüse ganz frisch.

In der Bibliothek kann man lesen. Man kann auch Bücher ausleihen.

An der Haltestelle hält der Bus oder die Straßenbahn.

An der Tankstelle kann man tanken.

In der Fußgängerzone kann man bummeln. Man kann stehenbleiben und die Schaufenster ansehen.

**In der Fußgängerzone**

**Auf dem Wochenmarkt**

**In der Bibliothek**

**An der Haltestelle**

**An der Tankstelle**

# SCHRIFTLICHE ÜBUNGEN

**SÜ 1**    Ergänzen Sie!

1.  (in a bottle)            Der Wein ist _in einer Flasche_ .
2.  (beside his mother)      Das Kind steht _____ .
3.  (next to a young lady)   Er hat _____ gestanden.
4.  (on the chair)           Was liegt _____ ?
5.  (behind the house)       Fahren Sie das Auto _____ !
6.  (into the room)          Das kleine Mädchen kommt gerade _____ .
7.  (in the office)          Die Sekretärin arbeitet _____ .
8.  (behind the door)        _____ stehen viele Flaschen.
9.  (under the table)        Warum läuft der Hund _____ ?
10. (in the kitchen)         Frau Becker ist _____ .
11. (on the table)           Liegt meine Brille _____ ?
12. (above the table)        Wir hängen die Lampe _____ .


**SÜ 2**    Ergänzen Sie eine Dativ / Akkusativ-Präposition (+ Artikel)! Was paßt?

1.  Ist der Tisch _am_ Fenster noch frei?
2.  Er soll das Bild ____ die Couch hängen.
3.  Sie hat ____ Januar Geburtsag.
4.  Stellen Sie die Flaschen ____ den Boden!
5.  Ich bin ____ Kino gewesen.
6.  Er ist ____ zehn Minuten gekommen.
7.  ____ Sonntag besuchen wir Sie.
8.  Sie war ____ der Stadt.
9.  Stellen Sie die Blumen ____ Fenster!
10. Das Café ist ____ Hotel.
11. Der Hund liegt ____ dem Tisch.
12. Die Wörter stehen ____ der Tafel.


**SÜ 3**    Antworten Sie mit einem ganzen Satz! *(Vorsicht! Wählen Sie das richtige Verb!)*

Wo ist (liegt, steht, hängt) meistens . . .?

1.  ein Bild          4.  eine Landkarte      7.  ein großes Kaufhaus
2.  ein Stuhl         5.  ein Klassenzimmer   8.  ein Tisch
3.  eine Lampe        6.  eine Küche          9.  eine Brücke


**SÜ 4**    Bilden Sie Sätze!

1.  im Wohnzimmer           5.  neben der Küche
2.  auf dem Balkon          6.  hinter dem Haus
3.  ans Fenster             7.  über der Couch
4.  zwischen den Fenstern   8.  vor die Schlafzimmertür

## SÜ 5    Persönliche Fragen

1. Wer sitzt im Klassenzimmer neben Ihnen?
2. Wohin legen Sie Ihre Bücher?
3. An welchen Tagen haben Sie Deutschunterricht?
4. Was machen Sie am Wochenende?
5. Essen Sie manchmal in einem Restaurant?
6. Gehen Sie oft ins Kino?
7. Wie viele Tassen Kaffee trinken Sie am Tag?
8. Wann schlafen Sie?

## WORTSCHATZ*

### NOMEN

| | |
|---|---|
| der Fußboden, ̈ | floor |
| der Käfig, -e | cage |
| das Kissen, - | pillow, cushion |
| die Ecke, -n | corner |
| die Wand, ̈e | wall |
| die Wohnung, -en | apartment |

### VERSCHIEDENES

| | |
|---|---|
| Angst haben (vor + *dat.*) | to be afraid of |
| ein anderes Mal | another time |
| (Das ist) Schade! | (That's a) pity; too bad |

### VERBEN

| | |
|---|---|
| hängen | to hang, attach |
| hängen, gehangen | to be hanging |
| legen | to lay, put, place flat |
| liegen, gelegen | to lie, be located |
| setzen | to put, to set |
| sitzen, gesessen | to sit, be sitting |
| stehen, gestanden | to stand, be upright |
| stellen | to put, place (upright) |
| etwas vor·haben | to have something planned |
| werfen (wirft), geworfen | to throw |

### PRÄPOSITIONEN AKKUSATIV / DATIV

| | |
|---|---|
| an | at, on (for vertical surfaces) |
| auf | on, on top of (for horizontal surfaces) |
| hinter | behind, in back of |
| in | in, into, inside of |
| neben | beside, next to |
| über | over, above |
| unter | under, below |
| vor | before, in front of |
| zwischen | between |

**Diese Wörter verstehen Sie ohne Wörterbuch.**

### VERBEN

investieren
renovieren

*Vergessen Sie nicht **die Wortschatzerweiterung** auf Seite 261!*

# ZWISCHENSPIEL

## LESEHILFE

### Die Tiere im Märchen

der Esel „Graupferd"

Er will die Harfe spielen.

Sein Bruder bläst die Trompete in der Stadtmusik in Bremen.

die Katze „Bartputzer"
Sie kann singen und jodeln.

der Hund „Packan"

Er kann trommeln.
Er kann die Trommel schlagen.

der Hahn „Rotkopf"
Er kann auch singen.

### Ihre Sprache

krähen
*kikeriki!*

miauen
*miau, miau!*

bellen
*wau, wau!*

iaen
schreien
*i-a, i-a!*

*Die Bremer Stadtmusikanten vor dem Rathaus in Bremen.*

# Die Bremer Stadtmusikanten°

**Ein Märchen° der Brüder Grimm
von Marie G. Wiener**

*town musicians*

*fairy tale*

Hier ist der Esel. Er ist alt und müde. Er sitzt im Gras neben der Straße. Er ist sehr traurig[1] Da kommt ein Hund. Der Hund heißt Packan.

„Hallo, Graupferd", sagt Packan, der Hund. „Wie geht's?"

„Gar nicht gut, Packan!" sagt der Esel. „Ich bin alt und müde. Ich kann nicht mehr[2] arbeiten. Mein Meister[3] ist sehr böse[4]. Er will mich verkaufen. Verkaufen für Leder und Hundefutter[5]!"

„Wohin gehst du, Graupferd?" fragt Packan.

„Ich gehe nach Bremen." sagt der Esel.

„Nach Bremen? In die große Stadt?" fragt Packan, der Hund.

„Ja", sagt Graupferd. „Ich habe einen Bruder in Bremen. Mein Bruder ist bei der Stadtmusik in Bremen. Er bläst die Trompete! Ich gehe auch nach Bremen. Ich will die Harfe spielen in der Stadtmusik in Bremen!"

„Aber warum bist du so traurig, Packan?" fragt der Esel.

„Ich bin alt und müde", sagt der Hund. „Mein Herr jagt[6] oft und ich bin langsam. Mein Herr will mich nicht mehr füttern[7] Er will mich totschlagen[8]!"

„Totschlagen?" fragt der Esel. „Komm mit mir nach Bre-men, zur Stadt-musik! Ich spiele die Harfe und du schlägst die Trom-mel. Kannst du trommeln, Packan?"

„O ja", sagt Packan, der Hund. „Ich kann sehr gut und laut trommeln. Ich komme mit nach Bremen, Graupferd!"

Der Esel und der Hund gehen in den Wald. Der Esel ist müde und der Hund ist müde. Aber der Esel ist nicht mehr traurig und der Hund ist auch nicht mehr traurig. Der Esel und der Hund gehen langsam durch den Wald und singen: „Die Stadtmusik· in Bremen, die spielt so laut und schön! Wir sind zwei Musikan-ten, die auch nach Bremen gehen!"

Der Esel und der Hund gehen durch den Wald. Da sitzt eine Katze neben der Straße. Eine alte, müde, graue Katze. Sie ist sehr traurig und weint[9].

„Hallo, alter Bartputzer!" sagt der Esel.

„Warum weinst du?" fragt der Hund. „Ach", sagt die Katze. „Ich bin sehr alt und ich habe keine Zähne. Ich fange keine Mäuse[10] mehr! Meine Frau will mich nicht mehr füt-tern. Sie will mich ins Wasser werfen! Was soll ich tun?"

| | | |
|---|---|---|
| [1] sad | [7] feed | [13] company |
| [2] no longer | [8] beat to death | [14] cook |
| [3] master | [9] cries | [15] cut off |
| [4] mean, bad | [10] catch mice | [16] cook |
| [5] dogfood | [11] farm house | [17] therefore |
| [6] goes hunting | [12] fence | [18] voice |

„Kannst du singen?" fragt der Esel.

„O ja!" sagt die Katze. „Ich kann sehr laut und hoch singen!"

„Komm mit nach Bremen!" sagt der Esel Graupferd.

„Nach Bremen? In die große Stadt?" fragt die Katze.

„Ja", sagt Packan. „Wir gehen nach Bremen, zur Stadtmusik. Graupferd spielt die Harfe, ich trommle und du singst."

„Gut", sagen alle drei. Wir gehen nach Bremen zur Musik."

Der Esel, der Hund und die Katze gehen durch den Wald. Sie singen: „Der Esel spielt die Harfe, der Hund, er trommelt laut. Die Katze singt und jodelt, und manchmal sie miaut!"

Es ist Mittag. Sie kommen zu einem Bauernhof[11]. Auf dem Zaun[12] vor dem Bauernhof sitzt ein Hahn.

Der Hahn kräht und kräht. Er kräht sehr laut.

„Guten Tag, Rotkopf!" sagt der Esel.

„Warum krähst du so laut?" fragt die Katze.

„Ach", sagt der Hahn. „Morgen ist Sonntag. Morgen kommt Besuch[13] Morgen will mir die Köchin[14] den Kopf abschneiden[15]! Morgen will mich die Köchin kochen[16] In der Suppe! Darum[17] krähe ich so laut."

„Komm mit, Rotkopf!" sagt der Esel.

„Wir gehen nach Bremen zur Stadtmusik." sagt der Hund.

„Du hast eine gute Stimme[18]" sagt die Katze. „Komm mit nach Bremen zur Stadtmusik! Graupferd spielt die Harfe, Packan trommelt, und du und ich singen laut und schön."

„Oh, das ist gut", sagt der Hahn. „Ich komme auch mit nach Bremen, zur Stadtmusik! Ich singe!"

Und der Esel, der Hund, die Katze und der Hahn marschieren weiter. Sie sind alt und müde. Aber sie sind nicht mehr traurig!

Es ist Abend. Der Esel Graupferd, der Hund Packan, Bartputzer, die Katze und Rotkopf, der Hahn kommen in einen Wald.

„Wo schlafen wir?" fragt der Esel.

„Unter dem Baum", sagt der Hund. Aber es ist kalt, sehr kalt, und sie können nicht schlafen.

Da ruft der Hahn: „Dort drüben ist ein Haus. Ich sehe Licht[1] Das Haus ist nicht weit!"

„Wir gehen zu dem Haus!" rufen die Vier.

„Dort ist es nicht kalt!" sagt der Hund. „Und vielleicht bekomme ich einen Knochen[2]! Ich habe großen Hunger!"

„Und ich", sagt die Katze, „vielleicht bekomme ich Milch!"

„Ja, wir gehen zu dem Haus!" rufen die Vier.

Der Esel, der Hund, die Katze und der Hahn gehen zu dem Haus. Es ist nicht weit. Das Haus ist groß, sehr groß. Es ist ein Räuberhaus[3]! Der Esel geht zu dem Fenster.

„Was siehst du?" fragt der Hund.

„Was ich sehe?" sagt der Esel. „Einen Tisch mit gutem Essen und Trinken. Und die Räuber sitzen und essen und trinken!"

„Was tun wir?" fragt der Hund.

„Wir machen Musik." antwortet der Esel. „Wir machen schöne, laute Musik!"

| | | |
|---|---|---|
| [1] light | [7] deep(ly) | [13] chief |
| [2] bone | [8] yard | [14] quiet |
| [3] robbers' hideout | [9] stove | [15] match |
| [4] go | [10] beam, rafter | [16] scratches |
| [5] breaks | [11] soon | [17] terrible |
| [6] jump | [12] midnight | [18] screams |

Der Esel steht unter dem Fenster. Der Hund steht auf dem Esel. Die Katze steht auf dem Hund. Der Hahn steht auf der Katze.

„Eins . . . zwei . . . drei . . . los[4]!" ruft der Esel.

„I-a, i-a!" schreit der Esel.

„Wau, wau!" bellt der Hund.

„Miau, miau!" miaut die Katze.

„Kikeriki!" kräht der Hahn. Die Musik ist so laut, daß ein Fensterglas bricht[5]! . . .

Und die Räuber? Die Räuber springen[6] schnell auf und laufen in den Wald. Sie laufen ganz tief[7] in den Wald.

Der Esel, der Hund, die Katze und der Hahn essen und trinken, trinken und essen . . .

„Gute Nacht!" sagt der Esel. „Ich gehe jetzt schlafen!" Der Esel legt sich in den Hof.[8] Der Hund legt sich hinter die Tür. Die Katze legt sich neben den warmen Ofen.[9] Und der Hahn fliegt auf den Balken[10].

„Gute Nacht!" rufen die Vier und schlafen bald[11] ein.

Es ist Mitternacht![12] Die Räuber schlafen im Wald. Schlafen??? Nein, die Räuber schlafen nicht! Im Wald ist es nicht warm. Im Wald ist es kalt. Und die Räuber haben Hunger, sehr großen Hunger.

„Pst! Jaromir!" sagt der Räuberhauptmann[13], „kannst du schlafen?"

„Nein, Herr Hauptmann", sagt Jaromir, „ich kann nicht schlafen! Ich friere und habe Hunger!"

"Jaromir!" sagt der Hauptmann, „es ist kein Licht im Haus und es ist still.[14] Geh leise ins Haus und wir kommen bald nach!"

„Ja, Herr Hauptmann!" sagt Jaromir.

Der Räuber geht in das Haus. Es ist sehr still. Es ist sehr dunkel. Er will ein Licht anmachen. Er nimmt ein Streichholz[15] und geht zu dem Ofen. Ah, da ist noch etwas Feuer. Feuer? Nein, es sind Katzenaugen! Die Katze springt auf!

Sie kratzt[16] den Räuber in die Augen und beißt ihn in die Hand. Sie kratzt den Räuber ganz furchtbar[17]. Der Räuber schreit und läuft schnell hinaus. Er kommt an die Tür. Hinter der Tür liegt der Hund Packan. Er beißt den Räuber ganz furchtbar tief in das Bein! Der Räuber schreit[18] und läuft in den Hof. Der Esel springt auf und er kickt den Räuber ganz furchtbar! Der Räuber schreit „Hilfe! Hilfe!"

Der Räuber läuft so schnell er kann.

Der Hahn sitzt auf dem Balken. Er kräht dreimal laut:

„Kikeriki!
Kikeriki!
Kikeriki!"

Der Räuber läuft schnell in den Wald. Er läuft zu dem Hauptmann! Der Hauptmann fragt: „Jaromir! Was ist los[1]? Du bist ganz weiß! Warum schreist du so laut?"

Jaromir sagt: „Herr Hauptmann, es ist furchtbar! In dem Haus sitzt eine Hexe[2], die hat mir das Gesicht zerkratzt!

Vor der Tür steht ein Mann mit einem Messer[3], der hat mich in das Bein gestochen[4]!

Im Hof liegt ein Riese[5], der hat mich geschlagen! Und auf dem Dach sitzt ein Richter[6], der ruft laut, bringt den Räuber her, bringt den Räuber her! Darum bin ich gelaufen!"

| | |
|---|---|
| [1] What's the matter? | [5] giant |
| [2] witch | [6] judge |
| [3] knife | [7] chase out |
| [4] stabbed | |

Der Hauptmann sagt: „Es ist besser, wir gehen nicht mehr in das Haus!"

„Ja", sagen die Räuber, „wir gehen nicht mehr zurück."

Der Hund, der Esel, der Hahn und die Katze sagen: „Hier ist es schön und gut. Das Haus ist warm, wir essen und trinken, wir sind nicht mehr traurig und müde! Wir gehen nicht nach Bremen zur Stadtmusik, wir bleiben hier im Räuberhaus! Wir machen hier Musik. Graupferd spielt die Harfe, Packan trommelt, der Bartputzer und der Rotkopf singen!"

Und alle singen: „Wir sind die Musikanten und sind im Räuberhaus. Und kommen auch die Räuber, wir treiben sie hinaus[7]!"

Hier sind die Antworten von Seite 174, 175:

Die erste Stadt ist Nürnberg.
Die zweite Stadt ist Heidelberg.
Die dritte Stadt ist Frankfurt am Main.

**Frag Vati, ob er mit dir spielen kann!**

- Subordinating conjunctions and
  dependent word order
- Word formation: nouns derived from
  adjectives

**Junge Menschen in Deutschland: Fahrschüler**

# Kapitel 19

# Frag Vati, ob er mit dir spielen kann!

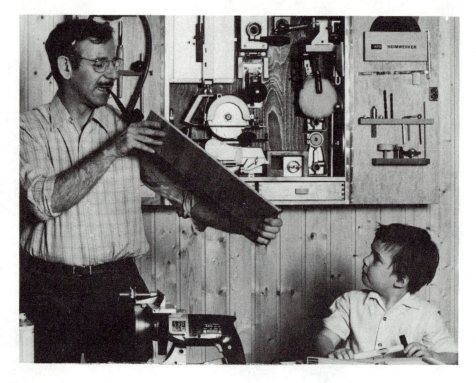

| DER VATER | DAS KIND |
|---|---|
| | ▷ Vati! |
| ▶ Ja? Was willst du denn? | |
| | ▷ Vati! Ich will, daß du mit mir spielst. |
| ▶ Ich kann jetzt nicht mit dir spielen. | |
| | ▷ Warum nicht? |
| ▶ Ich kann jetzt nicht, weil ich keine Zeit habe. | |
| | ▷ Warum hast du keine Zeit? |
| ▶ Weil ich arbeiten muß. | |
| | ▷ Warum mußt du arbeiten, Vati? |
| ▶ Weil ich Geld verdienen muß. | |
| | ▷ Vati! Warum mußt du Geld verdienen? |
| ▶ Weil wir ohne Geld nichts kaufen können. Du willst doch essen, wenn du Hunger hast. | |
| | ▷ Vati! |
| ▶ Was willst du denn jetzt? | |
| | ▷ Vati! Wenn ich keinen Hunger habe, kannst du dann mit mir spielen? |

# EINFÜHRUNG

## Nebensätze mit Konjunktionen

HAUPTSATZ UND NEBENSATZ

| | |
|---|---|
| Was will das Kind? | Es will, **daß** der Vater mit ihm **spielt**. |
| Was sagt der Vater? | Er sagt, **daß** er keine Zeit **hat**. |
| Der Vater muß arbeiten.<br>Was versteht das Kind nicht? | Das Kind versteht nicht, **daß** der Vater arbeiten **muß**. |
| Warum hat der Vater keine Zeit für das Kind? | Er hat keine Zeit für das Kind, **weil** er arbeiten **muß**. |
| Warum muß er arbeiten? | Er muß arbeiten, **weil** er Geld verdienen **muß**. |
| Warum muß er Geld verdienen? | Er muß Geld verdienen, **weil** man ohne Geld nichts kaufen **kann**. |
| Wann spielt der Vater mit dem Kind? | Er spielt mit dem Kind, **wenn** er Zeit **hat**. |
| Wann hat er Zeit? | Er hat Zeit, **wenn** er nicht arbeiten **muß**. |
| Wann will das Kind essen? | Es will essen, **wenn** es Hunger **hat**. |
| Hat das Kind jetzt Hunger?<br>Wissen wir das? | Nein, wir wissen nicht, **ob** das Kind jetzt Hunger **hat**. |
| Was hat das Kind den Vater gefragt? | Das Kind hat den Vater gefragt, **ob** er mit ihm spielen **kann**. |
| Hat das Kind dann allein gespielt?<br>Wissen wir das? | Wir wissen nicht, **ob** das Kind dann allein gespielt **hat**. |
| Hat die Mutter Zeit für das Kind? | Wir wissen nicht, **ob** die Mutter Zeit für das Kind **hat**. |
| Hat das Kind Geschwister? | Wir wissen nicht, **ob** das Kind Geschwister **hat**. |

## Familie – jeder für jeden. 🦅

# GRAMMATIK

## A  Subordinating Conjunctions and Dependent Word Order

### 1  Review: Basic German sentence structure

Up to this point we have used only simple and compound sentences. Here is a review.

#### 1. Simple sentences

A simple sentence contains one complete thought. It usually consists of at least a verb (predicate) and its subject.

| | |
|---|---|
| Wir essen. | *We are eating.* |
| Wir haben Suppe gegessen. | *We ate soup.* |

Even a very long sentence may be simple as long as it contains one subject (singular or plural) and one predicate verb only.

> Gestern morgen sind Peter und ich mit dem Auto nach Mainz gefahren.
> *Yesterday morning Peter and I went by car to Mainz.*

The distinctive trait of a German simple sentence is that the conjugated verb is always the second element in the sentence.

#### 2. Simple sentences linked by coordinating conjunctions

You will recall that two simple sentences may be linked by a coordinating conjunction to form a compound sentence. The parts of the newly formed compound sentence are called *clauses*. Clauses connected by a coordinating conjunction are of equal rank. The coordinating conjunction does not affect the word order of either one; that is, the conjugated verb is always the second element.

Look at the following examples:

> Er geht in die Stadt, **und** sie bleibt zu Hause.
> *He is going downtown and she is staying at home.*

> Gehen Sie ins Kino, **oder** bleiben Sie zu Hause?
> *Are you going to the movies or are you staying at home?*

> Ich möchte eine Tasse Tee, **denn** ich habe Durst.
> *I would like a cup of tea because I am thirsty.*

> Er hat einen neuen Mantel, **aber** er trägt ihn nicht.
> *He has a new coat but he doesn't wear it.*

### 2  Subordinating conjunctions

Two statements may be linked together by a subordinating conjunction. As the name suggests, a subordinating conjunction is one that connects a subordinate element to the main element of the sentence.

Look at the following example:

| Main Clause | Subordinate (dependent) Clause |
|---|---|
| Ich gehe nach Hause, | weil ich müde bin. |
| *I am going home* | *because I am tired.* |

The main clause is a simple sentence and can stand alone.

Ich gehe nach Hause.
*I am going home.*

Notice that the subordinate clause, before the addition of a subordinating conjunction, was a simple sentence and could also stand alone.

Ich bin müde.
*I am tired.*

The addition of the subordinating conjunction makes the clause incomplete in meaning and dependent upon the main clause for completion.

. . ., **weil** ich müde bin.
*. . . because I am tired.*

The choice of the subordinating conjunction affects the meaning of the clause. This chapter introduces the following conjunctions:

**daß** *(that)*

is used as in English after verbs of saying, telling and knowing.

Ich weiß, **daß** er müde ist.
*I know    that he is tired.*

**weil** *(because, since)*

answers the question **warum** and indicates a reason or cause (why something is done).

Er geht nach Hause, **weil** er müde ist.
*He is going home    because he is tired.*

**wenn** *(if, when, whenever)*

answers the question **wann** and is used with the present tense and/or to indicate future actions or events.

Er geht nach Hause, **wenn** er müde ist.
*He is going home    when he is tired.*

**ob** *(whether, if* in the sense of *whether)*

is used when changing a question into a subordinate clause.

Fragen Sie ihn, **ob** er müde ist.
*Ask him        whether he is tired.*

Although this chapter practices only the subordinate conjunctions **daß, wenn, weil, ob** there are, of course, many others. Frequently used subordinating conjunctions include the following:

| | |
|---|---|
| **als** | *when, as* |
| **bevor** | *before* |
| **bis** | *until* |
| **damit** | *so that* |
| **nachdem** | *after* |
| **obwohl** | *although* |
| **so daß** | *so that* |
| **während** | *while* |

Most of these subordinating conjunctions are used in German as they are in English. Those which pose special problems will be pointed out and practiced as they occur in the chapters.

---

When to use **denn** and **weil**

**Denn** and **weil** both correspond to English *because* but notice the difference in usage:

**denn** *(as, since, for, because, the reason being that . . .)* is a coordinating conjunction and does not affect word order. It is used to explain the preceding statement.

> Die Straßen sind naß, **denn** es hat geregnet.
> *The streets are wet because it rained.*

**weil** *(because, since)* is a subordinating conjunction and does affect word order. It is used to explain the reason for a given condition or why something is done.

> Ich muß zur Bank gehen, **weil** ich Geld brauche.
> *I have to go to the bank because I need money.*

---

## 3 Dependent word order

In contrast to English, German clauses introduced by a subordinating conjunction show their dependence upon the main clause by their word order. Subordinate (dependent) clauses have what is called *dependent word order*, that is, the conjugated verb stands at the very end of the clause.

PRESENT TENSE

> Ich weiß, **daß** ein Jahr zwölf Monate **hat.**
> *I know that a year has twelve months.*

> Wissen Sie, **ob** sie ins Kino **geht?**
> *Do you know whether she is going to the movies?*

## MODAL AUXILIARIES

Er kann nicht kommen, **weil** er arbeiten **muß.**
*He cannot come because he has to work.*

Er kann nicht kommen, **wenn** er arbeiten **muß.**
*He cannot come if he has to work.*

## SEPARABLE PREFIX VERBS

The prefix remains attached to the verb. The complete and conjugated verb form stands at the very end of the dependent clause.

Ich rufe dich an, **wenn** meine Frau **zurückkommt.**
*I'll call you when my wife returns.*

Wir wissen nicht, **ob** sie uns **abholt.**
*We don't know whether she will pick us up.*

## PRESENT PERFECT

Weiß er, **daß** seine Mutter angerufen **hat?**
*Does he know that his mother called?*

Ich habe Hunger, **weil** ich nichts gegessen **habe.**
*I am hungry because I haven't eaten anything.*

## 4   Position of dependent clauses

As in English, it is possible in German for the dependent clause to precede the main clause. The difference is that the verb must always stand at the very end of the dependent clause.

Wenn es **regnet**, . . .
Weil er nicht gekommen **ist**, . . .

The dependent clause is now considered as the first element of the sentence and must be immediately followed by the conjugated verb in order to comply with the verb-second-in-main-clauses rule. The result is a **verb, verb** construction.

| Dependent Clause | Main Clause |
|---|---|
| Wenn es **regnet,** | **bleiben** wir zu Hause. |
| *If it is raining* | *we'll stay at home.* |
| Weil es geregnet **hat, sind** | wir zu Hause geblieben. |
| *Because it rained* | *we stayed at home.* |

**Note**   The dependent clause, whether preceding or following the main clause, is always separated by a comma.

## B  Word Formation: Nouns Derived from Adjectives

Many German adjectives can be changed into feminine nouns by adding the suffix **-e.** These newly formed nouns add an Umlaut where possible. They may

correspond in meaning to English nouns ending in *-ness:*

| | | |
|---|---|---|
| schwer | die Schwere | *heaviness* |
| leer | die Leere | *emptiness* |
| kühl | die Kühle | *cool(ness)* |
| rot | die Röte | *redness* |
| gut | die Güte | *goodness, good quality* |
| kurz | die Kürze | *shortness* |
| frisch | die Frische | *freshness* |
| schwach | die Schwäche | *weakness* |
| naß | die Nässe | *wetness* |
| voll | die Völle | *fullness* |
| eng | die Enge | *narrowness* |
| still | die Stille | *quiet(ness)* |
| groß | die Größe | *greatness* |
| nahe | die Nähe | *nearness* |

correspond in meaning to English nouns ending in *-th:*

| | | |
|---|---|---|
| tief | die Tiefe | *depth* |
| lang | die Länge | *length* |
| weit | die Weite | *width* |
| hoch | die Höhe | *height* |
| stark | die Stärke | *strength* |
| warm | die Wärme | *warmth* |
| breit | die Breite | *breadth* |

Service ist
unsere Stärke

ODENWÄLDER
BAUMASCHINEN GMBH

# MÜNDLICHE ÜBUNGEN

**MÜ 1**   Antworten Sie mit **daß!**
Was wissen wir?

- *Das Kind ruft seinen Vater. → Wir wissen, daß das Kind seinen Vater ruft.*

1. Das Kind hat viele Fragen.
2. Der Vater spricht mit dem Kind.
3. Er antwortet dem Kind.
4. Er arbeitet viel.
5. Er verdient Geld.
6. Er spielt nicht mit dem Kind.

**MÜ 2**   Benutzen Sie Modalverben!

- *Das Kind will mit dem Vater spielen.*
  *Wir wissen, daß das Kind mit dem Vater spielen will.*

1. Das Kind möchte nicht allein spielen.
2. Der Vater soll mit ihm spielen.
3. Das Kind kann ihn nicht verstehen.
4. Er muß Geld verdienen.
5. Er will jetzt arbeiten.
6. Er muß Geduld haben.

**MÜ 3**   Vollenden Sie die Sätze!

1. Haben Sie gewußt, *daß Herr Schneider im Krankenhaus ist?*
2. Ich habe in der Zeitung gelesen, daß . . .
3. Mein Freund weiß, daß . . .
4. Es tut mir leid, daß . . .
5. Ich glaube nicht, daß . . .
6. Haben Sie gesagt, daß . . .
7. Ist es nicht schön, daß . . .
8. Wir haben gehört, daß . . .
9. Es war nett von Ihnen, daß . . .
10. Ich verstehe, daß . . .
11. Wir möchten nicht, daß . . .
12. Ich habe gelernt, daß . . .

Es hat schon seinen Grund,
daß die meisten Handwerker
mit Bosch arbeiten.

**MÜ 4**   Verbinden Sie die Sätze mit **weil!**

- *Ich muß nicht umsteigen. Der Zug fährt durch.*
  *Ich muß nicht umsteigen, weil der Zug durchfährt.*

1. Wir müssen jetzt einsteigen. Der Zug fährt gleich ab.
2. Sie bleibt zu Hause. Ihr Mann kommt heute zurück.
3. Ich muß ihn nicht anrufen. Er kommt heute abend vorbei.
4. Er vergißt nichts. Er schreibt alles auf.
5. Er muß die Bücher nicht abholen. Sein Freund bringt sie mit.
6. Sie ruft den Arzt. Das Kind sieht krank aus.

**MÜ 5**    Vollenden Sie die Sätze!

1. Sie mußte den Arzt rufen, weil *ihr Mann krank war.*
2. Wir lernen Deutsch, weil . . .
3. Er hat die Rechnung nicht bezahlt, weil . . .
4. Ich habe ihm eine Schallplatte geschenkt, weil . . .
5. Wir haben die Dame im Krankenhaus besucht, weil . . .
6. Das Essen hat mir nicht geschmeckt, weil . . .


**MÜ 6**    Wann braucht man diese Dinge? Antworten Sie mit **wenn!**

● eine Brille → *Man braucht eine Brille, wenn man nicht gut sehen kann.*

Wann braucht man . . .?

| | | |
|---|---|---|
| 1. ein Feuerzeug | 5. einen Fernseher | 9. ein Telefon |
| 2. Geld | 6. eine Speisekarte | 10. einen Einkaufswagen |
| 3. Autopapiere | 7. einen warmen Mantel | 11. einen Reisepaß |
| 4. ein Glas | 8. einen Stadtplan | 12. Medikamente |


**MÜ 7**    Vollenden Sie die Sätze!

1. Wenn man kein Geld hat, *kann man nichts kaufen.*
2. Wenn ich ein Wort nicht weiß, . . .
3. Wenn wir Zeit haben, . . .
4. Wenn man krank ist, . . .
5. Wenn ich Geburtstag habe, . . .
6. Wenn Sie nach München kommen, . . .
7. Wenn ich am Wochenende nichts vorhabe, . . .
8. Wenn man kein Auto hat, . . .


**MÜ 8**    Was wissen wir nicht? Was möchten Sie wissen?
Bilden Sie Nebensätze mit **ob!**

● Hat das Kind allein gespielt? → *Wir wissen nicht, ob das Kind allein gespielt hat.*

| | |
|---|---|
| 1. Hat der Vater das Kind verstanden? | 4. Hat sie auch gearbeitet? |
| 2. Hat er die Zeitung gelesen? | 5. Hat sie ferngesehen? |
| 3. Ist die Mutter auch zu Hause gewesen? | 6. Hat sie das Kind gerufen? |


**MÜ 9**    Vollenden Sie die Sätze!

1. Ich möchte gern wissen, ob *sie heute oder morgen Geburtstag hat.*
2. Fragen Sie Herrn Kohl, ob . . .
3. Können Sie mir sagen, ob . . .
4. Weißt du, ob . . .
5. Er hat nicht gesagt, ob . . .
6. Ich kann Ihnen leider nicht sagen, ob . . .

**MÜ 10**   Auf deutsch, bitte!

1. Do you know whether it is raining?
2. I heard that he was very sick.
3. Ask him when you see him.
4. I can only call you if I have time.
5. Did she say whether she sold her car?
6. We don't know whether we can do it.
7. I believe that he went downtown.
8. I am here because I want to be here.
9. I don't think that she is at home.
10. He needs the money because he wants to buy a new car.

**Erinnern Sie sich?**
**Was kauft man. . .?**

Brot, Brötchen, Kuchen

beim Bäcker
auf der Post
im Supermarkt
am Bahnhof
auf dem Markt
in der Apotheke
im Kaufhaus
im Blumengeschäft
am Kiosk

**Erinnern Sie sich?**
**Erklären Sie diese Adjektive!**

grün wie das Gras
grün wie eine Flasche

1. grasgrün
2. flaschengrün
3. bildschön
4. pfenniggroß
5. fingerdick
6. sonnenklar
7. schneeweiß
8. eisgrau
9. silbergrau
10. meergrün
11. windschnell

# Junge Menschen in Deutschland: Fahrschüler[L]

Cornelia Bausen ist siebzehn Jahre alt und wohnt in der kleinen Gemeinde[L] Grenderich bei Cochem an der Mosel. Wenn sie morgens das Haus verläßt[L], weiß sie manchmal nicht,

—ob der Vater sie abends von der Schule abholen kann,

—ob sie nach Hause trampen° muß,                    *hitch hike*

—ob sie am Abend heil° nach Hause kommt.            *safe(ly)*

Cornelia Bausen ist Fahrschülerin. Eine von rund[L] einer Million in der Bundesrepublik. Man nennt[L] diese Kinder und Jugendlichen[L] Fahrschüler, weil sie oft Stunden mit dem Fahrrad, mit der Bahn oder mit dem Bus fahren müssen, bis sie ihre Schule erreichen. Oft sind Fahrschüler siebzig Stunden in der Woche unterwegs[L], denn es gibt in der Bundesrepublik nicht sehr viele Schulbusse.

Cornelia besucht[L] das Gymnasium° in der Stadt Cochem. Der letzte Bus von      *high school*
Cochem nach Grenderich fährt um 13.10 Uhr. Wenn Cornelia diesen Bus nicht erreicht, kann sie nur hoffen, daß der Vater sie abholt. Cornelia hat Glück, denn ihr Vater arbeitet in Cochem.

Der Vater muß Cornelia oft abholen, denn dreimal in der Woche endet ihr Unterricht erst um 16.30 Uhr. Aber wenn ihr Vater sie nach dem Unterricht

nicht abholen kann, muß Cornelia trampen. An diesen Tagen weiß sie dann nie[L], ob sie heil nach Hause kommt.

Fahrschüler wie Cornelia haben manchmal ein gefährliches[L], aber immer ein hartes Leben. Bei Eis und Schnee, bei Nässe, Kälte und Nebel°       *fog*
sind sie mit dem Fahrrad oder zu Fuß unterwegs oder warten auf Bahnhöfen und an Bushaltestellen. Viele beginnen schon im Zug oder im Bus mit ihren Hausaufgaben, weil sie zu Hause noch Freizeit haben wollen.

In Cochem-Zell hat man 696 Schüler nach ihrem Schulweg gefragt. Ihre Antworten haben gezeigt,

—daß 128 Schüler morgens schon in der Zeit von 6.00 Uhr bis 6.30 Uhr auf dem Weg zur Schule sind;

—daß 62 Schüler erst in der Zeit von 14.15 Uhr bis 14.45 Uhr von der Schule nach Hause kommen;

—daß 100 Schüler täglich zwischen acht und achteinhalb Stunden unterwegs sind, fast 30 Schüler neun Stunden;

—daß 56 Schüler Wartezeiten bis zu dreieinhalb Stunden auf Bahnhöfen verbringen müssen.

Sie alle brauchen in der Woche fünfzig bis siebzig Stunden für den Schulweg, für den Unterricht und die Hausaufgaben.

Der lange Schulweg kostet nicht nur Zeit, sondern auch Geld. Zum Beispiel kauft Cornelia Bausen keine Monatskarte[L] für den Bus, weil ihr Vater sie oft abends abholen muß. Deshalb bezahlt sie jeden Tag für die Busfahrkarte[L]. Wenn sie nachmittags Unterricht hat, ißt sie in einer Kantine zu Mittag. Nach der Schule geht sie irgendwo in ein Café und trinkt eine Tasse Tee oder ißt eine heiße Suppe.

Cornelia muß ins Café. Wie soll sie auch sonst die Zeit von 16.30 Uhr bis 18.45 Uhr verbringen, denn erst dann kann Vater Bausen seine Tochter abholen. Cornelia: „Ein Schultag kostet meine Eltern mindestens zehn Mark."

**Helft Kinder schützen!**

Werden
Sie Mitglied im
Deutschen
Kinderschutzbund

Wir helfen Kindern und ihren Eltern . . .

---

## LESEHILFE

der **Schüler** / die **Schülerin** = die Schulkinder
die **Gemeinde, -n** = die Kommune, ein kleines Wohngebiet
das **Haus verlassen** (verläßt, verlassen) = aus dem Haus gehen
    **rund** = ungefähr
    **nennen** (genannt) = einen Namen geben
die **Jugendlichen** (*Pl.*) = die jungen Leute, Adoleszenten
    **unterwegs** = auf dem Weg
die **Schule besuchen** = zur Schule gehen
    **nie** = das Gegenteil von **immer**
    **gefährlich** = Man muß vorsichtig sein, wenn etwas gefährlich ist.
die **Fahrkarte, -n** = ein Fahrausweis; man braucht eine Fahrkarte, wenn
        man mit dem Bus (dem Zug, der Straßenbahn) fahren will.
die **Monatskarte, -n** = eine Fahrkarte für den ganzen Monat

## ROLLENSPIEL

Ein Student spielt den Reporter. Er hat die Fragen vorbereitet.
Eine Studentin spielt die Schülerin Cornelia Bausen.

**Reporter:** Wie alt bist du?
**Cornelia:** _____

**Reporter:** Wo wohnst du?
**Cornelia:** _____

**Reporter:** Was für eine Schule besuchst du?
**Cornelia:** _____

**Reporter:** In welcher Stadt ist deine Schule?
**Cornelia:** _____

**Reporter:** Wann mußt du morgens das Haus verlassen, wenn du zur Schule gehst?
**Cornelia:** _____

**Reporter:** Um wieviel Uhr fährt der letzte Bus von Cochem nach Grenderich?
**Cornelia:** _____

**Reporter:** Warum mußt du manchmal nach Hause trampen?
**Cornelia:** _____

**Reporter:** Wer holt dich ab, wenn du deinen Bus nicht erreichst?
**Cornelia:** _____

**Reporter:** Wo arbeitet dein Vater?
**Cornelia:** _____

**Reporter:** Wohin gehst du nach der Schule, wenn du auf deinen Vater warten mußt?
**Cornelia:** _____

**Reporter:** Was machst du im Café?
**Cornelia:** _____

**Reporter:** Wie oft muß dein Vater dich von der Schule abholen?
**Cornelia:** _____

# SCHRIFTLICHE ÜBUNGEN

**SÜ 1**  Verbinden Sie die Sätze mit **daß!**
*(Vorsicht! Der Hauptsatz steht ohne es.)*

- Ich weiß *es.*   Der Zug fährt schon um 17.30 Uhr ab.
  *Ich weiß, daß der Zug schon um 17.30 Uhr abfährt.*

1. Haben Sie *es* gewußt?       Es gibt in der Bundesrepublik nicht viele Schulbusse.
2. Ich glaube *es.*             Der Film fängt schon um acht Uhr an.
3. Haben Sie *es* gehört?       Frau Kaiser arbeitet jetzt bei Daimler-Benz.
4. Wer hat *es* gesagt?         Er trinkt zuviel Alkohol.
5. Es tut mir leid.            Ich konnte Ihnen nicht helfen.
6. Es ist schade.             Sie können nicht bei uns vorbeikommen.


**SÜ 2**  Bilden Sie Nebensätze mit **wenn!**

Wann braucht man . . .?

1. einen Kugelschreiber       5. einen Führerschein
2. ein Wörterbuch             6. einen Fahrplan
3. einen Regenschirm          7. eine Brille
4. eine Tasse                 8. einen Koffer


**SÜ 3**  Schreiben Sie diese Sätze noch einmal mit **weil!**

- Ich kann nicht kommen, denn ich muß arbeiten.
  *Ich kann nicht kommen, weil ich arbeiten muß.*

1. Er kann das nicht lesen, denn er hat seine Brille vergessen.
2. Ich brauche das Geld, denn ich muß meine Telefonrechnung bezahlen.
3. Wir gehen in die Stadt, denn ich will einen neuen Mantel kaufen.
4. Heute gehe ich früh ins Bett, denn ich bin müde.
5. Der alte Mann versteht Sie nicht, denn Sie sprechen zu leise.
6. Sie hat uns eingeladen, denn heute ist ihr Geburtstag.


**SÜ 4**  Machen Sie aus dem Fragesatz einen Nebensatz mit **ob!**

- Ich möchte *es* wissen. Hat er schon gegessen?
  *Ich möchte wissen, ob er schon gegessen hat.*

1. Ich weiß *es* nicht.        Kommt er heute früh oder spät nach Hause?
2. Wir haben Renate gefragt.   Will sie mit uns ins Kino gehen?
3. Er will *es* wissen.        Hat seine Mutter angerufen?
4. Ich kann *es* nicht sagen.  Gibt es hier ein nettes Café?
5. Frag den Postboten!         Hat er einen Brief für mich?

**SÜ 5**    Vollenden Sie die Sätze!

1. Er ist ins Bett gegangen, *weil er morgen sehr früh aufstehen muß.*
2. Können Sie mir sagen, ob . . . ?
3. Es ist nett von Ihnen, daß . . .
4. Ich kann Sie morgen nicht besuchen, weil . . .
5. Wissen Sie, ob . . . ?
6. Ich esse etwas, wenn . . .
7. Es ist schade, daß . . .
8. Wenn es schneit, . . .

**SÜ 6**    **Persönliche Fragen**
*(Antworten Sie bitte mit Haupt- und Nebensätzen!)*

1. Warum lernen Sie Deutsch?
2. Was wissen Sie über Deutschland?
3. Warum gefällt Ihnen Deutschland (nicht)?
4. Was tun Sie, wenn Sie viel Zeit haben?
5. Wann müssen Sie zum Arzt gehen?
6. Wann ziehen Sie einen Regenmantel an?
7. Wie geht es Ihnen, wenn Sie eine Erkältung haben?
8. Wann ist es Ihnen kalt?

---

## WORTSCHATZ

### VERBEN

| | |
|---|---|
| **erreichen** | to reach |
| **verdienen** | to earn |

### VERSCHIEDENES

| | |
|---|---|
| **deshalb** | therefore |
| **(das) Glück haben** | to be lucky, to have the good fortune |
| **-mal, dreimal** | -times, three times |

### SUBORDINATING CONJUNCTIONS

| | |
|---|---|
| **bis** | until |
| **daß** | that |
| **ob** | whether, if |
| **weil** | because |
| **wenn** | when, if |

### Diese Wörter verstehen Sie ohne Wörterbuch.

### NOMEN

| |
|---|
| **der Weg, -e** |
| **die Wartezeit, -en** |

### VERBEN

| |
|---|
| **enden** |
| **fragen nach** *(+dat.)* |
| **hoffen** |

**Können Sie mir sagen, wo die Hauptpost ist?**

- Question words functioning as subordinating conjunctions
- Participles used as adjectives

**Das Schulsystem in der Bundesrepublik**

# Können Sie mir sagen, wo die Hauptpost ist?

EIN TOURIST

▷ Bitte, können Sie mir sagen, wo die Hauptpost ist?

▷ Die Hauptpost muß hier in der Nähe sein.

▷ Nein, leider nicht.

▷ Meinen Sie den Platz, wo die Hauptstraße beginnt?

▷ Dann weiß ich, wo das ist.

▷ Vielen Dank!

EIN HERR

▶ Zur Hauptpost wollen Sie? Ich weiß nicht, wie ich Ihnen das erklären soll . . .

▶ Moment! Wissen Sie, wo der Bismarckplatz ist?

▶ Das ist der große Platz, wo so viele Geschäfte sind. Wissen Sie, welchen Platz ich meine?

▶ Ja, und wo die meisten Straßenbahnen halten.

▶ Gut, dann gehen Sie hier weiter bis zum Bismarckplatz! Am Bismarckplatz sehen Sie das Kaufhaus Horten. Die Hauptpost ist gleich neben dem Kaufhaus.

▶ Bitte sehr!

# EINFÜHRUNG

*Nebensätze mit Fragewörtern als Konjunktionen*

| **Direkte Fragen:** | **Indirekte Fragen und Antworten:** |
|---|---|

**Wer** sucht die Hauptpost?

Wissen Sie, **wer** die Hauptpost sucht?

**Wen** fragt der Tourist?

Wissen Sie, **wen** der Tourist fragt?

**Was** will er wissen?

Er will wissen, **wo** die Hauptpost ist.

**Wie** erklärt der Herr den Weg zur Hauptpost?

Er weiß nicht, **wie** er den Weg zur Hauptpost erklären soll.

**Von welchem** Platz spricht er?

Der Tourist weiß nicht, **von welchem Platz** der Herr spricht.

**Welchen Platz** meint er?

Versteht der Tourist, **welchen Platz** der Herr meint?

**Wie** heißt der Platz?

Wissen Sie, **wie** der Platz heißt, **wo** die Hauptstraße beginnt?

*Partizipien als Adjektive*

Dieses Haus **sieht** nicht gut **aus**.
Das ist **kein gut aussehendes Haus**.

Das Haus ist **heruntergekommen**.
Was für **ein heruntergekommenes Haus!**

Die Fensterscheiben sind **zerbrochen**.
Man sieht **die zerbrochenen Scheiben**.

Die Vorhänge sind nicht **gewaschen**.
Man sieht **die ungewaschenen Vorhänge**.

Man will das Haus bald renovieren,
vielleicht **im kommenden Jahr**.

Man hat das Haus renoviert.
Hier sieht man **das renovierte Haus**.

Man hat das Haus nicht neu **gebaut**.
Das ist **kein neugebautes Haus**.

Die Renovierung war **geplant**.
Es war **eine gut geplante Renovierung**.

Man hat viel Geld **investiert**, aber
**das investierte Geld** ist nicht verloren.

**Die im Haus wohnenden Leute** bezahlen
Miete.
**Die zu bezahlende Miete** ist hoch.

Im Museum

**Stehende** und **sitzende** Besucher betrachten die an der Wand **hängenden** Bilder.

# GRAMMATIK

## A Question Words Functioning as Subordinating Conjunctions

### 1 Analysis

In German, as in English, questions introduced by question words such as

| | |
|---|---|
| **Wie** alt sind Sie? | *How old are you?* |
| **Wo** arbeitet er? | *Where does he work?* |
| **Was** ist das? | *What is this (that)?* |
| **Wieviel** Uhr ist es? | *What time is it?* |

can be changed to indirect questions, that is, questions preceded by an introductory clause.

| | |
|---|---|
| DIRECT QUESTION | Wo ist die Hauptstraße? |
| INDIRECT QUESTION | Können Sie mir sagen, wo die Hauptstraße ist? |
| | |
| DIRECT QUESTION | Wieviel Uhr ist es? |
| INDIRECT QUESTION | Wissen Sie, wieviel Uhr es ist? |

By the same token, a question word may also introduce an indirect statement.

| | |
|---|---|
| DIRECT QUESTION | Was ist das? |
| INDIRECT STATEMENT | Wir wissen, was das ist. |
| | |
| DIRECT QUESTION | Wann sind Sie angekommen? |
| INDIRECT STATEMENT | Er hat mich gefragt, wann ich angekommen bin. |

## 2  Question words as subordinating conjunctions

When questions or statements begin with an introductory clause such as

| | |
|---|---|
| Können Sie mir sagen, . . . | *Can you tell me . . .* |
| Hat er gesagt, . . . | *Did he say . . .* |
| Ich habe nicht gewußt, . . . | *I didn't know . . .* |

the question word functions as the joining element between main and dependent clause and behaves exactly like a subordinating conjunction. The verb moves to the very end of the sentence.

| | |
|---|---|
| . . ., **wann** er nach Hause **kommt?** | *when he's coming home?* |
| . . ., **warum** er arbeiten **muß?** | *why he has to work?* |
| . . ., **wer** das **war.** | *who that was.* |

Again, the clauses are separated by a comma.

---

### When to use **wenn** and **wann**

**Wenn** and **wann** are both translated as *when*. As you recall, **wenn** is a subordinating conjunction and has the meaning of *if* in the sense of *provided that* when referring to present or future time.

> Der Vater spielt mit dem Kind, **wenn** er Zeit hat.
> *The father plays with the child if he has time.*

**Wenn** may also have the meaning of *when* or *whenever* in the sense of *at the time when, always when.*

> Sie ruft mich an, **wenn** sie Probleme hat.
> *She calls me when(ever) she has problems.*

> **Wenn** er nach Deutschland kommt, besucht er dich.
> *When he comes to Germany he'll visit you.*

**Wann** is a question word and has the meaning of *when?, at what time?*

> **Wann** hat er angerufen?     *When did he call?*

Since question words function as subordinating conjunctions, **wann** is used in indirect questions and statements and it must also be rendered with *when* but it can always be replaced by the phrase *at what time?.*

> Wissen Sie, **wann** er angerufen hat?
> *Do you know when (at what time) he called?*

Remember **wann** must be used when the dependent clause is derived from a question.

> **Wann** kommt sie nach Hause?
> Können Sie mir sagen, **wann** sie nach Hause kommt?
> Weißt du, **wann** sie nach Hause gekommen ist?
> Ich weiß nicht, **wann** sie nach Hause kommen muß.

## B  Participles Used as Adjectives

German, like English, increases the number of adjectives by using participles of verbs as adjectives.

### 1  Past participles

The formation of past participles was discussed in Chapters 8 and 9. When using a past participle as an adjective, the appropriate adjective ending must be added.

| | |
|---|---|
| PAST PARTICIPLE | Wer hat das Auto **gestohlen?** |
| | *Who stole the car?* |
| ADJECTIVE | Wem gehört das **gestohlene** Auto? |
| | *To whom does the stolen car belong?* |

Look at some more examples of past participles used as adjectives:

| | |
|---|---|
| ein falsch **geparktes** Auto | *an illegally parked car* |
| mit einem **gebrauchten** Auto | *with a used car* |
| ein **gewaschener** Pullover | *a washed sweater* |
| die **unbezahlte** Rechnung | *the unpaid bill* |
| die **bestellten** Bücher | *the ordered books* |

### 2  Present participles

German, like English, uses present participles as adjectives. English forms the present participle by adding *-ing* to the basic verb:

| Infinitive | Participle | Participle Used as Adjective |
|---|---|---|
| *to wait* | *waiting* | *the waiting people* |
| *to sing* | *singing* | *a singing child* |
| *to come* | *coming* | *the coming week* |
| *to hang* | *hanging* | *a hanging lamp* |

German forms the present participle by adding **-d** to the infinitive form of the verb:

| Infinitive | Participle | Participle Used as Adjective |
|---|---|---|
| warten | wartend | die wartenden Leute |
| singen | singend | ein singendes Kind |
| kommen | kommend | die kommende Woche |

In German, present participles are used mainly as attributive adjectives as shown in the examples above.

**Note** Many times there is no literal English equivalent for German constructions involving a present or a past participle. You may have to convert the participle used as an attributive adjective into a relative clause in English.

Wir essen das mitgebrachte Brot.
*We are eating the bread that we brought along.*

Hier kommen die erwarteten Gäste.
*Here come the guests we were expecting.*

Reine Schurwolle

**DAS WOLLSIEGEL.
20 JAHRE
KONTROLLIERTE
QUALITÄT.**

# MÜNDLICHE ÜBUNGEN

## Nebensätze mit Fragewörtern als Konjunktionen

**MÜ 1**   Touristen haben immer viele Fragen.

    **a)**   **Was wollen Touristen meistens wissen?**
    **b)**   **Sie sind Tourist. Stellen Sie Fragen!**

●    Wo ist ein nettes Café?
      *a)*   *Touristen wollen wissen, wo ein nettes Café ist.*
      *b)*   *Können Sie mir sagen, wo ein nettes Café ist?*

  1.   Welche Straßenbahn fährt in die Stadt?
  2.   Welcher Bus fährt zum Bahnhof?
  3.   Wie oft fahren die Busse?
  4.   Wie lange fahren die Straßenbahnen?
  5.   Wo ist die nächste Post?
  6.   Was für Sehenswürdigkeiten gibt es hier?
  7.   Wo kann man gut und preiswert essen?
  8.   Wo ist die Bank?
  9.   Wieviel kostet ein Zimmer in einem Hotel?
10.   Wann gibt es im Hotel Abendessen?

    **Was wollen Touristen noch wissen?**

**MÜ 2**    Antworten Sie mit einer Frage!

- Wie alt sind Sie? → *Warum wollen Sie wissen, wie alt ich bin?*

| | |
|---|---|
| 1. Was sind Sie von Beruf? | 6. Wo lernen Sie Deutsch? |
| 2. Wo arbeiten Sie? | 7. Welche deutschen Städte kennen Sie? |
| 3. Wie heißen Sie? | 8. Wo sind Sie zur Schule gegangen? |
| 4. Woher kommen Sie? | 9. Wann sind Sie nach Deutschland gekommen? |
| 5. Was tun Sie hier? | 10. Welche Schuhgröße haben Sie? |

**MÜ 3**    Was möchten Sie wissen?

- Für wen sind diese Blumen?
  *Ich möchte wissen, für wen diese Blumen sind.*

1. Durch welche Straße ist der Bus gefahren?
2. Mit welcher Straßenbahn ist er gefahren?
3. Von wem ist der Brief?
4. Für wen haben Sie die Blumen gekauft?
5. An welchen Tagen arbeitet er nicht?
6. Zu wem ist der Herr gegangen?
7. Auf welchen Bus wartet die alte Frau?
8. In welchem Hotel wohnen die Touristen?
9. Bei welcher Firma arbeitet Herr Becker?
10. Mit welchem Kuli kann ich schreiben?

... wo Mode so wenig kostet

**MÜ 4**    **Was** fragen Sie **wen?**

- Was fragen Sie einen Polizisten?
  *Ich frage einen Polizisten, wie man zum Bahnhof kommt.*

Was fragen Sie . . .?

| | | |
|---|---|---|
| 1. eine Kellnerin | 4. einen Busfahrer | 7. einen Mechaniker |
| 2. eine Ärztin | 5. eine Verkäuferin | 8. eine Krankenschwester |
| 3. einen Lehrer | 6. einen Postboten | 9. eine Sekretärin |

**MÜ 5**    **Wiederholung:** Bilden Sie indirekte Antworten mit **ob!**
Was hat er gefragt?

- Ist der Bahnhof weit von hier? → *Er hat gefragt, ob der Bahnhof weit von hier ist.*

| | |
|---|---|
| 1. Haben Sie vor dem Hotel geparkt? | 6. War der Mechaniker schon hier? |
| 2. Gehen wir heute abend ins Kino? | 7. Möchten Sie eine Tasse Kaffee? |
| 3. Hat das Essen gut geschmeckt? | 8. Ist der Zug schon angekommen? |
| 4. Haben die Leute einen Stadtplan? | 9. Können Sie ein Hotel empfehlen? |
| 5. Brauchen Sie einen Kugelschreiber? | 10. Gibt es hier ein nettes Café? |

## Partizipien als Adjektive

**MÜ 6**   Was für ein(e) . . . ist das?

### a)   Partizip Perfekt

- Der Tisch ist reserviert. → *Das ist ein reservierter Tisch.*

1. Der Pullover ist gewaschen.
2. Die Bluse ist reduziert.
3. Die Rechnung ist bezahlt.
4. Der Mann ist geschieden.
5. Die Frau ist verheiratet.
6. Das Haus ist neu gebaut.
7. Der Wagen ist gestohlen.
8. Die Arbeit ist angefangen.
9. Das Essen ist vorbereitet.
10. Der Kuchen ist gekauft.

### b)   Partizip Präsens

- Der Zug fährt. → *Das ist ein fahrender Zug.*

1. Das Auto bremst.
2. Der Apfel schmeckt gut.
3. Der Mann sieht gut aus.
4. Das Kind spielt.
5. Der Mechaniker arbeitet.
6. Der Bus hält.
7. Die Blume riecht gut.
8. Der Zug fährt ab.
9. Das Kind schläft.
10. Das Mädchen friert.
11. Der Mann schwitzt.
12. Das Auto fährt.

**MÜ 7**   Auf deutsch, bitte!

### a)   Haupt- und Nebensätze

1. Do you know where the main post office is?
2. Did he say which bus he took?
3. I don't know how long she had to wait.
4. May I ask you where you bought this map?
5. I don't understand why he didn't call us.
6. He didn't say what kind of a car he has.
7. She couldn't tell me where her husband went.
8. I forgot when his birthday is.
9. Please ask them how many children they have.
10. We would like to know in which hotel they were.
11. Please tell me what you want.
12. Do you know which school she attended?

Einkaufen,
wo es Freude
macht

### b)   Partizipien als Adjektive

1. an unpaid bill
2. the sleeping children
3. the described people
4. the explained words
5. the baked fish
6. the recommended hotel
7. an expected guest
8. the working people
9. all parked cars
10. the coming week

# Das Schulsystem in der Bundesrepublik

In der Bundesrepublik Deutschland muß jedes Kind mindestens neun Jahre zur Schule gehen. Der Unterricht ist kostenlos. Das Schulsystem in der Bundesrepublik ist nicht einheitlich. Es gibt Unterschiede zwischen den Bundesländern. Auch die Ferien sind nicht gleich. Im wesentlichen sieht das Schulsystem in der Bundesrepublik so aus:

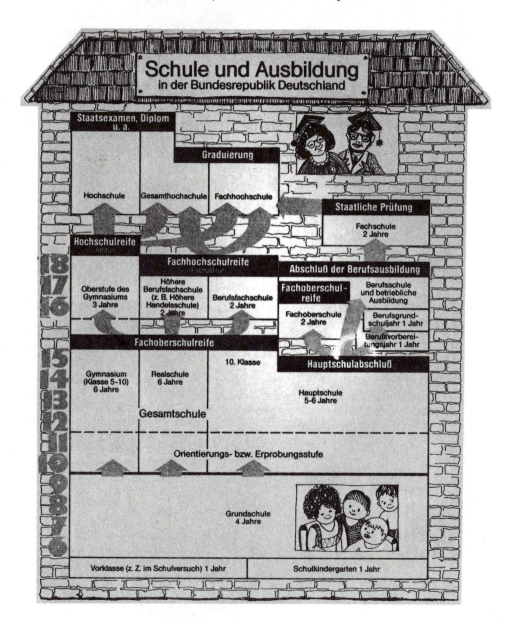

Schule und Ausbildung
in der Bundesrepublik Deutschland

## Die Grundschule

Die Kinder beginnen ihre Schulzeit nach ihrem sechsten Geburtstag. Zu ihrem ersten Schultag bekommen sie von ihren Eltern eine große Tüte mit Obst und Süßigkeiten[L]. Mit dieser Tüte im Arm gehen die Kinder dann zur Schule. Die Tüte soll ihren ersten Schultag versüßen[L].

Alle Kinder müssen vier Jahre in die Grundschule gehen. Der Unterricht in der Grundschule dauert gewöhnlich von 8 bis 13 Uhr für die großen Jungen und Mädchen und für die kleinen nur von 8 bis 10 oder 11 Uhr. Zum Mittagessen sind die Kinder wieder zu Hause.

Nach der vierten Klasse wechseln[L] die Kinder die Schule. Sie können zwischen drei Schultypen wählen: Hauptschule, Realschule oder Gymnasium. Gewöhnlich entscheiden Schüler, Eltern und Lehrer zusammen, in welche Schule ein Schüler überwechseln kann oder soll.

## Die Hauptschule

Die meisten Schüler besuchen von der fünften bis zur neunten Klasse die Hauptschule. Der Stundenplan[L] in der neunten Klasse sieht ungefähr so aus:

**Hauptschule Kl. 9**

# STUNDENPLAN

| Zeit | Montag | Dienstag | Mittwoch | Donnerstag | Freitag | Samstag |
|---|---|---|---|---|---|---|
| 8.00- 8.45 | Mathematik | Biologie | Sport | Werken (Jungen) | Englisch | Arbeitsge- |
| 8.45- 9.30 | Mathematik | Biologie | Sport | Werken (Jungen) | Englisch | meinschaft[2)] |
| 9.45-10.30 | Religion | Geschichte | Deutsch | | Sozialkunde | Physik/Chemie |
| 10.30-11.15 | Erdkunde | Deutsch | Sozialkunde | Hauswirt- | Sozialkunde | Physik/Chemie |
| 11.30-12.15 | Wahl-Pflicht- | Sozialkunde | Mathematik | schaft | Mathematik | |
| 12.15-13.00 | Kurs [1)] | Sozialkunde | Englisch | (Mädchen) | Deutsch | |
| | | | | | | |

Nach der neunten Klasse bekommen die Hauptschüler ein Abschlußzeugnis[L]. Mit diesem Zeugnis können sie eine Berufsausbildung beginnen. Eine Berufsausbildung dauert gewöhnlich zwischen drei und dreieinhalb Jahre. Man nennt diese Berufsphase auch Lehrzeit oder Lehre, denn die Jugendlichen müssen in dieser Zeit viel lernen. Neben der praktischen Berufsausbildung in einem Betrieb[L], zum Beispiel als Facharbeiter[L] oder Handwerker[L], müssen sie an einem Tag in der Woche die Berufsschule besuchen. Die Berufsschule bereitet sie theoretisch auf ihren Beruf vor.

## Die Realschule

Andere Schüler wechseln zur Realschule über. Neben Englisch und Französisch[L] können Realschüler auch Maschinenschreiben[L] und Stenographie lernen. Im wesentlichen ist der Unterricht in der Realschule ähnlich wie im Gymnasium. Hier ist ein Stundenplan:

**Realschule Kl. 9**

# STUNDENPLAN

| Zeit | Montag | Dienstag | Mittwoch | Donnerstag | Freitag | Samstag |
|------|--------|----------|----------|------------|---------|---------|
| 7.55- 8.40 | Deutsch | Deutsch | Französisch | Englisch | Maschinenschr. | Deutsch |
| 8.45- 9.30 | Französisch | Englisch | Englisch | Mathematik | Französisch | Physik |
| 9.45-10.30 | Englisch | Geschichte | Mathematik | Gemeinschaftsk. | Deutsch | Biologie |
| 10.35-11.20 | Mathematik | Sport (Mädchen) | Mathematik | Hauswirt- | Stenographie[1] | Physik |
| 11.30-12.10 | Kunst | Werken (Jungen) | Textil (Mädchen) | schaft (Mädchen) | Geschichte | Erdkunde |
| 12.10-12.50 | Kunst | Biologie | Sport (Jungen) | | Erdkunde | |
| | | | | | | |

[1] wahlfrei

Die Realschule endet nach der zehnten Klasse. Realschüler müssen eine Abschlußprüfung[L] machen. Diese Prüfung nennt man die Mittlere Reife. Mit der Mittleren Reife können sie einen kaufmännischen[L] Beruf wählen. Sie können zum Beispiel eine Berufsausbildung in einer Bank machen oder in die Verwaltung[L] gehen. Auch die Jugendlichen aus der Realschule müssen in ihrer Lehrzeit die Berufsschule besuchen.

## Das Gymnasium

Wer später einmal eine deutsche Universität besuchen will, muß gewöhnlich ein Gymnasium besuchen und das Abitur bestehen. Das Abitur ist die Abschlußprüfung nach der 13. Klasse. Der Stundenplan in einem Gymnasium sieht ungefähr so aus:

**Gymnasium Kl. 9**

# STUNDENPLAN

| Zeit | Montag | Dienstag | Mittwoch | Donnerstag | Freitag | Samstag |
|------|--------|----------|----------|------------|---------|---------|
| 8.00- 8.45 | Geschichte | Englisch | Latein[1] | Englisch | Geschichte | Mathematik |
| 8.55- 9.40 | Deutsch | Deutsch | Latein[1] | Mathematik | Englisch | Latein[1] |
| 9.45-10.30 | Englisch | Latein[1] | Physik | Deutsch | Sozialkunde | Physik |
| 10.45-11.30 | Mathematik | Mathematik | Kunst | Deutsch | Biologie | Chemie |
| 11.35-12.20 | Sport | Erdkunde | Kunst | Chemie | Religion | Musik |
| 12.30-13.15 | Sport | Religion | | | | |

[1] oder Französisch

Seit 1969 gibt es in den meisten Bundesländern neben den anderen Schulen einen neuen Schultyp: die Gesamtschule. In der Gesamtschule sind Grundschule, Hauptschule, Realschule und das Gymnasium unter einem Dach. Der Unterricht ist jedoch nicht gleich.

**kostenlos** = (es) kostet nichts
**einheitlich** = gleich, uniform
der **Unterschied, -e** = die Differenz
**wesentlich, im wesentlichen** = wichtig, in den wichtigen Punkten
die **Süßigkeit, -en** = süße Sachen zum Essen
**versüßen** = süßer machen
**wechseln/die Schule wechseln** = nicht mehr in die gleiche Schule gehen, sondern in eine andere
der **Stundenplan, ⁻e** = Er zeigt die Zeit (Stunde), wann die Schüler ein bestimmtes Fach (z.B. Deutsch oder Mathematik) haben und auch was für Fächer sie haben.
der **Abschluß, ⁻sse** = das Ende
das **Zeugnis, -se** = ein Zertifikat (Das Abschlußzeugnis zeigt, daß ein Schüler die Schule bis zur letzten Klasse besucht hat und sie nicht vorher verlassen hat.)
der **Betrieb, -e** = eine Firma oder ein Geschäft, wo viele Leute arbeiten; z.B. Industriebetrieb, Handwerksbetrieb, Großbetrieb
der **Facharbeiter, -** = ein Arbeiter mit einer Berufsausbildung in einem bestimmten Fach; z.B. Automechaniker, Elektriker
der **Handwerker, -** = Er arbeitet mit den Händen und produziert Einzelstücke; z.B. Elektriker, Bäcker.
das **Französisch** *(Sprache)* = was man in Frankreich spricht
das **Maschinenschreiben** = auf der Schreibmaschine schreiben, tippen
die **Prüfung, -en** = das Examen
**käufmännisch** = kommerziell, was ein Kaufmann tut
die **Verwaltung, -en** = die Administration

## ZUR DISKUSSION

1　Vergleichen Sie das deutsche Schulsystem mit dem Schulsystem in Ihrem Land!

2　Welches Schulsystem finden Sie besser?
　Erklären Sie warum! Wo liegen die Vorteile und wo die Nachteile?

3　Vergleichen Sie die Stundenpläne! Welche Fächer sind in welcher Schule wichtig? Wie ist das in Ihrem Land?

## ROLLENSPIEL

Ein amerikanischer Student und eine deutsche Lehrerin. Er möchte wissen, wie das deutsche Schulsystem funktioniert. Die deutsche Lehrerin kennt das Schulsystem und beantwortet seine Fragen.

**Amerikaner:** Ich möchte gern wissen, wann die Kinder in der Bundesrepublik ihre Schulzeit beginnen und wie viele Jahre sie zur Schule gehen müssen.

**Lehrerin:** _____

**Amerikaner:** Erklären Sie mir bitte die Grundschule!

**Lehrerin:** _____

**Amerikaner:** In welche Schulen können die Kinder nach der 4. Klasse Grundschule überwechseln?

**Lehrerin:** _____

**Amerikaner:** Wer entscheidet, in welche Schule ein Schüler überwechseln soll oder kann?

**Lehrerin:** _____

**Amerikaner:** Was für Fächer haben die Schüler in der 9. Klasse Hauptschule?

**Lehrerin:** _____

**Amerikaner:** Nach welcher Klasse endet die Hauptschule, und was für Berufe können Schüler mit einem Hauptschulabschluß lernen?

**Lehrerin:** _____

**Amerikaner:** Wie lange dauert ihre Berufsausbildung nach der Hauptschule, und was für eine Schule müssen die jungen Leute neben ihrer praktischen Ausbildung besuchen?

**Lehrerin:** _____

**Amerikaner:** Was für Fächer haben die Schüler in der Realschule?

**Lehrerin:** _____

**Amerikaner:** Wie nennt man den Realschulabschluß?

**Lehrerin:** _____

**Amerikaner:** Nach welcher Klasse endet die Realschule, und was können die Realschüler nach der Schule tun?

**Lehrerin:** _____

**Amerikaner:** Was für Fächer haben die Schüler in der 9. Klasse im Gymnasium?

**Lehrerin:** _____

**Amerikaner:** Was können Sie mir noch über das Gymnasium sagen?

**Lehrerin:** _____

| Schulen | Abschlüsse |
|---|---|
| Hauptschule: | Hauptschulabschluß; Abschlußzeugnis |
| Realschule: | Mittlere Reife |
| Gymnasium: | Abitur; Hochschulreife |

# SCHRIFTLICHE ÜBUNGEN

**SÜ 1**   Vollenden Sie die Sätze!

1. Wo ist die Hauptpost?
   Er hat den Polizisten gefragt, *wo die Hauptpost ist* .

2. Wie sieht das deutsche Schulsystem aus?
   Wir haben gelernt, _____ .

3. Wann fährt der nächste Zug nach Freiburg?
   Am Bahnhof habe ich gefragt, _____ .

4. Woher kommen die Leute?
   Wissen Sie, _____ ?

5. Wie viele Schultypen gibt es in der Bundesrepublik?
   Wir haben gelesen, _____ .

6. In welche Schule geht Ihre Tochter?
   Darf ich fragen, _____ ?

7. Wie lange bleiben Sie in Deutschland?
   Alle fragen mich, _____ .

8. Warum müssen die Kinder die Schule wechseln?
   Ich verstehe nicht, _____ .

**SÜ 2**   Vollenden Sie die Sätze!

1. Wissen Sie, woher *die Leute kommen* ?
2. Er hat nicht gesagt, warum . . .
3. Können Sie mir sagen, wo . . .?
4. Sie hat mich gefragt, wie lange . . .
5. Darf ich Sie fragen, wie . . .?
6. Ich weiß leider nicht, was . . .
7. Hat er dich gefragt, wem . . .?
8. Wollen Sie wissen, was für ein . . .?
9. Ich kann Ihnen nicht sagen, wann . . .
10. Fragen Sie Herrn Falke, wieviel . . .!

**Erinnern Sie sich?**
**Wie heißt das Nomen?**

| | |
|---|---|
| groß | *die Größe* |
| stark | _____ |
| kurz | _____ |
| frisch | _____ |
| lang | _____ |
| breit | _____ |
| leer | _____ |
| voll | _____ |
| tief | _____ |
| warm | _____ |
| kalt | _____ |
| nahe | _____ |

**SÜ 3**   Bilden Sie indirekte persönliche Fragen!

- Name → *Darf ich Sie fragen, wie Sie heißen?*
  Datum → *Können Sie mir sagen, welches Datum wir heute haben?*

| | | |
|---|---|---|
| 1. Arbeit | 4. Auto | 7. Urlaub |
| 2. Wohnung | 5. Beruf | 8. Freizeit |
| 3. Familie | 6. Geburtstag | 9. Hobbys |

**SÜ 4**   Setzen Sie die Verben als Adjektive ein! *(Partizip Perfekt)*

1. backen          Mögen Sie diesen *gebackenen* Fisch?
2. empfehlen       Das _____ Hotel war sehr preiswert.
3. reservieren     Können Sie uns bitte den _____ Tisch zeigen?
4. bestehen        Wir gratulieren Ihnen zu der _____ Prüfung.
5. zählen          Das _____ Geld liegt auf dem Tisch.
6. erwarten        Die _____ Gäste sind nicht gekommen.
7. suchen          Der _____ Mann steht da drüben.
8. reduzieren      Wieviel kosten die _____ Blusen?
9. teilen          Deutschland ist ein _____ Land.
10. verdienen      Was machen Sie mit dem _____ Geld?

**SÜ 5**   Setzen Sie die Verben als Adjektive ein! *(Partizip Präsens)*

1. kommen          In der *kommenden* Woche fliegen wir nach Amerika.
2. fahren          Aus einem _____ Zug soll man nicht aussteigen.
3. entscheiden     Die _____ Frage ist, wann er ankommt.
4. schmecken       Orangensaft ist ein gut _____ Saft.
5. vorbeifahren    Der Mann hat das _____ Auto nicht gesehen.
6. wechseln        Das _____ Wetter macht mich krank.
7. frieren         Sie geht mit den _____ Kindern nach Hause.
8. warten          Haben Sie den _____ Leuten Bescheid gesagt?
9. spielen         Die Mutter sitzt bei den _____ Kindern im Park.

## WORTSCHATZ*

### NOMEN

| | |
|---|---|
| **das Fach, ¨er** | subject |
| **die Ausbildung, -en** | training |
| **die Fensterscheibe, -n** | window glass |

### VERSCHIEDENES

| | |
|---|---|
| **ähnlich** | similar(ly) |
| **gewöhnlich** | usual(ly) |
| **heruntergekommen** | run down |

### VERBEN

| | |
|---|---|
| **bestehen,** **bestanden** | to pass (an exam) |
| **entscheiden,** **entschieden** | to decide |
| **vergleichen,** **verglichen** | to compare |
| **zerbrechen,** **zerbrochen** | to break |

**Diese Wörter verstehen Sie ohne Wörterbuch.**

| NOMEN | VERBEN | ADJEKTIVE |
|---|---|---|
| **der Typ, -en** | **beantworten** *(+acc.)* | **praktisch** |
| **die Klasse, -n** | **planen** | **theoretisch** |

*Vergessen Sie nicht **die Lesehilfe** auf Seite 309!*

*Flohmarkt in Stuttgart*

**Auf dem Flohmarkt**

● Adjective declension: unpreceded adjectives
● Adjectives used as nouns

**Flohmärkte in der Bundesrepublik**

**Kapitel
21**

# Auf dem Flohmarkt

**Wissen Sie, was ein Flohmarkt ist?**

Auf einem Flohmarkt gibt es zum Beispiel . . .

– interessante alte Bücher, Landkarten und Schallplatten,

– alte Betten, Schränke und Bilder aus Großmutters Schlafzimmer,

– schöne Spiegel aus gutem Glas,

– gebrauchte Hosen, Hemden und Schuhe,

– sogar alte Dosen und leere Flaschen und tausend andere
verrückte Dinge.

Auf einem Flohmarkt findet man auch . . .

– gebrauchte Kleidung für Kinder,

– altes Geschirr, zum Beispiel alte Teller, Tassen, Gläser,

– preiswertes altes Silber, zum Beispiel alte Messer, alte
Gabeln, alte Löffel und alte Kännchen,

– gebrauchtes Spielzeug für kleine und große Kinder, zum
Beispiel alte Puppen und alte Eisenbahnen und

– schönen alten Schmuck.

Lieben Sie das Altmodische, das Nostalgische und das Originelle? Wenn Sie die Dinge von früher schön finden, dann ist
ein Flohmarkt genau das Richtige für Sie. Auf einem Flohmarkt findet man manchmal ganz phantastische Sachen und
wunderschönen alten Kitsch. Sie finden sicher etwas Origi-
nelles. Es muß ja nichts Teures sein. Aber Geduld und Zeit
müssen Sie mitbringen. Und natürlich Geld.

Sogar essen und trinken können Sie dort. Natürlich nichts
Besonderes. Auf einem Flohmarkt finden Sie vielleicht einen
Stand

– mit heißen Würstchen,

– mit belegten Broten oder Brötchen,

– mit kaltem Bier oder anderen Getränken.

**Was für Leute trifft man auf einem Flohmarkt?**

Ein Flohmarkt ist eine Attraktion für arme und reiche Leute.
Man trifft dort vor allem junge Leute. Sie tauschen, kaufen
und verkaufen. Man sieht aber auch ältere Leute. Die älteren
Leute kaufen vielleicht keine verrückten Sachen, aber auch sie
finden einen Flohmarkt interessant.

**Und Sie?**
Waren Sie schon einmal auf einem Flohmarkt?
Was haben Sie dort gesehen?
Haben Sie etwas Interessantes gefunden?
Haben Sie einige alte Sachen gekauft?

**NOLLENDORFPLATZ**
**BERLINER**
**FLOHMARKT**

# GRAMMATIK

## A Adjective Declension: Unpreceded Adjectives

Adjective-noun combinations are most often preceded by **der-** or **ein-**words. Sometimes,
however, they are not.

Look at the following examples:

| | | |
|---|---|---|
| SINGULAR | Das ist gutes Essen. | *This is good food.* |
| | Armes kleines Mädchen! | *Poor little girl!* |
| | Haben Sie neuen Wein? | *Do you have new wine?* |
| | Der Spiegel ist aus gutem Glas. | *The mirror is made of good glass.* |
| PLURAL | Sie hat deutsche Freunde. | *She has German friends.* |
| | Er kennt viele nette Leute. | *He knows many nice people.* |
| | Ich habe zwei gute Freunde. | *I have two good friends.* |
| | Wir wohnen bei deutschen Leuten. | *We are living with German people.* |

## 1 Adjective endings

You will recall that the principal idea behind German adjective endings is that either the article (the **der-** or **ein-**word) or the adjective itself has to indicate the gender, number and case of the noun following. Thus, in those instances where no **der-** or **ein-**word is present, the adjective must assume the function of the definite article, namely to indicate by its ending the gender, number and case of the modified noun.

Note in the chart below that the endings of the unpreceded adjectives (singular and plural) are identical to the endings of the **der-**words.

| | SINGULAR | | | PLURAL |
|---|---|---|---|---|
| | *Masculine* | *Neuter* | *Feminine* | *All Genders* |
| NOMINATIVE | **der** Wein<br>gu**ter** Wein | **das** Bier<br>kal**tes** Bier | **die** Milch<br>frische Milch | **die** Äpfel<br>schöne Äpfel |
| ACCUSATIVE | **den** Wein<br>gu**ten** Wein | **das** Bier<br>kal**tes** Bier | **die** Milch<br>frische Milch | **die** Äpfel<br>schöne Äpfel |
| DATIVE | **dem** Wein<br>gu**tem** Wein | **dem** Bier<br>kal**tem** Bier | **der** Milch<br>frischer Milch | **den** Äpfeln<br>schönen Äpfeln |

## 2 viele, mehrere, einige, andere

Indefinite numerical words such as **viele** *(many)*, **mehrere** *(several)*, **einige** *(some)*, and **andere** *(other)* suggest an indefinite quantity and occur in the plural only. They are treated like adjectives and must take endings.

| | |
|---|---|
| Er kennt **viele hübsche** Mädchen. | *He knows many pretty girls.* |
| Sie hat **mehrere gute** Freunde. | *She has several good friends.* |
| Wir haben **einige schöne** Sachen gekauft. | *We bought a few nice things.* |
| Dort sind **andere leere** Flaschen. | *There are other empty bottles.* |
| Ich habe ein Buch **mit vielen schönen** Bildern. | *I have a book with many beautiful pictures.* |
| Er ist **mit einigen neuen** Kollegen in ein Restaurant gegangen. | *He went with a few new colleagues to a restaurant.* |

**Remember** After **alle, beide** and **keine** the adjective always takes the ending **-en:**

Er kennt **alle hübschen Mädchen.**
Ich brauche **beide leeren** Flaschen.
Haben Sie **keine neuen** Schuhe?

### 3 Adjectives after numbers

Plural adjectives used after cardinal numbers, that is, the numbers used in counting and indicating quantity, are considered unpreceded unless there is a **der-** or **ein-**word in front of the number.

Look at the following examples:

| Unpreceded Adjectives | Preceded Adjectives |
|---|---|
| fünf neue Häuser | die fünf neuen Häuser |
| drei leere Flaschen | diese drei leeren Flaschen |
| zwei gute Freunde | seine zwei guten Freunde |
| mit zwei großen Türen | mit den zwei großen Türen |

### 4 Adjectives in a series

All adjectives preceding the same noun must take the same ending.

viele schöne alte Kirchen
mit vielen schönen bunten Bildern
zwei interessante neue Bücher

Adjectives in a series may be separated by a comma if the comma could be replaced by **und.** Thus **interessante, neue Bücher** are books which are both interesting and new, whereas **interessante neue Bücher** (without comma) are interesting books which happen to be new.

## B Adjectives Used as Nouns

In German and in English, adjectives can be used as nouns.

Look at the following examples.

| | |
|---|---|
| Kennen Sie **die deutschen Leute?** | *Do you know the German people?* |
| Kennen Sie **die Deutschen?** | *Do you know the Germans?* |
| Wir besuchen **die kranken Leute.** | *We are visiting the sick people.* |
| Wir besuchen **die Kranken.** | *We are visiting the sick.* |
| Er hilft **den armen Leuten.** | *He is helping the poor people.* |
| Er hilft **den Armen.** | *He is helping the poor.* |

In the above examples, the adjectives were first used to modify the noun **Leute,** then the adjectives were used as plural nouns.

Adjectival nouns are much more common in German than in English and, unlike English, they can be used in the singular as masculine, neuter and feminine nouns. When used as nouns, adjectives are capitalized but take the same endings as they do when functioning as attributive adjectives.

## 1 Masculine and feminine adjectival nouns

Masculine and feminine adjectival nouns, both singular and plural refer to people possessing the quality indicated by the adjective.

### ADJECTIVAL NOUNS PRECEDED BY DER-WORDS

|  | Masculine | Feminine | Plural |
|---|---|---|---|
| NOMINATIVE | der Kranke | die Kranke | die Kranken |
| ACCUSATIVE | den Kranken | die Kranke | die Kranken |
| DATIVE | dem Kranken | der Kranken | den Kranken |

### ADJECTIVAL NOUNS PRECEDED BY EIN-WORDS

|  | Masculine | Feminine | Plural |
|---|---|---|---|
| NOMINATIVE | ein Kranker | eine Kranke | keine Kranken |
| ACCUSATIVE | einen Kranken | eine Kranke | keine Kranken |
| DATIVE | einem Kranken | einer Kranken | keinen Kranken |

Frequently used adjectival nouns include the following:

| | | |
|---|---|---|
| der Alte | der Bekannte | der Kleine |
| der Arme | der Deutsche | der Reiche |

## 2 Neuter adjectival nouns

Neuter adjectival nouns usually refer to qualities, characteristics or things:

> Das ist genau **das Richtige** für ihn.
> *This is exactly the right thing for him.*

> Sie liebt **das Altmodische.**
> *She loves old-fashioned things.*

Adjectives following **etwas, nichts, viel, wenig** are capitalized and take the endings of neuter unpreceded adjectives.

> Suchen Sie **etwas Interessantes?**
> *Are you looking for something interesting?*

> Das ist **nichts Neues.**
> *That's nothing new.*

**Exception:** **Ander-** and **möglich** as for example in **etwas anderes, etwas mögliches,** etc.

Notice that the words **etwas, nichts, viel, wenig** do not change. Adjectives following **alles,** however, take endings as if preceded by a **der-**word: **alles andere, alles mögliche,** but **Alles Gute!** *(All the best!).*

# MÜNDLICHE ÜBUNGEN

Adjektivdeklination: Nominativ und Akkusativ

**MÜ 1**   Was ist das? Was kann man auf einem Flohmarkt kaufen?

**a)   Plural**

- Die Bücher sind alt. → *Das sind alte Bücher.*
                        *Man kann dort alte Bücher kaufen.*

1.   Die Bilder sind hübsch.
2.   Die Schallplatten sind toll.
3.   Die Sachen sind verrückt.
4.   Die Möbel sind gebraucht.
5.   Die Flaschen sind leer.

6.   Die Postkarten sind bunt.
7.   Die Puppen sind schön.
8.   Die Koffer sind alt.
9.   Die Röcke sind lang.
10.   Die Kleider sind altmodisch.

**b)   Singular**

- Der Schmuck ist schön. → *Das ist schöner Schmuck.*
                        *Dort kann man schönen Schmuck kaufen.*

1.   Der Kitsch ist wunderschön.
2.   Das Glas ist billig.
3.   Die Kleidung ist altmodisch.
4.   Das Geschirr ist gebraucht.

5.   Das Silber ist alt.
6.   Das Spielzeug ist interessant.
7.   Das Papier ist alt.
8.   Die Wolle ist gebraucht.

**MÜ 2**   Was für Leute trifft man auf einem Flohmarkt?

- jung und älter → *Man trifft dort junge und ältere Leute.*

1.   reich und arm
2.   ledig und verheiratet
3.   einfach und elegant
4.   klein und groß

5.   freundlich und unfreundlich
6.   zufrieden und unzufrieden
7.   interessant und uninteressant
8.   geduldig und ungeduldig

**MÜ 3**   Was ist das? Erklären Sie die Wörter mit Adjektiven und Nomen!

- Rotwein → *Das ist roter Wein.*

1.   Weißwein
2.   Falschgeld
3.   Schwarzbrot
4.   Dunkelbier
5.   Sauerfleisch
6.   Frischmilch

7.   Starkbier
8.   Weichkäse
9.   Altpapier
10.   Kurzzeit
11.   Gelbwurst
12.   Warmwasser

**MÜ 4**  Wie gut kennen Sie Ihre Stadt?
Antworten Sie mit **viele + Adjektiv + Nomen!**

- *Gibt es dort nur eine moderne Schule? → Nein, es gibt dort viele moderne Schulen.*

Gibt es dort . . .?

1. nur eine große Tankstelle
2. nur ein nettes Café
3. nur ein gutes Restaurant
4. nur ein elegantes Geschäft
5. nur ein preiswertes Hotel
6. nur eine breite Straße
7. nur ein altes Haus
8. nur ein modernes Kino

**MÜ 5**  Wie viele Leute kennen Sie?
Antworten Sie mit **einige** oder **mehrere + Adjektiv + Nomen!**

- *Kennen Sie nur einen deutschen Polizisten?*
  *Nein, ich kenne einige (mehrere) deutsche Polizisten.*

Kennen Sie . . .?

1. nur eine amerikanische Studentin
2. nur einen freundlichen Kellner
3. nur eine nette Verkäuferin
4. nur ein kleines Kind
5. nur eine deutsche Hausfrau
6. nur einen guten Arzt
7. nur einen jungen Mann
8. nur eine gute Sekretärin
9. nur ein hübsches Mädchen
10. nur einen netten Jungen

**MÜ 6**  Wie viele . . . möchten (brauchen, nehmen usw.) Sie?
Antworten Sie mit einer Zahl **(aber nicht eins)!**

- *Möchten Sie alle kleinen Kissen? → Nein, ich möchte nur zwei kleine Kissen.*

1. Brauchen Sie alle neuen Kalender?
2. Nehmen Sie alle großen Äpfel?
3. Haben Sie alle leeren Flaschen?
4. Kennen Sie alle deutschen Maler?
5. Brauchen Sie alle sauberen Gläser?
6. Möchten Sie alle langen Bleistifte?

Dativ

**MÜ 7**  Was für ein Land ist Deutschland?

- *In Deutschland gibt es viele teure und billige Geschäfte.*
  *Deutschland ist ein Land mit vielen teuren und billigen Geschäften.*

In Deutschland gibt es . . .

1. breite und enge Straßen
2. viele kleine Hotels
3. schöne alte Kirchen
4. viele historische Rathäuser
5. einige moderne und viele alte Städte
6. mehrere alte und neue Universitäten
7. viele romantische Schlösser
8. viele interessante Sehenswürdigkeiten

## Adjektive als Nomen

**MÜ 8**   Machen Sie aus dem Adjektiv ein Nomen!

- *Sie ist mit einem deutschen Mann verheiratet.*
  *Sie ist mit einem Deutschen verheiratet.*

1. Der neue Student spricht gut Deutsch.
2. Wir haben der kranken Frau Blumen gebracht.
3. Sie hat mit dem kleinen dicken Herrn gesprochen.
4. Braucht ein gesunder Mensch einen Arzt?
5. Dem kleinen Jungen tut das Bein weh.
6. Die jungen Leute können das nicht verstehen.
7. Wer ist der alte Mann da drüben?
8. Er ist mit einer deutschen Frau verheiratet.

**Erinnern Sie sich?**
**Wie heißen die Nomen?**

| | |
|---|---|
| spielen | *das Spiel* |
| fragen | _____ |
| arbeiten | _____ |
| antworten | _____ |
| essen | _____ |
| reisen | _____ |
| baden | _____ |
| frühstücken | _____ |
| zählen | _____ |
| regnen | _____ |
| schneien | _____ |

**MÜ 9**   Hier ist das Adjektiv.
Wie heißt das Nomen?

- *Das ist richtig.* → *Das ist das Richtige.*

Das ist . . .

| | | | | | | | |
|---|---|---|---|---|---|---|---|
| 1. | falsch | 4. | bunt | 7. | gesund | 10. | phantastisch |
| 2. | gut | 5. | originell | 8. | schön | 11. | interessant |
| 3. | neu | 6. | leicht | 9. | schlecht | 12. | nostalgisch |

**MÜ 10**   Machen Sie aus dem Adjektiv ein Nomen!

**a)**   **Benutzen Sie *etwas!***

- *Eis ist kalt.* → *Eis ist etwas Kaltes.*

| | |
|---|---|
| 1. Schwarzbrot ist gut. | 4. Obst ist frisch. |
| 2. Nachtisch ist süß. | 5. Rauchen ist ungesund. |
| 3. Eine Zitrone ist sauer. | 6. Ein Flohmarkt ist interessant. |

**b)**   **Benutzen Sie *nichts!***

- *Das ist wichtig.* → *Das ist nichts Wichtiges.*

| | |
|---|---|
| 1. Das ist nicht schlecht. | 4. Das ist nicht einfach. |
| 2. Das ist nicht neu. | 5. Das ist nicht schön. |
| 3. Das ist nicht falsch. | 6. Das ist nicht originell. |

---

### »Zeiss: made in West-Germany – gibt es etwas Besseres?«

---

**MÜ 11**   Auf deutsch, bitte!

1. Poor little girl!
2. He sells used cars.
3. I bought something simple.
4. That's nothing new.
5. We need new dishes.
6. Wear a dress. Something light.
7. This is good meat.
8. Do you know many Germans?
9. I need some new books.
10. We have to help the poor.
11. He is visiting old friends.
12. This restaurant is nothing special.
13. Does he like to drink cold beer?
14. She is wearing old-fashioned clothes.
15. Would you like green or black tea?
16. What are you doing, young man?
17. I buy fresh vegetables at the market.
18. Many small animals sleep in the winter.
19. Would you like to drink cold water?
20. I would like to eat something sweet.

---

### LESEHILFE

der **U-Bahnhof, ⸚e** = ein Untergrund-Bahnhof oder eine Untergrund-Haltestelle für die U-Bahn

der **Händler, -** = wer etwas einkauft und dann wieder gegen Profit verkauft; z.B. Antiquitätenhändler, Gemüsehändler, Autohändler

der **Trödel** = wertlose alte Sachen, Altwaren; z.B. alte Kleider, alte Möbel, alte Dinge für den Haushalt

die **Antiquitäten** *(Pl.)* = wertvolle alte Gegenstände, alte Kunstwerke
**wertvoll** = von großem Wert

die **Münze, -n** = ein Metallgeldstück; z.B. Goldmünze, Silbermünze

der **Besucher, -** = wer einen Besuch macht oder machen will

das **Jahrhundert, -e** = hundert Jahre (Von 1900 bis 2000 ist ein Jahrhundert.)

die **Auer-Dult** *(Name)* = Früher hat man in Bayern ein Volksfest oder eine kleine Messe eine Dult genannt.

das **Frühjahr** = der Frühling
**kaum** = fast kein, fast nicht(s)

die **Frauenkirche** *(Name)* = mit ihren zwei 99 Meter hohen Türmen das Wahrzeichen (das Symbol) von München

das **Oktoberfest** = ein weltberühmtes Bierfest; es findet jedes Jahr Ende September bis Anfang Oktober in München auf der Theresienwiese statt
**handeln** = Waren einkaufen und verkaufen (siehe der **Händler**) hier: den Preis (herunter) drücken; z.B. wenn ein Händler für einen Schrank DM 500 haben will, aber Sie nur 400 bezahlen wollen, dann müssen Sie handeln.

die **Gebrauchtware, -n** = gebrauchte Sachen (Dinge, Gegenstände)

der **Kleinkram** = kleine Sachen oder Dinge

der **Sammler, -** = wer eine Kollektion zusammenträgt (Verb = **sammeln**)

der **Verkauf, ⸚e** = das Nomen von **verkaufen**

die **Waffe, -n** = z.B. ein Revolver oder eine Pistole
**üblich** = gewöhnlich (hier: was man meistens hat)

der **Gegenstand, ⸚e** = ein Ding oder eine Sache
**tauschen** = (etwas) hergeben und dafür etwas anderes bekommen

der **Käufer, -** = wer etwas kauft oder kaufen will
**überfüllt** = wenn zu viele Dinge oder Menschen auf einem Platz sind

# Flohmärkte in der Bundesrepublik

Auch in der Bundesrepublik ist das Alte und Originelle wieder schick. Noch vor einigen Jahren war die Mentalität anders. Man wollte keine alten Möbel im Wohnzimmer haben. Auch Großmutters gutes Geschirr war altmodisch und uninteressant. Heute tut es vielen Leuten leid, daß sie die alten Sachen weggeworfen haben. Jetzt gehen sie auf den Flohmarkt und kaufen die gleichen alten Sachen von anderen Leuten. Vielleicht ist Nostalgie ein gutes Wort für diese Mentalität.

Es gibt in vielen deutschen Städten Flohmärkte, wie zum Beispiel in . . .

## Berlin

In Berlin hat man aus dem alten U-Bahnhof[L] Nollendorfplatz einen originellen Flohmarkt gemacht. Dort verkaufen die Händler[L] in alten U-Bahnwagen nicht nur alten Trödel[L] sondern auch teure Antiquitäten[L] Hier gibt es fast alles: Antik-Shop und Kleiderboutique, Mini-Kino, Poster-Shop, Stände mit wertvollen[L] alten Münzen[L] mit teurem Schmuck und . . . und . . . und. Der Berliner Flohmarkt ist wie ein Einkaufszentrum und eine interessante Sehenswürdigkeit für jeden Berlinbesucher[L]

## München

Was man heute Flohmarkt nennt, kennt man in München schon seit mehreren Jahrhunderten[L] Es ist die sogenannte Auer-Dult[L] Sie findet dreimal im Jahr statt: im Frühjahr[L] im Sommer und im Herbst. Wenn man einen Münchner fragt, seit wann es die Dult gibt, weiß er kaum[L] eine Antwort. Für die Münchner gehört die Dult zu ihrer Stadt wie die Frauenkirche[L] oder das Oktoberfest[L]

Weil dieser Markt in München-Au stattfindet, nennt man ihn die Auer-Dult. Wer hier etwas kaufen will, muß handeln[L] Man soll immer zuerst nach den Preisen von anderen Antiquitäten fragen: „Und was kostet der große, runde Tisch da drüben? . . . Und dieser nette kleine Schrank? . . ." Wenn man zu großes Interesse zeigt, wird der Preis zu hoch!

Früher konnte man auf der Auer-Dult noch billige Antiquitäten kaufen. Vor Jahren hat sogar ein Käufer in einem alten Sofa eine teure Taschenuhr und zwei wertvolle Bilder gefunden. Kein Wunder, daß dann alle Leute alte Sofas kaufen wollten. Doch es gibt sie auch heute noch, die wertvollen alten Bücher und Münzen und . . . und . . . und. Man muß nur suchen und ein bißchen Glück haben.

Auch auf der Auer-Dult gibt es die gewöhnlichen Gebrauchtwaren[L]. Junge Mädchen entdecken lange Kleider und Röcke, wie ihre Großmütter sie früher getragen haben. Da gibt es Regenschirme nicht aus zweiter, sondern aus zehnter Hand, Tassen mit Vornamen, Glasaugen und viele andere verrückte Sachen. Und natürlich gibt es auch viel Bier. Das Ganze ist wie ein kleines Oktoberfest.

## Stuttgart

Rund um das Rathaus in der Stuttgarter Altstadt gibt es seit einigen Jahren zweimal im Jahr einen großen Flohmarkt. An einem Samstag im April und an einem Samstag im Herbst sind dann Marktplatz, Schillerplatz und Karlsplatz voll von Ständen mit allem möglichen Kleinkram[L] und Trödel. Auf dem Stuttgarter Flohmarkt sieht man besonders viele alte Puppen und Uhren. Natürlich gibt es auch hier viele gebrauchte Sachen. Man findet alles, vom Mickymaus-Heft zum Suppenteller, vom alten Grammophon zu erotischen Postkarten. Grundschüler wollen ihr altes Spielzeug verkaufen, und junge Sammler[L] diskutieren mit Händlern.

Auf dem Stuttgarter Flohmarkt sind 150000 Besucher an einem Tag nichts Besonderes. Wer also etwas Interessantes und Preiswertes finden will, muß morgens sehr früh aufstehen.

## Frankfurt am Main

Seit einigen Jahren gibt es auch in Frankfurt einen interessanten Flohmarkt. Er findet jeden Samstag statt. Jeder Händler und Private darf dort kaufen und verkaufen, was er will. Nur der Verkauf[L] von Waffen[L] und lebenden Tieren ist nicht erlaubt. Man findet die üblichen[L] Gebrauchtwaren, Kunst- und Kitschgegenstände[L], alte Lampen in vielen Variationen, große und kleine Uhren, alte Spiegel, alte Bilder, altes Geschirr. Sammler kaufen, verkaufen und tauschen[L] alte Münzen, Puppen, Schallplatten und Postkarten. Auch die Kinder warten hier mit großer Geduld auf Käufer[L].

## Nürnberg

In der historischen Altstadt von Nürnberg ist an drei Samstagen im Jahr Trempelmarkt. Das Wort „Trempel" heißt in Nürnberg soviel wie Trödel. Auch der Nürnberger Trempelmarkt ist nichts anderes als ein Flohmarkt. Nur ist es hier leider so, daß die Verkäufer schon am Freitagnachmittag auf ihren Plätzen sind, und die Händler schon in der Nacht zum Samstag kaufen können. Wenn dann am frühen Samstagmorgen die Besucher kommen, sind viele schöne Dinge schon verkauft. Und weil die Stadt Nürnberg sehr viel Werbung für ihren Trempelmarkt macht, ist er zu einer großen Touristenattraktion geworden. Die Besucher kommen nicht nur aus ganz Deutschland, sondern auch aus vielen anderen Ländern Europas, und der Markt ist total überfüllt[L]. Trotzdem, ob man etwas Schönes dort findet oder nicht: der Nürnberger Trempelmarkt ist einen Besuch wert.

die Kunst = *art.*

## ZUR DISKUSSION

**1** In der Bundesrepublik ist das Alte und Originelle wieder schick. Wie ist die Mentalität in Ihrem Land? Gibt es dort auch Flohmärkte?

**2** Waren Sie schon einmal auf einem Flohmarkt? Was konnte man dort kaufen? Haben Sie etwas Interessantes gefunden? Wie waren die Preise?

# SCHRIFTLICHE ÜBUNGEN

**SÜ 1**     Ergänzen Sie!

| | | |
|---|---|---|
| 1. | andere Länder | In _anderen Ländern_ ist es auch schön. |
| 2. | lange Hälse | Welche Tiere haben _____? |
| 3. | einige Jahre | Vor _____ war ich in Hamburg. |
| 4. | neuer Wein | Im Herbst gibt es _____. |
| 5. | viele deutsche Städte | In _____ gibt es einen Flohmarkt. |
| 6. | nächstes Wochenende | Was haben Sie am _____ vor? |
| 7. | kurze Zeit | Nach _____ ist er zurückgekommen. |
| 8. | kleine Kinder | Das ist nichts für _____. |
| 9. | gute Geschäfte | Frisches Obst bekommt man nur in _____. |
| 10. | alte Stadtmauern | Nürnberg ist eine Stadt mit _____. |
| 11. | schlechtes Wetter | Bei _____ bleiben wir zu Hause. |
| 12. | drei frische Eier | Man kann diesen Kuchen nur mit _____ backen. |
| 13. | kaltes Wasser | Schwimmen Sie gern in _____? |
| 14. | zwei große Häuser | Der Garten ist zwischen _____. |
| 15. | heiße Würstchen | Hier gibt es einen Stand mit _____. |
| 16. | teure Antiquitäten | In München kann man _____ kaufen. |
| 17. | lebende Tiere | Der Verkauf von _____ ist nicht erlaubt. |
| 18. | viele andere Dinge | Wir haben Puppen, Uhren und _____ gesehen. |

**SÜ 2**     Ergänzen Sie das Adjektiv!

| | | |
|---|---|---|
| 1. | schwarz | Ich möchte _schwarzen_ Kaffee, bitte. |
| 2. | gut | _____ Wein muß nicht teuer sein. |
| 3. | neu | Trinken Sie gern _____ Wein? |
| 4. | dunkel | Er trinkt gern _____ Bier. |
| 5. | gut | Ich liebe _____ Essen. |
| 6. | alt | Auf dem Flohmarkt gibt es _____ Spielzeug. |
| 7. | arm | _____ Kind! |
| 8. | kalt | Essen Sie gern _____ Fleisch? |
| 9. | gut | Der Spiegel ist aus _____ Glas. |
| 10. | schön | Sie haben sehr _____ Geschirr. |
| 11. | grün | Möchten Sie auch _____ Salat? |
| 12. | frisch | _____ Obst ist gesund. |
| 13. | schön | Gestern hatten wir sehr _____ Wetter. |
| 14. | bunt | Der Teppich ist aus _____ Wolle. |

**SÜ 3** Erklären Sie diese Wörter mit Adjektiv + Nomen!

- Frischobst → *Das ist frisches Obst.*
  Jungtiere → *Das sind junge Tiere.*

1. Sauermilch
2. Trockeneis
3. Kleinkinder

4. Freizeit
5. Weißbrot
6. Schwerarbeit

7. Buntpapier
8. Gebrauchtmöbel
9. Hochhäuser

**SÜ 4** Ergänzen Sie das Adjektiv als Nomen!

1. (something new)          Haben Sie  *etwas Neues*  gehört?
2. (nothing new)            Nein, ich habe _____ gehört.
3. (something special)      Das ist _____ .
4. (nothing cheap)          Er kauft _____ .
5. (something else)         Wissen Sie noch _____?
6. (something very important)   Sie hat _____ gesagt.
7. (nothing else)           Haben Sie _____?
8. (something cold)         Ich möchte _____ trinken.

## WORTSCHATZ

### NOMEN

| | |
|---|---|
| der Flohmarkt, ¨e | flea market |
| der Löffel, - | spoon |
| der Schmuck | jewelry |
| der Spiegel, - | mirror |
| der Stand, ¨e | booth, stand |
| der Teller, - | plate |
| das Geschirr | dishes |
| das Jahrhundert, -e | century |
| das Messer, - | knife |
| das Spielzeug, -e | toy |
| die Gabel, -n | fork |
| die Puppe, -n | doll |
| die Sache, -n | stuff, thing |
| die Schallplatte, -n | record |

### VERBEN

| | |
|---|---|
| entdecken | to discover |
| erlauben | to permit |
| gebrauchen | to use |
| statt·finden, stattgefunden | to take place |
| treffen (trifft), getroffen | to meet |

### VERSCHIEDENES

| | |
|---|---|
| altmodisch | old-fashioned |
| arm | poor |
| mehrere | several |
| möglich | possible |
| originell | unique |
| reich | rich |
| sogenannt | so-called |
| trotzdem | nevertheless |
| verrückt | crazy |
| vor allem | above all |

Die Kirche in der Ramsau
bei Berchtesgaden

**Was ist heute? — Was wird in zwanzig Jahren sein?**
**Eine Autopanne — was nun?**
**Lernen Sie Ihr Auto kennen.**

- The future tense
- Constructions with **lassen**
- Infinitive constructions with **zu**
- Word formation: nouns derived from verbs

**Wie wird die Welt im 21. Jahrhundert aussehen?**

# Kapitel
# 22

# EINFÜHRUNG

## Das Futur

**Was ist heute?—Was wird in zwanzig Jahren sein?**

| PRÄSENS | FUTUR |
|---|---|
| **Heute:** | **In zwanzig Jahren:** |
| In der Bundesrepublik **leben** fast 61 Millionen Menschen. | In der Bundesrepublik **werden** wahrscheinlich nur 56 Millionen Menschen **leben.** |
| Rund 22 Millionen **besitzen** ein Auto. | Rund 25 Millionen **werden** ein Auto **besitzen.** |
| Fast jeder Dritte **hat** ein Auto. | Fast jeder Zweite **wird** ein Auto **haben.** |
| Es **gibt** noch genug Öl. | **Wird** es noch genug Öl **geben?** |
| Es **gibt** noch nicht viele Alternativen zum Öl. | Es **wird** sicher mehrere Alternativen zum Öl **geben.** |
| Die Automotoren **verbrauchen** viel Benzin. | Die Automotoren **werden** weniger Benzin **verbrauchen.** |
| Die Autos **fahren** mit Benzinmotoren. | Die Autos **werden** vielleicht mit elektrischen Motoren **fahren.** |
| Die Luft **ist** schlecht. | Die Luft **wird** besser **sein.** |
| Die Autos **können** nur mit Benzin fahren. | Die Autos **werden** vielleicht mit Alkohol und Wasser **fahren können.** |
| Das Benzin ist teuer, aber die Autofahrer **können** es noch **bezahlen.** | Vielleicht **werden** die Autofahrer das Benzin nicht mehr **bezahlen können.** |

**Was wird wohl in zwanzig Jahren sein?**
**Wie werden wir dann leben?**
**Was glauben Sie?**

**Eine Autopanne — was nun?**

Mein Auto ist kaputt. **Ich lasse** es **stehen** und gehe zum nächsten Telefon.

Ich kann mein Auto nicht selbst fahren. Der Abschleppdienst kommt. Er schleppt das Auto ab. **Ich lasse** das Auto **abschleppen.**

Ich kann mein Auto nicht selbst reparieren. Ein Mechaniker muß es reparieren. **Ich lasse** mein Auto **reparieren. Ich lasse** auch einen Reifen **wechseln.**

Sie hat eine Reifenpanne. Sie wechselt den Reifen selbst. **Sie läßt** ihn nicht **wechseln.**

**Und Sie?**

Wenn Ihr Auto kaputt ist, reparieren Sie es selbst, oder müssen Sie es reparieren lassen?

Wenn Ihr Auto schmutzig ist, waschen Sie es selbst, oder lassen Sie es waschen?

Lernen Sie Ihr Auto kennen!

1. die Stoßstange
2. die Motorhaube
3. die Batterie
4. die Windschutzscheibe
5. das Dach
6. der Kofferraum
7. der Kotflügel
8. der Benzintank
9. der Scheinwerfer
10. der Motor
11. der Reifen
12. das Lenkrad
13. das Gaspedal
14. die Hupe
15. die Gangschaltung
16. die Handbremse
17. die Kupplung
18. die Bremse

| der Benzintank | tanken |
| das Gaspedal | Gas geben |
| die Hupe | hupen |
| die Gangschaltung | schalten |
| die Bremse | bremsen |

## Infinitivsätze mit *zu*

**Wozu braucht man das?**

Das Lenkrad braucht man **um zu lenken.**
Das Gaspedal braucht man, **um Gas zu geben.**
Die Hupe braucht man **um zu hupen.**
Die Gangschaltung braucht man **um zu schalten.**
Die Bremse braucht man **um zu bremsen.**
Den Motor braucht man, **um fahren zu können.**
**Um fahren zu dürfen,** braucht man einen Führerschein.

**Wenn man ein gebrauchtes Auto kaufen will, ist es wichtig, . . .**

viel Zeit **zu haben.**
das Auto auf einer schlechten Straße **zu fahren.**
die Bremsen zu prüfen und viel **zu bremsen.**
die Gangschaltung zu prüfen und viel **zu schalten.**

**Vergessen Sie auch nicht, . . .**

nach der Garantie **zu fragen!**
die Preise **zu vergleichen!**
das Auto in einer Werkstatt prüfen **zu lassen!**

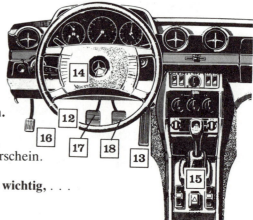

# GRAMMATIK

## A  The Future Tense

### 1  Formation

Similar to English, German forms the future tense with an auxiliary and the main verb. The difference is that English uses *will* or *shall* as the auxiliary whereas German uses the conjugated forms of **werden** and an infinitive. Do not confuse **werden,** the auxiliary to form the future tense, with the modal **wollen (ich will)** which expresses willingness or desire to do something.

| werden + Infinitive | |
|---|---|
| ich werde   es tun | *I shall do it* |
| du wirst   es tun | *you will do it* |
| er/es/sie wird   es tun | *he/it/she will do it* |
| wir werden es tun | *we shall do it* |
| ihr werdet   es tun | *you will do it* |
| sie werden es tun | *they will do it* |
| Sie werden es tun | *you will do it* |

### 2  Future tense of modals

As with other verbs, the future tense of modals is composed of the present tense of **werden** and an infinitive.

| PRESENT TENSE | Er **kann** nicht kommen. |
|---|---|
| FUTURE TENSE | Er **wird** nicht kommen **können.** |

In the present tense sentence **Er kann nicht kommen,** the conjugated verb is the modal **kann.** Its dependent infinitive **kommen** stands at the end of the sentence.

In the future tense sentence **Er wird nicht kommen können,** the modal **kann** is replaced by the future auxiliary **wird.** The infinitive of **kann,** that is, **können** moves to the very end of the sentence, behind the dependent infinitive **kommen.** The result is a double infinitive construction.

| | |
|---|---|
| Sie wird zu Hause **bleiben wollen.** | *She will want to stay at home.* |
| Werden Sie auch **kommen können?** | *Will you be able to come too?* |
| Wirst du **arbeiten müssen?** | *Will you have to work?* |

## 3 Word order

1. In a simple sentence the infinitive is in final position:

> Werdet ihr uns **anrufen?**
> Ich werde ihm Bescheid **sagen.**
> Er wird nicht genug Geld **haben.**

2. In a sentence with a modal auxiliary the modal is in final position:

> Werdet ihr uns anrufen **können?**
> Ich werde ihm Bescheid sagen **müssen.**

3. In a dependent clause, the auxiliary **werden** is in final position:

> Ich weiß nicht, ob er anrufen **wird.**
> Habt ihr gesagt, daß ihr auch kommen **werdet?**

## 4 Future tense to express future time

As you already know, German generally uses the present tense if it is clear from the context that the events or actions will take place in the future. This is especially true when an expression of time which indicates future is in the sentence.

| | |
|---|---|
| Wir kommen morgen. | *We'll come tomorrow.* |
| Was machen Sie heute abend? | *What are you doing tonight?* |
| Er wäscht das Auto später. | *He'll wash the car later.* |

However, if future time is not indicated by a time expression, the future tense should be used to avoid confusion.

| | |
|---|---|
| Wir **werden** euch **schreiben.** | *We'll write to you.* |
| **Wird** er dich **anrufen?** | *Will he call you?* |
| Was **werden** Sie **machen?** | *What will you do?* |

## 5 Future tense to express probability

The future tense is very often used to express probability in present time, that is, a guess or a hunch of the speaker. Such probability statements are made more forceful by the use of adverbs such as **wohl** *(probably)*, **vielleicht** *(perhaps)*, **wahrscheinlich** *(most likely)* or **sicher** *(surely)*.

| | |
|---|---|
| Er wird es **wohl** wissen. | *He'll probably know it.* |
| **Vielleicht** werde ich ihn besuchen. | *Perhaps I will visit him.* |
| Sie werden **wahrscheinlich** kommen. | *They will most likely come.* |
| Du wirst mir **sicher** helfen. | *You will surely help me.* |

## B Constructions with lassen

**Lassen** is one of the most frequently used verbs in German and occurs in a variety of constructions. Like the modal auxiliaries, **lassen** can be used alone or with a dependent infinitive.

Here are the three basic meanings of **lassen**:

1. **lassen** = *to leave (behind)*

| | |
|---|---|
| Laßt eure Bücher hier! | *Leave your books here.* |
| Sie hat ihren Geldbeutel zu Hause **gelassen.** | *She left her wallet at home.* |
| Er **läßt** seinen Mantel im Auto. | *He's leaving his coat in the car.* |

2. **lassen** = *to let* or *to permit*

| | |
|---|---|
| **Lassen** Sie mich mal **sehen!** | *Let me see.* |
| **Laß** ihn nicht so lange **warten!** | *Don't let him wait so long.* |
| Er **wird** sie **gehen lassen.** | *He will let her go.* |

3. **lassen** = *to have something done* or *cause something to be done*

| | |
|---|---|
| Er **läßt** sein Auto **reparieren.** | *He's having his car repaired.* |
| Ich **lasse** den Reifen **wechseln.** | *I'm having the tire changed.* |
| Er **wird** den Reifen **wechseln lassen.** | *He will have the tire changed.* |

As you can see from the above examples, **lassen** behaves like a modal auxiliary, that is, **lassen** with a dependent infinitive forms the future tense with a double infinitive construction.

> Ich werde das Auto **stehen lassen.**
> Er wird sein Auto **waschen lassen.**

Note Sometimes there is no literal English equivalent for the third use of **lassen** *(to have something done)*. Here **lassen** indicates that the subject of the sentence does not perform the action described by the dependent infinitive but is making or having someone else perform it.

---

**When to use selbst**

**Selbst** (or **selber**) is an emphatic pronoun used to emphasize the subject. It basically means *in person* or *without help from others* and corresponds to the English *myself, yourself, himself*, etc. Notice that **selbst** (or **selber**) has the same form for all persons and cases.

| | |
|---|---|
| Können Sie das Auto **selbst** reparieren? | *Can you repair the car yourself?* |
| Wir haben es **selbst** gemacht. | *We did it ourselves.* |
| Er ist **selbst** gekommen. | *He came himself.* |

---

## C  Infinitive Construction with zu

### 1  Infinitive clauses

German and English use infinitive clauses in essentially the same way. In English, dependent infinitives used with most verbs are preceded by *to;* in German, an infinitive linked to a conjugated verb is usually preceded by **zu.**

Compare:

Er hatte wenig **zu tun.**                     *He had little to do.*
Das Buch ist leicht **zu lesen.**              *The book is easy to read.*
Sie brauchen nicht **zu kommen.**             *You don't need to come.*

When the infinitive has a separable prefix, **zu** is inserted between the prefix and the base form of the verb.

Es ist schön, Sie wieder**zu**sehen.
*It is nice to see you again.*

Sie fängt an, das Essen vor**zu**bereiten.
*She's beginning to prepare the meal.*

Er hat vergessen, sein Buch mit**zu**bringen.
*He forgot to bring his book along.*

The main difference between German and English infinitive clauses is that the German infinitive must stand in final position with **zu** immediately preceding.

**Note**  When the infinitive phrase with **zu** is extended by another element, such as a direct or indirect object, it becomes a full clause and a comma is placed between the main and the infinitive clause.

Sie hat vergessen **anzurufen.**                    *She forgot to call.*
Sie hat vergessen, **ihren Freund anzurufen.**      *She forgot to call her friend.*

### 2  um . . . zu, ohne . . . zu

**um . . . zu**

The infinitive with **zu** is used after the preposition **um** where English uses the construction *in order to* or simply *to* and an infinitive to indicate purpose or intention.

Ich brauche das Geld, **um** diese Rechnung **zu bezahlen.**
*I need the money to (in order to) pay this bill.*

Wir gehen in die Schule, **um** Deutsch **zu lernen.**
*We are going to school (in order) to learn German.*

**ohne . . . zu**

The infinitive with **zu** is also used after the preposition **ohne** where English uses the equivalent preposition *without* and a verb form ending in *-ing*.

| | |
|---|---|
| Sie arbeitet, **ohne** viel **zu sagen.** | *She works without saying much.* |
| Sie ist gegangen, **ohne** mit ihm **zu sprechen.** | *She left without speaking to him.* |

## D  Word Formation: Nouns Derived from Verbs

### 1  Infinitives as nouns

Any German infinitive can be used as a neuter noun. The English equivalent of a German verbal noun is usually a form ending in *-ing*.

| | |
|---|---|
| **rauchen** | Er ist gegen **das Rauchen.** |
| | *He is against smoking.* |
| **fahren** | **Radfahren** macht Spaß. |
| | *Riding a bike is fun.* |
| **laufen** | Ist **Laufen** gesund? |
| | *Is running healthy?* |

In combination with **beim (bei dem),** such verbal nouns express *while* or *in the process of.*

| | |
|---|---|
| beim Schwimmen | *while swimming* |
| beim Essen | *while eating* |
| beim Arbeiten | *while working, at work* |

As all nouns, verbal nouns are capitalized.

### 2  The noun suffix **-ung**

Many German verbs can be transformed into feminine nouns be adding the suffix **-ung** to the verb stem. Nouns ending in **-ung** denote the ongoing or completed action expressed by the verb. The plural form is always **-ungen.**

The noun suffix **-ung** often corresponds to the English suffix *-tion.*

| Verb | Noun | |
|---|---|---|
| beschreiben | die Beschreibung | *description* |
| einladen | die Einladung | *invitation* |
| empfehlen | die Empfehlung | *recommendation* |
| erklären | die Erklärung | *explanation* |
| verbinden | die Verbindung | *connection* |

However, it may also have other English equivalents.

# MÜNDLICHE ÜBUNGEN

## Das Futur

**MÜ 1**    Bilden Sie Sätze im Futur!

- *Wir nehmen den Zug. → Wir werden den Zug nehmen.*

| | |
|---|---|
| 1. Sie verläßt die Stadt. | 6. Sie bringt das Buch zurück. |
| 2. Er besteht die Prüfung. | 7. Ich rufe Sie vielleicht an. |
| 3. Sie verdienen viel Geld. | 8. Das Konzert findet statt. |
| 4. Er trifft seinen Freund. | 9. Wir fahren mit dem Zug. |
| 5. Er geht die Treppen hinauf. | 10. Die Leute vergessen das. |

**MÜ 2**    Bilden Sie Fragen im Futur!

- *Wie lange bleiben Sie in Deutschland?*
  *Wie lange werden Sie in Deutschland bleiben?*

| | |
|---|---|
| 1. Wann besuchen Sie uns? | 6. Kommt sie auch? |
| 2. Wohin geht er? | 7. Seid ihr zu Hause? |
| 3. Wo verbringen Sie Ihren Urlaub? | 8. Rufst du mich an? |
| 4. Was tun die Leute? | 9. Scheint die Sonne? |
| 5. Versteht er das? | 10. Wen bringst du mit? |

**MÜ 3**    Antworten Sie mit einer Vermutung°!        *speculation*

- *Wohin geht er?*        *(nach Hause)*
  *Er wird nach Hause gehen.*

| | |
|---|---|
| 1. Wann macht er Urlaub? | (im Sommer) |
| 2. Wo ist Claudia? | (im Büro) |
| 3. Was liest das Mädchen? | (ein Buch) |
| 4. Was ist sie von Beruf? | (Sekretärin) |
| 5. Wohin geht er? | (zum Arzt) |
| 6. Wen sieht das Kind? | (seine Mutter) |
| 7. Wie lange bleibt er hier? | (eine Woche) |

**MÜ 4**    Benutzen Sie in Ihrer Antwort **wohl, sicher, vielleicht** oder **wahrscheinlich**!

- *Macht Cornelia ihre Hausaufgaben?*
  *Ja, sie wird sicher ihre Hausaufgaben machen.*

| | |
|---|---|
| 1. Holt ihr Vater sie von der Schule ab? | 4. Erreicht sie heute ihren Bus? |
| 2. Lernt sie in der Schule Englisch? | 5. Geht sie manchmal ins Café? |
| 3. Ist sie abends sehr müde? | 6. Braucht sie viel Geld? |

**MÜ 5**    Antworten Sie mit einem Modalverb im Futur!

- *Warum hilft sie ihm nicht?* → *Sie wird ihm nicht helfen können (dürfen, wollen).*

1. Warum spricht er nicht Deutsch?
2. Warum wechselt er nicht den Reifen?
3. Warum kommt sie nicht vorbei?
4. Warum fährt er nicht zurück?

5. Warum ruft sie jetzt nicht an?
6. Warum spielt er nicht Tennis?
7. Warum machen sie keinen Urlaub?
8. Warum warten die Leute nicht?

## lassen + Infinitiv

**MÜ 6**    Was lassen die Leute tun?

- *Er trägt sein Gepäck nicht selbst.* → *Er läßt sein Gepäck tragen.*

1. Sie macht ihre Paßbilder nicht selbst.
2. Die Leute bauen ihr Haus nicht selbst.
3. Er repariert sein Auto nicht selbst.

4. Sie backt den Kuchen nicht selbst.
5. Wir waschen unser Auto nicht selbst.
6. Er schreibt den Brief nicht selbst.

## Der Infinitv mit zu

**MÜ 7**    Was haben Sie vergessen zu tun?

- *Haben Sie die Medikamente abgeholt?*
  *Nein, ich habe vergessen, sie abzuholen.*

1. Haben Sie die Rechnung bezahlt?
2. Sind Sie zur Bank gegangen?
3. Haben Sie die Dame gefragt?

4. Sind Sie in die Stadt gefahren?
5. Haben Sie Ihren Freund angerufen?
6. Haben Sie die Fenster zugemacht?

**MÜ 8**    Vollenden Sie die Sätze mit einem **Infinitiv + zu!**

1. Es war nett, *Sie wiederzusehen.*
2. Er hatte keine Zeit . . .
3. Es ist schön . . .

4. Es war interessant . . .
5. Ich hatte keine Geduld . . .
6. Es hat gerade angefangen . . .

**MÜ 9**    Bilden Sie Infinitivsätze mit **um . . . zu!**

- *Ich gehe zum Telefon. Ich will meinen Freund anrufen.*
  *Ich gehe zum Telefon, um meinen Freund anzurufen.*

1. Sie ist in die Stadt gegangen.
   Sie will einkaufen.

2. Wir arbeiten.
   Wir wollen Geld verdienen.

3. Ich gehe nach Hause.
   Ich will meine Arbeit machen.

4. Er ist zur Schule gefahren.
   Er will die Kinder abholen.

5. Ich komme später vorbei.
   Ich will dir helfen.

6. Ich rufe Sie später an.
   Ich will Ihnen Bescheid sagen.

**MÜ 10**   Auf deutsch, bitte!

**a)   lassen + Infinitiv**

1.   He is having his car repaired.
2.   Do we have to have the car washed?
3.   Let me do that.
4.   Where did you leave your book?

5.   I left my book at home.
6.   Don't do it yourself. Have it done.
7.   I have the tires changed.
8.   Leave the old tires here.

**b)   Infinitiv mit zu**

1.   Did you forget to call me?
2.   I have a lot to do.
3.   It began to rain.
4.   She called her friends to invite them.

5.   That's not easy to understand.
6.   We need the money to pay this bill.
7.   She went downtown to meet him.
8.   It is important to check the brakes.

**c)   Futur**

1.   He will surely call you.
2.   How long will your parents stay in Germany?
3.   Do you think that he will like his present?
4.   She'll probably recommend an expensive hotel.
5.   We will not be able to stop in front of the bank.
6.   What will you do if you don't get the letter?
7.   I won't do that.
8.   Perhaps it will not rain.

*In 20 Jahren wird es in einigen deutschen Städten Hänge-Bahnen geben.*

# Wie wird wohl die Welt im 21. Jahrhundert aussehen?

Ein viel diskutiertes Thema° in unserer Zeit ist der Mensch, seine Umwelt° und seine Zukunft.° Es gibt viele Bücher über dieses Thema, aber niemand kann wissen, was die Zukunft bringen wird. Viele Wissenschaftler° schreiben über die Welt von morgen, und die Politiker machen Programme für die Zukunft. Jeder von uns hat Erwartungen, Träume und eine Meinung, wie unser Leben wohl im 21. Jahrhundert aussehen wird. *topic / environment future scientists*

Wahrscheinlich werden die Menschen weniger arbeiten müssen. Man wird die Arbeit neu organisieren und vielleicht nur an drei Tagen in der Woche arbeiten. Maschinen werden die Arbeit machen, und der Mensch wird die Maschinen kontrollieren. Man wird viel mehr Freizeit haben.

Sicher wird man auch nicht in Häusern wohnen wie heute. Vielleicht wird es große Wohnzentren geben, wo so viele Menschen wohnen können wie heute in einer kleinen Stadt. Diese Häuser werden auch keine Heizungen brauchen wie die Häuser von heute. Es wird leicht sein, die Wärme aus der Umwelt zu holen. Man wird mit Sonne, Wind oder Luft heizen.° Vielleicht werden die Wohnungen auch unter der Erde liegen, um Energie zu sparen. *heat*

Jeder Haushalt wird einen großen Computer besitzen, wie man heute ein Telefon hat. Der Computer wird die Hausarbeit, den Einkauf und die Mahlzeiten planen. Viele neue, elektronische Dinge werden das Leben einfach und problemlos machen. So wird auch jede Familie ein Bildtelefon und mehrere Taschenfernseher haben.

Auch das Auto wird im 21. Jahrhundert wohl anders aussehen. Das Zukunftsauto wird das Lenkrad vielleicht in der Mitte haben. Es wird mit einer Batterie fahren können und einen elektrischen Motor und elektrische Bremsen haben. Sicher wird es auch weniger Unfälle geben, denn jedes Auto wird wohl einen Computer haben. Der Computer wird das Fahren zum Kinderspiel machen. Aber in den Großstädten von morgen wird kein Platz für Autos, Busse und Bahnen sein. Vielleicht werden die Bahnen unter der Erde fahren oder in der Luft schweben.° Sie werden sehr leise und sehr schnell sein. Vielleicht werden die Straßen für die Autos auch unter den Wohnzentren liegen. *be suspended*

Eine Ölkrise wird es nicht mehr geben, denn man wird Kernenergie° haben. Die Kernenergie wird das Leben einfach und leicht machen. *nuclear energy*

Das Wetter wird auch kein Problem mehr sein, denn eine internationale Wetterstation wird das Wetter planen und kontrollieren. Wissenschaftler aus allen Ländern werden mit Hilfe von Computern und Satelliten entscheiden, wann und wo es regnen wird, und wo die Sonne scheinen soll.

Nätürlich wird es auch eine internationale Regierung° geben. Es wird keine politischen Krisen und keine Kriege mehr geben, denn alle Menschen werden Brüder und Schwestern sein. Das Leben wird problemlos und wunderschön sein. *government*

Oder vielleicht doch nicht? Warum haben so viele Leute Angst vor der Zukunft?

**1** Was meinen Sie, wie die Welt im 21. Jahrhundert aussehen wird?

**2** Wie ist Ihre Meinung zu den folgenden Punkten:

1.  das Umweltprogramm
2.  der Mensch und die Maschine
3.  die Ölkrise
4.  die Energie aus der Umwelt
5.  die Kernenergie
6.  das Zukunftsauto
7.  der Computer im Haushalt
8.  die politische Situation

**3** Wie glauben Sie, daß Ihr persönliches Leben in zwanzig oder dreißig Jahren aussehen wird? Was erwarten Sie von der Zukunft?

# SCHRIFTLICHE ÜBUNGEN

**SÜ 1** Im Futur, bitte!

• Im Urlaub fahre ich in den Süden. → *Im Urlaub werde ich in den Süden fahren.*

1.  Ich treffe dich in der Stadt.
2.  Ich rufe euch vielleicht an.
3.  Wie lange bleiben Sie hier?
4.  Er geht zu Fuß nach Hause.
5.  Sie verbringen ihren Urlaub im Süden.
6.  Nehmen Sie Ihren Reisepaß mit?
7.  Wir gratulieren ihm zum Geburtstag.
8.  Du brauchst einen warmen Pullover.

**SÜ 2** Üben Sie die Modalverben im Futur!

• Sie muß auf den Bus warten. → *Sie wird auf den Bus warten müssen.*

1.  Sie will ihren Bus erreichen.
2.  Er kann kein Deutsch verstehen.
3.  Man darf hier nicht rauchen.
4.  Du mußt das Auto überholen.
5.  Wir müssen in Heilbronn umsteigen.
6.  Ich kann euch nicht abholen.

**SÜ 3**    Vollenden Sie die Sätze mit **lassen** + Infinitiv!

1. Wenn meine Uhr kaputt ist, *lasse ich sie reparieren.*
2. Wenn ich das Gepäck nicht tragen kann, . . .
3. Wenn er nicht selbst Bescheid sagen kann, . . .
4. Wenn ich den Pulli nicht selbst waschen kann, . . . .
5. Wenn wir etwas nicht selbst machen können, . . .
6. Wenn er das alte Haus nicht selbst renovieren kann, . . .


**SÜ 4**    Wie sagt man das auf englisch?

1. Wo lassen Sie Ihr Auto reparieren?
2. Lassen Sie uns bitte nicht warten!
3. Wir lassen den Wagen abschleppen.
4. Lassen Sie Ihren Regenschirm hier stehen!
5. Lassen Sie mich mal sehen!
6. Laß die Leute durchgehen!
7. Laßt uns bitte allein!
8. Wo hast du deine Schlüssel gelassen?

**SÜ 5**    Bilden Sie Infinitivsätze mit **zu**!

●   Sie hat den Brief nicht gelesen. Sie hat *es* vergessen.
     *Sie hat vergessen, den Brief zu lesen.*

1. Es schneit. Es hat gerade begonnen.
2. Fahren Sie das Auto auf einer schlechten Straße! Es ist wichtig.
3. Es regnet. Es hat gerade angefangen.
4. Gehen Sie hier über die Straße! Es ist nicht gefährlich.
5. Er hat seinen Ausweis nicht mitgenommen. Er hat *es* vergessen.


**SÜ 6**    **Persönliche Fragen**

Antworten Sie mit **um . . . zu**!

●   Warum arbeiten Sie? → *Ich arbeite, um Geld zu verdienen.*

1. Warum machen Sie nachts Ihre Augen zu?
2. Warum brauchen Sie einen Führerschein?
3. Warum gehen Sie in ein Blumengeschäft?
4. Warum gehen Sie ins Kino?
5. Warum tragen Sie eine Brille?
6. Warum lernen Sie Deutsch?
7. Warum tragen Sie einen Mantel?
8. Warum haben Sie eine Fahrkarte gekauft?
9. Warum gehen Sie in ein Restaurant?
10. Warum nehmen Sie einen Regenschirm?

## WORTSCHATZ*

### NOMEN

| | |
|---|---|
| der Abschleppdienst | wrecker service |
| der Krieg, -e | war |
| der Reifen, - | tire |
| der Unfall, ⁓e | accident |
| | |
| das Benzin | gasoline |
| das Lenkrad, ⁓er | steering wheel |
| | |
| die Erde | ground, earth |
| die Luft | air |
| die Panne, -n | break down |
| die Werkstatt, ⁓en | repair shop, garage |

### VERBEN

| | |
|---|---|
| ab·schleppen | to tow (away) |
| besitzen, besessen | to possess, to own |
| kennen·lernen | to get to know |
| lassen (läßt), gelassen | to leave, to let, to have something done |
| prüfen | to check, to examine |
| sparen | to save |
| verbrauchen | to consume, to use (up) |

### VERSCHIEDENES

| | |
|---|---|
| kaputt | broken (down) |
| nun | now |
| selbst (selber) | -self |
| wenig, weniger | little, less |
| wahrscheinlich | probably, most likely |
| wohl | well, probably |

### Diese Wörter verstehen Sie ohne Wörterbuch.

#### NOMEN

| | |
|---|---|
| der Haushalt, -e | die Alternative, -n |
| der Motor, -en | die Batterie, -n |
| der Traum, ⁓e | die Bremse, -n (bremsen) |
| | die Energie, -n |
| das Öl | die Erwartung, -en (erwarten) |
| | die Heizung, -en (heizen) |
| | die Krise, -n |
| | die Meinung, -en (meinen) |
| | die Wärme (warm) |

#### ADJEKTIVE

elektrisch
elektronisch
politisch
wunderschön

*Vergessen Sie nicht **die Wortschatzerweiterung** auf Seite 330!

## Wir vergleichen

- Comparison of predicate adjectives and adverbs
- Expressions of comparison
- Word formation: nouns derived from adjectives with **-heit** and **-keit**

**Fahren Frauen besser oder schlechter als Männer?**

**Kapitel 23**

## EINFÜHRUNG

*Positiv — Kompartiv — Superlativ*

Hier sehen wir eine Familie.
Wir vergleichen die Personen:

Der Sohn ist **groß**.
Die Tochter ist **größer**.
Der Vater ist **am größten**.

Die Mutter ist **jung**.
Die Tochter ist **jünger**.
Der Sohn ist **am jüngsten**.

Wer ist in dieser Familie . . .?

**am ältesten**
**am kleinsten**
**am dicksten**
**am freundlichsten**

Hier sehen wir sieben Autos. Kennen Sie diese Autos? Was glauben Sie?

Welches Auto fährt **am schnellsten**?
Welches fährt **am besten**?
Welches kostet **am meisten**?
Welches kostet **am wenigsten**?
Welches ist **am preiswertesten**?
Welches ist **am bequemsten**?
Welches ist **am sportlichsten**?

Welches finden Sie **am praktischsten**?
Welches finden Sie **am schönsten**?
Welches möchten Sie **am liebsten** kaufen?

Vergleichen Sie ein Auto und einen Zug!

Fährt ein Auto **so schnell wie** ein Zug?
Fährt ein Auto **schneller als** ein Zug?

Ist ein Auto **so bequem wie** ein Zug?
Ist ein Auto **bequemer als** ein Zug?

# GRAMMATIK

## A  Comparison of Predicate Adjectives and Adverbs

### 1  Analysis

PREDICATE ADJECTIVES

You will recall that a predicate adjective is separated from the noun it modifies and takes no endings.

| | |
|---|---|
| Das Bild ist **schön.** | *The picture is beautiful.* |
| Ich finde das Bild **schön.** | *I find the picture beautiful.* |
| Der Zug ist **langsam.** | *The train is slow.* |

ADVERBS

As the name implies, an adverb is a word that modifies a verb. Whereas most English adjectives must be transformed into adverbs by adding the ending *-ly*, in German, the adverb has usually the same form as the predicate adjective.

| | |
|---|---|
| Das Mädchen kann **schön** singen. | *The girl can sing beautifully.* |
| Der Zug fährt **langsam.** | *The train is moving slowly.* |
| Sie spricht **laut.** | *She speaks loudly.* |

### 2  Basic forms of comparison

In German and in English there are three degrees of comparison: the positive, the comparative, the superlative.

| | | | | |
|---|---|---|---|---|
| POSITIVE | **klein** | *small* | **schön** | *beautiful* |
| COMPARATIVE | **kleiner** | *smaller* | **schöner** | *more beautiful* |
| SUPERLATIVE | **kleinst-** | *smallest* | **schönst-** | *most beautiful* |

1. The positive, which is used for comparisons of equality, is the basic form of the adjective as it is listed in dictionaries:

| | | | |
|---|---|---|---|
| **klein** | *small* | **schön** | *beautiful* |

2. The comparative, which compares two unlike things or people, is formed by the addition of the suffix **-er** to the positive form:

| | | | |
|---|---|---|---|
| **kleiner** | *smaller* | **schöner** | *more beautiful* |

3. The superlative, which is the highest level of comparison, is formed by the addition of the suffix **-st** to the positive form. However, this only results in a stem which cannot be used by itself.

| | |
|---|---|
| **kleinst-** | **schönst-** |

For the superlative of predicate adjectives and adverbs the stem is put into the following frame:

| am _____en | | am _____en | |
|---|---|---|---|
| **am kleinsten** | *smallest* | **am schönsten** | *most beautiful* |
| **am dicksten** | *heaviest, thickest* | **am müdesten** | *most tired* |

## 3 Variations in the formation of the comparative and superlative

| | Positive | Comparative | Stem of Superlative | Superlative |
|---|---|---|---|---|
| Adjectives ending in **-d, -t** or an **'s'** sound (written **s, z, ß, sch**) add **-est** in the superlative. | breit | breiter | breitest- | am breitesten |
| | nett | netter | nettest- | am nettesten |
| | leicht | leichter | leichtest- | am leichtesten |
| | süß | süßer | süßest- | am süßesten |
| | hübsch | hübscher | hübschest- | am hübschesten |

**Exception:** groß

| | Positive | Comparative | Stem of Superlative | Superlative |
|---|---|---|---|---|
| Adjectives ending in **-el** or **-er** usually drop the **-e** in the comparative. | dunkel | dunkler | dunkelst- | am dunkelsten |
| | sauer | saurer | sauerst- | am sauersten |
| | teuer | teurer | teuerst- | am teuersten |

| | Positive | Comparative | Stem of Superlative | Superlative |
|---|---|---|---|---|
| Adjectives ending in **-e** merely add **-r** in the comparative. | leise | leiser | leisest- | am leisesten |
| | müde | müder | müdest- | am müdesten |

| | Positive | Comparative | Stem of Superlative | Superlative |
|---|---|---|---|---|
| Most one-syllable adjectives with the vowels **a** and **u** add an Umlaut in both the comparative and superlative. | alt | älter | ältest- | am ältesten |
| | arm | ärmer | ärmst- | am ärmsten |
| | hart | härter | härtest- | am härtesten |
| | kalt | kälter | kältest- | am kältesten |
| | jung | jünger | jüngst- | am jüngsten |
| | kurz | kürzer | kürzest- | am kürzesten |
| To this group also belongs: | gesund | gesünder | gesündest- | am gesündesten |

**Exceptions:** rund, bunt

**Note** The comparative and superlative of **naß** can be formed with or without Umlaut: **naß, nässer / am nässesten** or **naß / nasser / am nassesten.**

## 4 Irregular forms

Only very few adjectives and adverbs form their comparative and superlative irregularly. Since these irregular forms occur frequently in German, you should memorize them carefully.

| Positive | Comparative | Superlative |
|----------|-------------|-------------|
| groß | größer | am größten |
| gut | besser | am besten |
| hoch | höher | am höchsten |
| nah | näher | am nächsten |
| viel | mehr | am meisten |
| gern | lieber | am liebsten |

Note the comparative and the superlative forms of the adverb **gern:**

**gern** = *to like to (do something)*

| | |
|---|---|
| Er trinkt **gern** Bier. | *He likes to drink beer.* |
| Sie spielt **gern** Tennis. | *She likes to play tennis.* |

**lieber** = *to prefer to (do something)* in the sense of *I'd rather (do something)*

| | |
|---|---|
| Er trinkt **lieber** Bier. | *He prefers to drink beer.* |
| Sie spielt **lieber** Tennis. | *She prefers to play tennis.* |

**am liebsten** = *to like most or best of all to (do something)*

| | |
|---|---|
| Er trinkt **am liebsten** Bier. | *He likes to drink beer most of all.* |
| Sie spielt **am liebsten** Tennis. | *She likes to play tennis best of all.* |

## 5 Summary

With the exception of the irregular forms, German has only one basic way to form the comparative and superlative stem of predicate adjectives and adverbs: by adding the suffixes **-er** and **-(e)st,** regardless of the length of the adjective. The English patterns *more beautiful, most beautiful* and *more beautifully, most beautifully* are not possible in German.

When **schön** is used as a predicate adjective or adverb, it can only have these three forms:

| | |
|---|---|
| POSITIVE | schön |
| COMPARATIVE | schöner |
| SUPERLATIVE | am schönsten |

## B Expressions of Comparison

### 1 Positive with so . . . wie

corresponds to English *as . . . as* and is used with the positive form of the adjective or adverb to compare two things or people of equal quality:

| | |
|---|---|
| Er ist **so alt wie** mein Bruder. | *He is as old as my brother.* |
| Bonn ist nicht **so groß wie** Berlin. | *Bonn is not as large as Berlin.* |
| Heute ist es **genauso** kalt **wie** gestern. | *Today it is just as cold as yesterday.* |

### 2 Comparative with als

corresponds to English *than* and is used after the comparative form of the adjective or adverb for comparisons:

| | |
|---|---|
| Er ist **älter als** mein Bruder. | *He is older than my brother.* |
| Berlin ist **größer als** Bonn. | *Berlin is larger than Bonn.* |
| Ich trinke **lieber** Kaffee **als** Tee. | *I'd rather drink coffee than tea.* |

Other common expressions used in conjunction with the comparative are:

1. **immer** + comparative

| | |
|---|---|
| Er fährt **immer schneller.** | *He's driving faster and faster.* |
| Es wird **immer besser.** | *It's getting better and better.* |

2. **je . . . desto, je . . . um so**

**Je größer** das Auto, **desto mehr** Benzin braucht es.
*The larger the car, the more gas it uses.*

**Je mehr** Geld er verdient, **um so** mehr braucht er.
*The more money he makes, the more he needs.*

**Je später der Abend,
desto freier die Leitung.**

☏ Post

## C  Word Formation: Nouns Derived from Adjectives

German, as English, uses various suffixes to transform adjectives into nouns. The suffixes **-heit** and **-keit** are often added to adjectives to form feminine abstract nouns denoting the quality described by the adjective. They usually correspond to the English suffixes *-ness*, *-ity*, or *-th*. German nouns ending in **-heit** or **-keit** always form their plural in **-en**.

### 1  The noun suffix **-heit**

| Adjectives | Nouns Derived from Adjectives | English Equivalent |
|---|---|---|
| berühmt | die Berühmtheit | *fame* |
| besonders | die Besonderheit | *speciality* |
| dunkel | die Dunkelheit | *darkness* |
| einfach | die Einfachheit | *simplicity* |
| frei | die Freiheit | *liberty, freedom* |
| gesund | die Gesundheit | *health* |
| gleich | die Gleichheit | *equality* |
| krank | die Krankheit | *sickness* |
| neu | die Neuheit | *novelty* |
| schwach | die Schwachheit | *weakness* |
| sicher | die Sicherheit | *security* |
| weich | die Weichheit | *softness* |
| zufrieden | die Zufriedenheit | *contentment* |

### 2  The noun suffix **-keit**

| | | |
|---|---|---|
| gemütlich | die Gemütlichkeit | *cosy atmosphere* |
| höflich | die Höflichkeit | *politeness* |
| möglich | die Möglichkeit | *possibility* |
| wichtig | die Wichtigkeit | *importance* |
| richtig | die Richtigkeit | *correctness* |
| schwierig | die Schwierigkeit | *difficulty* |
| ewig | die Ewigkeit | *eternity* |
| fähig | die Fähigkeit | *ability* |
| einig | die Einigkeit | *unity* |

**Nouns**

| | | | |
|---|---|---|---|
| der Bruder | brüderlich | die Brüderlichkeit | *fraternity* |
| der Freund | freundlich | die Freundlichkeit | *friendliness* |
| die Jugend | jugendlich | die Jugendlichkeit | *youthfulness* |
| der Mann | männlich | die Männlichkeit | *manliness* |
| die Mutter | mütterlich | die Mütterlichkeit | *motherliness* |
| das Weib | weiblich | die Weiblichkeit | *femininity* |
| die Sache | sachlich | die Sachlichkeit | *objectivity* |

**Note**  The suffix **-keit** occurs most often with adjectives ending in **-lich** or **-ig.**

# MÜNDLICHE ÜBUNGEN

**MÜ 1**    Komparativ und Superlativ, bitte!

a)    schön, *schöner, am schönsten*

|     |          |     |          |     |          |     |            |
|-----|----------|-----|----------|-----|----------|-----|------------|
| 1.  | klein    | 6.  | dünn     | 11. | frei     | 16. | billig     |
| 2.  | kühl     | 7.  | dick     | 12. | wichtig  | 17. | langsam    |
| 3.  | neu      | 8.  | schwer   | 13. | wenig    | 18. | freundlich |
| 4.  | schnell  | 9.  | hell     | 14. | modern   | 19. | bequem     |
| 5.  | eng      | 10. | voll     | 15. | schmutzig| 20. | sportlich  |

b)    weit, *weiter, am weitesten*

|     |         |     |          |     |         |     |            |
|-----|---------|-----|----------|-----|---------|-----|------------|
| 1.  | spät    | 5.  | laut     | 9.  | süß     | 13. | berühmt    |
| 2.  | nett    | 6.  | bunt     | 10. | frisch  | 14. | preiswert  |
| 3.  | leicht  | 7.  | schlecht | 11. | hübsch  | 15. | interessant|
| 4.  | breit   | 8.  | heiß     | 12. | elegant | 16. | bekannt    |

c)    kalt, *kälter, am kältesten*

|     |        |     |         |     |         |     |        |
|-----|--------|-----|---------|-----|---------|-----|--------|
| 1.  | alt    | 4.  | gesund  | 7.  | jung    | 10. | hart   |
| 2.  | kurz   | 5.  | lang    | 8.  | stark   | 11. | arm    |
| 3.  | naß    | 6.  | krank   | 9.  | schwach | 12. | scharf |

d)    Ausnahmen°                                                     *exceptions*

|     |       |     |      |     |      |
|-----|-------|-----|------|-----|------|
| 1.  | groß  | 3.  | hoch | 5.  | gern |
| 2.  | nahe  | 4.  | gut  | 6.  | viel |


**MÜ 2**    Was glauben Sie?

• Fährt ein Volkswagen so schnell wie ein Mercedes?
  *Ja, ein Volkswagen fährt so schnell wie ein Mercedes.*
  *(Nein ein Volkswagen fährt nicht so schnell wie ein Mercedes.)*

1. Braucht der Volkswagen so viel Benzin wie der Mercedes?
2. Ist der Volkswagen so bequem wie der Mercedes?
3. Ist ein Opel so teuer wie ein BMW?
4. Ist die Zugspitze so hoch wie der Montblanc?
5. Ist es auf der Zugspitze so kalt wie auf dem Montblanc?
6. Ist Europa so groß wie Amerika?
7. Fährt ein Bus so schnell wie ein Zug?
8. Ist ein großes Auto so praktisch wie ein kleines Auto?

**MÜ 3**    Vergleichen Sie!

- *Ist ein Meter so lang wie ein Kilometer?*
  *Nein, ein Kilometer ist länger als ein Meter.*

1. Ist der Vater so alt wie der Großvater?
2. Ist ein Stuhl so weich wie ein Sessel?
3. Ist Deutschland so groß wie Amerika?
4. Ist ein Bleistift so teuer wie ein Buch?
5. Ist ein Zug so schnell wie ein Flugzeug?

*Ist eine Katze so intelligent wie ein Hund?*

**MÜ 4**    Wie kann man das vergleichen?

- *Europa / Amerika → Europa ist kleiner als Amerika.*

1. eine Tasche / ein Koffer
2. ein Buch / ein Heft
3. ein Kilometer / ein Meter
4. eine Jacke / ein Mantel
5. ein Haus / ein Schloß
6. die Alpen / der Schwarzwald
7. Wein / Bier
8. die Mutter / die Tochter
9. ein Garten / ein Park
10. der Januar / der Februar

**MÜ 5**    Sagen Sie es mit dem Superlativ!

- *Mein Auto fährt schnell. → Mein Auto fährt am schnellsten.*

1. Der Frankfurter Flughafen ist groß.
2. Er muß früh aufstehen.
3. Die Universität Heidelberg ist alt.
4. Das Kind hat viel gegessen.
5. Dort kann man gut einkaufen.
6. Er ist spät gekommen.
7. Ihr Schmuck ist wertvoll.
8. Ich esse gern Gemüse.

**MÜ 6**    Fragen Sie!

- *Dieses Zimmer ist sehr schön. → Welches ist am schönsten?*

1. Dieses Bild ist sehr interessant.
2. Diese Schuhe sind sehr bequem.
3. Diese Tasche ist sehr klein.
4. Dieser Student spricht sehr laut.
5. Dieser Stuhl ist sehr hart.
6. Dieses Brot schmeckt sehr gut.

**MÜ 7**    Auf deutsch, bitte!

1. He is smaller than his brother.
2. She spoke the loudest.
3. Which house is older?
4. America is larger than Europe.
5. Everything gets more expensive.
6. Why don't you come earlier?
7. He ate the most.
8. I find these shoes more comfortable.
9. The coat was cheaper than the dress.
10. Which book was the most interesting?
11. Is a bicycle as fast as a motorcycle?
12. Is she as old as her friend?
13. Speak louder, please.
14. Which couch do you like best?

# Fahren Frauen besser oder schlechter als Männer?

„Was fährt denn dort für eine lahme Ente?° Natürlich eine Frau! Sieht sie denn nicht, daß die Kreuzung° frei ist? Aber von einer Frau kann man ja nichts anderes erwarten!" *slow poke* *intersection*

Solche und ähnliche Kommentare hören Frauen immer wieder von Männern. Warum? Ganz einfach, weil viele Männer immer noch denken, daß sie viel mehr vom Autofahren verstehen als die Frauen. Umfragen° haben jedoch gezeigt, daß Frauen keineswegs° schlechter fahren als Männer. Nur anders. *polls* *by no means*

Noch vor wenigen Jahren durfte die Frau oft nur ans Lenkrad, wenn der Mann nicht fahren konnte oder wollte. Heute fahren in der Bundesrepublik fast fünf Millionen Frauen ihren eigenen Wagen. Jede fünfte Frau ist Autobesitzerin. Frauen arbeiten als Berufsfahrerinnen in Taxis, Lastwagen und Bussen. Frauen fahren Rennen,° testen Autos und Motorräder. Von den rund 20 Millionen Führerscheinen in der Bundesrepublik gehören die Hälfte den Frauen. Und immer mehr Frauen besuchen die Fahrschulen. *race*

In der Bundesrepublik bekommt man nur einen Führerschein, wenn man eine Fahrschule besucht hat und die theoretische und praktische Prüfung bestanden hat. Man hat die Fahrlehrer gefragt, ob Männer immer noch besser fahren. Hier ist die Antwort:

Nein, im Durchschnitt fahren Männer nicht besser als Frauen. Das war vielleicht früher so, aber heute nicht mehr. Schon in der Fahrschule kann man einen wesentlichen Unterschied zwischen den männlichen und den weiblichen° Autofahrern sehen. Wir haben viel weniger Schwierigkeiten mit Frauen als mit Männern, weil Frauen so viel wie möglich lernen wollen. Sie denken mehr als Männer an mögliche Gefahren. Bei den Männern ist die Fahrstundenzahl oft eine Prestigefrage. Je weniger Fahrstunden man hat, desto männlicher ist man. Frauen sind da vorsichtiger. Sie denken an ihre Verantwortung.° Ihre Fahrstundenzahl ist deshalb auch höher. *female* *responsibility*

Weil die Frauen oft besser vorbereitet sind, bestehen sie die theoretische Prüfung viel besser als ihre männlichen Kollegen. Die meisten Männer haben mit der theoretischen Prüfung Schwierigkeiten. Viele Frauen werden jedoch nervös, wenn sie die praktische Prüfung machen| und|der Prüfer im Auto hinter ihnen sitzt. Deshalb bestehen genauso viele Frauen wie Männer die erste Führerscheinprüfung am Ende doch nicht.

Am wichtigsten ist für die Frau die Sicherheit. Deshalb beachten° die meisten *observe* Frauen die Verkehrszeichen genauer als die Männer. Frauen fahren nicht nur vorsichtiger, sondern auch defensiver als Männer. So nehmen sie zum Beispiel den Fuß vom Gaspedal, wenn sie in eine kritische Situation kommen, während Männer genauso schnell weiterfahren.

Wenn eine Frau ihr eigenes Auto hat und fast genauso viel unterwegs ist wie der Durchschnittsautofahrer, fährt sie keineswegs wie eine lahme Ente. Diese Frauen fahren—wo es erlaubt ist—genauso schnell wie Männer und keineswegs schlechter. Sie haben jedoch weniger Unfälle und verlieren seltener ihren Führerschein als ihre männlichen Kollegen.

## ZUR DISKUSSION

1   Wie ist Ihre Meinung? Fahren Frauen so gut wie Männer?
    Fahren sie besser oder schlechter?

2   In der Bundesrepublik bekommt man nur dann einen Führerschein, wenn man eine
    Fahrschule besucht hat und die theoretische und praktische Prüfung bestanden hat.
    Wie ist es in Ihrem Land? Welches System finden Sie besser? Wo liegen die Vorteile,
    wo die Nachteile?

3   Haben Sie das gewußt? In der Bundesrepublik gibt es fünf Führerscheinklassen:
    Klasse 1 ist für Motorräder, Klasse 2 für Lastwagen, Klasse 3 für PKWs (Personenkraft-
    wagen), Klasse 4 und 5 für Mopeds. Wie ist das in Ihrem Land?

## ROLLENSPIEL

Ein Student spielt den Reporter. Er hat die Fragen vorbereitet.
Ein anderer Student spielt einen Fahrlehrer.

**Reporter:** Was meinen Sie, fahren Frauen schlechter als Männer?
**Fahrlehrer:** _____

**Reporter:** Was haben die Umfragen gezeigt?
**Fahrlehrer:** _____

**Reporter:** Wie viele Frauen in der Bundesrepublik haben heute ihren eigenen Wagen?
**Fahrlehrer:** _____

**Reporter:** Gibt es auch Berufsfahrerinnen in der Bundesrepublik? Wenn ja, was können Sie uns über die deutschen Berufsfahrerinnen sagen?
**Fahrlehrer:** _____

**Reporter:** Wie bekommt man in der Bundesrepublik einen Führerschein?
**Fahrlehrer:** _____

**Reporter:** Sehen Sie als Fahrlehrer einen Unterschied zwischen männlichen und weiblichen Autofahrern? Erklären Sie den Unterschied!
**Fahrlehrer:** _____

**Reporter:** Mit wem haben Sie mehr Schwierigkeiten, mit den Männern oder mit den Frauen?
**Fahrlehrer:** _____

**Reporter:** Wer braucht mehr Fahrstunden, die Männer oder die Frauen?
**Fahrlehrer:** _____

**Reporter:** Warum sagen Sie, daß Frauen vorsichtiger sind?
**Fahrlehrer:** _____

**Reporter:** Was für Schwierigkeiten haben die Frauen bei der praktischen Prüfung?
**Fahrlehrer:** _____

**Reporter:** Sie sagen, daß Frauen defensiver fahren als Männer. Können Sie ein Beispiel nennen?
**Fahrlehrer:** _____

**Reporter:** Was ist für die Frau als Autofahrerin am wichtigsten?
**Fahrlehrer:** _____

# SCHRIFTLICHE ÜBUNGEN

**SÜ 1**  Komparativ und Superlativ, bitte!

1. Im Juni ist es heiß.
   Im Juli *ist es heißer* .
   Im August *ist es am heißesten* .

2. Ein Meter ist kurz.
   Ein Zentimeter _____ .
   Ein Millimeter _____ .

3. Kaffee kostet wenig.
   Tee _____ .
   Wasser _____ .

4. Ich trinke gern Milch.
   Ich _____ Kaffee.
   Ich _____ Tee.

5. Ein Stuhl ist bequem.
   Ein Sessel _____ .
   Eine Couch _____ .

6. Mannheim ist groß.
   Frankfurt _____ .
   Berlin _____ .

7. Die Zugspitze ist hoch.
   Der Montblanc _____ .
   Der Mount Everest _____ .

8. In Deutschland ist es warm.
   In Italien _____ .
   In Florida _____ .

9. Ein Fahrrad kostet viel.
   Ein Motorrad _____ .
   Ein Auto _____ .

10. Gemüse schmeckt mir gut.
    Fisch _____ .
    Fleisch _____ .

**SÜ 2**  Ergänzen Sie den Komparativ und beantworten Sie die Fragen!

● alt   Wer ist *älter* , der Vater oder die Tochter?
        *Der Vater ist älter als die Tochter.*

1. schön          Finden Sie Deutschland _____ als Amerika?
2. warm           Wo ist es _____ , in Alaska oder in Florida?
3. früh           Wann wird es _____ hell, im Sommer oder im Winter?
4. kurz           Welcher Monat ist _____ , der Januar oder der April?
5. gesund         Was ist _____ , eine Zigarette oder ein Glas Milch?
6. klein          Was ist _____ , ein Haus oder ein Schloß?
7. teuer          Was ist _____ , ein Fahrrad oder ein Motorrad?
8. gern           Was trinken Sie _____ , Kaffee oder Tee?
9. breit          Was ist _____ , die Autobahn oder eine Landstraße?
10. dunkel        Wann ist es _____ , am Tag oder in der Nacht?
11. interessant   Was finden Sie _____ , einen Film oder ein Konzert?
12. viel          Was kostet _____ , ein Volkswagen oder ein Mercedes?
13. gut           Welche Farbe gefällt Ihnen _____ , rot oder blau?
14. sauer         Was ist _____ , eine Orange oder eine Zitrone?

**SÜ 3**  Vergleichen Sie! Benutzen Sie viele Adjektive!

1. Mercedes / Volkswagen
2. Motorrad / Fahrrad
3. Sessel / Stuhl
4. Sommer / Winter
5. Zug / Flugzeug
6. Tasche / Geldbeutel
7. Schloß / Haus
8. Gymnasium / Hauptschule

## SÜ 4    Persönliche Fragen

1. Wer ist in Ihrer Familie am ältesten (am jüngsten)?
2. Welche Sprache sprechen Sie am besten?
3. Welche Jahreszeit finden Sie am schönsten? (Warum?)
4. Was für Musik hören Sie am liebsten?
5. An welchem Tag können Sie am längsten schlafen?
6. Welcher Film hat Ihnen am besten gefallen?
7. Welche deutsche Stadt finden Sie am interessantesten?
8. Was ist für Sie am wichtigsten?
9. Was essen (trinken) Sie am liebsten?
10. An welchem Tag arbeiten Sie am wenigsten?
11. Wann bekommen Sie am leichtesten eine Erkältung?
12. Mit wem sprechen Sie am meisten Deutsch?

## WORTSCHATZ

### NOMEN

| | |
|---|---|
| die Gefahr, -en | danger |
| die Schwierigkeit, -en | difficulty |
| die Sicherheit | security |

### VERSCHIEDENES

| | |
|---|---|
| als | than *(+ comparative)* |
| genauso | just as |
| je. . .desto | the. . .the |
| jedoch | however, but |
| so. . .wie | as. . .as |
| solch- (**der**-*word*) | such |
| während *(sub. conj.)* | while |

**Diese Wörter verstehen Sie ohne Wörterbuch.**

### NOMEN

der Besitzer, - (besitzen)
der Prüfer, - (prüfen)

der Kommentar, -e

die Person, -en
die Fahrschule, -n
die Fahrstunde, -n

### ADJEKTIVE

defensiv
kritisch
lahm
männlich
nervös
schwierig
selten

### VERBEN

denken an *(+acc.)*
testen

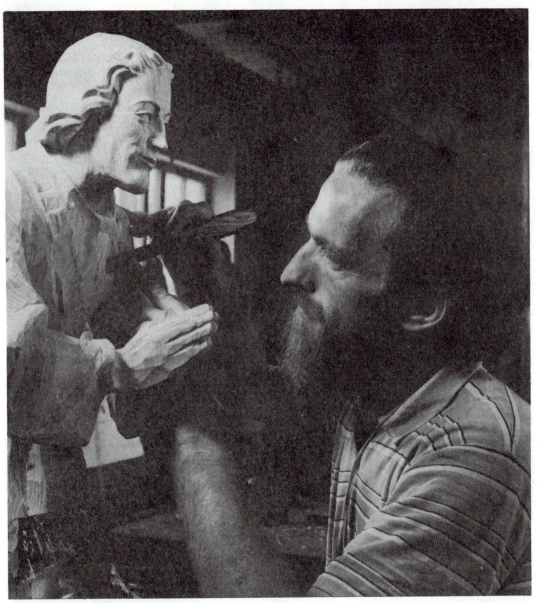

*Holzschnitzer in Oberammergau*

**Kleines Quiz: Was ist das?**
**Wessen Sachen sind das?**
**Einige deutsche Superlative**

- The genitive case
- Prepositions with the genitive
- Comparative and superlative of attr. adjectives
- Word formation: adjectival compounds

**Etwas für Touristen: Die Deutsche Alpenstraße**

# Kapitel
# 24

# Kleines Quiz

☑ die Schuhe eines Mannes
☐ die Hälfte eines Apfels
☐ das Rad eines Wagens
☐ der Kopf eines Hundes
☐ die Hose eines Jungen
☐ der Arm eines Menschen
☐ das Werk eines berühmten
   Malers

☐ das Lenkrad eines Autos
☐ das Dach eines Hauses
☐ das Gesicht eines Babys
☐ ein Teil eines Gesichtes
☐ eine Figur eines Spieles
☐ die Augen eines jungen
   Mädchens

☐ vier Finger einer Hand
☐ die Hälfte einer Zitrone
☐ die Lippen einer Frau
☐ der Name einer alten Stadt
☐ das Auto einer reichen
   Familie
☐ die Türme einer berühmten
   Kirche

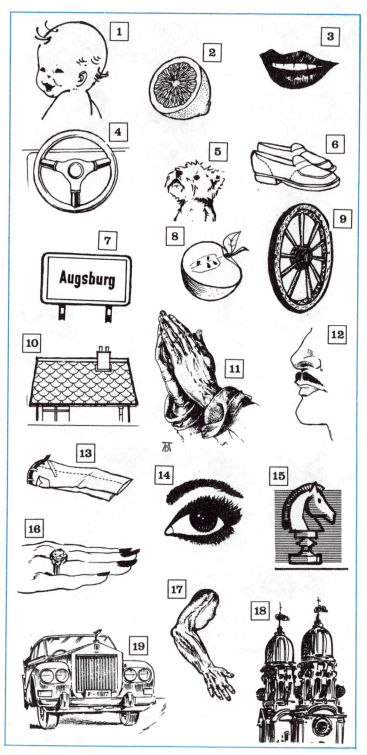

# EINFÜHRUNG

## Der Genitiv

| DATIV | GENITIV |
|---|---|
| **Wem gehören die Sachen?** | **Wessen Sachen sind das?** |
| Die Schlüssel gehören dem Lehrer. | Das sind die Schlüssel **des Lehrers.** |
| Das Gepäck gehört dem jungen Mann. | Das ist das Gepäck **des jungen Mannes.** |
| Der Ausweis gehört dem Studenten. | Das ist der Ausweis **des Studenten.** |
| Das Fahrrad gehört dem kleinen Mädchen. | Das ist das Fahrrad **des kleinen Mädchens.** |
| Die Uhr gehört der Sekretärin. | Das ist die Uhr **der Sekretärin.** |
| Die Tasche gehört der alten Dame. | Das ist die Tasche **der alten Dame.** |
| Die Bücher gehören den Studenten. | Das sind die Bücher **der Studenten.** |
| Der Wagen gehört den jungen Leuten. | Das ist der Wagen **der jungen Leute.** |
| Das Auto gehört Herrn Kohl. | Das ist **Herrn Kohls Auto.** |
| Die Brille gehört Frau Braun. | Das ist **Frau Brauns Brille.** |
| Das Feuerzeug gehört Peter. | Das ist **Peters Feuerzeug.** |

## Präpositionen mit dem Genitiv: *trotz, während, wegen*

| | |
|---|---|
| Es regnet. | **Trotz des Regens** fährt er sehr schnell. |
| Die Straßen sind naß. | Er fährt **trotz der nassen** Straßen sehr schnell. |
| Wir haben gegessen. | **Während des Essens** hat er kein Wort gesprochen. |
| Er hatte Ferien. | Er hat **während seiner Ferien** gearbeitet. |
| Sie hat hohes Fieber. | **Wegen ihres hohen Fiebers** muß sie im Bett bleiben. |
| Sie hat eine Erkältung. | Sie ist **wegen ihrer Erkältung** zum Arzt gegangen. |

---

### LESEHILFE

das **Münster, -** = eine große Kirche
der **Fluß, ⁻(ss) e** = Der Rhein ist ein Fluß.
die **Güterbeförderung** = der Transport von Gütern (Waren)
    **beliebt** = populär
die **Brauerei, -en** = wo man Bier macht
der **Berg, -e** = Der Mount Everest ist der höchste Berg der Welt.
               Die Zugspitze ist der höchste Berg der deutschen Alpen.
der **Heilige Berg** *(Name)* = ein Berg am Ammersee, 760 Meter hoch
    **Oberbayern** *(Name)* = der südöstliche Teil Bayerns
das **Faß, ⁻(ss)er** = ein typischer Container für Bier oder Wein
das **Quadrat, -e** = eine geometrische Figur mit vier gleich langen Seiten
der **Fremdenverkehr** = der Tourismus
das **Ufer,-** = wo der Fluß oder See an das Land grenzt (Ein Fluß oder See hat zwei
    Ufer.)

# Einige deutsche Superlative

**Der größte Flughafen der Bundesrepublik** ist der Flughafen in Frankfurt am Main. Mehr als 10 Millionen Passagiere pro Jahr kommen hier an oder fliegen hier ab. Einen größeren deutschen Flughafen gibt es nicht.

**Den höchsten Kirchturm Deutschlands und der Welt** hat das gotische Münster[L] von Ulm an der Donau. Dieser Turm ist 161 Meter hoch. Es gibt viele höhere Türme, aber keinen höheren Kirchturm.

**Der wichtigste, größte und wasserreichste Fluß Deutschlands** ist der Rhein. Wichtig ist der Rhein vor allem für die Industrie und die Güterbeförderung[L]. Von allen deutschen Flüssen hat er aber auch den stärksten Personenverkehr, denn der Rhein gehört zu den beliebtesten[L] Touristenattraktionen Deutschlands.

**Die älteste Brauerei[L] Deutschlands** ist die Brauerei des Klosters Andechs. Sie ist über tausend Jahre alt. Das Kloster Andechs liegt auf dem Heiligen Berg[L] in Oberbayern[L], südwestlich von München. Es gibt viele größere Brauereien in Deutschland, aber es gibt keine ältere deutsche Brauerei als Andechs.

**Die zwei bekanntesten deutschen Volksfeste** und vielleicht die bekanntesten der Welt sind das Münchner Oktoberfest und der Bad Dürkheimer Wurstmarkt. Das Oktoberfest ist ein Bierfest und beginnt schon im September. Der Bad Dürkheimer Wurstmarkt ist ein Weinfest und findet im September statt. Übrigens steht in Bad Dürkheim das größte Faß[L] der Welt. In dem Faß ist ein Gasthaus.

**Der größte und tiefste deutsche See** ist mit 539 Quadratkilometer und einer Tiefe von bis zu 252 Meter der Bodensee. Er ist siebenmal größer als der nächstgrößte deutsche See, der Chiemsee und ist ein Zentrum des Fremdenverkehrs[L]. Seine Ufer[L] teilt Deutschland mit Österreich und der Schweiz. Die größte deutsche Stadt am Bodensee ist Konstanz.

**Der höchste Berg** der deutschen Alpen ist die Zugspitze. Sie ist 2962 Meter hoch.

**Der längste Eisenbahntunnel** Deutschlands ist 4466 Meter lang. Er führt als „Zugspitztunnel" von Garmisch-Partenkirchen hinauf zur Zugspitze.

**Die zwei beliebtesten Getränke** der Bundesbürger sind Kaffee und Bier. Im Durchschnitt trinken sie jährlich rund 170 Liter Kaffee und 148 Liter Bier pro Kopf.

**Das stärkste Bier** der Welt und auch das teuerste ist Kulminator Urtyp Hell aus Kulmbach in Bayern. Es hat 13,2 Prozent Alkohol.

**Die schnellsten Autos** kommen aus Stuttgart. Es gibt keine schnelleren deutschen Sportwagen als der Porsche und der Mercedes.

**Die älteste deutsche Stadt** ist Trier an der Mosel. Trier ist über 2000 Jahre alt und hat heute rund 100,000 Einwohner.

**Das erste Motorrad** der Welt war eine Maschine aus Holz mit einem Benzinmotor, gebaut von Gottlieb Daimler im Jahre 1885.

**Das mildeste Klima** in Deutschland ist am Oberrhein von Heidelberg nach Basel (Schweiz).

**Das längste deutsche Wort** ist vielleicht der Name eines Klubs. Der Name ist Donaudampfschiffahrtselektrizitätshauptbetriebswerkbauunterbeamtengesellschaft. Es sind genau 78 Buchstaben.

PORSCHE
*FAHREN IN SEINER SCHÖNSTEN FORM*

# GRAMMATIK

## A  The Genitive Case

### 1  Proper names

The fourth and last case in German, the genitive, is sometimes similar to the English possessive in that it indicates a possessive relationship between two nouns.

| | |
|---|---|
| Das ist **Ingrids Mantel.** | *This is Ingrid's coat.* |
| **Peters Zeitung** liegt auf dem Tisch. | *Peter's newspaper is on the table.* |
| Kennen Sie **Frau Lohnerts Tochter?** | *Do you know Mrs. Lohnert's daughter?* |

German, as English, forms the genitive of proper names by adding **-s.** Note, however, that in German there is *no* apostrophe.

### 2  Genitive phrases

English normally indicates possession or a close relationship between two nouns by adding **'s** to a noun when referring to persons or by using a phrase with *of* when referring to things and ideas.

| | |
|---|---|
| das Auto meines Vaters | die Farbe des Autos |
| *my father's car* | *the color of the car* |

Notice that **both** English phrases must be expressed in German with genitive phrases, that is, without the use of a preposition. In other words, German does not make a distinction between persons and things. The genitive phrase usually follows the noun it modifies.

Look at some more examples:

| | |
|---|---|
| der Vater des Kindes | *the child's father* |
| am Ende der Woche | *at the end of the week* |
| der Name der Straße | *the name of the street* |
| die Tür des Hauses | *the door of the house* |

As you can see, the use of genitive phrases in German is not limited to possessive relationships. Usually, where English uses the preposition *of* between two nouns, German expresses the same thing with the genitive.

### 3  The genitive interrogative: **wessen**

A genitive phrase expressing possession answers the question **wessen?** *(whose).*

| | |
|---|---|
| **Wessen** Buch ist das? | *Whose book is this?* |
| **Wessen** Schlüssel sind das? | *Whose keys are these?* |

## 4   Genitive of **der-** and **ein-**words

German uses special forms of definite and indefinite articles, and as a result, of the **der-** and **ein-** words, to indicate the genitive case.

| Masculine | Neuter | Feminine | Plural/All Genders |
|---|---|---|---|
| **des** Vaters | **des** Kindes | **der** Mutter | **der** Mütter |
| ein**es** Vaters | ein**es** Kindes | ein**er** Mutter | kein**er** Kinder |
| mein**es** Vaters | mein**es** Kindes | mein**er** Mutter | mein**er** Eltern |

Notice that there are only two genitive patterns:

1.   A pattern for masculine and neuter nouns where the form of the definite article is **des** and the noun ends in **-(e)s.**

2.   A pattern for feminine and plural nouns where the form of the definite article is **der** and the noun does not add an ending.

## 5   Noun endings

1.   Singular, masculine and neuter nouns of more than one syllable add **-s:**

| **Nominative** | **Genitive Phrase** |
|---|---|
| der Wagen | die Tür des Wagen**s** |
| das Zimmer | die Tür des Zimmer**s** |

2.   Singular, masculine and neuter nouns with one syllable generally add **-es:**

| | |
|---|---|
| das Mann | der Name des Mann**es** |
| das Kind | der Name des Kind**es** |

3.   Those few nouns which add **-n** or **-en** in the accusative and the dative case have the same ending in the genitive case:

| | |
|---|---|
| der Student | das Buch des Student**en** |
| der Herr | der Mantel des Herr**n** |
| der Junge | das Fahrrad des Jung**en** |

4.   All feminine and plural nouns remain unchanged:

| | |
|---|---|
| die Woche | das Ende der Woche |
| die Leute | das Haus der Leute |

## 6 Genitive adjective endings

In the genitive case, all adjectives preceded by **der-** or **ein-**words, whether modifying a singular or plural noun, take the ending **-en.**

| | |
|---|---|
| MASCULINE | das Auto des jung**en** Mannes |
| NEUTER | die Brille des jung**en** Mädchens |
| FEMININE | der Mantel der jung**en** Frau |
| PLURAL | die Wohnung der jung**en** Leute |

## 7 Complete summary tables

### THE DEFINITE ARTICLE AND ADJECTIVE-NOUN COMBINATIONS

| | Masculine | Neuter | Feminine | Plural/All Genders |
|---|---|---|---|---|
| NOM. | de**r** junge Mann | da**s** kleine Kind | di**e** junge Frau | di**e** jungen Leute |
| ACC. | de**n** jungen Mann | da**s** kleine Kind | di**e** junge Frau | di**e** jungen Leute |
| DAT. | de**m** jungen Mann | de**m** kleinen Kind | de**r** jungen Frau | de**n** jungen Leute**n** |
| GEN. | de**s** jungen Manne**s** | de**s** kleinen Kinde**s** | de**r** jungen Frau | de**r** jungen Leute |

### THE INDEFINITE ARTICLE AND ADJECTIVE-NOUN COMBINATIONS

| | Masculine | Neuter | Feminine | Plural/All Genders |
|---|---|---|---|---|
| NOM. | ein junge**r** Mann | ein kleine**s** Kind | ein**e** junge Frau | kein**e** jungen Leute |
| ACC. | ein**en** jungen Mann | ein kleine**s** Kind | ein**e** junge Frau | kein**e** jungen Leute |
| DAT. | ein**em** jungen Mann | ein**em** kleinen Kind | ein**er** jungen Frau | kein**en** jungen Leute**n** |
| GEN. | ein**es** jungen Manne**s** | ein**es** kleinen Kinde**s** | ein**er** jungen Frau | kein**er** jungen Leute |

## B Prepositions with the Genitive

Just as there are prepositions which require a dative or an accusative object, so there are a number of prepositions which must be used with the genitive. The following occur frequently:

| | |
|---|---|
| **während** *(during)* | **Während des Krieges** war er nicht in Deutschland. *During the war he was not in Germany.* |
| **wegen** *(because of)* | **Wegen der Hitze** bleiben wir zu Hause. *Because of the heat we'll stay at home.* |
| **trotz** *(in spite of)* | Er ist **trotz seiner Erkältung** gekommen. *He came in spite of his cold.* |

How to substitute for the genitive: **von** + dative

In spoken German, the genitive constructions are often replaced by a prepositional phrase with **von** + dative.

| | |
|---|---|
| GENITIVE | Das ist das Auto **seines Vaters.** |
| DATIVE | Das ist das Auto **von seinem Vater.** |

Colloquial German also tends toward the use of the dative case after the genitive prepositions. The preposition **trotz** + genitive is often replaced by the compound **trotzdem** (*nevertheless, in spite of it*) which has become standard German.

Er hat **trotz** seiner Erkältung Tennis gespielt.
Er hatte eine Erkältung, aber er hat **trotzdem** Tennis gespielt.

## C  Comparative and Superlative of Attributive Adjectives

Any German adjective that immediately precedes a noun must take an ending. Attributive adjectives in the comparative and superlative take the usual adjective endings.

### 1  Comparative

The comparative of attributive adjectives may occur after **der-** and **ein-**words or may be unpreceded. The appropriate adjective ending is added in addition to the comparative suffix **-er.**

| | | |
|---|---|---|
| POSITIVE | Ich nehme den groß**en** Koffer. | *I'll take the large suitcase.* |
| COMPARATIVE | Ich nehme den größ**eren** Koffer. | *I'll take the larger suitcase.* |
| POSITIVE | Das ist ein schön**es** Bild. | *This is a beautiful picture.* |
| COMPARATIVE | Das ist ein schön**eres** Bild. | *This is a more beautiful picture.* |
| POSITIVE | Das sind teur**ere** Schuhe. | *These are expensive shoes.* |
| COMPARATIVE | Das sind teurere Schuhe. | *These are more expensive shoes.* |

### 2  Superlative

The superlative of attributive adjectives occurs most often after the definite article and the possessive adjectives. The appropriate adjective ending is added to the superlative stem.

| | |
|---|---|
| POSITIVE | Ich nehme den groß**en** Koffer. |
| SUPERLATIVE STEM | größt- |
| SUPERLATIVE | Ich nehme den größ**ten** Koffer. |
| POSITIVE | Hier ist mein neu**es** Bild. |
| SUPERLATIVE STEM | neust- |
| SUPERLATIVE | Hier ist mein neust**es** Bild. |

| | | |
|---|---|---|
| POSITIVE | das **alte** Haus | *the old house* |
| COMPARATIVE | das **ältere** Haus | *the older house* |
| SUPERLATIVE | das **älteste** Haus | *the oldest house* |
| | | |
| POSITIVE | meine **guten** Schuhe | *my good shoes* |
| COMPARATIVE | meine **besseren** Schuhe | *my better shoes* |
| SUPERLATIVE | meine **besten** Shuhe | *my best shoes* |

## D  Word Formation: Adjectival Compounds

In Chapter 13 you were alerted to the almost limitless capacity of German to form new adjectives by compounding. The following adjectives appear so frequently as the final element in adjectival compounds that they are treated as suffixes. Note that occasionally a linking **-s** or **-n** may be inserted between the first and the second element, or the final **-e(n)** of the stem may be dropped.

**-reich** indicates an abundance of whatever is described by the stem which is usually a noun:

| | |
|---|---|
| wasserreich | *having an abundance of water* |
| kurvenreich | *having many curves* |
| kinderreich | *having many children* |
| hilfreich | *helpful* |
| regenreich | *having an abundance of rain* |
| farbenreich | *having an abundance of colors* |

**-voll** often corresponds to the English suffix *-ful:*

| | |
|---|---|
| angstvoll | *fearful* |
| kunstvoll | *artful* |
| reizvoll | *full of charm, charming* |
| humorvoll | *full of humor* |
| wundervoll | *wonderful* |
| respektvoll | *respectful* |
| wertvoll | *valuable* |
| eindrucksvoll | *imposing* |

**-los** expresses a lack of something, and frequently corresponds to the English suffix *-less:*

| | |
|---|---|
| zahllos | *countless* |
| kinderlos | *childless* |
| leblos | *lifeless* |
| sprachlos | *speechless* |
| zeitlos | *timeless* |
| kostenlos | *without cost, free* |
| arbeitslos | *without work, unemployed* |
| fraglos | *without question* |
| pausenlos | *without a break* |
| problemlos | *without problems* |

When to use **hin** and **her**

**Hin** and **her** are directional adverbs indicating motion or direction. **Hin** indicates motion away from the speaker or from the speaker's position towards some object or person; **her** expresses motion toward the speaker.

Kommen Sie her!        Speaker        Gehen Sie hin!

1. With adverbs of place

Since **hin** does not express a specific goal and since **her** does not express a specific point of origin, they frequently form compounds with adverbs of place such as **hier, da, dort.**

| Toward the speaker | Away from the speaker |
|---|---|
| Bringen Sie das Buch **hierher!** | Legen Sie das Buch **dorthin!** |
| Kommen Sie bitte **hierher!** | Gehen Sie bitte **dorthin!** |

2. Used as separable prefixes

**Hin** and **her** are frequently added to verbs as separable prefixes to show direction:

| her · kommen | Er ist sofort **hergekommen.** | *He came (over) immediately.* |
| hin · gehen | Ich mußte zu ihm **hingehen.** | *I had to go to him.* |
| her · bringen | Er hat das Buch **hergebracht.** | *He brought the book over.* |

3. Combined with prepositions

**Hin** and **her** may also be combined with prepositions, again to act as directional indicators toward or away from the speaker. Such compounds may

– replace a prepositional phrase

Gehen Sie **in das Zimmer!**        Gehen Sie **hinein!**
Er kommt **aus dem Haus.**         Er kommt **heraus.**
Sie geht **aus dem Zimmer.**       Sie geht **hinaus.**

– be added to verbs

hinein · gehen        **Gehen** Sie in das Zimmer **hinein!**
herunter · kommen     Er **kommt** die Treppe **herunter.**
hinauf · gehen        Sie **geht** die Treppe **hinauf.**

# MÜNDLICHE ÜBUNGEN

## Der Genitiv

**MÜ 1**   Wessen Sachen sind das?

● Die Schlüssel gehören dem (jungen) Amerikaner.
*Das sind die Schlüssel des (jungen) Amerikaners.*

Die Schlüssel gehören . . .
Das Auto gehört . . .

| | | |
|---|---|---|
| 1. dem Studenten | 7. einem neuen Kollegen | 13. meiner Mutter |
| 2. der Sekretärin | 8. einer anderen Frau | 14. unseren Eltern |
| 3. den Kindern | 9. einem jungen Mann | 15. seiner Frau |
| 4. der Dame | 10. einem kleinen Jungen | 16. seinen Freunden |
| 5. dem Postboten | 11. einem jungen Mädchen | 17. deiner Freundin |
| 6. dem Kind | 12. einer reichen Familie | 18. ihrer Tochter |

**MÜ 2**   Vollenden Sie die Sätze!

| | |
|---|---|
| 1. Der Freund meiner Schwester . . . | 6. Das Haus meiner Eltern . . . |
| 2. Am Ende des Monats . . . | 7. Der Name des Restaurants . . . |
| 3. Peters Zeitung . . . | 8. Die Tür meines Autos . . . |
| 4. In der Mitte des Zimmers . . . | 9. In der Nähe der Universität . . . |
| 5. Frau Lohnerts Tochter . . . | 10. Der Besitzer des Hotels . . . |

**MÜ 3**   Erklären Sie diese Wörter mit dem Genitiv!

● Haustür → *Das ist die Tür eines Hauses.*

| | | |
|---|---|---|
| 1. Monatsende | 5. Stadtplan | 9. Landeshauptstadt |
| 2. Wochenende | 6. Elternhaus | 10. Autoreifen |
| 3. Jahresende | 7. Familienname | 11. Schulbesuch |
| 4. Wochentage | 8. Kinderzimmer | 12. Besucherzahl |

**MÜ 4**   Wissen Sie, wo das ist?

● die Theaterstraße
*Sie ist in der Nähe eines Theaters.*

| | |
|---|---|
| 1. die Schulstraße | 6. das Schloßhotel |
| 2. der Universitätsplatz | 7. die Poststraße |
| 3. die Brückenapotheke | 8. der Rathausplatz |
| 4. das Bahnhofshotel | 9. die Turmstraße |
| 5. das Domcafé | 10. der Museumsplatz |

## Präpositionen

**MÜ 5**    Antworten Sie mit **wegen!**

- Warum ist sie zum Arzt gegangen?                    (ihre Erkältung)
  *Wegen ihrer Erkältung (ist sie zum Arzt gegangen).*

1. Warum darf er nicht arbeiten?                    (seine Krankheit)
2. Warum hat sie die Polizei gerufen?              (ein Verkehrsunfall)
3. Warum hast du nicht Tennis gespielt?            (der Regen)
4. Warum seid ihr so spät gekommen?                (eine Autopanne)
5. Warum mußt du zur Polizei?                       (meine Autopapiere)

**MÜ 6**    Antworten Sie mit **während!**

- Wann geht Frau Kaiser in die Kantine?            (die Mittagspause)
  *Während der Mittagspause (geht sie in die Kantine).*

1. Wann fahren viele Deutsche nach Österreich?     (der Urlaub)
2. Wann sollen Sie nicht rauchen?                  (der Unterricht)
3. Wann hat er angerufen?                          (das Essen)
4. Wann gehen Kinder nicht in die Schule?          (die Schulferien)
5. Wann schlafen viele kleine Tiere?              (der Winter)

**MÜ 7**    Bilden Sie neue Sätze mit **trotz!**

- Das Wetter war schlecht, aber die Leute sind trotzdem gekommen.
  *Trotz des schlechten Wetters sind die Leute gekommen.*

1. Der Regen war kalt, aber sie hat trotzdem keinen Mantel getragen.
2. Die Arbeit war gut, aber er hat die Prüfung trotzdem nicht bestanden.
3. Sie hatte eine Erkältung, aber sie ist trotzdem zur Arbeit gegangen.
4. Die Straßen waren naß, aber er ist trotzdem sehr schnell gefahren.
5. Sie hatten eine Autopanne, aber sie sind trotzdem nicht zu spät gekommen.

## Komparativ und Superlativ

**MÜ 8**    Vergleichen Sie!

- Hier gibt es billige Tomaten. → *Dort gibt es billigere Tomaten.*

1. Hier gibt es schöne Äpfel.
2. Hier ist ein bequemer Stuhl.
3. Hier kaufen Sie frisches Obst.
4. Hier gibt es schöne Blumen.
5. Hier hängt ein hübsches Bild.
6. Hier sind alte Lampen.
7. Hier steht kaltes Bier.
8. Hier sind gute Bilder.
9. Hier steht ein kleiner Teller.
10. Hier gibt es süße Trauben.
11. Hier steht ein großer Wagen.
12. Hier ist eine neue Zeitung.

**MÜ 9** Was ist das?

- Dieses Buch ist am interessantesten. → *Das ist das interessanteste Buch.*

1. Dieses Haus ist am ältesten.
2. Dieser Koffer ist am teuersten.
3. Diese Tasche ist am größten.
4. Dieser Mantel ist am schönsten.

5. Dieses Hotel ist am billigsten.
6. Dieser Schmuck ist am wertvollsten.
7. Diese Hose ist am bequemsten.
8. Dieses Bild ist am besten.

**MÜ 10** Auf deutsch, bitte!

1. We reserved a room in the best hotel.
2. Don't you have any cheaper shoes?
3. Yesterday was the coldest day of the year.
4. What's the name of the highest mountain in Germany?
5. Peter's newspaper is on the table.
6. Whose bottle is this?
7. Who is the father of this little child?
8. Most people sleep during the night.
9. Is this your friend's new car?

---

## LESEHILFE

**bieten** (geboten) = offerieren
die **Burg, -en** = ein fortifiziertes Schloß
das **Dorf, ⸚er** = eine ländliche Gemeinde; kleiner als eine Stadt
das **Feriengebiet, -e** = wo viele Touristen hingehen und wo man schöne Ferien verbringen kann
der **Teil, -e** = ein Stück eines Ganzen; Nomen von **teilen**
**gesamt** = ganz
das **Gebirge, -** = die Gesamtheit von hohen Bergen (Der Schwarzwald und die Alpen sind zwei Gebirge.)
der **Reiz, -e** = der Charme; **reizvoll** = voller Charme
**steigen** (ist gestiegen) = hochgehen
die **Wiese, -n** = Grasland
das **Voralpenland** = das Land vor den Alpen
die **Aussicht, -en** = was man sehen kann
das **Tal, ⸚er** = das Land zwischen den Bergen
**bemalt** = das Partizip von **bemalen**, mit Farbe auf etwas malen
der **Lech** = der Name eines Flusses
der **König, -e** = der Monarch
**Ludwig der Zweite** = König von Bayern (1864–86); berühmt durch den Bau seiner drei Schlösser in den bayrischen Bergen: Linderhof (1868–74), Neuschwanstein (1869–86) und Herrenchiemsee (1878–85)
die **Lage** = das Nomen von **liegen**; beschreibt, wo oder wie etwas liegt
das **Rokoko** = die Spätphase des Barock (Kunststil des 17. Jahrhunderts, besonders in der Architektur von Kirchen, Schlössern und Klöstern)
der **Berggasthof, ⸚e** = ein einfaches Gasthaus in den Bergen

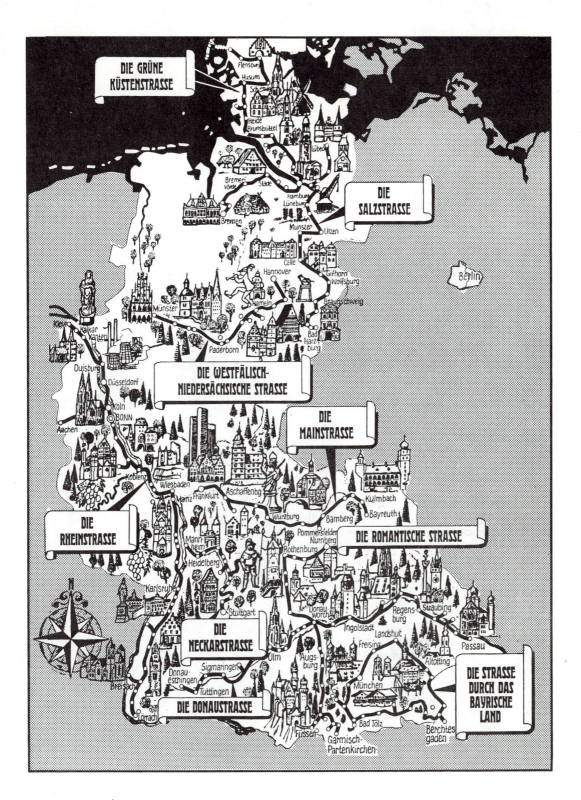

DIE GRÜNE KÜSTENSTRASSE

DIE SALZSTRASSE

DIE WESTFÄLISCH-NIEDERSÄCHSISCHE STRASSE

DIE MAINSTRASSE

DIE RHEINSTRASSE

DIE ROMANTISCHE STRASSE

DIE NECKARSTRASSE

DIE DONAUSTRASSE

DIE STRASSE DURCH DAS BAYRISCHE LAND

# Etwas für Touristen: Die Deutsche Alpenstraße

Wenn Touristen eine Reise durch die Bundesrepublik Deutschland machen, suchen sie nicht das Bild vom modernen Industrieland, sondern deutsche Romantik und Gemütlichkeit. Kein Wunder, daß die deutschen Ferienstraßen bei Deutschlandbesuchern besonders beliebt sind, denn sie bieten[L], was Touristen am meisten lieben: romantische Burgen[L] und Schlösser und Natur wie aus dem Bilderbuch.

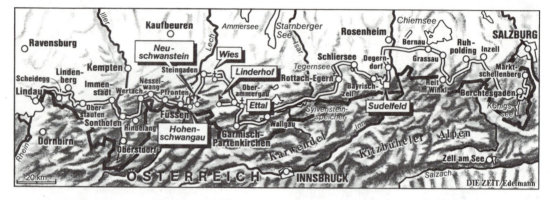

Eine der eindrucksvollsten deutschen Ferienstraßen ist die Deutsche Alpenstraße. Sie verbindet die schönsten Dörfer[L], Städte und Feriengebiete[L] der Bundesrepublik an der Nordseite der Alpen. Sicher, nur ein ganz kleiner Teil[L] des gesamten[L] Gebirges[L] gehört zu Deutschland, doch die deutschen Alpen sind interessant und eindrucksvoll. Die Schönheit der 465 Kilometer langen Panoramastraße vom Bodensee bis Marktschellenberg, kurz vor der österreichischen Grenze, liegt vor allem im reizvollen[L] Wechsel von Gebirgslandschaften[1], Seen, Schlössern, Dörfern und Kirchen.

Die Deutsche Alpenstraße beginnt am Ostufer des Bodensees. Nach Lindau steigt[L] die Straße durch weite Obstgärten und dunkle Wälder hinauf zu den grünen Wiesen[L] des Voralpenlandes[L]. Auf dem Weg nach Oberstaufen halten wir bei dem sogenannten „Paradies"-Aussichtspunkt[L]. Von hier sieht man drei Länder: Deutschland, Österreich und die Schweiz.

Wir fahren weiter, vorbei am Ufer des tiefgrünen Alpsees und erreichen Immenstadt mit seinem historischen Schloß und Rathaus. An einem klaren Tag sieht man von hier Oberstdorf, Hindelang, Sonthofen und das 2224 Meter hohe Nebelhorn. Übrigens ist Oberstdorf die südlichste Stadt der Bundesrepublik.

[1] *mountain landscapes, scenery*

Dann fahren wir auf der Jochstraße, der kurvenreichsten Gebirgsstraße der deutschen Alpen (107 Kurven), zum höchsten deutschen Skidorf Oberjoch hinauf. Am Ende der Jochstraße hat man noch einmal eine reizvolle Aussicht auf Berge und Täler[L] dieser Region. Dann geht es in zahllosen Kurven hinunter zu den hübsch bemalten[L] Häusern des kleinen Dorfes Nesselwang.

Am Ufer des eisgrauen Lechs[L] liegt Füssen. Über der alten Stadt liegt das Hohe Schloß. Diese kleine Stadt mit ihren schönen Häusern, historischen Stadtmauern und Türmen ist nur halb so groß wie Garmisch-Partenkirchen, liegt aber etwas höher. Übrigens ist Füssen die höchste Stadt der Bundesrepublik. Sie liegt 804 Meter hoch.

*Bei Oberjoch im Allgäu*

*Schloß Neuschwanstein (1869–86)*

Wir lassen Füssen hinter uns und fahren auf der Deutschen Alpenstraße weiter. Schon von weitem kann man das weiße Märchenschloß des romantischen Bayernkönigs Ludwig des Zweiten[L] sehen: Neuschwanstein. Ob Kunst oder Kitsch, das Schloß ist einen Besuch wert. Ganz in der Nähe liegt das etwa 50 Jahre ältere Schloß Hohenschwangau. Der besondere Reiz dieser beiden Schlösser ist ihre unbeschreiblich schöne Lage[L].

An keiner anderen deutschen Ferienstraße liegen so viele weltberühmte Sehenswürdigkeiten so nahe zusammen wie zwischen Füssen und Oberammergau. Hier sind auch einige der schönsten Barock-Kirchen Deutschlands. Die berühmteste ist die Wieskirche im Rokoko-Stil[L].

Von der Wieskirche sind es nur wenige Kilometer bis nach Oberammergau. Seit Jahrhunderten ist die Holzschnitzerei[1] typisch

[1] *wood carving*

*Die Wieskirche bei Steingaden (1764–54)*

für das Dorf, und man kann hier die teuersten Souvenirs dieser Alpenreise kaufen: Kruzifixe für über zehn tausend Mark. Seit 1634 finden in Oberammergau alle zehn Jahre die berühmten Passionsspiele statt.

Garmisch-Partenkirchen

Nicht weit von Oberammergau ist das Benediktinerkloster Ettal. Das über 600 Jahre alte Kloster besitzt eine weltberühmte Barock-Kirche. Doch noch berühmter als die Kirche ist der süße Likör des Klosters.

Ganz in der Nähe des Klosters liegt ein drittes Königsschloß: Linderhof. Es ist das kleinste und älteste der drei Märchenschlösser Ludwigs des Zweiten.

Wir fahren einige Kilometer weiter auf der Deutschen Alpenstraße und kommen nach Garmisch-Partenkirchen. Die Doppelstadt ist die größte deutsche Alpenstadt und ein Zentrum des Fremdenverkehrs. Trotz des Fremdenverkehrs gibt es auch in Garmisch noch stille Straßen, wo man die typisch oberbayrischen Häuser mit ihren bemalten Fassaden und langen Holzbalkonen bewundern kann. Nirgendwo in Deutschland sind die Häuser so bunt bemalt wie in Oberbayern.

Von Garmisch hat man zahllose Möglichkeiten zu Tal- und Gebirgswanderungen. Man kann zu den attraktivsten Punkten des Tales wandern, zu idyllischen Bergseen oder gemütlichen Berggasthöfen.[L] Man kann auch auf die Zugspitze fahren. Die fast 3000 Meter hohe Zugspitze ist Deutschlands höchster Berg. An einem klaren Tag kann man von der Zugspitze einen weiteren Teil der Deutschen Alpenstraße sehen. Sie endet in der Nähe von Berchtesgaden.

Auf geht's nach Bayern

## FRAGEN UND AUFGABEN ZUM TEXT

**1** Beschreiben Sie mit einem Superlativ:

| | |
|---|---|
| 1. Deutsche Alpenstraße | 7. Neuschwanstein |
| 2. Bodensee | 8. Wieskirche |
| 3. Oberstdorf | 9. Oberammergau |
| 4. Jochstraße | 10. Kloster Ettal |
| 5. Oberjoch | 11. Schloß Linderhof |
| 6. Füssen | 12. Zugspitze |

**2** Was wollen Touristen sehen, wenn sie eine Reise durch Deutschland machen?

**3** Welche deutschen Städte sind im Ausland berühmt und warum?

# SCHRIFTLICHE ÜBUNGEN

**SÜ 1**    Ergänzen Sie den Genitiv!

1. Unser Zug fährt um drei Uhr ab.
   Wir warten auf die Abfahrt *unseres Zuges* .

2. Sein alter Vater hat ein Geschäft.
   Er arbeitet gern im Geschäft _____ .

3. Der kleine Junge braucht eine Brille.
   Die Augen _____ sind schwach.

4. Wie heißt dieses gemütlich Restaurant?
   Ich habe den Namen _____ vergessen.

Im Dienste der Verkehrssicherheit:
Arbeitsgemeinschaft Kavalier der Straße
im Deutschen Verkehrssicherheitsrat

5. Der alte Herr hat seinen Geldbeutel verloren.
   Haben Sie den Geldbeutel _____ gefunden?

6. Die guten Studenten fragen immer auf deutsch.
   Die Fragen _____ sind immer auf deutsch.

7. Seine deutschen Freunde haben eine große Wohnung.
   Wissen Sie, ob die Wohnung _____ sehr groß ist?

8. Diese alte Stadt hat viele enge Straßen.
   Ich gehe oft durch die engen Straßen _____ .

9. Unser neues Auto ist blau.
   Die Farbe _____ ist blau.

10. Die kleine Stadt Garmisch liegt wunderschön.
    Die Lage _____ ist wunderschön.

**SÜ 2**    Ergänzen Sie den Komparativ und Superlativ!

1. (the best wine)              Dort haben wir *den besten Wein* getrunken.
2. (more expensive than)        Ein Mercedes ist _____ ein Volkswagen.
3. (the highest mountain)       Wie heißt _____ der Welt?
4. (the oldest)                 Die Universität Heidelberg ist _____ .
5. (the shortest day)           Der 21. Dezember ist _____ des Jahres.
6. (your best shoes)            Sind das _____ ?
7. (more comfortable shoes)     Haben Sie keine _____ ?
8. (her most elegant dress)     Heute trägt sie _____ .
9. (most people)                Die _____ müssen arbeiten.
10. (younger than)              Ist Ihre Schwester _____ Sie?
11. (the freshest)             Auf dem Markt ist das Obst _____ .
12. (no larger suitcase)       Ich habe _____ .
13. (smaller than)             Der Junge ist _____ das Mädchen.
14. (a younger brother)        Er hat _____ .
15. (his younger brother)      _____ heißt Thomas.
16. (the oldest brewery)       Das Kloster Andechs hat _____ .

**SÜ 3**   Bilden Sie Sätze mit dem Genitiv!

- Meine Schwester / der Freund / heißen / Gerhard
  *Der Freund meiner Schwester heißt Gerhard.*

1. Der Fahrer / der Lastwagen / trinken / alkoholfreies Bier
2. Die Tochter / die Leute / sein / im Krankenhaus
3. Der Polizist / wollen / der Führerschein / der junge Mann / sehen
4. Das Auto / Frau Braun / sein / kaputt
5. Der Geldbeutel / Michael / liegen / auf dem Tisch

**SÜ 4**   Bilden Sie Superlativ-Sätze!

- kurz / der Fluß / die Bundesrepublik / sein / die Pader
  *Der kürzeste Fluß der Bundesrepublik ist die Pader.*

1. kühl / der Körperteil / der Mensch / sein / die Nase
2. hoch / der Berg / die deutschen Alpen / sein / die Zugspitze
3. bekannt / das Bierfest / die Welt / sein / das Oktoberfest
4. tief / der See / Deutschland / sein / der Bodensee
5. lang / der Fluß / Europa / sein / die Wolga
6. groß / die Stadt / die Bundesrepublik / sein / Berlin

## WORTSCHATZ*

### NOMEN

| | |
|---|---|
| **der See, -n** | lake |
| **der Turm, ⸚e** | tower |
| **das Holz, ⸚er** | wood |
| **das Kloster, ⸚** | monastery, abbey |
| **die Grenze, -n** | border |

### VERSCHIEDENES

| | |
|---|---|
| **doch, jedoch** | however, but |
| **eindrucksvoll** | impressive |
| **klar** | clear |
| **nirgends, nirgendwo** | nowhere, anywhere |
| **still** | quiet |
| **tief** | deep |
| **trotz** *(+gen.)* | inspite of, despite |
| **unbeschreiblich** | indescribable |
| **während** *(+gen.)* | during |
| **wegen** *(+gen.)* | because of |
| **weit** | wide |
| **wessen?** | whose? |

### VERBEN

| | |
|---|---|
| **bewundern** | to admire |
| **führen** | to lead |
| **grenzen an** *(+acc.)* | to border |

*Vergessen Sie nicht **die Lesehilfe** auf Seite 359 und auf Seite 370!*

## Am Morgen

- Reflexive pronouns and verbs / accusative
- **Wo**-compounds: **wo(r)** + preposition
- **Da**-compounds: **da(r)** + preposition

**Die Deutschen**

# Kapitel 25

# EINFÜHRUNG

*Reflexivpronomen und Verben / Akkusativ*

**Am Morgen**

Ich gehe ins Badezimmer und **wasche mich**.
Ich **wasche mich** mit Wasser und Seife.
Ich **dusche mich** oder ich **bade mich**.

Dann nehme ich ein Handtuch und **trockne mich ab**.
Ich **kämme mich** mit einem Kamm.

| | |
|---|---|
| Wo **waschen** Sie **sich**? | Ich **wasche mich** im Badezimmer. |
| Womit **waschen** Sie **sich**? | Ich **wasche mich** mit Wasser und Seife. |
| Womit **trocknen** Sie **sich ab**? | Ich **trockne mich** mit einem Handtuch **ab**. |
| Womit **kämmen** Sie **sich**? | Ich **kämme mich** mit einem Kamm. |

Ein Mann **rasiert sich** jeden Morgen.
Viele Männer **rasieren sich** elektrisch.
Sie **rasieren sich** mit einem Rasierapparat.

| | |
|---|---|
| Womit **rasiert sich** ein Mann? | Er **rasiert sich** mit einem Rasierapparat. |
| **Rasieren sich** heute viele Männer elektrisch? | Ja, heute **rasieren sich** die meisten Männer elektrisch. |

Dann **ziehe** ich **mich an**.
Abends **ziehe** ich **mich aus**.
Nachmittags **ziehe** ich mich manchmal **um**.

Im Sommer **ziehe** ich **mich** leicht **an**.
Im Winter **ziehe** ich **mich** warm **an**.

| | |
|---|---|
| Wie **zieht** man **sich** im Sommer **an**? | Man **zieht sich** leicht **an**. |
| Wie **zieht** man **sich** im Winter **an**? | Man **zieht sich** warm **an**. |

Wenn man **sich** im Winter nicht warm **anzieht,** kann man eine Erkältung bekommen. Man **erkältet sich**.

| | |
|---|---|
| Wann **erkälten sich** viele Leute, im Sommer oder im Winter? | Viele Leute **erkälten sich** im Winter. |

Wenn man eine Erkältung hat, **fühlt** man **sich** müde und schlapp.

| | |
|---|---|
| Wie **fühlt** man **sich,** wenn man eine Erkältung hat? | Man **fühlt sich** müde und schlapp. |
| Wie **fühlen** Sie **sich** heute? | Danke, ich **fühle mich** wohl. |

## Reflexive Verben und Modalverben

Aber wir wollen nicht über Erkältungen sprechen. Jedes Kind weiß, daß man **sich** im Winter warm **anziehen muß**. Niemand **will sich erkälten**.

Wie **muß** man **sich** im Winter **anziehen?**
Warum?

Man **muß sich** warm **anziehen**.
Niemand **will sich erkälten**.

Wir wollen lieber über das Frühstück sprechen.

**Können** Sie **sich** immer zum Frühstück **hinsetzen,** oder trinken Sie nur schnell eine Tasse Kaffee?

Ich **kann mich** immer **hinsetzen.**

**Können** Sie **sich** auch **setzen,** wenn Sie zu spät aufgestanden sind?

Nein, dann **kann** ich **mich** nicht **setzen.** Dann habe ich keine Zeit.

**Müssen** Sie **sich beeilen,** wenn Sie morgens zu spät aufstehen?

Ja, wenn ich zu spät aufstehe, **muß** ich **mich beeilen.**

Sie **beeilen sich,** weil Sie nicht zu spät zur Arbeit (zur Universität) kommen wollen. Sie **wollen sich** nicht **verspäten.**

Warum **beeilen** Sie **sich?**

Ich **beeile mich,** weil ich **mich** nicht **verspäten will.**

### Imperativ

Ziehen Sie sich um!
Ziehen Sie sich wärmer an!
Erkälten Sie sich nicht!

Zieh dich um!
Zieh dich wärmer an!
Erkälte dich nicht!

Zieht euch um!
Zieht euch wärmer an!
Erkältet euch nicht!

### Reflexive Verben im Perfekt

| PRÄSENS | PERFEKT |
|---|---|
| Ich wasche mich im Badezimmer. | Ich habe mich im Badezimmer gewaschen. |
| Du kämmst dich vor dem Spiegel. | Du hast dich vor dem Spiegel gekämmt. |
| Er rasiert sich elektrisch. | Er hat sich elektrisch rasiert. |
| Marianne beeilt sich immer. | Marianne hat sich immer beeilt. |
| Das Kind zieht sich allein aus. | Das Kind hat sich allein ausgezogen. |
| Wir setzen uns auf die Couch. | Wir haben uns auf die Couch gesetzt. |
| Ihr zieht euch warm an. | Ihr habt euch warm angezogen. |
| Sie ziehen sich elegant an. | Sie haben sich elegant angezogen. |
| Fühlt er sich besser? | Hat er sich besser gefühlt? |
| Wohin setzen sich die Leute? | Wohin haben sich die Leute gesetzt? |
| Ziehen Sie sich um? | Haben Sie sich umgezogen? |

# GRAMMATIK

## A  Reflexive Pronouns and Verbs / Accusative

### 1  Analysis

An object pronoun is said to be reflexive when it reflects, that is, refers back to the subject. This means that the subject performs the action and, at the same time, is the receiver of the action. English reflexive pronouns are formed by the addition of the suffix -*self* or -*selves* to the personal pronoun.

> *I hurt myself.*
> *Did you cut yourself?*
> *He excused himself.*
> *They introduced themselves.*

### 2  Accusative reflexive pronouns

In contrast to English, German **does not** use suffixes. Instead, German uses reflexive pronouns which are identical to the accusative pronouns except in the **er/es/sie, sie** (plural) and **Sie**-forms, where the reflexive pronoun is **sich**.

| NOMINATIVE | ich | du | er | es | sie | wir | ihr | sie | Sie |
|---|---|---|---|---|---|---|---|---|---|
| ACCUSATIVE | mich | dich | ihn | es | sie | uns | euch | sie | Sie |
| **REFLEXIVE/ACC.** | **mich** | **dich** | **sich** | **sich** | **sich** | **uns** | **euch** | **sich** | **sich** |

The reflexive pronoun **sich** following the polite form of address **Sie** is *not* capitalized.

| | |
|---|---|
| Möchten Sie sich waschen? | *Would you like to wash yourself?* |
| Er entschuldigt sich. | *He excuses himself.* |

### 3  Reflexive verbs

A verb is said to be reflexive when its subject and object refer to the same person or thing. Some reflexive verbs are logical extensions of nonreflexive verbs. Compare the following examples:

| Nonreflexive (direct object) | Reflexive (direct object) |
|---|---|
| Er wäscht **das Auto.** | Er wäscht **sich.** |
| *He is washing the car.* | *He is washing himself.* |
| Ich entschuldige **ihn.** | Ich entschuldige **mich.** |
| *I excuse him.* | *I excuse myself.* |

As you can see, the verb is only reflexive when subject and object are the *same* person (or thing).

## 4   German usage

Whereas in English the reflexive pronoun is often omitted, in German it must be expressed whenever the doer and the receiver of an action are the same person or thing. The reflexive pronoun is necessary to complete the meaning of the sentence.

| | |
|---|---|
| Er rasiert sich. | *He is shaving.* |
| Sie kämmt sich. | *She is combing (her hair).* |
| Setzen Sie sich bitte! | *Sit down, please.* |
| Zieh dich an! | *Get dressed.* |
| Hat er sich hingelegt? | *Did he lie down?* |

## 5   Purely reflexive verbs with the accusative

There are a number of German verbs which can only occur in a reflexive construction, that is, the verb together with the reflexive pronoun form one idea. Such purely reflexive verbs have usually no literal English equivalent and must be rendered into English without the reflexive pronoun.

Some common purely reflexive verbs are:

| | |
|---|---|
| **sich beeilen**<br>*(to hurry)* | Er muß sich jeden Morgen beeilen.<br>*He has to hurry every morning.* |
| **sich erkälten**<br>*(to catch a cold)* | Ich habe mich erkältet.<br>*I caught a cold.* |
| **sich freuen**<br>*(to be glad)* | Sie hat sich sehr gefreut.<br>*She was very glad.* |
| **sich verspäten**<br>*(to be late)* | Sie verspätet sich immer.<br>*She is always late.* |

## 6   Reflexive verbs with prepositions

Many reflexive verbs occur together with a preposition. Some can be used only in conjunction with a certain preposition; others can be used with or without preposition depending on context. Verb and preposition must be memorized as one unit.

Here are some examples:

| | |
|---|---|
| sich freuen | *to be glad (or pleased, happy)* |
| sich freuen auf *(+acc.)* | *to look forward to* |
| sich freuen über *(+acc.)* | *to be pleased with* |
| sich interessieren für *(+acc.)* | *to be interested in* |
| sich unterhalten über *(+acc.)* | *to talk, converse about* |
| sich fürchten vor *(+dat.)* | *to be afraid of* |
| sich ärgern über *(+acc.)* | *to get angry about* |
| sich erinnern an *(+ acc.)* | *to remember* |

## 7 Present perfect of reflexive verbs

All verbs used reflexively form the present perfect with the auxiliary **haben.**

| | |
|---|---|
| Er **hat** sich rasiert. | *He shaved.* |
| Wir **haben** uns beeilt. | *We hurried.* |
| Sie **hat** sich verspätet. | *She was late./She is late.* (depending on context) |

## 8 Word order

The position of the reflexive pronoun in a sentence is the same as that of any other object pronoun.

| | |
|---|---|
| Er hat **sich** gewaschen und rasiert. | *He washed and shaved.* |
| Wir müssen **uns** beeilen. | *We have to hurry.* |
| Haben Sie **sich** erkältet? | *Did you catch a cold?* |
| Ich freue **mich.** | *I am glad.* |

## B  Wo-Compounds: wo(r) + Preposition

As you know, German uses the question words **wen** and **wem** with prepositions to refer to persons.

| | |
|---|---|
| **Für wen** ist der Brief? | Für meinen Vater. |
| **An wen** denkst du gerade? | An meine Mutter. |
| **Mit wem** ist sie hier? | Mit ihrem Mann. |

The question word **was** refers to things and ideas. If **was** is preceded by a preposition it is usually replaced by a **wo-**compound. **Wo-**compounds are formed by prefixing **wo** to the preposition. If the preposition begins with a vowel, an **-r-** is inserted between **wo** and the preposition.

Look at the following examples:

| | |
|---|---|
| **Womit** hat er geschrieben? | *What was he writing with?* |
| **Woran** denkst du gerade? | *What are you thinking of?* |
| **Wovor** hat er Angst? | *What is he afraid of?* |

Here are some of the most common **wo-**compounds:

| | | | |
|---|---|---|---|
| wobei? | womit? | wovon? | woraus? |
| wodurch? | wonach? | wozu? | worüber? |
| wofür? | wovor? | worauf? | woran? |

## C  Da-Compounds: da(r) + Preposition

The object of a preposition may be a person, a thing or an idea.

| | |
|---|---|
| Er wartet auf **seine Frau.** | *He is waiting for his wife.* |
| Er wartet auf **seinen Bus.** | *He is waiting for his bus.* |

In the sentence **Er wartet auf seine Frau,** the object of the preposition **auf** is a person and may be replaced by a personal pronoun.

| | |
|---|---|
| Er wartet auf **seine Frau.** | *He is waiting for his wife.* |
| Er wartet auf **sie.** | *He is waiting for her.* |

In the sentence **Er wartet auf seinen Bus,** the object of the preposition **auf** is a thing and *may not* be replaced by a personal pronoun. In contrast to English, German substitutes only those nouns by personal pronouns which refer to persons. If the object of a preposition is a thing, German uses a **da**-compound.

| | |
|---|---|
| Er wartet **auf seinen Bus.** | *He is waiting for his bus.* |
| Er wartet **darauf.** | *He is waiting for it.* |

Look at some more examples:

| | |
|---|---|
| Hat er **mit diesem Bleistift** geschrieben? | *Did he write with this pencil?* |
| Ja, er hat **damit** geschrieben. | *Yes, he wrote with it.* |
| Denkst du **an deinen Urlaub?** | *Are you thinking of your vacation?* |
| Ja, ich denke **daran.** | *Yes, I'm thinking of it.* |
| Wieviel hast du **für die Uhr** bezahlt? | *How much did you pay for the watch?* |
| Ich habe 100 Mark **dafür** bezahlt. | *I paid 100 Marks for it.* |

As you can see, **da**-compounds are short forms for prepositional phrases consisting of **da** and a preposition. If the preposition begins with a vowel, **dar-** is used instead of **da-**.

---

When to use **jetzt** and **nun**

Note the difference in meaning between **jetzt** and **nun.** Both are translated into English as *now*.

**Jetzt** is an adverb of time and is used only in reference to time.

| | |
|---|---|
| Es ist **jetzt** 8 Uhr. | *It is now 8 o'clock.* |
| Wir gehen **jetzt** nach Hause. | *We are going home now.* |
| Er kann mich **jetzt** verstehen. | *He can understand me now.* |

**Nun** implies a reference to a preceding state or action. It contains the idea that something has changed.

| | |
|---|---|
| Wir gehen **nun** nach Hause. (Wir waren lange genug hier.) | *And now we're going home.* |
| **Nun** hat er die Prüfung doch nicht bestanden. (Und er hat so viel gearbeitet.) | *And now he didn't pass the exam after all.* |

**Nun** is also used as a flavoring particle meaning *well*.

| | |
|---|---|
| **Nun,** das war nicht richtig. | *Well, that was not right.* |
| **Nun** ja, was soll ich sagen? | *Well, what shall I say?* |

# MÜNDLICHE ÜBUNGEN

## Reflexivpronomen und Verben / Akkusativ

**MÜ 1**   Üben Sie im Präsens!

**1. (sich setzen)**

ich *setze mich*
er _____
wir _____
Sie _____

**2. (sich nie verspäten)**

die Studenten _____
das Mädchen _____
ich _____
du _____

**3. (sich nicht wohl fühlen)**

ich _____
die Frau _____
die Kinder _____
er _____

**4. (sich beeilen)**

die Dame _____
ihr _____
du _____
der Mann _____

**5. (sich leicht erkälten)**

du _____
man _____
er _____
wir _____

**6. (sich jetzt anziehen)**

ihr _____
mein Bruder _____
Frau Kohl _____
die Leute _____

**MÜ 2**   Antworten Sie mit **ja** oder **nein**!

● Ziehen Sie sich im Winter warm an?
*Ja, ich ziehe mich im Winter warm an. (Ja, wir ziehen uns im Winter warm an.)*

1. Erkälten Sie sich oft?
2. Waschen Sie sich morgens?
3. Setzen Sie sich auf den Tisch?
4. Kämmen Sie sich vor dem Spiegel?
5. Verspäten Sie sich manchmal?
6. Ziehen Sie sich abends an?

**MÜ 3**   Imperativ, bitte *(Sie, du, ihr)*

● sich setzen → *Setzen Sie sich, bitte! / Setz dich, bitte! / Setzt euch, bitte!*

1. sich beeilen
2. sich mit dem Handtuch abtrocknen
3. sich nicht kämmen
4. sich später umziehen
5. sich nicht erkälten
6. sich nicht verspäten
7. sich wärmer anziehen
8. sich im Badezimmer waschen

**MÜ 4**   Antworten Sie mit Modalverben!

● Wohin kann man sich setzen?
*Man kann sich auf einen Stuhl (ein Bett, eine Couch usw.) setzen.*

1. Wann muß man sich beeilen?
2. Wann muß man sich umziehen?
3. Womit kann man sich abtrocknen?
4. Womit kann man sich kämmen?
5. Wer muß sich jeden Tag rasieren?
6. Wann kann man sich leicht erkälten?
7. Womit kann man sich waschen?
8. Wo kann man sich duschen?

**MÜ 5**   Die Fragen sind im Präsens.
Antworten Sie im Perfekt mit **schon!**

- *Kämmt er sich gerade? → Nein, er hat sich schon gekämmt.*

1. Setzt sie sich gerade?
2. Rasiert er sich gerade?
3. Ziehen sie sich gerade um?
4. Wäscht er sich gerade?

5. Trocknen die Kinder sich gerade ab?
6. Duscht er sich gerade?
7. Zieht sie sich gerade an?
8. Zieht er sich gerade aus?


**MÜ 6**   Auf deutsch, bitte!

1. I want to sit down.
2. Sit down, please.
3. He caught a cold.
4. He feels much better today.
5. A man has to shave every day.
6. Dress warmly. It's cold.
7. The children got undressed.

8. Did you dry yourself with this towel?
9. Don't be late.
10. She always has to rush.
11. Why didn't you change (clothes)?
12. He is showering.
13. Don't catch a cold.
14. Why were you late?

---

### LESEHILFE

**Geld aus·geben** (gibt aus, ausgegeben) = Geld verbrauchen (Man gibt Geld aus, wenn man etwas kauft.)

der **Hobby-Sportler, -** = Er macht Sport als Hobby, z.B. Radfahren oder Jogging.

die **große Liebe** = (hier:) romantische Liebe

die **Ansicht, -en** = wie man etwas sieht; die Meinung

**s. fürchten** (vor +*Dat.*) = Angst haben

**s. unterhalten** (über + *Akk.*) = diskutieren, mit jemandem (über etwas) sprechen

**im Grünen** = dort, wo es grün ist; z.B. wo Wiesen und Wälder sind und keine Industrie

der **Wunschtraum, ⁀e** = der Wunsch und der Traum

**befragen** = jemanden fragen ( = der **Befragte**)

der **Feierabend, -e** = der Arbeitsschluß, das Ende der täglichen Arbeitszeit

die **Heimat, -en** = das Land, wo man zu Hause ist

der **Verein, -e** = der Klub

die **Geselligkeit** = gemütliches Zusammensein mit anderen Menschen

die **Bevölkerung** = die Einwohner (Menschen) eines Gebietes oder Landes

**s. langweilen** = wenn man nicht weiß, was man mit der Zeit anfangen soll

**spazieren·gehen** (ist spazierengegangen) = gemütlich (langsam) zu Fuß gehen

# Die Deutschen

Der Durchschnittsdeutsche: Er liebt die Freiheit. Er glaubt nicht mehr so sehr an den Fortschritt° wie noch vor einigen Jahren. Er gibt gern Geld aus[L] besonders für den Urlaub und für sein Auto, sieht gern fern und ist Hobby-Sportler[L].

*progress*

So sehen die Meinungsforscher° den durchschnittlichen Deutschen in der Bundesrepublik. Er liebt sein Auto und zu Weihnachten ißt er gern Gänsebraten°. Er glaubt an die große Liebe[L], steht von Montag bis Freitag um Viertel vor sieben auf und am Sonntag kurz nach acht. Zu Hause will er vor allem seine Ruhe° haben, sonst ärgert er sich. Am liebsten möchte er in einem Land leben, wo es keine Reichen und keine Armen gibt. Aber er findet auch, daß die Freiheit wichtiger ist als die Gleichheit.

*pollsters*

*roasted goose*

*peace and quiet*

Sind die Deutschen wirklich so? Nun—den oben beschriebenen Durchschnittsdeutschen wird man wohl kaum finden, doch die Umfrage-Resultate der Meinungsforscher zeigen einige typische Ansichten[L] und Lebensgewohnheiten° der Deutschen in der Bundesrepublik.

*habits*

### Sie interessieren sich für Politik.

Jeder zweite Mann (aber nur jede dritte Frau) interessiert sich für Politik. Die meisten Deutschen sind für die demokratische Staatsform, auch während einer schweren politischen Krise. Besonders die Jugendlichen fürchten[L] sich vor einem Krieg.

Die Deutschen unterhalten[L] sich gern über Politik, aber nicht alle zeigen ihre Meinung so offen—wie zum Beispiel bei einer Demonstration.

### Kleines Glück im Grünen[L]

Der Wunschtraum[L] vieler Deutschen ist ein kleines Haus im Grünen zu besitzen, wenn möglich mit Garten und netten Nachbarn. Aber nur 40 Prozent der Befragten[L] wohnen in Einfamilienhäusern. Das heißt jedoch nicht, daß die anderen sich unglücklich fühlen. Die meisten Deutschen möchten jedoch nicht in der Stadt, sondern auf dem Land wohnen. Die Städte werden langsam aber sicher kleiner.

## Sie freuen sich auf den Feierabend.[L]

Die Deutschen arbeiten viel weniger als früher. Sie interessieren sich auch weniger für ihre Arbeit. Nur eine ganz kleine Gruppe hat die Arbeitszeit am liebsten. Für die meisten ist die Freizeit wichtiger. Die Deutschen leben schon lange nicht mehr um zu arbeiten.

## Die Industrie ist wichtig.

Wenn die Deutschen an Deutschland denken, denken sie nicht an Wiesen und Wälder, sondern vor allem an die Industrie, an ihre Heimat,[L] an die Teilung Deutschlands und an den Fortschritt. Viel weniger wichtig sind Burgen, Schlösser oder grüne Wiesen.

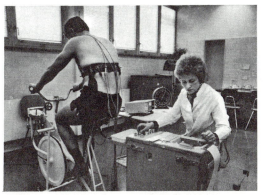

## In ihren Vereinen[L] fühlen sie sich wohl.

Die Deutschen sind Vereinsmenschen. Viele sind zur gleichen Zeit in mehreren Vereinen. Am beliebtesten sind die Sportvereine, besonders die Fußballvereine. Jeder fünfte Deutsche ist in einem Sportverein. Die Vereine bieten vor allem Geselligkeit[L] und die Möglichkeit, andere Menschen kennenzulernen.

## Zu dick und zu viele Zigaretten

Die deutsche Wirtschaft verliert jedes Jahr rund 40 Milliarden Mark durch Krankheit. Hierbei spielt eine entscheidende Rolle, daß fast die Hälfte der Bevölkerung[L] zu dick ist. Die Deutschen rauchen zuviel und trinken zuviel Alkohol.

## Sie langweilen sich[L] in ihrer Freizeit.

Die Deutschen haben so viel Freizeit wie noch nie. Jedoch die Hälfte der Bevölkerung weiß nicht, was sie mit ihrer Freizeit anfangen soll. Am Wochenende langweilen sie sich. Am liebsten sitzen sie vor dem Fernseher. Trotzdem ist die Zahl der Hobby-Sportler in den letzten Jahren stark gestiegen. Die Deutschen gehen gern spazieren[L]. Sie wandern, schwimmen und fahren wieder mit dem Fahrrad.

## ZUR DISKUSSION

**1** Finden Sie, daß die Meinungsforscher ein positives oder ein negatives Bild der Deutschen zeigen? Was finden Sie positiv, was negativ?

**2** Wie sehen Sie die Deutschen?
Welche Lebensgewohnheiten und Ansichten finden Sie typisch deutsch?

**3** Woran denken Sie, wenn Sie an Deutschland denken?
Woran denken Sie, wenn Sie an Ihre Heimat denken?

## FRAGEN UND ANTWORTEN

| **Frage: wo(r) + Präposition** | **Antwort: da(r) + Präposition** |
|---|---|
| **Womit** verbringen die Deutschen ihre Freizeit? Mit Fernsehen? | Ja, sie verbringen ihre Freizeit **damit**. |
| **Wofür** interessieren sie sich? Für Politik? | Ja, sie interessieren sich **dafür**. |
| **Worüber** unterhalten sie sich? Über Politik und Wetter? | Ja, sie unterhalten sich oft **darüber**. |
| **Woran** denken sie, wenn sie an Deutschland denken? An Wiesen und Wälder? | Nein, sie denken nicht **daran**. Sie denken an die Industrie. |
| **Wovon** träumen viele Deutsche? Von einem kleinen Haus im Grünen? | Ja, sie träumen **davon**. |
| **Wodurch** verliert die deutsche Wirtschaft viel Geld? Durch Krankheit? | Ja, **dadurch** verliert die deutsche Wirtschaft viel Geld. |

# SCHRIFTLICHE ÜBUNGEN

## Reflexivpronomen und Verben

**SÜ 1**  Ergänzen Sie das Reflexivpronomen!

1.  Die Leute haben _sich_ gesetzt.
2.  Ich wasche ____ im Badezimmer.
3.  Wir mußten ____ beeilen.
4.  Sie kämmt ____ vor dem Spiegel.
5.  Warum habt ihr ____ verspätet?
6.  Ein Mann muß ____ täglich rasieren.
7.  Heute fühle ich ____ viel besser.
8.  Man setzt ____ nicht auf den Tisch.
9.  Interessierst du ____ für Politik?
10. Freuen Sie ____ auf Ihren Urlaub?
11. Wir müssen ____ noch umziehen.
12. Er hat ____ umgezogen.
13. Hast du ____ erkältet?
14. Bitte setz ____!
15. Verspätet ____ nicht!
16. Langweilt ihr ____ oft?
17. Er hat ____ beeilt.
18. Wir unterhalten ____ .
19. Langweilen Sie ____?
20. Ich habe ____ geärgert.
21. Sie freut ____ darauf.
22. Erkälte ____ nicht!

**SÜ 2**  Ergänzen Sie die richtige Form der Verben und Pronomen! Was paßt?

*sich setzen, sich fühlen, sich interessieren, sich verspäten, ~~sich freuen~~, sich langweilen, sich beeilen, sich erkälten*

Guten Tag Frau Fischer! Kommen Sie doch herein! Ich _freue mich_ , daß Sie gekommen sind. Bitte, _____ ! Ich bin allein zu Hause. Mein Mann ist zu einem Fußballspiel gegangen. Ach wissen Sie, ich _____ nicht für Fußball. Wenn ich mit meinem Mann auf den Fußballplatz gehe, _____ nur. Da bleibe ich lieber zu Hause. Entschuldigen Sie bitte, daß ich nicht sehr laut spreche, aber ich habe _____ . Ich _____ heute gar nicht wohl. Aber bitte, kommen Sie Frau Fischer! Wir _____ ins Wohnzimmer. Was? Sie können nicht bleiben? Ihr Mann wartet zu Hause, und Sie müssen _____? Gehen Sie Frau Fischer! Ich möchte nicht, daß Sie _____ .

**SÜ 3**  Antworten Sie!

● Warten Sie **auf Ihre Freundin?** → *Ja, ich warte* ***auf sie.***
Warten Sie **auf seine Antwort?** → *Ja, ich warte* ***darauf.***

1.  Liegt das Geld noch **unter der Zeitung?**
2.  Unterhalten Sie sich oft **mit Ihren Kollegen?**
3.  Ist der Brief **für Herrn Becker?**
4.  Steht der Stuhl **vor dem Tisch?**
5.  Hast du **an deinen Urlaub** gedacht?
6.  Ist der Preis **an der Tasche?**
7.  Brauchst du das Geld **für die Rechnung?**
8.  Ist er **gegen den Baum** gefahren?
9.  Haben Sie **neben Frau Braun** gesessen?
10. Ist die Tafel **hinter dem Lehrer?**

Personalpronomen und da(r) / wor(r) + Präposition

**SÜ 4**    Bilden Sie Fragen!

- Er hat Angst **vor dem Zahnarzt.** → *Vor wem hat er Angst?*
  Er hat Angst **vor einem Krieg.** → *Wovor hat er Angst?*

1. Sie freut sich **auf unseren Besuch.**
2. Er arbeitet **für seinen Vater.**
3. Ich habe Angst **vor Krankheiten.**
4. Sie wohnt **bei ihren Eltern.**
5. Sie haben sich **über Musik** unterhalten.
6. Wir gehen **mit unseren Freunden** ins Kino.
7. Er weiß **über den Unfall** Bescheid.
8. Sie hat sich **auf ihren Mantel** gesetzt.
9. Ich denke **an die Prüfung.**
10. Er ist **zum Arzt** gegangen.

---

## WORTSCHATZ*

### VERBEN

| | | | |
|---|---|---|---|
| **s. ab·trocknen** | to dry oneself | **s. fürchten** *(vor+dat.)* | to be afraid (of) |
| **s. an·ziehen,** | to dress, get dressed | **s. langweilen** | to be bored |
| **angezogen** | | **s. rasieren** | to shave |
| **s. ärgern** | to get mad, get angry | **s. (hin)·setzen** | to sit down |
| **s. beeilen** | to hurry, rush | **s. um·ziehen,** | to change (clothes) |
| **s. erkälten** | to catch a cold | **umgezogen** | |
| **s. freuen** | to be glad, be pleased | **s. unterhalten** *(über+acc.)* | to converse |
| **s. freuen auf** *(+acc.)* | to look forward to | **unterhalten** | |
| | | **s. verspäten** | to be late |

### VERSCHIEDENES

| | |
|---|---|
| **auf dem Land sein** | to be in the country |
| **schlapp** | listless, tired |
| **zur gleichen Zeit** | at the same time |

### Diese Wörter verstehen Sie ohne Wörterbuch.

| NOMEN | VERBEN | |
|---|---|---|
| **der Kamm, ¨e** | **s. aus·ziehen, ausgezogen** | **s. kämmen** |
| **der Nachbar, -n, -n** | **s. baden** | **s. fühlen** |
| **der Rasierapparat, -e** | **s. duschen** | **sprechen über** *(+acc.)* |
| **das Handtuch, ¨er** | **glauben an** *(+acc.)* | **s. waschen** |
| **die Seife, -n** | **s. interessieren für** *(+acc.)* | |

*Vergessen Sie nicht **die Lesehilfe** auf Seite 385!*

*Karneval am Rhein: Rosenmontagszug vor dem Kölner Dom*

**Aus der Werbung
In der Bundesrepublik. . .**

● Reflexive pronouns and verbs / dative
● The present perfect and past perfect
    of modal auxiliaries

**Worüber lachen die Deutschen?**

# Kapitel
# 26

# EINFÜHRUNG

## Reflexivpronomen und Verben / Dativ

**Aus der Werbung**

Ich wasche mir das Gesicht mit Seife.
Ich wasche mir die Haare mit Shampoo.
Ich habe mir die Seife und das Shampoo von *Edelweiß* gekauft.

Sehen Sie sich meine Haare an.
Natürlich bürste ich mir die Haare mit einer Bürste von *Edelweiß*.
Man kann sich nichts Besseres wünschen.

Mein Zahnarzt putzt sich die Zähne mit einer Zahnbürste und mit der
Zahnpasta von *Edelweiß*. Deshalb putze auch ich mir die Zähne damit.

Ich habe mich überall umgeschaut.
Das Beste ist gerade gut genug für mich.
Deshalb kaufe ich mir nur die Sachen von *Edelweiß*.

Holen auch Sie sich noch heute das Beste!
— Natürlich von *Edelweiß!*

*Perfekt und Plusquamperfekt der Modalverben*

**In der Bundesrepublik . . .**

**heute:**

PRÄSENS

Die Deutschen **müssen** rund vierzig Stunden in der Woche **arbeiten.**

Viele Deutsche **wollen** im Grünen **wohnen.**

Viele deutsche Familien **können** sich ein Haus **bauen.**

Viele deutsche Familien **können** in einem Einfamilienhaus **wohnen.**

Die meisten Familien **können** eine Urlaubsreise **machen.**

Viele Leute **können** ihren Urlaub im Ausland **verbringen.**

Sie **müssen** nicht **sparen.**

Sie **können** viel Geld **ausgeben.**

**Vergleichen Sie weiter!**
**Wie ist die Situation in Ihrem Land?**

**vor dreißig Jahren:**

PERFEKT

**Sie haben** länger **arbeiten müssen.**

Viele Deutsche **haben** in der Stadt **wohnen wollen.**

Nicht so viele deutsche Familien **haben** sich ein Haus **bauen können.**

Nicht so viele deutsche Familien **haben** in einem Einfamilienhaus **wohnen können.**

Viele Familien **haben** keine Urlaubsreise **machen können.**

Nicht so viele Leute **haben** ihren Urlaub im Ausland **verbringen können.**

Sie **haben sparen müssen.**

Sie **haben** nicht so viel Geld **ausgeben können.**

PLUSQUAMPERFEKT

**Sie hatten** länger **arbeiten müssen.**
**Sie hatten** in der Stadt **wohnen wollen.**
**Sie hatten** kein Haus **bauen können.**
**Sie hatten** keine Urlaubsreise **machen können.**
**Sie hatten sparen müssen.**

# GRAMMATIK

## A  Reflexive Pronouns and Verbs / Dative

### 1  Analysis

Reflexive pronouns also occur in the dative case if they are used as indirect objects.

Look at the following examples:

| Nonreflexive (indirect object) | Reflexive (indirect object) |
|---|---|
| Sie kauft **ihm** ein Buch. | Sie kauft **sich** ein Buch. |
| *She is buying him a book.* | *She is buying herself a book.* |

In the first sentence **ihm** is a normal indirect object expressed by a dative pronoun. In the second sentence **ihm** is replaced by **sich.** Now subject and indirect object are the *same* person, which calls for a reflexive pronoun in the dative (**ein Buch** is the direct object).

**Note**  Generally a verb can only have one direct object. Thus, if a sentence contains a direct object, the reflexive pronoun can only be in the dative case.

Ich wasche **mich.**
Ich wasche **mir** die Haare.

Er kämmt **sich**
Er kämmt **sich** die Haare.

### 2  Dative reflexive pronouns

Just as the accusative reflexive pronouns are the same as the personal pronouns, the dative reflexive pronouns are identical to the dative personal pronouns except in the **er / es / sie, sie** (plural) and **Sie**-forms, where the reflexive pronoun is **sich.**

| NOMINATIVE | ich | du | er | es | sie | wir | ihr | sie | Sie |
|---|---|---|---|---|---|---|---|---|---|
| DATIVE | mir | dir | ihm | ihm | ihr | uns | euch | ihnen | Ihnen |
| **REFLEXIVE / DAT.** | **mir** | **dir** | **sich** | **sich** | **sich** | **uns** | **euch** | **sich** | **sich** |

Again, the polite form of the reflexive pronoun **sich** is not capitalized.

Warum bestellen Sie **sich** nichts?
*Why don't you order yourself something?*

Er bestellt **sich** ein Glas Wein.
*He is ordering himself a glass of wine.*

### 3　Normal usage

The dative reflexive pronoun is used to clarify that the action is done for the subject of the verb (and not for someone else). Such constructions are sometimes used in substandard English.

| | |
|---|---|
| Er kauft **sich** eine neue Uhr. | *He is buying himself a new watch.* |
| Ich bestelle **mir** einen neuen Reifen. | *I'm going to order (me) a new tire.* |
| Ich hole **mir** einen anderen Stuhl. | *I'm going to get (me) another chair.* |

In this kind of construction, the reflexive pronoun does not change the basic meaning of the sentence and could be omitted, but most German speakers use it to emphasize for whom the action is performed.

### 4　Special usage

When referring to actions involving parts of the body, English uses possessive adjectives. Unlike English, German uses a dative reflexive pronoun followed by the definite article.

| | |
|---|---|
| Ich wasche mir die Hände. | *I am washing my hands.* |
| Er kämmt sich die Haare. | *He is combing his hair.* |
| Sie hat sich die Zähne geputzt. | *She brushed her teeth.* |
| Ich trockne mir das Gesicht ab. | *I'm drying my face off.* |

### 5　Purely reflexive verbs with the dative

Although most reflexive verbs are used in the accusative, there are some which regularly have a dative reflexive pronoun. These purely reflexive verbs with the dative are indicated in the vocabularies.

Here are some examples.

| | |
|---|---|
| **sich (etwas) überlegen** *(dat.)* *(to think about)* | Ich habe es mir lange überlegt. *I thought about it for a long time.* |
| **sich (etwas) an·sehen** *(dat.)* *(to look at something)* | Ich habe mir das Schloß angesehen. *I took a look at the castle.* |
| **sich (etwas) wünschen** *(dat.)* *(to wish, desire, hope for)* | Ich wünsche mir gutes Wetter. *I'm hoping for good weather.* |
| **sich (etwas) leisten** *(dat.)* *(to afford)* | Ich kann mir das nicht leisten. *I cannot afford this.* |
| **sich weh tun** *(dat.)* *(to hurt oneself)* | Ich habe mir weh getan. *I hurt myself.* |

## B The Present Perfect and Past Perfect° of Modals

### 1 Modals with dependent infinitive

The German modal auxiliaries can be used in all tenses:

| | | | |
|---|---|---|---|
| PRESENT TENSE | Ich muß | arbeiten. | *I have to work.* |
| PAST TENSE | Ich mußte | arbeiten. | *I had to work.* |
| FUTURE | Ich werde | arbeiten müssen. | *I will have to work.* |
| PRESENT PERFECT | Ich habe | arbeiten müssen. | *I have had to work.* |
| PAST PERFECT | Ich hatte | arbeiten müssen. | *I had had to work.* |

Note, however, that the perfect tenses of the modals use a pattern which is different from that of other verbs:

| | **Normal Pattern** | | **Modals with Dependent Infinitive** |
|---|---|---|---|
| PRESENT TENSE | Er versteht dich. | | Er kann dich verstehen. |
| PRESENT PERFECT | Er **hat** | dich **verstanden.** | Er hat dich verstehen können. |
| PAST PERFECT | Er **hatte** | dich **verstanden.** | Er hatte dich verstehen können. |

As you can see, when the modals occur with a dependent infinitive their past participle is identical to their infinitive. As a result, in the present perfect and past perfect there are two infinitives at the end of the sentence. Again, as with the future of modals with a dependent infinitive, the perfect tenses consist of a double infinitive construction.

PRESENT PERFECT: Double Infinitive Construction

> Ich habe dich sprechen wollen.    *I wanted to speak to you.*
> Er hat nach Hause gehen müssen.    *He had to go home.*
> Wir haben ihn sehen dürfen.    *We were allowed to see him.*

PAST PERFECT: Double Infinitive Construction

> Wir **hatten** nicht kommen können.    *We had not been able to come.*
> Sie **hatte** es nicht tun wollen.    *She had not wanted to do it.*
> Man **hatte** dort nicht rauchen dürfen.    *One had not been permitted to smoke there.*

Note All modal auxiliaries form their perfect tenses with a form of **haben.**

### 2 Usage

German uses the present perfect tense of modals most often in up-to-now situations to indicate a duration of time.

> Ich habe dich gestern besuchen wollen, aber du warst nicht zu Hause.
> *I wanted to visit you yesterday, but you were not home.*

In situations that occurred entirely in the past, German prefers to use the modals in the past tense:

> Sie mußte am Wochenende arbeiten.
> *She had to work this weekend.*

> Letztes Jahr wollten wir nach Österreich fahren.
> *Last year we wanted to drive to Austria.*

## 3  Modals without dependent infinitive

As was pointed out in Chapter 11, modals are occasionally used without a dependent infinitive. In these instances, their past participle is formed regularly.

| Present Tense | Present Perfect |
|---|---|
| ich darf | ich habe gedurft |
| ich kann | ich habe gekonnt |
| ich muß | ich habe gemußt |
| ich soll | ich habe gesollt |
| ich will | ich habe gewollt |

The form changes as soon as a dependent infinitive is added:

> Er hat Deutsch **gekonnt.**
> Er hat Deutsch **sprechen können.**

> Ich habe das nicht **gewollt.**
> Ich habe das nicht **tun wollen.**

*Früher hat man viel mehr mit den Händen arbeiten müssen.*

# MÜNDLICHE ÜBUNGEN

### Reflexivpronomen und Verben

**MÜ 1**   Üben Sie im Präsens!

1. **(sich die Hände waschen)**

   Er _wäscht sich die Hände_ .
   Wir _____ .
   Du _____ .
   Ich _____ .

2. **(sich die Hände abtrocknen)**

   Das Kind _____ .
   Wir _____ .
   Thomas _____ .
   Ihr _____ .

3. **(sich ein Eis bestellen)**

   Die Dame _____ .
   Ich _____ .
   Ihr _____ .
   Die Kinder _____ .

4. **(sich die Zähne putzen)**

   Wer _____ ?
   Man _____ .
   Ihr _____ .
   Er _____ .

5. **(sich neue Schuhe kaufen)**

   Du _____ .
   Frau Braun _____ .
   Ich _____ .
   Sie _____ .

6. **(sich etwas wünschen)**

   Ich _____ .
   Du _____ .
   Wir _____ .
   Ihr _____ .

**MÜ 2**   Imperativ, bitte!

- Sagen Sie, ich soll mir die Haare bürsten!
  *Bürsten Sie sich die Haare! (Bürste dir die Haare!)*

Sagen Sie, ich soll . . .!

1. mir die Zähne putzen
2. mir die Haare kämmen
3. mir die Hände waschen
4. mir die Hände abtrocknen
5. mir noch ein Bier bestellen
6. mir ein Glas Wasser holen
7. mir die Schuhe kaufen
8. mir etwas wünschen

**MÜ 3**   Benutzen Sie in Ihren Antworten Reflexivpronomen!

1. Womit waschen Sie sich?
2. Womit waschen Sie sich die Haare?
3. Womit trocknen Sie sich ab?
4. Womit trocknen Sie sich die Hände ab?
5. Womit kämmen Sie sich?
6. Womit kämmen Sie sich die Haare?
7. Wann ziehen Sie sich aus?
8. Wann ziehen Sie sich die Schuhe aus?

9. Wann ziehen Sie sich an?
10. Wann ziehen Sie sich einen Regenmantel an?
11. Womit putzen Sie sich die Zähne?
12. Was wünschen Sie sich am meisten?
13. Wie fühlen Sie sich, wenn Sie krank sind?
14. Was kaufen Sie sich, wenn Sie viel Geld haben?
15. Was bestellen Sie sich im Restaurant?


## Modalverben

**MÜ 4**   Antworten Sie mit Modalverben im Perfekt!

**a)**   **müssen**

● *Warum ist sie zu Hause geblieben?* → *Sie hat zu Hause bleiben müssen.*

1. Warum hat er heute gearbeitet?
2. Warum hat sie die Rechnung bezahlt?
3. Warum habt ihr die Polizei gerufen?
4. Warum bist du zum Arzt gegangen?
5. Warum haben Sie so lange gewartet?
6. Warum ist er in die Stadt gefahren?

**b)**   **wollen, dürfen, können**

● *Warum hat er die Leute nicht angerufen?*
*Er hat sie nicht anrufen wollen (können).*

1. Warum hat sie ihre Freunde nicht eingeladen?
2. Warum ist er nicht vorbeigekommen?
3. Warum hast du ihn nicht abgeholt?
4. Warum hat sie nicht das Fenster aufgemacht?
5. Warum hat er seinen Mantel nicht ausgezogen?
6. Warum hat er sich nicht rasiert?


**MÜ 5**   Noch einmal im Plusquamperfekt, bitte!

● *Sie hat ihren Schlüssel nicht finden können.*
*Sie hatte ihren Schlüssel nicht finden können.*

1. Der Dieb hat das Auto stehlen wollen.
2. Ich habe den Koffer nicht selbst tragen können.
3. Wir haben ihn im Krankenhaus besuchen dürfen.
4. Er hat am Wochenende arbeiten müssen.
5. Sie hat ihm nicht helfen können.
6. Die Kinder haben nicht einschlafen können.
7. Du hast das sicher nicht sagen wollen.
8. Wir haben gestern anrufen wollen.

**MÜ 6**    Auf deutsch, bitte!

**a)    Im Imperfekt**
**b)    Im Perfekt**

1.    He could not pay his bill.
2.    I had to sell the old car.
3.    We had to hurry.
4.    We didn't want to meet her.
5.    He couldn't reach his friends.
6.    She wanted to give him a present.
7.    He wanted to sit down.
8.    We only wanted to help you.
9.    Were you able to reserve a table?
10.    I couldn't find a parking space.
11.    She didn't want to believe it.
12.    They had to order the books.

**c)    Reflexive Verben**

1.    Why don't you order something for yourself?
2.    She is combing her hair.
3.    I have to brush my teeth.
4.    He dried his hands with this towel.
5.    Do you want to wash your hands?
6.    I have to buy myself a new watch.

**Erinnern Sie sich?**
**Erklären Sie diese Wörter**
**mit dem Adjektiv + Nomen!**

| | |
|---|---|
| Kleinauto | *ein kleines Auto* |
| Kleinwagen | _____ |
| Kleinfamilie | _____ |
| Kleinkind | _____ |
| Großfamilie | _____ |
| Großstadt | _____ |
| Großmarkt | _____ |
| Privatstraße | _____ |
| Privatzimmer | _____ |
| Privatauto | _____ |
| Privathaus | _____ |
| Hochhaus | _____ |
| Schnellzug | _____ |
| Jungtier | _____ |

*Sind Sie für oder gegen die Werbung im Sport?*

# Worüber lachen die Deutschen?

Im Humor eines Landes zeigen sich viele Eigenheiten° seiner Menschen. *characteristics*
Während° Satire und Ironie kritisch und aggressiv sind und das, was sie *while*
kritisieren, in Frage stellen, will der Witz° die Menschen zum Lachen bringen. *joke*
Er tut dies durch den Moment des Plötzlichen und des Unerwarteten. Vielleicht
ist der Witz die Textart° mit der schnellsten Kommunikation, denn wenn wir *kind*
einen Witz nicht sofort verstehen, verliert er seine Pointe. Die Theoretiker des
Humors sagen, daß der Witz immer eine Regression, das heißt ein Rückfall in
die Kindheit ist. In einem Witz darf man sagen, was sonst nicht erlaubt ist.

Es gibt im Deutschen viele Arten von Witzen. Neben den wohl internationalen Sexwitzen sind Kalauer, Kinder- und Ehewitze am beliebtesten. Auf
einen Kalauer muß man mit „Aua! Das tut weh!" reagieren. Man muß sich von
seinem niedrigen intellektuellen Niveau distanzieren!

**Gast:** „Herr Ober, bringen Sie mir bitte ein Viertel Wein!"
**Ober:** „Möchten Sie Rotwein oder Weißwein?"
**Gast:** „Ach wissen Sie, das ist mir egal. Ich bin farbenblind."

Zwei Betrunkene° treffen sich auf der Straße. Sagt der eine zum *drunks*
anderen: „Ist das da oben die Sonne oder der Mond°?" „Das weiß ich *moon*
nicht," antwortet der Gefragte. „Ich bin nicht von hier."

„Warum hat Meier seinem Sohn den Namen Hamlet gegeben?" „Ja,
**sein** oder **nicht sein,** das ist hier die Frage."

Auch Kinderwitze und Ehewitze sind einfach und leicht zu verstehen.

„Und nach dem Waschen mußt du immer in den Spiegel sehen, ob du
auch sauber bist." sagt die Mutter zu ihrem kleinen Sohn. — „Nicht
nötig, das sehe ich immer am Handtuch." *necessary*

„Ein kleiner Junge steht auf einer Brücke und weint.° Eine Dame *cries*
kommt vorbei und fragt, warum er weint. „Jemand° hat mein *somebody*
Brötchen ins Wasser geworfen." „Mit Absicht°?" „Nein, mit Käse." *intention*

„Du bist schrecklich", sagt der Ehemann, „du küßt° mich nur, wenn *kiss*
du Geld brauchst!" „Na und", sagt sie „ist das vielleicht nicht oft
genug?"

Meier zu seiner Frau: „Als° unsere Nachbarn neue Möbel gekauft *when*
haben, mußtest du auch neue Möbel haben. Dann hatten sie einen
neuen Farbfernseher, und du wolltest auch einen neuen Farbfernseher. Aber was machen wir jetzt? Unser Nachbar hat seit gestern eine
neue Frau!"

Ein junges Paar im Supermarkt. Sie sagt zu ihm: „Gib mir die Eier und
nimm das Baby. Du läßt doch immer alles fallen."

Beliebt ist auch der sogenannte „schwarze Humor", das sind surrealistische Witze, groteske Witze und Idiotenwitze.

Am Bahnhof fragt ein Tourist: „Bitte, wann kommt der nächste Zug nach Grünstadt?" Beamter: „Der Schnellzug kommt in fünf Minuten. Der Personenzug erst in zwei Stunden. Trotzdem kann ich Ihnen nur den Personenzug empfehlen. Der hält hier."

Ein Auto fährt durch die Hauswand und bleibt am Frühstückstisch stehen. „Wohin wollen Sie denn?" fragt der Hausherr erschrocken. — *frightened* „Nach Frankfurt." —„Gut. Dann fahren Sie gleich rechts durch das Kinderzimmer und dann links durch den Garten. Aber bitte hupen Sie nicht! Mein Sohn schläft noch!"

### Absurder Dialog

**Emil:**  „Hast du mal Papier und Bleistift für mich?"
**Otto:**  „Wozu brauchst du Papier und Bleistift?"
**Emil:**  „Ich will meiner Freundin einen Brief schreiben."
**Otto:**  „Aber du kannst doch gar nicht schreiben!"
**Emil:**  „Na und? Meine Freundin kann doch auch nicht lesen."

Die Deutschen lachen auch gern über politische Witze. Der politische Witz ist eine Waffe gegen ein politisches Regime. Er ist ein Ventil° Er *valve* kompensiert für die Unfreiheit. Echte° politische Witze gibt es heute nur noch in der DDR oder *genuine, true* über die DDR.

Berlin. Zwei Volkspolizisten stehen auf der Berliner Mauer und observieren den West-Sektor. Da fragt der eine: „Was würdest° du *would* machen, wenn ich dich jetzt über die Mauer stoßen° würde?" — „Ich *push* würde dir jede Woche ein großes Paket aus dem Westen schicken?" *send*

In der DDR findet eine große Lotterie statt. Der erste Preis ist eine Woche Aufenthalt° in Moskau. Der zweite Preis ist zwei Wochen und *stay* der dritte Preis ist drei Wochen Aufenthalt in Moskau. . .

Einen typisch deutschen Humor gibt es nicht. Der echte deutsche Humor liegt im Dialekt und die besten deutschen Witze haben regionalen Charakter. Sie sind aus Hamburg, Hessen, Köln, aus Bayern oder aus dem Schwabenland° Doch oft *Swabia* ist es so, daß man in Hamburg nicht über bayrische Witze und in Bayern oder Baden-Württemberg nicht über die Witze aus Norddeutschland lacht. Warum? Weil man den Dialekt und die Mentalität der anderen nicht immer versteht. Zum Beispiel:

Der Schwabe hat keine Beine, nur Füße,
wenn er geht, dann läuft er,
wenn er läuft, dann springt° er, *jumps*
wenn er springt, dann hüpft° er, *hops*
wenn er rennt, dann saust° er. *whizzes*

Der Komiker Karl Valentin hat in München gelebt. Er hat Millionen zum Lachen gebracht: „Herr Valentin, können Sie mir sagen, wieviel Uhr es ist?" — „Sie mit Ihren vielen Fragen. Diese Frage hab' ich Ihnen doch schon letzte Woche beantwortet."

Ein Bayer kommt zur Beichte°: „Herr Pfarrer° Sie kennen ja meine Frau. Sie wissen, was für einen großen Mund sie hat. Gestern war es wieder ganz schlimm° Da hab' ich sie verhauen°!"
**Pfarrer:** „Sünden° will ich hören, keine guten Werke°!!"

*confession/ father, priest*
*bad/beat up*
*sins/deeds*

In den Ostfriesenwitzen nehmen die Menschen alles wörtlich° Ostfriesenwitze sind voller Selbstironie:

*literal*

Ein Bayer trifft einen Ostfriesen im Fahrstuhl. „Grüß Gott!" sagt der Bayer. „Nein, das kann ich nicht. So hoch fahre ich nicht." antwortet der Ostfriese.

Warum streut° ein Ostfriese Pfeffer auf seinen Fernseher? — Damit das Bild schärfer wird.

*spread*

Am bekanntesten in Deutschland ist vielleicht der Berliner Humor, denn die Berliner haben die Eigenschaft eine aktuelle Situation durch einen Witz zu charakterisieren. Sie können sekundenschnell etwas Witziges formulieren. Berliner Witze versteht man überall° in Deutschland. Sie sind kurz und aggressiv:

*all over*

An der Haltestelle. Eine Touristin fragt einen jungen Mann: „Ach, entschuldigen Sie bitte, ich möchte in den Zoo." Der junge Mann sieht die Frau kurz an und fragt: „Und warum gehen Sie nicht?"

In einer Berliner Schule fragt der Lehrer: „Kinder, wißt ihr, warum die Fische nicht sprechen?" — „Aber Herr Lehrer", sagt der kleine Fritz, „können Sie denn mit dem Kopf unter Wasser sprechen?"

Der kleine Fritz kommt nach seinem ersten Schultag nach Hause. **Mutter:** „Na, wie war es in der Schule?" — **Fritz:** „Toll, den Lehrer haben sie mit dem Krankenwagen° ins Krankenhaus gebracht."

*ambulance*

In einem Berliner Buchladen° **Kunde:** „Ich möchte ein Buch kaufen. Aber bitte, in dem Buch darf kein Mord, keine Liebe, kein Detektiv, kein Arzt, kein reicher Mann, keine alte Frau, kein Hund und kein Pfarrer vorkommen° Was können Sie mir empfehlen?" „Nur den Fahrplan der Bundesbahn."

*book shop*

*occur*

# SCHRIFTLICHE ÜBUNGEN

**SÜ 1**    Ergänzen Sie das Reflexivpronomen! *(Dativ oder Akkusativ?)*

1. Ich putze *mir* die Zähne.
2. Sie zieht ____ altmodisch an.
3. Wofür interessieren Sie ____ ?
4. Trockne ____ die Hände ab!
5. Das Mädchen kämmt ____ .
6. Hast du ____ geärgert?
7. Kämm ____ die Haare!
8. Wir haben ____ gut unterhalten.
9. Er fühlt ____ heute viel besser.
10. Was wünschst du ____ zum Geburtstag?
11. Schau ____ nicht um!
12. Freut ihr ____ über das Geschenk?
13. Ich möchte ____ das Schloß ansehen.
14. Er setzt ____ .
15. Ich wollte ____ nur dort umschauen.
16. Wasch ____ die Hände!
17. Ihr dürft ____ etwas wünschen.
18. Ich habe ____ eine neue Jacke gekauft.

**SÜ 2**    Vollenden Sie die Sätze mit reflexiven Verben!

1. Wenn ich eine Erkältung habe, *fühle ich mich müde und schlapp.*
2. Wenn du keinen Mantel anziehst, . . .
3. Der Junge hat schmutzige Hände und nun . . .
4. Die Touristen haben nach dem Schloß gefragt, denn . . .
5. Mit Zahnpasta . . .
6. Zum Geburtstag . . .
7. Wenn ich morgens zu spät aufstehe, . . .
8. Er hat sich einen Stuhl geholt, denn . . .

**SÜ 3**    Bilden Sie das Perfekt und Plusquamperfekt der Modalverben!

●    Sie mußte am Wochenende arbeiten.
     *Sie hat am Wochenende arbeiten müssen.*
     *Sie hatte am Wochenende arbeiten müssen.*

1. Sie wollte die Zeitung lesen.
2. Er sollte nachmittags kommen.
3. Wir wollten ihn sprechen.
4. Konnte er sein Auto reparieren?
5. Sie mußte nicht lange warten.
6. Ich konnte das nicht verstehen.
7. Durfte man dort nicht parken?
8. Wolltest du nicht in die Stadt gehen?
9. Er mußte die Schule wechseln.
10. Man durfte ihn nicht besuchen.

## WORTSCHATZ

### NOMEN

die Bürste, -n      brush

### VERBEN

| | |
|---|---|
| **s. etwas an·sehen** *(dat.)* | to look at something |
| **bürsten** | to brush |
| **lachen** | to laugh |
| **putzen** | to clean |
| **s. um·schauen** *(acc.)* | to look around |
| **s. etwas wünschen** *(dat.)* | to wish for something |

**Der Dieb im Himmel**
Nach einer alten Legende

- The past tense of weak and
    irregular weak verbs
- The past perfect tense

**Im Märchenland der Brüder Grimm**
*Kultur: Große Deutsche*

# Kapitel
# 27

*Schwache und unregelmäßige Verben im Imperfekt*

# Der Dieb im Himmel

**Nach einer alten Legende**

PRÄSENS

Vor dem Himmelstor[L] **wartet** ein müder alter Mann.

Aber Petrus **will** ihm das Tor nicht aufmachen, denn er **kennt** ihn gut.

Er **weiß**, daß der alte Mann ein Dieb ist.

Kritisch **schaut** er den alten Mann an und **sagt:**

IMPERFEKT

Vor dem Himmelstor **wartete** ein müder alter Mann

Aber Petrus **wollte** ihm das Tor nicht aufmachen, denn er **kannte** ihn gut.

Er **wußte**, daß der alte Mann ein Dieb war.

Kritisch **schaute** er den alten Mann an und **sagte:**

„Was willst du hier? Du bist ein Dieb und hast in deinem Leben zuviel gestohlen. Im Himmel ist kein Platz für Diebe!"

Und Petrus **zeigt** hinunter zur Hölle[L].

Der alte Mann **macht** ein trauriges[L] Gesicht.

Und Petrus **zeigte** hinunter zur Hölle.

Der alte Mann **machte** ein trauriges Gesicht.

Er **erzählt** von seinen Problemen und **redet**[L] viel von der großen Liebe Gottes.

Da **öffnet** ihm Petrus doch das Tor.

Der alte Mann **freut sich** über sein Glück und **dankt** Petrus.

Einige Tage später ist der alte Mann allein im Himmel.

Auch Petrus ist weggegangen.

Der alte Mann **wandert** durch den Himmelsgarten.

Da **entdeckt** er den Himmelsthron.

Er **denkt** kurz nach.

Dann **setzt** er sich auf den Thron.

Seine Füße **stellt** er auf den kleinen Schemel[L] vor dem Thron.

Er **schaut sich um.**

Plötzlich **kann** er sehen, was unten auf der Erde **passiert.**

Er **kann** sehen, wie die Kinder **spielen.**

Er **kann** sehen, wie die Menschen **arbeiten.**

Aber er **kann** auch sehen, wie ein Dieb **versucht,** von einer alten Frau Geld zu stehlen.

Darüber **ärgert sich** der alte Mann, denn im Himmel hat er gelernt, daß Stehlen eine Sünde ist.

Spontan **packt**[L] er den Schemel unter seinen Füßen und **schleudert**[L] ihn nach dem Dieb.

Am späten Abend **will** der Herr des Himmels sich auf seinen Thron setzen.

Er **erzählte** von seinen Problemen und **redete** viel von der großen Liebe Gottes.

Da **öffnete** ihm Petrus doch das Tor.

Der alte Mann **freute sich** über sein Glück und **dankte** Petrus.

Einige Tage später war der alte Mann allein im Himmel.

Auch Petrus war weggegangen.

Der alte Mann **wanderte** durch den Himmelsgarten.

Da **entdeckte** er den Himmelsthron.

Er **dachte** kurz nach.

Dann **setzte** er sich auf den Thron.

Seine Füße **stellte** er auf den kleinen Schemel vor dem Thron.

Er **schaute sich um.**

Plötzlich **konnte** er sehen, was unten auf der Erde **passierte.**

Er **konnte** sehen, wie die Kinder **spielten.**

Er **konnte** sehen, wie die Menschen **arbeiteten.**

Aber er **konnte** auch sehen, wie ein Dieb **versuchte,** von einer alten Frau Geld zu stehlen.

Darüber **ärgerte sich** der alte Mann, denn im Himmel hatte er gelernt, daß Stehlen eine Sünde ist.

Spontan **packte** er den Schemel unter seinen Füßen und **schleuderte** ihn nach dem Dieb.

Am späten Abend **wollte** der Herr des Himmels sich auf seinen Thron setzen.

Doch er **kann** seinen Schemel nicht finden.

Doch er **konnte** seinen Schemel nicht finden.

Man **holt** den alten Mann.

Man **holte** den alten Mann.

Man **bringt** ihn vor den Herrn des Himmels.

Man **brachte** ihn vor den Herrn des Himmels.

Man **fragt** ihn nach dem Schemel.

Man **fragte** ihn nach dem Schemel.

Nun **muß** der alte Mann sagen, was er mit dem Schemel gemacht hat.

Nun **mußte** der alte Mann sagen, was er mit dem Schemel gemacht hatte.

Da **lacht** der Herr des Himmels und **antwortet** ihm:

Da **lachte** der Herr des Himmels und **antwortete** ihm:

„Mein Sohn! Es ist gut, daß ich mehr Geduld mit den Menschen habe als du, denn selbst° im Himmel gibt es nicht so viele Schemel, wie unten auf der Erde schlechte Menschen." *even*

**Versuchen Sie bitte, diese Legende frei nachzuerzählen!**

## Plusquamperfekt

| PERFEKT / IMPERFEKT | PLUSQUAMPERFEKT |
|---|---|

**Handlung° I:**         **Handlung II:**         *action*

Vor dem Himmelstor wartete ein müder alter Mann.
        In seinem Leben **war** er ein Dieb **gewesen.**

Petrus wollte ihm das Tor nicht aufmachen,
        weil er in seinem Leben zu viel **gestohlen hatte.**

Petrus öffnete ihm das Tor, denn der Mann **hatte** von der großen Liebe
        Gottes **gesprochen.**

Der alte Mann war allein im Himmel.
        Auch Petrus **war weggegangen.**

Er konnte sehen, was auf der Erde passierte,
        weil er **sich** auf den Himmelsthron **gesetzt hatte.**

Er schleuderte den Schemel nach dem Dieb,
        weil der Dieb Geld **gestohlen hatte.**

Am Abend mußte er sagen, was er mit dem Schemel **gemacht hatte.**

*Das Brüder Grimm Museum in Kassel.*

# GRAMMATIK

## A   The Past Tense of Weak and Irregular Weak Verbs

*Imperfekt*

### 1   Analysis

In German and in English, many verbs use the same stem to form their present, past and perfect tenses. In German, these verbs are called weak.

Compare:

| | | |
|---|---|---|
| PRESENT TENSE | ich frage | *I ask* |
| PAST TENSE | ich fragte | *I asked* |
| PERFECT TENSE | ich habe gefragt | *I have asked* |
| PAST PERFECT | ich hatte gefragt | *I had asked* |

Look at some more examples of weak verbs in the past tense:

| | |
|---|---|
| er antwortete | *he answered* |
| ich parkte | *I parked* |
| sie entdeckte | *she discovered* |
| es wechselte | *it changed* |
| sie arbeitete | *she worked* |

As you can see, English regular verbs add the past tense marker **-ed.** German adds **-t** and a personal ending to the stem of the infinitive.

## 2  Tense formation

### 1. Weak verbs

The past tense of weak verbs is formed by adding a set of personal endings starting with -t to the unchanged stem of the infinitive:

| | Stem | Past Tense Marker | Ending | | Past Tense: | wohnen | (to live) |
|---|---|---|---|---|---|---|---|
| ich | wohn | - t - | e | | ich | wohnte | I lived |
| du | wohn | - t - | est | | du | wohntest | you lived |
| er/es/sie | wohn | - t - | e | | er | wohnte | he lived |
| wir | wohn | - t - | en | | wir | wohnten | we lived |
| ihr | wohn | - t - | et | | ihr | wohntet | you lived |
| Sie, sie | wohn | - t - | en | | Sie, sie | wohnten | you, they lived |

If the stem ends in -d or -t or in a consonant cluster such as in **regnen** or **öffnen,** an -e- is inserted between stem and past tense marker -t to make the ending easier to pronounce.

| | antworten | arbeiten | reden | öffnen |
|---|---|---|---|---|
| ich | antwortete | arbeitete | redete | öffnete |
| du | antwortetest | arbeitetest | redetest | öffnetest |
| er/es/sie | antwortete | arbeitete | redete | öffnete |
| wir | antworteten | arbeiteten | redeten | öffneten |
| ihr | antwortetet | arbeitetet | redetet | öffnetet |
| sie | antworteten | arbeiteten | redeten | öffneten |
| Sie | antworteten | arbeiteten | redeten | öffneten |

### 2. Irregular weak verbs

Those few verbs which form their present perfect tense with an irregular weak participle (changed stem but weak ending) again change their stem in the past tense but take the endings of the weak verbs.

| Infinitive | Present Perfect | | Past Tense | | |
|---|---|---|---|---|---|
| bringen | ich | habe gebracht | ich | brachte | I brought |
| denken | du | hast gedacht | du | dachtest | you thought |
| kennen | er | hat gekannt | er | kannte | he knew |
| nennen | wir | haben genannt | wir | nannten | we called/named |
| wissen | ihr | habt gewußt | ihr | wußtet | you knew |

### 3. Verbs with separable prefixes

Verbs with separable prefixes follow the pattern of the simple verb. If the simple verb is weak, it adds **-t-** and the personal endings.

| Present Tense | Past Tense |
|---|---|
| Ich trockne mich ab. | Ich **trocknete** mich **ab.** |
| Sie probiert das Kleid an. | Sie **probierte** das Kleid **an.** |
| Wir kaufen nicht ein. | Wir **kauften** nicht **ein.** |

## 3 Usage of past tense

The German past tense is often referred to as the 'narrative past' since it is primarily used to narrate a series of connected events that happened in the past.

| | |
|---|---|
| Frau Becker **erwartete** Gäste. | *Mrs. Becker was expecting guests.* |
| Sie **bereitete** alles vor. | *She prepared everything.* |
| Zuerst **kaufte** sie Kuchen. | *First she bought cake.* |
| Dann **machte** sie Kaffee. | *Then she made coffee.* |
| Sie **stellte** die Blumen auf den Tisch und . . . | *She put the flowers on the table and . . .* |

With the exception of **sein, haben** and the modals, the **du-** and **ihr-** forms of verbs are rarely used in the past tense. Today, these forms are mainly reserved for poetry and would sound stilted if used in the spoken language. For the familiar forms of address German uses the present perfect which is generally the preferred tense in the spoken language.

## B  The Past Perfect Tense

*Plusquamperfekt*

### 1  Tense formation

Like the present perfect tense, the past perfect is a compound tense. It also uses the auxiliary **haben** or **sein** and a past participle. The only difference is that in the present perfect tense the auxiliary is in the present, whereas in the past perfect tense the auxiliary is in the past tense.

| | Present Perfect Tense | Past Perfect Tense |
|---|---|---|
| with **haben** | *(have done it)* | *(had done it)* |
| | ich **habe** es **getan** | ich **hatte** es **getan** |
| | du **hast** es **getan** | du **hattest** es **getan** |
| | er **hat** es **getan** | er **hatte** es **getan** |
| | wir **haben** es **getan** | wir **hatten** es **getan** |
| | ihr **habt** es **getan** | ihr **hattet** es **getan** |
| | Sie, sie **haben** es **getan** | Sie, sie **hatten** es **getan** |

|  | **Present Perfect Tense** | **Past Perfect Tense** |
|---|---|---|
| with **sein** | *(have gone)* | *(had gone)* |
| | ich **bin** gegangen | ich **war** gegangen |
| | du **bist** gegangen | du **warst** gegangen |
| | er **ist** gegangen | er **war** gegangen |
| | wir **sind** gegangen | wir **waren** gegangen |
| | ihr **seid** gegangen | ihr **wart** gegangen |
| | Sie, sie **sind** gegangen | Sie, sie **waren** gegangen |

As in the present perfect, the past participle stands at the end of the clause or sentence.

> Wir hatten ihm schon Bescheid **gesagt.**
> *We had already notified him.*

> Er war zu spät zum Essen **gekommen.**
> *He had come too late to dinner.*

## 2   Usage of past perfect

In German and in English, the past perfect tense is used to describe past events and situations which occurred prior to other past events or situations. Thus, the past perfect places past events or situations in their proper time sequence.

Notice in the following example sentences that event II occured prior to event I. Both events took place in the past.

| **Past Tense or Present Perfect** **Event I** | **Past Perfect** **Event II** |
|---|---|
| Ich wollte dort nicht essen, *I didn't want to eat there* | denn ich hatte schon zu Hause gegessen. *because I had already eaten at home.* |
| Er hat sich geärgert, *He was mad* | weil er seinen Geldbeutel verloren hatte. *because he had lost his wallet.* |
| Unsere Gäste kamen sehr spät. *Our guests came very late.* | Wir hatten sie früher erwartet. *We had expected them earlier.* |

# MÜNDLICHE ÜBUNGEN

**MÜ 1**   Im Imperfekt, bitte!

●   *Er fragt den Polizisten. → Er fragte den Polizisten.*

1. Sie wohnen in Augsburg.
2. Wann macht er eine Pause?
3. Wir suchen ein Hotel.
4. Sie studiert in Deutschland.
5. Spielen die Leute Tennis?
6. Kauft sie ein neues Auto?
7. Wir zeigen ihnen das Schloß.
8. Schneit es?
9. Welche Schule besuchen Sie?
10. Sie bezahlt die Rechnung.
11. Das Auto gehört ihm.
12. Er frühstückt um 7 Uhr.
13. Verdient er viel Geld?
14. Wir erwarten Gäste.
15. Er arbeitet sehr viel.
16. Ich warte auf den Bus.
17. Wieviel kostet das Buch?
18. Regnet es?

**MÜ 2**   Üben Sie reflexive Verben im Imperfekt!

●   *Er setzt sich auf die Couch. → Er setzte sich auf die Couch.*

1. Er ärgert sich darüber.
2. Wir beeilen uns.
3. Der Mann rasiert sich.
4. Das Mädchen kämmt sich.
5. Sie fühlt sich nicht gut.
6. Er interessiert sich für Politik.
7. Er verspätet sich oft.
8. Wir freuen uns auf den Urlaub.

**MÜ 3**   Üben Sie Verben mit trennbarem Präfix im Imperfekt!

●   *Frau Becker kauft im Supermarkt ein. → Frau Becker kaufte im Supermarkt ein.*

1. Das Kind trocknet seine Hände ab.
2. Die Mutter bereitet das Essen vor.
3. Der Herr probiert den Mantel an.
4. Ich hole das Auto in der Werkstatt ab.
5. Wir schleppen das Auto ab.
6. Sie macht die Tür zu.
7. Ich setze mich hin.
8. Sie wacht früh auf.

**MÜ 4**   Üben Sie **kennen, bringen, wissen, denken** im Imperfekt!

1. Kannten Sie die Dame?
   _____ ihr _____ ?
   _____ du _____ ?
   _____ er _____ ?

2. Der Student wußte es nicht.
   Wir _____ .
   Die Studenten _____ .
   Die Leute _____ .

3. Der Kellner brachte den Wein.
   Die Kellnerin _____ .
   Wir _____ .
   Er _____ .

4. Wir dachten an die Ferien.
   Ich _____ .
   Frau Kohl _____ .
   Du _____ .

**MÜ 5**  Im Plusquamperfekt, bitte!

- Die Kellnerin hat das Essen gebracht. → *Die Kellnerin hatte das Essen gebracht.*

1. Sie hat das Haus nicht verlassen.
2. Er hat seinen Regenschirm verloren.
3. Die Kinder sind nach Hause gegangen.
4. Die Sekretärin hat den Brief geschrieben.
5. Der Zug ist schon abgefahren.

6. Die Dame ist sehr krank gewesen.
7. Es ist spät geworden.
8. Sie haben uns besucht.
9. Wir haben schon gegessen.
10. Man hat die Tür geöffnet.

**MÜ 6**  Auf deutsch, bitte!
*(Imperfekt und Plusquamperfekt)*

1. I didn't know that.
   I hadn't known that.

2. It was snowing.
   It had been snowing.

3. We were learning German.
   We had been learning German.

4. She visited her friends.
   She had been visiting her friends.

5. He asked the policeman.
   He had asked the policeman.

6. They expected it.
   They had expected it.

7. He brought the books back.
   He had brought the books back.

8. We paid the bill.
   We had paid the bill.

---

### LESEHILFE

die **Brüder Grimm** = Jakob Grimm (1785–1863) und
                  Wilhelm Grimm (1786–1859)
die **Geschichte, -n** = die Erzählung (Man erzählt eine Geschichte.)
   **sammeln** = zusammentragen (die Sammlung)
das **Denkmal, ¨er** = ein Monument oder eine Statue; z.B. zur Erinnerung an
   Personen
die **Kindheit** = die Kinderjahre, Kinderzeit
die **Gedenkstube, -n** = ein Zimmer, das zur Erinnerung gemacht wurde, d. h. wo
   man Dinge sehen kann, die an berühmte Personen erinnern
   **unzählig** = soviel, daß man es nicht zählen kann
   **sterben** (ist gestorben) = aus dem Leben gehen
   **zu Papier bringen** = aufschreiben
der **Gastwirt, -e** = der Besitzer einer Gastwirtschaft (Gasthaus)
der **Apotheker, -** = (hier:) der Besitzer einer Apotheke
der **Forscher, -** = wer Forschungen (Recherchen) macht
die **Gegend, -en** = das Gebiet
   **märchenhaft** = wie im Märchen
das **Werk, -e** = die Bücher, Resultat der Arbeit

# Im Märchenland der Brüder Grimm<sup>L</sup>

### Ein Brief

Lieber° Peter!                                   *dear*

Seit einer Woche wandere ich nun durch das Märchenland der Brüder Grimm. Vielleicht sollte ich diesen Brief mit „Es war einmal . . ." beginnen, denn so fangen sie fast alle an, die Märchen der Brüder Grimm. Ich muß immer wieder daran denken, wie Jakob und Wilhelm Grimm vor über 150 Jahren in ihrer hessischen Heimat von Dorf zu Dorf wanderten und alte Märchen, Geschichten<sup>L</sup>, Sagen und Legenden sammelten<sup>L</sup>. Fast sechs Jahre lang sammelten sie im Main- und Kinzigtal und in Hanau mit viel Geduld alles, was die alten Leute ihnen in Gasthäusern und Bauernhäusern erzählten. Überall in Nordhessen erinnern Straßennamen, Denkmäler<sup>L</sup> und Heimatmuseen an das Leben der berühmten Märchendichter. Und die dunklen Wälder, die alten Schlösser und Burgen erinnern an die Landschaft in ihren Märchen.

*Jakob und Wilhelm Grimm*

Zuerst war ich in Hanau. Das ist die Geburtsstadt von Jakob und Wilhelm Grimm. Im Hanauer Museum kann man einige sehr schöne Märchen-Illustrationen von Ludwig Emil Grimm sehen, einem Bruder von Jakob und Wilhelm, und auf dem Hanauer Marktplatz steht ein großes Denkmal zur Erinnerung an die berühmten Brüder. Übrigens war Jakob nur ein Jahr älter als Wilhelm. Wilhelm war verheiratet und hatte Kinder. Jakob wohnte bei seinem Bruder, auch später in Göttingen und Berlin. Da waren sie berühmte Professoren an der Universität.

*Amtshaus in Steinau*

Ich war auch in dem wunderschönen Städtchen Steinau, wo die Brüder ihre Kindheit<sup>L</sup> verbrachten. In der Brüder-Grimm-Straße steht noch das Amtshaus, wo sie wohnten. Heute nennt man dieses Haus das Deutsche Märchenhaus. Auch im Schloß erinnern sieben oder acht Gedenkstuben<sup>L</sup> an die beiden Brüder. Hier liegen Originalnotizen, Manuskripte und Übersetzungen ihrer Märchen in vielen Sprachen. Sie sind in 140 Sprachen übersetzt. Ich kann mir gut vorstellen, daß die jungen Brüder in der idyllischen Landschaft um Steinau ihre Liebe zur Natur und dem ländlichen Leben entdeckten. Übrigens habe ich auch in Marburg, wo die Brüder an der Universität studierten, einige schöne Illustrationen zu ihren Märchen gesehen.

Seit gestern bin ich nun in Kassel. Diese Stadt spielte eine wichtige Rolle im Leben von Jakob und Wilhelm Grimm. In Kassel besuchten sie die Schule. Der Vater war gestorben[L], und sie lebten bei der Mutter. In Kassel brachten sie auch den größten Teil ihrer Märchen zu Papier[L], während sie als Bibliothekare° arbeiteten. Die Märchen zu sammeln und aufzuschreiben, war sicher keine leichte Arbeit. Man muß sich vorstellen, daß die Brüder ohne Kassettenrekorder und ohne elektrisches Licht arbeiteten.

*librarians*

Natürlich war ich schon im berühmten Brüder-Grimm-Museum hier in Kassel und habe mir viele alte Märchen-Illustrationen, aber auch die Bücher der Brüder Grimm über Sprachforschung, Geschichte und Politik angesehen. Und dann habe ich in der „Knallhütte" gegessen. Das ist das alte Gasthaus vor den Toren der Stadt Kassel, wo die Gastwirtstochter[L] Katharina Dorothea Viehmann den Brüdern Grimm unzählige Märchen erzählte. Die „Märchenfrau" hatte die Geschichten von den durchreisenden Fuhrleuten° gehört und kannte sie alle auswendig. Übrigens wußte auch die Kasseler Apothekertochter[L] Dortchen, die spätere Frau von Wilhelm Grimm, viele Geschichten zu erzählen.

*wagon drivers*

Schwalm-Mädchen mit ihren roten Hauben°

In der Nähe von Kassel entdeckten die Brüder auch die Geschichten von Rotkäppchen und Dornröschen. Die Sababurg, das Schloß von Dornröschen liegt im Reinhartswald, nördlich von Kassel. Hier mußte die schöne Prinzessin hundert Jahre im Schloßturm schlafen, bis ein Prinz sie mit einem Kuß aus ihrem Schlaf erlöste.° Und die Heimat von Rotkäppchen entdeckten die Märchenforscher[L] dort, wo die jungen Mädchen bis zu ihrer Vermählung° rote Hauben tragen. Das ist in der Gegend[L] um Schwalmstadt.

*rescued*

*wedding*
*bonnets*

Ich war auch in Alfeld, wo Schneewittchen wohnte. Dort, hinter den sieben Bergen verbrachte die wunderschöne Königstochter mit der Haut° so weiß wie Schnee, mit Lippen so rot wie Blut und mit Haar so schwarz wie Ebenholz° wohl vor vielen, vielen Jahren einige Zeit bei den Sieben Zwergen. Märchenhaft[L] ist das romantische Städtchen am Fuß der sieben Berge bis heute geblieben.

*skin*
*ebony*

In den letzten Tagen habe ich nicht nur viel gesehen, sondern auch viel über die Brüder Grimm gelesen. Die „Kinder- und Hausmärchen" waren ihr erstes Buch. Vor ihrem Märchenbuch existierte noch keine Märchensammlung in Deutschland. Das Märchenbuch war vielleicht ihr liebstes Buch, aber nicht ihr wichtigstes. Jakob und Wilhelm Grimm waren Spezialisten für die deutsche Sprache und haben große Werke[L] darüber geschrieben. Aber wie du siehst, bin ich von ihren Märchen fasziniert und natürlich auch von der Landschaft, wo die Brüder Grimm ihre Märchen gesammelt haben. Übrigens habe ich ein Souvenir für dich gekauft—das Märchenbuch der Brüder Grimm! Ich hoffe, du hast nichts dagegen, daß ich es vorher selbst gelesen habe.

Viele Grüße aus dem Märchenland der Brüder Grimm!

*Heidi*

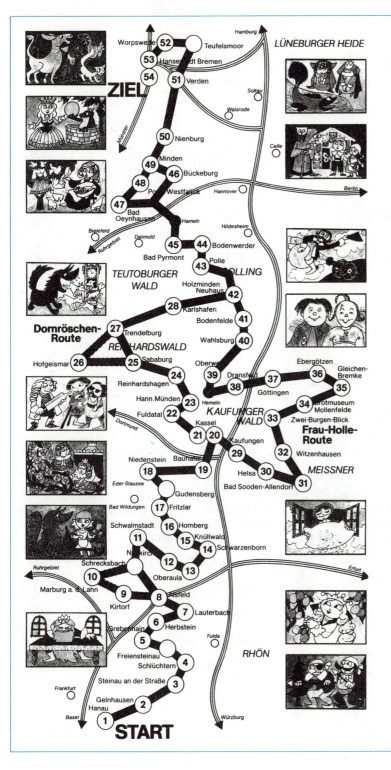

# Die Deutsche Märchenstraße

Berühmte Märchen der Brüder Grimm sind zum Beispiel:

**Die Bremer Stadtmusikanten**
*The Bremen Townmusicians*

**Aschenputtel**
*Cinderella*

**Rumpelstilchen**
*Rumpelstilskin*

**Dornröschen**
*Sleeping Beauty*

**Rotkäppchen**
*Little Red Riding Hood*

**Schneewitchen und die sieben Zwerge**
*Snow White and the Seven Dwarfs*

**Hänsel und Gretel**
*Hansel and Gretel*

## FRAGEN ZUM TEXT

1. Wie beginnen viele Märchen der Brüder Grimm?
2. Wie sind sie an die Märchen gekommen?
3. Wo und wann haben die Brüder Grimm gelebt?
4. Wo sind sie geboren?
5. Wo verbrachten sie ihre Kindheit?
6. Wo studierten sie?
7. Wo brachten sie den größten Teil ihrer Märchen zu Papier?
8. Was hat das Gasthaus „Knallhütte" mit den Brüdern Grimm zu tun?
9. Wo entdeckten die Dichterbrüder die Geschichten von Rotkäppchen und Dornröschen?
10. Wie heißt das Märchenbuch der Brüder Grimm?
11. Welche Märchen der Brüder Grimm kennen Sie?
12. Haben die Brüder Grimm nur Märchen gesammelt und aufgeschrieben?

**Was wissen Sie noch über die berühmten Dichter?**

# SCHRIFTLICHE ÜBUNGEN

**SÜ 1**    Im Imperfekt, bitte!

● Er buchstabiert seinen Namen. → *Er buchstabierte seinen Namen.*

1. Sie wacht schon um 7 Uhr auf.
2. Das Geld gehört mir nicht.
3. Ich hole das Auto ab.
4. Verdient er viel Geld?
5. Er hängt das Bild an die Wand.
6. Wie lange dauert der Film?
7. Du weißt das nicht.
8. Wir kennen die Leute nicht.
9. Zählt er oft sein Geld?
10. Sie denkt an ihren Urlaub.

**SÜ 2**    Erzählen Sie im Imperfekt!

Frau Becker hat Geburtstag. Sie erwartet Gäste. Da bringt ihr der Postbote ein Telegramm. Frau Becker dankt ihm für das Telegramm und öffnet es. Es ist von ihrer Schwester Marion. Marion will nach Deutschland kommen. Frau Becker freut sich auf den Besuch ihrer Schwester. Doch sie kann sie nicht am Flughafen abholen. Marion muß den Zug nehmen. Frau Becker telefoniert mit ihrem Mann. Sie sagt ihm Bescheid.
Am Abend holen Herr und Frau Becker Marion am Bahnhof ab. Marion gratuliert ihrer Schwester zum Geburtstag und wünscht ihr alles Gute. Sie bringt ihr auch ein Geschenk mit. Sie reden viel. Marion erzählt von ihrem Leben in Amerika und zeigt Bilder von ihrer Familie.

**SÜ 3**   Ergänzen Sie die Verben im Imperfekt! Welche Verben (+Reflexivpronomen) passen?

*wollen, können, wissen, sich ärgern, kennen, sich fürchten, sich umschauen, sich freuen, stellen, arbeiten, schleudern, erzählen, spielen, dauern, zeigen, passieren, lachen, sein, packen, danken, überlegen, öffnen, machen, verbringen, sich setzen, wandern, entdecken, sich langweilen, versuchen,* ~~*warten*~~

Vor der Himmelstür _wartete_ ein alter Mann. Petrus _____ ihm die Tür nicht aufmachen, denn er _____ ihn. Er _____ , daß der alte Mann ein Dieb _____ . Deshalb _____ er hinunter zur Hölle. Natürlich _____ der alte Mann vor der Hölle. Er _____ ein trauriges Gesicht und _____ von seinem schweren Leben. Es _____ nicht lange, und Petrus _____ ihm doch die Tür. Da _____ der alte Mann, denn er _____ über sein Glück. Er _____ Petrus.

Später _____ der alte Mann einige Stunden allein im Himmel. Er _____ . Deshalb _____ er durch den Himmelsgarten. Da _____ er den Himmelsthron. Er _____ darauf. Seine Füße _____ er auf einen Schemel. Dann _____ er _____ . Plötzlich _____ er sehen, was auf der Erde _____ . Dort unten _____ die Kinder. Dort unten _____ die Menschen. Dort unten _____ aber auch ein Dieb, Geld zu stehlen. Darüber _____ der Dieb im Himmel. Er _____ nicht lange, _____ den Schemel und _____ ihn nach dem Dieb auf der Erde.

**SÜ 4**   Auf deutsch, bitte!
*(Imperfekt oder Plusquamperfekt?)*

1. She wanted to write a letter.
2. We bought the car.
3. He had already left the house.
4. I picked them up.
5. Had you received my letter?
6. I had already ordered the flowers.
7. We needed the money.
8. He spelled my name correctly.
9. Who had recommended this hotel?
10. I caught a cold.
11. She didn't feel well.
12. He had not called them.

# KULTUR

## Große Deutsche

Seit dem frühen Mittelalter nennt man Deutschland das Land der Dichter und Denker, denn Deutschlands Beitrag[1] zur Kultur der westlichen Welt ist beträchtlich[2]. Deutsche Maler, Dichter, Komponisten[3] und Philosophen haben große Werke geschaffen. Überall in der Welt kennt man die Musik von Bach und Beethoven, die Werke Goethes und Schillers und die Meisterwerke von Albrecht Dürer.

[1] contribution
[2] considerable
[3] composers

Felix Mendelssohn,
Johannes Brahms,
Komponisten
(Hamburg)

Martin Luther, Reformator
(Wittenberg)

Thomas
Mann,
Schriftsteller
(Lübeck)

Georg Hegel,
Philosoph
Berthold Brecht,
Schriftsteller
(Berlin)

Johann Wolfgang von Goethe, Dichter
Friedrich von Schiller, Dichter
Friedrich Nietzsche, Philosoph (Weimar)

Georg Friedrich Händel,
Komponist (Halle)
Immanuel Kant,
Philosoph
(Königsberg, nicht auf Karte)

Ludwig van Beethoven,
Komponist (Bonn)

Heinrich
Heine,
Dichter
(Göttingen)

Johann Sebastian Bach,
Robert Schumann,
Komponisten
(Leipzig)

Johann
Gutenberg,
Drucker
(Mainz)

Richard Wagner,
Komponist, (Bayreuth)

Lucas Cranach der Ältere,
Maler (Kronach)

Albrecht Dürer,
Maler (Nürnberg)

Mathias Grünewald,
Maler (Isenheim)

Hans Holbein der Ältere,
Hans Holbein der Jüngere,
Maler (Augsburg)

Richard Strauss,
Komponist
(München)

**Erinnern Sie sich noch an die Familie Becker?**

- The past tense of strong verbs
- Summary of strong and irregular weak verbs

**Rotkäppchen (Märchen)**
*Kultur: Deutsche Redensarten*

# Kapitel
# 28

## Starke Verben im Imperfekt

**Erinnern° Sie sich noch an die Familie Becker?**                    *remember*

| PRÄSENS | IMPERFEKT |
|---|---|
| Herr Becker **ist** krank. | Herr Becker **war** krank. |
| Er **sieht** krank aus. | Er **sah** krank aus. |
| Er **steht** nicht auf. | Er **stand** nicht auf. |
| Er **bleibt** im Bett. | Er **blieb** im Bett. |
| Er **trinkt** eine Tasse Tee. | Er **trank** eine Tasse Tee. |
| Dann **schläft** er wieder ein. | Dann **schlief** er wieder ein. |
| Seine Frau **geht** zum Telefon. | Seine Frau **ging** zum Telefon. |
| Zuerst **ruft** sie seine Firma an. | Zuerst **rief** sie seine Firma an. |
| Dann **spricht** sie mit dem Arzt. | Dann **sprach** sie mit dem Arzt. |
| Um 10 Uhr **kommt** der Arzt vorbei. | Um 10 Uhr **kam** der Arzt vorbei. |
| Er **unterhält** sich mit Herrn Becker und **schreibt** ihm Medikamente auf. | Er **unterhielt** sich mit Herrn Becker und **schrieb** ihm Medikamente auf. |
| Dann **geht** er wieder. | Dann **ging** er wieder. |
| Frau Becker **zieht** ihren Mantel an. | Frau Becker **zog** ihren Mantel an. |
| Sie **nimmt** ihre Tasche. | Sie **nahm** ihre Tasche. |
| Sie **geht** zur Bushaltestelle. | Sie **ging** zur Bushaltestelle. |
| Der Bus **kommt,** und sie **steigt** ein. | Der Bus **kam,** und sie **stieg** ein. |
| Sie **fährt** in die Stadt. | Sie **fuhr** in die Stadt. |
| Der Bus **hält** am Bismarckplatz. | Der Bus **hielt** am Bismarckplatz. |
| Frau Becker **steigt** aus. | Frau Becker **stieg** aus. |
| Sie **geht** einkaufen. | Sie **ging** einkaufen. |
| Um ein Uhr **kommt** sie nach Hause. | Um ein Uhr **kam** sie nach Hause. |
| Ihr Mann **liegt** im Bett und **liest** die Zeitung. | Ihr Mann **lag** im Bett und **las** die Zeitung. |
| Frau Becker **gibt** ihm die Medikamente. | Frau Becker **gab** ihm die Medikamente. |
| Abends **sieht** Frau Becker fern. | Abends **sah** Frau Becker fern. |
| Um 8 Uhr **fängt** ein Film an. | Um 8 Uhr **fing** ein Film an. |
| Der Film **gefällt** ihr sehr gut. | Der Film **gefiel** ihr sehr gut. |
| Sie **findet** ihn interessant. | Sie **fand** ihn interessant. |

## Die Konjunktionen **wenn** und **als**

| WENN + PRÄSENS | ALS + VERGANGENHEIT°          *past* |
|---|---|
| Wie sieht man aus, **wenn** man krank ist? | Wie sah Herr Becker aus, **als** er krank war? |
| Können Sie aufstehen, **wenn** Sie krank sind? | Konnte Herr Becker aufstehen, **als** er krank war? |
| Was trinken Sie, **wenn** Sie Durst haben? | Was trank Herr Becker, **als** er Durst hatte? |
| Was tun Sie, **wenn** Sie in der Stadt sind? | Was tat Frau Becker, **als** sie in der Stadt war? |

# GRAMMATIK

## A  The Past Tense of Strong Verbs

### 1  Analysis

In German and in English, many verbs form their past tense and their past participle by changing the stem. Notice that in the past tense many German verbs with cognate forms in English undergo the same or a similar stem vowel change as their English counterpart.

| Infinitive | Past Tense | Infinitive | Past Tense |
|---|---|---|---|
| beginnen | begann | to begin | began |
| essen | aß | to eat | ate |
| finden | fand | to find | found |
| geben | gab | to give | gave |
| kommen | kam | to come | came |
| schwimmen | schwamm | to swim | swam |
| singen | sang | to sing | sang |
| trinken | trank | to drink | drank |

The stem change in many other German verbs is, however, not predictable. You should memorize the past tense forms of strong verbs together with the infinitive and the past participle, i.e. the three principle parts of the verb, as for example:

| INFINITIVE | gehen | to go |
|---|---|---|
| PAST TENSE | ging | went |
| PAST PARTICIPLE | gegangen | gone |

In the final vocabulary list of this book, the past tense stem and the past participle of strong verbs are indicated after the infinitive: **gehen, ging, ist gegangen** or, if there is a stem change in the present tense: **lesen (liest), las, gelesen.**

### 2  Tense formation

In the past tense, strong verbs change their stem and add a set of personal endings which differ from those used with weak verbs.

| | Changed Stem | Ending | Past Tense: tragen | (to wear) |
|---|---|---|---|---|
| ich | trug | –– | ich trug | I wore |
| du | trug | st | du trugst | you wore |
| er | trug | –– | er trug | he wore |
| wir | trug | en | wir trugen | we wore |
| ihr | trug | t | ihr trugt | you wore |
| Sie, sie | trug | en | Sie, sie trugen | you, they wore |

If the stem ends in **-d** or **-t,** an **-e-** is inserted between the stem and the ending in the **du-** and **ihr**-forms.

|  | finden | tun |
|---|---|---|
| du | fandest | tatest |
| ihr | fandet | tatet |

**Note**  As was pointed out in Chapter 27, the past tense forms for **du** and **ihr** are rarely used in spoken German.

**Study Aid**

Since the past tense forms of strong verbs have to be memorized, it may be helpful to know that the following are the most common vowel changes:

| Infinitive | Past Tense | Infinitive | Past Tense |
|---|---|---|---|
| **-e-** ⟶ | **-a-** | **-a-** ⟶ | **-u-** |
| empfehlen | empfahl | aufschlagen | schlug auf |
| essen | aß | einladen | lud ein |
| geben | gab | fahren | fuhr |
| helfen | half | tragen | trug |
| lesen | las | waschen | wusch |
| nehmen | nahm | | |
| sehen | sah | | |
| sprechen | sprach | **-ie-** ⟶ | **-o-** |
| stehen | stand | | |
| stehlen | stahl | fliegen | flog |
| sterben | starb | frieren | fror |
| treffen | traf | riechen | roch |
| vergessen | vergaß | schließen | schloß |
| verstehen | verstand | verlieren | verlor |
| werfen | warf | wiegen | wog |
| zerbrechen | zerbrach | ziehen | zog |
| **-i-** ⟶ | **-a-** | **-ei-** ⟶ | **-ie-** / **-i-** |
| beginnen | begann | beißen | biß |
| finden | fand | bleiben | blieb |
| schwimmen | schwamm | entscheiden | entschied |
| singen | sang | heißen | hieß |
| sitzen | saß | scheinen | schien |
| trinken | trank | schneiden | schnitt |
| verbinden | verband | schreiben | schrieb |
| | | steigen | stieg |
| | | vergleichen | verglich |

| -a- / -ä- ⟶ -ie- / -i- | | Exceptions: | |
|---|---|---|---|
| anfangen | fing an | gehen | ging |
| fallen | fiel | kommen | kam |
| halten | hielt | laufen | lief |
| hängen | hing | liegen | lag |
| lassen | ließ | rufen | rief |
| schlafen | schlief | sein | war |
| | | werden | wurde |

## B Summary of Strong and Irregular Weak Verbs (Chapters 1 through 28)

The following summary does not include the many familiar verbs with separable or inseparable prefixes which form their past tense and past participle like the corresponding simple verb. All verbs use **haben** in the formation of the perfect tenses unless otherwise indicated. In the present tense, only stem changing verbs are listed.

| Infinitive | Present Tense er / es / sie | Past Tense | Past Participle | Basic Meaning |
|---|---|---|---|---|
| an·fangen | fängt an | fing an | angefangen | *to begin* |
| auf·schlagen | schlägt auf | schlug auf | aufgeschlagen | *to open up* |
| backen | bäckt | backte (buk) | gebacken | *to bake* |
| beginnen | | begann | begonnen | *to begin* |
| beißen | | biß | gebissen | *to bite* |
| bieten | | bot | geboten | *to offer* |
| bleiben | | blieb | ist geblieben | *to stay, remain* |
| brechen | bricht | brach | gebrochen | *to break* |
| ein·laden | lädt ein | lud ein | eingeladen | *to invite* |
| empfehlen | empfiehlt | empfahl | empfohlen | *to recommend* |
| entscheiden | | entschied | entschieden | *to decide* |
| essen | ißt | aß | gegessen | *to eat* |
| fahren | fährt | fuhr | ist gefahren | *to drive, go, ride* |
| fallen | fällt | fiel | ist gefallen | *to fall* |
| finden | | fand | gefunden | *to find* |
| fliegen | | flog | ist geflogen | *to fly* |
| frieren | | fror | gefroren | *to be cold, freeze* |
| geben | gibt | gab | gegeben | *to give* |
| gehen | | ging | ist gegangen | *to go* |
| halten | hält | hielt | gehalten | *to stop* |
| hängen | | hing | gehangen | *to hang* |
| heißen | | hieß | geheißen | *to be named* |
| helfen | hilft | half | geholfen | *to help* |

| Infinitive | Present Tense er / es / sie | Past Tense | Past Participle | Basic Meaning |
|---|---|---|---|---|
| kommen | | kam | ist gekommen | *to come* |
| lassen | läßt | ließ | gelassen | *to leave* |
| laufen | läuft | lief | ist gelaufen | *to run, walk* |
| lesen | liest | las | gelesen | *to read* |
| liegen | | lag | gelegen | *to lie* |
| nehmen | nimmt | nahm | genommen | *to take* |
| riechen | | roch | gerochen | *to smell* |
| rufen | | rief | gerufen | *to call* |
| scheinen | | schien | geschienen | *to shine, seem* |
| schlafen | schläft | schlief | geschlafen | *to sleep* |
| schließen | | schloß | geschlossen | *to close* |
| schneiden | | schnitt | geschnitten | *to cut* |
| schreiben | | schrieb | geschrieben | *to write* |
| schwimmen | | schwamm | ist geschwommen | *to swim* |
| sehen | sieht | sah | gesehen | *to see* |
| sein | ist | war | ist gewesen | *to be* |
| singen | | sang | gesungen | *to sing* |
| sitzen | | saß | gesessen | *to sit* |
| sprechen | spricht | sprach | gesprochen | *to speak* |
| springen | | sprang | ist gesprungen | *to jump* |
| stehen | | stand | gestanden | *to stand* |
| stehlen | stiehlt | stahl | gestohlen | *to steal* |
| steigen | | stieg | ist gestiegen | *to climb* |
| sterben | stirbt | starb | ist gestorben | *to die* |
| tragen | trägt | trug | getragen | *to wear, carry* |
| treffen | trifft | traf | getroffen | *to meet* |
| trinken | | trank | getrunken | *to drink* |
| tun | | tat | getan | *to do* |
| vergessen | vergißt | vergaß | vergessen | *to forget* |
| vergleichen | | verglich | verglichen | *to compare* |
| verlieren | | verlor | verloren | *to lose* |
| waschen | wäscht | wusch | gewaschen | *to wash* |
| werfen | wirft | warf | geworfen | *to throw* |
| wiegen | | wog | gewogen | *to weigh* |
| ziehen | | zog | gezogen | *to pull* |

### The following verbs are irregular:

| Infinitive | Present Tense er / es / sie | Past Tense | Past Participle | Basic Meaning |
|---|---|---|---|---|
| bringen | | brachte | gebrachte | *to bring* |
| denken | | dachte | gedacht | *to think* |
| haben | hat | hatte | gehabt | *to have* |
| kennen | | kannte | gekannt | *to know* |
| nennen | | nannte | genannt | *to name* |
| werden | wird | wurde | ist geworden | *to become, get* |

## When to use **wenn** and **als**

**Wenn** and **als** are both translated as *when*. You will recall that **wenn** *(if, when)* is used with present or future time:

> **Wenn** ich Probleme **habe,** rufe ich ihn an.
> *If I have problems, I'll call him.*

**Wenn** *(whenever)*
is also used for repeated or customary actions in present or past time:

> **Wenn** ich Probleme **habe,** rufe ich ihn an.
> *Whenever I have problems, I call him.*

> **Wenn** ich Probleme **hatte,** habe ich ihn (immer) angerufen.
> *Whenever I had problems, I called him.*

**Als** *(when)*
is also a subordinating conjunction and is used when referring to a single event in past time:

> **Als** ich einen Unfall **hatte,** rief ich die Polizei.
> *When I had an accident, I called the police.*

> Als wir zum Bahnhof **kamen,** fuhr der Zug gerade ab.
> *When we arrived at the train station, the train was just leaving.*

> Ich ging ins Bett, **als** das Programm zu Ende **war.**
> *I went to bed when the program was over.*

**Note** **Wann** *(when)* is a question word with the meaning of *at what time?* and may also function as subordinating conjunction.

> Wissen Sie, **wann** er nach Hause kommt?
> *Do you know when he is coming home?*

*Früher trugen die Frauen im Schwarzwald diese Trachten.*

# MÜNDLICHE ÜBUNGEN

**MÜ 1**    Im Imperfekt, bitte!

**a)**    **Infinitiv: -i-** → Wir trinken Kaffee.
       **Imperfekt: -a-** → *Wir tranken Kaffee.*

1. Er findet seinen Bleistift nicht.
2. Das Papier schwimmt auf dem Wasser.
3. Der Flohmarkt findet nicht statt.
4. Sie besitzt keinen Führerschein.
5. Die Leute sitzen auf der Couch.
6. Die Kinder singen laut.
7. Wie finden Sie das Buch?
8. Der Film beginnt um 8 Uhr.

**b)**    **Infinitiv: -ie-** → Ich ziehe mich um.
       **Imperfekt: -o-** → *Ich zog mich um.*

1. Wir fliegen nach Amerika.
2. Ich ziehe mich an.
3. Er friert.
4. Sie verliert alles.
5. Er zieht seine Schuhe aus.
6. Sie schließt die Tür.
7. Die Blumen riechen gut.

**c)**    **Infinitiv: -ei-** → Die Leute steigen aus.
       **Imperfekt: -ie- / -i-** → *Die Leute stiegen aus.*

1. Wir bleiben zu Hause.
2. Er steigt in Frankfurt um.
3. Die Sonne scheint.
4. Wer entscheidet diese Frage?
5. Sie schreibt einen Brief.
6. Der Mann beschreibt den Dieb.
7. Wie heißt die Frau?
8. Der Mann steigt ein.
9. Wir vergleichen die Preise.
10. Der Hund beißt den Postboten.

**d)**    **Infinitiv: -a-** → Der Bus hält nicht.
       **Imperfekt: -ie- / -i-** → *Der Bus hielt nicht.*

1. Die Stadt gefällt mir.
2. Er schläft bis um 10 Uhr.
3. Ich lasse die Koffer zu Hause.
4. Wo hält der Bus?
5. Sie verläßt das Haus.
6. Wir unterhalten uns über Politik.
7. Das Messer fällt auf den Boden.
8. Der Film fängt gerade an.
9. Das Bild hängt an der Wand.

**e)**    **Infinitiv: -a-** → Der Zug fährt um 7 Uhr ab.
       **Imperfekt: -u-** → *Der Zug fuhr um 7 Uhr ab.*

1. Wir fahren mit dem Zug.
2. Er trägt eine Brille.
3. Die Kinder waschen sich.
4. Wir laden ihn nicht ein.
5. Sie schlägt die Zeitung auf.

f)    **Infinitiv: -e-** → Ich gebe ihm das Buch.
      **Imperfekt: -a-** → Ich gab ihm das Buch.

1. Wir sehen ihn.
2. Ich helfe der Dame.
3. Wir nehmen ein Taxi.
4. Er vergißt seine Brille.
5. Wir lesen die Zeitung.
6. Ich verstehe das nicht.
7. Der Sessel steht dort.
8. Sie besteht die Prüfung.
9. Das Kind wirft einen Ball.
10. Der Dieb stiehlt eine Uhr.
11. Sie spricht gut Deutsch.
12. Sie essen nicht viel.
13. Ich empfehle Ihnen das Hotel.
14. Sie treffen ihn im Café.
15. Er ißt keinen Nachtisch.
16. Er sieht krank aus.

g)    **Infinitiv:**  liegen  kommen  gehen  tun  rufen  laufen  werden
      **Imperfekt:**  *lag*    *kam*    *ging*   *tat*  *rief*  *lief*   *wurde*

1. Wann kommt der Arzt vorbei?
2. Er kommt um 5 Uhr.
3. Sie bekommt ihr Geld nicht.
4. Die Fahrkarte liegt auf dem Tisch.
5. Wir gehen ins Museum.
6. Wie geht es dem kranken Mann?
7. Es wird dunkel.
8. Er ruft seine Frau an.
9. Es tut mir leid.
10. Der Hund läuft unter den Tisch.

## wenn und als

**MÜ 2**    Vollenden Sie die Sätze!
            *(wenn + Präsens)*

1. Wenn ich zuviel rauche, *bekomme ich Kopfschmerzen.*
2. Wenn ich nachts nicht schlafen kann, . . .
3. Wenn ich Kopfschmerzen habe, . . .
4. Wenn ich müde bin, . . .
5. Wenn ich Geld brauche, . . .
6. Wenn ich viel Zeit habe, . . .

**MÜ 3**    Sagen Sie die Sätze im Imperfekt!

● Wenn sie krank ist, geht sie zum Arzt.
   *Als sie krank war, ging sie zum Arzt.*

1. Wenn es kalt wird, ziehen wir uns wärmer an.
2. Ich rufe sie an, wenn ich Zeit habe.
3. Was passiert, wenn er einen Unfall hat?
4. Wenn der Bus hält, steigen wir aus.
5. Er versteht mich, wenn ich langsam spreche.
6. Wer hilft Ihnen, wenn Sie Probleme haben?
7. Wenn es anfängt zu regnen, gehen wir nach Hause.
8. Ich lasse mein Auto reparieren, wenn es kaputt ist.
9. Wir rufen Sie an, wenn wir am Bahnhof ankommen.

**MÜ 4**   Auf deutsch, bitte!

1. We saw them yesterday.
2. She came out of the museum.
3. They came in spite of the bad weather.
4. I called her.
5. She stayed home because of her cold.
6. They recognized us.
7. We spoke to them.
8. He wore a new coat.
9. I liked his coat.
10. We talked about the weather.
11. The sun was shining.
12. It got very late.
13. We invited them.
14. They walked home.

---

### LESEHILFE

        **lieb haben** = lieben, gern haben
        **vom Weg ab·laufen** = nicht auf dem Weg bleiben
        **zerbrechen** (zerbricht) = in Stücke brechen
die   **Stube, -n** = das Zimmer
        **gucken** = schauen
        **begegnen** *(+ Dat.)* = zusammentreffen
        **böse** = schlecht
        **zart** = fein, weich
der  **Bissen, -** = das Nomen von **beißen,** Stück
        **schlau** = intelligent, clever
        **damit** = so daß
        **schnappen** = fangen, packen, bekommen
ein  **Weilchen** = eine kleine Weile, kurze Zeit
        **auf·schlagen** (schlug auf, aufgeschlagen) = aufmachen, öffnen
        **geradewegs** = auf dem geraden Weg, direkt
die  **Kleider** *(Pl.)* = die Kleidung
        **entsetzlich** = furchtbar
das  **Maul, ⁻er** = der Mund eines Tieres
        **fressen** (frißt, fraß, gefressen) = Menschen essen, Tiere fressen
        **erschießen** = totschießen
        **schießen** (schoß, geschossen) = was man mit einer Pistole oder einem Revol-
           ver tun kann
        **retten** = helfen, befreien
        **schneiden** (schnitt, geschnitten) = was man mit einem Messer oder einer Schere
           tun kann
        **ein paar** = einige
der  **Schnitt, -e** = das Nomen von **schneiden**
        **atmen** = Luft holen
        **verboten** = nicht erlaubt

# Rotkäppchen

**Ein Märchen
der Brüder Grimm**

Es war einmal ein kleines, süßes Mädchen. Jeder hatte das Mädchen lieb[L], besonders aber seine Großmutter. Sie wußte gar nicht, was sie dem Kind alles geben sollte. Einmal schenkte sie ihm ein rotes Käppchen, und weil ihm das Käppchen so gut gefiel, und es nichts anderes mehr tragen wollte, hieß das kleine Mädchen nur das Rotkäppchen.

Eines Tages sagte die Mutter: „Komm, Rotkäppchen, hier hast du ein Stück Kuchen und eine Flasche Wein. Bring das der Großmutter hinaus! Sie ist krank und schwach und wird sich darüber freuen. Geh jetzt, bevor es heiß wird, und wenn du hinauskommst, so lauf nicht vom Weg ab[L], sonst fällst du und zerbrichst[L] das Glas, und die Großmutter hat nichts. Und wenn du in ihre Stube[L] kommst, so vergiß nicht guten Morgen zu sagen, und guck[L] nicht erst in allen Ecken herum! Willst du mir das versprechen°?"  *promise*

„Ich will schon alles gut machen", sagte Rotkäppchen zur Mutter.

Die Großmutter wohnte aber draußen° im Wald, eine halbe Stunde vom  *out there*
Dorf. Als nun Rotkäppchen in den Wald kam, begegnete[L] ihm der Wolf. Rotkäppchen wußte nicht, was das für ein böses[L] Tier war, und fürchtete sich nicht vor ihm.

„Guten Tag, Rotkäppchen", sprach er.

„Schönen Dank, Wolf."

„Wohin gehst du so früh, Rotkäppchen?"

„Zur Großmutter."

„Was trägst du im Korb°?"  *basket*

„Kuchen und Wein. Gestern haben wir gebacken, da soll die kranke, schwache Großmutter auch etwas davon haben."

„Rotkäppchen, wo wohnt deine Großmutter?"

„Noch eine gute Viertelstunde weiter im Wald, unter den drei großen Eichenbäumen,° da steht ihr Haus. Das wirst du ja wissen", sagte Rotkäpp-  *oak trees*
chen.

Der Wolf dachte bei sich: Das junge, zarte<sup>L</sup> Ding, das ist ein fetter Bissen, der wird noch besser schmecken als die Alte. Du mußt nur schlau<sup>L</sup> sein, damit<sup>L</sup> du beide schnappst<sup>L</sup>. Da ging er ein Weilchen<sup>L</sup> neben Rotkäppchen her, dann sprach er:

„Rotkäppchen, sieh einmal die schönen Blumen. Warum guckst du dich nicht um? Ich glaube, du hörst gar nicht die Vöglein° singen. Es ist so schön *little birds* hier draußen im Wald."

Rotkäppchen schlug<sup>L</sup> die Augen auf, und als es sah, wie die Sonne so schön durch die Bäume schien und überall wunderschöne Blumen standen, dachte es: Wenn ich der Großmutter frische Blumen mitbringe, wird sie sich freuen. Rotkäppchen lief vom Weg ab in den Wald hinein und suchte Blumen. Und wenn es eine gefunden hatte, sah es eine schönere. So lief Rotkäppchen immer tiefer in den Wald hinein. Der Wolf aber ging geradewegs<sup>L</sup> zum Haus der Großmutter und klopfte° an die Tür. *knocked*

„Wer ist draußen?"

„Rotkäppchen. Ich bringe dir Kuchen und Wein. Mach auf!"

„Drück° nur auf die Klinke°", rief die Großmutter. „Ich bin zu schwach *press / door handle* und kann nicht aufstehen und dir öffnen."

Der Wolf drückte auf die Klinke. Die Tür ging auf, und er ging, ohne ein Wort zu sprechen gerade zum Bett der Großmutter und verschluckte° sie. *swallowed* Dann zog er ihre Kleider<sup>L</sup> an, setzte ihre Haube auf, legte sich in ihr Bett und zog° die Vorhänge zu. *pulled*

Rotkäppchen aber war nach den Blumen herumgelaufen. Als es so viele zusammen hatte, daß es keine mehr tragen konnte, dachte es wieder an die Großmutter und es machte sich auf den Weg zu ihr. Es wunderte sich°, daß *wondered* die Tür offen war. Als es in die Stube kam, dachte es: Ei, du mein Gott, warum habe ich heute solche Angst? Ich bin doch sonst so gern bei der Großmutter. Es rief: „Guten Morgen!", bekam aber keine Antwort. Dann ging es zum Bett und zog die Vorhänge zurück. Da lag die Großmutter und hatte die Haube tief ins Gesicht gesetzt und sah so seltsam° aus. *strange*

„Ei, Großmutter, was hast du für große Ohren!"

„Daß ich dich besser hören kann."

„Ei, Großmutter, was hast du für große Augen!"

„Daß ich dich besser sehen kann."

„Ei, Großmutter, was hast du für große Hände!"

„Daß ich dich besser packen kann."

„Aber, Großmutter, was hast du für ein entsetzlich<sup>L</sup> großes Maul<sup>L</sup>!"

„Daß ich dich besser fressen<sup>L</sup> kann." Kaum hatte der Wolf das gesagt, so sprang° er aus dem Bett und verschluckte das arme Rotkäppchen. Dann legte *jumped* er sich wieder ins Bett, schlief ein und fing an, überlaut zu schnarchen°. *snore*

Ein Jäger° ging gerade an dem Haus vorbei und dachte: Wie die alte Frau *hunter* schnarcht! Ich will sehen, ob sie krank ist. Da ging er in die Stube, und als er vor das Bett kam, sah er, daß der Wolf darin lag.

„Finde ich dich hier, du alter Sünder!" sagte er. „Ich habe dich lange gesucht." Nun wollte er den Wolf erschießen<sup>L</sup>. Da dachte er: Vielleicht hat der Wolf die Großmutter gefressen; vielleicht ist sie noch zu retten<sup>L</sup>? Er schoß<sup>L</sup>

nicht, sondern nahm eine Schere° und fing an, dem schlafenden Wolf den    *scissors*
Bauch aufzuschneiden[L].

Als er ein paar[L] Schnitte[L] getan hatte, sah er das rote Käppchen, und noch
ein paar Schnitte, da sprang das Mädchen heraus und rief: „Ach, wie war ich
erschrocken, wie war es so dunkel in dem Bauch des Wolfes." Und dann kam
die alte Großmutter auch lebendig heraus und konnte kaum noch atmen[L].

Rotkäppchen aber holte schnell große Steine. Damit füllten sie den Bauch
des Wolfes. Als er aufwachte, wollte er wegspringen, aber die Steine waren
so schwer, daß er gleich tot umfiel.

Da freuten sich alle drei. Der Jäger zog dem Wolf den Pelz° ab und ging    *fur*
damit nach Hause. Die Großmutter aß den Kuchen und trank den Wein und
fühlte sich wieder besser. Rotkäppchen aber dachte: Du willst nie wieder
allein vom Weg ab in den Wald laufen, wenn die Mutter es verboten[L] hat.

## FRAGEN UND AUFGABEN ZUM TEXT

1   Beantworten Sie die Fragen!

   1. Warum hieß das kleine Mädchen Rotkäppchen?
   2. Warum sollte Rotkäppchen in den Wald gehen?
   3. Was wollte der Wolf von Rotkäppchen?
   4. Warum blieb Rotkäppchen so lange im Wald?
   5. Was tat der Wolf, während Rotkäppchen Blumen suchte?
   6. Warum fühlte Rotkäppchen Angst, als es die Großmutter besuchte?
   7. Was passierte, als Rotkäppchen sagte: „Aber, Großmutter, was hast du für ein
      entsetzlich großes Maul"?
   8. Wie hat der Jäger Rotkäppchen und die Großmutter gerettet?
   9. Was wollte Rotkäppchen nie wieder tun?

**2**  Vollenden Sie die Sätze!

1. Die Großmutter hatte das Mädchen besonders gern und . . .
2. Weil dem kleinen Mädchen das rote Käppchen so gut gefiel, . . .
3. Rotkäppchen sollte der Großmutter Kuchen und Wein bringen, denn . . .
4. Als Rotkäppchen in den Wald kam, . . .
5. Rotkäppchen wußte nicht, . . .
6. Als Rotkäppchen die schönen Blumen sah, . . .
7. Der Wolf ging zum Haus der Großmutter und . . .
8. Weil die Großmutter krank und schwach war, . . .
9. Der Wolf ging zum Bett der Großmutter und . . .
10. Als Rotkäppchen genug Blumen hatte, . . .
11. Als Rotkäppchen zum Haus der Großmutter kam, . . .
12. Als es „Guten Morgen!" rief, . . .
13. Der Wolf sprang aus dem Bett und . . .
14. Der Jäger wollte wissen, warum . . .
15. Als er zum Bett der Großmutter kam, . . .
16. Er schoß nicht, sondern . . .
17. Als er ein paar Schnitte getan hatte, . . .
18. Als der Wolf aufwachte, . . .
19. Der Jäger nahm den Pelz und . . .
20. Rotkäppchen und die Großmutter freuten sich, . . .

**3**  **Versuchen Sie, das Märchen frei nachzuerzählen!**

**4**  **Kennen Sie ein anderes deutsches Märchen?**
**Erzählen Sie es!**

**Erinnern Sie sich?**
**Wie heißt das Verb?**

| | |
|---|---|
| das Getränk | *trinken* |
| der Flug | _____ |
| der Plan | _____ |
| die Sprache | _____ |
| die Übung | _____ |
| der Rauch | _____ |
| der Fußgänger | _____ |
| das Frühstück | _____ |
| die Erklärung | _____ |
| die Hilfe | _____ |
| der Student | _____ |
| der Fotoapparat | _____ |

---

# SCHRIFTLICHE ÜBUNGEN

**SÜ 1**  Im Imperfekt, bitte!

• Das Auto steht vor der Garage. → *Das Auto stand vor der Garage.*

1. Das Buch liegt auf dem Tisch.
2. Er fliegt nach New York.
3. Wann kommt sie nach Hause?
4. Das Kleid gefällt mir nicht.
5. Er vergißt immer seine Brille.
6. Es gibt dort kein gutes Hotel.
7. Wir nehmen die Straßenbahn.
8. Fängt er mit der Arbeit an?
9. Der Film beginnt um 20 Uhr.
10. Das Mädchen ißt nicht viel.
11. Er fährt immer mit dem Bus.
12. Wo steigt der Herr aus?
13. Wer hilft Ihnen?
14. Rufen Sie ihn an?
15. Warum zieht er sich um?
16. Gehen die Leute nach Hause?

**SÜ 2**   Vollenden Sie die Sätze im Imperfekt!

1. Der Bus hielt, und *wir stiegen ein.*
2. Ich ging nach Hause, denn . . .
3. Sie fuhr mit dem Zug, weil . . .
4. Wir luden ihn ein, aber . . .
5. Ich wußte nicht, daß . . .
6. Sie verstand mich nicht, weil . . .
7. Ich nahm das Geld und . . .
8. Sie rief mich nicht an, sondern . . .

| Erinnern Sie sich? | |
|---|---|
| **allgemein** | **speziell** |
| Getränk | *Kaffee, Tee, Wein* |
| Mahlzeit | _____ |
| Obst | _____ |
| Möbel | _____ |
| Monat | _____ |
| Beruf | _____ |
| Lebensmittel | _____ |
| Wochentag | _____ |

**SÜ 3**   Ergänzen Sie einen Nebensatz mit **wenn** oder **als**!

1. _Wenn ihr nicht mitkommt_ , gehe ich allein ins Kino.
2. _____ , war ich nicht zu Hause.
3. _____ , nehme ich einen Regenschirm.
4. _____ , brachte ich ihr Blumen mit.
5. _____ , stiegen wir schnell ein.
6. _____ , fahre ich in den Süden.
7. _____ , gehe ich zum Zahnarzt.
8. _____ , erkältet man sich.
9. _____ , antwortete er nicht.
10. _____ , trinke ich etwas.
11. _____ , zog ich einen Pullover an.
12. _____ , weiß er nie eine Antwort.

# Wir möchten, daß alle

Cowboys,    Tänzer,    Musiker,    Chaplins,    Hexen,    Clowns,    Spaßvögel,

# gut nach Hause kommen.

Innenministerium Baden-Württemberg, Bund gegen Alkohol im Straßenverkehr e.V.

# KULTUR

## Deutsche Redensarten°

*idioms*

### Denken, wissen, verstehen

Ich habe den Kopf voll.
*Ich muß an so viel denken.*

Willst du mich für dumm verkaufen?
*Hälst du mich für dumm?*

Ich bin im Bild.
*Ich weiß genau Bescheid.*

Er ist nicht auf den Kopf gefallen.
*Er ist nicht dumm.*

Das ist mir zu hoch.
*Das verstehe ich nicht.*

Ich verstehe nur Bahnhof.
*Ich verstehe gar nichts.*

### Lachen und sich ärgern

Wir haben uns fast krank gelacht.
*Wir haben sehr viel gelacht.*

Es war zum Schreien.
*Es war zum Lachen.*

Jetzt wird es mir aber zu bunt.
*Jetzt wird es mir aber zu viel.*

Jetzt schlägt es aber dreizehn!
*Jetzt ist meine Geduld zu Ende.*

Er fährt immer gleich aus der Haut.
*Er wird immer gleich ungeduldig.*

Er hat sich grün und blau geärgert.
*Er hat sich sehr geärgert.*

Sie macht ein Gesicht wie zehn Tage Regenwetter.
*Sie macht ein trauriges Gesicht.*

Warum macht sie so ein langes Gesicht?
*Warum sieht sie so unzufrieden aus?*

### Leben

Er hat den Himmel auf Erden.
*Er hat ein sehr gutes Leben.*

Sie steht mit beiden Beinen im Leben.
*Sie denkt praktisch und realistisch.*

Die Leute leben so einfach in den Tag hinein.
*Sie führen ein gutes Leben, ohne an die Zukunft zu denken.*

### Arbeit

Sie hatte alle Hände voll zu tun.
*Sie hatte sehr viel Arbeit.*

Er ist Mädchen für alles.
*Er muß alle Arbeiten tun.*

### (Kein) Glück und gute Wünsche

Pech gehabt!
*Kein Glück gehabt!*

Da hast du noch einmal Schwein gehabt.
*Da hast du noch einmal Glück gehabt.*

Gute Besserung!
*Ich wünsche Ihnen, daß Sie bald wieder gesund werden.*

Gute Reise!
*Wir wünschen Ihnen eine gute Reise.*

### Zeit

Es ist höchste Eisenbahn.
*Es ist höchste Zeit.*

Die Zeit ist wie im Fluge vergangen.
*Die Zeit ist sehr schnell vergangen.*

Es ist nach wie vor kalt.
*Es ist noch immer kalt.*

Der Zug fuhr mir vor der Nase weg.
*Der Zug fuhr gerade weg, als ich ankam.*

Weihnachten steht vor der Tür.
*Es ist kurz vor Weihnachten.*

### Hören und sprechen

Ich bin ganz Ohr.
*Ich höre genau zu.*

Sprich leise! Die Wände haben Ohren.
*Sprich leise. Jemand hört zu.*

Sie können das Kind beim richtigen Namen nennen.
*Sie können offen darüber sprechen.*

Er redet wie ein Buch.
*Er spricht sehr viel.*

Dann schieß mal los!
*Dann erzähl mal!*

*Berlin: Kaiser-Wilhelm-Gedächtniskirche*

## Informationen über die Bundesrepublik Deutschland

● Relative pronouns and relative clauses
● Word formation: nouns derived from verbs with the suffix **-er**

**Menschen in Deutschland: Berlin und zurück**
*Kultur: Informationen über die DDR*

# Kapitel
# 29

# Informationen über die Bundesrepublik Deutschland

### Lage und Größe

**Die Bundesrepublik . . .**

    . . . ist ungefähr so groß wie der U.S. Bundesstaat Oregon.
    . . . liegt im Zentrum von Europa.
    . . . ist von Norden nach Süden 850 Kilometer lang.
    . . . ist in der Mitte nur 250 Kilometer breit.
    . . . hat neun Nachbarn.
    . . . grenzt[L] im Norden an die Nordsee und Ostsee.
    . . . grenzt im Süden an Österreich und die Schweiz.
    . . . hat eine Bevölkerung von rund 63 Millionen.

### Klima

**In der Bundesrepublik . . .**

    . . . ist das Klima gemäßigt[L].
    . . . ist es im Sommer nicht sehr warm.
    . . . ist es im Winter nicht sehr kalt.
    . . . wechselt das Wetter oft.
    . . . regnet es zu allen Jahreszeiten.
    . . . kommt der Wind meistens aus dem Westen.

### Politische Struktur

**Die Bundesrepublik . . .**

    . . . gibt es erst seit 1949.
    . . . nennen viele Leute einfach Westdeutschland.
    . . . hat eine demokratische Staatsform.
    . . . hat eine föderalistische[L] Struktur.
    . . . besteht aus[L] zehn Bundesländern und Berlin (West).
    . . . ist im Mai 1949 aus der britischen, amerikanischen und
        französischen Besatzungszone° entstanden.

*occupation zone*

**Berlin (West) . . .**

    . . . gehört zur Bundesrepublik.
    . . . hat einen besonderen politischen Status.
    . . . hat eine eigene Regierung (der Berliner Senat).

**Berlin (West)**

Fläche: 480 km²
Bevölkerung: 1.9 Millionen
Einwohner je km²: 3,963

Die Bürger[L] der Bundesrepublik sind frei und gleich.
Die Grenzen des Landes sind offen.
Die Hauptstadt ist Bonn.
An der Spitze[L] des Staates steht der Bundespräsident.

**Baden Württemberg**

Fläche: 35,752 km²
Bevölkerung: 9.3 Millionen
Einwohner je km²: 260
Hauptstadt: Stuttgart

**Bayern** (Bavaria)

Fläche: 70,546 km²
Bevölkerung: 10.9 Millionen
Einwohner je km²: 154
Hauptstadt: München

**Bremen**

Fläche: 404 km²
Bevölkerung: 694,000
Einwohner je km²: 1,717

**Hamburg**

Fläche: 748 km²
Bevölkerung: 1.65 Millionen
Einwohner je km²: 2,210

**Hessen** (Hesse)

Fläche: 21,113 km²
Bevölkerung: 5.6 Millionen
Einwohner je km²: 264
Hauptstadt: Wiesbaden

**Niedersachsen**
(Lower Saxony)

Fläche: 47,418 km²
Bevölkerung: 7.3 Millionen
Einwohner je km²: 154
Hauptstadt: Hanover

**Nordrhein-Westfalen**
(North-Rhine-Westphalia)

Fläche: 34,069 km²
Bevölkerung: 17 Millionen
Einwohner je km²: 499
Hauptstadt: Düsseldorf

**Rheinland-Pfalz**
(Rhineland-Palatinate)

Fläche: 19,839 km²
Bevölkerung: 3.6 Millionen
Einwohner je km²: 183
Hauptstadt: Mainz

**Saarland**

Fläche: 2,573 km²
Bevölkerung: 1.1 Millionen
Einwohner je km²: 415
Hauptstadt: Saarbrücken

**Schleswig-Holstein**

Fläche: 15,709 km²
Bevölkerung: 2.6 Millionen
Einwohner je km²: 165
Hauptstadt: Kiel

## Die Bundesländer . . .

. . . sind zum Teil erst nach 1945 entstanden.
. . . haben ihre eigenen Hauptstädte.
. . . haben ihre eigenen Regierungen.
. . . haben die Aufgabe, die Gesetze° auszuführen.ᴸ    *laws*
. . . sind für die Kulturpolitik verantwortlich.ᴸ

**Was wissen Sie noch über die Bundesrepublik?**

*Relativpronomen und Relativsätze*

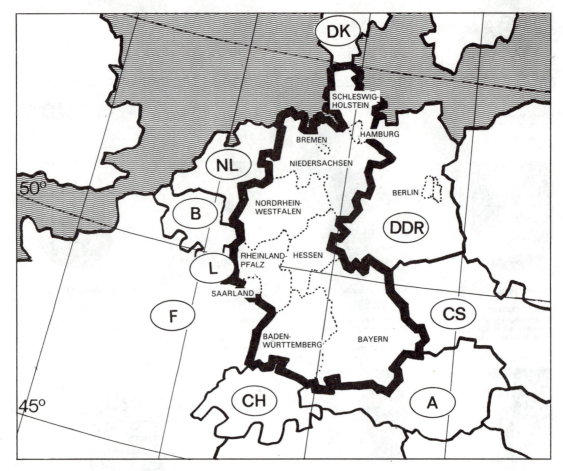

**Die Bundesrepublik Deutschland ist . . .**

> . . . **ein Land, das** im Zentrum von Europa liegt.
> . . . **ein Land, das** neun Nachbarn hat.
> . . . **ein Land, das** eine demokratische Staatsform hat.

> . . . **ein Bundesstaat, der** aus zehn Ländern und Berlin (West) besteht.
> . . . **ein Bundesstaat, der** zehn Länderregierungen hat.
> . . . **ein Bundesstaat, der** eine Bundesregierung hat.

> . . . **ein Staat, den** es erst seit 1949 gibt.
> . . . **ein Staat, den** man auch Westdeutschland nennt.
> . . . **ein Staat, für den** die Demokratie selbstverständlich[L] ist.

> . . . **ein Staat, in dem** alle Bürger frei und gleich sind.
> . . . **ein Land, in dem** rund 62 Millionen Menschen leben.
> . . . **ein Land, in dem** das Klima gemäßigt ist.

**Berlin (West) ist . . .**

> . . . **eine Stadt, die** zur Bundesrepublik gehört.
> . . . **eine Stadt, die** aber einen besonderen politischen Status hat.
> . . . **eine Stadt, die** ihre eigene Regierung hat.

> . . . **eine Stadt, in der** über zwei Millionen Menschen leben.
> . . . **eine Stadt, in der** viele Ausländer arbeiten.
> . . . **eine Stadt, in der** es viel Industrie gibt.

**Die Bundesländer sind . . .**

> . . . **Länder, die** zum Teil erst nach 1945 entstanden sind.
> . . . **Länder, die** ihre eigenen Regierungen haben.
> . . . **Länder, in denen** die Regierung demokratisch gewählt ist.
> . . . **Länder, in denen** ein Ministerpräsident an der Spitze der Regierung steht.

**Die Bundesrepublik ist . . .**

> . . . **ein Land, dessen** Bürger frei und gleich sind.
> . . . **ein Land, dessen** Grenzen offen sind.

> . . . **ein Staat, dessen** Hauptstadt Bonn ist.
> . . . **ein Staat, an dessen** Spitze der Bundespräsident steht.

> . . . **eine Republik, deren** Struktur föderalistisch ist.
> . . . **eine Republik, deren** Staatsform demokratisch ist.

**Die Bundesländer sind . . .**

> . . . **Länder, deren** Regierungen demokratisch gewählt sind.
> . . . **Länder, deren** Aufgabe es ist, die Gesetze auszuführen.

---

### LESEHILFE

> **grenzen** = Verb zu die **Grenze**
> **gemäßigt** = mild
> **föderalistisch** = das Adjektiv zu die **Föderation**
> **bestehen aus** *(+ Dat.)* = ist zusammengesetzt aus
> der **Bürger, –** = der Bewohner (Die Bürger sind die Menschen einer Stadt oder
>     eines Staates.)
> **an der Spitze stehen** = am höchsten sein (Die Spitze ist der höchste Punkt.)
> **ausführen** = realisieren
> **verantwortlich sein** = die Verantwortung haben
> **selbstverständlich** = was keine Erklärung braucht; was sich von selbst versteht

---

*Die ersten fünf Bundespräsidenten der Bundesrepublik Deutschland*

# GRAMMATIK

## A  Relative Pronouns and Relative Clauses

### 1  Analysis

A relative pronoun has two functions:

1. As a pronoun it relates to an antecedent, that is, it refers to a noun or a pronoun in the preceding clause.

2. It functions as a conjunction in that it introduces a subordinate clause, called a relative clause.

Look at the following English sentences:

> Is this the new coat *that* she bought?
> Is this the picture *which* you just received?
> He knows a person *who* can do the work.
> He knows somebody *whom* we can ask.

As you can see, English uses two sets of relative pronouns: If the relative pronoun refers to a person, English uses a form of *who,* if the reference is to a thing or an idea, *which* or *that* may be used.

### 2  German relative pronouns

1. Forms

Unlike English, German uses the same relative pronouns for persons and for things. The forms are identical to the definite article, except that the dative plural adds the ending **-en.**

|  | Masculine | Neuter | Feminine | Plural |
|---|---|---|---|---|
| NOMINATIVE | der | das | die | die |
| ACCUSATIVE | den | das | die | die |
| DATIVE | dem | dem | der | denen |

2. Agreement with antecedent in gender and number

Relative pronouns must agree with their antecedent in gender and number. If the noun to which the relative pronoun refers is masculine, the pronoun must be masculine; if the antecedent is plural, the pronoun must also be plural, and so on.

| | |
|---|---|
| MASCULINE | Wie heißt **der Mann, der** da drüben steht? |
| NEUTER | Wem gehört **das Geld, das** auf dem Tisch liegt? |
| FEMININE | Ich kenne **die Frau, die** das gesagt hat. |
| PLURAL | Sind das **die Schuhe, die** er gekauft hat? |

## 3 Relative pronouns in the nominative, accusative, dative

The relative pronoun must show case. The case is determined by its function within the relative clause. It can be:

1. Nominative: the subject of the relative clause

| | |
|---|---|
| Nehmen Sie den Bus, **der** zum Bahnhof fährt! | → **Der Bus** fährt zum Bahnhof. |
| Rufen Sie das Taxi, **das** gerade hält! | → **Das Taxi** hält gerade. |
| Fragen Sie die Frau, **die** dort steht! | → **Die Frau** steht dort. |
| Wer sind die Kinder, **die** dort spielen? | → **Die Kinder** spielen dort. |

2. Accusative: the direct object of the relative clause

| | |
|---|---|
| Wie heißt der Mann, **den** ich fragen soll? | → Ich soll **den Mann** fragen. |
| Haben Sie das Buch, **das** ich lesen wollte? | → Ich wollte **das Buch** lesen. |
| Hier ist die Tasse, **die** er haben möchte. | → Er möchte **die Tasse** haben. |
| Das sind die Leute, **die** er besucht hat. | → Er hat die Leute besucht. |

3. Dative: the indirect object of the relative clause

| | |
|---|---|
| Wie heißt der Mann, **dem** Sie geholfen haben? | → Sie haben **dem Mann** geholfen. |
| Wie heißt das Kind, **dem** der Ball gehört? | → Der Ball gehört **dem Kind.** |
| Dort ist die Frau, **der** ich das Geld gab. | → Ich gab **der Frau** das Geld. |
| Wer sind die Leute, **denen** er das Haus zeigte? | → Er zeigte **den Leuten** das Haus. |

## 4 Relative pronouns in the genitive: **dessen** and **deren**

In addition to the relative pronouns in the nominative, accusative and dative, there are also relative pronouns in the genitive case. Their forms, however, differ from those of the definite article.

| | |
|---|---|
| MASCULINE | Ich meine **den Jungen, dessen** Vater einen Unfall hatte. |
| NEUTER | Ich meine **das Mädchen, dessen** Mutter gerade hier war. |
| FEMININE | Ich meine **die Frau, deren** Mann bei mir arbeitet. |
| PLURAL | Ich meine **die Leute, deren** Auto da drüben steht. |

As you can see, there are only two genitive relative pronouns: **dessen** and **deren**; both are translated as *whose*.

As is true for the nominative, accusative and dative relative pronouns, the antecedent determines the gender and number of the genitive relative pronouns and **not** the thing(s) possessed.

| | |
|---|---|
| der Koffer **des Mannes** | *the man's suitcase* |
| Der Mann, **dessen** Koffer hier steht, . . . | *The man whose suitcase . . .* |
| der Schlüssel **des Kindes** | *the child's key* |
| Das Kind, **dessen** Schlüssel hier liegen, . . . | *The child whose keys . . .* |

das Bild **der Frau**                                the woman's picture
Die Frau, **deren** Bild hier hängt, . . .           *The woman whose picture . . .*

das Haus **der Leute**                               the house of the people
Die Leute, **deren** Haus wir gekauft haben, . . . *The people whose house . . .*

At this point we can complete our table of relative pronouns. Pay special attention to the five long forms.

### RELATIVE PRONOUNS

|            | Masculine | Neuter | Feminine | Plural |
|------------|-----------|--------|----------|--------|
| NOMINATIVE | der       | das    | die      | die    |
| ACCUSATIVE | den       | das    | die      | die    |
| DATIVE     | dem       | dem    | der      | denen  |
| GENITIVE   | dessen    | dessen | deren    | deren  |

## 5  No omission of relative pronouns

In English it is common to omit the relative pronoun from a sentence. In German, relative pronouns may **never** be omitted. Compare the following examples:

Die Antwort, **die** er gab, war nicht richtig.
*The answer (which) he gave was not correct.*

Der Mann, **den** sie sah, war mein Kollege.
*The man (whom) she saw was my colleague.*

Wie heißen die Leute, **die** da drüben wohnen?
*What's the name of the people (who are) living over there?*

## 6  Relative pronouns preceded by prepositions

A relative pronoun, like any noun or pronoun, may be the object of a preposition and must take the case required by the preposition:

Wer ist der Mann, **mit dem** du am Telefon gesprochen hast?
*Who is the man you spoke with on the phone?*
*. . . with whom you spoke on the phone?*

Die Leute, **von denen** Sie sprechen, stehen da drüben.
*The people you are speaking of are standing over there.*
*. . . of whom you are speaking . . .*

In contrast to English, German prepositions may not be separated from their object. Thus, if the object of the preposition is a relative pronoun, the preposition must immediately precede it.

## 7 Relative clauses

A relative clause is a subordinate clause introduced by a relative pronoun. As is true for all German subordinate clauses, the verb is in final position and the relative clause is set off by a comma or commas.

> Die Bundesrepublik ist ein Land, **in dem** 62 Millionen Menschen **leben.**
> Die Dame, **mit der** ich gerade gesprochen **habe,** ist aus Augsburg.
> Weißt du, daß Frau Becker, **die** uns gestern **besuchte,** mit ihrer Schwester nach Amerika geflogen ist?

A relative clause usually follows its antecedent immediately, except if only one word is needed to complete the main clause.

> Der Wolf zog die Kleider **an,** die der Großmutter gehörten.
> Er hat die Kleider **angezogen,** die der Großmutter gehörten.
> Er wollte die Kleider **anziehen,** die der Großmutter gehörten.

## B Word Formation: Nouns Derived from Verbs

### The noun suffix -er

Many German verbs can be changed into nouns by adding the suffix **-er** to the verb stem. These newly formed nouns denote the person or the tool that performs the action implied by the verb.

The noun suffix **-er** usually corresponds to the English suffixes *-er* or *-or*. If the noun denotes a person, the suffix **-in** is added to form the corresponding feminine noun.

| Verb | Masculine Agent | Feminine Agent | |
|---|---|---|---|
| arbeiten | der Arbeiter | die Arbeiterin | *worker* |
| lesen | der Leser | die Leserin | *reader* |
| fahren | der Fahrer | die Fahrerin | *driver* |
| sprechen | der Sprecher | die Sprecherin | *speaker* |
| prüfen | der Prüfer | die Prüferin | *examiner* |
| besitzen | der Besitzer | die Besitzerin | *possessor* |
| helfen | der Helfer | die Helferin | *helper, assistant* |
| verlieren | der Verlierer | die Verliererin | *loser* |
| schwimmen | der Schwimmer | die Schwimmerin | *swimmer* |

The noun may undergo a vowel change from **a** to **ä:**

| | | | |
|---|---|---|---|
| anfangen | der Anfänger | die Anfängerin | *beginner* |
| backen | der Bäcker | die Bäckerin | *baker* |
| kaufen | der Käufer | die Käuferin | *buyer* |
| verkaufen | der Verkäufer | die Verkäuferin | *seller* |

# MÜNDLICHE ÜBUNGEN

### Relativpronomen: Nominativ

**MÜ 1**   Wem gehören die Sachen, die hier liegen? Fragen Sie!

- *das Geld → Wem gehört das Geld, das hier liegt?*

| | | |
|---|---|---|
| 1. die Tasche | 4. die Bücher | 7. der Führerschein |
| 2. der Bleistift | 5. der Kugelschreiber | 8. das Papier |
| 3. das Feuerzeug | 6. das Heft | 9. die Schlüssel |

**MÜ 2**   Verbinden Sie die Sätze mit einem Relativpronomen!

- *Sehen Sie den Stuhl? Der Stuhl steht am Fenster.*
  *Sehen Sie den Stuhl, der am Fenster steht?*

1. Kennen Sie den Herrn? Der Herr war gerade hier.
2. Braucht er den Kamm? Der Kamm liegt hier.
3. Der Koffer gehört der Dame. Die Dame sitzt dort.
4. Helfen Sie dem Kind! Das Kind sucht seine Mutter.
5. Ich antworte den Leuten. Die Leute haben mich gefragt.
6. Nehmen Sie die Flasche! Die Flasche steht dort.

### Akkusativ

**MÜ 3**   Sind das die Sachen, die Sie suchen? Fragen Sie!

- *Ich suche den Kugelschreiber. → Ist das der Kugelschreiber, den Sie suchen?*

Ich suche . . .

| | | |
|---|---|---|
| 1. den Kamm | 6. das Handtuch | 11. die Schere |
| 2. den Spiegel | 7. das Bild | 12. die Gabel |
| 3. den Löffel | 8. das Heft | 13. die Brille |
| 4. den Stadtplan | 9. das Shampoo | 14. die Dinge |
| 5. den Rasierapparat | 10. das Bild | 15. die Autopapiere |

**MÜ 4**   Verbinden Sie die Sätze mit einem Relativpronomen!

- *Hier ist der Reisepaß. Wir haben den Reisepaß gefunden.*
  *Hier ist der Reisepaß, den wir gefunden haben.*

1. Wo lag der Schlüssel? Sie haben den Schlüssel gesucht.
2. Zieht er den Pullover an? Er hat den Pullover gestern gekauft.
3. Brauchen Sie die Schlüssel? Ich habe die Schlüssel in der Hand.

4. Hier ist das Buch. Ihr braucht das Buch.
5. Kennt er die Leute? Er will die Leute besuchen.
6. Holen Sie den Stuhl! Sie sehen den Stuhl dort.


## Dativ

**MÜ 5**  Verbinden Sie die Sätze mit einem Relativpronomen!

- Das ist der Mann. Dem Mann gehört das Auto.
  *Das ist der Mann, dem das Auto gehört.*

1. Das ist der Student. Dem Studenten gehört der Ausweis.
2. Das ist die Frau. Der Frau gehört die Tasche.
3. Das ist das Mädchen. Dem Mädchen gehören die Bilder.
4. Das sind die Leute. Den Leuten gehört das Haus.
5. Das sind die Kinder. Den Kindern gehören die Fahrräder.
6. Das ist die Schülerin. Der Schülerin gehört die Fahrkarte.


**MÜ 6**  Fragen Sie, wie die Leute heißen!

- Sie haben den Leuten geholfen.
  *Wie heißen die Leute, denen Sie geholfen haben?*

1. Den Touristen hat das Schloß gut gefallen.
2. Ich habe dem Jungen geholfen.
3. Sie hat der Frau zum Geburtstag gratuliert.
4. Du hast den Leuten die Geschichte erzählt.
5. Er hat dem Herrn Geld gegeben.
6. Wir sind der Dame in der Stadt begegnet.
7. Sie haben den Kindern die Bilder gezeigt.
8. Ihr habt den Mädchen das Café empfohlen.


## Präpositionen und Relativpronomen

**MÜ 7**  Erklären Sie die Wörter mit einem Relativsatz!

- ein Handtuch          (Man trocknet sich damit ab.)
  *Ein Handtuch ist ein Tuch, mit dem man sich abtrocknet.*

1. ein Rasierapparat     (Man rasiert sich damit.)
2. ein Schlafzimmer      (Man schläft darin.)
3. ein Weinglas          (Man trinkt Wein daraus.)
4. eine Bettcouch        (Man schläft darauf.)
5. eine Parkgarage       (Man kann darin parken.)
6. ein Suppenteller      (Man kann Suppe daraus essen.)
7. Schreibpapier         (Man kann darauf schreiben.)
8. ein Wohnhaus          (Man kann darin wohnen.)

## Genitiv

**MÜ 8** Antworten Sie mit einem Relativsatz!
Welchen Jungen (welches Mädchen) meinen Sie?

- *Die Mutter des Jungen war gerade hier.*
  *Ich meine den Jungen, dessen Mutter gerade hier war.*

1. Der Vater des Jungen hatte einen Unfall.
2. Der Freund des Mädchens hat einen neuen Wagen.
3. Die Eltern des Jungen kommen aus Norddeutschland.
4. Die Tasche des Mädchens steht in der Ecke.
5. Der Bruder des Jungen ist im Krankenhaus.
6. Der Mantel des Mädchens hängt hier.


**MÜ 9** Fragen Sie, wo die Leute sind, deren Sachen hier liegen!

- *die Dame / das Buch*
  *Wo ist die Dame, deren Buch hier liegt?*

1. die Frau / die Schlüssel
2. die Kinder / das Geld
3. die Schüler / die Fahrkarten
4. die Studentin / die Brille
5. die Studenten / Bücher
6. die Sekretärin / die Tasche

**Mit Brummi fahren
heißt Kosten sparen.**


**MÜ 10** Auf deutsch, bitte!

1. What's the name of the doctor she went to?
2. Is this the book you just bought?
3. This is the room in which he always worked.
4. That was a day I will never forget.
5. I mean the boy whose bicycle is standing over there.
6. Here is the new coat I wanted to show you.
7. Is there another bus that goes downtown?
8. The people with whom he went were very nice.
9. Wear the heaviest sweater you have.
10. Do you know the girl whose parents bought the house?
11. Ask the policeman standing over there.
12. Where is the woman to whom this purse belongs?
13. Where are the students whose books are on the table?
14. Who was the woman you were talking to?
15. The letter in which he put the money did not arrive.
16. The house in which he lives is very old.
17. Is this the newspaper you are looking for?
18. Who is the gentleman to whom you just gave the money?
19. Did you talk to the people who wanted to buy the car?

# Menschen in Deutschland: Berlin und zurück

Die beiden Männer im Cockpit des schweren Lastzuges[L] schauen gelangweilt auf den grauen Asphalt der Autobahn. Zum wiederholten Mal fahren sie von Braunschweig nach West-Berlin. Sie kennen jeden Baum, jeden Kilometerstein, jedes Verkehrszeichen. Bevor sie durch die DDR fahren, müssen sie noch laden[L]. Deshalb verlassen sie kurz vor Helmstedt die Autobahn und fahren in den Hof einer Fabrik[L].

Direkt hinter den Fabrikmauern ist die Grenze, die Deutschland in zwei Staaten teilt. Der graue, hohe Maschendraht durchschneidet die Landschaft. Dahinter ist ein breiter Streifen Niemandsland[L], eine leere Straße, auf der nur der Jeep der Volkspolizei[L] zu sehen ist. Und da sind die Wachttürme[L], in denen die Soldaten die Grenze beobachten[L].

Der schwere Lastzug ist an die Laderampe gefahren. Die Verladung[L] beginnt. Auch die beiden Fernfahrer[L] helfen beim Verladen, denn sie dürfen keine Zeit verlieren. Von Braunschweig nach West-Berlin und zurück brauchen sie einen vollen Tag.

Peter Rademacher prüft die Wagenpapiere und die Ladung, die auf dem Lastwagen ist. Transitfahrten nach West-Berlin sind für ihn Routine. Er ist auf diesen Transitstraßen, die die Bundesrepublik mit Berlin verbinden, schon eine Million Kilometer gefahren. Das sind eine Million Kilometer Staub°, Hitze, Kälte, Regen, Nebel, Eis *dust* und Schnee.

Rademacher fährt schon seit 16 Jahren schwere Lastwagen. Früher wollte er einmal Bäcker werden. Er hatte auch schon eine Lehre begonnen, aber dann fand er den Fernfahrer-Beruf interessanter und wurde Fernfahrer. Rademacher: „Fernfahren, das ist richtige Männersache. Das ist nichts für weiche Typen!" Seit 1963 arbeitet er für die Firma Schenker, die eine der größten Transportfirmen der Welt ist. Sie macht auch einen Teil des Berlin-Transitverkehrs und befördert[L] Waren, die für die Millionenstadt lebenswichtig sind. Auf dem Weg zurück in die Bundesrepublik befördern die Lastzüge in Berlin produzierte Waren.

Rademacher und seine Fernfahrer-Kollegen wissen, was ihre Arbeit für die Stadt bedeutet, denn Lastwagen sind die wichtigsten Transportmittel zur Versorgung° *supply* West-Berlins: sie befördern rund zwei Drittel aller Güter von und nach West-Berlin. Der Warenstrom, der jährlich nach Berlin fließt°, hat einen Wert von rund 27 *flows* Milliarden Mark. Über 90 Prozent davon kommen aus der Bundesrepublik und anderen westlichen Ländern. Die wichtigsten Waren sind Lebensmittel, Industriegüter, Rohstoffe[L], Treibstoff[L] und Kohle, sogar Baumaterial wie Sand und Steine. Der Wert der in Berlin produzierten Waren, die die Lastzüge in die Bundesrepublik befördern, ist jedoch sehr viel höher.

Der 24jährige Peter Kiegeland, dessen Vater Arzt ist, wollte nach dem Abitur Medizin studieren. Er muß jedoch warten, bis eine Universität ihn akzeptiert, denn die deutschen Universitäten sind überfüllt. Während dieser Wartezeit arbeitet er als Fernfahrer. Er verdient gut, und das Fernfahren mit seinem Kollegen Rademacher macht ihm Spaß.

Kiegeland über seine Fahrten nach West-Berlin: „Es gibt hier keine Schwierigkeiten. Die Papiere müssen in Ordnung sein. Das ist wichtig. Und der Laderaum[L] muß vom westdeutschen Zoll verplombt° sein. An der Grenze kommt dann die *lead-* Ausweis- und Personenkontrolle, dann Fahrzeug- und Papierkontrolle. Wenn alles in *sealed* Ordnung ist, darf man fahren. Aber langsam muß man fahren, und keinen Kilometer schneller als erlaubt. Unterwegs stehen überall — meistens wo man sie nicht sehen kann — Verkehrsschilder. Ist man zu schnell gefahren, muß man bezahlen."

*Der hohe Maschendraht durchschneidet die Landschaft.*

Um 12 Uhr mittags beginnt der Lastzug die zweihundert Kilometer lange Transitfahrt durch die DDR nach West-Berlin. Die Wartezeiten am Grenzübergang[L] Helmstedt sind lang. Die Kontrollen der DDR sind genau, manchmal übergenau. Und die Transitstraße, in deren Ausbau[L] die Bundesrepublik jährlich viele Millionen Mark investiert, ist zum Teil sehr schlecht. Der Fahrer fürchtet, daß er auf der schlechten Straße mit dem Lastwagen eine Panne hat oder Probleme mit der Ladung bekommt.

Nachmittags erreicht der Lastzug den Transitübergang West-Berlin, der wie ein Spiegelbild des Grenzübergangs von Helmstedt aussieht. Die gleichen Gebäude[L], die gleichen Kontrollen, nur die Wartezeiten sind kürzer. Um 17 Uhr kommen Rademacher und Kiegeland bei der Firma Schenker in West-Berlin an. Während die Arbeiter die Waren abladen, gehen die beiden Fernfahrer in die Kneipe[L] gegenüber, trinken alkoholfreies Bier, unterhalten sich mit Kollegen und träumen von Berliner Mädchen. Doch es bleibt beim Träumen, denn zwei Stunden später sitzen die beiden Männer wieder im Cockpit ihres Lastzuges — auf dem Weg zurück nach Braunschweig. Die gleichen Kontrollen noch einmal. Aber das ist nichts Besonderes, wenn man das so oft wie Rademacher und sein Kollege Kiegeland macht.

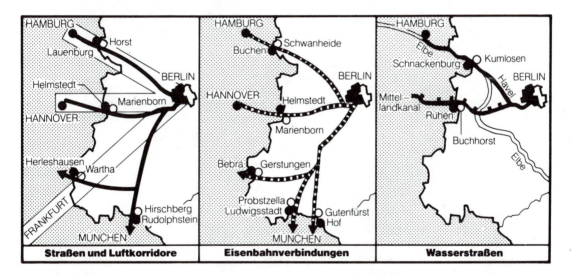

| Straßen und Luftkorridore | Eisenbahnverbindungen | Wasserstraßen |

### Transitwege durch die DDR

Straßen, Eisenbahnen und Wasserstraßen, die die Verbindung der Bundesrepublik Deutschland mit West-Berlin sicherstellen[L]. Das Transitabkommen[L] von 1971 zwischen der Bundesrepublik Deutschland und der DDR regelt diesen Verkehr.

der **Lastzug, ⁼e** = ein Lastwagen mit Anhänger (großer Wagen hinter dem Lastwagen)
    **laden** (lädt, geladen) = Güter zum Transport auf einen Wagen bringen
die **Fabrik, -en** = ein Betrieb, in dem man mit Maschinen Massengüter produziert
der **Streifen Niemandsland** = das Grenzland zwischen zwei Staaten, wo keine
    Menschen wohnen
die **Volkspolizei** (kurz: Vopo) = der Name der DDR Grenzpolizei
der **Wachtturm, ⁼e** = der Turm der Grenzpolizei
    **beobachten** = observieren
    **verladen, die Verladung** = die Waren von der Laderampe auf den Lastwagen
    laden
der **Fernfahrer, -** = der Fahrer eines Lastwagens, der lange Fahrten macht
    (fern = weit weg)
    **befördern** = transportieren
der **Rohstoff, -e** = noch nicht bearbeitetes Material
der **Treibstoff** = z. B. Benzin, Diesel, Öl
der **Laderaum** = der Platz, wo die Ladung ist
der **Grenzübergang, ⁼e** = die Stelle, an der man über die Grenze gehen oder
    fahren kann
der **Ausbau** = die Erweiterung
das **Gebäude, -** = das Bauwerk, Haus
die **Kneipe, -n** = ein einfaches Gasthaus
    **sicher • stellen** = garantieren
das **Transitabkommen** = der Kontrakt, der den Transitverkehr regelt

## ROLLENSPIEL

Spieler: Ein Reporter, der Fragen stellt.
      Die beiden Fernfahrer, die seine Fragen beantworten.

| | |
|---|---|
| **Reporter:** | Herr Rademacher und Herr Kiegeland, Sie sind Fernfahrer. Wohin fahren Sie heute? |
| **Kiegeland:** | _____ |
| **Reporter:** | Sind Sie diese Straße schon einmal gefahren? Wie gut kennen Sie sie? |
| **Rademacher:** | _____ |
| **Reporter:** | Müssen Sie noch einmal halten, bevor Sie in die DDR fahren? Wenn ja, warum und wo? |
| **Rademacher:** | _____ |
| **Reporter:** | Beschreiben Sie bitte die deutsch-deutsche Grenze, die gleich hinter der Fabrik ist! |
| **Kiegeland:** | _____ |
| **Reporter:** | Was für einen Lastzug fahren Sie? |
| **Rademacher:** | _____ |

| | |
|---|---|
| **Reporter:** | Helfen Sie auch manchmal selbst bei der Verladung? Warum? |
| **Kiegeland:** | _____ |
| **Reporter:** | Herr Rademacher, was machen Sie nach der Verladung der Waren? |
| **Rademacher:** | |
| **Reporter:** | Warum sagen Sie, daß diese Transitfahrt eine Routine für Sie ist? |
| **Rademacher:** | _____ |
| **Reporter:** | Wie lange fahren Sie schon schwere Lastwagen? |
| **Rademacher:** | _____ |
| **Reporter:** | Warum sind Sie Fernfahrer geworden. Wollten Sie das schon immer? |
| **Rademacher:** | |
| **Reporter:** | Für welche Firma arbeiten Sie, und was macht Ihre Firma? |
| **Rademacher:** | _____ |
| **Reporter:** | Herr Kiegeland, warum sind Sie Fernfahrer geworden? |
| **Kiegeland:** | |
| **Reporter:** | Macht Ihnen Ihre Arbeit Spaß? Warum? |
| **Kiegeland:** | _____ |
| **Reporter:** | Sie sind jetzt auf dem Weg nach West-Berlin. Was können Sie uns über die Transitfahrt durch die DDR sagen? |
| **Kiegeland:** | _____ |
| **Reporter:** | Wie ist die Transitstraße durch die DDR? Kann es da Probleme geben? |
| **Rademacher:** | |
| **Reporter:** | Und was können Sie über den Transitübergang nach West-Berlin sagen? |
| **Rademacher:** | |
| **Reporter:** | Wie lange dauert Ihre 200 Kilometer-Fahrt nach Berlin? |
| **Rademacher:** | _____ |
| **Reporter:** | Wie lange bleiben Sie in Berlin? Was machen Sie dort? |
| **Kiegeland:** | _____ |

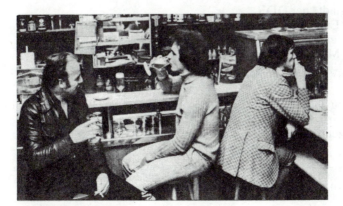

# KULTUR

Informationen über die Deutsche Demokratische Republik

**Die DDR . . .**

. . .ist ungefähr so groß wie wie der U.S. Bundesstaat Virginia.

. . .hat eine Fläche von 108,177 qkm.

. . .hat drei Nachbarn.

. . .grenzt im Osten an Polen, im Südosten an die
Tschechoslowakei.

. . .grenzt im Westen an die Bundesrepublik.

. . .grenzt im Norden an die Ostsee.

. . .hat 16,7 Millionen Einwohner; davon leben
rund 75% in den Städten.

**Die DDR**

. . .entstand im Oktober 1949 aus der sowjeti-
schen Besatzungszone.

. . .entstand als Antwort auf die Entstehung der
BRD am 23. Mai 1949.

. . .ist ein sozialistischer Staat.

. . .war zwanzig Jahre lang von den westlichen Ländern der Welt isoliert.

. . .wurde erst 1973 durch die Aufnahme in die Vereinten Nationen (UN) als Staat anerkannt.

**In der DDR . . .**

. . .gibt es 8,2 Millionen Erwerbstätige, davon sind 50% Frauen.

. . .sind rund 86% aller Frauen im Alter von 16 bis 65 Jahren erwerbstätig.

. . .ist die Landwirtschaft kollektiviert.

. . .ist fast die gesamte Industrie verstaatlicht.  *nationalized*

**Berlin (Ost) . . .**

. . .ist die Hauptstadt* der DDR.

. . .hat 1,140,000 Einwohner und ist die größte Stadt der DDR.

. . .ist das Kulturzentrum der DDR.

. . .ist durch eine Mauer von Berlin-West getrennt.

**Die DDR . . .**

. . .gehört heute zu den zehn führenden Industrieländern der Welt.

. . .hat eine Planwirtschaft.

. . .hält die Grenzen zum Westen geschlossen.

---

*declared capital by the GDR. In the views of the Federal Republic of Germany and the three Western powers (USA, Great Britain, France) there still exists the four-power status for all of Berlin.

# SCHRIFTLICHE ÜBUNGEN

**SÜ 1**  Ergänzen Sie die Relativpronomen!
*(Nominativ, Akkusativ, Dativ)*

1. Das Auto, *das* wir gestern sahen, ist schon verkauft.
2. Welche Farbe hat der Bus, ____ zum Marktplatz fährt?
3. Bitte spielen Sie die Musik, ____ Ihnen am besten gefällt!
4. Dort kommt die Dame, von ____ wir gerade gesprochen haben.
5. Wo sind die Studenten, ____ diese Bücher gehören?
6. Der Polizist, ____ wir fragten, wußte es auch nicht.
7. Fragen Sie den Polizisten, ____ an der Ecke steht!
8. Ich kenne die Leute, bei ____ Sie gestern waren.
9. Ich nehme die größte Tasche, ____ ich habe.
10. Hier ist ja der Schlüssel, ____ ich gesucht habe.
11. Kennen Sie die Leute, ____ Auto vor Ihrem Haus geparkt ist?
12. Wie heißen die Leute, ____ wir die Blumen bringen sollen?
13. Wie hieß die Dame, ____ Reisepaß du gefunden hast?
14. Das Hotel, in ____ wir wohnten, war sehr gut.
15. Warum willst du dir einen Mantel kaufen, ____ dir nicht gefällt?
16. Die Dame, ____ das Kleid so gut gefiel, hat es gekauft.
17. Das Kleid, ____ der Dame so gut gefiel, war gar nicht teuer.
18. Wissen Sie, wo der Herr ist, ____ gerade noch hier stand?

**SÜ 2**  Ergänzen Sie die Relativpronomen und vollenden Sie die Sätze!

1. Die Familie, neben *der* wir wohnen, *kommt aus der DDR* .
2. Die Sekretärin, für ____ ich das Geschenk kaufte, . . .
3. Ein Freund, von ____ ich lange nichts hörte, . . .
4. Die große Stadt, durch ____ wir fuhren, . . .
5. Das Haus, in ____ er wohnt, . . .
6. Der Bus, auf ____ wir gewartet haben, . . .
7. Alle Ärzte, zu ____ sie gegangen ist, . . .
8. Meine Freunde, bei ____ ich oft bin, . . .
9. Der Kugelschreiber, mit ____ er schrieb, . . .
10. Das Haus, aus ____ er gekommen ist, . . .

**SÜ 3**  Verbinden Sie die Sätze mit Relativpronomen!

- Die Leute waren sehr nett. Wir haben die Leute im Urlaub getroffen.
  *Die Leute, die wir im Urlaub getroffen haben, waren sehr nett.*

1. Sie hat einen Mann geheiratet. Er ist sehr reich.
2. Der Zug ist später angekommen. Ich habe den Zug genommen.

3. Die Dame war aus Augsburg. Ich habe neben ihr gesessen.
4. Freiburg und Karlsruhe sind zwei Städte. Sie liegen in Südwestdeutschland.
5. Unsere Freunde suchen ein Haus. Die Wohnung unserer Freunde ist klein.
6. Wie findest du das neue Geschäft? Wir haben in dem Geschäft eingekauft.

**SÜ 4**   Ergänzen Sie die Relativpronomen!

Erinnern Sie sich an Rotkäppchen? Jeder, _der_ das kleine Mädchen nur ansah, hatte es gern. Aber die Großmutter, ____ draußen im Wald wohnte, hatte es besonders gern. Sie schenkte ihm ein rotes Käppchen, ____ dem kleinen Mädchen sehr gut gefiel.

Eines Tages sagte die Mutter: „Komm Rotkäppchen, hier hast du von dem Kuchen, ____ wir gestern gebacken haben. Und hier ist auch eine Flasche Wein, über ____ sich die Großmutter freuen wird." Das Mädchen, ____ der Mutter versprochen hatte, alles gut zu machen, machte sich auf den Weg. Die Großmutter, ____ Rotkäppchen Kuchen und Wein bringen sollte, war krank. Das Haus, in ____ sie wohnte, war eine halbe Stunde vom Dorf. Auf dem Weg zur Großmutter begegnete Rotkäppchen dem Wolf, vor ____ es sich nicht fürchtete.

„Wohin gehst du so früh, Rotkäppchen?" fragte der Wolf, ____ großen Hunger hatte.

„Zur Großmutter, von ____ ich mein rotes Käppchen habe."

„Was trägst du in dem Korb, ____ du da hast?"

„Kuchen und Wein", antwortete Rotkäppchen und zeigte auf die Sachen, ____ im Korb waren. Der Wolf dachte: Das junge, zarte Ding ist ein fetter Bissen, ____ noch besser schmecken wird als die Alte. Aber laut sagte er: „Rotkäppchen, sieh einmal die schönen Blumen, ____ es hier gibt. Hörst du nicht die Vöglein, ____ so schön singen?"

Da dachte Rotkäppchen: Die Großmutter, ____ nicht aufstehen kann, wird sich sicher über schöne Blumen freuen. Rotkäppchen vergaß das Versprechen, ____ es der Mutter gegeben hatte, und lief vom Weg ab. Der Wolf aber, ____ ein böses Tier war, lief schnell zum Haus der Großmutter. Dort klopfte er an die Tür, ____ geschlossen war.

„Wer ist draußen?" rief die Großmutter, ____ im Bett lag und ____ es nicht gut ging.

„Rotkäppchen, ____ dir Kuchen und Wein bringen will."

„Drück nur auf die Klinke", antwortete die Großmutter, ____ zu schwach war, um die Tür selbst aufzumachen. Der Wolf ging geradewegs zum Bett, in ____ die Großmutter lag und verschluckte sie. Dann zog er die Kleider an, ____ der Großmutter gehörten, und legte sich in ihr Bett.

Als Rotkäppchen mit den Blumen zum Haus kam, in ____ die Großmutter wohnte, sah es, daß die Tür offen war. Das kleine Mädchen, ____ immer so gern bei der Großmutter war, bekam Angst. Langsam ging es zum Bett, in ____ die Großmutter schlief. Da sah Rotkäppchen die großen Ohren, ____ unter der Haube hervorguckten. Die Augen, mit ____ die „Großmutter" das Mädchen ansah, waren entsetzlich groß. Es fürchtete sich auch vor den Händen, mit ____ die „Großmutter" es packen wollte. Aber am entsetzlichsten war das Maul, mit ____ die „Großmutter" das Mädchen fressen wollte. Und dann verschluckte der Wolf, ____ immer noch Hunger hatte, auch das kleine Rotkäppchen.

**Wie geht das Märchen weiter?**

### Der Lottomillionär

- The subjunctive mood / present time
- Substitute for the subjunctive:
  **würde** + infinitive
- Usage of pure subjunctive forms
  and **würde** + infinitive

**Frau — Hausfrau, Mann — Hausmann?**

# Kapitel 30

# Der Lottomillionär

Wenn am Samstagabend das deutsche Fernsehen die Ziehung° der *drawing*
Lottozahlen zeigt, dann sitzen mehr als 20 Millionen Deutsche vor dem
Fernsehapparat und träumen, was sie tun würden, wenn sie die richtigen
Lottozahlen hätten. Mit sechs richtigen Lottozahlen könnte man Lotto-
millionär werden. Wäre es nicht phantastisch, eine Million zu gewinnen?
Man müßte nicht mehr arbeiten. Man könnte um die Welt reisen. Ja, man
könnte sich so viele Wünsche erfüllen.° *fulfill*

So dachte auch der Mechaniker Herbert Spinner aus Mannheim.
Jahrelang hatte er jede Woche im Lotto gespielt, aber nie hatte er etwas
gewonnen. Dann erfüllte er sich selbst seinen Traum. Er ging zur Bank
und hob das ganze Geld ab,° das er und seine Frau gespart hatten. Es waren *withdrew*
genau 18 350 Mark. Als er mit dem Geld nach Hause kam, erzählte er seiner Frau und seinen Freunden: „Ich habe eine Million im Lotto gewonnen. Jetzt bin ich Lottomillionär."

Zuerst lud er seine Freunde zu einer großen Party ein. Jeder durfte essen
und trinken, was er wollte. Das kostete 1400 Mark. Seinem besten Freund
schenkte der „Lottomillionär" einen gebrauchten Mercedes, der 12 000
Mark kostete. Auch seiner Schwester erfüllte er einen Wunsch. Für
weitere 20 000 Mark bestellte er ihr neue Wohnzimmermöbel. Die besten
natürlich! Dann kaufte sich der „Lottomillionär" eine teure Stereoanlage.
Doch was ist eine Stereoanlage ohne Schallplatten? Also kaufte er noch
250 Singles und 100 Langspielplatten.

Zum Schluß ging er mit seiner Frau zum Juwelier.° „Vielleicht haben Sie *jeweller*
schon von mir gehört? Ich bin der Mann, der eine Million im Lotto
gewonnen hat." Er kaufte Schmuck und Uhren für über 20 000 Mark und
bezahlte, wie er die ganze Woche bezahlt hatte: 1000 Mark sofort bar,° den *cash*
Rest mit einem Scheck.

Der Juwelier und die anderen Geschäftsleute entdeckten es zu spät: Die
Schecks des „Lottomillionärs" waren nicht gedeckt.° Doch der Lottomil- *covered*
lionär ohne Million war verschwunden,° und die Polizei sucht ihn immer *had disappeared*
noch.

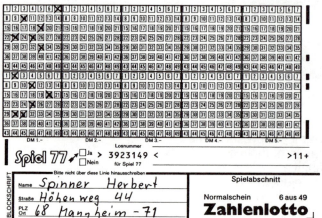

# EINFÜHRUNG

*Konjunktiv II / Präsens*

## IMPERFEKT

Der Mechaniker Herbert Spinner spielte jede Woche im Lotto, aber:

**Er hatte** kein Glück.
**Er hatte** nie die richtigen Lottozahlen.

**Er war** kein Lottomillionär.
**Er war** nicht reich.

**Er mußte** arbeiten.
**Er mußte** sparen.

**Er konnte** keine Weltreise machen.
**Er konnte** nicht oft seine Freunde einladen.

**Seine Freunde durften** bei ihm nie essen und trinken, was **sie wollten.**

## KONJUNKTIV II / PRÄSENS

Spinner hatte nur einen Traum. Er wollte im Lotto gewinnen. Er dachte immer:

Wenn **ich** nur Glück **hätte.**
Wenn **ich** nur die richtigen Lottozahlen **hätte.**

Wenn **ich** nur Lottomillionär **wäre.**
Wenn **ich** nur reich **wäre.**

**Ich müßte** nicht mehr arbeiten.
**Ich müßte** nicht mehr sparen.

**Ich könnte** eine Weltreise machen.
**Ich könnte** meine Freunde zu einer großen Party einladen.

**Meine Freunde dürften** essen und trinken, was **sie wollten.**

## FUTUR

Spinner wollte eine Woche lang wie ein Millionär leben. Er machte Pläne:

**Ich werde** auch ohne die Million meine Freunde **einladen.**

**Ich werde** meinem besten Freund ein Auto **schenken.**

**Ich werde** meiner Schwester einen Wunsch **erfüllen.**

**Ich werde** mir eine teure Stereoanlage **kaufen.**

**Ich werde** alles mit ungedeckten Schecks **bezahlen.**

## WÜRDE + INFINITIV

Was wäre, wenn er wirklich im Lotto gewinnen würde?

**Er würde** mit der Million seine Freunde zu einer Party **einladen.**

**Er würde** seinem besten Freund ein Auto **schenken.**

**Er würde** seiner Schwester einen Wunsch **erfüllen.**

**Er würde** sich eine teure Stereoanlage **kaufen.**

**Er würde** alles mit seiner Million **bezahlen.**

**Und Sie?**
**Was würden Sie tun, . . .**

**wenn Sie Millionär wären?**
**wenn Sie die richtigen Lottozahlen hätten?**
**wenn Sie gar kein Geld hätten?**
**wenn Sie mehr Zeit hätten?**
**wenn Sie tun könnten, was Sie wollten?**

# GRAMMATIK

## A  The Subjunctive Mood

### 1  Analysis

MOOD

denotes a mental state or attitude. Grammatically, *mood* signifies the change in the form of the verb to indicate the various ways in which an action or state is viewed by the speaker. You are already familiar with two moods: the imperative and the indicative moods.

#### 1. The imperative

As you will know, the imperative is used to give a command.

> Machen Sie die Tür zu!
> Mach die Tür zu!          *Close the door.*
> Macht die Tür zu!

#### 2. The indicative

The sentences you have been using up to this point have been in the indicative which is the mood of facts and reality. The indicative form of the verb is used to make statements or ask questions about facts and actions as they really are.

| | | |
|---|---|---|
| PRESENT TENSE | Gehen Sie nach Hause? | *Are you going home?* |
| | Ja, wir gehen nach Hause. | *Yes, we are going home.* |
| PRESENT PERFECT | Wo sind Sie gewesen? | *Where have you been?* |
| | Ich bin zu Hause gewesen. | *I have been home.* |
| PAST PERFECT | Wo waren Sie gewesen. | *Where had you been?* |
| | Ich war zu Hause gewesen. | *I had been home.* |
| PAST TENSE | Wovon träumte er? | *What did he dream of?* |
| | Er wollte im Lotto gewinnen. | *He wanted to win in the lottery.* |
| FUTURE TENSE | Was wird er tun? | *What will he do?* |
| | Er wird leben wie ein Millionär. | *He will live like a millionaire.* |

#### 3. The subjunctive

The subjunctive indicates that the action or situation described by the form of the verb **does not belong to the domain of fact and reality,** but that it merely exists in the mind of the speaker. Thus, the subjunctive is the mood of contrary-to-fact statements, wishes, plans and hopeful expectations that might or might not come true. The subjunctive is also used for polite or cautious requests.

Compare the mood of the following English sentence:

| Indicative: Reality and Fact | Subjunctive: Contrary-to-fact |
|---|---|
| *He has time, so he will come.*<br>*If he has time, he will come.* | *If he had time, he would come.* |
| In the first sentence, the clause *he has time* expresses a factual situation with the certain conclusion *so he will come.* The second sentence states the same situation as a condition: Provided he (really) has time. Depending upon the fulfilment of this condition is the conclusion of the sentence: then *he will* (definitely) *come.* | Here, both the condition and the conclusion exist only in the mind of the speaker. Both are unreal and doubtful. In reality, he has no time and as a result he will not be able to come. Hence the term contrary-to-fact. |
| The verbs of both sentences are in the indicative: *has / will go.* | The verbs of the contrary-to-fact statement are in the subjunctive: *had / would go.* |

Notice that the time relation in both indicative sentences and in the subjunctive sentence is the same: **present time / future time.** This means that the verb form *had* does not always indicate past time but, if used in the subjunctive, indicates present time or even future time.

Compare:

PAST TENSE INDICATIVE    *I **had** enough money last week.*
*When I **had** enough money. . .*
(past tense form *had* indicating past time)

PRESENT-TIME SUBJUNCTIVE    *If only I **had** more money.*
*If I **had** enough money now. . .*
(past tense form *had* indicating present time)

With the exception of *to be (was / were),* this pattern holds true for all English verbs: In *if*-clauses, past tense verb forms are used to express the subjunctive in present time or future time.

*I would be very happy if he **came** soon.*
*If you **took** the money you could buy a lot of things.*
*If he **knew** it he would tell us.*
*If I **had** a lot of money I wouldn't work anymore.*

## 2   The German present-time subjunctive II

The above explanation is to a great extent valid for German as well as English. Corresponding to the English subjunctive is the German subjunctive II. It is labelled „II" because it is derived from the second principle part of the verb: the past tense.

## 1. Strong verbs

The present-time subjunctive of strong verbs is formed by adding a set of subjunctive endings to the stem of the past tense. Whenever possible, that is, whenever the stem vowel is **a, o** or **u,** an Umlaut is added.

| INFINITIVE<br>PAST STEM | sein<br>war | fliegen<br>flog | fahren<br>fuhr | bleiben<br>blieb |
|---|---|---|---|---|
| ich | wär-e | flög-e | führ-e | blieb-e |
| du | wär-(e)st | flög-(e)st | führ-(e)st | blieb-(e)st |
| er/es/sie | wär-e | flög-e | führ-e | blieb-e |
| wir | wär-en | flög-en | führ-en | blieb-en |
| ihr | wär-(e)t | flög-(e)t | führ-(e)t | blieb-(e)t |
| Sie, sie | wär-en | flög-en | führ-en | blieb-en |

**Note** The endings for the **du-** and **ihr-**forms are often shortened to **-st** and **-t: du wärst/ihr wärt, du bliebst/ihr bliebt.** Exception: Verbs stems ending in **-d** or **-t** or a consonant cluster.

## 2. Weak verbs

The present-time subjunctive forms of weak verbs are exactly the same as the past tense indicative forms.

| Infinitive | Past Indicative | Present-Time<br>Subjunctive |
|---|---|---|
| wohnen | ich wohnte | ich wohnte |
| suchen | du suchtest | du suchtest |

Because the subjunctive is not clearly recognizable, the pure subjunctive forms of weak verbs are rarely used in conversational German.

## 3. Irregular weak verbs

The present-time subjunctive forms of irregular weak verbs are like the past tense forms, but with an Umlaut added.

| Infinitive | Past Tense | Present-Time<br>Subjunctive |
|---|---|---|
| bringen | ich brachte | ich brächte |
| denken | ich dachte | ich dächte |
| haben | ich hatte | ich hätte |
| wissen | ich wußte | ich wüßte |
| werden | ich wurde | ich würde |

Note that the personal endings are identical to the past tense indicative endings:

| | Past Tense | Present-Time Subjunctive |
|---|---|---|
| ich | hatte | **ich hätte** |
| du | hattest | **du hättest** |
| er | hatte | **er hätte** |
| wir | hatten | **wir hätten** |
| ihr | hattet | **ihr hättet** |
| Sie, sie | hatten | **Sie, sie hätten** |

Other irregular verbs such as **kennen** and **nennen** have irregular subjunctive forms which are rarely used in conversational German.

### 4. Modal auxiliaries

The modals follow the pattern of the weak verbs. The subjunctive forms of **sollen** and **wollen** are identical to the past tense forms. The modals **müssen, können, dürfen** and **mögen,** which have an Umlaut in the infinitive will again have an Umlaut in the subjunctive.

| Infinitive | Past Tense | Present-Time Subjunctive | |
|---|---|---|---|
| dürfen | ich durfte | **ich dürfte** | *I might* |
| können | ich konnte | **ich könnte** | *I could* |
| müssen | ich mußte | **ich müßte** | *I should* |
| mögen | ich mochte | **ich möchte** | *I would like to* |
| sollen | ich sollte | **ich sollte** | *I should* |
| wollen | ich wollte | **ich wollte** | *I wanted (would want)* |

Note that the personal endings are identical to the past tense endings:

| | Past Tense | Present-Time Subjunctive |
|---|---|---|
| ich | konnte | **ich könnte** |
| du | konntest | **du könntest** |
| er | konnte | **er könnte** |
| wir | konnten | **wir könnten** |
| ihr | konntet | **ihr könntet** |
| Sie, sie | konnten | **Sie, sie könnten** |

## B   Substitute for the Subjunctive: würde + Infinitive

In German, there is a growing tendency to replace the pure subjunctive verb forms by **würde** (the subjunctive of **werden**) and the infinitive of the main verb. The **würde** + infinitive construction is derived from the future indicative.

| Future Indicative | Conditional |
|---|---|
| *(will do it)* | *(would do it)* |
| ich **werde** es tun | ich **würde** es tun |
| du **wirst** es tun | du **würdest** es tun |
| er **wird** es tun | er **würde** es tun |
| wir **werden** es tun | wir **würden** es tun |
| ihr **werdet** es tun | ihr **würdet** es tun |
| sie **werden** es tun | sie **würden** es tun |
| Sie **werden** es tun | Sie **würden** es tun |

The **würde** + infinitive construction is equivalent to the English conditional and corresponds to English phrases with *would*.

| | |
|---|---|
| **Würdest** du mir bitte **helfen?** | *Would you help me please?* |
| Wenn er nur **anrufen würde.** | *If only he would call.* |
| Ich **würde** ihm **schreiben.** | *I would write to him.* |

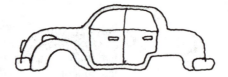

**Würden Sie ein Auto ohne Räder kaufen?**

---

When **not** to use the **würde** + infinitive construction

The **würde** + infinitive construction is generally **not** used:

1. with modal auxiliaries

| | |
|---|---|
| Ich **wollte**, du **könntest** mir helfen. | *I wish you could help me.* |
| **Dürfte** ich Sie etwas fragen? | *Might I ask you something?* |
| Das **sollten** Sie nicht tun. | *You shouldn't do that.* |
| Wenn er kommen **könnte,** | *If he could come,* |
| würde ich . . . | *I would . . .* |

2. with **sein, haben** and **wissen**

| | |
|---|---|
| Wenn ich reich **wäre**, würde ich . . . | *If I were rich, I would . . .* |
| Wenn er mehr Geld **hätte,** | *If he had more money,* |
| würde er . . . | *he would . . .* |
| Wenn wir es **wüßten**, würden wir . . . | *If we knew, we would . . .* |

---

## C Usage of Pure Subjunctive Forms and würde + Infinitive

It is important that you recognize that the **würde** + infinitive construction and the pure subjunctive forms are **alternative ways of expressing one and the same thing.** The choice between the two is a matter of style.*

All of the pure subjunctive forms can be found in written German:

| | | |
|---|---|---|
| WEAK VERBS | Wenn er mich **fragte,** . . . | *If he asked me . . . .* |
| IRREG. WEAK VERBS | Wenn er das Geld **brächte,** . . . | *If he brought the money . . .* |
| STRONG VERBS | Wenn er jetzt **käme,** . . . | *If he came now . . .* |

Spoken German, however, replaces many pure subjunctive forms by **würde** + infinitive:

| | | |
|---|---|---|
| WEAK VERBS | Wenn er mich **fragen würde,** . . . | *If he would ask me . . .* |
| IRREG. WEAK VERBS | Wenn er es **bringen würde,** . . . | *If he would bring it . . .* |
| STRONG VERBS | Wenn er jetzt **kommen würde,** . . . | *If he would come now . . .* |

### 1 Contrary-to-fact conditions

A conditional sentence consists usually of two clauses: a **wenn**-clause which states the condition and a second clause with the conclusion. Either clause, the condition or the conclusion, may be in first position.

> Wenn ich nicht krank wäre, würde ich mitkommen.
> *If I weren't sick, I would come along.*

> Ich würde mitkommen, wenn ich nicht krank wäre.
> *I would come along, if I weren't sick.*

**Würde** + infinitive is generally used in the conclusion of a conditional sentence when a pure subjunctive form is used in the **wenn**-clause:

> Wenn ich viel Geld hätte, **würde** ich eine Weltreise **machen.**
> *If I had a lot of money I would take a trip around the world.*

> Wenn er jetzt käme, **würden** wir ihm alles **sagen.**
> *If he came now we would tell him everything.*

**Note** A contrary-to-fact statement does not necessarily have to be introduced by **wenn**. However, if **wenn** is omitted, the conjugated verb becomes the first element of the clause and the conclusion is usually introduced by **dann** or **so**.

> Wenn ich viel Geld hätte, . . .

> **Hätte** ich viel Geld, **dann würde** ich mir ein neues Auto **kaufen.**
> *If I had a lot of money, I would buy myself a new car.*

---

* Although formal German grammar demands the pure subjunctive verb forms in the **wenn**-clause, the usage of **würde** + infinitive is, nevertheless, very common in spoken and written German.

## 2 Hypothetical conclusions

| | |
|---|---|
| Ich **würde** diese Rechnung nicht **bezahlen.** | *I wouldn't pay this bill.* |
| Das **wäre** nett von Ihnen. | *That would be nice of you.* |
| Er **könnte** das auch **tun.** | *He could do that too.* |

## 3 Wishful thinking

To express a wish, the words **nur** or **doch** (or both) are inserted into the **wenn**-clause:

| | |
|---|---|
| Wenn er **doch kommen würde.** | *If only he would come.* |
| Wenn ich **nur** nicht krank **wäre.** | *If only I weren't sick.* |
| Wenn wir **doch** Zeit **hätten.** | *If only we had time.* |

Wishes are often introduced by the expression **ich wollte** (or **ich wünschte).** Notice that **wollte** (= *would wish)* is a subjunctive form.

| | |
|---|---|
| **Ich wollte, ich hätte** mehr Zeit. | *I wish I had more time.* |
| **Ich wollte, er wäre** jetzt hier. | *I wish he were here now.* |
| **Ich wollte, ich könnte** das tun. | *I wish I could do that.* |

## 4 Polite requests, commands or questions

From a structural point of view, many polite requests are the conclusion of an implied **wenn**-clause (**Wenn es möglich wäre, . . .**) and are therefore expressed with **würde** + infinitive. Again, the modals, **sein, haben** and **wissen** are an exception.

| | |
|---|---|
| **Würden** Sie bitte einen Moment **warten?** | *Would you please wait a moment?* |
| **Würdest** du das für mich **tun?** | *Would you do that for me?* |
| **Könnten** Sie mir **helfen?** | *Could you please help me?* |

Many polite requests or questions contain the adverb **gern** (gladly, very much) **lieber** (rather, preferably) or **am liebsten** (most of all).

| | |
|---|---|
| Was hätten Sie **gern?** | *What would you like?* |
| Möchtest du **lieber** Kaffee oder Tee? | *Would you prefer coffee or tea?* |
| Ich hätte **am liebsten** Tee. | *I'd like tea best of all.* |

The subjunctive forms of the modals are frequently used to express polite or cautious requests:

| | |
|---|---|
| **Dürfte** ich Sie etwas fragen? | *Might I ask you something?* |
| **Könntest** du bitte die Tür schließen? | *Could you please close the door?* |
| **Müßten** wir das nicht auch tun? | *Wouldn't we have to do that too?* |
| **Solltet** ihr nicht früher weggehen? | *Shouldn't you leave earlier?* |

# MÜNDLICHE ÜBUNGEN

## Konjunktiv II (Präsens): **sein** und **haben**

**MÜ 1**  Sagen Sie es mit dem Konjunktiv!

- Haben Sie (hast du, habt ihr) keinen Hunger?
  *Ich dachte, Sie hätten (du hättest, ihr hättet) Hunger.*

| Haben Sie . . .? | Hast du . . .? | Habt ihr . . .? |
|---|---|---|
| 1. keinen Durst | 5. keine Ferien | 9. keine neue Wohnung |
| 2. keine Zeit | 6. keine Angst | 10. kein neues Auto |
| 3. keinen Urlaub | 7. kein Geld | 11. keine Schlüssel |
| 4. keine Arbeit | 8. keinen Reisepaß | 12. keinen Regenschirm |

**MÜ 2**  Sagen Sie es mit dem Konjunktiv!

- Sind Sie (bist du, seid ihr) nicht müde?
  *Ich dachte, Sie wären (du wärst, ihr wärt) müde.*

| Sind Sie . . .? | Bist du . . .? | Seid ihr . . .? |
|---|---|---|
| 1. nicht krank | 5. nicht glücklich | 9. nicht zu Hause |
| 2. nicht traurig | 6. nicht hungrig | 10. nicht im Büro |
| 3. nicht verheiratet | 7. nicht zufrieden | 11. nicht sportlich |
| 4. nicht nervös | 8. nicht gesund | 12. nicht vorsichtig |

**MÜ 3**  Fragen Sie höflich°!                                                          politely

- Haben Sie Feuer? → *Hätten Sie Feuer?*
  Ist das gut so? → *Wäre das gut so?*

| | |
|---|---|
| 1. Haben Sie einen Moment Zeit? | 4. Ist das in Ordnung? |
| 2. Hast du zehn Mark für mich? | 5. Habt ihr noch eine Kinokarte? |
| 3. Sind Sie morgen zu Hause? | 6. Bist du damit zufrieden? |

## Modalverben

**MÜ 4**  Es gibt so viele Dinge, die wir (nicht) tun sollten, z.B. im Straßenverkehr.
Hier sind einige Beispiele. Finden Sie mehr!

- Viele Leute fahren nicht defensiv. → *Man sollte defensiv fahren.*

| | |
|---|---|
| 1. Sie haben keine Geduld. | 5. Sie beachten die Verkehrszeichen nicht. |
| 2. Sie fahren zu schnell. | 6. Sie denken nicht an mögliche Gefahren. |
| 3. Sie überholen rechts. | 7. Sie trinken zu viel Alkohol. |
| 4. Sie rauchen zuviel. | 8. Sie gehen nicht oft genug zu Fuß. |

**MÜ 5**   Fragen Sie höflicher!

- Darf ich Sie etwas fragen? → *Dürfte ich Sie etwas fragen?*

1. Darf ich bitte vorbeigehen?
2. Dürfen wir Sie morgen anrufen?
3. Darf ich diesen Stuhl nehmen?
4. Darf ich Ihren Ausweis sehen?
5. Darf ich mal telefonieren?
6. Dürfen wir mit Ihnen fahren?

**MÜ 6**   Fragen Sie höflicher!

- Rufen Sie mich an! → *Könnten Sie mich anrufen?*
  Ruf mich an! → *Könntest du mich anrufen?*
  Ruft mich an! → *Könntet ihr mich anrufen?*

1. Bringen Sie das Buch mit!
2. Mach die Tür auf!
3. Holt mich bitte ab!
4. Setz dich bitte hin!
5. Probieren Sie den Mantel an!
6. Kommt morgen vorbei!

**MÜ 7**   Bilden Sie Wunschsätze!

- Sie muß zu Hause bleiben. → *Ich wollte, sie müßte nicht zu Hause bleiben.*

1. Ich muß jetzt gehen.
2. Sie darf nicht aufstehen.
3. Du mußt immer arbeiten.
4. Sie kann das nicht verstehen.
5. Wir müssen uns beeilen.
6. Ich kann ihr nicht helfen.
7. Man darf hier nicht rauchen.
8. Wir müssen die Rechnung bezahlen.

## Verbformen

**MÜ  8**   Üben Sie!

| | Präsens | Imperfekt | Konjunktiv II |
|---|---|---|---|
| 1. | er bleibt | *er blieb* | *er bliebe* |
| 2. | wir gehen | _____ | _____ |
| 3. | sie spricht | _____ | _____ |
| 4. | es gibt | _____ | _____ |
| 5. | wir tun | _____ | _____ |
| 6. | ich nehme | _____ | _____ |
| 7. | sie schreibt | _____ | _____ |
| 8. | er läßt | _____ | _____ |
| 9. | du weißt | _____ | _____ |
| 10. | er bringt | _____ | _____ |
| 11. | ihr werdet | _____ | _____ |
| 12. | es scheint | _____ | _____ |
| 13. | er schläft | _____ | _____ |
| 14. | du findest | _____ | _____ |
| 15. | ich werde | _____ | _____ |

**Erinnern Sie sich?**

| Infinitiv | Imperfekt |
|---|---|
| fahren | *fuhr* |
| anfangen | *fing an* |
| fliegen | _____ |
| rufen | _____ |
| essen | _____ |
| einsteigen | _____ |
| beginnen | _____ |
| heißen | _____ |
| sitzen | _____ |
| halten | _____ |
| liegen | _____ |
| laufen | _____ |
| stehen | _____ |
| bekommen | _____ |
| lesen | _____ |

**MÜ 9** Was wäre besser?

- Er kommt nicht. → *Es wäre besser, wenn er käme.*

1. Sie nimmt die Medikamente nicht.
2. Er geht nicht nach Hause.
3. Die Kinder schlafen nicht.
4. Du tust das nicht.
5. Sie bleiben nicht hier.
6. Er ruft seine Eltern nicht an.
7. Wir bekommen das Geld nicht.
8. Sie unterhalten sich nicht.
9. Ich weiß es nicht.
10. Wir steigen nicht aus.

## würde + Infinitiv

**MÜ 10** Was würden Sie tun? / Was würden Sie nicht tun?

- Er kauft das alte Auto.
  *Ich würde es auch kaufen. (Ich würde es nicht kaufen.)*

1. Sie fahren mit dem Auto.
2. Er arbeitet jedes Wochenende.
3. Sie beeilt sich.
4. Sie nehmen den Zug.
5. Sie ruft euch an.
6. Sie freut sich über das Geschenk.
7. Er macht einen langen Urlaub.
8. Er kontrolliert die Reisepässe.
9. Wir gehen nach Hause.
10. Er arbeitet heute nicht.

**MÜ 11** Sagen Sie es höflicher!

- Helfen Sie mir bitte! → *Würden Sie mir bitte helfen?*

1. Sprechen Sie bitte lauter!
2. Öffnen Sie bitte die Tür!
3. Steig bitte aus!
4. Schreiben Sie das auf!
5. Ruf mich später an!
6. Bring mir ein Glas Wasser!
7. Lauft nicht schnell!
8. Unterhaltet euch nicht so laut!
9. Machen Sie das Fenster zu!
10. Bringen Sie mir noch ein Bier!

**MÜ 12** Auf deutsch, bitte!

1. I wish I didn't have to stay home.
2. If he wanted to know it he would ask.
3. Would you wait here, please.
4. If only he would call us.
5. If the children were tired they would sleep.
6. I wouldn't buy these tires.
7. If I were sick I would go home.
8. Would you help me please?
9. She would like to sit down.
10. Couldn't you drive faster?
11. I wish you wouldn't drive so fast.
12. You shouldn't drive so fast.

# Frau — Hausfrau
# Mann — Hausmann?

So zeigt ein modernes deutsches Schulbuch die Rolle von Mann und Frau: Männer malen (Bild 2), Männer lesen ein Buch (3) oder die Zeitung und rauchen dabei eine Zigarette (9). Männer arbeiten in Baggern (4). Männer mauern (5), kontrollieren Telefonapparate (6), reparieren technische Geräte[L] oder Autos (7). Männer zeichnen (10). Und was machen die Frauen? Nur zwei von zehn Bildern zeigen Frauen beim Arbeiten. Beide Frauen arbeiten im Haushalt. Eine Frau kocht (8). Die andere Frau näht (1).

Lese- und Deutschbücher[L] zeigen die Frau in Text und Bild meistens nur in ihrer traditionellen Rolle als Hausfrau und Mutter. Selten findet man erwerbstätige[L] Frauen und wenn, dann als Krankenschwester, Lehrerin, Verkäuferin oder Sekretärin. Sie sind dann meistens ledig, manchmal geschieden. Männer dagegen sind immer verheiratet und verdienen das Geld für ihre Familien. Sie fahren mit dem Auto zum Arbeitsplatz und haben interessante Hobbys.

Das deutsche Gesetz zeigt uns jedoch ein anderes Bild von Mann und Frau. Man hat es den Ehepartnern[L] überlassen, wer im Haushalt arbeitet und sich um die Kinder kümmert[1], und wer erwerbstätig ist — oder ob beide Ehepartner gemeinsam[L] beide Aufgaben erfüllen wollen. Jeder kann jede „Rolle" übernehmen: die Rolle der Hausfrau, die Rolle des Hausmannes, die Rolle der erwerbstätigen Mutter oder die Rolle des erwerbstätigen Vaters. Wenn beide Partner erwerbstätig sind, dann sind auch beide für den Haushalt und die Kinder verantwortlich.

Und wie sieht die Wirklichkeit[L] aus? Der Alltag[L] liegt meistens irgendwo zwischen dem traditionellen Bild, das nicht nur in Lesebüchern, sondern auch in den Köpfen vieler Menschen existiert und dem moderneren Bild in den Gesetzen: Ungefähr die Hälfte der deutschen Frauen ist erwerbstätig. 60 Prozent von diesen erwerbstätigen Frauen sind verheiratet. Viele Frauen zwischen zwanzig und dreißig geben jedoch ihren Beruf nur auf, weil sie sich um Haushalt und Kinder kümmern wollen oder müssen.

[1] s.kümmern um = to take care of

Wie wäre es, wenn der Arbeitstag für erwerbstätige Eltern nicht acht, sondern vielleicht nur sechs Stunden hätte? Sicher wäre ihr Leben viel einfacher, und es gäbe auch weniger Familienprobleme. Zum Beispiel könnte die Frau sich morgens um die Kinder und um den Haushalt kümmern. Während dieser Zeit würde der Mann in seinem Beruf arbeiten. Wenn er dann nachmittags nach Hause käme, würde er mit den Kindern spazierengehen. Er würde das Essen vorbereiten, während **sie** im Beruf wäre. Wenn die Arbeitszeit kürzer und flexibler wäre, blieben sicher auch mehr junge Frauen erwerbstätig.

Eine solche Regelung[L] würde jedoch vielen jungen Ehepaaren[L] Nachteile bringen, denn beide Ehepartner würden weniger verdienen und sie hätten beide schlechtere berufliche Aufstiegschancen[L] als bei Ganztagsarbeit.[L] Deshalb ist es wohl für viele Ehepaare immer noch das Beste, wenn einer der Partner wenigstens für einige Jahre den Beruf aufgibt, um sich „nur" um Haushalt und Kinder zu kümmern. Aber muß das immer die Frau sein?

Was halten[L] Frauen davon, wenn der Mann den Haushalt übernimmt, während die Frau arbeiten geht und das Geld verdient?

**Hier die Meinung von einigen jungen Frauen:**

**Ursula:**

Männer, die nur zu Hause sind und den Haushalt machen, finde ich schrecklich. Wenn ich mir vorstelle, daß mein Mann nur Hausmann sein wollte, könnten wir beide nicht mehr lange zusammenleben. Einen Hausmann würde ich nie akzeptieren. Ich brauche einen Mann, der aktiv ist. Hausarbeit, ganz gleich ob der Mann oder die Frau sie macht, ist in meinen Augen nicht wichtig. Ich finde, daß Hausmänner keine „richtigen" Männer sind.

**Christa:**

Alles könnte ich mir vorstellen, nur nicht meinen Mann als Hausmann. Bei uns würde es deshalb nie eine Diskussion darüber geben. Mein Mann ist in seinem Beruf sehr glücklich. Ich bin es zu Hause. Ich finde es richtig, daß die Frau den Haushalt macht, und der Mann arbeiten geht und das Geld verdient. Ich bin mit meinem Hausfrauenleben zufrieden.

**Gabriele:**

Mein Mann als Hausmann? Das wäre für uns beide eine ideale Regelung. Seit der Geburt unserer Tochter habe ich fast keinen Kontakt mit der Umwelt und darüber bin ich manchmal sehr unglücklich. Mein Mann dagegen fühlt sich im Haushalt viel wohler als ich. Ich würde einen Rollentausch[L] sofort akzeptieren. Man sollte nicht sagen, daß Männer, die den Haushalt machen, keine richtigen Männer sind.

**Brigitte:**

Ich finde, daß nichts gegen einen Rollentausch im Haushalt spricht. Ich könnte mir gut vorstellen, daß mein Mann nicht mehr arbeiten geht und sich nur um den Haushalt kümmert. Das würde ich auch akzeptieren. Aber wir haben keine Kinder und deshalb brauchten wir über dieses Thema noch nie zu diskutieren. Ich hätte auch keine Angst vor dem Gerede[L] der Nachbarn, wenn mein Mann „nur" Hausmann wäre.

---

## LESEHILFE

das **Gerät, -e** = ein Instrument, Apparat
das **Lesebuch, ̈-er** = ein Buch zum Lesen, meistens für die Schulen
    **erwerbstätig sein** = in einem Beruf arbeiten und Geld verdienen
die **Ehepartner, -**/das **Ehepaar, -e** = ein Mann und eine Frau, die verheiratet sind
    **gemeinsam** = zusammen
die **Wirklichkeit** = die Realität
der **Alltag** = das tägliche Leben
die **Regelung, -en** = das Arrangement
die **Aufstiegschance, -n** = die Chance, im Berufsleben eine bessere Position zu
    bekommen
die **Ganztagsarbeit** = Arbeit während des ganzen Tages; gewöhnlich acht Stunden
    **halten von** *(+ Dat.)* = denken über
der **Rollentausch** = das Tauschen (Wechseln) der Rollen
das **Gerede, -** = das Nomen von **reden;** z.B. wenn die Nachbarn über etwas kritisch
    reden

---

## FRAGEN ZUM TEXT

1. Wie zeigen Lese- und Deutschbücher die Rolle von Frau und Mann?
2. Wie zeigt das Gesetz die Rolle von Mann und Frau?
3. Wie sieht die Wirklichkeit aus?
4. Warum geben viele Frauen zwischen 20 und 30 ihren Beruf auf?
5. Wie wäre es, wenn der Arbeitstag für erwerbstätige Eltern nur sechs und nicht acht Stunden hätte?

## ZUR DISKUSSION

1 Was halten Sie von einer Frau, die „nur" Hausfrau ist?

2 Was halten Sie von einem Mann, der den Haushalt übernimmt, während die Frau im Beruf arbeitet und das Geld verdient?

3 Wo sehen Sie die Vor- und Nachteile eines Rollentausches?

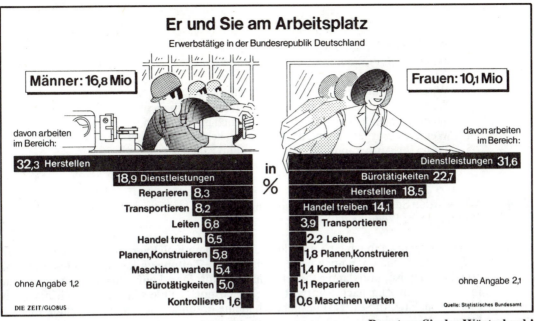

**Er und Sie am Arbeitsplatz**

Erwerbstätige in der Bundesrepublik Deutschland

**Männer: 16,8 Mio**

**Frauen: 10,1 Mio**

davon arbeiten im Bereich:

davon arbeiten im Bereich:

in %

| | Männer | | Frauen | |
|---|---|---|---|---|
| 32,3 Herstellen | | | Dienstleistungen 31,6 | |
| 18,9 Dienstleistungen | | | Bürotätigkeiten 22,7 | |
| Reparieren 8,3 | | | Herstellen 18,5 | |
| Transportieren 8,2 | | | Handel treiben 14,1 | |
| Leiten 6,8 | | | 3,9 Transportieren | |
| Handel treiben 6,5 | | | 2,2 Leiten | |
| Planen, Konstruieren 5,8 | | | 1,8 Planen, Konstruieren | |
| Maschinen warten 5,4 | | | 1,4 Kontrollieren | |
| Bürotätigkeiten 5,0 | | | 1,1 Reparieren | |
| Kontrollieren 1,6 | | | 0,6 Maschinen warten | |

ohne Angabe 1,2

ohne Angabe 2,1

DIE ZEIT/GLOBUS

Quelle: Statistisches Bundesamt

**Benutzen Sie das Wörterbuch!**

# SCHRIFTLICHE ÜBUNGEN

**SÜ 1**     Fragen Sie höflicher mit dem Konjunktiv!

●    Darf ich Sie etwas fragen? → *Dürfte ich Sie etwas fragen?*

1. Können Sie mir helfen?
2. Wollen Sie mich sprechen?
3. Müssen Sie heute nicht arbeiten?
4. Sollen Sie ihn nicht anrufen?

5. Sind Sie morgen zu Hause?
6. Darf ich Sie einmal besuchen?
7. Haben Sie einen Moment Zeit?
8. Wissen Sie, wo er wohnt?

**SÜ 2**     Vollenden Sie die Sätze!

1. Wenn ich Zeit hätte, *würde ich mit dir ins Kino gehen.*
2. Wenn ich zu Hause kein Telefon hätte, . . .
3. Ich würde dir helfen, wenn . . .
4. Wenn du nicht so müde wärst, . . .
5. Wären Sie bitte so nett und . . .?
6. Wenn wir nur . . .
7. Was würden Sie tun, wenn . . .?
8. Ich wäre glücklich, wenn . . .
9. Könnten Sie . . .?
10. Wenn er meine Adresse wüßte, . . .

Wir würden wieder Weber wählen!

**SÜ 3**   Schreiben Sie die Sätze im Konjunktiv!

- Wenn ich das wissen will, frage ich.
  *Wenn ich das wissen wollte, würde ich fragen.*

1. Wenn wir kein Geld haben, können wir nichts kaufen.
2. Wenn man hier nicht überholen darf, überhole ich nicht.
3. Wenn er nicht arbeiten muß, kann er auch mitkommen.
4. Wenn ich morgens nicht aufstehen muß, schlafe ich länger.
5. Wenn ihr Auto kaputt ist, muß sie zu Fuß gehen.
6. Wenn ich nicht kommen kann, sage ich Bescheid.

**SÜ 4**   Was würden Sie tun, wenn heute Samstag wäre?
Beginnen Sie: *Wenn heute Samstag wäre, . . .*

Am Samstag kann ich länger schlafen, denn ich muß nicht arbeiten. Ich stehe später auf. Trotzdem habe ich noch genug Zeit, um die Zeitung zu lesen. Ich bleibe bis um 10 Uhr zu Hause, und dann gehe ich zum Bahnhof. Dort kaufe ich eine Fahrkarte und fahre mit dem Zug nach Stuttgart. Wenn ich noch müde bin, schlafe ich noch ein bißchen im Zug. In Stuttgart besuche ich meine Freunde, die sich über meinen Besuch freuen. Wenn schönes Wetter ist, gehen wir zusammen spazieren. Wenn es regnet, bleiben wir zu Hause und unterhalten uns. Es ist schön, einen Tag mit meinen Freunden zu verbringen.

**SÜ 5**   **Persönliche Fragen**

Was würden Sie tun, . . .

1. wenn Sie heute Geburtstag hätten?
2. wenn Sie telefonieren wollten und kein Telefon hätten?
3. wenn Sie eine Million auf der Straße fänden?
4. wenn Sie reich und berühmt wären?
5. wenn Sie alles wüßten?
6. wenn Sie Präsident Ihres Landes wären?

## WORTSCHATZ*

### VERBEN

| | |
|---|---|
| auf·geben | to give up |
| halten von | to think of |
| kochen | to cook |
| malen | to paint |
| mauern | to lay bricks |
| nähen | to sew |
| zeichnen | to draw, to sketch |

### VERSCHIEDENES

| | |
|---|---|
| wenigstens | at least |
| zum Schluß | at the end |

*Vergessen Sie nicht **die Lesehilfe** auf Seite 472!*

**Energie sparen — unsere beste Energiequelle**
**Tips zum Energiesparen**

● The subjunctive mood/past time

**Menschen in Deutschland: Glück auf, Kumpel!**

# Kapitel
# 31

# Energie sparen — unsere beste Energiequelle°

*source*

Wie drücken auf einen Schalter°, das Licht geht an. Wir drehen° am Hahn°, das warme Wasser läuft. Wir drehen die Heizung auf, und das Zimmer wird warm. Wir fahren mit dem Auto zur Tankstelle und tanken. Alle diese Dinge sind für uns selbstverständlich. Diese Beispiele zeigen aber auch: Ohne Energie geht nichts. Was wir auch tun, wir brauchen und verbrauchen Energie.

*switch / turn / faucet*

Seit der Ölkrise vom Winter 1973/1974 ist auch in der Bundesrepublik Deutschland die Frage der Energieversorgung ein viel diskutiertes Thema. Das Öl ist sehr teuer, doch welche Alternativen gibt es zum Öl? Neue Technologien, die die Energieversorgung eines ganzen Landes übernehmen könnten, wie zum Beispiel die Solartechnik sind nicht weit genug entwik-kelt°. Und die Kernenergie ist wegen vieler Fragen, auf die man noch keine Antwort weiß, sehr umstritten°.

*developed*
*controversial*

Energie aus Wasserkraft° ist sauber und billig. Die Bundesrepublik hat auch große Kohlenreserven. Doch mit Kohle und Wasserkraft allein kann ein Industrieland seinen Energiebedarf° nicht decken. Wie überall in der Welt, so versucht man auch in der Bundesrepublik, Energie zu sparen.

*hydroelectric power*
*needs*

Die Statistik zeigt, daß private Haushalte und Autofahrer die meiste Energie verbrauchen. Man schätzt°, daß allein die Haushalte jährlich rund 50 Milliarden Mark für Energie ausgeben. Die meiste Energie verbrauchen die Haushalte zum Heizen der Wohnräume. Um den Energiebedarf im Haus-halt so niedrig wie möglich zu halten, muß man die Wohnhäuser besser isolieren°, so daß so wenig Wärme wie möglich durch die Fenster, die Wände und das Dach verloren geht. Wenn die privaten Haushalte durchschnittlich nur 10 Prozent Energie weniger verbrauchen würden, könnte man rund 5 Milliarden Mark im Jahr sparen, die man sonst für Energie ausgeben müßte. Energie ist also sehr wertvoll. Man sollte sie nicht verschwenden°. Man sollte energiebewußt° sein.

*estimates*

*insulate*

*waste*
*energy conscious*

## Tips zum Energiesparen

Wenn man energiebewußt ist, findet man viele Möglichkeiten, Energie zu sparen. Was halten Sie von den folgenden Tips, die man immer wieder in deutschen Zeitungen finden kann?

**1** Zehn Millionen deutsche Autofahrer verschwenden mindestens 130 Liter Benzin im Jahr. Sie machen folgende Fehler: Sie lassen den kalten Motor im Stand warmlaufen. Das kostet 25 Prozent mehr Benzin. Sie fahren auf der Autobahn mit offenem Fenster. Das kostet 10 Prozent mehr Benzin. Sie geben zu oft Gas und bremsen zu oft. Das kostet 8 Prozent mehr Benzin. — Wenn die Autofahrer diese Fehler nicht machen würden, könnten sie zusammen mehr als 1,3 Milliarden Liter Benzin im Jahr sparen.

**2** Sind Sie der Typ, der mit dem Auto zum Geschäft an der nächsten Ecke fährt, um Zigaretten zu kaufen? Wenn Sie zu Fuß gingen, würden Sie nicht nur viel Benzin sparen, sondern auch etwas für Ihre Gesundheit tun. — Ein Viertel aller Autofahrten sind kürzer als zwei Kilometer. Das sind für jeden Autofahrer rund 100 Kilometer im Jahr, die man sparen könnte.

**3** Wenn Sie letzten Winter richtig geheizt hätten, hätten Sie viel Geld gespart — genug für eine Woche Urlaub im Süden. Doch es ist nicht zu spät. Im nächsten Winter sollten Sie energiebewußter heizen. Die meisten Deutschen heizen ihre Wohnung auf 24 Grad Celsius. Eine Zimmertemperatur von 20 Grad wäre jedoch nicht nur gesünder, sondern man würde auch 24 Prozent der Heizkosten sparen. Mit dem gesparten Geld könnte man eine Urlaubsreise in den Süden machen.

**4** Duschen Sie öfter! Es muß nicht immer ein Vollbad sein. Sie würden mindestens 100 Mark im Jahr sparen. — Für ein Vollbad brauchen Sie rund 150 Liter warmes Wasser. Mit soviel Wasser könnten Sie 18 Minuten lang duschen. Ein normales Duschbad dauert jedoch nur rund sechs Minuten.

Benutzen Sie das Wörterbuch!

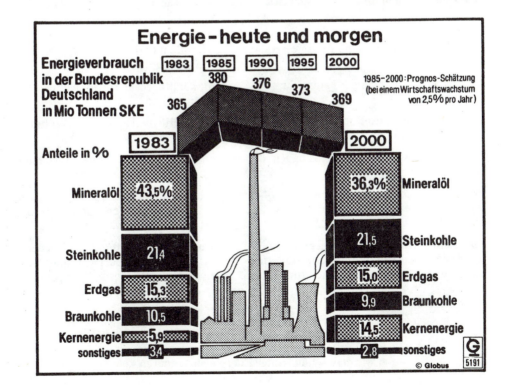

**Energie – heute und morgen**

Energieverbrauch in der Bundesrepublik Deutschland in Mio Tonnen SKE

| 1983 | 1985 | 1990 | 1995 | 2000 |
|------|------|------|------|------|
| 365 | 380 | 376 | 373 | 369 |

1985–2000: Prognos-Schätzung (bei einem Wirtschaftswachstum von 2,5% pro Jahr)

Anteile in %

| | 1983 | 2000 |
|---|------|------|
| Mineralöl | 43,5% | 36,3% |
| Steinkohle | 21,4 | 21,5 |
| Erdgas | 15,3 | 15,0 |
| Braunkohle | 10,5 | 9,9 |
| Kernenergie | 5,9 | 14,5 |
| sonstiges | 3,4 | 2,8 |

© Globus 5191

## *Konjunktiv II / Vergangenheit*

### KONJUNKTIV II / PRÄSENS

Wenn wir energiebewußt **wären, würden** wir keine Energie **verschwenden.**

Im Gegenteil, wir **würden** Energie **sparen.**

Zum Beispiel **würde** man nicht mit dem Auto zum Kiosk an der nächsten Ecke **fahren,** sondern zu Fuß **gehen.**

Man **würde** energiebewußter **fahren** und weniger Benzin **verbrauchen.**

Man **würde** auch die Wohnungen weniger **heizen.**

### KONJUNKTIV II / VERGANGENHEIT

Wenn wir schon früher energiebewußt **gewesen wären, hätten** wir keine Energie **verschwendet.**

Im Gegenteil, wir **hätten** Energie **gespart.**

Zum Beispiel **wäre** man nicht mit dem Auto zum Kiosk an der nächsten Ecke **gefahren,** sondern **wäre** zu Fuß **gegangen.**

Man **wäre** energiebewußter **gefahren** und **hätte** weniger Benzin **verbraucht.**

Man **hätte** auch die Wohnungen weniger **geheizt.**

## *Modalverben*

Wie **könnte** man mehr Energie **sparen?**

Vor allem **sollte** man keine Energie **verschwenden.**

Man **sollte lernen,** weniger Energie zu verbrauchen.

Man **müßte** die Häuser und Wohnungen besser **isolieren.**

Die Autoindustrie **müßte** Autos **bauen,** die weniger Benzin verbrauchen.

Wenn man nicht allein, sondern mit Kollegen zur Arbeit fahren würde, **könnte** man viel Benzin **sparen.**

Man **sollte** auch öfter zu Fuß **gehen.** Man würde nicht nur Energie sparen, sondern auch etwas für seine Gesundheit tun.

Wie **hätte** man schon früher Energie **sparen können?**

Vor allem **hätte** man keine Energie **verschwenden sollen.**

Man **hätte lernen sollen,** weniger Energie zu verbrauchen.

Man **hätte** die Häuser und Wohnungen besser **isolieren müssen.**

Die Autoindustrie **hätte** Autos **bauen müssen,** die weniger Benzin verbrauchen.

Wenn man nicht allein, sondern mit Kollegen zur Arbeit gefahren wäre, **hätte** man viel Benzin **sparen können.**

Man **hätte** auch öfter zu Fuß **gehen sollen.** Man hätte nicht nur Energie gespart, sondern auch etwas für seine Gesundheit getan.

**Machen Sie eine Liste und notieren Sie darauf weitere Beispiele,**
- **wie man heute mehr Energie sparen könnte,**
- **wie man schon früher Energie hätte sparen können.**

# GRAMMATIK

## A The Subjunctive Mood / Past Time

### 1 Analysis

In both German and English, the subjunctive has not only a present but also a past-time form. The past-time subjunctive is used to express contrary-to-fact statements, hypothetical conclusions and wishes that could have happened in the past but did not.

English uses the forms of the past perfect tenses to indicate past-time subjunctive:

| | |
|---|---|
| PAST PERFECT TENSE | *I had seen her.* |
| PAST-TIME SUBJUNCTIVE | *If I had seen her, I would have spoken to her.* |

### 2 Formation

Similar to English, the German subjunctive II for past-time is derived from the past perfect indicative. It is composed of **hätte** or **wäre** and the past participle of the verb.

| | Past Perfect Indicative | | Past-Time Subjunctive | |
|---|---|---|---|---|
| with **haben** | *(had taken)* | | *(would have taken)* | |
| | ich hatte | genommen | ich hätte | genommen |
| | du hattest | genommen | du hättest | genommen |
| | er hatte | genommen | er hätte | genommen |
| | wir hatten | genommen | wir hätten | genommen |
| | ihr hattet | genommen | ihr hättet | genommen |
| | Sie, sie hatten | genommen | Sie, sie hätten | genommen |
| with **sein** | *(had gone)* | | *(would have gone)* | |
| | ich war | gegangen | ich wäre | gegangen |
| | du warst | gegangen | du wär(e)st | gegangen |
| | er war | gegangen | er wäre | gegangen |
| | wir waren | gegangen | wir wären | gegangen |
| | ihr wart | gegangen | ihr wär(e)t | gegangen |
| | Sie, sie waren | gegangen | Sie, sie wären | gegangen |

### 3 No **würde**-construction in past-time subjunctive

It is important that you recognize that German **does not** use a **würde**-construction to express past-time subjunctive. English forms such as *would have said* which refer to past time must be rendered in German by **hätte** or **wäre** plus a past participle.

Look at the following examples:

| | |
|---|---|
| Wenn ich das nur **gewußt hätte.** | *If only I had known that.* |
| Ich **hätte** das nicht **gesagt.** | *I wouldn't have said that.* |
| **Wären** Sie auch **gekommen?** | *Would you have come too?* |
| Wenn er hier **gewesen wäre, hätten** wir ihn **gesehen.** | *If he had been here, we would have seen him.* |
| Wenn es nicht geregnet hätte, **hätten** wir Sie **besucht.** | *If it had not rained, we would have visited you.* |

## 4   Past-time subjunctive with modals

The past-time subjunctive of modals with a dependent infinitive consists of a double infinitive construction.

Compare the following sentences:

**Indicative**

| | | |
|---|---|---|
| PRESENT TENSE | Ich **kann** das nicht **tun.** | *I cannot do that.* |
| PAST TENSE | Ich **konnte** das nicht **tun.** | *I was not able to do that.* |
| PRESENT PERFECT | Ich **habe** das nicht **tun können.** | *I have not been able to do that.* |
| PAST PERFECT | Ich **hatte** das nicht **tun können.** | *I had not been able to do that.* |

**Subjunctive II**

| | | |
|---|---|---|
| PRESENT-TIME | Ich **könnte** das nicht **tun.** | *I could not do that.* |
| PAST TIME | Ich **hätte** das nicht **tun können.** | *I could not have done that.* |

As you can see, the modals form the past-time subjunctive in their usual way: a form of **haben (hätte)** and a double infinitive.

Notice that the past-time subjunctive of modals usually corresponds to English sentences beginning with *could have, should have,* etc.

| | |
|---|---|
| Er hätte mich fragen können. | *He could have asked me.* |
| Er hätte mich fragen sollen. | *He should have asked me.* |
| Er hätte mich fragen müssen. | *He would have had to ask me.* |

If the modal occurs in the **wenn**-clause, dependent word order is used. Since the double infinitive has to stand at the end of the clause, the auxiliary **hätte** must come immediately before the double infinitive.

Wenn er **hätte fragen wollen,** hätte er gefragt.
*If he had wanted to ask, he would have asked.*

Ich hätte es ihm gesagt, wenn er es **hätte wissen wollen.**
*I would have told him, if he had wanted to know it.*

Wenn ich ihm nur **hätte helfen können.**
*If only I could have helped him.*

# MÜNDLICHE ÜBUNGEN

**MÜ 1**  Antworten Sie im Konjunktiv (Vergangenheit)!
Was hätten Sie getan?

- Ich habe mich geärgert. → *Ich hätte mich auch geärgert.*
  Ich bin mit dem Zug gefahren. → *Ich wäre auch mit dem Zug gefahren.*

1. Ich habe meine Eltern angerufen.
2. Ich bin ins Kino gegangen.
3. Ich habe kein neues Auto gekauft.
4. Ich habe die Polizei gerufen.
5. Ich bin zum Arzt gegangen.
6. Ich bin in die Stadt gefahren.
7. Ich habe mich beeilt.
8. Ich habe nicht lange gewartet.

**MÜ 2**  Was wäre besser gewesen?

- Er hat nicht angerufen.
  *Es wäre besser gewesen, wenn er angerufen hätte.*

1. Sie ist nicht zu Hause geblieben.
2. Sie haben die Fenster nicht geöffnet.
3. Er hat sich nicht beeilt.
4. Ich habe den Brief nicht geschrieben.
5. Du hast mir nicht geholfen.
6. Die Leute haben keinen Regenschirm mitgenommen.

**MÜ 3**  Bilden Sie Wunschsätze!

- Er ist nicht zu Hause gewesen. → *Wenn er nur zu Hause gewesen wäre.*

1. Sie ist nicht gekommen.
2. Du hast ihn nicht gesehen.
3. Ich habe die Rechnung nicht bezahlt.
4. Wir haben keine Zeit gehabt.
5. Er ist nicht zu Fuß gegangen.
6. Ihr seid nicht hier geblieben.

**MÜ 4**  Bilden Sie Konjunktivsätze!
Was wäre gewesen, wenn . . .?

- Sie sind nicht krank gewesen. Ich habe Sie nicht besucht.
  *Wenn Sie krank gewesen wären, hätte ich Sie besucht.*

1. Er ist nicht hier gewesen. Ich habe ihn nicht gesehen.
2. Er hat keinen Urlaub gehabt. Er hat uns nicht besucht.
3. Sie sind nicht gekommen. Ich habe Ihnen das Geld nicht gegeben.
4. Ich habe den Unfall nicht gesehen. Ich habe die Polizei nicht gerufen.
5. Wir haben nicht die Zeitung gelesen. Wir haben das nicht gewußt.
6. Sie haben nicht angerufen. Ich bin nicht zu Hause geblieben.

**MÜ 5**  Üben Sie die Modalverben im Konjunkiv (Vergangenheit)!

**a)  sollen**

● *Warum haben Sie das nicht gesagt? → Sie hätten das sagen sollen.*

1. Warum haben Sie nicht geschrieben?
2. Warum hast du nicht angerufen?
3. Warum habt ihr mich nicht abgeholt?
4. Warum ist sie nicht gekommen?
5. Warum sind Sie nicht aufgestanden?
6. Warum ist er nicht zum Arzt gegangen?

**b)  dürfen**

● *Wie konnte er das sagen? → Er hätte das **nicht** sagen dürfen.*

1. Wie konnten Sie das tun?
2. Wie konnte er das bezahlen?
3. Wie konnten wir das vergessen?
4. Wie konnte er so schnell fahren?
5. Wie konntest du so etwas fragen?
6. Wie konntet ihr ihn einladen?

**c)  können**

● *Haben Sie Ihre Freunde angerufen? → Nein, aber ich hätte sie anrufen können.*

1. Haben Sie die Zeitung mitgebracht?
2. Ist er eine Woche hier geblieben?
3. Hat er heute länger geschlafen?
4. Haben Sie ihm Bescheid gesagt?
5. Hat sie ein Taxi genommen?
6. Sind Sie zu Fuß nach Hause gegangen?

**d)  müssen**

● *Er ist nicht im Bett geblieben. → Er hätte im Bett bleiben müssen.*

1. Er hat nicht den Arzt gerufen.
2. Sie hat das Buch nicht gelesen.
3. Sie haben uns nicht besucht.
4. Ihr habt uns nicht gefragt.
5. Du hast mir nicht Bescheid gesagt.
6. Sie ist nicht zum Arzt gegangen.

**MÜ 6**  Auf deutsch, bitte!

1. What can we do?
   What could we do?
   What could we have done?

2. What shall I say?
   What should I say?
   What should I have said?

3. She has to ask him.
   She would have to ask him.
   She would have had to ask him.

4. Shall we go earlier?
   Should we go earlier?
   Should we have gone earlier?

5. You have to call her.
   You would have to call her.
   You would have had to call her.

6. He can walk home.
   He could walk home.
   He could have walked home.

**MÜ 7**    Auf deutsch, bitte!

1. I wouldn't have asked him.
2. If she had been sick, she would have stayed home.
3. If only I had had more time.
4. We would have helped you if you had called us.
5. Would you have come with us?
6. I wish she hadn't smoked so much.
7. If only I had bought the newspaper.
8. She would have told us if she had known that.
9. If it hadn't rained, we would have played tennis.
10. What would you have done if we hadn't called you?

## LESEHILFE

**Glück auf!** = Gruß der Bergarbeiter (Arbeiter im Bergwerk)

der **Kumpel, -** = so nennt man einen Bergarbeiter im Ruhrgebiet

die **Zeche, -n** = das Bergwerk

die **Zechenhäuser** = Wohnhäuser, die zur Zeche gehören und in denen die Bergarbeiter-Familien preiswert wohnen können

**„Westfalen"** = der Name der Zeche in Ahlen (Westfalen ist eines der deutschen Bundesländer)

das **Ruhrgebiet** = das größte deutsche Industriegebiet mit großen Kohlenreserven und Bergwerken

die **Zechensiedlung, -en** = das Wohngebiet, das zur Zeche gehört (=Zechenhäuser)

das **Kraftwerk, -e** = Hier produziert man Elektrizität.

**schließen** = zumachen (Gegenteil von **öffnen**)

**unter Tage arbeiten** = unter der Erde, im Bergwerk arbeiten

der **Förderbetrieb** = das Heraufholen, die Produktion der Kohle

die **Mannschaft, -en** = das Team

**erkranken** = krank werden

die **Silikose**/die **Staublunge** = eine Lungenkrankheit, an der die Bergarbeiter durch das Einatmen des Kohlenstaubes erkranken können

**schlimm** = schlecht

der **Verdienst, -e** = das Nomen von **verdienen;** das Geld, das man für seine Arbeit bekommt

**vermindern** = kleiner machen

**fördern** = heraufholen, ans Tageslicht bringen, befördern

**über Tage** = über der Erde

die **Hacke und das Beil** = früher die Arbeitsgeräte der Bergleute, die ungefähr so aussehen

**gelten** (gilt, galt) **als** (+ *Nom.*) = angesehen werden als

# Menschen in Deutschland: Glück auf, Kumpel!<sup>L</sup>

Man nennt sie Zechenhäuser.<sup>L</sup> Und so sehen sie auch aus: Die Dächer sind schwarz vom Kohlenstaub, der aus der Zeche<sup>L</sup> „Westfalen"<sup>L</sup> kommt, gelegen bei der Stadt Ahlen im Ruhrgebiet.<sup>L</sup> Auch die Männer von der Zeche sind schwarz, wenn sie von der Arbeit zurückkommen, denn Staub gibt es dort immer noch — trotz der modernen Maschinen. Laut, staubig und heiß ist es dort unten in 1000 Meter Tiefe, wo die Männer arbeiten.

Die Brüder Helmut, Wilfried und Werner Senne wohnen in der Zechensiedlung<sup>L</sup> in Ahlen. Sie arbeiten in der Zeche „Westfalen". Sie hätten auch eine sauberere Arbeit finden können, denn als vor einigen Jahren die Kohle nicht mehr so gefragt° war, lernten sie andere Berufe.   *in demand*

Heute ist die Kohle wieder gefragt. Die Zeit des billigen Erdöls ist vorbei. Die deutschen Kraftwerke,<sup>L</sup> aber auch die privaten Haushalte verbrauchen wieder mehr Kohle. Vergessen ist die Zeit, als eine Zeche nach der anderen schließen<sup>L</sup> mußte, und fast eine halbe Million Kumpel ihre Arbeitsplätze verloren. Damals wären sie glücklich gewesen, wenn sie eine Arbeit unter Tage<sup>L</sup> gefunden hätten. Doch heute wollen die meisten Kumpel nicht mehr unter Tage arbeiten, und ohne die Gastarbeiter wäre der Förderbetrieb<sup>L</sup> in den Bergwerken° des Ruhrgebietes gar nicht mehr möglich. Dort unten, wo   *mines* es laut, staubig und heiß ist, besteht die Mannschaft<sup>L</sup> bis zu 60 Prozent aus Türken.

Bergarbeiter-Familien wie die Sennes aus Ahlen, die schon seit Generationen im Bergbau° arbeiten, sind im Ruhrgebiet eine Seltenheit geworden. Die jungen Sennes hätten auch in einer Fabrik oder in einem gemütlichen Handwerksbetrieb Arbeit finden können. Dort hätten sie auch nicht weniger verdient. Aber sie hätten sich nicht wohl gefühlt. Sie wollten es wie ihr Vater und ihre Großväter machen und im Bergbau arbeiten, weil es so Tradition in der Familie ist.

*mining industry*

Helmut, Wilfried und Werner Senne sind Söhne des 69jährigen August Senne, der 41 Jahre lang in der Zeche arbeitete. Sein älterer Bruder Ernst arbeitete sogar fünfzig Jahre unter Tage. Auch der Sohn von Ernst Senne, Ernst junior und Enkel° Peter arbeiten in der Zeche. Manchmal begegnen sich Vater und Sohn in der Zeche. „Glück auf, Kumpel!" sagen sie dann.

*grandchild*

Die Kumpel brauchen das Glück, denn die Arbeit in der Zeche ist nicht ganz ungefährlich. Auch heute passieren noch Unfälle, und noch heute erkranken[L] Bergarbeiter an Silikose, der gefürchteten Staublunge[L]. Deshalb liegt das Pensionsalter° bei den Bergarbeitern nicht, wie bei anderen Berufen, bei 65, sondern bei 55 bis 60 Jahren.

*retirement age*

Früher war alles noch viel schlimmer[L]. Das sagen wenigstens die Veteranen August und Ernst Senne. Als sie noch unter Tage arbeiteten, mußten sie sich mit dem Pickel durch die Kohlenschichten° arbeiten. Die Arbeit war schwer, und der Verdienst[L] war nicht sehr gut. Ernst Senne, der schon mit vierzehn Jahren in der Zeche arbeitete, verdiente damals monatlich 80 bis 90 Mark, von denen er 24 Mark Miete bezahlen mußte. Doch wenn die beiden alten Sennes es noch einmal zu tun hätten, würden sie wieder „Glück auf!" sagen und in der Zeche arbeiten.

*layers of coal*

Heute hätten sie es leichter. Moderne Maschinen haben die Gefahren vermindert[L]. Die Arbeit im Bergbau ist fast voll mechanisiert, und vollautomatisierte elektrische Züge — oft sogar ohne Fahrer — fahren die Kohle zum Schacht° Eine moderne Großzeche fördert[L] über 8000 Tonnen Kohle am Tag. Auch über Tage[L] macht die Technik Fortschritt. So schafft ein Bagger im rheinischen Ruhrgebiet fast täglich soviel wie 45000 Menschen mit Hacke und Beil[L].

*pit*

Bergarbeiter galten[L] früher als arme Leute. Heute sind sie gutbezahlte Facharbeiter. Die Sennes haben ihre alten Zechenhäuser renovieren lassen. Jede Wohnung hat Bad und Kohle-Zentralheizung. Das Auto vor dem Haus ist selbstverständlich.

Die Männer von der Zeche haben relativ viel Freizeit, denn auch im Bergbau hat man schon lange die 40-Stundenwoche eingeführt. So haben sie auch Zeit für Hobbys. Und wenn die Männer von ihrem 1000 Meter tiefen Arbeitsplatz zurückkommen, steigen sie hoch hinauf — auf das Dach zu ihren Brieftauben° Wie bei vielen Kumpeln im Ruhrgebiet ist auch bei den Sennes die Taubenzucht° das beliebteste Hobby. Oft diskutiert die ganze Familie darüber, wie man eine Brieftaube zu besonders weiten Flügen bringen kann.

*homing pigeon*
*pigeon breeding*

Die Sennes fühlen sich wohl in der Zechensiedlung. Sie wollen nicht tauschen. Und sie akzeptieren auch, daß es manchmal Kohlenstaub regnet.

# ROLLENSPIEL

Ein Student spielt den Reporter. Er hat die Fragen vorbereitet. Ein anderer Student spielt Helmut (Wilfried oder Werner) Senne, der die Fragen des Reporters beantwortet.

**Reporter:** Herr Senne, wo wohnen Sie, und wie sieht es in Ihrer Siedlung aus?
**Senne:** _____

**Reporter:** Sie arbeiten in der Zeche „Westfalen". Beschreiben Sie bitte Ihren Arbeitsplatz!
**Senne:** _____

**Reporter:** Warum sind Sie Bergarbeiter geworden? Haben Sie schon immer im Bergwerk gearbeitet?
**Senne:** _____

**Reporter:** Was hätten Sie tun können, wenn Sie keine Arbeit im Bergwerk gefunden hätten?
**Senne:** _____

**Reporter:** Vor einigen Jahren war die Kohle nicht mehr gefragt. Wie ist das heute?
**Senne:** _____

**Reporter:** Man sagt, daß die meisten deutschen Kumpel gar nicht mehr im Bergwerk arbeiten wollen. Warum nicht und wer macht diese schwere Arbeit heute?
**Senne:** _____

**Reporter:** Warum arbeiten Sie nicht in einem Handwerksbetrieb oder in einer Fabrik, wo Ihre Arbeit einfacher und sauberer wäre?
**Senne:** _____

**Reporter:** Gibt es im Ruhrgebiet noch viele Familien, die schon seit Generationen im Bergwerk arbeiten?
**Senne:** _____

**Reporter:** Wie lange haben Ihr Vater und Ihr Onkel im Bergwerk gearbeitet?
**Senne:** _____

**Reporter:** Wie war die Arbeit, und wie war der Verdienst eines Bergarbeiters zu der Zeit, als Ihr Vater in der Zeche arbeitete?
**Senne:** _____

**Reporter:** Glauben Sie, daß Ihr Vater und Ihr Onkel wieder in der Zeche arbeiten würden, wenn sie es noch einmal zu tun hätten?
**Senne:** _____

**Reporter:** Was können Sie uns über die Arbeit in einer modernen Zeche sagen?
**Senne:** _____

**Reporter:** Und was machen Sie in Ihrer Freizeit?
**Senne:** _____

**Reporter:** Wenn Sie die Wahl hätten, wo würden Sie gern arbeiten und wohnen?
**Senne:** _____

# SCHRIFTLICHE ÜBUNGEN

**SÜ 1**  Bilden Sie die Vergangenheit des Konjunktiv II!

- *Ich würde das nicht sagen. → Ich hätte das nicht gesagt.*
  *Ich würde hier bleiben. → Ich wäre hier geblieben.*

| | | | |
|---|---|---|---|
| 1. | Wir würden ihm helfen. | 6. | Würden Sie den Dieb erkennen? |
| 2. | Ich würde mit dem Bus fahren. | 7. | Würde er auch mitkommen? |
| 3. | Er würde sein Auto waschen. | 8. | Würden Sie nach Amerika fliegen? |
| 4. | Würdet ihr uns schreiben? | 9. | Würde sie es sagen? |
| 5. | Würdest du nach Hause gehen? | 10. | Würdet ihr laufen? |

**SÜ 2**  Vollenden Sie die Sätze im Konjunktiv II!
*(Vorsicht! Präsens und Vergangenheit)*

1. Wenn wir nicht arbeiten müßten, *könnten wir Tennis spielen.*
2. Er wäre Lottomillionär geworden, *wenn er die richtigen Zahlen gehabt hätte.*
3. Wenn er dich jetzt hören könnte, . . .
4. Hätten Sie die Polizei gerufen, . . .?
5. Wenn man ihn im Krankenhaus besuchen dürfte, . . .
6. Wenn ich die Antwort gewußt hätte, . . .
7. Sie hätte kein Taxi nehmen müssen, . . .
8. Wenn mein Freund krank wäre, . . .
9. Wenn du nicht so lange geschlafen hättest, . . .
10. Ich wäre früher gekommen, . . .

**SÜ 3**  Erzählen Sie in der Vergangenheit des Konjunktiv II!

Beginnen Sie: *Wenn ich genug Zeit gehabt hätte, hätte ich meine Freunde in Stuttgart besucht. . . .*

Sie haben sich sehr gefreut. Zuerst haben wir uns ein bißchen unterhalten. Später sind wir in die Stadt gefahren. Sie haben mir die ganze Stadt gezeigt. Sie haben mich auch zum Essen eingeladen. Wir sind in ein kleines Restaurant gegangen. Nachmittags haben wir Kaffee getrunken und Kuchen gegessen. Abends bin ich wieder mit dem Zug nach Hause gefahren. Ich habe gern meine Freunde besucht. Es hat Spaß gemacht.

**SÜ 4**  Auf deutsch, bitte!

1. If I had a vacation, I would take a long trip.
   If I had had a vacation, I would have taken a long trip.

2. If she were here, we could help her.
   If she had been here, we could have helped her.

3. It would be nice if you could visit us.
   It would have been nice if you could have visited us.

4. If he knew it, he would have to tell us.
   If he had known it, he would have had to tell us.

5. If you weren't sick, you wouldn't have to stay home.
   If you hadn't been sick, you wouldn't have had to stay home.

6. He would ask us if he wanted to know.
   He would have asked us if he had wanted to know.

## WORTSCHATZ

### VERSCHIEDENES

| | |
|---|---|
| **damals** | then, at that time |
| **der Fehler, -** | mistake |
| **im Gegenteil** | on the contrary |
| **s. begegnen** | to meet one another |

**Erinnern Sie sich?**
**Wie nennt man die Person?**

| | | |
|---|---|---|
| | der | Prüfer |
| prüfen | die | Fahrerin |
| fahren | die | _____ |
| anfangen | der | _____ |
| helfen | der | _____ |
| essen | der | _____ |
| entdecken | die | _____ |
| kaufen | der | _____ |
| bewundern | der | _____ |
| rauchen | die | _____ |
| arbeiten | der | _____ |
| verdienen | die | _____ |
| wählen | die | _____ |
| verkaufen | die | _____ |
| schreiben | der | _____ |
| backen | der | _____ |
| bestellen | die | _____ |
| besuchen | der | _____ |
| laufen | der | _____ |
| kennen | | |

**Erinnern Sie sich?**
**Wie heißt das auf englisch?**

| | |
|---|---|
| Gleichheit | *equality* |
| Krankheit | _____ |
| Neuheit | _____ |
| Schwachheit | _____ |
| Sicherheit | _____ |
| Weichheit | _____ |
| Zufriedenheit | _____ |
| Schönheit | _____ |
| Trockenheit | _____ |
| Verrücktheit | _____ |
| Seltenheit | _____ |

**Wie heißt das auf englisch?**

| | |
|---|---|
| Sauberkeit | *cleanliness* |
| Wirklichkeit | _____ |
| Mütterlichkeit | _____ |
| Gastlichkeit | _____ |
| Häuslichkeit | _____ |
| Kleinigkeit | _____ |
| Weiblichkeit | _____ |
| Leichtigkeit | _____ |
| Genauigkeit | _____ |
| Natürlichkeit | _____ |
| Schlechtigkeit | _____ |
| Helligkeit | _____ |

*Ludwigshafen: BASF (Badische Anilin- und Sodafabriken)*

**Ein Unfall ist passiert. — Was nun?**

● Passive voice

**Die Bundesrepublik Deutschland:**
**Ein Industrieland und ein Exportland**

**Kapitel**
**32**

# Ein Unfall ist passiert. — Was nun?

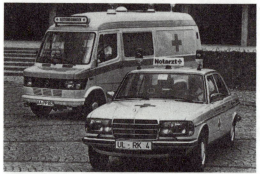

Zeugen° die den Unfall gesehen haben, rufen die Polizei.                                    *witnesses*
Wenn jemand verletzt° ist, ruft man auch den Krankenwagen.                              *injured*
Der Krankenwagen bringt die Verletzten ins Krankenhaus.
Die Polizei sperrt die Unfallstelle ab°                                                               *block off*
Die Polizisten markieren die Unfallstelle.
Sie fragen die Zeugen, wie der Unfall passiert ist.
Manchmal fotografieren sie die Unfallstelle.
Sie rufen den Abschleppdienst.
Der Abschleppdienst schleppt die beschädigten° Fahrzeuge° ab.                        *damaged / cars*
Die Polizei gibt die Straße wieder frei.

# EINFÜHRUNG

## Das Passiv

| PRÄSENS | IMPERFEKT | PERFEKT |
|---|---|---|
| Was **wird** hier **getan**? | Was **wurde** hier **getan**? | Was **ist** hier **getan worden**? |
| Die Polizei **wird gerufen**. | Die Polizei **wurde gerufen**. | Die Polizei **ist gerufen worden**. |
| Jemand ist verletzt. Deshalb **wird** auch ein Krankenwagen **gerufen**. | Jemand war verletzt. Deshalb **wurde** auch ein Krankenwagen **gerufen**. | Jemand war verletzt. Deshalb **ist** auch ein Krankenwagen **gerufen worden**. |
| Die Unfallstelle **wird abgesperrt**. | Die Unfallstelle **wurde abgesperrt**. | Die Unfallstelle **ist abgesperrt worden**. |
| Der Krankenwagen kommt. Die Verletzten **werden** ins Krankenhaus **gebracht**. | Der Krankenwagen kam. Die Verletzten **wurden** ins Krankenhaus **gebracht**. | Der Krankenwagen ist gekommen. Die Verletzten **sind** ins Krankenhaus **gebracht worden**. |
| Die Zeugen **werden gefragt**, wie der Unfall passiert ist. | Die Zeugen **wurden gefragt**, wie der Unfall passierte. | Die Zeugen **sind gefragt worden**, wie der Unfall passiert ist. |
| Die Zeugenaussagen **werden aufgeschrieben**. | Die Zeugenaussagen **wurden aufgeschrieben**. | Die Zeugenaussagen **sind aufgeschrieben worden**. |
| Die beschädigten Fahrzeuge **werden abgeschleppt**. | Die beschädigten Fahrzeuge **wurden abgeschleppt**. | Die beschädigten Fahrzeuge **sind abgeschleppt worden**. |
| Die Straße **wird** wieder **freigegeben**. | Die Straße **wurde** wieder **freigegeben**. | Die Straße **ist** wieder **freigegeben worden**. |

## Modalverben

| PRÄSENS | IMPERFEKT |
|---|---|
| ▷ **Muß** bei jedem Unfall ein Krankenwagen **gerufen werden**? | ▷ **Mußte** bei diesem Unfall ein Krankenwagen **gerufen werden**? |
| ▶ Nein, ein Krankenwagen **muß** nur **gerufen werden,** wenn es Verletzte gibt. | ▶ Ja, hier **mußte** ein Krankenwagen **gerufen werden,** weil es Verletzte gab. |
| ▷ **Muß** die Unfallstelle immer **fotografiert werden**? | ▷ Warum **mußte** die Unfallstelle hier **fotografiert werden**? |
| ▶ Nein, die Unfallstelle **muß** nicht immer **fotografiert werden,** aber sie **sollte fotografiert werden**. | ▶ Sie **mußte fotografiert werden,** weil ein schwerer Unfall passiert ist. |

# GRAMMATIK

## A Active and Passive Voice

### 1 Active voice

In German and in English, the active voice is used to indicate that the subject of the sentence does something or is becoming something. In short, when the subject is active, the verb is in the active voice. Up to this point, all the sentences we have been using were in the active voice.

| | | Subject | Verb | Other |
|---|---|---|---|---|
| PRESENT TENSE | | Sie | verkauft | ihr Auto. |
| | | *She* | *is selling* | *her car.* |
| PAST TENSE | | Er | schrieb | einen Brief. |
| | | *He* | *wrote* | *a letter.* |
| PRESENT PERFECT | | Wir | haben | das Essen schon bestellt. |
| | | *We* | *have* | *already ordered the food.* |

### 2 Passive voice

When the subject **does not** perform the action but is acted upon, the sentence is in the passive voice. In short, when the subject is passive, the verb is in the passive voice.

Look at the following English sentences in the passive:

| Subject | Verb | Other |
|---|---|---|
| *The car* | *is (being) sold* | *by her.* |
| *The letter* | *was written* | *by him.* |
| *The food* | *has been ordered.* | |

The English passive is formed with the auxiliary *to be* and the past participle of the verb:

| Form of *to be* | + Past Participle |
|---|---|
| *is being* | *sold* |
| *was* | *written* |
| *has been* | *ordered* |

The choice between active and passive voice is not a grammatical problem. The choice depends on the point of view the speaker wants to emphasize.

| | |
|---|---|
| ACTIVE VOICE | *The ambulance took the injured to the hospital.* |
| PASSIVE VOICE | *The injured were taken to the hospital (by the ambulance).* |

In a passive sentence, the attention is usually focused on the receiver of the action. Therefore the agent, that is, the doer of the action may often be omitted.

## B  The German Passive

### 1  Formation

In German, the passive voice is formed essentially the same way as in English. The only difference is that English uses a form of *to be* while German uses the conjugated forms of **werden** with a past participle at the end of the sentence.

| Subject | werden | Past Participle | |
|---|---|---|---|
| Die Polizei | wird | gerufen. | *The police are (being) called.* |
| Die Bücher | werden | verkauft. | *The books are (being) sold.* |
| Das Auto | wird | repariert. | *The car is (being) repaired.* |

A passive sentence can be put into the various tenses by merely changing the tense of the auxiliary **werden.**

| | | |
|---|---|---|
| PRESENT TENSE | Das Auto wird gewaschen. | *The car is (being) washed.* |
| PAST TENSE | Das Auto wurde gewaschen. | *The car was (being) washed.* |
| PRESENT PERFECT | Das Auto ist gewaschen worden. | *The car has been washed.* |
| PAST PERFECT | Das Auto war gewaschen worden. | *The car had been washed.* |
| FUTURE | Das Auto wird gewaschen werden. | *The car will be washed.* |

In an active sentence, the past participle of **werden** is **geworden.** In a passive construction, however, **geworden** is shortened to **worden.** Also notice that **werden** forms the present perfect and past perfect tenses with the auxiliary **sein.**

| | |
|---|---|
| PRESENT PERFECT | Amerika ist 1492 entdeckt worden. |
| PAST PERFECT | Das Auto war abgeschleppt worden. |

### 2  Passive with modals

Passive constructions with modals may occur in all tenses. Study the following examples:

| | |
|---|---|
| PRESENT | Das Auto muß gewaschen werden. |
| | *The car has to be washed.* |
| SIMPLE PAST | Das Auto mußte gewaschen werden. |
| | *The car had to be washed.* |
| PRESENT PERFECT | Das Auto hat gewaschen werden müssen. |
| | *The car has had to be washed.* |
| PAST PERFECT | Das Auto hatte gewaschen werden müssen. |
| | *The car had had to be washed.* |
| FUTURE | Das Auto wird gewaschen werden müssen. |
| | *The car will have to be washed.* |

As you can see, a passive construction with a modal consists of the conjugated form of the modal, the past participle of the main verb and the infinitive of **werden.**

Look at some more examples:

| Conjugated Modal | + | Past Participle | + | werden |
|---|---|---|---|---|
| Er muß | | abgeholt | | werden. |
| Er mußte | | abgeholt | | werden. |
| Das kann | | getan | | werden. |
| Das konnte | | getan | | werden. |

Notice that only the modal auxiliary is affected by the shift in tenses. Everything else in the sentence remains the same. Passive constructions with modals are most frequently used in the present and past tenses.

### 3   von + agent

In passive sentences, the role of the agent is secondary in importance and does not always have to be expressed. If expressed, the agent is introduced by the preposition **von** followed by the dative case.

> Die Kinder sind **von ihren Eltern** abgeholt worden.
> *The children were (being) picked up by their parents.*

> Der Geldbeutel wurde **von einem kleinen Jungen** gefunden.
> *The wallet was found by a small boy.*

### 4   Transformation from active to passive voice

As in English, any active sentence with a direct object can be transformed into a passive sentence.

Look at the following example:

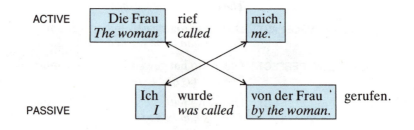

As you can see, the subject of the active sentence is changed into the agent of the passive sentence. The direct object of the active sentence is changed into the subject of the passive sentence. Remember that the subject of any sentence, whether active or passive, is always in the nominative case.

Look at some more transformations. Notice that the agent is omitted.

| Active Voice | Passive Voice |
|---|---|
| Wir machen **die Arbeit.** | **Die Arbeit** wird gemacht. |
| Er verkaufte **den Wagen.** | **Der Wagen** wurde verkauft. |
| Wir sahen **ihn** gestern. | **Er** wurde gestern gesehen. |

If the agent is expressed, it must be in the dative case:

**Passive Voice**

Die Arbeit wird **von uns** gemacht.
Der Wagen wurde **von ihm** verkauft.
Er wurde **von uns** gesehen.

---

How to substitute for the passive

Whenever the agent is not expressed, the impersonal pronoun **man** *(one, you, we, they, people)* may be used to avoid a passive construction. This is frequently done in spoken German:

| | |
|---|---|
| **Man spricht** hier Deutsch. | Hier wird Deutsch gesprochen. |
| **Man muß** die Polizei rufen. | Die Polizei muß gerufen werden. |
| **Man hat** den Brief schon abgeholt. | Der Brief ist schon abgeholt worden. |
| Wie **schreibt man** das Wort? | Wie wird das Wort geschrieben? |

---

*Die Leute bedienen sich selbst. Hier wird man nicht bedient.*

# MÜNDLICHE ÜBUNGEN

**MÜ 1**   Sind das Aktiv- oder Passivsätze?        **A**   **P**

1. Sie werden von uns hören.                      [A]  [ ]
2. Die Polizei wird gerufen.                       [ ]  [ ]
3. Die Polizei wird kommen.                        [ ]  [ ]
4. Er wird uns morgen besuchen.                    [ ]  [ ]
5. Hier wird ein Haus gebaut.                      [ ]  [ ]
6. Was wird hier gemacht?                          [ ]  [ ]
7. Der Wagen muß repariert werden.                 [ ]  [ ]
8. Ich werde ihn reparieren.                       [ ]  [ ]
9. Wann werden wir Sie sehen?                      [ ]  [ ]
10. Sie wird hier oft gesehen.                     [ ]  [ ]
11. Frau Meier wird es wissen.                     [ ]  [ ]
12. Die Arbeit wird begonnen.                      [ ]  [ ]
13. Wann werden Sie beginnen?                      [ ]  [ ]
14. Die Suppe wird heiß gegessen.                  [ ]  [ ]
15. Wird sie die Suppe essen?                      [ ]  [ ]
16. Was werden Sie tun?                            [ ]  [ ]
17. Was wird hier getan?                           [ ]  [ ]
18. Sie wird nach Hause gehen.                     [ ]  [ ]
19. Das muß gemacht werden.                        [ ]  [ ]
20. Das wird gemacht werden.                       [ ]  [ ]

Hier wird Kuchen verkauft.

## Passiv / Präsens

**MÜ 2**   Was wird hier getan?

- Wir rufen die Polizei. → *Die Polizei wird gerufen.*

1. Er verkauft das Auto.
2. Sie schreibt einen Brief.
3. Wir bestellen die Bücher.
4. Sie holt die Kinder ab.
5. Die Firma sucht eine Sekretärin.
6. Wir bezahlen die Rechnung.
7. Er fotografiert die Unfallstelle.
8. Die Stadt baut eine neue Schule.

**MÜ 3**   Von wem wird es getan?

- Der Kellner serviert das Essen. → *Das Essen wird vom Kellner serviert.*

1. Der Lehrer erklärt die neuen Wörter.
2. Ein Mechaniker repariert Autos.
3. Ein Bäcker backt Brot und Brötchen.
4. Viele Touristen besuchen unsere Stadt.
5. Männer und Frauen tragen Hosen.
6. Die Mutter trägt das Kind.
7. Der Postbote bringt die Briefe.
8. Der Zollbeamte kontrolliert die Pässe.

## Passiv / Imperfekt

**MÜ 4**    Was wurde gestern gemacht?

- das Auto waschen → *Gestern wurde das Auto gewaschen.*

| | | |
|---|---|---|
| 1. die Polizei rufen | 4. die Zeugen fragen | 7. das alte Haus verkaufen |
| 2. Fisch essen | 5. die Arbeit beginnen | 8. diese Wörter erklären |
| 3. ein Auto stehlen | 6. viel Bier trinken | 9. alle Fragen beantworten |

## Passiv / Perfekt

**MÜ 5**    Was ist schon gemacht worden?

- Wann wird die Zeitung gebracht? → *Sie ist schon gebracht worden.*

1. Wann wird die Arbeit gemacht?
2. Wann werden die Gäste eingeladen?
3. Wann wird der Krankenwagen gerufen?
4. Wann werden die Zeugen gefragt?
5. Wann wird die Unfallstelle fotografiert?
6. Wann werden die Kinder abgeholt?
7. Wann wird das Essen serviert?
8. Wann wird das neue Buch übersetzt?

**MÜ 6**    Beantworten Sie die Fragen!

1. Wann und von wem wurde Amerika entdeckt?
2. Was wird an der Grenze kontrolliert?
3. In welchem Land wird viel Bier getrunken?
4. Wo werden verrückte Sachen verkauft?
5. Was wird nach Deutschland importiert?
6. Was wird aus Deutschland exportiert?
7. In welchen Ländern wird Deutsch gesprochen?
8. Welche deutschen Wörter werden immer groß geschrieben?
9. Werden Geschäftsbriefe mit der Hand geschrieben?
10. Von wem wurden alte Märchen gesammelt und aufgeschrieben?

## Modalverben

**MÜ 7**    Was kann man damit tun? Was kann damit getan werden?

- ein Auto → *Man kann ein Auto waschen (fahren, parken usw.)*
  *Ein Auto kann gewaschen (gefahren, geparkt usw.) werden.*

| | | |
|---|---|---|
| 1. eine Brille | 4. ein Bild | 7. eine Geschichte |
| 2. ein Pullover | 5. ein Fahrrad | 8. Briefe |
| 3. Wörter | 6. ein Apfel | 9. Blumen |

**MÜ 8**    Was soll hier getan werden?

• Rufen Sie sofort die Polizei!
  *Die Polizei soll gerufen werden.*

Jemand hat gesagt:

1. Bezahlen Sie die Hosen hier!
2. Sprechen Sie bitte nur Deutsch!
3. Holen Sie die Medikamente morgen ab!
4. Schreiben Sie den Brief bitte sofort!
5. Lernen Sie die Wörter für morgen!
6. Bringen Sie den Brief zur Post!

**Erinnern Sie sich? Welche reflexiven Verben passen hier?**

| | |
|---|---|
| Bett | *sich hinlegen* |
| Rasierapparat | _____ |
| Seife | _____ |
| Stuhl | _____ |
| Kamm | _____ |
| Handtuch | _____ |
| Erkältung | _____ |
| Verspätung | _____ |
| Dusche | _____ |
| Bad | _____ |
| Angst | _____ |

**MÜ 9**    Beantworten Sie die Fragen!

1. Wann muß ein Krankenwagen gerufen werden?
2. Was muß im Straßenverkehr beachtet werden?
3. Wann sollen Pullover gewaschen werden?
4. Wo kann eine Telefonrechnung bezahlt werden?
5. Wann muß ein Reifen gewechselt werden?
6. Wann muß ein Auto repariert werden?
7. Was für Waren müssen nach Berlin transportiert werden?
8. Welche Waren müssen in die Bundesrepublik importiert werden?
9. Was kann aus Öl gemacht werden?
10. Wer soll zu einem Unfall gerufen werden?
11. Welche deutschen Wörter müssen groß geschrieben werden?
12. Wann muß ein Arzt gerufen werden?

**MÜ 10**    Auf deutsch, bitte!

1. The little boy was called by his mother.
2. Yes, that is often said.
3. The car cannot be repaired today.
4. The door could not be opened.
5. He was often seen with a young lady.
6. This soup can also be eaten cold.
7. New houses have been built in the city.
8. The police were called to the accident.
9. The car was washed yesterday.
10. Her purse was stolen.
11. All bicycles were sold.
12. That can be done.
13. She was asked by her parents.
14. The new blouse must be washed.

**Erinnern Sie sich? Wie heißt das Nomen?**

| | |
|---|---|
| rechnen | *die Rechnung* |
| empfehlen | _____ |
| beschreiben | _____ |
| bestellen | _____ |
| wohnen | _____ |
| wiederholen | _____ |
| üben | _____ |
| meinen | _____ |
| zählen | _____ |
| verbinden | _____ |
| benutzen | _____ |
| bedeuten | _____ |
| bewundern | _____ |

# Die Bundesrepublik Deutschland:
# Ein Industrieland und ein Exportland

Füssen im Allgäu mit Lech und Hohem Schloß

Die Residenz in Würzburg

Hannover-Messe

VW-Werk Wolfsburg

Was ist „typisch" deutsch? Deutschland, sind das die Burgen und Schlösser, der romantische Rhein zwischen Bingen und Koblenz, die alten Kleinstädte mit ihren historischen Marktplätzen und Stadtmauern? Oder ist Deutschland einfach das, was die meisten Touristen so lieben? Das heißt die idyllischen Landschaften, der Schwarzwald, das Voralpenland, die Flüsse und Seen, das Münchner Oktoberfest, die Weinfeste und viel Gemütlichkeit. Andere bewundern den Kölner Dom oder halten das barocke Würzburg für typisch deutsch.

Oder kommt man Deutschland näher, wenn man an die berühmten Männer erinnert, die es hervorgebracht° hat? Deutschland ist das Land von Goethe und Schiller, Bach und Beethoven, Marx und Engels, Dürer, Nietzsche und Einstein, um nur einige zu nennen. *produced*

Für alles könnte man eine gute Erklärung finden. Aber genauso gut könnte man sagen: Deutschland, das sind moderne Technik und Industrie. Das sind Autos und Autobahnen. Das sind Messen,° Maschinen und technische Geräte. Auch das ist typisch deutsch. *trade fairs*

In der Tat°, wenn die Deutschen an Deutschland denken, denken sie nicht an Burgen, Schlösser und schöne Landschaften. Sie denken vor allem an die Industrie, denn die rund 50 000 Industriebetriebe in der Bundesrepublik bieten ihnen Arbeit und Brot. Jeder dritte Erwerbstätige in der Bundesrepublik arbeitet in der Industrie. In den Industriegebieten der Bundesrepublik leben rund 45 Prozent der Bevölkerung, und mehr als die Hälfte aller Erwerbstätigen arbeiten dort. Zum Teil pendeln° sie aus ländlichen Gegenden in diese Zonen. *indeed*  *commute*

Das größte deutsche und europäische Industriezentrum ist das Ruhrgebiet. Fast sechs Millionen Menschen leben und arbeiten hier. Das sind 2700 Menschen auf einem Quadratkilometer. Zwischen den Städten des Ruhrgebietes, von Dortmund bis Duisburg, kann man kaum Stadtgrenzen erkennen°, so nahe liegen die Städte zusammen. Hier arbeiten mehr als drei Millionen Menschen. Die chemischen Werke in Leverkusen sind die größten Chemiewerke Europas und beschäftigen° 60 000 Menschen. In den Krupp Werken in Duisburg werden im Jahr rund 30 Millionen Tonnen Stahl produziert. *discern*  *employ*

Wer Ruhrgebiet sagt, denkt an die Kohle, die hier gefördert wird. Neben den Zechen wurden Hochöfen° und Stahlwerke gebaut. Als die Industrialisierung begann, wurde die Landschaft fast total zerstört°. Erst nach dem Zweiten Weltkrieg wurden die Städte besser geplant und das Ruhrgebiet wurde grüner gemacht. *blast furnaces*  *destroyed*

Als dann 1957 wegen des billigen Erdöls die ersten Kohlenzechen geschlossen werden mußten, begann im Ruhrgebiet ein entscheidender Strukturwandel°. Die Kohlenförderung wurde auf wenige Großzechen konzentriert. Zur gleichen Zeit wurden mit staatlicher Hilfe neue Betriebe und damit neue Arbeitsplätze geschaffen. Auf alten Zechen wurden Erdölraffinerien gebaut. Durch neue Industrien, wie zum Beispiel die Chemie, die Autoproduktion und die Mineralölwirtschaft° wurde die Monokultur des Ruhrgebietes durchbrochen, so daß dieses große Industriegebiet nicht mehr in dem Ausmaß° wie noch vor einigen Jahren von der Kohle abhängig° ist. *structural change*  *petroleum industry*  *to the extent*  *dependent on*

Ein anderes großes Industriezentrum ist das Rhein-Main-Gebiet: Frankfurt, Darmstadt, Hanau, Offenbach, Wiesbaden. In Frankfurt gibt es so viele Banken wie in New York. Im Rhein-Main-Gebiet dominiert die Chemie. Bei der Firma Hoechst AG im Westen Frankfurts werden Kunststoffe° produziert. Dieses multinationale Chemiewerk ist eine Stadt für sich. Es beschäftigt rund 30 000 Menschen. Sein täglicher Energiebedarf ist größer als der Energiebedarf von ganz Griechenland. Die Produkte der Hoechst AG werden in die ganze Welt exportiert. Allein von diesem Industriewerk ist die Existenz von 100 000 Menschen abhängig. *synthetic products*

Weiter südlich, in Ludwigshafen am Rhein, liegt der größte zusammenhängende Industriekomplex der Bundesrepublik. Der Chemieriese° BASF ist mehr als sechs Quadratkilometer groß und ist damit viermal so groß wie Monaco. Über 50 000 Menschen werden von der BASF beschäftigt. Hier wird soviel Energie verbraucht wie in ganz Dänemark. *giant*

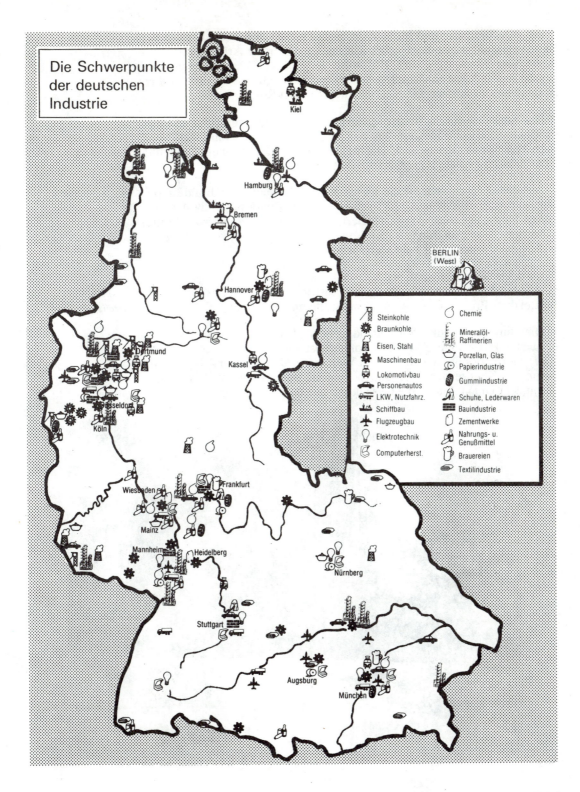

Die Schwerpunkte der deutschen Industrie

Kiel

Hamburg

Bremen

BERLIN (West)

Hannover

Dortmund

Kassel

Düsseldorf

Köln

| | Steinkohle | | Chemie |
|---|---|---|---|
| | Braunkohle | | Mineralöl-Raffinerien |
| | Eisen, Stahl | | Porzellan, Glas |
| | Maschinenbau | | Papierindustrie |
| | Lokomotivbau | | Gummiindustrie |
| | Personenautos | | Schuhe, Lederwaren |
| | LKW, Nutzfahrz. | | Bauindustrie |
| | Schiffbau | | Zementwerke |
| | Flugzeugbau | | Nahrungs- u. Genußmittel |
| | Elektrotechnik | | Brauereien |
| | Computerherst. | | Textilindustrie |

Frankfurt

Wiesbaden

Mainz

Mannheim

Heidelberg

Nürnberg

Stuttgart

Augsburg

München

Für eine Industrie und Industrialisierung in dem Ausmaß wie es in der Bundesrepublik zu finden ist, braucht man qualifizierte Arbeitskräfte°, gut ausgebaute Straßen, genug Rohstoffe und große Absatzmärkte°. Die Bundesrepublik hat qualifizierte Arbeitskräfte und gut ausgebaute Straßen zu Land und zu Wasser. Das Problem liegt bei den Rohstoffen.

*man power*
*markets*

Die meisten großen Industrieländer haben genug Rohstoffe für ihre Produktion. Die Bundesrepublik hat zu wenig. Sie hat Kohle, Kali° und Salz, aber nur wenig Eisenerz°. Die meisten Rohstoffe, vor allem Erdöl und Erze° müssen deshalb importiert werden.

*potash*
*iron ore*
*ores*

Auf der anderen Seite ist die Industrie und Wirtschaft der Bundesrepublik vom Export abhängig. 1982 wurden in der Bundesrepublik 4,1 Millionen Fahrzeuge aller Art produziert. Davon wurden rund zwei Drittel exportiert. Nur von Japan (10,7 Millionen) und den USA (fast sieben Millionen) wurden mehr Fahrzeuge produziert und verkauft.

Im deutschen Schiffsbau wird zu mehr als 50 Prozent für das Ausland gearbeitet. Und die größte deutsche Industrie, die Chemie, exportiert ein Drittel ihrer Produkte, vor allem Kunststoffe und Kunstdünger°.

*fertilizer*

Die Bundesrepublik Deutschland gehört also nicht nur zu den gern besuchten Reiseländern Europas, sondern ist auch ein typisches Industrieland, das drittgrößte der westlichen Welt hinter den USA und Japan. Das besondere Kennzeichen° der Bundesrepublik ist wohl ihre Vielfalt° Neues verbindet sich mit Altem, die Geschichte mit der Gegenwart°.

*feature/diversity*
*present*

## ZUR DISKUSSION

**1** **Reiseland oder Industrieland?**
    Wie sehen Sie die Bundesrepublik Deutschland?
    Was halten Sie für typisch deutsch?

**2** **Die industrielle Situation der Bundesrepublik**
    Ist die Bundesrepublik ein Import- oder ein Exportland?
    Was muß importiert werden?
    Was wird in der Bundesrepublik produziert?
    Was wird exportiert?
    In welche Länder wird exportiert?
    Warum ist die Bundesrepublik vom Export abhängig?

**3** Vergleichen Sie die industrielle Situation der Bundesrepublik mit der Ihres Landes!

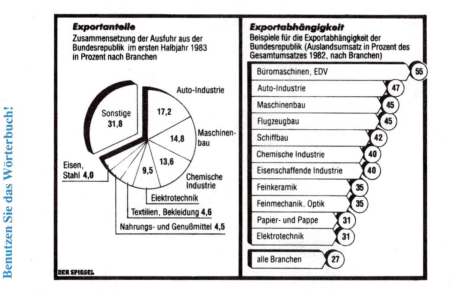

*Benutzen Sie das Wörterbuch!*

---

# SCHRIFTLICHE ÜBUNGEN

**SÜ 1**    Bilden Sie Passivsätze!

● Er soll den Brief zur Post bringen.
*Der Brief soll zur Post gebracht werden.*

1. Sie soll den Brief heute schreiben.
2. Man kann Kaffee aus Südamerika importieren.
3. Peter muß das Auto verkaufen.
4. Man darf hier nur Lastwagen überholen.
5. Ich muß die Haustür um 10 Uhr schließen.
6. Er kann das Auto vor dem Haus parken.

**SÜ 2**   Schreiben Sie die Sätze noch einmal mit einem Modalverb!

- Die Verletzten werden ins Krankenhaus gebracht.  (müssen)
  *Die Verletzten müssen ins Krankenhaus gebracht werden.*

1. Die Polizei wird zu einem Unfall gerufen.  (müssen)
2. Die Arbeit wird sofort begonnen.  (sollen)
3. Die Rechnungen wurden nicht bezahlt.  (können)
4. Das Auto wurde repariert.  (müssen)
5. Die Bücher wurden bestellt.  (können)
6. Das schöne Haus wird verkauft.  (müssen)


**SÜ 3**   Was muß man hier tun?
Was muß hier getan werden?

- Ein Unfall ist passiert.  (Polizei rufen)
  *Man muß die Polizei rufen.*
  *Die Polizei muß gerufen werden.*

1. Unser Fernseher ist kaputt.  (reparieren)
2. Wir haben viel Arbeit.  (machen)
3. Die Studenten stellen viele Fragen.  (beantworten)
4. Wir haben eine Rechnung bekommen.  (bezahlen)
5. Das Auto ist schmutzig.  (waschen)
6. Das Fenster ist offen.  (zumachen)
7. Die Schuhe sind schmutzig.  (putzen)
8. Seine Haare sind zu lang.  (schneiden)


**SÜ 4**   Schreiben Sie die Sätze noch einmal!

- Der Krankenwagen wird gerufen.  (Perfekt)
  *Der Krankenwagen ist gerufen worden.*

1. Sie wurde nicht eingeladen.  (Perfekt)
2. Das Kleid wird gewaschen.  (Imperfekt)
3. Die Kinder werden abgeholt.  (Plusquamperfekt)
4. Die Batterie mußte geprüft werden.  (Präsens)
5. Das Buch wird übersetzt.  (Perfekt)
6. Die Rechnung ist schon bezahlt worden.  (Imperfekt)
7. Sie werden ins Krankenhaus gebracht.  (Plusquamperfekt)
8. Das Auto muß gefahren werden.  (Konjunktiv II / Präsens)

# APPENDIX

# Reference Grammar

## 1  Personal pronouns

| | | | | | | | | | |
|---|---|---|---|---|---|---|---|---|---|
| NOMINATIVE | ich | du | er | es | sie | wir | ihr | sie | Sie |
| ACCUSATIVE | mich | dich | ihn | es | sie | uns | euch | sie | Sie |
| DATIVE | mir | dir | ihm | ihm | ihr | uns | euch | ihnen | Ihnen |

## 2  Reflexive pronouns

| | ich | du | er/es/sie | wir | ihr | sie | Sie |
|---|---|---|---|---|---|---|---|
| ACCUSATIVE | mich | dich | sich | uns | euch | sich | sich |
| DATIVE | mir | dir | sich | uns | euch | sich | sich |

## 3  Interrogative pronouns (question words)

| | | |
|---|---|---|
| NOMINATIVE | wer | was |
| ACCUSATIVE | wen | was |
| DATIVE | wem | —— |
| GENITIVE | wessen | —— |

## 4  Relative pronouns

| | Masculine | Neuter | Feminine | Plural<br>All Genders |
|---|---|---|---|---|
| NOMINATIVE | der | das | die | die |
| ACCUSATIVE | den | das | die | die |
| DATIVE | dem | dem | der | denen |
| GENITIVE | dessen | dessen | deren | deren |

## 5 Definite article

|  | Masculine | Neuter | Feminine | Plural All Genders |
|---|---|---|---|---|
| NOMINATIVE | der | das | die | die |
| ACCUSATIVE | den | das | die | die |
| DATIVE | dem | dem | der | den |
| GENITIVE | des | des | der | der |

## 6 *Der*-words

|  | Masculine | Neuter | Feminine | Plural All Genders |
|---|---|---|---|---|
| NOMINATIVE | dieser | dieses | diese | diese |
| ACCUSATIVE | diesen | dieses | diese | diese |
| DATIVE | diesem | diesem | dieser | diesen |
| GENITIVE | dieses | dieses | dieser | dieser |

All **der-**words are declined like **dieser.** Common **der-**words are **dies-, jed-, solch-, welch-.** **Der-**word occurring in the singular only: **jed-.** **Der-**words occurring in the plural only: **alle, beide.**

## 7 Indefinite article and *ein*-words

|  | Masculine | Neuter | Feminine | Plural All Genders |
|---|---|---|---|---|
| NOMINATIVE | ein | ein | eine | keine |
| ACCUSATIVE | einen | ein | eine | keine |
| DATIVE | einem | einem | einer | keinen |
| GENITIVE | eines | eines | einer | keiner |

The indefinite article **ein** has no plural forms. Common **ein**-words are **kein** and the possessive adjectives: **mein, dein, sein, ihr, unser, euer, ihr, Ihr.**

## 8 Noun declension

|  | Masculine | Neuter | Feminine | Plural All Genders |
|---|---|---|---|---|
| NOMINATIVE | der Mann | das Kind | die Frau | die Männer |
| ACCUSATIVE | den Mann | das Kind | die Frau | die Männer |
| DATIVE | dem Mann | dem Kind | der Frau | den Männern |
| GENITIVE | des Mannes | des Kindes | der Frau | der Männer |

## 9 Weak masculine nouns

|  | Singular | Plural |
|---|---|---|
| NOMINATIVE | der Herr | die Herren |
| ACCUSATIVE | den Herr**n** | die Herren |
| DATIVE | dem Herr**n** | den Herren |
| GENITIVE | des Herr**n** | der Herren |

Some other masculine nouns with the declension of **-n** or **-en** in all cases except the nominative singular are **der Beamte, der Experte, der Junge, der Kollege, der Kunde, der Mensch, der Name, der Polizist, der Präsident, der Student, der Tourist.**

## 10 Gender of nouns

### 1. Natural gender

Most nouns denoting persons have natural gender except nouns with the diminutive suffixes **-chen** and **-lein: das Mädchen, das Fräulein, das Schwesterchen, das Söhnchen.**

### 2. Seasons, months, days of the week, points of the compass

The names of the seasons, months, days of the week and the various points of the compass are **der**-nouns: **der Frühling, der Januar, der Montag, der Süden.**

### 3. Professions

Most nouns denoting the profession or occupation of a person are **der**-nouns: **der Student, der Arzt, der Mechaniker.** Nouns referring to female members of professions add the suffix **-in** and are **die**-nouns: **die Studentin, die Ärztin, die Mechanikerin.**

### 4. States, countries, cities, continents

The names of most states, countries, cities and continents are **das**-nouns: *(das)* **Deutschland,** *(das)* **Berlin,** *(das)* **Europa.**

**Exceptions:** Names of countries ending in **-ei: die Tschechoslowakei, die Türkei,** and some others: **die Schweiz.**

### 5. Masculine suffixes

Nouns ending in **-ent, -eur, -ich, -ig, -iker, -ismus, -ist, -ling, -or,** and most nouns with the suffix **-er** are **der**-nouns: **der Student, der Ingenieur, der Teppich, der Käfig, der Politiker, der Tourismus, der Polizist, der Frühling, der Professor.**

6. **Feminine suffixes**

Nouns with the suffixes **-ei, -ie, -ik, -in, -ion, -heit, -keit, -schaft, -tät, -ung, -ur** are **die-**nouns: **die Polizei, die Phantasie, die Mathematik, die Besitzerin, die Tradition, die Gleichheit, die Möglichkeit, die Mannschaft, die Universität, die Übung, die Kultur.**

Most two-syllable nouns ending in **-e** are **die-**nouns: **die Tasche, die Reise, die Lampe.**

7. **Neuter suffixes**

Nouns with the suffixes **-eum, -(i)um, -ma, -mal, -ment, -tel, -tum** and the diminutive suffixes **-chen** and **-lein** are **das-**nouns: **das Museum, das Aluminium, das Datum, das Klima, das Denkmal, das Arrangement, das Viertel, das Königtum.**

8. **Infinitives used as nouns**

Infinitives used as nouns are **das-**nouns: **das Leben, das Essen, das Radfahren.**

## 11 Plural formation of nouns

Although German has no general rule for the formation of the plurals of nouns, most nouns can be classified according to one of the following categories:

| Type of Noun | Plural | Singular | Plural |
|---|---|---|---|
| 1. Masculine and neuter nouns ending in **-el, en, -er** take no ending | - | der Geldbeutel<br>der Kuchen<br>das Fenster | die Geldbeutel<br>die Kuchen<br>die Fenster |
| Neuter nouns with **-chen** and **-lein** | | das Mädchen<br>das Fräulein | die Mädchen<br>die Fräulein |
| Some polysyllabic masculines with the stem vowels **a, o, u** add Umlaut | ¨ | der Vater<br>der Vogel<br>der Bruder | die Väter<br>die Vögel<br>die Brüder |
| Two feminines: **die Mutter, die Tochter** | | die Mutter<br>die Tochter | die Mütter<br>die Töchter |
| 2. Most monosyllabic masculine and some neuter nouns | -e | der Freund<br>der Brief<br>das Jahr | die Freunde<br>die Briefe<br>die Jahre |

| Type of Noun | Plural | Singular | Plural |
|---|---|---|---|
| Many polysyllabic masculine nouns | | der Beruf<br>der Monat | die Berufe<br>die Monate |
| Masculine and feminine monosyllabic nouns with stem vowels **a, o, u** often add Umlaut, no neuter nouns | ¨e | der Arzt<br>der Sohn<br>die Stadt<br>die Angst | die Ärzte<br>die Söhne<br>die Städte<br>die Ängste |
| 3. Most monosyllabic neuter and some masculine nouns, no feminine nouns | -er | das Bild<br>das Kind<br>das Kleid | die Bilder<br>die Kinder<br>die Kleider |
| Nouns with stem vowels **a, o, u** add Umlaut wherever possible | ¨er | das Buch<br>der Mann<br>das Haus | die Bücher<br>die Männer<br>die Häuser |
| 4. All feminine nouns ending in **-e, -ie** | -n | die Dame<br>die Garantie | die Damen<br>die Garantien |
| Some feminine nouns ending in **-el, -er** | | die Tafel<br>die Schwester | die Tafeln<br>die Schwestern |
| Weak masculine nouns ending in **-e** | | der Junge<br>der Name | die Jungen<br>die Namen |
| All feminine nouns ending in **-ei, -heit, -keit, -ion, -schaft, -tät, -ung** | -en | die Bäckerei<br>die Freiheit<br>die Möglichkeit<br>die Präposition<br>die Mannschaft<br>die Universität<br>die Rechnung | die Bäckereien<br>die Freiheiten<br>die Möglichkeiten<br>die Präpositionen<br>die Mannschaften<br>die Universitäten<br>die Rechnungen |
| Masculine nouns ending in **-ent, -ist, -or** | | der Student<br>der Polizist<br>der Professor | die Studenten<br>die Polizisten<br>die Professoren |
| Weak masculine nouns with the declension of **-n** or **-en** in all cases except the nominative singular | | der Herr<br>der Mensch | die Herren<br>die Menschen |
| Some monosyllabic feminine nouns | | die Frau<br>die Uhr | die Frauen<br>die Uhren |
| All feminine nouns with the suffix **-in** add **-nen** | -nen | die Studentin<br>die Kellnerin | die Studentinnen<br>die Kellnerinnen |
| 5. Many foreign nouns that have recently been assimilated into German | -s | das Auto<br>das Hotel<br>das Taxi<br>das Kino | die Autos<br>die Hotels<br>die Taxis<br>die Kinos |

**Remember:** The plural of a compound noun is formed by pluralizing the last element (= base noun) of the compound.

## 12 Preceded adjectives

NOMINATIVE

ACCUSATIVE

DATIVE

GENITIVE

| Masculine | Neuter | Feminine | Plural All Genders |
|---|---|---|---|
| der **neue** Mantel<br>ein **neuer** Mantel | das **neue** Kleid<br>ein **neues** Kleid | die<br>eine **neue** Hose | die<br>keine **neuen** Schuhe |
| den<br>einen **neuen** Mantel | das **neue** Kleid<br>ein **neues** Kleid | die<br>eine **neue** Hose | die<br>keine **neuen** Schuhe |
| den<br>einem **neuen** Mantel | dem<br>einem **neuen** Kleid | der<br>einer **neuen** Hose | den<br>keinen **neuen** Schuhen |
| des<br>eines **neuen** Mantel | des<br>eines **neuen** Kleid | der<br>einer **neuen** Hose | der<br>keiner **neuen** Schuhe |

## Adjective endings after der- and ein-words

| | Masculine | Neuter | Feminine | Plural All Genders |
|---|---|---|---|---|
| NOMINATIVE | (der) **-e**<br>(ein) **-er** | (das) **-e**<br>(ein) **-es** | **-e** | **-en** |
| ACCUSATIVE | **-en** | (das) **-e**<br>(ein) **-es** | **-e** | **-en** |
| DATIVE | **-en** | **-en** | **-en** | **-en** |
| GENITIVE | **-en** | **-en** | **-en** | **-en** |

## 13 Unpreceded adjectives

| | Masculine | Neuter | Feminine | Plural All Genders |
|---|---|---|---|---|
| NOMINATIVE | kalt**er** Wein | kalt**es** Bier | warm**e** Milch | arm**e** Leute |
| ACCUSATIVE | kalt**en** Wein | kalt**es** Bier | warm**e** Milch | arm**e** Leute |
| DATIVE | kalt**em** Wein | kalt**em** Bier | warm**er** Milch | arm**en** Leuten |
| GENITIVE | kalt**en** Wein**es** | kalt**en** Bier**es** | warm**er** Milch | arm**er** Leute |

## Endings of unpreceded adjectives

| | Masculine | Neuter | Feminine | Plural All Genders |
|---|---|---|---|---|
| NOMINATIVE | (der) **-er** | (das) **-es** | (die) **--e** | (die) **--e** |
| ACCUSATIVE | (den) **-en** | (das) **-es** | (die) **--e** | (die) **--e** |
| DATIVE | (dem) **-em** | (dem) **-em** | (der) **-er** | (den) **-en** |
| GENITIVE | (des) **-en** | (des) **-en** | (der) **-er** | (der) **-er** |

## 14 Adjectives used as nouns

### a) Adjectival nouns preceded by the definite article or **der**-words

| | Masculine | Neuter | Feminine | Plural All Genders |
|---|---|---|---|---|
| NOMINATIVE | der Deutsche | das Neue | die Deutsche | die Deutschen |
| ACCUSATIVE | den Deutschen | das Neue | die Deutsche | die Deutschen |
| DATIVE | dem Deutschen | dem Neuen | der Deutschen | den Deutschen |
| GENITIVE | des Deutschen | des Neuen | der Deutschen | der Deutschen |

### b) Adjectival nouns preceded by the indefinite article or **ein**-words

| | Masculine | Neuter | Feminine | Plural All Genders |
|---|---|---|---|---|
| NOMINATIVE | ein Deutscher | ein Neues | eine Deutsche | keine Deutschen |
| ACCUSATIVE | einen Deutschen | ein Neues | eine Deutsche | keine Deutschen |
| DATIVE | einem Deutschen | einem Neuen | einer Deutschen | keinen Deutschen |
| GENITIVE | eines Deutschen | _____ | einer Deutschen | keiner Deutschen |

## 15 Comparison of irregular adjectives and adverbs

| | | | | | | |
|---|---|---|---|---|---|---|
| POSITIVE | gern | groß | gut | hoch | nah | viel |
| COMPARATIVE | lieber | größer | besser | höher | näher | mehr |
| SUPERLATIVE | liebst- | größt- | best- | höchst- | nächst- | meist- |

# 16 Prepositions

| With Accusative | With Dative | With either Accusative or Dative | With Genitive |
| --- | --- | --- | --- |
| durch | aus | an | trotz |
| für | bei | auf | während |
| gegen | gegenüber | hinter | wegen |
| ohne | mit | in | |
| um | nach | neben | |
| | seit | über | |
| | von | unter | |
| | zu | vor | |
| | | zwischen | |

# 17 Verbs with prepositional objects

**anfangen mit**   to begin with
**Angst haben vor** *(+dat.)*   to be afraid of
**antworten auf** *(+acc.)*   to give an answer to, to reply
**arbeiten bei**   to work for
**s. ärgern über** *(+acc.)*   to get or be mad at, to be annoyed about
**beginnen mit**   to begin with
**bestehen aus**   to consist of
**danken für**   to thank for
**denken an** *(+acc.)*   to think of
**einladen zu**   to invite to
**(s.) erinnern an** *(+acc.)*   to remember
**erkranken an** *(+dat.)*   to get sick with
**erwarten von**   to expect of
**erzählen von**   to tell of
**fahren mit**   to go by (means of)
**fragen nach**   to ask for
**s. freuen auf**   to look forward to
**s. freuen über** *(+acc.)*   to be happy (glad) about
**s. fürchten vor** *(+dat.)*   to be afraid of
**gehören zu**   to belong to
**gelten als** *(+nom.)*   to be considered (looked upon) as
**glauben an** *(+acc.)*   to believe in
**gratulieren zu**   to congratulate (a person) to
**grenzen an** *(+acc.)*   to border on
**halten für**   to take for, take to be
**halten von**   to think of
**handeln mit**   to deal with
**hoffen auf** *(+acc.)*   to hope for, to wish for
**s. interessieren für**   to be interested in

**kommen aus**   to come from
**s. kümmern um**   to take care of
**lachen über** *(+acc.)*   to laugh about
**nachdenken über** *(+acc.)*   to think about, to contemplate
**reden von**   to talk of
**riechen nach**   to smell of
**schleudern nach**   to hurl (throw) at
**schreiben an** *(+acc.)*   to write to
**schreiben über** *(+acc.)*   to write about
**sprechen mit**   to speak to
**sprechen über** *(+acc.)*   to speak about
**studieren an** *(+dat.)*   to study at
**telefonieren mit**   to speak on the phone with
**träumen von**   to dream of
**s. umschauen nach**   to look around for
**s. unterhalten über** *(+acc.)*   to converse (talk) about
**verbinden mit**   to connect with
**warten auf** *(+acc.)*   to wait for
**wohnen bei**   to live with

## 18 Dative verbs

**antworten**   to answer
**begegnen**   to meet
**danken**   to thank
**fehlen**   to be missing
**gefallen**   to like
**gehören**   to belong

**gratulieren**   to congratulate
**helfen**   to help
**passen**   to fit
**passieren**   to happen
**schmecken**   to taste

## 19 Verbs with inseparable prefixes

Some German verbs have unstressed prefixes which remain permanently attached to the base verb. Such verbs do not add the prefix **ge-** in forming their past participle.

Common inseparable prefixes are:

**be-**    bekommen, bekam, bekommen
**emp-**   empfehlen, empfahl, empfohlen
**ent-**   entschuldigen, entschuldigte, entschuldigt
**er-**    erklären, erklärte, erklärt
**ge-**    gefallen, gefiel, gefallen
**ver-**   verkaufen, verkaufte, verkauft
**zer-**   zerstören, zerstörte, zerstört

## 20 Verbs with separable prefixes

Many German verbs have stressed prefixes which separate from the base verb in independent clauses in the present, simple past, and imperative. In the present perfect, the separable prefix is linked to the perfective **ge-**.

Common separable prefixes are:

| | | |
|---|---|---|
| **ab-** | **fort-** | **weg-** |
| **an-** | **her-** | **weiter-** |
| **auf-** | **hin-** | **zu-** |
| **aus-** | **mit-** | **zurück-** |
| **bei-** | **nach-** | **zusammen-** |
| **durch-** | **vor-** | |
| **ein-** | **vorbei-** | |

## 21 Present tense (*Präsens*)

### Regular conjugation

| | *kaufen*[1] | *finden*[2] | *öffnen*[2] | *heißen*[3] | *ein·kaufen*[4] | |
|---|---|---|---|---|---|---|
| ich | kaufe | finde | öffne | heiße | kaufe | **ein** |
| du | kaufst | findest | öffnest | heißt | kaufst | **ein** |
| er/es/sie | kauft | findet | öffnet | heißt | kauft | **ein** |
| wir | kaufen | finden | öffnen | heißen | kaufen | **ein** |
| ihr | kauft | findet | öffnet | heißt | kauft | **ein** |
| Sie, sie | kaufen | finden | öffnen | heißen | kaufen | **ein** |

1. The endings are used for all verbs except **sein, werden, wissen** and the modal auxiliaries.

2. If a verb stem ends in **-d** or **-t** or a consonant cluster (the final consonant of the cluster being other than **l** or **r**), an **-e** is inserted between the stem and the endings **-st, -t.**

3. If the verb stem ends in a sibilant (**-s, -ss, -ß, -z, -tz**) the **-st** ending of the **du**-form is contracted to **-t.** As a result, the **du**-form is sometimes identical to the **er/es/sie**- form.

4. If a verb has a separable prefix the prefix will separate from the base verb.

## Stem changing verbs

|        | sprechen[1] | sehen[2] | fahren[3] | laufen[4] |
|--------|-------------|----------|-----------|-----------|
| ich    | spreche     | sehe     | fahre     | laufe     |
| du     | sprichst    | siehst   | fährst    | läufst    |
| er/es/sie | spricht  | sieht    | fährt     | läuft     |
| wir    | sprechen    | sehen    | fahren    | laufen    |
| ihr    | sprecht     | seht     | fahrt     | lauft     |
| Sie, sie | sprechen  | sehen    | fahren    | laufen    |

In the **du** and **er/es/sie**-forms

1.   some verbs have a stem-vowel change **e → i;**

2.   some verbs have a stem-vowel change **e → ie;**

3.   some verbs have a stem-vowel change **a → ä;**

4.   some verbs have a stem-vowel change **au → äu.**

## 22  Simple past tense (Imperfekt)

| Verb type: | Weak | | Irregular Weak | Strong |
|------------|------|--|-----------------|--------|
|            | kaufen[1] | arbeiten[2] | bringen[3] | finden[4] |
| ich        | kaufte    | arbeitete   | **brachte**    | **fand**    |
| du         | kauftest  | arbeitetest | **brachtest**  | **fandest** |
| er/es/sie  | kaufte    | arbeitete   | **brachte**    | **fand**    |
| wir        | kauften   | arbeiteten  | **brachten**   | **fanden**  |
| ihr        | kauftet   | arbeitetet  | **brachtet**   | **fandet**  |
| Sie, sie   | kauften   | arbeiteten  | **brachten**   | **fanden**  |

1.   Weak verbs add the past-tense marker **-t** plus endings.

2.   If the stem of a weak verb ends in **-d** or **-t** or in a consonant cluster (the final consonant of the cluster being other than **l** or **r**), an **-e** is inserted between stem and past tense marker **-t.**

3.   Irregular weak verbs have a stem change plus the endings of the weak verbs.

4.   Strong verbs have a stem change plus endings. The **ich-** and **er/es/sie**-forms use the stem only.

## 23 Auxiliaries: *sein, haben, werden*

**PRESENT TENSE**

|  | *sein* | *haben* | *werden* |
|---|---|---|---|
| ich | bin | habe | werde |
| du | bist | hast | wirst |
| er/es/sie | ist | hat | wird |
| wir | sind | haben | werden |
| ihr | seid | habt | werdet |
| Sie, sie | sind | haben | werden |

**PAST TENSE**

|  | *sein* | *haben* | *werden* |
|---|---|---|---|
| ich | war | hatte | wurde |
| du | warst | hattest | wurdest |
| er/es/sie | war | hatte | wurde |
| wir | waren | hatten | wurden |
| ihr | wart | hattet | wurdet |
| Sie, sie | waren | hatten | wurden |

## 24 Modal auxiliaries

**PRESENT TENSE**

|  | *können* | *müssen* | *dürfen* | *wollen* | *sollen* | *mögen* | |
|---|---|---|---|---|---|---|---|
| ich | kann | muß | darf | will | soll | mag | möchte |
| du | kannst | mußt | darfst | willst | sollst | magst | möchtest |
| er/es/sie | kann | muß | darf | will | soll | mag | möchte |
| wir | können | müssen | dürfen | wollen | sollen | mögen | möchten |
| ihr | könnt | müßt | dürft | wollt | sollt | mögt | möchtet |
| Sie, sie | können | müssen | dürfen | wollen | sollen | mögen | möchten |

**PAST TENSE**

|  | *können* | *müssen* | *dürfen* | *wollen* | *sollen* | *mögen* |
|---|---|---|---|---|---|---|
| ich | konnte | mußte | durfte | wollte | sollte | mochte |
| du | konntest | mußtest | durftest | wolltest | solltest | mochtest |
| er/es/sie | konnte | mußte | durfte | wollte | sollte | mochte |
| wir | konnten | mußten | durften | wollten | sollten | mochten |
| ihr | konntet | mußtet | durftet | wolltet | solltet | mochtet |
| Sie, sie | konnten | mußten | durften | wollten | sollten | mochten |

## 25 Verb conjugation: Tense

### rufen

PRESENT TENSE  *(PRÄSENS)*

*I call, I am calling,*
*I do call*

|         |       |
|---------|-------|
| ich     | rufe  |
| du      | rufst |
| er/es/sie | ruft |
| wir     | rufen |
| ihr     | ruft  |
| Sie, sie | rufen |

### gehen

PRESENT TENSE  *(PRÄSENS)*

*I go, I am going,*
*I do go*

|         |       |
|---------|-------|
| ich     | gehe  |
| du      | gehst |
| er/es/sie | geht |
| wir     | gehen |
| ihr     | geht  |
| Sie, sie | gehen |

SIMPLE PAST  *(IMPERFEKT)*

*I called, I was calling,*
*I did call*

|         |        |
|---------|--------|
| ich     | rief   |
| du      | riefst |
| er/es/sie | rief |
| wir     | riefen |
| ihr     | rieft  |
| Sie, sie | riefen |

SIMPLE PAST  *(IMPERFEKT)*

*I went, I was going,*
*I did go*

|         |        |
|---------|--------|
| ich     | ging   |
| du      | gingst |
| er/es/sie | ging |
| wir     | gingen |
| ihr     | gingt  |
| Sie, sie | gingen |

PRESENT PERFECT  *(PERFEKT)*

*I have called, I called,*
*I was calling*

|         |       |          |
|---------|-------|----------|
| ich     | habe  |          |
| du      | hast  |          |
| er/es/sie | hat | } gerufen |
| wir     | haben |          |
| ihr     | habt  |          |
| Sie, sie | haben |          |

PRESENT PERFECT  *(PERFEKT)*

*I have gone, I went,*
*I was going*

|         |       |            |
|---------|-------|------------|
| ich     | bin   |            |
| du      | bist  |            |
| er/es/sie | ist | } gegangen |
| wir     | sind  |            |
| ihr     | seid  |            |
| Sie, sie | sind  |            |

## PAST PERFECT *(PLUSQUAMPERFEKT)*

*I had called*

| | |
|---|---|
| ich hatte | |
| du hattest | |
| er/es/sie hatte | } gerufen |
| wir hatten | |
| ihr hattet | |
| Sie, sie hatten | |

*I had gone*

| | |
|---|---|
| ich war | |
| du warst | |
| er/es/sie war | } gegangen |
| wir waren | |
| ihr wart | |
| Sie, sie waren | |

## FUTURE *(FUTUR)*

*I will call*

| | |
|---|---|
| ich werde | |
| du wirst | |
| er/es/sie wird | } rufen |
| wir werden | |
| ihr werdet | |
| Sie, sie werden | |

*I will go*

| | |
|---|---|
| ich werde | |
| du wirst | |
| er/es/sie wird | } gehen |
| wir werden | |
| ihr werdet | |
| Sie, sie werden | |

## IMPERATIVE *(IMPERATIV)*

*Call*

Ruf!
Ruft!
Rufen Sie!

*Go*

Geh!
Geht!
Gehen Sie!

# 26 Subjunctive *(Konjunktiv)*

## PRESENT-TIME SUBJUNCTIVE *(KONJUNKTIV II: PRÄSENS)*

*I called, I would call*

| |
|---|
| ich riefe |
| du rief(e)st |
| er/es/sie riefe |
| wir riefen |
| ihr rief(e)t |
| Sie, sie riefen |

*I went, I would go*

| |
|---|
| ich ginge |
| du ging(e)st |
| er/es/sie ginge |
| wir gingen |
| ihr ging(e)t |
| Sie, sie gingen |

## PAST-TIME SUBJUNCTIVE *(KONJUNKTIV II: VERGANGENHEIT)*

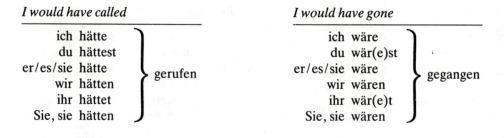

| *I would have called* | | *I would have gone* | |
|---|---|---|---|
| ich hätte | | ich wäre | |
| du hättest | | du wär(e)st | |
| er/es/sie hätte | } gerufen | er/es/sie wäre | } gegangen |
| wir hätten | | wir wären | |
| ihr hättet | | ihr wär(e)t | |
| Sie, sie hätten | | Sie, sie wären | |

## SUBSTITUTE FOR PRESENT-TIME SUBJUNCTIVE: **WÜRDE** + INFINITIVE *(KONDITIONAL)*

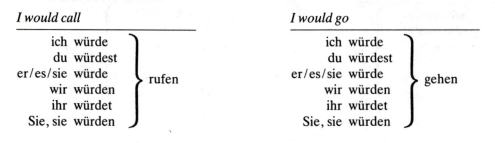

| *I would call* | | *I would go* | |
|---|---|---|---|
| ich würde | | ich würde | |
| du würdest | | du würdest | |
| er/es/sie würde | } rufen | er/es/sie würde | } gehen |
| wir würden | | wir würden | |
| ihr würdet | | ihr würdet | |
| Sie, sie würden | | Sie, sie würden | |

## 27 Passive Voice *(Passiv)*

### PRESENT *(PRÄSENS)*

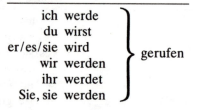

| *I am being called* | |
|---|---|
| ich werde | |
| du wirst | |
| er/es/sie wird | } gerufen |
| wir werden | |
| ihr werdet | |
| Sie, sie werden | |

## PAST *(IMPERFEKT)*

### *I was being called*

| | | |
|---|---|---|
| ich | wurde | |
| du | wurdest | |
| er/es/sie | wurde | } gerufen |
| wir | wurden | |
| ihr | wurdet | |
| Sie, sie | wurden | |

## PRESENT PERFECT *(PERFEKT)*

### *I have been called*

| | | |
|---|---|---|
| ich | bin | |
| du | bist | |
| er/es/sie | ist | } gerufen worden |
| wir | sind | |
| ihr | seid | |
| Sie, sie | sind | |

## PAST PERFECT *(PLUSQUAMPERFEKT)*

### *I had been called*

| | | |
|---|---|---|
| ich | war | |
| du | warst | |
| er/es/sie | war | } gerufen worden |
| wir | waren | |
| ihr | wart | |
| Sie, sie | waren | |

## FUTURE *(FUTUR)*

### *I will be called*

| | | |
|---|---|---|
| ich | werde | |
| du | wirst | |
| er/es/sie | wird | } gerufen werden |
| wir | werden | |
| ihr | werdet | |
| Sie, sie | werden | |

## 28 Principal parts of strong and irregular weak verbs

The following list includes all the strong and irregular weak verbs used in the text. Compound verbs like **spazierengehen** and many verbs with prefixes such as **überlassen** and **aufschneiden** are not included, since their principal parts are the same as those of the basic verb (**gehen, lassen, schneiden**).

In the present tense, only stem changing verbs are listed.

In the present perfect, all verbs listed use the auxiliary **haben** unless otherwise indicated.

| Infinitive | Present Tense | Past Tense | Past Participle | Basic Meaning |
|---|---|---|---|---|
| abfahren | fährt ab | fuhr ab | ist abgefahren | *to depart* |
| abheben | | hob ab | abgehoben | *to withdraw (money)* |
| anfangen | fängt an | fing an | angefangen | *to begin* |
| ankommen | | kam an | ist angekommen | *to arrive* |
| anrufen | | rief an | angerufen | *to call up* |
| anziehen | | zog an | angezogen | *to put on* |
| aufschreiben | | schrieb auf | aufgeschrieben | *to write down* |
| aufstehen | | stand auf | ist aufgestanden | *to get up* |
| aussehen | sieht aus | sah aus | ausgesehen | *to appear* |
| aussteigen | | stieg aus | ist ausgestiegen | *to get off* |
| ausziehen | | zog aus | ausgezogen | *to take off* |
| backen | bäckt | backte | gebacken | *to bake* |
| beginnen | | begann | begonnen | *to begin* |
| beißen | | biß | gebissen | *to bite* |
| bekommen | | bekam | bekommen | *to receive* |
| beschreiben | | beschrieb | beschrieben | *to describe* |
| besitzen | | besaß | besessen | *to possess* |
| bestehen | | bestand | bestanden | *to pass (exam)* |
| bieten | | bot | geboten | *to offer* |
| blasen | bläst | blies | geblasen | *to blow* |
| bleiben | | blieb | ist geblieben | *to stay* |
| brechen | bricht | brach | gebrochen | *to break* |
| bringen | | brachte | gebracht | *to bring* |
| denken | | dachte | gedacht | *to think* |
| einladen | lädt ein | lud ein | eingeladen | *to invite* |
| einschlafen | schläft ein | schlief ein | ist eingeschlafen | *to fall asleep* |
| einsteigen | | stieg ein | ist eingestiegen | *to board* |
| empfehlen | empfiehlt | empfahl | empfohlen | *to recommend* |
| entscheiden | | entschied | entschieden | *to decide* |
| entstehen | | entstand | ist entstanden | *to arise* |
| erkennen | | erkannte | erkannt | *to recognize* |
| essen | ißt | aß | gegessen | *to eat* |
| fahren | fährt | fuhr | ist gefahren | *to drive, ride, travel* |

| Infinitive | Present Tense | Past Tense | Past Participle | Basic Meaning |
|---|---|---|---|---|
| fallen | fällt | fiel | ist gefallen | to fall |
| fangen | fängt | fing | gefangen | to catch |
| finden | | fand | gefunden | to find |
| fliegen | | flog | ist geflogen | to fly |
| fressen | frißt | fraß | gefressen | to devour |
| frieren | | fror | gefroren | to be cold |
| geben | gibt | gab | gegeben | to give |
| gefallen | gefällt | gefiel | gefallen | to like |
| gehen | | ging | ist gegangen | to go |
| gelten | gilt | galt | gegolten | to be looked upon (as) |
| gewinnen | | gewann | gewonnen | to win |
| haben | hat | hatte | gehabt | to have |
| halten | hält | hielt | gehalten | to stop, to hold |
| hängen | | hing | gehangen | to hang |
| heißen | | hieß | geheißen | to be named, (called) |
| helfen | hilft | half | geholfen | to help |
| kennen | | kannte | gekannt | to know |
| kommen | | kam | ist gekommen | to come |
| laden | lädt | lud | geladen | to load |
| lassen | läßt | ließ | gelassen | to let, allow |
| laufen | läuft | lief | ist gelaufen | to run, go |
| lesen | liest | las | gelesen | to read |
| liegen | | lag | gelegen | to lie, be located |
| nehmen | nimmt | nahm | genommen | to take |
| nennen | | nannte | genannt | to name |
| raten | rät | riet | geraten | to guess |
| riechen | | roch | gerochen | to smell |
| rufen | | rief | gerufen | to call |
| schaffen | | schuf | geschaffen | to create |
| scheinen | | schien | geschienen | to shine |
| schießen | | schoß | geschossen | to shoot |
| schlafen | schläft | schlief | geschlafen | to sleep |
| schlagen | schlägt | schlug | geschlagen | to beat |
| schließen | | schloß | geschlossen | to close |
| schneiden | | schnitt | geschnitten | to cut |
| schreiben | | schrieb | geschrieben | to write |
| schreien | | schrie | geschrien | to scream |
| schwimmen | | schwamm | ist geschwommen | to swim |
| sehen | sieht | sah | gesehen | to see |
| sein | ist | war | ist gewesen | to be |
| singen | | sang | gesungen | to sing |
| sitzen | | saß | gesessen | to sit |
| sprechen | spricht | sprach | gesprochen | to speak |

| Infinitive | Present Tense | Past Tense | Past Participle | Basic Meaning |
|---|---|---|---|---|
| springen | | sprang | ist gesprungen | *to jump* |
| stechen | sticht | stach | gestochen | *to stab* |
| stehen | | stand | gestanden | *to stand* |
| stehlen | stiehlt | stahl | gestohlen | *to steal* |
| steigen | | stieg | ist gestiegen | *to climb, rise* |
| sterben | stirbt | starb | ist gestorben | *to die* |
| tragen | trägt | trug | getragen | *to carry, to wear* |
| treffen | trifft | traf | getroffen | *to meet* |
| trinken | | trank | getrunken | *to drink* |
| tun | | tat | getan | *to do* |
| s. unterhalten | unterhält | unterhielt | unterhalten | *to converse* |
| verbinden | | verband | verbunden | *to connect* |
| verbringen | | verbrachte | verbracht | *to spend time* |
| vergessen | vergißt | vergaß | vergessen | *to forget* |
| vergleichen | | verglich | verglichen | *to compare* |
| verlassen | verläßt | verließ | verlassen | *to leave* |
| verlieren | | verlor | verloren | *to lose* |
| verschwinden | | verschwand | ist verschwunden | *to disappear* |
| versprechen | verspricht | versprach | versprochen | *to promise* |
| verstehen | | verstand | verstanden | *to understand* |
| waschen | wäscht | wusch | gewaschen | *to wash* |
| werden | wird | wurde | ist geworden | *to become* |
| werfen | wirft | warf | geworfen | *to throw* |
| wiegen | | wog | gewogen | *to weigh* |
| wissen | weiß | wußte | gewußt | *to know* |
| zerbrechen | zerbricht | zerbrach | zerbrochen | *to break* |
| ziehen | | zog | gezogen | *to pull* |

# German–English Vocabulary

This vocabulary includes all the words used actively in the text, except numbers. The English equivalents of the entries are limited to the context in which the words are used in the book. Chapter references are given for all words and expressions and indicate where a word or expression is first used. The symbol ~ indicates repetition of the keyword (minus the definite article if any).

The letter codes stand for the following:

| | |
|---|---|
| **G** | **Grammatik** (Pertaining explanation can be found in the grammar section.) |
| **K** | **Kultur** |
| **L** | **Lesehilfe** (Entry has been explained in German in the section **Lesehilfe**.) |
| **M** | **Margin** (English equivalent was given in the margin.) |
| **R** | **Recognition vocabulary** |
| **R+** | **Recognition vocabulary** listed without English equivalent in the Chapter **Wortschatz**. |
| **WE** | **Wortschatzerweiterung** |
| **Z** | **Zwischenspiel** |

The following abbreviations are used:

| | | | |
|---|---|---|---|
| *acc.* | accusative | *masc.* | masculine |
| *adj.* | adjective | *nom.* | nominative |
| *adv.* | adverb | *pl.* | plural |
| *attr.* | attributive | *p.p.* | past participle |
| *comp.* | comparative | *pred.* | predicate |
| *conj.* | conjunction | *prep.* | preposition |
| *coord.* | coordinating | *sep.* | separable |
| *dat.* | dative | *sing.* | singular |
| *fam.* | familiar | *s.o.* | someone |
| *fem.* | feminine | *s.th.* | something |
| *gen.* | genitive | *subj.* | subjunctive |
| *indef.* | indefinite | *subord.* | subordinating |
| *inf.* | infinitve | | |

**Adjectives and Adverbs**

Adjectives followed by a hyphen (**link-**) can only be used as attributive adjectives and need an ending.

Adjectives and adverbs that have an Umlaut in the comparative and superlative are indicated: **warm (ä).**

**Nouns**

Nouns are listed with their plural form: **das Kind, -er (die Kinder).**

If the plural form of a noun does not exist or is rare in usage it is not listed: **der Frühling.**

Some nouns have a special plural form and are thus listed: **die Firma, Firmen.**

Nouns requiring a plural verb are indicated: **die Leute** *(pl.)*.

Weak nouns are followed by two endings: **der Herr, -n, -en;** the first one indicates the case ending, the second indicates the plural ending.

## Verbs

Strong and irregular weak verbs are listed with their principal parts including the third person singular of the present tense (in parentheses) when irregular: **lesen (liest), las, gelesen**.

Weak verbs are listed in the infinitive only: **machen**.

Verbs with separable prefixes are indicated by a raised dot: **ein·kaufen**.

All verbs take **haben** together with the past participle unless **sein** is indicated: **gehen, ging, ist gegangen**.

Verbs requiring the dative case are indicated: **antworten** *(+dat.)*.

## A

**abend: heute ~** tonight, this evening

der **Abend, -e** 4WE evening; **guten ~** 1 good evening;

das **Abendessen, -** 14R+ dinner, supper; **zum ~** 14 for dinner, for supper

**abends** 9 at night, in the evening

**aber** *(coord. conj.)* 6 but, however; *(flavoring particle)* 6G

**ab·fahren (ä), fuhr ab, ist abgefahren** 17 to depart

die **Abfahrt, -en** 17L departure

**ab·fliegen, flog ab, ist abgeflogen** 24R to depart

**abhängig sein (von)** 32M to be dependent (upon)

**ab·heben, hob ab, abgehoben (Geld)** 30R to withdraw (money)

**abholen** 17 to pick up

das **Abitur** 20R *final high school examination*

**ab·rechnen** 16KM to settle

der **Absatzmarkt, ⁼e** 32M market

der **Abschleppdienst, -e** 22 wrecker-service

**ab·schleppen** 22 to tow (away)

der **Abschluß, ⁼sse** 20L completion, graduation

das **Abschlußzeugnis, -se** 20L leaving certificate

die **Absicht, -en** 26M intention

**ab·sperren** 32M to block off

**(sich) abtrocknen** 25 to dry (oneself)

**ach!** *(exclamation)* 6G oh, well

das **Adjektiv, -e** 12G adjective

die **Adjektivdeklination** 12G adjective declension

das **Adverb, -ien** adverb

**aggressiv** 26R aggressive(ly)

**ähnlich** 20 similar

der **Akkusativ** 5G accusative

die **Aktion, -en** 18R action

**aktiv** 30R active(ly)

**akzeptieren** 29R to accept

**(das) Albanien** 3R Albania

der **Alkohol** 7R+ alcoholic beverage(s)

**alle** *(der-word)* 1/12G all

**allein(e)** 4 alone

**alles** 5 everything, all

der **Alltag** 30L everyday life

die **Alpen** 24R Alps *(mountain range)*

**als** *(after comp.)* 23 than

**als** *(subord. conj.)* 19G when; as

**also** *(flavoring particle)* 6G so; thus; well

**alt (ä)** 1R+ old

der **Altbau** 18L old(er) house

die **Alternative, -n** 22R+ alternative

**altmodisch** 21 old-fashioned

die **Altstadt, ⁼e** 12R old part of town

das **Amerika** 1R+ America

der **Amerikaner, -/die Amerikanerin, -nen** 1R+ American

**amerikanisch** *(adj.)* 13R+ American

der **Amerikanismus, -ismen** 15R americanism

das **Amtshaus** 27R administrative house

**an** *(+acc./dat.)* 18 at (the side of); on *(for vertical surfaces)*

**ander-** *(attr.adj.)* 12 other

**anders** *(pred. adj.)* 12 different

**an·fangen (fängt an), fing an, angefangen** 17 to begin

**Angebot: im ~ sein** 12 to be on sale

die **Angst, ⁼e** 18 fear; **~ haben (vor + dat.)** 18 to be afraid (of)

**an·kommen, kam an, ist angekommen** 17 to arrive

die **Ankunft, ⁼e** 17L arrival

**an·probieren** 12 to try on

**an·rufen, rief an, angerufen** 17 to call, telephone

**an·schauen** 27 to look at

**an·sehen (ie): (sich) etwas ~** *(dat.)*, 26 to look at s.th.

die **Ansicht, -en** 25L opinion

die **Antiquitäten** *(pl.)* 21L antiques

**antworten** *(+ dat.)* 1/16G to answer

**(sich) an·ziehen, zog an, angezogen** 17/25 to dress, to put on (clothes)

der **Anzug, ⁼e** 6WE suit

der **Apfel, ⁼** 4R+ apple

der **Apfelkuchen, -** 4R apple

cake, pie

der **Apfelsaft** 3WE apple juice

die **Apotheke, -n** 14 pharmacy

der **Apotheker, -** 27L pharmacist

der **Apparat, -e** 25R apparatus; instrument

der **April** 8R+ April

die **Arbeit, -en** 4R+ work

**arbeiten (bei** + *dat.*) 3 to work (for)

die **Arbeitskraft, ̈e** 32M manpower, labor

der **Arbeitsplatz, ̈e** 30R place of work

(sich) **ärgern (über** + *acc.*) 25 to get mad, angry (at)

**arm (ä)** 21 poor

der **Arm, -e** 16WE arm

die **Art, -en** 26M kind, type; **aller** ~ 32R of all kind

der **Artikel, -** 2G article; **der bestimmte** ~ 2G definite article; **der unbestimmte** ~ 4G indefinite article

der **Arzt, ̈e/**die **Ärztin, -nen** 9 physician, doctor

der **Asphalt** 29R asphalt

**atmen** 28L to breathe

die **Attraktion, -en** 21R attraction

**attraktiv** 13R+ attractive

**auch** 3 also; too

**auf** *(+acc./dat.)* 18 on; on top of *(for horizontal surfaces)*; at; ~ **deutsch** 3 in German; ~ **einmal** 15 at once; ~ **Wiedersehen!** 1 good bye

**auf·drehen** 31M to turn on

der **Aufenthalt, -e** 26M stay

die **Aufgabe, -n** 15R task, assignment

**auf·geben (gibt auf), gab auf, aufgegeben** 30 to give up

**auf·machen** 1/17G to open

**auf·schlagen (ä), schlug auf, aufgeschlagen** 28L to open up

**auf·schreiben, schrieb auf, aufgeschrieben** 17 to write down

**auf·stehen, stand auf, ist aufgestanden** 17 to get up

die **Aufstiegschance, -n** 30L chance to advance

professionally, promotional opportunity

**auf·wachen, ist aufgewacht** 17 to wake up

das **Auge, -n** 16WE eye

der **August** 8R+ August

**aus** *(+dat.)* 1/14G out of; from

der **Ausbau** 29L expansion, improvement

**aus·bauen** 32R to expand; to improve

die **Ausbildung, -en** 20 education; training

**aus·führen** 29L to execute (a task); to export

**aus·geben (i), gab aus, ausgeben** (Geld) 25L to spend (money)

das **Ausland** 9L abroad, foreign country

**aus·leihen, lieh aus, ausgeliehen** 18K to borrow

das **Ausmaß, -e** 32M extent; **in dem** ~ 32M to the extent

**aus·sehen (ie), sah aus, ausgesehen** 17 to look like, to appear

die **Aussicht, -en** 24L view

der **Aussichtspunkt, -e** 24R place with a panoramic view

die **Aussprache, -n** 1R pronunciation

die **Ausspracheübung, -en** 1 pronunciation exercise

**aus·steigen, stieg aus, ist ausgestiegen** 17 to get off (a vehicle)

der **Ausweis, -e** 4 identification card

**auswendig** 1 by heart

(sich) **aus·ziehen, zog aus, ausgezogen** 17/25G to undress, to take off (clothes)

die **Autobahn, -en** 11 highway

**automatisieren** 31R to automate

die **Autonummer, -n** 3M license plate number

die **Autopapiere** *(pl.)* 7R+ car papers

das **Auto, -s** 2R+ car, auto

**B**

das **Baby, -s** 6R+ baby

**backen (bäckt), backte,**

**gebacken** 10R+ to bake

der **Bäcker, -** 29R baker

die **Bäckerei, -en** 11R bakery

das **Bad, ̈er** 8R+ bath

(sich) **baden** 25R+ to bathe

das **Badezimmer, -** 18WE bathroom

der **Bagger, -** 30R excavator

die **Bahn, -en** 22R train, railway

der **Bahnhof, ̈e** 6 train station; **am** ~ 6 at the train station (outside); **auf dem** ~ 19R in the train station

der **Balkon, -e** 18WE balcony

der **Ball, ̈e** 7R+ ball

die **Banane, -n** 10WE banana

die **Bank, -en** 12R+ bank

**bar** 30M cash

die **Batterie, -n** 22WE battery

der **Bauch, ̈e** 16WE belly

**bauen** 12 to build

das **Bauernhaus, ̈er** 27 farm house

der **Baum, ̈e** 6 tree

das **Baumaterial, -ien** 29R construction material

der **Bayer, -n** 26R Bavarian *(person)*

(das) **Bayern** 9R Bavaria

**bayrisch** *(adj.)* 26R Bavarian

**beachten** 23M to observe

der **Beamte, -n** *(noun declined like adj.)* 26R official, civil servant

**beantworten** *(+acc.)* 20R+ to answer

der **Bedarf** 31M need(s)

**bedeuten** 11M to mean, signify

sich **beeilen** 25 to hurry, rush

**befördern** 29L to transport, to haul

**befragen** 25L to question, to investigate

**begegnen** *(+dat.)* 28L to meet with; **sich** ~ 31 to meet one another

**beginnen, begann, begonnen** 4 to begin

**bei** *(+dat.)* 14 near; at (the place/home of), with (in the sense of *in s.o.'s house*)

die **Beichte, -n** 26M confession

**beide** *(der-word)* 12 both

das **Bein, -e** 16WE leg

das **Beispiel, -e** 12 example; **zum ~ (z.B.)** 12 for example
**beißen, biß, gebissen** 16 to bite
**bekannt|** 12L well known
**bekommen, bekam, bekommen** 5 to get, receive
(das) **Belgien** 3 Belgium
**beliebt** 24L popular, well liked
**bellen** 18Z to bark
**bemalen** 24L to paint (over)
**benutzen** 6M to use
das **Benzin** 22 gasoline
der **Benzintank, -s** 22WE gas tank
**beobachten** 29L to observe
**bequem** 13 comfortable
der **Bereich, -e** 15M field, area
der **Berg, -e** 24L mountain
der **Bergarbeiter, -** 31R miner, pitman
der **Bergbau** 31M mining industry
der **Berggasthof, -̈e** 24L mountain inn
das **Bergwerk, -e** 31M mine
der **Beruf, -e** 1 profession; **was sind Sie von ~?** 1 what is your profession?
die **Berufsausbildung** 20R vocational training
der **Berufsfahrer, -/**die **Berufsfahrerin, -nen** 23R professional driver
die **Berufsphase, -n** 20R stage in one's professional development
die **Berufsschule, -n** 20R (compulsory) vocational school
**berühmt** 12 famous
**beschädigen** 32M to damage
**beschäftigen** 32M to employ
der **Bescheid, -e** 17 information, notification; **~ sagen** (+dat.) 17 to inform, notify someone
**beschreiben, beschrieb, beschrieben** 6WE to describe
**besitzen, besaß, besessen** 22 to possess, own
der **Besitzer, -/**die **Besitzerin, -nen** 23R+ owner
**besonder-** (attr. adj.) 15 special
**besonders** 15 especially
**bestehen, bestand, bestanden** 20/29L to pass (an exam);

**~ aus** to consist of
**bestellen** 4 to order
der **Besuch, -e** 16K visit; attendance
**besuchen** 7/19L to visit; to attend
der **Besucher, -** 21L visitor
der **Betrag, -̈e** 16KM amount
**betreuen** 16KM to serve
der **Betrieb, -e** 20L business firm, company
**betrunken** (p.p. of betrinken) 26M drunk
das **Bett, -en** 9R+ bed; **ins ~ gehen** 9 to go to bed
die **Bevölkerung** 16KM population
**bevor** (subord. conj.) 19G before
die **Bewegung, -en** motion, movement; **in ~ sein** 15M to be in motion
**bewundern** 24 to admire
**bezahlen** 5 to pay
die **Bibliothek, -en** 18K library
der **Bibliothekar, -e** 27M librarian
das **Bier, -e** 3WE beer
**bieten, bot, geboten** 24L to offer
das **Bild, -er** 2 picture
**bilden** 3M to form; to build
**billig** 3WE cheap
die **Birne, -n** 10WE pear
**bis** (subord. conj.) 19G until; **~ zu** 14 up to
der **Bissen, -** 28L bite; morsel
**bißchen: ein ~** 3 a little (bit)
**bitte** 1 please; you're welcome; I beg your pardon?; **~ schön?** 4 yes please?
**blasen (bläst), blies, geblasen** 18Z to blow
**blau** 2WE blue
**bleiben, blieb, ist geblieben** 6 to remain, to stay
der **Bleistift, -e** 2 pencil
die **Blume, -n** 5 flower
die **Bluse, -n** 6WE blouse
das **Blut** 27R blood
der **Boden, -̈** 18 floor
der **Bodensee** 24R Lake of Constance
das **Boot, -e** 14WE boat
**böse** 28L mean, bad
**brauchen** 5 to need

die **Brauerei, -en** 24L brewery
**braun** 2WE brown
die **BRD (Bundesrepublik Deutschland)** 3R FRG (Federal Republic of Germany)
**breit** 13 wide
die **Bremse, -n** 11 brake
**bremsen** 11 to brake
der **Brief, -e** 4 letter
die **Briefmarke, -n** 18K stamp
die **Brieftasche, -n** 4 wallet
die **Brieftaube, -n** 31M homing pigeon
die **Brille, -n** 4 glasses
**bringen, brachte, gebracht** 3R+/18R to bring; to take
das **Brot, -e** 5R+ bread; **ein belegtes ~** 21R sandwich
das **Brötchen, -** 11R roll
die **Brücke, -n** 14 bridge
der **Bruder, -̈** 7R+ brother
das **Buch, -̈er** 1 book
der **Buchladen, -̈** 26M book shop
der **Buchstabe, -n, -n** letter (of the alphabet)
**buchstabieren** 1/3G to spell
(das) **Bulgarien** 3R Bulgaria
**bummeln** 18K to stroll
**bundes-** (prefix) federal
der **Bundesbürger, -** 9L citizen of the BRD
die **Bundesrepublik Deutschland (BRD)** 3R Federal Republic of Germany (FRG)
**bunt** 13 colorful
die **Burg, -en** 24L fortress
der **Bürger, -** 29 citizen
das **Büro, -s** 4R+ office
die **Bürste, -n** 26 brush
**bürsten** 26 to brush
der **Bus, -se** 6R+ bus
die **Bushaltestelle, -n** 11R bus stop
die **Butter** 14R butter

### C

das **Café, -s** 4R+ café
der **Charakter, -e** 26R character
**charakterisieren** 26R to characterize
die **Chemie** 32R chemistry
**chemisch** 32R chemical(ly)
das **Christkind** 12K Infant

Jesus

das **Cockpit** 29R   cockpit, driver compartment

der **Computer, -** 22R   computer

die **Couch, -en** 13R+   couch

## D

**da drüben** 12   over there

das **Dach, ⁻er** 18WE/22WE roof

**dagegen** 30R   however

**damals** 31   then, at that time

die **Dame, -n** 2R+   lady

**damit** *(subord. conj.)* 19G   so that

(das) **Dänemark** 3R   Denmark

der **Dank** 1   thank; **vielen ~** 1 thank you very much, thanks

**danke** 1   thanks, thank you; **~ schön/~ sehr** 14   thank you very much

**danken** *(+dat.)* 16   to thank

**dann** 4   then

**das** 1   this, that; the *(neuter)*

**daß** *(subord. conj.)* 19   that

der **Dativ** 14G   dative case

das **Datum, Daten** 12WE   date

**dauern** 4   to last *(time)*

die **DDR (Deutsche Demokratische Republik)** 3R GRD (German Democratic Republic)

**decken** 30L   to cover; to satisfy

**defensiv** 23R+   defensive(ly)

**dein** 7G   your *(fam. sing.)*

die **Demokratie, -n** 29R democracy

**demokratisch** 25R   democratic(ally)

die **Demonstration, -en** 25R demonstration

**denken, dachte, gedacht (an + acc.)** 17   to think (of)

das **Denkmal, ⁻er** 27L   monument

**denn** 6   because, for; **~** *(flavoring particle adding emphasis to questions)* 6G

**der** 2G   the *(masc.)*

**deshalb** 19   therefore

der **Detektiv, -e** 26R   detective

das **Deutsch** 3R+   German *(language)*

**deutsch** *(adj.)*   German; **auf ~**

1   in German

der/die **Deutsche, -n** *(noun declined like adj.)* 1R+ German (person)

(das) **Deutschland** 1R+ Germany

der **Dezember** 8R+   December

der **Dialekt, -e** 6R   dialect

der **Dialog, -e** 26R   dialogue

der **Dichter, -** 12L   poet; writer

**dick** 2WE   fat; heavy

**die** 2G   the *(fem.)*

der **Dieb, -e** 9L   thief

der **Dienstag** 2R   Tuesday

**dies-** *(der-word)* 12G   this

das **Ding, -e** 5R+   thing

**direkt** 5R   direct(ly)

die **Disco, -s (die Diskothek, -en)** 15R   disco

die **Diskussion, -en** 9R   discussion

**diskutieren** 21R   to discuss

**distanzieren** 26R   to keep one's distance

**DM (Deutsche Mark, D-Mark)** 5R   *currency used in the BRD*

**doch** 5   yes *(positive answer to a negative question)*; **~** (short for **jedoch**) 24   however, but; **~** *(flavoring particle)* 10G   indeed; still; after all

der **Dollar, -** 8R+   dollar

**dominieren** 32R   to dominate

die **Donau** 24R   Danube (river)

der **Donnerstag** 2R   Thursday

die **Doppelstadt, ⁻e** 24R   twin city

das **Doppelzimmer, -** 8   double room

das **Dorf, ⁻er** 24L   village

**dort** 2   there

die **Dose, -n** 10WE   tin can

**draußen** 28M   out there; outside

**drehen** 31M   to turn

**dreimal** 19   three times

**dritt-** *(attr. adj.)* 12G   third

der **Dritte** 22R   third

das **Drittel, -** 29R   third

die **Drogenszene** 15R   drug scene

**drücken** 28M   to press; to push

**du** 1G   you *(fam. sing.)*

**dunkel (dunkler, dunkelst-)** 13WE   dark

**dunkelbraun** 13R   dark brown

**dünn** 2WE   thin

**durch** *(+ acc.)* 6   through

**durch·fahren (ä), fuhr durch, ist durchgefahren** 17   to drive through (without stopping)

**durch·schneiden, schnitt durch, durchgeschnitten** 29R   to cut through

der **Durchschnitt** 23   average; **im ~** 16KM   on the average

**durchschnittlich** 25R   on the average

**dürfen (darf), durfte, gedurft** 11   may, be permitted

der **Durst** 4R+   thirst; **~ haben** 4   to be thirsty

die **Dusche, -n** 8/18WE   shower

(sich) **duschen** 25R+   to shower

## E

das **Ebenholz** 27M   ebony

**echt** 26M   genuine; true(ly)

die **Ecke, -n** 18   corner

**egal: das ist mir ~** 26R   it doesn't matter, it's all the same to me

die **Ehe, -n** 26   (institution of) marriage

das **Ehepaar, -e** 30L   married couple

der **Ehepartner, -** 20L   marriage partner

das **Ei, -er** 10WE   egg

der **Eichenbaum, ⁻e** 28M   oak tree

**eigen-** *(attr. adj)* 18L   own

die **Eigenheit, -en** 26M   characteristic

**ein** *(indef. article)* 4G   a, an

**eindrucksvoll** 24   impressive

**einfach** 13WE   simple

**ein·führen** 31R   to introduce; to import

die **Einführung, -en** 1   introduction

**einheitlich** 20L   uniform

**einige** 7   some, several

der **Einkauf, ⁻e** 10R+   shopping

**ein·kaufen** 10WE   to shop; **~ gehen, ging ~, ist ~ gegangen** 10   to go shopping

der **Einkaufswagen, -** 10WE shopping cart

das **Einkaufszentrum** 21R

shopping center

**ein·laden (lädt ein), lud ein, eingeladen** 17L   to invite

**einmal** 1   once; **auf ~** 15M   at once; **noch ~** 1   once more

**ein·schlafen (ä), schlief ein, ist eingeschlafen** 17   to fall asleep

**ein·steigen, stieg ein, ist eingestiegen** 17   to get in (a vehicle)

**der Einwohner, -** 16KM   inhabitant

**das Einzelzimmer, -** 8   single room

**das Eis** 8R+   ice

**die Eisenbahn, -en** 12L   railway, train

**das Eisenerz, -e** 32M   iron ore

**Eishockey spielen** 4K   to play ice hockey

**elegant** 13WE   elegant

**elektrisch** 22R+   electrical(ly)

**elektronisch** 22R+   electronic(ally)

**der Elitesport** 4K   sport for the upper classes

**die Eltern** *(pl.)* 7   parents

**empfehlen (empfiehlt), empfahl, empfohlen** 11   to recommend

**das Ende, -n** 24R   end; **am ~** in the end

**enden** 19R+   to end

**die Energie, -n** 22R+   energy

**der Energiebedarf** 32R   energy requirement

**energiebewußt** 31M   energy-conscious

**eng** 12   narrow

**der Engel, -** 10M   angel

**das Englisch** 3R+   English (language); **im Englischen** 15R   in the English language

**englisch: auf ~** 3R   in English

**der Enkel, -** 31M   grandchild

**entdecken** 21   to discover

**die Ente, -n** 23   duck; **lahme ~!** 23R   slow poke

**entscheiden, entschied, entschieden** 20   to decide

**(sich) entschuldigen** 25G   to excuse (oneself); **~ Sie!** 12   excuse me

**Entschuldigung!** 14   excuse me

**entsetzlich** 28L   dreadful(ly), horrible

**entstehen, entstand, ist entstanden** 18L   to arise; to come about

**entwickeln** 31M   to develop

**er** 1G   he, it

**die Erde** 22   earth; ground

**das Erdöl** 32R   (crude) oil

**erfüllen** 30M   to fulfil

**ergänzen** 1   to supply, complete (with)

**(sich) erinnern (an + *acc.*)** 27/28M   to remind (of); to remember (s.o. or s.th.)

**die Erinnerung, -en** 27R   remembrance; memory; **zur ~ (an + *acc.*)** 27R   in remembrance (of)

**sich erkälten** 25   to catch a cold

**die Erkältung, -en** 16WE   (common) cold

**erkennen, erkannte, erkannt** 32M   to discern; to recognize

**erklären** 12   to explain

**die Erklärung, -en** 32R   explanation

**erkranken (an + *dat.*)** 31L   to get sick (with)

**erlauben** 21   to allow, permit

**erlösen** 27M   to rescue

**erotisch** 21R   erotic(ally)

**erreichen** 19   to reach

**erschießen, erschoß, erschossen** 28L   to shoot (s.o.) dead

**erschrocken** (*p.p. of* **erschrecken**) 26M   frightened; startled

**erst** 7   only; just

**erst-** *(attr. adj.)* 12G   first

**erwarten** 17L   to expect

**die Erwartung, -en** 22R+   expectation

**erwerbstätig** 30L   gainfully employed; working

**der/die Erwerbstätige, -n** *(noun declined like adj.)* 30R   employee

**das Erz, -e** 32M   ore

**erzählen** 27   to tell

**es** 1G   it; **~ war einmal** 27R   once upon a time

**der Esel, -** 18Z   donkey

**essen (ißt), aß, gegessen** 6R+   to eat

**das Essen, -** 4   food, meal; **zum ~** 14   for dinner

**etwas** 5   something; **~ anderes**

21G   something different

**euer** 7G   your *(fam.pl.)*

**(das) Europa** 3R   Europe

**europäisch** 32R   European

**die Existenz, -en** 32R   existence

**existieren** 27R   to exist

**der Export, -e** 32R   export

**exportieren** 32R   to export

**F**

**die Fabrik, -en** 29L   factory

**das Fach, ¨er** 20   (academic) subject; field

**der Facharbeiter, -** 20L   skilled worker

**fahren (fährt), fuhr, ist gefahren** 6   to drive; to ride; to travel

**der Fahrer, -/die Fahrerin, -nen** 6   driver

**die Fahrkarte, -n** 11   ticket (to ride)

**der Fahrlehrer, -** 23R   driving instructor

**der Fahrplan, ¨e** 17L   timetable, train schedule

**das Fahrrad, ¨er** 14WE   bicycle

**die Fahrschule, -n** 23R+   driving school

**der Fahrstuhl, ¨e** 18L   lift, elevator

**die Fahrstunde, -n** 23R   driving lesson

**die Fahrt, -en** 9   drive; trip; journey

**das Fahrzeug, -e** 32M   vehicle, car

**fallen (fällt), fiel, ist gefallen** 15   to fall

**falsch** 1   wrong, incorrect

**die Familie, -n** 7R+   family

**der Familienname, -n, -n** 1   family name

**die Farbe, -n** 2WE   color

**farbenblind** 26R   colorblind

**der Farbfernseher, -** 13R+   color TV

**das Faß, Fässer** 24L   vat, barrel

**die Fassade, -n** 24R   façade

**fast** 4   almost

**faszinieren** 27R   to fascinate

**der Februar** 8R+   February

**fehlen** (+*dat.*) 18L   to be missing

**der Fehler, -** 31   mistake, error

der **Feierabend, -e** 25L after working hours

der **Feiertag, -e** 12K holiday

das **Fenster, -** 2 window; **am ~** 13 at the window

die **Fensterscheibe, -n** 20 window glass

die **Ferien** *(pl.)* 9L vacation; school recess

das **Feriengebiet, -e** 24L vacation area

die **Ferienstraße, -n** 24R tourist route

das **Fernfahren** 29R long distance driving

der **Fernfahrer, -** 29L long distance driver

der **Fernsehapparat, -e** 30R TV set

**fern·sehen (ie), sah fern, ferngesehen** 17 to watch TV

der **Fernseher, -** 13 TV (set)

das **Fest, -e** 12K celebration; feast, party

**fett** 28R fat

das **Feuer** 18Z fire

das **Feuerzeug, -e** 4 lighter

das **Fieber** 15R fever

die **Figur, -en** 24R figure

der **Film, -e** 15R film, movie

**finden, fand, gefunden** 5R+ to find

der **Finger, -** 16WE finger

(das) **Finnland** 3R Finland

die **Firma, Firmen** 4R+ firm

der **Fisch, -e** 11R+ fish

die **Fläche, -n** 29R surface

die **Flasche, -n** 4 bottle

das **Fleisch** 10WE meat

**flexibel** 30R flexible

**fliegen, flog, ist geflogen** 9 to fly

**fließen, floß, ist geflossen** 29M to flow

der **Flohmarkt, ⁻e** 21 flea market; **auf dem ~** 21R at the flea market

der **Flug, ⁻e** 31R flight

der **Flughafen, ⁻** 12 airport

das **Flugzeug, -e** 14WE airplane

der **Flur, -e** 18WE hallway

der **Fluß, Flüsse** 14/24L river

**föderalistisch** 29L federal

**folgend-** *(attr. adj.)* 22R following

der **Förderbetrieb** 31L extraction, production (of coal)

die **Forelle, -n** 11M trout

die **Form, -en** 5R form

**formulieren** 26R to formulate

der **Forscher, -** 27L scholar, scientist

die **Forschung** 27 research

der **Fortschritt, -e** 25M progress

**fotografieren** 32R to photograph

die **Frage, -n** 1 question

**fragen (nach +** *dat.***)** 1/3G to ask (for); **etwas ist gefragt** 31M something is in demand

das **Fragewort, ⁻er** 2R question word

(das) **Frankreich** 3R France

das **Französisch** 20L French (language)

die **Frau, -en** 1/7 woman; Mrs.; wife

das **Fräulein** 1 Miss; **~ !** 4 waitress! *(usual way to address a waitress)*

**frei** 6 free

**frei·geben: die Straße ~** 32 to open the road for traffic

die **Freiheit** 25R freedom, liberty

der **Freitag** 2R Friday; **am ~ abend** 8 Friday evening

**freitags** 14R on Fridays

die **Freizeit** 6 spare time, leisure

der **Fremdenverkehr** 24L tourism

**fressen (frißt), fraß, gefressen** 28L to devour

sich **freuen (über +** *acc.***)** 25 to be pleased (about); **~ auf (+** *acc.***)** 25 to look forward to

der **Freund, -e** 7R+ friend

die **Freundin, -nen** 7R+ (girl) friend

**freundlich** 23R friendly

**frieren, fror, gefroren** 16 to be cold

**frisch** 8R+ fresh

**früh** 8 early

**früher** 8 earlier; before

das **Frühjahr** 21L spring

der **Frühling** 8 spring

das **Frühstück** 8 breakfast

**frühstücken** 14R+ to have breakfast

(sich) **fühlen** 25R+ to feel

**führen** 24 to lead

der **Führerschein, -e** 7 driver's license

die **Fuhrleute** *(pl.)* 27M waggon drivers

**füllen** 28R to fill

**funktionieren** 16 to function

**für (+** *acc.***)** 5/6G for

(sich) **fürchten (vor +** *dat.***)** 25 to be afraid (of)

der **Fuß, ⁻e** 16WE foot; **zu ~** 3R on foot

der **Fußball** 4K soccer; **~ spielen** 4K to play soccer

der **Fußboden, ⁻** 18 floor

die **Fußgängerzone, -n** 18K pedestrian zone

das **Futur** 22G future

## G

die **Gabel, -n** 21 fork

die **Gangschaltung, -en** 22WE gear shift

der **Gänsebraten, -** 25M roasted goose

**ganz** 6/15 quite; entire, whole, complete(ly)

die **Ganztagsarbeit** 30L full-time work

**gar** 10G *flavoring particle giving emphasis to* **kein, nicht** *or* **nichts; ~ nicht** 10 not at all

die **Garantie, -n** 22WE guarantee; warranty

der **Garten, ⁻** 18WE garden

das **Gas, -e** 22R gas

das **Gaspedal, -e** 22WE gas pedal

die **Gasse, -n** 14M small street

der **Gast, ⁻e** 4 guest; customer

der **Gastarbeiter, -** 18L guestworker

das **Gasthaus, ⁻er** 11 pub, inn, restaurant

der **Gastwirt, -e** 27L innkeeper

das **Gebäude, -** 14/29L building

**geben (gibt), gab, gegeben** 15 to give; **es gibt (+** *acc.***)** 14 there is, there are

das **Gebiet, -e** 18L area

das **Gebirge, -** 24L mountain range

**gebrauchen** 21 to use

**gebraucht** 22R used, second-hand

die **Gebrauchtware, -n** 21L used goods

die **Geburt, -en** 30R birth

die **Geburtsstadt, ⸚e** 12R place of birth

der **Geburtstag, -e** 8 birthday; **zum ~** 14 for one's birthday

die **Gedenkstube, -n** 27L memorial room

die **Geduld** 6M patience

**geduldig** 9L patient(ly)

die **Gefahr, -en** 23 danger

**gefährlich** 19L dangerous

**gefallen (gefällt), gefiel, gefallen** (+dat.) 16 to be pleasing (to)

**gegen** (+acc.) 6 against; toward (+time)

die **Gegend, -en** 27L area; region

der **Gegenstand, ⸚e** 21L item, object

das **Gegenteil, -e** contrary, opposite; **im ~** 31 on the contrary

**gegenüber** (+dat.) 14 opposite, across from

die **Gegenwart** 32M present

das **Gehalt, ⸚er** 16KM salary

**gehen, ging, ist gegangen** 3 to go, to walk; **zu Fuß ~** 3 to walk; **es geht mir gut** 6 I am fine; **es geht so** 6 I'm alright; **wie geht es Ihnen?** 6 how are you?

**gehören** (+dat.) 16 to belong to

**gelb** 2WE yellow

das **Geld, -er** 5 money

der **Geldbeutel, -** 4 wallet

**gelten (gilt), galt, gegolten als** (+ nom.) 31L to be looked upon as

**gemäßigt** 29L moderate; mild

die **Gemeinde, -n** 19L community

**gemeinsam** 30L together

das **Gemüse** 10WE vegetable(s)

**gemütlich** 13 comfortable; cosy

die **Gemütlichkeit** 24R cosy

atmosphere

**genau** 12 exact(ly), precise(ly); just

**genauso . . . wie** 23 just as . . . as

die **Generation, -en** 31R generation

der **Genitiv** 24G genitive

**genug** 9 enough

das **Gepäck** (no pl.) 17 luggage

**gerade** (time adv.) 3 just; right now

**geradeaus** 11 straight ahead

**geradewegs** 28L straight away

das **Gerät, -e** 30L appliance, apparatus

das **Gerede, -** 30L talk, gossip

**gern, gerne (lieber, liebst-)** 3 gladly; willingly (used with verbs to express liking for as in **ich trinke gern Tee**)

**gesamt** 24L whole, entire

das **Geschäft, -e** 5 store, shop, business

die **Geschäftsleute** (pl.) 20R business people

das **Geschenk, -e** 14 gift, present

die **Geschichte, -n** 27 story; history

**geschieden** 7 divorced

das **Geschirr** (no pl.) 21 dishes

die **Geschwister** (pl.) 7 siblings, brother(s) and sister(s)

die **Geselligkeit** 25L company, social life

das **Gesetz, -e** 29M law

**gesetzlich** 12K statutory, legal

das **Gesicht, -er** 16WE face

**gestern** 2 yesterday

die **Gesundheit** 16K health

das **Gesundheitswesen** 16KM public health

das **Getränk, -e** 3WE beverage

das **Gewicht, -e** 10M weight

**gewinnen, gewann, gewonnen** 30R to win

**gewöhnlich** 20 usual(ly)

das **Glas, ⸚er** 4R+ glass

die **Glasplatte, -n** 13R+ glass plate

**glauben (an** + acc.) 10 to believe (in)

**gleich** (adj.) 12 same; equal; ~(adv.) 4/14 almost

(+time); immediately; just (about)

die **Gleichheit** 25R equality

der **Globus, Globen** 12R globe

das **Glück** 19 luck, good fortune; **~ auf!** 31L greeting used by miners; **~ haben** 19 to be lucky

**glücklich** 30R happy

der **Goldhamster, -** 18R hamster

der **Gott, ⸚er** 27R God; **~ sei Dank!** 4 thank heaven

das **Grad, -e** 31R degree

die **Grammatik** grammar

das **Grammophon, -e** 21R phonograph

das **Gras, ⸚er** 18Z grass

**gratulieren** (+dat.) 16 to congratulate

**grau** 2WE gray

**grenzen (an** + acc.) 24/29L to border (on)

die **Grenze, -n** 24 border

der **Grenzübergang, ⸚e** 29L border check point

(das) **Griechenland** Greece

**groß** (ö) 2WE big, large; great; tall (person)

(das) **Großbritannien** 3R Great Britain

die **Größe, -n** 12 size

die **Großeltern** (pl.) 7 grandparents

**grotesk** 26R grotesque

**grün** 2WE green; **im Grünen** 25L in the suburb, in the country

die **Grundschule, -n** 20R elementary school (grades 1–4)

die **Gruppe, -n** 15R group

der **Gruß, ⸚e** 27 greeting

**Grüß Gott!** 1 greeting used in Southern Germany and Austria at all times of the day

**gucken** 28L to look

die **Gurke, -n** 10WE cucumber; pickle

**gut (besser, best-)** 1R+ good, well

die **Güter** (pl.) 29R goods

die **Güterbeförderung** 23L transportation of goods

das **Gymnasium, Gymnasien** 19M German secondary school

## H

das **Haar, -e** 16WE   hair

**haben (hat), hatte, gehabt** 4   to have

die **Hacke und das Beil** 31L   hatchet and pickaxe *(classical miners' tools)*

der **Hahn, ̈e** 18Z/31M   rooster; faucet

**halb** 4   half; ~ **vier (Uhr)** 4WE   half past three

die **Hälfte, -n** 18L   half

das **Hallenbad, ̈er** 4K   indoor pool

**hallo** 5R   hello

der **Hals, ̈e** 16WE   neck, throat

**halten (hält), hielt, gehalten** 6   to stop; to hold; ~ **für**(+acc.) 32R   to regard as; ~ **von** (+dat.) 30   to think of *(used in asking for an opinion)*

die **Haltestelle, -n** 11   (bus or streetcar) stop

die **Hand, ̈e** 16WE   hand; **aus zweiter** ~ 21R   second-hand

**Handball spielen** 4K   to play handball

die **Handbremse, -n** 22WE   emergency brake

**handeln** 21L   to barter

der **Händler, -** 21L   dealer, trader, merchant

die **Handlung, -en** 27M   action

das **Handtuch, ̈er** 25R+   towel

der **Handwerker, -** 20L   craftsman

der **Handwerksbetrieb, -e** 31R   craftsman's shop, business

**hängen** 18   to hang; to attach; ~, **hing, gehangen** 13/18G   to be hanging

die **Harfe, -n** 18Z   harp

**hart (ä)** 19R   hard; difficult

die **Haube, -n** 27M   cap, bonnet, hood

**haupt-** *(prefix)* 14   main, head

die **Hauptpost** 20R   main post office

der **Hauptsatz, ̈e** 19G   main clause

die **Hauptschule, -n** 20R *compulsory school (grades 5–9 or 10)*

die **Hauptstadt, ̈e** 3   capital city

die **Hauptstraße, -n** 14R   main street

das **Haus, ̈er** 6R+   house; **nach Hause gehen** 3   to go home; **zu Hause sein** 1   to be (at) home

die **Hausarbeit, -en** 22R   house-work, domestic work

die **Hausaufgabe, -n** 1   home-work assignment

die **Hausfrau, -en** 1R+   house-wife

der **Haushalt, -e** 22R+   house-hold

der **Hausherr** 26R   head of the family

die **Haut, ̈e** 27M   skin

das **Heft, -e** 2   notebook

**heil** 19M   safe(ly)

der **Heilige Berg** 24L   *Bavarian mountain*

die **Heimat, -en** 25L   homeland

**heiß** 3   hot; **es ist mir** ~ 16WE   I am hot

**heißen, hieß, geheißen** 3R+   to be named; **das heißt (d.h.)** 2   this (that) means; **ich heiße . . .** 1   my name is . . ., **wie heißen Sie?** 1   what is your name?; **wie heißt das?** 2   what does this mean?

**heizen** 22M   to heat

die **Heizung, -en** 22R+   heating, heater, radiator

**helfen (hilft), half, geholfen** (+ dat.) 16   to help

**hell** 13   light, bright

**hellbraun** 13R   light brown

das **Hemd, -en** 6WE   shirt

**her-** *(sep. prefix)* 24G   here *(toward the speaker)*

der **Herbst** 8   autumn, fall

der **Herr, -n, -en** 2R+   gentle-man; Mr.

**Herr Ober!** 4   waiter

**heruntergekommen** 20   run down

**hervor·bringen, brachte hervor, hervorgebracht** 32M   to produce, bring forth

**Hessen** 26R   Hesse (federal state of the BRD)

**hessisch** *(adj.)* 27R   Hessian

**heute** 2   today

**hier** 1R+   here

die **Hilfe** 11   help, assistance

der **Himmel, -** 27L   heaven; sky

**hin-** *(sep. prefix)* 24G   there *(away from the speaker)*

**hinaus-** *(sep. prefix)* 28   out

**hinein-** *(sep. prefix)* 28   into

sich **hin·setzen** 25   to sit down

**hinten** 2WE   behind, in the back

**hinter** *(+acc./dat.)* 18   behind, in back of

**hinunter-** *(sep. prefix)* 27R   down

**historisch** 12R+   historical(ly)

die **Hitze** 29R   heat

das **Hobby, -s** 30R   hobby

der **Hobby-Sportler, -** 25L   person with sport as hobby

**hoch (höher, höchst-)** 13   high

das **Hochhaus, ̈er** 18R   highrise

der **Hochofen, ̈** 32M   blast furnace

**hoffen** 19R+   to hope

**hoffentlich** 10M   hopefully

**höflich** 30M   polite(ly)

**holen** 10   to fetch; to get

die **Hölle, -n** 27L   hell

das **Holz, ̈er** 24   wood

die **Holzschnitzerei, -en** 24M   wood carving

der **Honig** 14R   honey

**hören** 5R+   to hear, to listen

die **Hose, -n** 6WE *(often used in the plural)* pants, trousers

das **Hotel, -s** 8R+   hotel

**hübsch** 13WE   pretty, nice, lovely

der **Humor** 26R   humor

der **Hund, -e** 7   dog

der **Hunger** 4R+   hunger; ~ **haben** 4   to be hungry

**hungrig** 9L   hungry

die **Hupe, -n** 22WE   horn

**hupen** 22WE   to honk the horn

**hüpfen** 26M   to hop

der **Hut, ̈e** 7   hat

## I

**iaen** 18Z   to hee-haw

**ich** 1G   I

**ideal** 30R   ideal

der **Idiot, -en** 26R   idiot

**idyllisch** 24R   idyllic

**Ihr** 7G   your *(formal)*

**ihr** 1G   you *(fam. pl.)*

die **Illustration, -en** 27R illustration

**im = in dem** 18G in the

der **Imbiß(stand)** 18K snack shack

**immer** 4 always; ~ **noch** 21R still

der **Imperativ** 3G imperative, command form

das **Imperfekt** 11G (simple) past tense

der **Import, -e** 15R import

**importieren** 32R to import

**in** *(+acc./dat.)* 18 in, inside of, into, to

**indirekt** 20R indirect(ly)

die **Industrialisierung** 32R industrialisation

die **Industrie, -n** 25R industry

das **Industriegebiet, -e** 32R industrial area

der **Industriekomplex, -e** 32R industrial complex

**industriell** 32R industrial(ly)

die **Information, -en** 29R information

der **Ingenieur, -e** 10R+ engineer

**ins = in das** 18G into the

**integrieren** 15R to integrate

**intellektuell** 26R intellectual(ly)

der **Intercity** 6 *German express train*

**interessant** 6 interesting

das **Interesse, -n** 21R interest

sich **interessieren für** *(+acc.)* 25R+ to be interested in

**international** 12R+ international(ly)

das **Interview, -s** 6R interview

**investieren** 18R+ to invest

**irgendwo** 14 somewhere, anywhere

(das) **Irland** 3R Ireland

die **Ironie** 26R irony

**isolieren** 31M to insulate

(das) **Italien** 3R Italy

**J**

**ja** 1R+ yes, ~ *(flavoring particle)* 6G indeed

die **Jacke, -n** 6WE jacket, cardigan

der **Jäger, -** 28M hunter

das **Jahr, -e** 1 year; **vor [2] Jahren** 21R [2] years ago

**jahrelang** 30R for years

die **Jahreszeit, -en** 8 season

das **Jahrhundert, -e** 21 century

**-jährig** 29R -year-old

**jährlich** 24R yearly

der **Januar** 8R+ January; **im ~** 8 in January

(das) **Japan** 32R Japan

**je . . . desto** 23G the . . . the

**je . . . um so** 23G the . . . the

die **Jeans** *(pl.)* 6WE jeans

**jed-** *(der-word)* 12 each

**jedoch (doch)** 15 however, but

der **Jeep** 29R jeep

**jemand** 26M somebody

**jetzt** 1 now

**jodeln** 18Z to yodel

der/die **Jugendliche, -n** *(noun declined like adj.)* 19L youth

(das) **Jugoslawien** 3R Yugoslavia

der **Juli** 8R+ July

**jung (ü)** 2R+ young

der **Junge, -n, -n** 5 boy

der **Juni** 8R+ June

der **Juwelier, -e** 30M jeweller

**K**

die **Kabine, -n** 12 dressing room

der **Kaffee** 3WE coffee; **zum ~** 14R for (afternoon) coffee

der **Käfig, -e** 18 cage

der **Kakao** 14R cocoa, hot chocolate

der **Kalender, -** 8R+ calendar

das **Kali** 32M potash

**kalt (ä)** 3WE cold; **es ist mir ~** 16WE I am cold

die **Kälte** 19R cold

der **Kamm, ⁻e** 25R+ comb

(sich) **kämmen** 25R+ to comb

das **Kännchen, -** *(diminutive of* die **Kanne, -n)** 4 small pot

die **Kantine, -n** 4R+ canteen

das **Kapitel, -** chapter

das **Käppchen, -** 28R little cap, little bonnet

**kaputt** 22 broken (down)

die **Karte, -n** card, map

die **Kartoffel, -n** 10WE potato

der **Käse, -** 10WE cheese

der **Kassettenrekorder, -** 27R cassette player

die **Katze, -n** 18Z cat

**kaufen** 5 to buy

der **Käufer, -** 21L buyer

das **Kaufhaus, ⁻er** 12 department store

**kaufmännisch** 20L commercial; business- *(prefix)*

**kaum** 21L hardly

**kein** 4G not a, not any

**keineswegs** 23M by no means

der **Keller, -** 18WE basement, cellar

der **Kellner, -** 4R+ waiter

die **Kellnerin, -nen** 4 waitress

**kennen, kannte, gekannt** 5 to know *(a person or place)*

**kennen·lernen** 22 to get to know

das **Kennzeichen, -** 32M feature, characteristic

die **Kernenergie** 22M nuclear energy

**kicken** 18Z to kick

das **Kilo(gramm)** 10WE kilo(gram)

der **Kilometer, -** 10WE kilometer

das **Kind, -er** 6WE child

das **Kinderspiel** 22R child's play

das **Kinderzimmer, -** 18WE children's room

die **Kindheit** 27L childhood

das **Kino, -s** 6 movie theater; **ins ~ gehen** 6 to go to the movies

die **Kinzig** 27R *German river*

der **Kiosk, -e** 18K newsstand

die **Kirche, -n** 12 church

der **Kirchturm, ⁻e** 23R church tower

das **Kissen, -** 18 cushion, pillow

der **Kitsch** 21R junk

**klar** 24 clear

die **Klasse, -n** 20R+ grade; class; category

das **Klassenzimmer, -** 2R+ classroom

das **Kleid, -er** 6WE dress

die **Kleider** *(pl.)* 28L clothes, clothing

die **Kleidung** 6WE clothing

**klein** 2WE small

der **Kleinkram** 21L   small junk

das **Klima** 24R   climate

die **Klinke, -n** 28M   door handle

**klopfen** 28M   to knock

das **Kloster, ·** 24   monastery

der **Klub, -s** 24R   club

die **Kneipe, -n** 29L   bar; pub

das **Knie, -** 16WE   knee

**kochen** 18Z/30   to cook

der **Koffer, -** 5   suitcase

der **Kofferraum, ·e** 22WE trunk

die **Kohle, -n** 29R   coal

die **Kohlenschicht, -en** 31M layer of coal

der **Kollege, -n/**die **Kollegin, -nen** 4   colleague

**Köln** 26R   Cologne

die **Kombination, -en** 9R combination

der **Komiker, -** 26R   comedian

**kommen, kam, ist gekommen** 3R+   to come

der **Kommentar, -e** 23R+   commentary

die **Kommunikation** 26R   communication

der **Komparativ** 23G   comparative

**kompensieren** 26R   to compensate

der **Komponist, -en, -en** 27K composer

der **König, -e** 24L   king

die **Konjugation** 3G   conjugation

die **Konjunktion, -en** 6G   conjunction

der **Konjunktiv** 30G   subjunctive

**können (kann), konnte, gekonnt** 11   can, to be able to

der **Kontakt, -e** 30R   contact

die **Kontrolle, -n** 7R+   control, check

**kontrollieren** 22R   to control

sich **konzentrieren** 32R   to concentrate

das **Konzert, -e** 6R+   concert; **ins ~ gehen** 6   to go to the concert

der **Kopf, ·e** 16WE   head

der **Korb, ·e** 28M   basket

der **Körper, -** 16   body

der **Körperteil, -e** 16WE   part of the body

**kosten** 5R+   to cost

die **Kosten** *(pl.)* 31R   fee(s), expense(s)

**kostenlos** 20L   free of charge

der **Kotflügel, -** 22WE   fender

das **Kraftwerk, -e** 31L   power plant

**krähen** 18Z   to crow

**krank**   sick, ill

das **Krankenhaus, ·er** 6 hospital; **ins ~ bringen** 26R to take to the hospital

die **Krankenkasse, -n** 16KM health plan, health insurance agency

der **Krankenschein, -e** 16K health insurance certificate

die **Krankenschwester, -n** 6 nurse

die **Krankenversicherung, -en** 16KM   health insurance

der **Krankenwagen, -** 26M ambulance

die **Krankheit, -en** 25R sickness, illness

die **Krawatte, -n** 6WE   tie

die **Kreuzung, -en** 23M   intersection

das **Kreuzworträtsel, -**   crossword puzzle

der **Krieg, -e** 22   war

die **Krise, -n** 22R+   crisis

**kritisch** 23R+   critical

**kritisieren** 26R   to criticize

das **Kruzifix, -e** 24R   cross

die **Küche, -n** 18WE   kitchen

der **Kuchen, -** 4   cake

der **Kugelschreiber, -** 2   ballpoint pen

**kühl** 8R+   cool

der **Kuli, -s** 2   pen

die **Kultur, -en**   culture

sich **kümmern um** 30M   to take care of

der **Kumpel, -** 31L   coal-miner

der **Kunde, -n, -n/**die **Kundin, -nen** 12   customer

die **Kunst, ·e** 21M   art

der **Kunstdünger, -** 32M   chemical fertilizer

der **Kunststoff, -e** 32M   synthetic product

die **Kupplung, -en** 22WE clutch

das **Kursbuch, ·er** 17L   railway guide

die **Kurve, -n** 24R   curve

**kurvenreich** 24R   winding, curvy

**kurz (ü)** 2WE   short

**küssen** 26R   to kiss

die **Küste, -n** 24R   coast

## L

**lachen (über + acc.)** 26   to laugh (about); **zum ~ bringen** 25R   to make laugh

**laden (lädt), lud, geladen** 29L to load

die **Laderampe, -n** 29R   loading ramp

der **Laderaum, ·e** 29L   cargo area

die **Ladung, -en** 29R   cargo load

die **Lage, -n** 24L   location, site

**lahm** 23R+   lame

die **Lampe, -n** 2R+   lamp

das **Land, ·er** 3   land, country; **auf dem ~** 25   in the country

die **Landkarte, -n** 3   map

**ländlich** 27R   rural

die **Landschaft, -en** 24M   landscape, scenery

**lang (ä)** 2WE   long

**lange** *(adv.)* 9R   long; for a long time

**langsam** 1   slow(ly)

die **Langspielplatte, -n** 30R   LP

sich **langweilen** 25   to be bored

**lassen (läßt), ließ, gelassen** 22 to leave; to let; to have something done

der **Lastwagen, -** (der **LKW, -s**) 14WE   truck

der **Lastzug, ·e** 29L   trailertruck

**laufen (läuft), lief, ist gelaufen** 6 to run; to go on foot; to jog

**laut** 1   loud(ly)

**leben** 8R+   to live

das **Leben, -** 6   life

**lebendig** 28R   alive; lively

die **Lebensgewohnheit, -en** 25M living habits

die **Lebensmittel** *(pl.)* 10WE groceries

**lebenswichtig** 29R   vital(ly)

der **Lech** 24L   *river*

das **Leder** 18Z   leather
**ledig** 7   single
**leer** 4   empty
**legen** 18   to put; to place, to lay
die **Legende, -n** 27R   legend
die **Lehre, -n** 29R   apprentice-
ship
der **Lehrer, -/**die **Lehrerin, -nen**
1   teacher
die **Lehrzeit** 20R   apprentice-
ship
**leicht** 13WE   light; easy
**leid: (es) tut mir ~** 14   I am
sorry
**leider** 9   unfortunately
**leise** 17   soft(ly)
**lenken** 22WE   to steer
das **Lenkrad, ¨er** 22WE
steering wheel
**lernen** 1/3G   to learn; to study
das **Lesebuch, ¨er** 30L   reader
die **Lesehilfe**   reading aid
**lesen (liest), las, gelesen** 1/6G
to read
**letzt -** (*attr. adj.*) 12L   last
die **Leute** (*pl.*) 3   people
das **Licht, -er** 27   light
**lieb** 27M   dear; **~ haben**
28L   to like, to love (a
person)
die **Liebe** 25L   love; **die große**
**~** 25L   romantic love
**lieben** 15   to love
**lieber** (*comp. of* **gern**) 23G
rather, preferably
**liegen, lag, gelegen** 3/18G   to
lie; to be situated, be located
der **Likör, -e** 24R   liquor
die **Limonade, -n** 3WE   soft
drink, lemonade
**link-** (*attr. adj.*) 12   left
**links** 2WE   left
die **Lippe, -n** 16WE   lip
die **Liste, -n** 10R+   list
der **Löffel, -** 21   spoon
**logisch** 15R   logical(ly)
das **Lokal, -e** 12L   restaurant,
bar, pub
**lokalisieren** 16   to localize
die **Lotterie, -n** 26R   lottery
das **Lotto** 30R   (*short for*)
lottery
die **Luft, ¨e** 22   air
(das) **Luxemburg** 3R
Luxembourg
der **Luxus** 15R   luxury

## M

**machen** 4   to do, to make; **das**
**macht . . .** 11   that'll be . . .;
**eine Pause ~** 4   to take a
break; **eine Reise ~** 7   to
take a trip
das **Mädchen, -** 5   girl
die **Mahlzeit, -en** 14   meal
der **Mai** 8R+   May
der **Main** 27R   *German river*
**mal** 19   time(s); **dreimal** 19
three times; **~** (*flavoring*
*particle used to soften a*
*command*) 10G
das **Mal, -e** 18   time; **ein anderes**
**~** 18   another time
**malen** 30   to paint
der **Maler, -** 12L   painter
**man** (*indef. pronoun*) 11   one,
people
**manchmal** 6   sometimes
der **Mann, ¨er** 2R+/7   man,
husband
die **Männersache** 29R   something for men (only)
**männlich** 23R+   masculine
die **Mannschaft, -en** 31L   team
der **Mantel, ¨** 6WE   coat
das **Manuskript, -e** 27R
manuscript
das **Märchen, -** 18Z   fairy tale
**märchenhaft** 27L   fairy-tale-
like
das **Märchenland** 27R   fairy
tale country
die **Märchensammlung, -en** 27R
collection of fairy tales
die **Mark** 5R+   Mark (*German*
*monetary unit*)
**markieren** 32R   to mark
der **Markt, ¨e** 21R   market; **auf**
**dem ~**   at the market
der **Marktplatz, ¨e** 12R+   market square
die **Marmelade** 14R   jam,
marmalade
**marschieren** 18Z   to march
der **März** 8R+   March
der **Maschendraht** 29R   cyclone
fence
die **Maschine, -n** 22R   machine
das **Maschinenschreiben** 20L
typing
das **Maß, -e** 10M   measurement

die **Mathematik** 1R+   mathe-
matics
die **Mauer, -n** 12   wall
**mauern** 30   to lay bricks
das **Maul, ¨er** 28L   mouth of an
animal
die **Maus, ¨e** 18Z   mouse
der **Mechaniker, -/**die **Mechani-**
**kerin, -nen** 1R+   mechanic
**mechanisieren** 31R   to
mechanize
das **Medikament, -e** 9   medic-
ation
die **Medizin** 29R   medicine
das **Meer, -e** 9L   ocean
**mehr** (*comp. of* **viel**) 23   more;
**nicht ~** 15   no longer; no
more
**mehrere** 21   several
**mein** 7G   my
**meinen** 12   to mean; to think
die **Meinung, -en** 22R+
opinion
der **Meinungsforscher, -** 25M
pollster
**meist(en)** (*sup. of* **viel**) 23   most
**meistens** 9L   mostly, most often
das **Meisterwerk, -e** 27K
masterpiece
die **Mensa** 14   student cafeteria
der **Mensch, -en, -en** 16   man,
human being
die **Mentalität, -en** 21R   men-
tality
die **Messe, -n** 32M   trade fair
das **Messer, -** 21   knife
der/das **Meter** 10WE   meter
**miauen** 18Z   to mew
die **Miete, -n** 18L   rent; **in ~**
**leben** 18L   to live in rented
property
**mieten** 18L   to rent
die **Milch** 3WE   milk
**mild** 24R   mild; moderate
die **Milliarde, -n** 9L   billion,
thousand millions
die **Million, -en** 9R+   million
der **Millionär, -e** 30R   million-
aire
**mindestens** 11   at least
die **Mineralölwirtschaft** 32M
petroleum industry
das **Mineralwasser** 3WE   min-
eral water
**minus** 1R   minus
die **Minute, -n** 4R+   minute

**mit-** *(sep. prefix)* 17 along, to join in; **~** *(+dat.)* 14 with, by (means of)

**mit·bringen, brachte mit, mitgebracht** 17 to bring along

das **Mitglied, -er** 16KM member

**mit·kommen, kam mit, ist mitgekommen** 18Z to come along

der **Mittag, -e** 4WE noon; **zu ~ essen** 19 to eat lunch

das **Mittagessen, -** 14 lunch; **zum ~** 14R+ for lunch

**mittags** 4WE at noon

die **Mittagspause, -n** 4 noon break

die **Mitte, -n** 22R middle

das **Mittelalter** 27K Middle Ages

die **Mittlere Reife** 20R *completion diploma of Realschule*

der **Mittwoch** 2R Wednesday

die **Möbel** *(pl.)* 13 furniture

**möchte** *(subj. of* **mögen***)* 4 would like

das **Modalverb, -en** 11G modal auxiliary

die **Mode, -n** 12R fashion; **in ~ sein** 18L to be fashionable

**modern** 12R+ modern

**mögen (mag), mochte, gemocht** 11 to like; to be fond of; to care to

**möglich** 21 possible

der **Moment, -e** 26R moment; **~ mal!** 14 just a moment; **einen ~, bitte!** 7 one moment please

der **Monat, -e** 6 month

**monatlich** 16K monthly

die **Monatskarte, -n** 19L monthly ticket

der **Mond, -e** 26M moon

die **Monokultur, -en** 32R monoculture

der **Montag** 2R Monday

das **Moped, -s** 14WE moped

der **Mord, -e** 26R murder

**morgen** 2 tomorrow

der **Morgen, -** 4WE morning; **guten ~!** 1 good morning

**morgens** 4WE in the morning

die **Mosel** 19R Moselle (river)

der **Motor, -en** 22WE motor

die **Motorhaube, -n** 22WE hood

das **Motorrad, ⸚er** 14WE motorcycle

das **Motto, -s** 18R motto

**müde** 6 tired

**München** 26R Munich

der **Mund, ⸚er** 16WE mouth

die **mündliche Übung, -en (MÜ)** 1 oral exercise

das **Münster, -** 23L cathedral

die **Münze, -n** 21 coin

das **Museum, Museen** 12R+ museum

die **Musik** 6R+ music

**müssen (muß), mußte, gemußt** 11 must, to have to

die **Mutter, ⸚** 7R+ mother

die **Mutti, -s** 19R Mom(my)

## N

**na ja** *(exclamation)* 6R oh well

**nach** *(+dat.)* 6/14G after; to *(with cities and countries);* **~ Hause gehen** 3 to go home

der **Nachbar, -n, -n** 25R+ neighbor

das **Nachbarland, ⸚er** 3M neighboring country

**nachdem** *(subord. conj.)* 19G after

**nach·denken, dachte nach, nachgedacht** 17 to think about

**nach·erzählen** 27R to retell

**nach·kommen, kam nach, ist nachgekommen** 18Z to follow

der **Nachmittag, -e** 4WE afternoon

**nachmittags** 4WE in the afternoon

**nächst-** *(attr.adj.)* 13 next

die **Nacht, ⸚e** 4WE night; **gute ~!** 4 good night

der **Nachteil, e** 18L disadvantage

der **Nachtisch** 14 dessert; **zum ~** 14R for dessert

**nachts** 4WE at night

**nahe** 24 near

die **Nähe: in der ~** 18L nearby, in the vicinity

**nähen** 30 to sew

der **Name, -n, -n** 1 name; **wie ist Ihr ~?** 1 what is your name?

die **Nase, -n** 16WE nose

**naß (ä)** 4 wet

die **Nässe** 19 wetness

der **Nationalsport** 4K national sport

die **Natur** 24R nature

**natürlich** 8 natural(ly), of course

der **Nebel, -** 19M fog

**neben** *(+acc./dat.)* 18 beside, next to

der **Nebensatz, ⸚e** 19G subordinate clause

der **Neckar** 12R *German river*

**negativ** 25R negative(ly)

**nehmen (nimmt), nahm, genommen** 6 to take

**nein** 1R+ no

**nennen, nannte, genannt** 19L to name, to call

**nervös** 23R+ nervous

**nett** 13WE nice(ly)

**neu** 2WE new

der **Neubau, -ten** 18L new building

die **Neubauwohnung, -en** 18L apartment in a new house

das **Neujahr** 12K New Year

**nicht** 1 not; **~ mehr** 23R no longer, no more

**nichts** 7 nothing

**nie** 19L never

die **Niederlande** 3R Netherlands

**niedrig** 13 low

**niemand** 15 no one, nobody

**nirgends, nirgendwo** 24 anywhere, nowhere

das **Niveau** 26R standard, level

**noch** 5 yet, still; another; **~ einmal** 1 once again; **~ etwas?** 5 anything else; **~ nicht** 6 not yet

das **Nomen, -** 2G noun

(das) **Norddeutschland** 3R Northern Germany

der **Norden** 3L north; **im ~ von** 3R in the north of

**nördlich** 3L north (of)

der **Nordosten** 3L northeast

die **Nordsee** 3R North Sea

der **Nordwesten** 3L northwest

**normal** 31R normal(ly)

(das) **Norwegen** 3R   Norway
die **Nostalgie** 15R   nostalgia
**nostalgisch** 21   nostalgic
**notieren** 31R   to note; to write down
**nötig** 26M   necessary
die **Notiz, -en** 27R   note
der **November** 8R+   November
die **Nudel, -n** 14R   noodles
**null** 1R   zero
die **Nummer, -n** 13R+   number
das **Nummernschild, -er** 3M   license plate
**nun** 22/25G   now; well (interjection)
**nur** 4   only

## O

**ob** (subord. conj.) 19   whether, if
**oben** 2WE   on top; upstairs
der **Ober, -** 4   waiter; **Herr ~!** 4   Waiter! (used to address a waiter)
(das) **Oberbayern** 24L   Upper Bavaria
das **Objekt, -e** 5G   object; das **direkte ~** 5G   direct object; das **indirekte ~** 15G   indirect object
**observieren** 26R   to observe
das **Obst** 10WE   fruit
**obwohl** (subord. conj.) 19G   although
**oder** 6   or
**offen** 25R   open(ly)
**öffnen** 5R+   to open
**oft (ö)** 31R   often
das **Ohr, -en** 16WE   ear
der **Oktober** 8R+   October
das **Oktoberfest** 21L   famous Munich beer festival
die **Ölkrise, -n** 31R   oil crisis
der **Onkel, -** 7R+   uncle
die **Orange, -n** 10WE   orange
**ordinär** 15R   ordinary, vulgar
die **Ordnung: in ~!** 7   in order; OK
**organisieren** 16K   to organize
**originell** 21   original, unique
der **Osten** 3L   east
der **Osterhase, -n** 12K   Easter bunny
**Ostern** 12K   Easter
(das) **Österreich** 3R   Austria

**österreichisch** (adj.) 24R   Austrian
**östlich** 3L   east, east of
die **Ostsee** 3R   Baltic Sea
**oval** 13R+   oval

## P

das **Paar, -e** 26R   pair, couple
**paar: ein ~** 28L   a few
**packen** 7/27L   to pack; to grab, to seize
das **Paket, -e** 26R   packet, package
die **Panne, -n** 22   breakdown
das **Papier, -e** 2   paper; **zu ~ bringen** 27L   to write down
das **Paradies, -e** 24R   paradise
der **Park, -s** 6R+   park
**parken** 11R+   to park
der **Parkplatz, ̈e** 11   parking space, parking lot
das **Partizip, -ien** 8G   participle
der **Partner, -** 30R   partner
die **Party, -s** 15R   party
der **Paß, ̈sse** 7R+   pass(port)
der **Passagier, -e** 23R   passenger
**passen** (+dat.) 6M   to fit
**passieren** (+dat.) 27   to happen
das **Passionsspiel, -e** 24R   passion play
das **Passiv** 32G   passive
die **Paßkontrolle, -n** 7   passport check
der **Patient, -en, -en/die Patientin, -nen** 16K   patient
die **Pause, -n** 4R+   pause, break; **(eine) ~ machen** 4   to take a break
der **Pelz, -e** 28M   fur
**pendeln** 32M   to commute
das **Pensionsalter** 31M   retirement age
das **Perfekt** 8G   perfect tense
die **Person, -en** 23R+   person
das **Personalpronomen, -** 1G   personal pronoun
der **Personenverkehr** 24R   passenger traffic
**persönlich** 1   personal
der **Pfarrer, -** 26M   priest, father
der **Pfeffer** 26R   pepper
die **Pfeife, -n** 5   pipe

der **Pfennig, -e** 5R+   German coin (1/100 of a German Mark)
der **Pfirsich, -e** 10WE   peach
die **Pflanze, -n** 13R+   plant
das **Pfund** 10WE   pound, lb
**phantastisch** 9R   fantastic
der **Philosoph, -en, -en** 27K   philosopher
der **Pickel, -** 31R   pickaxe
das **Pictogramm, -e** 11R   pictogram
der **PKW, -s (Personenkraftwagen, -)** 23R   car, automobile
der **Plan, ̈e** 30R   plan
**planen** 20R+   to plan
der **Platz, ̈e** 10   space; room; seat; square; **~ machen** 10R   to make room
**plötzlich** 15M   sudden(ly)
der **Plural, -e** 4G   plural
**plus** 1R   plus
das **Plusquamperfekt** 26G   past perfect tense
die **Pointe, -n** 26R   point
(das) **Polen** 3R   Poland
die **Politik** 15R   politics
der **Politiker, -** 22R   politician
**politisch** 22R+   political
die **Polizei** 11R+   police
der **Polizist, -en, -en** 2R+   policeman
die **Polizistin, -nen** 1R+   policewoman
**Pommes frites** (pl.) 11   French fries
**populär** 4K   popular
(das) **Portugal** 3R   Portugal
die **Position, -en** 18R   position
**positiv** 25R   positive(ly)
das **Possessivpronomen, -** 7G   possessive adjective
die **Post** 14R+   post office; postal service; mail
der **Postbote, -n, -n** 17L   mailman
die **Postkarte, -n** 9R   postcard
**praktisch** 20R+   practical(ly)
die **Präposition, -en** 6G   preposition
das **Präsens** 3G   present tense
der **Präsident, -en, -en** 29R   president
der **Preis, -e** 12R   price

**preiswert** 12 well priced, reasonable

**die Prestigefrage, -n** 23R question of prestige

**der Prinz, -en, -en** 27R prince

**die Prinzessin, -nen** 27R princess

**privat** 13R+ private(ly)

**pro** 11R per

**das Problem, -e** 6R+ problem

**problemlos** 22R without problem

**das Produkt, -e** 32R product

**die Produktion, -en** 32R production

**produzieren** 29R to produce

**der Professor, -en** 27R professor

**das Programm, -e** 22R program

**Prost!** 3WE to your health!

**das Prozent, -e** 16K percent

**prüfen** 22 to check, to examine

**der Prüfer, -** 23R+ examiner

**die Prüfung, -en** 20L examination

**der Pudding** 14R pudding

**der Pulli, -s** 6WE sweater

**der Pullover, -** 6WE pullover, sweater

**der Punkt, -e** 22R point

**die Puppe, -n** 21 doll

**putzen** 26 to clean

## Q

**das Quadrat, -e** 24L square

**der Quadratkilometer, - (qkm)** 24R square kilometer

**qualifizieren** 32R to qualify

**die Quelle, -n** 31M source

**das Quiz** 12R quiz

## R

**das Rad, ̈er** 24R wheel; bike (*short for* **Fahrrad** = bicycle)

**das Radfahren** 4K bicycle riding

**das Radio, -s** 4R+ radio; ~ **hören** 4R to listen to the radio

**die Radtour, -en** 4K bicycle tour

**die Raffinerie, -n** 32R refinery

**der Rasierapparat, -e** 25R+ razor

sich **rasieren** 25 to shave

**das Rathaus, ̈er** 12 city hall

**das Rätsel, -** puzzle

**rauchen** 3 to smoke

**der Raum, ̈e** 31R room, space

**reagieren** 26R to react

**die Realschule, -n** 20R *prep school for careers in industry and business*

**die Rechnung, -en** 11 bill

**recht-** *(attr. adj.)* 12 right

**rechts** 2WE right; **nach ~** 11R to the right

**reden (über** + *acc.*) 27L to talk (about)

**reduzieren** 12 to reduce

**regelmäßig** 6M regular(ly)

**regeln** 29R to regulate

**die Regelung, -en** 30L regulation

**der Regen** 8R+ rain

**der Regenmantel, ̈** 9R raincoat

**der Regenschirm, -e** 4 umbrella

**die Regierung, -en** 22M government

**das Regime, -** 26R government

**die Region, -en** 24R region

**regional** 26R regional(ly)

**regnen** 3 to rain

**reich** 21 rich, wealthy

**der Reifen, -** 22WE tire

**das Reihenhaus, ̈er** 18R row house

**der Reis** 14R rice

**die Reise, -n** 7 trip, journey; **eine ~ machen** 7 to go on a trip

**der Reisepaß, ̈sse** 7 passport

**der Reiz** 24L charm

**reizvoll** 24L charming

**relativ** 31R relative(ly)

**rennen, rannte, ist gerannt** 26R to run

**das Rennen, -** 23M race

**renovieren** 18R+ to renovate, restore

**reparieren** 5R+ to repair

**der Reporter, -** 6R reporter

**die Republik, -en** 29R republic

**die Reserve, -n** 31R reserve

**reservieren** 8R+ to reserve

**das Restaurant, -s** 4R+ restaurant

**der Rest, -e** 30R rest, remainder

**das Resultat, -e** 25R result

**retten** 28L to save

**das Rezept, -e** 10R recipe

**der Rhein** 24R Rhine (river)

**rheinisch** 31R Rhenish (*adj. to* **Rhein**)

**richtig** 1 right, correct

**die Richtung, -en** 11 direction

**riechen, roch, gerochen** 16WE to smell

**der Riese, -n** 32M giant

**der Rock, ̈e** 6WE skirt

**roh** 32R raw, crude

**der Rohstoff, -e** 29L raw material

**die Rolle, -n** 25R role

**das Rollenspiel, -e** 19R role playing

**der Rollentausch** 30L exchange of roles

**die Romantik** 24R romanticism

**romantisch** 12R+ romantic

**rot** 2WE red

**(das) Rotkäppchen** 27R Little Red Riding Hood (*fairy tale*)

**der Rotwein, -e** 3WE red wine

**die Routine, -n** 29R routine

**der Rücken, -** 16WE back

**der Rückfall, ̈e** 26R regression

**rufen, rief, gerufen** 7 to call

**die Ruhe** 25M calm, peace and quiet

**das Ruhrgebiet** 31L *region adjacent to the Ruhr river*

**(das) Rumänien** 3R Rumania

**rund** 13R+/19L round; around; approximate(ly)

## S

**die Sache, -n** 21 thing, stuff

**der Saft, ̈e** 3WE juice

**die Sage, -n** 27R saga

**sagen** 6R+ to say, tell

**der Salat, -e** 10WE lettuce; salad

**das Salz, -e** 24R salt

**sammeln** 21L to collect, gather

**der Sammler, -** 21L collector

**die Sammlung, -en** 27R collection

**der Samstag** 2R Saturday

**samstags** 10R on Saturdays

**der Sand** 9R sand

**der Satellit, -en** 22R satellite

die **Satire** 26R satire

der **Satz, "e** 3M sentence

**sauber** 13 clean

**sauer** 3WE sour

**sausen** 26M to rush around

der **Schacht, "e** 31M pit

**schade** 18 too bad, a pity

**schaffen, schuf, geschaffen** 12L to create

die **Schallplatte, -n** 21 record

**schalten** 22WE to shift

der **Schalter, -** 31M switch

**scharf (ä)** 11 sharp(ly)

**schätzen** 31M to estimate

das **Schaufenster, -** 18K shop-window

der **Scheck, -s** 30R check

**scheinen, schien, geschienen** 8R+ to shine; to appear

der **Scheinwerfer, -** 22WE headlight

der **Schemel, -** 27L footstool

**schenken** 14 to give as a gift

die **Schere, -n** 28M scissors

**schick** 13WE chic

**schicken** 26M to send

**schießen, schoß, geschossen** 28L to shoot

das **Schiff, -e** 14WE ship, boat

der **Schiffsbau** 32R ship-building (industry)

das **Schild, -er** 29R sign

**schlafen (schläft), schlief, geschlafen** 6 to sleep

das **Schlafzimmer, -** 18WE bedroom

**schlagen (schlägt), schlug, geschlagen** 18Z to beat, to hit

**schlapp** 25 weak and tired

**schlau** 28L sly, clever

**schlecht** 8 bad(ly)

**schleudern** 27L to throw, hurl

**schließen, schloß, geschlossen** 31L to close, shut down

**schlimm** 26M bad, terrible

das **Schloß, Schlösser** 12 castle

der **Schluß: zum ~** 30 at the end

der **Schlüssel, -** 4 key

**schmecken** *(+dat.)* 16 to taste

der **Schmerz, -en** 16WE pain, ache

der **Schmuck** 21 jewelry

**schmutzig** 13 dirty

**schnappen** 28L to catch

**schnarchen** 28M to snore

der **Schnee** 8 snow

**schneiden, schnitt, geschnitten** 28L to cut

**schneien** 8R+ to snow

**schnell** 1 fast, quick(ly)

der **Schnitt, -e** 28L cut

das **Schnitzel, -** 9 breaded cutlet

die **Schokolade, -n** 5 chocolate; die **Tafel ~** 5 chocolate bar

**schon** 6 already

**schön** 8 beautiful(ly), nice(ly)

die **Schönheit** 24R beauty

der **Schrank, "e** 13 cabinet

**schrecklich** 13 terrible

**schreiben, schrieb, geschrieben** 1/3G to write

der **Schreibtisch, -e** 13 desk

das **Schreibwarengeschäft, -e** 5 stationery shop

**schreien, schrie, geschrie(e)n** 18Z/26M to scream; to cry

die **schriftliche Übung, -en (SÜ)** written exercise

der **Schuh, -e** 6WE shoe

die **Schule, -n** 6R+ school; **zur ~ gehen** 6 to go to school

der **Schüler, -/die Schülerin, -nen** 19L pupil

die **Schulferien** *(pl.)* 9L school vacation

die **Schulter, -n** 16WE shoulder

der **Schulweg** 19R way to school

das **Schwabenland** 26M Swabia *(region in Germany)*

**schwach (ä)** 8 weak

**schwarz** 2WE black

das **Schwarzbrot, -e** 14 rye bread

der **Schwarzwald** 9 Black Forest *(mountain range in Southern Germany)*

**schweben** 22R to be suspended

(das) **Schweden** 3R Sweden

die **Schweiz** 3R Switzerland

**schwer** 13 heavy; difficult

die **Schwester, -n** 7 sister

**schwierig** 23R+ difficult

die **Schwierigkeit, -en** 23 difficulty

das **Schwimmbad, "er** 4K swimming pool

**schwimmen, schwamm, ist geschwommen** 6R+ to swim

**schwitzen** 16 to sweat, perspire

der **See, -n** 24 lake

**sehen (sieht), sah, gesehen** 5R/6G to see

die **Sehenswürdigkeit, -en** 12L tourist attraction

**sehr** 3 very

die **Seife, -n** 25R+ soap

**sein** 7G his, its

**sein (ist), war, ist gewesen** 1 to be

**seit** *(+dat.)* 14 since, for *(with time expressions)*

die **Seite, -n** 1/24R page; side

der **Sekretär, -e/die Sekretärin, -nen** 1R+ secretary

die **Sekunde, -n** second

**sekundenschnell** 26R in one second

**selbst (selber)** 22/27M -self; even

**selbstverständlich** 29L taken for granted; obvious(ly)

**selten** 23R+ seldom, rare(ly)

die **Seltenheit** 31R rarity

**seltsam** 28M strange

der **September** 8R+ September

**servieren** 14 to serve

der **Sessel, -** 13 easy chair

(sich) **setzen** 18/25 to put, place; to sit down

das **Shampoo** 26R shampoo

**sicher** 6 sure(ly); certain(ly); safe

die **Sicherheit** 23 safety; security

**sicher·stellen** 29L to guarantee, to secure

**Sie** 1G you *(formal)*

**sie** 1G she, it, they

das **Silber** 13R/21R silver; silverware; **aus ~** 13 made of silver

die **Silikose** 31L silicosis

**singen, sang, gesungen** 18Z to sing

die **Situation, -en** 14R situation

**sitzen, saß, gesessen** 6/18G to sit, be sitting

**Ski fahren (ä), fuhr Ski, ist Ski gefahren** 9 to ski

**Ski laufen (äu), lief Ski, ist Ski gelaufen** 9 to ski

**das Skilaufen/das Skifahren** 4K skiing

**die Skizeit** 4K skiing time

**so** so; **so . . . wie** 23 as . . . as

**das Sofa, -s** 13R+ sofa

**sofort** 15 immediately

**sogar** 15 even

**sogenannt** 21 so-called

**der Sohn, ̈e** 7R+ son

**die Solartechnik** 31R solar technology

**solch-** *(der-word)* 23 such

**der Soldat, -en, en/die Soldatin, -nen** 2R+ soldier

**solide** 23R solid

**sollen (soll), sollte, gesollt** 11 to be supposed to, shall, should

**der Sommer, -** 8R+ summer

**sommerlich** 13WE summer-like

**der Sommerschlußverkauf** 12R end of summer sale

**sondern** *(coord. conj.)* 13 but, on the contrary

**die Sonne** 8R+ sun

**sonnig** 8R+ sunny

**der Sonntag** 2R Sunday

**sonst** 6 otherwise, else; **was ~ noch?** 6 what else?

**die Soße, -n** 14R sauce

**das Souvenir, -s** 9R souvenir

**soviel** 15R that much, so much

**die Sowjetunion** 3R Soviet Union

**(das) Spanien** 3R Spain

**sparen** 22 to save

**der Spaß, ̈e** 6R fun; **es macht ~** 9 it's fun; **viel ~!** 6 have fun

**spät** 2 late; **wie ~ ist es?** 2 what time is it?

**spazieren·gehen, ging spazieren, ist spazierengegangen** 25L to go for a walk

**die Speisekarte, -n** 11 menu

**der Spezialist, -en, -en** 27R specialist

**der Spiegel, -** 21 mirror

**das Spiel, -e** 12R game

**spielen** 4 to play

**der Spielplatz, ̈e** 18L playground

**das Spielzeug** 21 toy(s)

**die Spitze, -n** 29L top; **an der ~ stehen** 29L to be at the head of

**spontan** 27R spontaneous(ly)

**der Sport** 4K sports

**der Sportler, -** 25R athlete

**sportlich** 13WE sporty

**die Sprache, -n** 15 language

**sprechen (spricht), sprach, gesprochen** 1/6G to speak

**springen, sprang, ist gesprungen** 26M to jump

**der Staat, -en** 29R state

**staatlich** 32R state, national

**die Staatsform, -en** 25R type of government

**die Stadt, ̈e** 3 city, town; **in die ~ gehen/fahren** 3/6G to go/drive downtown

**die Stadthalle, -n** 14R+ town hall

**die Stadtmusik** 18Z town band

**der Stadtplan, ̈e** 14 street map

**der Stahl** 32R steel

**der Stand, ̈e** 21 booth; **im ~** 31R while standing

**stark (ä)** 6 strong

**die Statistik, -en** 31R statistic

**statt·finden, fand statt, stattgefunden** 21 to take place

**der Status** 29R status

**der Staub** 29M dust

**staubig** 31R dusty

**die Staublunge** 31L black lung (disease)

**stehen, stand, gestanden** 13/18G to stand, be upright

**stehlen (stiehlt), stahl, gestohlen** 9 to steal

**steigen, stieg, ist gestiegen** 24L to climb; to rise

**der Stein, -e** 28R stone

**stellen** 13M/18G to put; to place (upright)

**die Stenographie** 20R shorthand

**sterben (stirbt), starb, ist gestorben** 27L to die

**die Stereoanlage, -n** 13R+ stereo set

**der Stiefel, -** 6WE boot

**der Stil, -e** 24R style

**still** 24 still, quiet

**die Stirn(e)** 16WE forehead

**stoßen (stößt), stieß, gestoßen** 26M to push, shove

**die Stoßstange, -n** 22WE bumper

**der Strand, ̈e** 9L shore

**die Straße, -n** 6 street; **über die ~ gehen** 6 to go across the street

**die Straßenbahn, -en** 6 streetcar

**die Straßenkarte, -n** 5R street map

**der Streifen Niemandsland** 29L a strip of no-man's-land

**streuen** 26M to spread

**der Strukturwandel, -** 32M structural change

**die Stube, -n** 28L room

**das Stück, -e** 4 piece

**der Student, -en, -en/die Studentin, -nen** 1R+ student

**das Studentenlokal, -e** 12L student pub

**studieren (an + *dat.*)** 3R+ to study (at)

**das Studio, -s** 6R studio

**der Stuhl, ̈e** 2 chair

**die Stunde, -n** 4 hour

**stundenlang** 12L for hours

**der Stundenplan, ̈e** 20L class schedule

**das Subjekt** 5G subject

**suchen** 3L to look for

**(das) Süddeutschland** 3R Southern Germany

**der Süden** 3L south; **im ~ von** 3R in the south of

**südlich** 3L south of

**der Südosten** 3L southeast

**(das) Südwestdeutschland** 12R Southwest Germany

**der Südwesten** 3L southwest

**die Sünde, -n** 26M sin

**der Sünder, -** 28R sinner

**der Supermarkt, ̈e** 10R+ supermarket

**die Suppe, -n** 11R+ soup

**surrealistisch** 26R surrealistic

**süß** 3WE sweet

**die Süßigkeit, -en** 20L sweets, candy

**das System, -e** 16K system

**die Szene, -n** 4R scene

## T

das **T-Shirt, -s** 6WE   T-shirt
die **Tafel, -n** 2   blackboard
der **Tag, -e** 2R+   day; **guten ~!**
1   good day; **Tage: über ~**
**arbeiten** 31L   to work above
ground; **unter ~ arbeiten** 31L
to work under ground; **eines**
**Tages** 28R   one day
die **Tageszeit, -en** 4WE   time of
the day
**täglich** 19R   daily
das **Tal, ̈er** 24L   valley
das **Talent, -e** 15R   talent
**tanken** 11   to tank up
die **Tankstelle, -n** 11   gas
station
die **Tante, -n** 7   aunt
die **Tasche, -n** 4   purse, bag,
pocket
die **Taschenuhr, -en** 12R
pocket watch
die **Tasse, -n** 4   cup; **eine ~**
**Kaffee** 4R   a cup of coffee
die **Tat: in der ~** 32M   indeed
die **Taube, -n** 31   pigeon, dove
die **Taubenzucht** 31M   pigeon
breeding
**tauschen** 21L   to exchange, to
swap
das **Taxi, -s** 6R+   taxi
die **Technik, -en** 32R   technique;
technology
**technisch** 30R   technical(ly)
die **Technologie, -n** 15R   technology
der **Tee** 3WE   tea
der **Teil, -e** 16/24L   part; portion;
**zum ~** 29R   in part, par-
tial(ly)
**teilen** 3M   to divide
die **Teilung, -en** 25R   division
das **Telefon, -e** 4R+   telephone; **am ~** 6   on the telephone
**telefonieren (mit +** *dat.***)** 1/3G
to telephone
die **Telefonzelle, -n** 11   telephone booth
das **Telegramm, -e** 17R   tele-
gram
der **Teller, -** 21   plate
die **Temperatur, -en** 31R   tem-
perature
das **Tennis** 4K   tennis

der **Teppich, -e** 13   carpet
**testen** 23R+   to test
**teuer (teurer, teuerst-)** 4
expensive
der **Text, -e** 10R   text
das **Theater, -** 6R+   theater;
**ins ~ gehen** 6R   to go to the
theater
das **Thema, Themen** 22M
theme; topic
der **Theoretiker, -** 26R   theorist
**theoretisch** 20R+   theoreti-
cal(ly)
der **Thron, -e** 27R   throne
**tief** 24   deep
die **Tiefe, -n** 24R   depth
das **Tier, -e** 9L   animal
der **Tip, -s** 31R   hint, piece of
advice
der **Tisch, -e** 2   table
die **Tochter, ̈** 7   daughter
die **Toilette, -n** 18WE   toilet
**toll** 13WE   great, fantastic
die **Tomate, -n** 10WE   tomato
die **Tonne, -n** 10WE   ton
das **Tor, -e** 27L   door, gate
die **Torte, -n** 14   fancy layer
cake
**tot** 28R   dead
**total** 21R   total(ly)
der **Tourist, -en, -en**/die
**Touristin, -nen** 7R+   tourist
die **Tradition, -en** 31R   tradition
**traditionell** 30R   traditional
**tragen (trägt), trug, getragen** 6
to carry; to wear
der **Trainingsanzug, ̈e** 6R
jogging suit
**trampen** 19M   to hitchhike
das **Transitabkommen** 29L
*agreement between the FRG*
*and GDR regulating transit*
*traffic through the GDR*
der **Transport, -e** 29R   transport, transportation
die **Transportfirma** 29R
trucking company
die **Traube, -n** 10WE   grape
der **Traum, ̈e** 22   dream
**träumen (von +** *dat.***)** 30R   to
dream (of)
**traurig** 27L   sad
**(sich) treffen (trifft), traf, getrof-**
**fen** 21   to meet (one another)
der **Treibstoff, -e** 29L   fuel

die **Treppe, -n** 18WE   staircase
**trinken, trank, getrunken** 3R+
to drink
**trocken** 4   dry
der **Trödel** 21L   junk
die **Trommel, -n** 18Z   drum
**trommeln** 18Z   to drum
die **Trompete, -n** 18Z   trumpet
**trotz (+** *gen.***)** 24   in spite of,
despite
**trotzdem** 21   nevertheless, in
spite of it
die **Tschechoslowakei** 3R
Czechoslovakia
**tun, tat, getan** 3   to do; **(es) tut**
**mir leid** 14   I'm sorry
der **Tunnel, -** 24R   tunnel
der **Türke, -n** 31R   Turk
(person)
die **Türkei** 3R   Turkey
der **Turm, ̈e** 24   tower
die **Tür, -en** 2   door
der **Typ, -en** 20R   type
**typisch** 1R+   typical(ly)

## U

die **U-Bahn, -en** (*short for*
**Untergrundbahn**) 21R
subway
**üben** 3R   to practice
**über (+** *acc./dat.***)** 18   over,
above, across; more than
**überall** 26R   all over
**überfüllt** 21L   overcrowded
der **Übergang, ̈e** 29R   check
point; transition
**überholen** 11   to pass
**überlassen (überläßt), überließ,**
**überlassen** 30R   to leave up
to
**übermorgen** 2   day after
tomorrow
**übernehmen (übernimmt),**
**übernahm, übernommen**
30R   to take over
**übersetzen** 27   to translate
die **Übersetzung, -en** 27   translation
**überwechseln** 20R   to change
over
**üblich** 21L   usual(ly)
**übrigens** 10M   by the way
die **Übung, -en**   exercise, practice
das **Ufer, -** 24L   shore, bank

die **Uhr, -en** 2 clock; watch
die **Uhrzeit** 2R+ time of the day
**um** *(+acc.)* 6 around; at; ~
**wieviel Uhr?** 4 at what
time?; **um . . . zu** *(+ inf.)*
22 in order to
**um·fallen (fällt um), fiel um, ist
umgefallen** 28R to fall over
die **Umfrage, -n** 23M opinion
poll
sich **um·schauen** *(+acc.)* 26 to
look around
**um·steigen, stieg um, ist umge-
stiegen** 17 to transfer,
change (vehicles)
**umstritten** 31M controversial
die **Umwelt** 22M environment
sich **um·ziehen, zog um, umgezogen** 25 to change (clothes)
**unbeschreiblich** 24 indes-
cribable
**und** 1R/6G and; ~ **so weiter
(usw.)** 1 and so on, etc.
**unerwartet** 26R unexpected
der **Unfall, ⸚e** 22 accident
die **Unfallstelle, -n** 32R scene
of an accident
(das) **Ungarn** 3R Hungary
**ungefähr** 8 about, approx-
imate(ly)
**unglücklich** 30R unhappy
**uninteressant** 21R uninterest-
ing
die **Universität, -en** 12R+ university
**unregelmäßig** 9R irregular
**unser** 7G our
**unten** 2WE down, below,
beneath
**unter** *(+acc./dat.)* 18 under,
below, beneath; among
sich **unterhalten (ä), unterhielt,
unterhalten (über + acc.)** 25L
to converse (about)
der **Unterricht** 4WE lesson,
class (time)
der **Unterschied, -e** 20L difference
**unterwegs** 19L on the way
**unzählig** 27L countless,
innumerable
der **Urlaub, -e** 8 vacation;
**einen ~ verbringen** 9L to
spend a vacation; **im ~** 9R
on vacation; **in ~ fahren**
9 to go on vacation; ~

**machen** 8 to take a vacation
**usw. (und so weiter)** 1 etc.
(and so on)

### V

die **Variation, -en** 4R variation
**variieren** 4R to vary
der **Vater, ⸚** 7R+ father
der **Vati, -s** 19R Dad(dy)
das **Ventil, -e** 26M valve
**verantwortlich** 29L respons-
ible
die **Verantwortung, -en** 23R
responsibility
das **Verb, -en** 3G verb
**verbinden, verband, verbunden**
6M to connect
**verboten** 28L forbidden
**verbrauchen** 22 to consume,
to use (up)
**verbringen, verbrachte,
verbracht** 9 to spend *(time)*
**verdienen** 19 to earn
der **Verdienst, -e** 31L earnings
der **Verein, -e** 25L club
die **Vergangenheit** 27M past
**vergessen (vergißt), vergaß,
vergessen** 6 to forget
der **Vergleich, -e** 16KM
comparison
**vergleichen, verglich, verglichen
(mit + dat.)** 20 to compare
(with, to)
**verhauen** 26M to beat up
**verheiratet** 7 married
der **Verkauf, ⸚e** 21L sale
**verkaufen** 5 to sell
der **Verkäufer, -** 5R+ sales-
man
die **Verkäuferin, -nen** 5 saleslady
der **Verkehr** 7 traffic
die **Verkehrskontrolle, -n** 7R
traffic control
das **Verkehrsschild, -er** 29R
traffic sign
das **Verkehrszeichen, -** 11R+
traffic sign
**verladen** 29L to load
die **Verladung** 29L loading
**verlassen (verläßt), verließ,
verlassen** 19L to leave
**verletzt** 32M injured
**verlieren, verlor, verloren** 9 to
lose

die **Vermählung** 27M wedding
**vermindern** 31L to decrease,
to reduce
die **Vermutung, -en** 22M speculation
**verrückt** 21 crazy
**Verschiedenes** 2M miscel-
laneous
**verschlucken** 28M to swallow
**verschwenden** 31M to waste
**verschwinden, verschwand,
verschwunden** 30M to
disappear
die **Versicherung, -en** 16K
insurance
die **Versorgung** 29 supply
sich **verspäten** 25 to be late
**versprechen (verspricht),
versprach, versprochen** 28M
to promise
**verstehen, verstand, verstanden**
1/3G to understand
**versuchen** 27 to try
**versüßen** 20L to sweeten
die **Verwaltung, -en** 20L administration
**Verzeihung!** 1 excuse me
**verzollen** 7 to declare, to pay
custom fees
**viel (mehr, meist-)** 3 much
**viele** 3 many
die **Vielfalt** 32M diversity
**vielleicht** 6 perhaps, maybe
das **Viertel, -** 4 quarter
die **Viertelstunde, -n** 28R quarter of an hour
das **Vöglein, -** *(dim. of* der
**Vogel, ⸚)** 28M small bird
der **Vokal, -e** 1 vowel
das **Volk, ⸚er** people, folk
die **Volkspolizei** 29L people's
police *(name of the DDR
border police)*
der **Volkspolizist, -en, -en** 26R
member of the people's police
**voll** 4 full
**vollenden** 6M to complete
**von** *(+dat.)* 1/14G from, of;
~ **. . . bis** 1 from . . . till;
~ **. . . nach** 14 from . . . to
**vor** *(+acc./dat.)* 18 before, in
front of; ~ *(+ time expression
/dat.)* 25R ago; ~ **allem** 21
above all
das **Voralpenland** 24L *foothills
of the Alps*

**vorbei-** *(sep. prefix)* 17G  by; past

**vorbei·kommen, kam vorbei, ist vorbeigekommen** 17  to pass by, to drop by

**vor·bereiten** 17L  to prepare

**vorgestern** 2  day before yesterday

**vor·haben, hat vor, hatte vor, vorgehabt** 18  to intend, have planned

**der Vorhang, ⸗e** 13  curtain

**vorher** 8  before, earlier

**vor·kommen, kam vor, ist vorgekommen** 26M  to occur

**der Vormittag, -e** 4WE  morning

**vorn(e)** 2WE  in the front

**der Vorname, -n, -n** 1  first name

**die Vorsicht** 5M  caution

**vorsichtig** 10  cautious(ly)

**sich (etwas) vor·stellen** *(dat.)* 27  to imagine

**der Vorteil, -e** 18L  advantage

**W**

**der Wachtturm, ⸗e** 29L  watch tower

**die Waffe, -n** 21L  weapon, arm

**der Wagen, -** 13  car

**die Wagenpapiere** 29R  car documents

**wählen** 3M  to chose

**während** *(sub.conj.)* 19G/26M  while; whereas; ~ *(+gen.)* 24  during

**wahrscheinlich** 22  probably

**der Wald, ⸗er** 9L  woods, forest

**wandern, ist gewandert** 9L  to hike; to go walking

**die Wanderung, -en** 9L  hike

**die Wand, ⸗e** 18  wall

**wann** 4  when

**die Ware, -n** 21L  merchandise, goods

**der Warenstrom** 29R  stream of goods

**warm (ä)** 3WE  warm

**die Wärme** 22R+  warmth, heat

**warten (auf + acc.)** 6  to wait (for)

**die Wartezeit, -en** 19R+  waiting time

**warum** 6  why

**was** 1  what; ~ **für (ein)** 13  what kind of (a)

**(sich) waschen (wäscht), wusch, gewaschen** 6R+/25R+  to wash (oneself)

**das Wasser** 3WE  water

**die Wasserkraft** 31M  hydroelectric power

**wasserreich** 24R  abounding in water

**das WC** 18WE  toilet, restroom

**der Wechsel, -** 24R  change

**wechseln** 11/20L  to change, switch; to exchange

**weg-** *(sep. prefix)* 13/17G  away, gone

**der Weg, -e** 19R+  road, way, path; **auf dem** ~ 19R  on the way; **sich auf den** ~ **machen** 28R  to set out; **vom** ~ **ab·laufen** 28L  to leave the path

**wegen** *(+gen.)* 24  because of

**weg·gehen, ging weg, ist weggegangen** 17  to go away

**weg·werfen (i), warf weg, weggeworfen** 21R  to throw away

**weh tun** *(+ dat.)* 16  to hurt

**weiblich** 23M  female, feminine

**weich** 13WE  soft

**die Weihnachten** 12L  Christmas

**die Weihnachtskrippe, -n** 12K  Nativity scene

**weil** *(subord. conj.)* 19  because

**die Weile: ein Weilchen** 28L  short while

**der Wein, -e** 3WE  wine

**weinen** 26M  to cry

**die Weinkarte, -n** 16  wine menu

**die Weinstube, -n** 16  establishment specializing in wine

**weiß** 2WE  white

**der Weißwein, -e** 3WE  white wine

**weit** 14  far; wide

**weiter-** *(sep. prefix)* 1  further, farther; to continue to

**weiter·fahren (ä)** 7R  to drive on

**weiter·schlafen (ä), schlief weiter, weitergeschlafen** 17R  to continue to sleep

**welch-** *(der-word)* 12  which

**die Welt, -en** 12  world

**weltberühmt** 12R+  world famous

**die Weltreise, -n** 30R  trip around the world

**wem** 14  whom; to whom

**wenig** 1  (a) little, few

**weniger** 22  less

**wenigstens** 30  at least

**wenn** *(subord. conj.)* 19  if, when, whenever

**wer** 1  who

**die Werbung** 15  advertising

**werden (wird), wurde, ist geworden** 6  to become, get

**werfen (wirft), warf, geworfen** 18  to throw

**das Werk, -e** 26M/27L  work, accomplishment; deed; (industrial) plant

**die Werkstatt, ⸗en** 22  repair shop; garage

**wert** 21  worth; worthwhile

**der Wert, -e** 29R  value

**wertvoll** 21L  valuable

**wesentlich** 20  essential; **im wesentlichen** 20L  essentially

**wessen** 24  whose

**der Westen** 3L  west; **im** ~ **von** 3R  in the west of

**das Wetter** 8R+  weather

**die Wetterstation, -en** 22R  weather station

**wichtig** 1  important

**wie** 1/12  how; as, like; ~ **bitte?** 1  I beg your pardon?; ~ **geht es Ihnen?** 6/16G  how are you?; ~ **lange?** 4  how long?; ~ **viele?** 2  how many?

**wieder** 9  again

**wiederholen** 1/3G  to repeat

**die Wiederholung, -en**  repetition

**das Wiedersehen: auf ~!** 1  good-bye

**die Wiese, -n** 24L  meadow

**wieso** 17L  why; how so

**wieviel** 1  how much; **der wievielte ist. . .?** 12  what is the date . . .?

**der Wind, -e** 8R+  wind

**windig** 8R+ windy

**die Windschutzscheibe, -n** 22WE windshield

**der Winter, -** 8R+ winter, **im ~** 4K in the winter

**die Winterzeit** 4K winter time

**wir** 1G we

**wirklich** 10 real(ly)

**die Wirklichkeit** 30L reality

**die Wirtschaft** 12R economy

**das Wirtschaftszentrum** 12L center of commerce

**wissen (weiß), wußte, gewußt** 4 to know (a fact)

**der Wissenschaftler, -** 22M scientist

**der Witz, -e** 26M joke

**witzig** 26R funny; witty

**wo** 1 where

**die Woche, -n** 2 week

**das Wochenende, -n** 2R+ weekend

**der Wochentag, -e** 2R day of the week

**woher** 1 where from

**wohin** 3 where . . . to

**wohl** 22 well; probably

**der Wohnblock, -̈e** 18R large apartment house

**wohnen** 3 to live, reside

**das Wohngebiet, -e** 18R residential area

**der Wohnraum, -̈e** 31R living quarters

**die Wohnsituation** 18R living condition

**die Wohnung, -en** 18 dwelling; apartment

**das Wohnzentrum** 22R residential center

**das Wohnzimmer, -** 13R+/ 18WE living room

**die Wolle: aus ~** 13R made of wool

**wollen (will), wollte, gewollt** 11 to want to

**womit** 14 with what

**das Wort, -̈er** 2R+ word

**das Wörterbuch, -̈er** 2M dictionary

**wörtlich** 26M literal(ly)

**der Wortschatz** vocabulary

**die Wortschatzerweiterung, -en** vocabulary expansion

**die Wortstellung** 3M word order

**das Wunder: kein ~** 21R no wonder

**sich wundern** 28M to wonder

**wunderschön** 22R+ very beautiful

**der Wunsch -̈e** 30R wish

**wünschen** to wish; **sich etwas ~** *(dat.)* 26 to wish for something

**der Wunschtraum, -̈e** 25L wish and dream

**würde** *(subj. of* **werden***)* 26M would

**die Wurst, -̈e** 10WE sausage, cold cuts; **heiße Würstchen** 12 hot dogs

## Z

**die Zahl, -en** 1 number

**zählen** 1/3G to count

**zahlen: ~ bitte!** 11 the check please

**zahllos** 24R countless

**der Zahn, -̈e** 16WE tooth; **sich die Zähne putzen** *(dat.)* 26R to brush one's teeth

**der Zahnarzt, -̈e** 16K dentist

**die Zahnpasta** 26R toothpaste

**zart** 28L tender

**die Zeche, -n** 31L mine

**das Zechenhaus, -̈er** 31L *house belonging to the mine*

**die Zechensiedlung, -en** 31L mining community

**das Zeichen, -** 11 sign

**zeichnen** 30 to draw, sketch

**zeigen** 3 to show, to point to

**die Zeit, -en** 2 time; **zur gleichen ~** 25 at the same time

**die Zeitschrift, -en** 18K magazine

**die Zeitung, -en** 4 newspaper

**der Zentner** 10WE hundredweight

**das Zentrum, Zentren** 3R+ center; **im ~ von** 3R in the center of

**zerbrechen (zerbricht), zerbrach, zerbrochen** 20/28L to break

**zerkratzen** 18Z to scratch up

**zerstören** 32M to destroy

**der Zeuge, -n** 32M witness

**die Zeugenaussage, -n** 32R statement by the witness(es)

**das Zeugnis, -se** 20L certificate

**ziehen, zog, gezogen** 28M to pull

**die Ziehung, -en** 30M drawing (of numbers)

**das Ziel, -e** 27R finish; goal

**ziemlich** 10M quite, rather

**die Zigarette, -n** 4R+ cigarette

**das Zimmer, -** 2WE room

**die Zitrone, -n** 4 lemon

**der Zoll** 7 customs; duty

**der Zollbeamte, -n, -n** 7M customs oficial

**die Zollkontrolle, -n** 7 customs control

**die Zone, -n** 32R zone

**der Zoo, -s** 12R+ zoo

**zu** 4 to, too; **~** *(+dat.)* 14 to; **~ Hause** 1 at home

**zuerst** 10 at first

**zufrieden** 9 content, satisfied, pleased

**der Zug, -̈e** 6 train

**die Zugspitze** 24R *highest mountain of the German Alps*

**zu·hören** 1 to listen

**die Zukunft** 22M future

**zu·machen** 1/17G to close

**zurück-** *(sep. prefix)* 17R back, in return

**zurück·kommen, kam zurück, ist zurückgekommen** 17 to come back, return

**zusammen** 1 together

**zusammen·hängen, hing zusammen, zusammengehangen** 32R to be connected

**der Zustand, -̈e** 18L condition

**zuviel** 4 too much

**zu·ziehen, zog zu, zugezogen** 28M to pull shut

**der Zweite Weltkrieg** 15M World War II

**die Zwiebel, -n** 10WE onion

**zwischen** *(+acc./dat.)* 18 between

**das Zwischenspiel, -e** interlude

# English–German Vocabulary

This vocabulary includes all words used in the translation and other exercises of the chapters. Not included in this list are articles, pronouns and numbers. The plural of nouns are indicated. Strong and irregular weak verbs are pointed out by an asterisk: **fahren\*.** Their principal parts can be found in the Reference Grammar (p. 522). Separable prefix verbs are indicated by a raised dot (·) between prefix and base verb: **auf·machen.** The symbol ~ indicates repetition of the key word.

## A

**able: to be ~ to**  können*
**above**  über
**accident**  der Unfall, ¨e
**after**  nach
**airport**  der Flughafen, ¨
**all**  alle
**allowed: to be ~ to**  dürfen
**already**  schon
**als**  than
**also**  auch
**always**  immer
**America**  Amerika
**American (person)**  der Amerikaner, -/die Amerikanerin, -nen
**and**  und
**animal**  das Tier, -e
**answer**  antworten
**any**  kein
**apple**  der Apfel, ¨
**arrive**  an·kommen*
**as**  als; wie; ~ . . . ~ so . . .wie
**ask**  fragen
**at**  an; auf; ~ (s.o.'s place) bei
**attend**  besuchen
**aunt**  die Tante, -n

## B

**bad(ly)**  schlecht
**bake**  backen*
**bank**  die Bank, -en
**be**  sein*; ~ **late**  sich verspäten
**beautiful**  schön
**because**  weil, denn; ~ **of** wegen
**beer**  das Bier, -e
**before**  vorher
**begin**  beginnen*; an·fangen*
**behind**  hinter
**believe**  glauben

**belong to**  gehören
**beside**  neben; bei
**best**  best-
**better**  besser
**bicycle**  das Fahrrad, ¨er
**big**  groß
**bill**  die Rechnung, -en
**birthday**  der Geburtstag, -e
**black**  schwarz
**blouse**  die Bluse, -n
**book**  das Buch, ¨er
**both**  beide
**bottle**  die Flasche, -n
**boy**  der Junge, -n, -n
**brake**  die Bremse, -n
**break**  die Pause, -n; **to take a ~** eine Pause machen
**brewery**  die Brauerei, -en
**bring**  bringen*; ~ **along**  mit·bringen*
**brother**  der Bruder, ¨
**brown**  braun
**build**  bauen
**bus**  der Bus, -se; **go by ~**  mit dem Bus fahren*
**but**  aber; sondern
**buy**  kaufen

## C

**call**  rufen*, ~ **up**  an·rufen*
**can**  können*
**car**  das Auto, -s
**careful(ly)**  vorsichtig
**carry**  tragen*
**catch a cold**  sich erkälten
**chair**  der Stuhl, ¨e
**change**  wechseln; ~ (clothes) sich um·ziehen*
**cheap**  billig
**check**  prüfen
**child**  das Kind, -er
**church**  die Kirche, -n
**city**  die Stadt, ¨e

**classroom**  das Klassenzimmer, -
**close**  zu·machen
**clothes**  die Kleider (pl.); die Kleidung
**coat**  der Mantel, ¨
**coffee**  der Kaffee
**cold**  kalt; (common) ~  die Erkältung, -en; **to catch a ~**  sich erkälten
**come**  kommen*; ~ **back** zurück·kommen*; **to ~ home** nach Hause kommen*
**comfortable**  bequem
**concert**  das Konzert, -e
**congratulate**  gratulieren
**continue to** (do something) weiter- (+ verb)
**correct(ly)**  richtig
**couch**  die Couch, -en
**could**  könnte
**cup**  Tasse, -n

## D

**day**  der Tag, -e; **every ~**  jeden Tag
**describe**  beschreiben*
**desk**  der Schreibtisch, -e
**dishes**  das Geschirr
**do**  tun*; machen
**doctor**  der Arzt, ¨e/die Ärztin, -nen
**dog**  der Hund, -e
**door**  die Tür, -en
**downtown: to go ~**  in die Stadt gehen*
**dress**  das Kleid, -er; **to ~** (sich) an·ziehen*
**drink**  trinken*
**drive**  fahren*
**driver's license**  der Führerschein, -e
**dry oneself**  sich ab·trocknen

**during** während

**E**

**each** jed- *(der-word)*
**early** früh
**easy** leicht
**eat** essen*
**elegant** elegant
**empty** leer
**enough** genug
**Europe** (das) Europa
**every** jed- *(der-word)*
**everything** alles
**exercise** die Übung, -en
**expect** erwarten
**expensive** teuer
**explain** erklären

**F**

**fall asleep** ein·schlafen*
**far** weit; ~ **from** weit von
**fast** schnell
**father** der Vater, ¨
**feel** fühlen; ~ **well** sich wohl
    fühlen
**find** finden*
**first** erst-
**fish** der Fisch, -e
**flea market** der Flohmarkt, ¨e;
    **at the** ~ auf dem Flohmarkt
**flower** die Blume, -n
**for** für; ~ *(+ time)* seit
**forget** vergessen*
**fresh** frisch
**friend** der Freund, -e/die
    Freundin, -nen
**from** von; ~ **. . . to** von. . .
    bis
**front: in** ~ **of** vor
**full** voll

**G**

**gentleman** der Herr, -n, -en
**German** *(language)* Deutsch;
    ~ *(adj.)* deutsch; **in** ~ auf
    deutsch
**Germany** Deutschland
**get** bekommen*; ~ **up**
    auf·stehen*; **to be getting**
    werden*
**girl** das Mädchen, -
**girlfriend** die Freundin, -nen
**give** geben*
**glass** das Glas, ¨er
**glasses** die Brille, -n

**go** gehen*; **to** ~ **home** nach
    Hause gehen; ~ **downtown**
    in die Stadt gehen; ~ **to**
    **school** zur Schule gehen
**good** gut
**green** grün
**guest** der Gast, ¨e

**H**

**hang** hängen*; hängen
**have** haben*; **to** ~ **to**
    müssen*; ~ **something done**
    etwas tun lassen*
**hear** hören
**heavy** schwer; dick
**help** helfen*
**here** hier
**high** hoch
**home: at** ~ zu Hause; **to go** ~
    nach Hause gehen*
**hospital** das Krankenhaus, ¨er
**hotel** das Hotel, -s
**hour** die Stunde, -n
**house** das Haus, ¨er
**how** wie; ~ **long** wie lange;
    ~ **much** wieviel; ~ **many**
    wie viele
**hurry** sich beeilen
**husband** der Mann, ¨er

**I**

**if** wenn; ob
**important** wichtig
**in** in; ~ **spite of** trotz; ~
    **front of** vor; ~ **German**
    auf deutsch
**interesting** interessant
**into** in
**invite** ein·laden*

**J**

**January** der Januar
**just** gerade

**K**

**key** der Schlüssel, -
**kind: what** ~ **of (a)** was für
    (ein)
**kitchen** die Küche, -n
**know** kennen* *(know a person*
    *or place, be aquainted);*
    wissen* *(know a fact)*

**L**

**lady** die Dame, -n

**lamp** die Lampe, -n
**large** groß
**late** spät
**learn** lernen
**leave** lassen*; ~ *(a person or*
    *place)* verlassen*
**lemon** Zitrone, -n
**less** weniger
**let** lassen*
**letter** der Brief, -e
**light** leicht; hell
**like** wie; **to** ~ **to** *(+ verb)* gern
    *(+ verb);* **would** ~ **to**
    möchte(n); **to** ~ gefallen*;
    ~ *(food and drink)*
    schmecken;
**little** klein
**live** leben; wohnen; ~ **with**
    wohnen bei
**long** lang
**look** *(appear)* aus·sehen*; ~
    **for** suchen
**lot: a** ~ viel
**loud(ly)** laut

**M**

**man** der Mann, ¨er
**many** viele
**map** die Landkarte, -n
**market** der Markt, ¨e; **at the** ~
    auf dem Markt
**may** dürfen*
**meal** das Essen, -
**mean** meinen
**meat** das Fleisch
**mechanic** der Mechaniker, -/
    die Mechanikerin, -nen
**meet** treffen*
**menu** die Speisekarte, -n
**milk** die Milch
**modern** modern
**money** das Geld, -er
**month** der Monat, -e
**more** mehr; ~ **than** mehr als
**most** meist-; die meisten
**mother** die Mutter, ¨
**motorcycle** das Motorrad, ¨er
**mountain** der Berg, -e
**movies: to go to the** ~ ins Kino
    gehen*
**Mr.** Herr . . .
**Mrs.** Frau . . .
**much** viel
**Munich** München
**museum** das Museum, Museen
**music** die Musik

**must** müssen*

**N**

**name** der Name, -n, -n; **what is your ~?** wie ist Ihr Name?
**near** bei, in der Nähe von
**need** brauchen
**never** nie
**new** neu
**newspaper** die Zeitung, -en
**next to** neben
**nice** nett; schön
**night** die Nacht, ¨e
**not** nicht; **~ a** kein; **~ any** keine
**nothing** nichts
**now** jetzt
**nurse** die Krankenschwester, -n

**O**

**office** das Büro, -s
**often** oft
**old** alt
**old-fashioned** altmodisch
**on** auf
**one** ein(e); man
**only** nur
**open** öffnen, auf·machen
**opposite** gegenüber
**or** oder
**order** bestellen
**other** ander-
**out** aus
**over** über; **~ there** da drüben

**P**

**parents** die Eltern (pl.)
**park** der Park, -s; **to ~** parken
**parking space** der Parkplatz, ¨e
**passport** der Reisepaß, ¨sse
**pay** bezahlen
**pen** der Kuli, -s
**pencil** der Bleistift, -e
**people** die Leute (pl.)
**perhaps** vielleicht
**permitted: to be ~** dürfen*
**pick up** ab·holen
**picture** das Bild, -er
**play** spielen; **~ tennis** Tennis spielen
**please** bitte
**police** die Polizei
**policeman** der Polizist, -en, -en
**poor** arm
**post office** die Post
**present** das Geschenk, -e

**probably** wohl, vielleicht, wahrscheinlich
**problem** das Problem, -e
**purse** die Tasche, -n
**put** legen, stellen; **~ on** (clothes) an·ziehen*

**R**

**rain** der Regen; **to ~** regnen
**raincoat** der Regenmantel, ¨
**reach** erreichen
**read** lesen*
**receive** bekommen*
**recognize** erkennen*
**recommend** empfehlen*
**red** rot
**repair** reparieren
**repeat** wiederholen
**reserve** reservieren
**restaurant** das Restaurant, -s
**right** richtig
**room** das Zimmer, -
**run** laufen*
**rush** sich beeilen

**S**

**saleslady** die Verkäuferin, -nen
**say** sagen
**school** die Schule, -n; **to go to ~** zur Schule gehen*
**see** sehen*
**sell** verkaufen
**shall** sollen*
**shave** (sich) rasieren
**shine** scheinen*
**shoe** der Schuh, -e
**short** kurz
**should** sollen*
**show** zeigen
**shower** (sich) duschen
**sick** krank
**simple** einfach
**since** seit
**sister** die Schwester, -n
**sit down** sich setzen
**size** die Größe, -n
**skirt** der Rock, ¨e
**sleep** schlafen*
**small** klein
**smoke** rauchen
**some** einige
**something** etwas; **~ else** etwas anderes
**soup** die Suppe, -n
**speak** sprechen*; **~ of**

sprechen von
**special** besonder-; **something ~** etwas Besonderes
**spell** buchstabieren
**stand** stehen*
**stay** bleiben*; **~ home** zu Hause bleiben
**steal** stehlen*
**stop** halten*
**student** der Student, -en, -en die Studentin, -nen
**study** studieren; lernen
**suitcase** der Koffer, -
**sun** die Sonne
**supposed: to be ~ to** sollen*
**sure(ly)** sicher
**sweater** der Pullover, -
**sweet** süß

**T**

**table** der Tisch, -e
**take** nehmen*; **~ a break** eine Pause machen; **~ a shower** (sich) duschen
**talk** sprechen*; reden; **~ about** sprechen über; **~ to** sprechen mit
**taxi** das Taxi, -s
**tea** Tee
**teacher** der Lehrer, -/die Lehrerin, -nen
**telephone bill** die Telefonrechnung, -en
**tell** sagen; erzählen
**tennis** Tennis
**than** als
**thank** danken
**that** das; daß
**there** dort
**these** dies-; (der-word)
**thin** dünn
**thing** das Ding, -e, die Sache, -n
**think** denken*, glauben
**this** dies, das; dies- (der word)
**through** durch
**time** die Zeit, -en
**tire** der Reifen, -
**tired** müde
**to** zu; an; in; nach
**today** heute
**towel** das Handtuch, ¨er
**train** der Zug, ¨e; **by ~** mit dem Zug
**trip** die Reise, -n; **take a ~** eine Reise machen
**try** versuchen

**U**

**umbrella**  der Regenschirm, -e
**under**  unter
**understand**  verstehen*
**undress**  sich aus·ziehen*
**university**  die Universität, -en
**unpaid**  unbezahlt
**use**  gebrauchen, benutzen
**used**  gebraucht

**V**

**vegetable(s)**  das Gemüse
**very**  sehr
**visit**  besuchen

**W**

**wait**  warten
**waiter**  der Kellner, -
**waitress**  die Kellnerin, -nen
**walk**  zu Fuß gehen*; laufen*
**wallet**  der Geldbeutel, -
**want (to)**  wollen*

**warm(ly)**  warm
**wash**  waschen*
**watch**  die Uhr, -en; **to ~ TV**
fern·sehen*
**water**  das Wasser
**wear**  tragen*; **~ glasses**  eine
Brille tragen
**weather**  das Wetter
**week**  die Woche, -n
**well**  gut
**wet**  naß
**what**  was; **~ kind of (a)**  was
für (ein); **with ~**  womit
**when**  wenn; wann
**where**  wo, woher, wohin
**whether**  ob
**which**  welch- (der-word)
**who**  wer
**whom**  wen; wem; **to ~**  wem
**whose**  wessen
**why**  warum
**wife**  die Frau, -en
**will**  werden*

**window**  das Fenster, -
**wine**  der Wein, -e; **~ glass**  das
Weinglas, ¨er
**winter**  der Winter; **in the ~**  im
Winter
**wish**  (sich) wünschen
**with**  mit; **~ what**  womit; **~** (in
the sense of **in s.o.'s home**)  bei
**woman**  die Frau, -en
**word**  das Wort, ¨er
**work**  arbeiten
**would**  würde; **~ like (to)**
möchte(n)
**write**  schreiben*; **~ down**
auf·schreiben*

**Y**

**year**  das Jahr, -e
**yellow**  gelb
**yes**  ja
**yesterday**  gestern
**young**  jung
**yourself**  selbst, selber

# Index

# PERMISSIONS AND PHOTO CREDITS

The author would like to thank the following authors, publishers and agencies for granting permission to use the material listed below:

**Kapitel 18/19** *Zwischenspiel: Die Bremer Stadtmusikanten*, text and drawings from SCALA Jugendmagazin 4/1978

**Kapitel 19** Reading *Fahrschüler* after the article *Die Schwerarbeiter der Nation* von Friedrich Gorski in BUNTE/1980

**Kapitel 25** Reading *Die Deutschen* after an article in SCALA 5–6/79

**Kapitel 29** Reading *Berlin und zurück* after an article in SCALA 7/1978

**Kapitel 30** Reading *Frau—Hausfrau, Mann—Hausmann?* partially after *Frauen*, Press and Information of the Federal Government, Bonn 1978

**Kapitel 31** pp. 476–7 Information from energy saving publications of the Press and Information Office of the Federal Ministery of Economy, Bonn; Reading *Glück auf, Kumpel!* after an article in SCALA 10/1980

## Photographs

The photos not credited were taken by the author.

**Kapitel 1** Inter Nationes
p. 4   (3, 6) Inter Nationes
       (5) Hessische Polizeirundschau
p. 11  (1, 4) Inter Nationes
       (2, 3, 5) Günther Thomas

**Kapitel 2** Inter Nationes
p. 18  Landesbildstelle Berlin

**Kapitel 3** Inter Nationes
pp. 30, 31 (left, center), 32, 38 Inter Nationes

**Kapitel 4** Inter Nationes

**Kapitel 5** Inter Nationes
p. 67  (bottom left, right) Inter Nationes
p. 75  Deutsche Bundesbank, Frankfurt

**Kapitel 6** Inter Nationes
p. 81  (1, 2, 3, 4, 7) Inter Nationes

**Kapitel 7** Günther Thomas
p. 95  (top) Günther Thomas
       (bottom) Inter Nationes
pp. 96, 101 (bottom) Inter Nationes
p. 102 (left) Verkehrsverein Heidelberg
       (right) Inter Nationes

**Kapitel 8** Inter Nationes
pp. 106, 108 Inter Nationes
p. 115 (top) Fremdenverkehrsamt der Stadt Heidelberg
       (bottom) Inter Nationes

**Kapitel 9** Inter Nationes
p. 120 Inter Nationes
p. 126 (top) Inter Nationes
       (bottom) Deutsche Bundesbahn
p. 127 (top) Inter Nationes
       (center) Bausparkasse Wüstenrot

**Kapitel 10** Inter Nationes
p. 132 Landesbildstelle Berlin
p. 133 Inter Nationes
p. 142 Günther Thomas

**Kapitel 11** Inter Nationes
pp. 149, 156 Inter Nationes

**Kapitel 12** Inter Nationes
pp. 164, 173 (top, bottom) Inter Nationes
p. 173 (center) Günther Thomas
p. 174 (top) Stadt Nürnberg
       (bottom) Stadt Heidelberg, Bildarchiv
p. 175 Inter Nationes

**Kapitel 13** Inter Nationes
p. 187 Inter Nationes

**Kapitel 14** Inter Nationes
pp. 196, 198 Stadt Heidelberg, Stadtplanungsamt
pp. 209, 211 Inter Nationes

**Kapitel 15** Inter Nationes
p. 214 Inter Nationes

**Kapitel 16** Inter Nationes
pp. 230, 231 (top left) Inter Nationes

## Maps and Graphics